La gouvernance de la Chine

II

XI JINPING

La gouvernance de la Chine

II

 EDITIONS EN LANGUES ETRANGERES

Première édition 2018
Cinquième tirage 2018

ISBN 978-7-119-11168-1

Publié par les Editions en Langues étrangères

24, Bai Wan Zhuang, 100037 Beijing, Chine

http://www.flp.com.cn

Courriel : flp@CIPG.org.cn

Distribué par la Société chinoise du Commerce international du Livre

35, Che Gong Zhuang Xi Lu, 100044 Beijing, Chine

Imprimé en République populaire de Chine

Note pour la présente édition

Depuis le XVIIIᵉ Congrès du Parti communiste chinois tenu en 2012, en s'axant sur la réalisation des objectifs des « deux centenaires » et celle du rêve chinois de grand renouveau national, le Comité central du Parti avec le camarade Xi Jinping comme noyau dirigeant a uni et dirigé le peuple multiethnique à maintenir et développer le socialisme à la chinoise, à faire progresser de façon synergique les dispositions d'ensemble dites du « plan global en cinq axes » et les dispositions stratégiques des Quatre Intégralités, ainsi qu'à avancer en surmontant toutes sortes de difficultés grâce à un esprit de créativité, remportant ainsi de nouveaux succès historiques en ce qui concerne la politique de réforme et d'ouverture, et la modernisation socialiste. Cela a permis de réussir des tâches colossales et de surmonter bon nombre de difficultés ayant dû être résolues durant de très nombreuses années. Toutes ces transformations historiques revêtent une grande et profonde signification pour l'avenir de la cause du Parti communiste chinois et de l'Etat. Le socialisme à la chinoise est entré dans une nouvelle ère.

Dans la nouvelle pratique de la gouvernance de l'Etat, les communistes chinois ayant Xi Jinping comme représentant principal, tout en s'adaptant à l'évolution de notre époque et en combinant la théorie et la pratique, ont réussi à donner une réponse systématique aux questions suivantes : « Quel type de socialisme à la chinoise doit-on maintenir et développer à la nouvelle ère ? Et comment le maintenir et le développer ? », donnant ainsi naissance à la pensée de Xi Jinping sur le socialisme à la chinoise de la nouvelle ère. Cela constitue un guide d'action pour remporter la victoire décisive de l'édification intégrale de la société de moyenne aisance, pour faire triompher le socialisme à la chinoise de la nouvelle ère, pour réaliser le rêve chinois de grand renouveau national et satisfaire l'aspiration du peuple à une vie meilleure. Cela a également apporté la sagesse et les solutions chinoises pour promouvoir la construction d'une communauté de destin pour l'humanité, ainsi que pour favoriser la cause de la paix et du développement. Le XIXe Congrès du Parti a intégré la pensée de Xi Jinping sur le socialisme à la chinoise de la nouvelle ère dans les idées directrices que le Parti communiste chinois doit perpétuer, réalisant un nouveau développement de ses idées directrices en phase avec notre temps.

Xi Jinping est le principal fondateur de la pensée du socialisme à la chinoise de la nouvelle ère. *Xi Jinping : La gouvernance de la Chine*, publié et distribué en septembre 2014, a réuni des discours importants prononcés après la clôture du XVIIIe Congrès du Parti et jusqu'au 13 juin 2014, attirant une large attention et recevant une haute appréciation des lecteurs chinois et étrangers. Pendant les trois années qui ont suivi, Xi Jinping a prononcé une série de discours en se focalisant sur la gouvernance de l'Etat par le Parti dans la nouvelle situation, en formulant de nouveaux concepts, de nouvelles idées et de nouvelles stratégies, permettant d'enrichir et de systématiser les résultats sur le plan de l'innovation théorique du Parti depuis son XVIIIe Congrès. Afin d'interpréter de manière centralisée l'évolution et le contenu essentiel de la pensée de Xi Jinping sur le socialisme à la chinoise de la nouvelle ère, d'aider les lecteurs chinois et étrangers à connaître et à comprendre l'essence et le riche contenu de cette pensée, le Département de la Communication du Comité central du Parti communiste chinois (le Bureau de l'Information du Conseil des Affaires d'Etat), le Centre d'études de la Documentation du Comité central du Parti et l'Administration chinoise de Publication et de Diffusion en langues étrangères ont travaillé ensemble pour rédiger ce livre intitulé *La gouvernance de la Chine (II)*.

Cet ouvrage réunit 99 articles dont des discours, des entretiens, des allocutions, des remarques mises sur des rapports et des messages de félicitations, qui ont eu lieu entre le 18 août 2014 et le 29 septembre 2017 et sont classés en 17 chapitres. Les articles de chaque chapitre sont triés par ordre chronologique, et des notes sont ajoutées à la fin de chaque article. Ce livre contient également 29 photos de Xi Jinping prises au cours de cette période.

L'équipe de rédaction
Octobre 2017

Sommaire

I. Socialisme à la chinoise et rêve chinois

II. Edification intégrale de la société de moyenne aisance

III. Approfondir la réforme

IV. Etat de droit socialiste

V. Diriger rigoureusement le Parti

VI. Nouveaux concepts de développement

VII. Nouvelle normalité économique

VIII. Démocratie socialiste

IX. Confiance dans notre culture

X. Bien-être du peuple

XI. Une belle Chine

XII. Edification des forces armées

XIII. « Un pays, deux systèmes »

XIV. Diplomatie de grand pays à la chinoise

XV. Développement pacifique et coopération avec les autres pays

XVI. Projet « la Ceinture et la Route »

XVII. Une communauté de destin pour l'humanité

I
Socialisme à la chinoise et rêve chinois

Ouvrir de larges perspectives
au socialisme à la chinoise[*]

(20 août 2014)

Une grande époque engendre de grands hommes. Le camarade Deng Xiaoping était un homme dont la grandeur a été conçue par la grande lutte du peuple chinois et de la nation chinoise depuis les temps modernes, et est encore vénéré par nous tous. Beaucoup de nos camarades ayant travaillé sous sa direction et ses indications, sa personnalité charismatique nous est familière et source d'enthousiasme. L'esprit révolutionnaire à la fois noble et fascinant du camarade Deng Xiaoping nous pousse encore à avancer vaillamment dans la voie vers la réalisation des objectifs des « deux centenaires » et du rêve chinois de grand renouveau de la nation.

— En rendant hommage au camarade Deng Xiaoping, nous devons suivre son exemple et avoir comme lui le noble idéal communiste et la ferme conviction du socialisme à la chinoise. Les qualités politiques dont fit preuve le camarade Deng Xiaoping toute sa vie durant peuvent se résumer en de fermes convictions, qui sont aussi moralement l'épine dorsale inflexible des communistes chinois.

Alors qu'il faisait ses études en URSS, le camarade Deng Xiaoping avait déjà pris la résolution de « se consacrer à notre parti et à notre classe avec une plus grande détermination »[1]. Pendant les 70 années d'activités révolutionnaires, il a fermement cru au marxisme en tant que science et vérité, ainsi qu'aux perspectives prometteuses du socialisme et du communisme, peu importe la situation périlleuse dans laquelle il se trouverait et les vicissitudes traversées par la révolution.

---

[*] Extraits du discours prononcé lors d'une causerie pour célébrer le 110ᵉ anniversaire de la naissance du camarade Deng Xiaoping.

« La foi en le marxisme est une force motrice pour la victoire de la révolution chinoise »[2], a-t-il dit. Pendant la guerre, il a bravé le feu de l'ennemi et s'est livré à des combats sanglants en défiant la mort ; face à la situation difficile de la construction de la Chine nouvelle, il s'est donné corps et âme au service de l'Etat sans se laisser déstabiliser par les obstacles ; au cours des dix années de la « révolution culturelle », il a raffermi sa conviction sans jamais être abattu ; il a observé avec sang-froid les bouleversements politiques à l'intérieur comme à l'extérieur du pays et y a répondu avec un calme assuré. Croyant fermement au marxisme, il est resté fidèle à l'idéal communiste et s'est attelé à faire progresser la modernisation chinoise en suivant la voie du socialisme.

En 1992, le camarade Deng Xiaoping, alors âgé de 88 ans, a indiqué lors d'une tournée dans le sud du pays : « Je suis fermement convaincu qu'il y aura de plus en plus de gens pour croire au marxisme, car le marxisme est scientifique. A l'aide du matérialisme historique, il a mis au jour les lois du développement des sociétés. » « C'est pourquoi il ne faut pas s'affoler, croire que les jours du marxisme sont comptés, ou que le marxisme est dépassé, terminé. C'est tout à fait faux ! »[3]

Le camarade Deng Xiaoping avait une compréhension profonde de l'importance de l'idéal et de la conviction. « Ma longue expérience dans le domaine politique et militaire m'a en effet appris combien était importante l'union des volontés, a-t-il dit, union que seul peut réaliser l'amour d'un idéal commun, allié à une conviction inébranlable. L'âpre combat que nous avons mené pendant des dizaines d'années pour rassembler le peuple chinois dans la lutte pour l'intérêt commun aurait-il été possible sans une conviction d'airain ? »[4]

L'idéal révolutionnaire est plus élevé que le Ciel. Sans les nombreux fils et filles de la nation chinoise, animés d'un idéal communiste convaincu, il n'y aurait eu ni le Parti communiste chinois, ni la Chine nouvelle, et encore moins le développement d'aujourd'hui. La force puisée dans l'idéal et la conviction s'avère indispensable pour mieux développer la Chine. Pour forger l'esprit du Parti, les communistes doivent tout d'abord raffermir leur idéal communiste ainsi que l'idéal commun du socialisme à la chinoise. Nous devons nous inspirer de l'esprit du camarade Deng Xiaoping, qui a lutté sans fléchir pour la cause du socialisme et du communisme. Il nous faut également raffermir la confiance en soi concernant la voie, la théorie et le système du socialisme à la chinoise, ainsi qu'avancer valeureusement vers notre objectif.

– En rendant hommage au camarade Deng Xiaoping, nous devons suivre son exemple et témoigner comme lui d'une affection généreuse à l'égard du peuple. Aimer le peuple est le sentiment le plus profond et la source des forces à laquelle les communistes chinois doivent se tenir.

Le camarade Deng Xiaoping a écrit : « Je suis un fils du peuple chinois et profondément attaché à ma patrie et à mon peuple »[5]. Il a étendu cet attachement au Parti et à la patrie. « Ma vie appartient au Parti et à l'Etat »[6], a-t-il dit. C'est avec ces sobres propos qu'il a exprimé son attachement indéfectible au Parti, à la patrie et au peuple.

Le camarade Deng Xiaoping a prêté une haute attention à la position et au rôle du peuple. Il a souligné : « Le peuple est la source de notre force. La ligne de masse et la prise en compte des intérêts de celle-ci constituent le credo que nous devons toujours observer et transmettre à la postérité comme un trésor familial. Les organisations du Parti, ses membres et ses cadres, doivent s'intégrer aux masses et ne jamais s'opposer à elles. Si un parti se coupe d'elles et s'il persiste dans cette erreur, la source de sa force se tarira, il sera alors voué à l'échec et rejeté par elles. »[7] Pendant toute sa vie, il a partagé avec le peuple joies et peines, mais aussi travaillé pour régler les difficultés et les problèmes du Parti et de l'Etat, aussi bien lorsqu'il occupait un poste important que lorsqu'il se retrouva affaibli.

Deng Xiaoping a recherché l'amélioration du bien-être de la population tout au long de sa vie. Il a indiqué à maintes reprises que : « La pauvreté n'est pas du socialisme mais doit être éliminée par celui-ci. Ne pas développer les forces productives et ne pas améliorer les conditions d'existence du peuple ne répondent nullement aux exigences du socialisme. »[8] Lorsqu'il dirigeait la réforme, l'ouverture et la modernisation socialiste, le peuple se trouvait au centre de ses préoccupations.

Le camarade Deng Xiaoping s'en est tenu à puiser sagesse idéologique et force de progression dans toute l'œuvre du peuple pour créer l'histoire. Il a dit : « Dans la réforme et l'ouverture que nous entreprenons, de nombreuses idées ont émané des pratiques populaires. » « Il est absolument impossible que des idées nouvelles jaillissent du cerveau d'un seul individu. » Il s'agit de la « sagesse du peuple et de tous »[9]. Il a souligné à plusieurs reprises que le point de départ et l'aboutissement de l'élaboration des principes et des politiques, ainsi que de la prise de décisions, devaient être basés sur le soutien, le consentement, la satisfaction et l'entérinement du peuple. Il a toujours insisté sur l'intérêt du peuple comme principe suprême de sa direction.

L'attachement à la patrie et au peuple est certainement le sentiment le plus profond et le plus puissant qui existe. Nous devons suivre l'exemple du camarade Deng Xiaoping, vouer comme lui une profonde affection pour la patrie et le peuple, lutter infailliblement pour son intérêt, rester fidèles à la patrie et au peuple dans toutes les circonstances, travailler de manière effective à la réalisation de l'objectif du Parti, nous consacrer au Parti et au peuple, et nous atteler corps et âme à leur cause.

– En rendant hommage au camarade Deng Xiaoping, nous devons suivre son exemple et persister comme il le fit à rechercher la vérité dans les faits sur le plan théorique. Ceci est l'une de ses idées principales et un mode idéologique que les communistes chinois se doivent de toujours observer.

Le camarade Deng Xiaoping a persisté dans la ligne idéologique du Parti et dans la recherche de la vérité dans les faits. Il s'est souvent considéré comme « réaliste », et a souligné à maintes reprises la nécessité de se prononcer et d'« agir en se fondant sur les faits ». « Rechercher la vérité dans les faits est la quintessence du marxisme. Il faut insister là-dessus et non sur le fait d'apprendre par cœur ce qui est écrit dans les livres. La réforme et l'ouverture que nous avons entreprises doivent leurs succès à la pratique et au respect de la réalité, non aux livres. »[10] Il faut « gagner l'adhésion des Chinois et veiller à ne pas les payer par des mots »[11]. « Les dirigeants doivent accomplir des actions réellement utiles. »[12] Toute la vie du camarade Deng Xiaoping a permis de déterminer que c'était un penseur, un homme politique et un stratège clairvoyants, ainsi qu'un homme d'action réaliste, pragmatique et consciencieux.

Au début des années 1960, quand notre pays devait faire face à de grandes difficultés, le camarade Deng Xiaoping a mis en garde les cadres à tous les échelons en leur demandant de « présenter la situation réelle ». A cette époque-là, pour redémarrer et développer la production agricole, il a déclaré : « Quelle forme de rapports de production choisir ? Je crois que la seule approche valable se ramène à ceci : adoptons les rapports de production qui permettront le redémarrage le plus rapide de la production agricole dans une région donnée ; conformons-nous aux souhaits du peuple en légalisant, si besoin est, les modalités qu'elles proposent. »[13]

Après le lancement de la politique de réforme et d'ouverture, le camarade Deng Xiaoping a attaché une plus grande importance à l'esprit de recherche de la vérité dans les faits, en disant : « Je n'ai pas lu beaucoup de livres, je crois fermement du fond du cœur au principe énoncé par le président Mao : "rechercher la vérité dans les faits". Autrefois, nous nous sommes appuyés sur ce principe pour faire la guerre ; aujourd'hui, alors que nous œuvrons pour la construction et la réforme, c'est encore sur ce principe que nous nous fondons. »[14] Il a également fait remarquer : « Si l'on veut des critères, il faut que l'on se demande si ce que l'on veut faire peut ou non contribuer à l'essor des forces productives de la société socialiste, peut ou non contribuer à augmenter la puissance globale du pays socialiste, peut ou non contribuer à élever le niveau de vie de la population. » Grâce à ce réalisme, il a réglé de façon résolue et avec sang-froid une série de problèmes majeurs auxquels le Parti et l'Etat se sont retrouvé confrontés, en dirigeant le Parti et le peuple à ouvrir de nouveaux horizons pour leur cause.

Les faits constituent les fondements de la vérité, et le travail d'arrache-pied est la seule voie conduisant à l'accomplissement de notre cause. Cela illustre parfaitement l'adage : « Le verbiage porte atteinte à l'Etat, l'action amène prospérité à la nation. » L'histoire chinoise de la révolution, de la construction et de la réforme a prouvé de façon répétée que la cause du Parti et du peuple ne peut suivre une voie correcte, et obtenir des résultats satisfaisants pour le peuple, qu'après avoir élaboré des politiques et des mesures adaptées à la réalité. Nous devons apprendre la méthode de pensée et l'art de la direction du camarade Deng Xiaoping, qui maîtrisait bien le matérialisme dialectique et le matérialisme historique dans l'observation du monde et le traitement des problèmes. Nous devons suivre son exemple et maîtriser comme lui la réalité et la loi objective, ainsi que faire rayonner un style de travail réaliste et efficace plutôt que de nous contenter du verbiage stérile, afin d'appliquer de manière concrète la théorie, la ligne, le programme, les expériences et les exigences fondamentaux du Parti.

– En rendant hommage au camarade Deng Xiaoping, nous devons nous inspirer de son courage politique d'innover qui incarne son style de direction le plus distinctif, ainsi que la mission historique de l'ensemble des communistes chinois.

En jetant un regard rétrospectif sur les 70 années d'activités révolutionnaires du camarade Deng Xiaoping, on remarque clairement qu'il était imprégné d'un courage extraordinaire qui le poussait à faire table rase du passé et à avancer vaillamment malgré les obstacles, et qu'il était animé d'un élan irrésistible pour créer un nouveau contexte en fonction des idées innovatrices.

En 1975, le camarade Deng Xiaoping a annoncé sans ambages une remise en ordre dans tous les domaines du pays : « Nous sommes actuellement confrontés à de nombreux problèmes et nous ne pourrons les régler sans prendre de mesures énergiques. Cette tâche exige de nous du courage et une ferme détermination. »[15] En 1977, après son retour au pouvoir, face à l'état se confinant idéologiquement dans un carcan formé depuis des années, il a mis en garde, sans ambiguïté, contre « la copie de points de vue écrits dans les livres, dans les documents ou bien mentionnés par les dirigeants, sans aucun dépassement dans les paroles comme dans l'action »[16]. Il nous a vivement recommandé : « Le monde est en constant changement, surtout dans le domaine des sciences et des technologies. Ce qui se passe aujourd'hui en une année équivaut à des dizaines, voire une centaine d'années d'antan. Celui qui se refuse à renouveler le marxisme avec de nouveaux concepts et points de vue n'est pas un vrai marxiste. »[17] « Si, dans un parti, un Etat ou une nation, on se conforme en tous points aux prescriptions livresques, si on laisse l'esprit se pétrifier et s'imprégner d'idées superstitieuses, on piétinera et on perdra sa vitalité, ce qui conduira à la ruine de ce parti et de cet Etat. »[18]

Le camarade Deng Xiaoping a souligné : « Si l'on veut poursuivre la réforme et l'ouverture, il faut montrer plus d'audace et oser faire des expériences nouvelles. On ne doit avancer à petits pas comme les femmes aux pieds bandés. Une fois que l'on sait ce qu'il faut faire, il faut se jeter à l'eau sans craindre les risques et oser faire un bond dans l'inconnu. » « Sans pouvoir frayer une nouvelle voie, il est impossible de rien faire de bon ou de neuf. »[19] Ce sont ici ses premières réponses systématiques apportées à une série de questions fondamentales relatives à la construction, à la consolidation et au développement du socialisme en Chine, pays où l'économie et la culture étaient relativement retardataires. Ces réponses ont révélé l'essence du socialisme, et marqué un autre bond historique dans la combinaison du marxisme avec la réalité chinoise. Il a répondu, de manière théorique et approfondie, dans ses propos tenus lors de sa tournée dans le sud du pays, à un nombre de questions majeures ayant perpétué et restreint l'idéologie chinoise, permettant de promouvoir l'entrée de la réforme, de l'ouverture et de la modernisation socialiste dans une nouvelle époque. Grâce à son initiative et à son soutien, le courant de l'époque composé des vagues de la réforme a historiquement changé l'état d'esprit du peuple chinois ainsi que les aspects de la Chine socialiste et du Parti communiste chinois.

Plus une cause est grande, plus elle est semée d'embûches et d'obstacles et nécessite des innovations. Le socialisme à la chinoise est une cause grandiose et sans précédent. Nous avons un long chemin à parcourir pour accomplir la réforme, l'ouverture et la modernisation socialiste. Dans notre marche en avant, comme nous mènerons une grande lutte aux nombreuses caractéristiques historiques nouvelles, nous devons nous inspirer du courage politique d'innover du camarade Deng Xiaoping, afin d'observer minutieusement les nouvelles pratiques et les nouveaux développements, de respecter l'esprit innovant des gouvernements locaux, des échelons de base et du peuple, de prendre des décisions avec détermination, de promouvoir l'innovation continue, de conduire la nouvelle pratique à la lumière du marxisme en progression, de parvenir à de nouvelles conclusions théoriques par le biais de la pratique, d'oser détruire et construire, de faire œuvre d'un esprit pionnier, et de pousser résolument en avant la réforme et l'ouverture de manière irréversible.

– En rendant hommage au camarade Deng Xiaoping, nous devons nous inspirer de son idée stratégique clairvoyante qui met en évidence son intrépidité révolutionnaire la plus magistrale et endosse un mode de pensée devant être forgé par l'ensemble des communistes chinois.

Le camarade Deng Xiaoping était doué d'un esprit pénétrant et d'une vision prévoyante, avait de nombreuses idées, était apte à trancher les difficultés, et savait saisir les points clés pour maîtriser une situation compliquée. Il observait les développements chinois et mondiaux en tenant toujours compte des relations entre les situations nationale et internationale dans leur ensemble. Il savait réfléchir aux questions d'un point de vue global, et prendre des décisions stratégiques dans un moment critique. Depuis l'entrée dans la nouvelle période de réforme et d'ouverture, et après avoir observé la situation globale des développements nationaux et internationaux, il a pris des décisions stratégiques mettant en jeu le développement durable de la cause du Parti et de l'Etat, ainsi que l'avenir du socialisme.

Le camarade Deng Xiaoping, après avoir profondément analysé

les caractéristiques de notre époque et la situation mondiale, a indiqué que « le monde d'aujourd'hui est un monde ouvert »[20], et que « le bilan des expériences historiques a révélé que si la Chine a longtemps stagné dans le sous-développement, l'une des principales raisons en était le repli sur elle-même. Cette constatation prouve que la Chine ne peut mener avec succès son œuvre d'édification en maintenant ses portes fermées ou en se tenant à l'écart du reste du monde »[21]. Il a eu à cœur l'indépendance et l'autonomie et les a défendues avec détermination car il s'agissait des résultats de longs combats menés par le peuple chinois. Il a mis en garde sur le fait que « les affaires de la Chine doivent être réglées conformément aux conditions du pays et par les Chinois eux-mêmes. L'indépendance et l'autonomie, ainsi que compter sur nos propres forces ont été, sont et seront toujours notre position de base… Aucun pays étranger ne doit s'attendre à ce que la Chine devienne son vassal, ni à ce qu'elle avale des couleuvres au détriment de ses intérêts »[22].

Le camarade Deng Xiaoping a prêté une grande attention aux questions liées à la paix et au développement du monde, en indiquant : « Il est nécessaire de considérer le problème de notre développement dans le cadre du développement de toute l'humanité, et de chercher à examiner et à résoudre de ce point de vue les autres questions. »[23] Il s'est soucié du destin des pays en développement, en soulignant que notre socialisme préconisait la paix : « La Chine partage le destin des autres pays du tiers monde. Elle ne prétendra jamais à l'hégémonie ni ne malmènera personne, elle se tiendra toujours du côté du tiers monde. »[24] Il a également souligné son opposition à toute hégémonie pour défendre la paix mondiale.

La stratégie constitue une question fondamentale pour un parti et un Etat. Un jugement correct, une planification scientifique et une prise de l'initiative sur le plan stratégique assureront l'avenir prometteur de la cause du Parti et de l'Etat. Nous devons étudier la vision mondiale et l'idée stratégique du camarade Deng Xiaoping, qui a dit qu'il fallait « tenir compte de la conjoncture mondiale et de l'avenir, sans perdre de vue les besoins immédiats et les problèmes de

chaque secteur particulier »[25]. Nous devons également apprendre ses
méthodes de pensée et de travail consistant à saisir les points clés pour
maîtriser la situation globale, observer et réfléchir aux questions à la
pointe de notre époque, projeter la cause du Parti et du peuple suivant
le courant historique et avec une vision planétaire, faire ressortir la
grandeur à travers la finesse, anticiper les conséquences possibles dès
les premiers indices, réaliser des percées stratégiques dans la résolution
des problèmes saillants et promouvoir le travail en évaluant stratégi-
quement la situation globale.

– En rendant hommage au camarade Deng Xiaoping, nous devons
nous inspirer de son esprit franc, ouvert et désintéressé. Le charisme
de sa personnalité se dénote particulièrement par la droiture et le
désintéressement, qui sont également des qualités que les communistes chinois doivent forger pour eux-mêmes.

Le camarade Deng Xiaoping, s'étant toujours considéré comme
un membre des travailleurs, s'imposait des exigences selon les normes
communistes, ne cédait en aucun cas aux difficultés, entourait ses
camarades des sentiments affectueux, pratiquait une autodiscipline
rigoureuse, et s'est modestement comporté toute sa vie, nous donnant
un exemple brillant du renforcement de l'esprit du Parti.

Le camarade Deng Xiaoping a toujours placé l'avenir du Parti et
de l'Etat au cœur de ses préoccupations, sans jamais être porté sur ses
intérêts personnels. Il a dit : « A dix-huit ans, j'ai embrassé la cause
révolutionnaire dans le seul but de la faire triompher. »[26] Il a connu
dans sa vie politique « trois destitutions » en raison de son courage
de dire la vérité et de corriger les erreurs, ainsi que « trois réhabilita-
tions » grâce à son esprit large, optimiste, imperturbable, inflexible
et plein d'espoirs envers l'avenir à la suite de chaque destitution due
à une prise à partie infondée. Intrépide et désintéressé, il se déga-
geait avec une ferme volonté de toutes les interférences après chaque
retour au poste de direction et faisait inébranlablement progresser la
mise en formation et en œuvre des lignes, des principes et des politiques corrects. Après la « révolution culturelle », il a repris la direction, déclarant : « En l'occurrence, je suis face à deux options : me

contenter d'être gratifié d'une sinécure ou faire quelque chose utile. A mon avis, en tant que communiste, je ne peux avoir d'idée égoïste ni de préoccupation d'ordre personnel et rester désœuvré à mon poste mandarinal. Je ne peux avoir d'autre choix. »[27] Il a ainsi fait preuve d'un esprit généreux et désintéressé.

Modeste, accommodant, accessible et flexible dans sa coopération avec les autres, le camarade Deng Xiaoping a regardé l'histoire du Parti, traité ses camarades et lui-même de manière objective et impartiale. Pendant les années de guerre révolutionnaire, il a travaillé avec le camarade Liu Bocheng[28] pendant treize ans, scellant entre eux une profonde amitié révolutionnaire. Il savait unir et valoriser ceux qui ne partageaient pas ses avis, sans jamais traiter les personnes et les affaires à partir d'une appréciation ou d'un ressentiment personnel. Il a dit : « Il faut mettre de côté les considérations personnelles. Mieux encore, il ne faut pas hésiter à proposer des candidats qui ont eu des opinions contraires. »[29] Il s'est toujours opposé au privilège et à la corruption, et a imposé des exigences rigoureuses aux siens et à son entourage.

Le camarade Deng Xiaoping ne s'est jamais flatté de ses mérites magistraux. Il a indiqué à maintes reprises : « Ne me mettez pas sur un piédestal ! Ce que j'ai fait n'est que l'expression des aspirations du peuple et du Parti communiste chinois. »[30] Il a traité la vie et la mort d'un esprit matérialiste, disant à sa famille : « Ma mort importe peu, car c'est une loi naturelle. Vous devez vous y préparer. »[31] Après son décès, selon ses dernières volontés, ses cornées ont été données à l'hôpital, son corps servit à la recherche médicale, et ses cendres furent dispersées en mer. Ainsi a-t-il été consacré.

Les communistes ne peuvent s'appuyer que sur leur force de personnalité pour être dignes de leur titre et remporter l'appréciation du peuple. Nous devons suivre l'exemple du camarade Deng Xiaoping, qui s'est dévoué corps et âme à l'intérêt public, détaché de tout égoïsme. Nous devons : accroître notre engagement dans l'identité du Parti ; nous imposer des règles de conduite strictes mais nous montrer indulgents envers les autres ; adopter une attitude correcte à l'égard de l'organisation, de nos camarades, de nous-mêmes et du pouvoir ; mettre en pratique les valeurs essentielles socialistes[32] ; nous consacrer à la cause du Parti et du peuple ; et nous donner en exemple dans l'amélioration du style de travail du Parti, celui du gouvernement et les mœurs sociales.

Les plus précieux biens idéologiques et politiques laissés par le camarade Deng Xiaoping, résident dans le socialisme à la chinoise créé par le Parti et le peuple sous sa direction, ainsi que dans sa théorie. Karl Marx a dit : « Les hommes font leur propre histoire, mais ils ne la font pas de leur propre mouvement, ni dans des conditions choisies par eux-mêmes, mais bien dans les conditions qu'ils trouvent directement et qui leur sont données et transmises. »[33] Les caractéristiques idéologiques et pratiques les plus manifestes du camarade Deng Xiaoping consistent à partir de la réalité, de la situation globale du monde et des conditions nationales pour s'en tenir infailliblement à la recherche de la vérité dans les faits, à la ligne de masse, à l'indépendance et à l'autonomie, que notre parti préconise depuis toujours.

Le socialisme à la chinoise a été un succès et continuera à l'être du fait de sa représentation d'une théorie et d'une pratique adaptées à la réalité et aux caractéristiques chinoises, ainsi que des exigences du développement de notre époque. Le camarade Deng Xiaoping a dit : « Un pays comme le nôtre, qui fait partie des Etats du tiers monde en voie de développement, n'aura pas d'avenir s'il ne préserve pas sa dignité et ne protège pas son indépendance comme la prunelle de ses yeux. »[34] L'indépendance dans la voie, la théorie et le régime constitue le point clé de notre souveraineté, de notre prestige national, de notre dignité et de notre indépendance nationale.

La nation chinoise a créé une brillante civilisation vieille de cinq millénaires. Le peuple chinois a accompli, sous la direction du Parti communiste chinois, de remarquables réalisations dans la construction du socialisme. Nous devons poursuivre notre création sur cette base. Il faut nous efforcer de remédier à nos insuffisances et de rectifier les erreurs et, parallèlement à cela, apprendre avec modestie les choses étrangères bénéfiques et utiles. Cependant, il ne faut pas transposer mécaniquement les modèles des pays étrangers, ni accepter a fortiori ce qui est pernicieux. Nous ne devons pas nous sous-estimer ni oublier nos origines.

Le camarade Deng Xiaoping a ainsi évalué la fondation de la République populaire de Chine : « La Chine s'était fait une place au soleil, et il faut bien compter avec elle. »[35] Par conséquent, il faut se garder de rejeter les acquis victorieux de la révolution de démocratie nouvelle, de nier les réalisations obtenues dans la révolution et la construction socialistes, et de se laisser fléchir sur l'orientation de la réforme, de l'ouverture et de la modernisation socialiste. C'est là la condition préalable qui garantira la place de notre parti et de notre peuple dans le concert des nations et nous permettra d'avancer sur la lancée victorieuse malgré tous les aléas. L'intégralité de l'histoire chinoise depuis les temps modernes a prouvé que les affaires chinoises doivent être menées selon les caractéristiques et les réalités chinoises ; telle est la voie correcte pour régler tous les problèmes de la Chine.

Les dix-sept années qui ont suivi le décès du camarade Deng Xiaoping furent marquées par des bouleversements sur la scène internationale et des tâches complexes et lourdes pour la réforme et le développement au sein même du pays. Sous la direction de l'équipe dirigeante de la troisième génération avec à sa tête le camarade Jiang Zemin, et du Comité central du Parti ayant comme secrétaire général le camarade Hu Jintao, notre parti a uni et guidé notre peuple multiethnique pour persévérer dans la ligne, les principes et les mesures politiques élaborés depuis la 3ᵉ session plénière du XIᵉ Comité central, afin d'obtenir de nouvelles réalisations remarquables dans toutes les œuvres du Parti et de l'Etat. Depuis le XVIIIᵉ Congrès du Parti, son Comité central a uni et dirigé le peuple multiethnique afin de mettre pleinement en application l'esprit de ce congrès et celui de la 3ᵉ session plénière du XVIIIᵉ Comité central du Parti, de porter haut levé le grand drapeau du socialisme à la chinoise, de maintenir le marxisme-léninisme, la pensée de Mao Zedong, la théorie de Deng Xiaoping, la pensée importante de la Triple Représentation et le concept de développement scientifique comme idées directrices, de persévérer dans une vue globale de la situation du pays et de la situation internationale, d'approfondir la réforme sur tous les plans, de promouvoir le développement économique sain et durable, d'améliorer le style de travail du Parti et de travailler pour ouvrir de plus larges perspectives dans la cause du socialisme à la chinoise.

Avec la réalisation progressive du plan sur la modernisation socialiste dessiné par le camarade Deng Xiaoping, notre patrie marche pas à pas vers la prospérité, et la nation chinoise, vers son grand renouveau, ce dont nous sommes très fiers.

Présentement, il nous faut retenir par cœur les termes empreints de sincérité du camarade Deng Xiaoping : « Cela ne fait que quelques dizaines d'années que nous pratiquons le socialisme, nous n'en sommes qu'à nos débuts. Pour consolider et développer le système socialiste, il faudra encore beaucoup de temps. Nous aurons besoin des efforts persévérants de plusieurs, d'une dizaine voire de plusieurs dizaines de générations. »[36] « Le socialisme vise, de par sa nature, à libérer les forces productives, à les développer, à faire disparaître l'exploitation et le fossé entre les riches et les pauvres, jusqu'à atteindre la prospérité commune. »[37] La réalisation de la modernisation socialiste, de la réunification totale de la mère patrie et du grand renouveau de la nation chinoise constitue le vœu cher et ardent que caressaient les révolutionnaires vétérans, dont les camarades Mao Zedong, Deng Xiaoping ainsi que des milliers et des milliers de révolutionnaires des générations précédentes, tout en étant une aspiration partagée par tous les Chinois.

Le camarade Deng Xiaoping a recommandé à tout le Parti : « D'ici à la moitié du siècle prochain, nous passerons par la période la plus cruciale de notre développement. Il nous faudra travailler d'arrache-pied. Quel défi ! »[38] Aujourd'hui, le témoin de relais confié par l'histoire nous est transmis, et nous sommes conscients de notre responsabilité aussi lourde que le mont Taishan. Tout le Parti doit s'unir, avoir le courage de relever les défis et travailler d'arrache-pied, pour diriger notre peuple multiethnique à remporter de nouvelles victoires dans un esprit de progression, à perfectionner et à développer le socialisme à la chinoise, afin d'apporter une contribution plus grande encore à la noble cause de la paix et du développement de l'humanité.

Nous sommes convaincus que le Parti communiste chinois et notre peuple, qui ont remporté de grandes victoires historiques au XXe siècle, enregistreront de nouvelles réussites au XXIe siècle !

Notes :

[1] Deng Xiaoping : « Ma volonté de venir en Russie », *Manuscrits choisis de Deng Xiaoping*, Editions des Archives de Chine, 2004, pages 33-34.

[2] Deng Xiaoping : « Edifier un socialisme à la chinoise », *Textes choisis de Deng Xiaoping*, tome III, Editions du Peuple, 1993, page 63.

[3] Deng Xiaoping : « Points essentiels des propos tenus à Wuchang, Shenzhen, Zhuhai et Shanghai », *Textes choisis de Deng Xiaoping*, tome III, Editions du Peuple, 1993, pages 382-383.

[4] Deng Xiaoping : « Cimenter l'union de tout le peuple avec une ferme conviction », *Textes choisis de Deng Xiaoping*, tome III, Editions du Peuple, 1993, page 190.

[5] Préface rédigée le 14 février 1981 par Deng Xiaoping pour la version anglaise des *Œuvres choisies du vice-président Deng Xiaoping*, Editions Pergamon (*Annales de la pensée de Deng Xiaoping 1975-1997*, Editions de la documentation centrale, 2011, page 349).

[6] Deng Xiaoping : « Lettre au bureau politique », *Textes choisis de Deng Xiaoping*, tome III, Editions du Peuple, 1993, page 323.

[7] Deng Xiaoping : « Appliquer la politique de réajustement et assurer la stabilité et l'unité », *Textes choisis de Deng Xiaoping*, tome II, Editions du Peuple, 1994, page 368.

[8] Deng Xiaoping : « Promouvoir la démocratie sur le plan politique et la réforme en matière d'économie », *Textes choisis de Deng Xiaoping*, tome III, Editions du Peuple, 1993, page 116.

[9] Deng Xiaoping : « Propos tenus lors de l'examen des 23 et 24 juillet 1992 du rapport du XIVe Congrès du Parti », *Annales de la pensée de Deng Xiaoping 1975-1997*, Editions de la documentation centrale, 2011, pages 711-712.

[10] Deng Xiaoping : « Points essentiels des propos tenus à Wuchang, Shenzhen, Zhuhai et Shanghai », *Textes choisis de Deng Xiaoping*, tome III, Editions du Peuple, 1993, page 382.

[11] Deng Xiaoping : « Nous avons besoin d'un collectif dirigeant d'avenir résolu à mener à bien la réforme », *Textes choisis de Deng Xiaoping*, tome III, Editions du Peuple, 1993, page 299.

[12] Deng Xiaoping : « Il faut développer l'éducation », *Textes choisis de Deng Xiaoping*, tome III, Editions du Peuple, 1993, page 121.

[13] Deng Xiaoping : « Comment relancer la production agricole », *Textes choisis de Deng Xiaoping*, tome I, Editions du Peuple, 1994, page 323.

[14] Deng Xiaoping : « Points essentiels des propos tenus à Wuchang, Shenzhen, Zhuhai et Shanghai », *Textes choisis de Deng Xiaoping*, tome III, Editions du Peuple, 1993, page 382.

[15] Deng Xiaoping : « Il faut remettre de l'ordre dans tous les domaines », *Textes choisis de Deng Xiaoping*, tome II, Editions du Peuple, 1994, page 35.

[16] Deng Xiaoping : « Libérer notre esprit, rechercher la vérité dans les faits et nous unir en portant nos regards vers l'avenir », *Textes choisis de Deng Xiaoping*, tome II, Editions du Peuple, 1994, page 142.

[17] Deng Xiaoping : « Liquidons le passé pour tourner nos regards vers l'avenir », *Textes choisis de Deng Xiaoping*, tome III, Editions du Peuple, 1993, pages 291-292.

[18] Deng Xiaoping : « Libérer notre esprit, rechercher la vérité dans les faits et nous unir en portant nos regards vers l'avenir », *Textes choisis de Deng Xiaoping*, tome II, Editions du Peuple, 1994, page 143.

[19] Deng Xiaoping : « Points essentiels des propos tenus à Wuchang, Shenzhen, Zhuhai et Shanghai », *Textes choisis de Deng Xiaoping*, tome III, Editions du Peuple, 1993, page 372.

[20] Deng Xiaoping : « Edifier un socialisme à la chinoise », *Textes choisis de Deng Xiaoping*, tome III, Editions du Peuple, 1993, page 64.

[21] Deng Xiaoping : « Notre grand objectif et notre politique fondamentale », *Textes choisis de Deng Xiaoping*, tome III, Editions du Peuple, 1993, page 78.

[22] Deng Xiaoping : « Allocution d'ouverture au XIIe Congrès du Parti communiste chinois », *Textes choisis de Deng Xiaoping*, tome III, Editions du Peuple, 1993, page 3.

[23] Deng Xiaoping : « Etablir un nouvel ordre international sur la base des Cinq principes de la coexistence pacifique », *Textes choisis de Deng Xiaoping*, tome III, Editions du Peuple, 1993, page 282.

[24] Deng Xiaoping : « Sauvegarder la paix mondiale et mener à bien l'édification du pays », *Textes choisis de Deng Xiaoping*, tome III, Editions du Peuple, 1993, page 56.

[25] Deng Xiaoping : « Nous avons besoin d'un collectif dirigeant d'avenir résolu à mener à bien la réforme », *Textes choisis de Deng Xiaoping*, tome III, Editions du Peuple, 1993, page 300.

[26] Deng Xiaoping : « Considérer les relations sino-japonaises dans une perspective à long terme », *Textes choisis de Deng Xiaoping*, tome III, Editions du Peuple, 1993, page 54.

[27] Deng Xiaoping : « Allocution du 21 juin 1977 à la 3e session plénière du Xe

Congrès du Parti communiste chinois », *Annales de la pensée de Deng Xiaoping 1975-1997*, Editions de la documentation centrale, 1998, pages 29-30.

[28] Liu Bocheng (1892-1986), né dans le district de Kaixian du Sichuan (aujourd'hui dans la municipalité de Chongqing), révolutionnaire prolétarien, stratège, théoricien militaire marxiste et l'un des maréchaux de la République populaire de Chine.

[29] Deng Xiaoping : « Nous avons besoin d'un collectif dirigeant d'avenir résolu à mener à bien la réforme », *Textes choisis de Deng Xiaoping*, tome III, Editions du Peuple, 1993, page 300.

[30] Deng Xiaoping : « Il n'existe pas de contradiction fondamentale entre le socialisme et l'économie de marché », *Textes choisis de Deng Xiaoping*, tome III, Editions du Peuple, 1993, page 151.

[31] Deng Xiaoping : « Propos tenus le 12 juillet 1992 avec son frère cadet Deng Ken », *Annales de la pensée de Deng Xiaoping 1975-1997*, Editions de la documentation centrale, 2011, page 710.

[32] Selon le rapport présenté lors du XVIIIe Congrès du Parti communiste chinois, intitulé *Suivre résolument la voie du socialisme à la chinoise et lutter pour parachever la construction in extenso de la société de moyenne aisance*, « nous mettrons à l'honneur les actes qui contribuent à la prospérité, à la démocratie, à la civilisation et à l'harmonie, encouragerons la valorisation des concepts de liberté, d'égalité, d'impartialité et des pratiques de la gouvernance en vertu de la loi, recommanderons le patriotisme, le dévouement au travail, la loyauté et la bienveillance, et cultiverons et appliquerons activement les valeurs essentielles socialistes ».

[33] Karl Marx : « Le 18 Brumaire de Louis Bonaparte », *Œuvres choisies de Marx et d'Engels*, tome II, Editions du Peuple, 2009, pages 470-471.

[34] Deng Xiaoping : « C'est aux Etats-Unis de mettre fin à l'hiver des relations sino-américaines », *Textes choisis de Deng Xiaoping*, tome III, Editions du Peuple, 1993, page 331.

[35] Deng Xiaoping : « Notre devise doit rester : endurance et esprit de sacrifice », *Textes choisis de Deng Xiaoping*, tome III, Editions du Peuple, 1993, page 289.

[36] Deng Xiaoping : « Points essentiels des propos tenus à Wuchang, Shenzhen, Zhuhai et Shanghai », *Textes choisis de Deng Xiaoping*, tome III, Editions du Peuple, 1993, pages 379-380.

[37] Deng Xiaoping : « Points essentiels des propos tenus à Wuchang, Shenzhen, Zhuhai et Shanghai », *Textes choisis de Deng Xiaoping*, tome III, Editions du Peuple, 1993, page 373.

[38] Deng Xiaoping : « Points essentiels des propos tenus à Wuchang, Shenzhen, Zhuhai et Shanghai », *Textes choisis de Deng Xiaoping*, tome III, Editions du Peuple, 1993, page 383.

La direction du Parti communiste chinois est la caractéristique la plus essentielle du socialisme à la chinoise[*]

(5 septembre 2014 – 13 février 2017)

I

La direction du Parti communiste chinois est la caractéristique la plus essentielle du socialisme à la chinoise. Sans le Parti communiste, il n'y aurait ni la Chine nouvelle ni sa prospérité. Du maintien de ce solide noyau de direction qu'est le Parti communiste chinois, dépend l'avenir de la nation chinoise. La direction du Parti communiste chinois soutient et garantit la réalisation de la souveraineté populaire. Nous devons insister sur le rôle du Parti en tant que noyau dirigeant qui maîtrise l'ensemble de la situation et coordonne les actions des diverses parties, et assurer, par le biais du système des assemblées populaires, la matérialisation intégrale et l'application efficace de la ligne, des principes, des politiques, des décisions et des mesures du Parti dans les activités de l'Etat. Il faut soutenir et garantir le fonctionnement des organes du pouvoir de l'Etat en vertu de la Constitution et des lois, de façon active, indépendante et coordonnée. Il faut sans cesse renforcer et améliorer la direction du Parti, savoir transformer, par la procédure légale, les propositions du Parti en volonté de l'Etat, savoir transformer, par la procédure légale, les candidats proposés par les organisations du Parti en dirigeants des organes du pouvoir de l'Etat, savoir mettre en œuvre, à travers les organes du pouvoir de

---

[*] Extraits de discours prononcés entre le 5 septembre 2014 et le 13 février 2017 portant sur le renforcement de la direction du Parti.

20

l'Etat, la direction du Parti dans les affaires de l'Etat et de la société, et savoir utiliser le principe de centralisme démocratique pour sauvegarder l'autorité du Parti et de l'Etat et défendre la cohésion et l'unité de tout le Parti et de tout le pays.

(Discours prononcé le 5 septembre 2014 lors de la conférence célébrant le 60ᵉ anniversaire de l'Assemblée populaire nationale)

II

La direction du Parti communiste chinois est un choix commun du peuple chinois multiethnique comprenant les divers partis démocratiques, les différents groupements populaires, les multiples ethnies, les groupes sociaux et les personnalités de divers milieux. Elle incarne la caractéristique la plus essentielle du socialisme à la chinoise et la garantie fondamentale pour le développement et le progrès de la cause de la CCPPC. Ce n'est qu'en préservant inébranlablement le rôle dirigeant du Parti communiste chinois que la cause de la CCPPC pourra se développer dans la bonne direction.

(Discours prononcé le 21 septembre 2014 lors de la célébration du 65ᵉ anniversaire de la fondation de la CCPPC)

III

Pour conduire les 1,3 milliard de Chinois vers la société de moyenne aisance, notre parti doit s'adapter à la nouvelle normalité du développement économique, la maîtriser et l'orienter. Il doit innover dans les concepts, les systèmes, les modes et les moyens de sa direction du développement socio-économique, améliorer sa capacité dans la maîtrise de l'orientation, la planification globale, la proposition de stratégies, l'élaboration de politiques et la promotion de la réforme, déterminer la direction du développement et jouer son rôle de timonier.

(Discours prononcé le 29 octobre 2015 lors de la 2ᵉ séance générale de la 5ᵉ session plénière du XVIIIᵉ Comité central du Parti)

IV

L'exercice du pouvoir par le Parti communiste chinois est une source de bonheur pour la Chine, pour son peuple et pour la nation. Tous ceux qui connaissent bien l'histoire moderne, l'histoire contemporaine et l'histoire révolutionnaire de la Chine réalisent facilement que, sans la direction du Parti communiste chinois, notre pays et notre nation n'auraient pu obtenir ces résultats inédits, ni bénéficier d'un statut international sans précédent. Au sujet de la persévérance dans la direction du Parti, qui est d'ailleurs un principe essentiel, nous devons tout particulièrement rester vigilants, garder une vision claire et de fermes positions ; aucune ambiguïté et aucune hésitation ne sont permises.

(Discours prononcé le 11 décembre 2015 lors
de la conférence nationale sur le travail des écoles du Parti)

V

Le maintien de la direction centralisée et unifiée du Comité central du Parti, et l'instauration et la sauvegarde du noyau dirigeant du Parti constituent l'aspiration commune de tout le Parti, de tout le pays et de notre peuple multiethnique, la demande pressante de promouvoir l'application intégrale d'une discipline rigoureuse dans les rangs du Parti, ainsi que d'accroître la créativité, la cohésion et la combativité du Parti, et la garantie fondamentale du développement de la cause de notre parti et de notre pays dans la juste orientation.

(Explications sur les « Principes de la vie politique au
sein du Parti pour la nouvelle situation » et le « Règlement sur le
contrôle interne du Parti communiste chinois » faites le 24 octobre 2016
lors de la 6ᵉ session plénière du XVIIIᵉ Comité central du Parti)

VI

Nos ancêtres disaient : « Le non-respect des ordres nuit à la gestion des affaires. » La direction du Parti couvre tous les milieux et toutes les régions. La théorie, la ligne, les principes et les mesures politiques élaborés par le Comité central du Parti constituent les références et la base pour unifier l'esprit, la volonté et l'action de tout le Parti, de tout le pays et de notre peuple multiethnique. Ce n'est qu'en étant une figure d'autorité que le Comité central du Parti peut solidement rassembler tout le Parti et puis unir toutes les communautés ethniques, afin de former une force ardente, unanime et capable de vaincre toutes les difficultés. En revanche, si le Comité central du Parti n'avait pas de rôle d'autorité, que la théorie, la ligne, les principes et les mesures politiques du Parti faisaient l'objet d'un rejet arbitraire, et que chacun possédait son propre royaume, et agissait à sa guise, le Parti deviendrait désuni, comme dans un « club » aux membres volatiles. Dans ce cas, à quoi bon parler de la direction du Parti ?

(Allocution prononcée le 13 février 2017 au colloque des principaux dirigeants provinciaux et ministériels sur l'assimilation de l'esprit de la 6ᵉ session plénière du XVIIIᵉ Comité central du Parti)

Promouvoir de façon synergique les dispositions stratégiques des Quatre Intégralités[*]

(13 décembre 2014 – 29 janvier 2016)

I

Il est nécessaire de mettre en application sur tous les plans l'esprit du XVIIIᵉ Congrès du Parti et celui des 3ᵉ et 4ᵉ sessions plénières du XVIIIᵉ Comité central du Parti, de concrétiser l'esprit de la Conférence centrale sur le travail économique, de maîtriser la nouvelle normalité de la croissance économique et de s'y adapter, de promouvoir de manière coordonnée l'édification intégrale de la société de moyenne aisance, l'approfondissement intégral de la réforme, la promotion intégrale de la gouvernance de l'Etat en vertu de la loi et l'application intégrale d'une discipline rigoureuse dans les rangs du Parti, ainsi que de faire franchir un nouveau palier à la réforme, à l'ouverture et à la modernisation socialiste.

(Points essentiels du discours prononcé lors d'une inspection les 13 et 14 décembre 2014 dans la province du Jiangsu)

II

Depuis le XVIIIᵉ Congrès du Parti, nous avons proposé la promotion coordonnée de l'édification intégrale de la société de moyenne aisance, de l'approfondissement intégral de la réforme, de la promotion intégrale de la gouvernance de l'Etat en vertu de la loi et de l'ap-

---

[*] Extraits de discours sur la promotion coordonnée des dispositions stratégiques des Quatre Intégralités.

plication intégrale d'une discipline rigoureuse dans les rangs du Parti. Ces Quatre Intégralités constituent les principales contradictions à régler dans l'actuel développement de la cause du Parti et de l'Etat. Au cours de la promotion de ces Quatre Intégralités, nous devons mettre l'accent non seulement sur une planification globale, mais aussi sur les points qui constituent les enjeux essentiels. Par exemple, nous avons procédé à une planification globale de l'édification intégrale de la société de moyenne aisance, tout en soulignant que « l'émergence de la société de moyenne aisance dépend en fin de compte de la population » ; nous avons réalisé une conception globalisée de l'approfondissement intégral de la réforme tout en exigeant de la mener à bien dans les secteurs et chaînons clés ; nous avons pris des dispositions systématiques concernant la promotion intégrale de la gouvernance de l'Etat en vertu de la loi tout en demandant de prendre comme principaux objectif et point clé le système légal socialiste à la chinoise ; nous avons formulé des exigences concernant l'application intégrale d'une discipline rigoureuse dans les rangs du Parti tout en concentrant nos efforts sur la lutte contre les « quatre vices »[1] qui suscitent de vives réactions parmi les masses, ainsi que sur celle contre la corruption, en vue de réprimer toute tentative, envie et possibilité de se corrompre. Dans toutes nos activités, nous devons nous conformer à la théorie selon laquelle chaque chose a deux aspects, tout en saisissant les points clés. Nous ne pouvons mener à bien aucune activité si nous n'arrivons pas à distinguer ce qui est essentiel de ce qui est secondaire ou si nous mélangeons les torchons et les serviettes.

(Points essentiels du discours prononcé le 23 janvier 2015 à la 20e séance d'étude du Bureau politique du XVIIIe Comité central du Parti)

III

Depuis le XVIIIe Congrès du Parti, le Comité central a avancé et formé les dispositions stratégiques de l'édification intégrale de la société de moyenne aisance, de l'approfondissement intégral de la réforme, de la promotion intégrale de la gouvernance de l'Etat en vertu de la loi et de l'application intégrale d'une discipline rigoureuse dans les rangs du Parti, en se basant sur la situation globale du maintien et du développement du socialisme à la chinoise. Ces dispositions stratégiques couvrent un objectif et trois mesures stratégiques, ayant chacune un rôle primordial. L'édification intégrale de la société de moyenne aisance constitue notre objectif et sa réalisation d'ici 2020 permettra de porter le niveau de développement chinois à un nouveau palier. Nous devons donc concentrer tous nos efforts sur cet objectif. L'approfondissement intégral de la réforme, la promotion intégrale de la gouvernance de l'Etat en vertu de la loi et l'application intégrale d'une discipline rigoureuse dans les rangs du Parti constituent trois mesures stratégiques, et toutes trois sont indispensables pour la réalisation de l'édification intégrale de la société de moyenne aisance. Sans l'approfondissement intégral de la réforme, le développement n'aura pas la force motrice suffisante et la société manquera de vitalité. Sans la promotion intégrale de la gouvernance de l'Etat en vertu de la loi, la vie de l'Etat et la vie sociale ne fonctionneront pas de manière ordonnée et nous ne pourrons assurer l'harmonie et la stabilité sociales. Sans l'application intégrale d'une discipline rigoureuse dans les rangs du Parti, celui-ci ne sera pas assez compétent pour « battre le fer » et ne pourra mettre pleinement en valeur son rôle de noyau dirigeant.

Mener à bien toutes les activités relatives à la promotion intégrale de la gouvernance de l'Etat en vertu de la loi revêt une importante signification pour ces dispositions stratégiques. Sans la promotion intégrale de la gouvernance de l'Etat en vertu de la loi, nous n'arriverons pas à correctement gouverner le pays, ni à correctement exercer le pouvoir public. Nos dispositions stratégiques seront réduites à néant. Il faut intégralement promouvoir la gouvernance de l'Etat en vertu de la loi en tenant compte de la situation globale des dispositions stratégiques des Quatre Intégralités, approfondir nos connaissances sur ses relations avec les trois autres aspects, et travailler pour que les Quatre Intégralités se complètent, se stimulent et se renforcent réciproquement.

(Extraits du discours prononcé le 2 février 2015 au colloque
des principaux dirigeants provinciaux et ministériels sur l'étude
et l'application de l'esprit de la 4ᵉ session plénière du XVIIIᵉ
Comité central du Parti ainsi que sur la promotion intégrale
de la gouvernance de l'Etat en vertu de la loi)

IV

Il faut travailler au service des dispositions stratégiques de l'édification intégrale de la société de moyenne aisance, de l'approfondissement intégral de la réforme, de la promotion intégrale de la gouvernance de l'Etat en vertu de la loi et de l'application intégrale d'une discipline rigoureuse dans les rangs du Parti. Ces Quatre Intégralités sont proposées afin de régler les contradictions et problèmes saillants auxquels la Chine est confrontée, à partir des exigences réelles du développement chinois et des attentes du peuple. Le front uni a ses propres avantages. Il doit être en mesure d'apporter une contribution à la matérialisation des Quatre Intégralités.

(Points essentiels du discours prononcé le 11 février 2015 lors
de la réception organisée à l'occasion de la Fête du printemps
en présence des personnalités non communistes)

V

Depuis plus de deux ans, nous avons, en nous basant sur la réalité du développement chinois et en suivant le principe « se focaliser sur les problèmes », mis progressivement en forme et activement promu les dispositions stratégiques de l'édification intégrale de la société de moyenne aisance, de l'approfondissement intégral de la réforme, de la promotion intégrale de la gouvernance de l'Etat en vertu de la loi et de l'application intégrale d'une discipline rigoureuse dans les rangs du Parti. Cela constitue la stratégie de la gouvernance du pays à notre époque, ainsi qu'une garantie importante de la réalisation du rêve chinois de grand renouveau de la nation.

(Points essentiels des propos tenus le 29 mars 2015 lors de sa ren-
contre avec les membres du conseil du Forum asiatique de Bo'ao)

VI

Depuis le XVIIIe Congrès du Parti, le Comité central, en partant de la situation générale du maintien et du développement du socialisme à la chinoise, a formulé et mis en forme les dispositions stratégiques de l'édification intégrale de la société de moyenne aisance, de l'approfondissement intégral de la réforme, de la promotion intégrale de la gouvernance de l'Etat en vertu de la loi et de l'application intégrale d'une discipline rigoureuse dans les rangs du Parti, fixant ainsi l'objectif et les mesures stratégiques de toutes les activités du Parti et de l'Etat à notre époque. Tout cela a fourni une indication théorique et pratique pour la réalisation des objectifs des « deux centenaires » et celle du rêve chinois de grand renouveau de la nation.

(Points essentiels du discours prononcé le 28 avril 2015 lors
de la Conférence pour le 1er mai, Fête internationale du travail,
et mettre à l'honneur les travailleurs modèles et les travailleurs
d'avant-garde au niveau national)

VII

A l'heure actuelle, la Chine promeut de manière coordonnée l'édification intégrale de la société de moyenne aisance, l'approfondissement intégral de la réforme, la promotion intégrale de la gouvernance de l'Etat en vertu de la loi et l'application intégrale d'une discipline rigoureuse dans les rangs du Parti, tout en proposant l'objectif et les mesures stratégiques de la gouvernance de l'Etat à notre époque.

L'édification intégrale de la société de moyenne aisance incarne l'objectif stratégique actuel, ainsi que le point clé de la réalisation du rêve chinois de grand renouveau de la nation. Nous continuerons à centrer tous nos efforts sur l'édification économique et nous engagerons dans la construction de la société de moyenne aisance, où les fruits de la construction, de la réforme et du développement sont réellement partagés par la population, et qui est caractérisée par un développement intégral sur les plans économique, politique, culturel, social et écologique. Nous poursuivrons fermement l'approfondissement de la réforme pour promouvoir la modernisation du système et de la capacité de gouvernance de l'Etat et réaliser un développement sain et régulier de l'économie et de la société. Nous insisterons sur la nécessité de diriger l'Etat, d'exercer le pouvoir et de conduire les affaires administratives dans le respect de la loi, sur l'édification intégrale d'un appareil d'Etat, d'une administration et d'une société fondés sur le droit, mais aussi sur le caractère scientifique de la législation, la rigueur de l'application de la loi, l'impartialité de la justice et le respect de la loi par tous. Nous perfectionnerons sur tous les plans l'édification du Parti, et accroîtrons la capacité du Parti pour ses propres perfectionnement, rénovation et amélioration. Nous continuerons à observer une attitude inflexible et une tolérance zéro à l'égard de la corruption, perfectionnerons l'édification institutionnelle et améliorerons inlassablement notre capacité d'action dans l'exercice du pouvoir.

(Extraits du discours prononcé le 9 juillet 2015 lors
de la 7ᵉ rencontre des dirigeants des BRICS)

VIII

Depuis le XVIIIe Congrès du Parti, afin de réaliser les objectifs des « deux centenaires » et le rêve chinois de grand renouveau de la nation, nous avons, à partir de la réalité chinoise, formulé les dispositions stratégiques des Quatre Intégralités, à savoir : l'édification intégrale de la société de moyenne aisance, l'approfondissement intégral de la réforme, la promotion intégrale de la gouvernance de l'Etat en vertu de la loi et l'application intégrale d'une discipline rigoureuse dans les rangs du Parti. L'édification intégrale de la société de moyenne aisance marque le premier pas de notre objectif ainsi qu'une étape fondamentale. Au moment de la réalisation de cet objectif, le volume économique chinois approchera les 17 000 milliards de dollars américains, accompagné d'une amélioration sensible du niveau de vie de la population.

Pour réaliser notre objectif, il faut intégralement approfondir la réforme et promouvoir la modernisation du système et de la capacité de gouvernance de l'Etat. Aujourd'hui, la réforme progresse à pas sûrs. Son approfondissement promouvra certainement l'ouverture sur l'extérieur, créera un environnement plus ouvert, plus flexible et plus transparent aux capitaux étrangers, et ouvrira des horizons plus larges à la coopération avec tous les pays du monde dont les Etats-Unis. Dans le même temps, nous soutenons la promotion intégrale de la gouvernance de l'Etat en vertu de la loi, pour que celle-ci et l'approfondissement intégral de la réforme constituent les deux ailes, ou les deux roues, de l'édification intégrale de la société de moyenne aisance. Le Parti communiste chinois est un parti entièrement dévoué au service du peuple et il se doit de maintenir une relation étroite avec lui. En conséquence, pour bien gouverner le pays, il faut commencer par bien gérer le Parti. Et pour bien gérer le Parti, il faut appliquer une discipline rigoureuse dans ses rangs. Il faut s'attaquer fermement aux tendances nuisibles et à la corruption en son sein. La lutte contre la corruption, pour réprimer aussi bien les « tigres » que les « mouches », a été applaudie par l'ensemble du peuple. Nous continuerons à renforcer la lutte contre la corruption en vertu de la loi et par le biais institutionnel, afin de créer un environnement juridique et une ambiance politique où personne n'ose, ne peut ni ne veut pratiquer la corruption.

(Extraits du discours prononcé le 23 septembre 2015 lors
de la réception de bienvenue organisée par les milieux
des ressortissants chinois à Seattle, Etats-Unis)

IX

Les dispositions stratégiques des Quatre Intégralités couvrent non seulement un objectif stratégique, mais aussi des mesures tactiques. Chaque aspect a un rôle stratégique d'importance majeure. Ces Quatre Intégralités constituent la stratégie globale de la gouvernance de l'Etat à notre époque, ainsi qu'une stratégie globale mettant en jeu le développement à long terme du Parti et de notre Etat. Pour promouvoir le développement socio-économique au cours du XIIIe Plan quinquennal, il faut invariablement positionner l'édification intégrale de la société de moyenne aisance comme objectif stratégique, ainsi que l'approfondissement intégral de la réforme, la promotion intégrale de la gouvernance de l'Etat en vertu de la loi et l'application intégrale d'une discipline rigoureuse dans les rangs du Parti comme mesures stratégiques, mais également travailler pour que ces Quatre Intégralités se complètent et se renforcent mutuellement.

(Points essentiels du discours prononcé le 29 janvier 2016 lors de la
30e séance d'étude du Bureau politique du XVIIIe
Comité central du Parti)

Note :

[1] Les « quatre vices » désignent le formalisme, la bureaucratie, l'hédonisme et le goût du luxe.

Le rêve chinois ne peut réussir que lorsqu'il s'associe avec l'aspiration du peuple à une vie meilleure*

(22 septembre 2015)

Depuis la naissance de la Chine nouvelle en 1949, et particulièrement depuis le lancement de la politique de réforme et d'ouverture en 1978, la Chine a parcouru un chemin peu ordinaire. Les Chinois de ma génération en ont fait leur expérience personnelle.

Vers la fin des années 1960, à un peu plus de dix ans à peine, j'ai quitté Beijing et me suis rendu à Liangjiahe, un petit village de Yan'an dans la province du Shaanxi, pour travailler comme paysan dans les champs en tant que jeune instruit. J'y ai passé sept années. A cette période-là, j'habitais comme les villageois dans une grotte et dormais sur un lit de briques. Les villageois menaient une vie tellement pauvre qu'ils passaient plusieurs mois sans pouvoir manger un simple morceau de viande. Je savais profondément ce dont ils avaient besoin par-dessus tout ! Plus tard, devenu secrétaire de la cellule du Parti pour ce village, j'ai dirigé les villageois à se lancer dans la production. Je connaissais leurs besoins. L'une de mes aspirations consistait à fournir aux villageois un repas avec de la viande et à normaliser les occasions de ce genre. Cependant, à cette époque, il était difficile d'exaucer mon vœu.

Cette année, lors de la Fête du printemps, je suis retourné dans ce petit village, à présent desservi par des routes goudronnées. Les villageois vivent dans des maisons en briques et ont accès à Internet ; les personnes âgées bénéficient d'une assurance vieillesse de base ; les villageois jouissent d'une assurance maladie et les enfants accèdent à

---

* Extraits du discours au banquet de bienvenue donné conjointement par les autorités de l'Etat de Washington et des associations d'amitié américaines.

32

une meilleure instruction. Bien entendu, de nos jours, la viande n'est plus un mets rare dans leurs repas. J'ai de plus en plus pris conscience que le rêve chinois était le rêve du peuple et qu'il ne pouvait être réalisé qu'en s'associant à l'aspiration du peuple chinois à une vie meilleure.

Les changements ayant eu lieu dans le petit village de Liangjiahe incarnent l'image réduite du progrès social en Chine depuis la mise en œuvre de la réforme et de l'ouverture. Il aura fallu une trentaine d'années pour que le volume économique global chinois se hisse à la 2e place mondiale, et que les 1,3 milliard de Chinois se débarrassent de la pénurie matérielle, mènent une vie moyennement aisée de manière générale et jouissent d'une dignité et de droits sans précédent. Il s'agit non seulement d'énormes changements dans la vie de notre peuple, mais également d'un progrès majeur dans la civilisation humaine et d'une contribution importante de la Chine à la paix et au développement du monde.

Dans le même temps, nous sommes conscients que la Chine reste le plus grand pays en développement dans le monde. Son PIB par habitant, qui se place approximativement au 80e rang mondial, n'équivaut qu'aux deux tiers de la moyenne mondiale ou qu'à un septième de celui des Etats-Unis. Selon nos propres critères, la Chine compte encore plus de 70 millions de personnes démunies et, selon ceux de la Banque mondiale, plus de 200 millions de Chinois vivent en-dessous du seuil de pauvreté. La Chine compte par ailleurs 70 millions de citadins et de ruraux faisant l'objet des minima sociaux, ainsi que 85 millions de personnes handicapées. Ces deux dernières années, je me suis rendu dans plusieurs régions démunies et j'ai rendu visite à de nombreuses familles pauvres. Leur ardente aspiration à une vie heureuse m'a profondément impressionné.

Tout cela prouve que le peuple chinois doit continuer à déployer de gros efforts s'il espère mener une vie heureuse. Le développement reste la première priorité de la Chine contemporaine. La première tâche de ceux au pouvoir en Chine consiste à concentrer tous leurs efforts sur l'amélioration de la vie du peuple et sur la réalisation progressive d'une prospérité commune. Par conséquent, nous avons proposé les objectifs des « deux centenaires », soit : doubler d'ici 2020 le PIB et le revenu par habitant en ville et à la campagne par rapport à ceux de 2010 afin de parachever l'édification intégrale de la société de moyenne aisance ; et faire de la Chine un pays socialiste moderne, prospère, puissant, démocratique, harmonieux et hautement civilisé au milieu du XXIe siècle afin de réaliser le grand renouveau de la nation chinoise. Tous nos efforts fournis à l'heure actuelle ont pour but de réaliser ces objectifs. Pour parachever l'édification intégrale de la société de moyenne aisance, il faut approfondir la réforme dans tous les domaines, administrer le pays en vertu de la loi sur tous les plans et gérer strictement l'ensemble du Parti, ce qui constitue les dispositions stratégiques des Quatre Intégralités.

Rester fidèle à l'engagement initial et poursuivre notre marche en avant*

(1ᵉʳ juillet 2016)

« Du miroir, nous découvrons la figure, du passé, nous connaissons le futur. »[1] Aujourd'hui, si nous revenons sur notre histoire, c'est parce que nous voulons faire le bilan de nos expériences, apprendre les lois de l'histoire, mais également nous donner le courage et la force d'aller de l'avant au lieu de chercher du réconfort dans notre réussite, encore moins de nous reposer sur nos lauriers et de trouver des excuses pour contourner les difficultés que nous devons affronter aujourd'hui.

Le XVIIIᵉ Congrès du Parti a indiqué que la poursuite et le développement du socialisme à la chinoise constituaient une tâche historique ardue et de longue haleine, pour laquelle nous devons être prêts à mener une grande lutte aux nombreuses caractéristiques historiques nouvelles. Cela nécessite à tout le Parti d'être prêt à relever les défis, à prévenir les risques, à surmonter les obstacles et à résoudre les problèmes, à poursuivre et développer le socialisme à la chinoise, à maintenir et consolider son rôle dirigeant et son statut de parti au pouvoir, afin que notre parti, notre pays et notre peuple demeurent invincibles.

L'histoire évolue inexorablement sans jamais attendre les indécis, les attentistes, les paresseux ou les lâches. Seuls ceux qui avancent avec l'histoire et partagent le sort de l'époque peuvent avoir de belles perspectives.

Notre parti a déjà parcouru un trajet long de 95 années, mais nous devons maintenir l'esprit combatif des communistes chinois lors de la

---

* Extraits du discours à l'occasion de la célébration du 95ᵉ anniversaire de la fondation du Parti communiste chinois.

fondation du Parti et préserver pour toujours notre cœur pur envers le peuple. En marchant en avant, on ne doit jamais oublier la voie parcourue. Quelle que soit la distance réalisée, et quels que soient les exploits accomplis, on ne doit pas oublier son passé et la cause de son départ. Face à l'avenir et aux défis, nous tous, membres du Parti, devrons rester fidèles à notre engagement initial et poursuivre notre marche en avant.

– Rester fidèle à l'engagement initial et poursuivre notre marche en avant signifie que nous devons maintenir le statut de pensée directrice du marxisme, combiner les principes fondamentaux du marxisme avec la réalité de la Chine et les caractéristiques de notre époque, et promouvoir l'innovation en théorie comme en pratique, afin de faire sans cesse progresser la sinisation du marxisme.

La pensée directrice est l'étendard spirituel d'un parti politique. Au cours des 95 années écoulées, si le Parti communiste chinois a pu accomplir de lourdes tâches qu'aucune autre force politique n'avait pu accomplir depuis les temps modernes, c'est parce qu'il a adopté le marxisme en tant que guide de son action, et n'a cessé de l'enrichir et de le développer dans la pratique. Cela a permis à notre parti de surpasser les limites de toutes les forces politiques précédentes, qui ne cherchaient que leurs propres intérêts, de diriger et de faire progresser la révolution, la construction et la réforme de la Chine avec un esprit scientifique de la dialectique matérialiste et une grandeur d'âme marquée par un désintéressement et un grand courage, ainsi que de rester fidèle à la vérité tout en corrigeant les erreurs commises. Notre parti n'a jamais fléchi dans sa croyance envers le marxisme dans les conditions favorables ou défavorables.

Le marxisme et son développement en Chine ont fourni à la progression de la cause du Parti et du peuple un guide théorique scientifique qui se transmet de génération en génération et s'adapte parfaitement à la marche du temps et au renforcement de la cohésion et de l'unité de tout le Parti et de tout le peuple multiethnique, un solide fondement idéologique.

Le marxisme est la pensée directrice fondamentale pour l'existence

de notre parti et de notre pays. S'il s'écartait du marxisme ou l'abandonnait, notre parti perdrait son âme et son orientation. En ce qui
concerne le maintien du statut de la pensée directrice du marxisme,
nous devons rester fermes et ne fléchir à aucun moment ni en aucune
circonstance.

Dans le même temps, face aux nouvelles caractéristiques de
l'époque et aux nouvelles exigences de la pratique, le marxisme doit
être davantage sinisé, actualisé et popularisé. Plutôt que de mettre un
terme à la vérité, il ouvre une voie conduisant à la vérité. Engels a dit :
« La conception du monde de Marx n'est pas un dogme mais un guide
pour l'action. Au lieu d'être un dogme figé, elle fournit un point de
départ pour les recherches ultérieures ou une méthode pour celles-
ci. »[2]

L'évolution du temps fait naître les pensées, et la pratique fournit
la source à la théorie. Comme la pratique ne cesse d'évoluer, nous
ne devons jamais cesser de comprendre la vérité et de procéder à
l'innovation théorique. Aujourd'hui, le changement de notre époque
et le développement de notre nation dépassent de loin l'imagination
des auteurs classiques du marxisme, en largeur comme en profondeur. Parallèlement, le socialisme à la chinoise reste encore au stade
primaire avec seulement quelques décennies de développement. Plus
notre cause progresse, plus de nouveaux phénomènes et problèmes
surviennent, et plus nous avons besoin des explorations audacieuses
dans la pratique et des percées incessantes en théorie.

Une théorie non résolue est peu convaincante. Nous devons,
avec une vision plus large, examiner le fondement réel et les besoins
pratiques portant sur le développement du marxisme à notre époque,
suivre le principe recommandant de « se focaliser sur les problèmes »,
concentrer toute notre attention sur ce que nous faisons maintenant, écouter la voix de notre époque, promouvoir continuellement
la combinaison du marxisme avec les circonstances et les réalités du
développement chinois actuel, et ouvrir de nouveaux horizons au
développement du marxisme au XXIe siècle, afin que la lumière de la
vérité du marxisme soit plus éclatante en Chine contemporaine.

– Rester fidèle à l'engagement initial et poursuivre notre marche en avant signifie que nous devons garder à cœur le fait que notre parti a, dès sa fondation, fait de la lutte pour le communisme et le socialisme son programme. Nous devons donc raffermir notre noble idéal du communisme et notre idéal commun du socialisme à la chinoise, ainsi que pousser en avant la grande pratique de la lutte pour ces nobles idéaux.

Rien n'est plus élevé que les idéaux révolutionnaires. Le Parti communiste chinois est ainsi nommé parce que, dès sa fondation, il a fait du communisme son noble idéal. Ce qui fait que notre parti a pu se relever après chaque revers, c'est son noble idéal.

« Sans volonté, on ne pourra rien réussir dans ce monde. »[3] Fléchir dans son idéal et ses convictions est extrêmement dangereux. L'affaiblissement d'un parti politique commence souvent par le manque ou la perte de son idéal et de ses convictions. La puissance de notre parti dépend de la fermeté de tout le Parti et notamment de chacun de ses membres dans l'idéal et les convictions. Au cours des 95 années passées, le noble idéal du communisme a encouragé des générations de communistes à se battre et beaucoup ont même perdu leur vie au cours de leur quête de cet idéal. « Vivre ou mourir, peu importe, pourvu que nos convictions se perpétuent. »[4] « Nos ennemis peuvent nous prendre la vie, mais ils ne peuvent nous retirer les convictions. »[5] Ces serments courageux et héroïques reflètent la loyauté des communistes vis-à-vis de leurs convictions. La lumière de notre idéal ne s'éteindra pas et celle de nos convictions non plus. Gardant à l'esprit la volonté de nos prédécesseurs, nous n'oublierons jamais le noble idéal pour lequel ils ont lutté et sacrifié leur vie.

Un idéal est nécessairement ambitieux et les convictions, tenaces. Nous devons faire de la sensibilisation à l'idéal et aux convictions une tâche stratégique de l'éducation idéologique, maintenir la détermination politique de tout le Parti en ce qui concerne la poursuite de l'idéal, être consciemment partisans loyaux et pratiquants fidèles du noble idéal du communisme et de l'idéal commun du socialisme à la chinoise, et jouer un rôle de pionnier et de modèle dans l'édification intégrale de la société de moyenne aisance et la réalisation du rêve chinois de grand renouveau de la nation.

La lucidité théorique est indispensable pour la fermeté politique. L'idéal et les convictions fermes reposent sur une compréhension approfondie du marxisme et la maîtrise des lois historiques. Tout le Parti doit étudier en profondeur le marxisme-léninisme, la pensée de Mao Zedong, la théorie de Deng Xiaoping, la pensée importante de la Triple Représentation, le concept de développement scientifique, ainsi que les nouvelles conceptions, pensées et stratégies de gouvernance de l'Etat définies par le Comité central du Parti depuis son XVIIIe Congrès, afin d'élever sans cesse sa conscience idéologique et son niveau théorique à l'égard du marxisme, et de maintenir une compréhension claire et une poursuite inlassable de son noble idéal et de son objectif de lutte. Nous devons encourager tous les membres du Parti et tous nos cadres à transformer leurs acquis de l'étude en nutrition spirituelle permettant de renforcer leur esprit du Parti, leur horizon théorique et leur niveau moral, à faire en sorte qu'ils comprennent, adoptent et utilisent ce qu'ils étudient consciencieusement, à ne pas être trop fiers ou présomptueux face aux succès remportés, ni fléchir ou renoncer en temps d'adversité, et à occuper le point culminant moral permettant de promouvoir les progrès sociaux et de réaliser l'idéal merveilleux de l'humanité.

– Rester fidèle à l'engagement initial et poursuivre notre marche en avant signifie que nous devons avoir confiance dans la voie, la théorie, le système et la culture du socialisme à la chinoise, persévérer dans la ligne fondamentale du Parti, et pousser toujours en avant la grande cause du socialisme à la chinoise.

L'orientation détermine la voie, et la voie détermine à son tour le destin. Le socialisme à la chinoise n'est pas tombé du ciel : c'est la récompense essentielle du travail acharné et des grands sacrifices faits par le Parti et par le peuple. Le socialisme à la chinoise est à la fois une grande cause à faire progresser et la garantie fondamentale pour notre avenir.

Tout le Parti doit raffermir sa confiance dans la voie, la théorie, le système et la culture qui sont les nôtres. Si dans le monde actuel, un parti politique, une nation ou un peuple peut avoir confiance en lui ou en elle-même, c'est bien le Parti communiste chinois, la République populaire de Chine et la nation chinoise. Avec la confiance de « vivre deux cents ans » et le courage de « nager trois mille lieues »[6], nous osons affronter tous les défis et difficultés, ouvrir de nouveaux horizons et créer de nouveaux miracles.

Nous devons être convaincus que la voie du socialisme à la chinoise est la voie incontournable vers la modernisation socialiste et vers une vie meilleure pour notre peuple. Nous devons être convaincus que le système théorique du socialisme à la chinoise comprend des théories correctes permettant au Parti et au peuple de réaliser le grand renouveau de la nation chinoise en empruntant la voie du socialisme à la chinoise, et également des théories scientifiques qui se positionnent à l'avant-garde de l'époque et évoluent avec le temps. Nous devons être convaincus que le système du socialisme à la chinoise est la garantie fondamentale du développement et des progrès de la Chine, et constitue un système avancé avec des particularités chinoises, une supériorité évidente et une forte capacité d'autoperfectionnement.

La confiance en soi en ce qui concerne la culture est plus fondamentale, plus vaste et plus profonde. La brillante culture traditionnelle chinoise formée au cours de 5 000 ans d'histoire, ainsi que la culture révolutionnaire et la culture avancée socialiste formées au cours de la grande lutte du Parti et du peuple, incarnent la poursuite spirituelle la plus profonde de la nation chinoise et représentent son identité spirituelle particulière. Nous devons valoriser les valeurs essentielles socialistes, l'esprit national centré sur le patriotisme et l'esprit de l'époque axé sur la réforme et l'innovation, ainsi que renforcer sans relâche la force spirituelle de tout le Parti et de notre peuple multiethnique.

Tous les membres du Parti doivent garder à l'esprit que nous construisons le socialisme à la chinoise, plutôt que toute autre doctrine. L'histoire n'a pas de point final et ne peut être interrompue. Afin de juger si le socialisme à la chinoise est bon ou pas, nous devons examiner les faits et écouter la voix du peuple chinois, plutôt que les jugements subjectifs de ceux qui observent la Chine à travers un prisme. Les communistes et le peuple chinois sont convaincus qu'ils sont capables de fournir une solution chinoise à l'exploration de la société humaine pour un meilleur système social.

Le camarade Deng Xiaoping a dit d'un ton significatif : « La ligne fondamentale doit régner pendant cent ans, et ne peut être ébranlée. Le peuple ne peut avoir confiance en vous et vous soutenir qu'à condition du maintien de cette ligne fondamentale. Ceux qui tentent de dévier de la ligne, des principes et des politiques déterminés après la 3e session plénière du XIe Comité central du Parti n'obtiendront pas l'adhésion du peuple et finiront par être renversés. »[7] La ligne fondamentale du Parti est la ligne vitale de l'Etat, ainsi qu'une garantie du bonheur du peuple. Nous devons avoir la fermeté de mettre le développement économique au centre du redressement de notre nation, d'appliquer les Quatre principes fondamentaux[8] comme socle de notre nation, et de poursuivre la réforme et l'ouverture comme voie conduisant à la prospérité.

– Rester fidèle à l'engagement initial et poursuivre notre marche en avant signifie que nous devons faire progresser le « plan global en cinq axes », les dispositions stratégiques des Quatre Intégralités, l'édification intégrale de la société de moyenne aisance et la réalisation des objectifs des « deux centenaires ».

Au stade actuel de la construction du socialisme à la chinoise, notre tâche principale est de réaliser, en 2020, l'édification intégrale de la société de moyenne aisance, objectif pour le centenaire du Parti communiste chinois, afin de jeter une base solide permettant à la Chine de devenir, vers le milieu de ce siècle, un pays socialiste moderne, prospère, démocratique, harmonieux et hautement civilisé, objectif pour le centenaire de la République populaire de Chine.

L'édification intégrale de la société de moyenne aisance est un engagement solennel qu'a fait notre parti envers le peuple et l'histoire. C'est également une aspiration commune de plus de 1,3 milliard de Chinois. Depuis son XVIIIe Congrès, notre parti a élaboré un « plan global en cinq axes » de l'édification économique, politique, culturelle, sociale et écologique ainsi que les dispositions stratégiques des Quatre Intégralités, à savoir l'édification intégrale de la société de moyenne aisance, l'approfondissement intégral de la réforme, la promotion intégrale de la gouvernance de l'Etat en vertu de la loi et l'application intégrale d'une discipline rigoureuse dans les rangs du Parti, avant de les promouvoir énergiquement. Le « plan global en cinq axes » et les Quatre Intégralités se promeuvent mutuellement et interagissent de manière coordonnée. Il faut les poursuivre de manière intégrée et, en nous focalisant sur le développement économique, développer l'économie de marché socialiste, la démocratie, la culture avancée, la société harmonieuse et la civilisation écologique ainsi que réaliser en même temps l'enrichissement du peuple, la prospérité du pays, et l'embellissement de la Chine.

Le développement est la première des priorités du Parti pour son exercice du pouvoir et le renouveau de la nation, ainsi que la clé pour résoudre tous les problèmes en Chine. Restent inchangées les réalités essentielles de notre pays, à savoir qu'il demeure et demeurera pour une longue période au stade primaire du socialisme. Reste inchangée la contradiction principale de notre société, celle entre les besoins matériels et culturels croissants du peuple et la production sociale retardataire[9]. Reste inchangée la place de la Chine sur la scène internationale, à savoir qu'elle est le plus grand pays en développement au monde. Ce sont les fondements de base nous permettant de planifier notre développement.

Face à une conjoncture marquée par l'amorce de la nouvelle normalité du développement économique chinois, l'entrée du développement de l'économie mondiale dans une période de transition, et de nouvelles percées scientifiques et technologiques mondiales en gestation, nous devons nous focaliser sur le développement économique, diriger la nouvelle normalité économique par de nouveaux concepts de développement, accélérer la transformation du mode de développement économique, restructurer notre économie, améliorer la qualité et l'efficacité du développement, et promouvoir énergiquement la réforme structurelle du côté de l'offre, afin de rendre notre développement économique plus efficace, plus équitable, plus durable et de meilleure qualité, de former rapidement des mécanismes et un environnement favorables à l'innovation, à la coordination, à l'écologie, à l'ouverture et au partage, ainsi que d'accroître sans cesse la puissance économique et nationale de notre pays.

– Rester fidèle à l'engagement initial et poursuivre notre marche en avant signifie que nous devons lever bien haut la bannière de la réforme et de l'ouverture, oser nous engager dans l'approfondissement intégral de la réforme, émanciper davantage notre esprit, libérer et développer les forces productives sociales, dégager et accroître la vitalité sociale, et faire constamment progresser la réforme et l'ouverture.

La réforme et l'ouverture constituent la particularité la plus frappante de la Chine contemporaine et la plus grande bannière de notre parti dans la nouvelle ère. Il s'agit d'un choix stratégique déterminant l'avenir de la Chine et d'un instrument permettant à la cause du Parti et du peuple d'avancer à grands pas avec leur époque.

La réforme doit maintenir la juste orientation et se garder de suivre l'ancienne voie du repli sur soi et de l'immobilisme, ou de s'engager dans une voie erronée nous menant à l'abandon de notre drapeau. Nous devons, avec comme objectif général de l'approfondissement intégral de la réforme le perfectionnement et le développement du système du socialisme à la chinoise ainsi que la modernisation du système et de la capacité de gouvernance de l'Etat, nous engager dans les innovations théoriques, pratiques, institutionnelles et autres afin que tous les systèmes soient davantage matures, que le développement économique soit de meilleure qualité, que la gouvernance accède à un niveau élevé, et que le peuple ait un plus grand sentiment de satisfaction.

Nous devons nous focaliser sur la réforme de notre système économique, poursuivre la réforme visant le perfectionnement de l'économie de marché socialiste, et approfondir intégralement la réforme institutionnelle en matière d'économie, de politique, de culture, de social, d'écologie et d'édification du Parti.

D'une manière générale, la réforme commence par ce qui est facile pour s'attaquer à ce qui est plus difficile. Nous devons prendre des mesures systématiques, intégrées et coordonnées pour nous attaquer aux problèmes de fond difficiles à résoudre. Nous devons promouvoir la réforme avec un courage d'autorévolution et une persévérance infaillible, oser nous attaquer aux maux persistants ainsi que toucher aux intérêts et aux contradictions les plus profonds, nous débarrasser des idées périmées, briser la barrière des « privilèges intouchables », et vaincre les obstacles institutionnels entravant le développement des forces productives sociales.

La réforme et la légalité sont pareilles aux deux ailes d'un oiseau ou aux deux roues d'une charrette. Nous devons poursuivre la voie de la légalité socialiste à la chinoise, accélérer la mise en place d'un système en la matière et faire de la Chine un Etat de droit socialiste. En ce qui concerne la promotion intégrale de la gouvernance de l'Etat en vertu de la loi, l'essentiel réside dans l'association parfaite de la direction du Parti, de la souveraineté par le peuple et de la gouvernance en vertu de la loi. La clé consiste à ce que le Parti dirige la législation, assure l'application de la loi, soutienne le pouvoir judiciaire et serve d'exemple dans le respect du droit. Il faut rehausser l'autorité de la Constitution et des lois ainsi que valoriser l'esprit constitutionnel dans toute la société. Toutes les organisations et tous les individus doivent agir dans les limites de la Constitution et des lois, et ne peuvent avoir le privilège d'aller au-delà d'elles.

– Rester fidèle à l'engagement initial et poursuivre notre marche en avant signifie que nous devons être convaincus que le Parti doit son fondement et sa force au peuple ; il doit tout faire pour le peuple et compter sur lui, donner libre cours à l'enthousiasme du peuple, à son initiative et à sa créativité, afin de faire progresser notre cause qui ne vise que le bien-être du peuple.

La position en faveur du peuple est la position politique fondamentale du Parti communiste chinois, ce qui distingue les partis marxistes des autres partis. Le fait que le Parti partage avec le peuple heurs et malheurs et demeure en contact étroit avec lui constitue la garantie fondamentale permettant au Parti de surmonter toutes les difficultés et tous les risques. On l'a bien dit : « Qui gagne le cœur du peuple gagne l'Etat, qui perd le cœur du peuple perd l'Etat. »[10]

Tous les membres du Parti doivent placer le peuple au cœur de leurs préoccupations et s'attacher au principe fondamental de servir le peuple de tout cœur, travailler à la concrétisation, la préservation et l'extension des intérêts fondamentaux de la grande majorité de la population, prendre comme critère essentiel de tout leur travail le soutien, l'approbation, la satisfaction et l'acceptation du peuple, afin que notre parti dispose d'une source de force inépuisable.

Conduire le peuple à créer une vie heureuse est l'objectif de lutte inlassablement poursuivi par notre parti. Nous devons répondre à l'aspiration du peuple à une vie meilleure, maintenir le développement centré sur le peuple, axer nos efforts sur la garantie et l'amélioration de la vie de la population, développer toutes les œuvres sociales, intensifier la régulation de la distribution des revenus, gagner la lutte contre la pauvreté et assurer au peuple ses droits à la participation et au développement sur un pied d'égalité, faire en sorte que les fruits de la réforme et du développement profitent davantage et de manière plus équitable à l'ensemble du peuple, et marcher à pas sûrs vers la réalisation de l'objectif de l'enrichissement commun du peuple.

Respecter le statut du peuple en tant qu'acteur principal et assurer la souveraineté du peuple constituent une position constante de notre parti. Nous devons fermement poursuivre la voie du développement politique socialiste à la chinoise, constamment maintenir, intégralement appliquer et progressivement développer le système des assemblées populaires, le système de coopération multipartite et de consultation politique sous la direction du Parti communiste chinois, le système d'autonomie régionale ethnique, le système d'autogestion des masses à l'échelon de base, élargir la démocratie consultative socialiste, consolider et développer le front uni patriotique le plus vaste, étendre la participation politique ordonnée du peuple, et assurer la large participation du peuple à la gouvernance de l'Etat et à la gouvernance sociale, afin de créer une situation politique caractérisée par le dynamisme, la stabilité et l'union à travers le pays.

« Les exploits sont accomplis grâce aux talents, et la cause prospère grâce aux compétences. »[11] Pour développer sans cesse la cause du Parti et du peuple, il faut mettre en valeur les talents de tous les domaines et attirer toutes les compétences du monde avant de les utiliser. Nous devons savoir détecter avec perspicacité les hommes de talent, les apprécier avec sincérité, faire preuve d'audace et de largesse d'esprit en leur confiant des responsabilités, et les rassembler par des moyens efficaces. C'est ainsi que nous serons en mesure de rallier le plus grand nombre possible de personnes compétentes, à l'intérieur comme à l'extérieur du Parti et du pays, et créer ainsi une situation favorable où chacun a le désir, la détermination et la possibilité de devenir compétent, et peut exploiter pleinement ses talents.

— Rester fidèle à l'engagement initial et poursuivre notre marche en avant signifie que nous devons inlassablement poursuivre la voie de développement pacifique, fermement pratiquer la stratégie d'ouverture mutuellement bénéfique, intensifier les échanges amicaux avec les autres pays, et faire progresser, de concert avec tous les peuples du monde, la noble cause de la paix et du développement de l'humanité.

Apporter de nouvelles et plus grandes contributions à l'humanité est un engagement solennel fait très tôt par le Parti communiste et le peuple chinois. Ayant traversé des périodes difficiles, ceux-ci connaissent profondément la valeur de la paix et du développement, et considèrent la promotion de la paix et du développement dans le monde comme leur noble responsabilité.

Aujourd'hui, les êtres humains disposent des conditions meilleures que jamais pour réaliser ensemble l'objectif de paix et de développement. La Chine prône que tous les peuples conjuguent leurs efforts, afin de faire de la pression une force motrice, de transformer la crise en opportunité, de remplacer la confrontation et le monopole par la coopération et l'esprit gagnant-gagnant. L'établissement d'un ordre international et d'un système de gouvernance mondiale favorables au monde et à tous les peuples doit être décidé par ceux-ci après consultations plutôt que par un pays ou par une minorité. La Chine participera activement à la mise en place d'un système de gouvernance mondiale, offrira la sagesse chinoise à l'amélioration de la gouvernance mondiale, et, ensemble avec tous les peuples du monde, poussera l'ordre international et le système de gouvernance mondiale à se développer dans un sens plus juste et plus équitable.

La diplomatie chinoise a pour objectif de défendre la paix mondiale et de promouvoir le développement commun. La Chine est constamment un bâtisseur de la paix planétaire, un contributeur au développement dans le monde et un défenseur de l'ordre international. Elle est disposée à élargir la convergence d'intérêts avec les autres pays, favorise l'établissement d'un nouveau type de relations internationales axées sur la coopération dans un esprit gagnant-gagnant, et encourage la formation d'une communauté de destin et d'une communauté d'intérêts de l'humanité.

La Chine poursuit indéfectiblement une politique extérieure d'indépendance et de paix, et développe des coopérations amicales avec d'autres pays sur la base des Cinq principes de la coexistence pacifique. Elle poursuit la politique nationale fondamentale d'ouverture sur l'extérieur, s'engage dans la construction en ouvrant grand sa porte, et profite des projets majeurs de coopération internationale, dont l'initiative « la Ceinture et la Route », pour créer une structure d'ouverture plus étendue, plus profonde et plus diversifiée.

Le peuple chinois est conscient que le développement de la Chine a tiré profit de la communauté internationale. Il est donc disposé à contribuer au développement de la communauté internationale grâce à son propre développement. L'ouverture de la Chine ne consiste pas à jouer en solo, mais à accueillir la participation des autres pays. Elle ne cherche pas à se créer une sphère d'influence, mais à soutenir le développement commun de tous les pays. Elle ne vise pas à défendre son pré carré, mais à construire un espace à partager avec tous les pays.

La Chine prône le concept de communauté de destin pour l'humanité et s'oppose à la mentalité de la guerre froide et aux jeux à somme nulle. Elle maintient que tous les pays, grands ou petits, puissants ou faibles, riches ou pauvres, sont égaux. Elle respecte le droit de chaque nation à choisir librement sa voie de développement et sauvegarde l'équité et la justice internationales. Elle s'oppose à ce qu'une volonté soit imposée à autrui, à l'ingérence dans les affaires internes d'autres pays, et à la maltraitance des plus faibles par les plus forts. Elle ne convoite pas les droits et intérêts des autres pays, ni ne jalouse leurs accomplissements, mais elle n'abandonne pas non plus ses droits et intérêts légitimes. Le peuple chinois ne croit pas aux forces du mal, ni ne les craint. Nous ne provoquons pas, mais nous n'avons nullement peur des provocations. Aucun pays étranger ne doit s'attendre que nous pourrons transiger avec nos intérêts vitaux, ni que nous pourrons avaler la couleuvre au détriment de la souveraineté, de la sécurité et des intérêts de développement de notre pays.

Sur la base des principes d'indépendance, de complète égalité, de respect mutuel et de non-ingérence dans les affaires intérieures, le Parti communiste chinois engagera des échanges et des coopérations avec les partis et les organisations politiques de différents pays et territoires dans le monde, afin de promouvoir le développement des relations entre les Etats.

– Rester fidèle à l'engagement initial et poursuivre notre marche en avant signifie que nous devons maintenir la pureté et le caractère avancé du Parti, améliorer notre capacité de gouvernance et notre niveau de direction, renforcer notre aptitude à parer aux risques et à lutter contre la corruption, et faire continuellement avancer la nouvelle et magistrale œuvre d'édification du Parti.

Le Parti se trouve au cœur de la réussite chinoise. La direction du Parti communiste chinois est la marque essentielle du socialisme à la chinoise et la plus grande supériorité du système du socialisme à la chinoise. Maintenir et améliorer la direction du Parti permet d'assurer le fondement et l'avenir du Parti et du pays, ainsi que les intérêts et le bonheur de notre peuple multiethnique.

Comme notre parti compte 88 millions de membres et 4,4 millions d'organisations, et qu'il exerce le pouvoir depuis longtemps dans un grand pays peuplé de 1,3 milliard d'habitants, son édification est d'une importance capitale et influence la situation générale. L'édification du Parti doit aller de pair avec le développement de la cause du Parti et du peuple. Il s'agit d'une règle fondamentale à suivre dans le renforcement de l'édification du Parti.

La pureté et le caractère avancé sont les caractéristiques essentielles des partis politiques marxistes. Renforcer l'édification du Parti, c'est lutter contre tout ce qui pourrait affaiblir le caractère avancé du Parti et porter atteinte à sa pureté, en résolvant les problèmes et en réparant les défauts, et en chassant le mal au profit du bien. Le Parti tout entier, avec un courage politique de s'imposer une autorévolution, doit s'attacher à résoudre les problèmes saillants propres au Parti, accroissant sans cesse sa capacité d'assainissement, de perfectionnement, de rénovation et d'amélioration, résistant aux « quatre épreuves »[12] et surmontant les « quatre dangers »[13], de sorte que le Parti demeure le ferme noyau dirigeant de la cause du socialisme à la chinoise.

Pour bien gouverner le pays, il faut commencer par bien gérer le Parti, et la gestion du Parti doit être des plus strictes. Si le contrôle du Parti n'est pas efficace, que sa gestion n'est pas rigoureuse, et que les problèmes saillants au sein du Parti, qui suscitent de profondes inquiétudes chez la population, ne peuvent être résolus, notre parti perdra tôt ou tard son statut de parti au pouvoir et sera inévitablement éliminé par l'histoire. Le contrôle et la gestion du Parti doivent être rigoureux en intégrant les exigences strictes dans tout le processus pour qu'ils soient authentiques, déterminés et persistants.

Adopter une attitude sérieuse envers la vie politique au sein du Parti est le fondement de l'application intégrale d'une rigoureuse discipline au sein du Parti. L'autocontrôle du Parti commence obligatoirement par la vie politique en son sein ; il en est de même pour la gestion rigoureuse du Parti. Nous devons renforcer et réglementer la vie politique au sein du Parti, adopter une attitude sérieuse envers la discipline et les règles de conduite politiques, renforcer son caractère politique et sa combativité, l'adapter davantage à notre temps et à nos principes, et purifier entièrement le paysage politique au sein du Parti. Tous les membres du Parti doivent renforcer leur conscience politique, celle de l'intérêt général, celle du noyau dirigeant et celle de l'alignement, et faire preuve de loyauté envers le Parti, partager les soucis avec le Parti, assumer les responsabilités et accomplir les devoirs pour le Parti.

Le style de travail du Parti implique son image, servant de baromètre pour observer les relations entre le Parti et le peuple, mais aussi entre les cadres et les masses populaires. Il aide également à juger la tendance de l'opinion publique. Si le Parti fait montre d'un bon style de travail, et que le peuple en est satisfait, ils pourront partager heurs et malheurs. La pratique prouve qu'avec un contrôle et une gestion authentiques et déterminés, aucun problème n'est difficile à résoudre en ce qui concerne l'amélioration du style de travail du Parti. Cette dernière est une tâche qui est toujours d'actualité. « Comment peut-on demander aux autres d'être droits, si l'on ne l'est pas soi-même ? » Nous devons commencer par le Comité central, le Bureau politique et son Comité permanent, ainsi que par les cadres de haut rang pour perfectionner d'une manière persistante le style de travail, maintenir et valoriser les bonnes traditions et le bon style de travail du Parti. De tels efforts doivent être réguliers, ciblés et constants, afin de perfectionner le style de travail du Parti sur tous les plans et d'assurer que le Parti toujours reste étroitement uni au peuple en partageant avec lui le même souffle et le même destin.

La plus grande menace pour notre parti, qui est au pouvoir, est la corruption. Depuis son XVIIIe Congrès, notre parti a lutté à la fois contre les « tigres » et les « mouches » en valorisant les effets dissuasif et répressif de la lutte anticorruption. Celle-ci a ainsi gagné du terrain et pris une tournure irrésistible. Il faut lutter constamment contre la corruption et promouvoir l'intégrité. Les cadres dirigeants aux divers échelons doivent enraciner dans leur esprit une juste conception du pouvoir, cultiver une noble poursuite spirituelle, respecter le peuple, l'organisation du Parti et la légalité. Leur exercice du pouvoir doit être juste, respectueux de la loi, au service du peuple et probe. Ils doivent préserver les qualités propres aux communistes, celles de refuser toute tentative de corruption. Nous devons opiniâtrement maintenir une attitude de tolérance zéro envers la corruption, mener une enquête sur chaque cas de corruption et punir chaque élément corrompu, ne laissant aucun abri aux éléments corrompus au sein du Parti.

Une grande lutte et une grandiose cause exigent des cadres de qualité. Nous devons accorder de l'importance tant aux qualités morales qu'aux compétences professionnelles – la priorité étant accordée aux premières. Il faut nommer les cadres selon leurs mérites quelle que soit leur origine, et sélectionner ceux qui sont dévoués à la cause du Parti et font preuve d'impartialité et de loyauté, afin d'éviter toute tendance malsaine dans la sélection et la promotion des cadres. Nous devons soigneusement former de brillants cadres dont le Parti et le peuple ont besoin, les découvrir à temps et les utiliser comme il faut raisonnablement.

Se cultiver, établir l'autorité et convaincre les autres avec la vertu importent pour la formation des cadres. Chaque cadre membre du Parti doit observer strictement les « trois consignes de rigueur et trois règles d'honnêteté »[14], bien régler la question de l'« interrupteur central » que sont les conceptions du monde, de la vie et des valeurs, afin de pouvoir prendre à cœur le Parti, le peuple, le devoir et la discipline, de faire de sa contribution désintéressée à la cause du Parti et du peuple sa poursuite suprême. Les cadres dirigeants aux divers échelons doivent accélérer leur réactualisation des connaissances, améliorer leurs compétences dans la pratique, afin de faire progresser leur qualité professionnelle et leurs compétences avec leur époque, d'éviter l'ignorance et la perplexité, et de devenir plus compétents dans leur travail.

Notes :

[1] Chen Shou (233-297) : « Biographie de Sun Fen », *Histoire des Trois Royaumes*, dynastie des Jin de l'Ouest.

[2] Friedrich Engels : « Engels à Werner Sombart à Berlin », *Œuvres choisies de Friedrich Engels*, tome X, Editions du Peuple, 2009, page 691.

[3] Wang Shouren (1472-1529), dynastie des Ming.

[4] Xia Minghan (1900-1928) : « Poème avant la mort héroïque », *Xia Minghan*, Editions du Peuple, 1984, page 1.

[5] Fang Zhimin (1899-1935) : « La mort, récit d'un martyr communiste », *Œuvres choisies de Fang Zhimin*, Editions du Peuple, 1985, page 144.

[6] Mao Zedong : « Interprétation des vers de poèmes de Mao Zedong », *Textes choisis de Mao Zedong*, tome XVIII, Editions du Peuple, 1999, page 364.

[7] Deng Xiaoping : « Points essentiels des propos tenus à Wuchang, Shenzhen, Zhuhai et Shanghai », *Textes choisis de Deng Xiaoping*, tome III, Editions du Peuple, 1993, pages 370-371.

[8] S'en tenir à la voie socialiste, à la dictature de démocratie populaire, à la direction du Parti communiste chinois, au marxisme-léninisme et à la pensée de Mao Zedong.

[9] Le rapport présenté au XIXe Congrès du Parti intitulé « Remporter la victoire décisive de l'édification intégrale de la société de moyenne aisance et faire triompher le socialisme à la chinoise de la nouvelle ère » a avancé : Avec l'entrée du socialisme à la chinoise dans la nouvelle ère, la principale contradiction dans la société chinoise s'est transformée en celle entre l'aspiration croissante de la population à une vie meilleure et le développement déséquilibré et insuffisant de la Chine.

[10] *Grand Savoir (Da Xue)*.

[11] Chen Shou : « Biographie de Dong Yun », *Histoire des Trois Royaumes*.

[12] Les « quatre épreuves » désignent les épreuves portant sur l'exercice du pouvoir, sur la réforme et l'ouverture, sur l'économie de marché et sur l'environnement international.

[13] Les « quatre dangers » indiquent les dangers liés au relâchement, à l'insuffisance de capacité, à la déconnexion des masses populaires, ainsi qu'à l'immobilisme et à la corruption.

[14] Les « trois consignes de rigueur et trois règles d'honnêteté » : rigueur dans l'autoperfectionnement, l'exercice du pouvoir et l'autodiscipline, et honnêteté dans l'élaboration de projets, la création d'entreprises et dans les comportements.

Faire rayonner le grand esprit de la Longue Marche et poursuivre notre nouvelle Longue Marche[*]

(21 octobre 2016)

La plus grande richesse spirituelle que nous a laissée la Longue Marche, grand événement dans l'histoire humaine, réside dans son grand esprit forgé avec les vies et le sang des communistes chinois, des officiers et des soldats de l'Armée rouge.

Le grand esprit de la Longue Marche consiste à placer les intérêts fondamentaux du peuple et de la nation chinoise au-dessus de tout, à affirmer l'idéal et les convictions révolutionnaires, à croire fermement en la victoire de notre juste cause ; à surmonter les multiples obstacles sans hésiter, à consentir aux plus grands sacrifices pour sauver la patrie et le peuple ; à respecter les principes d'indépendance et d'objectivité, et à partir des réalités ; à tenir compte de l'intérêt général, à rigoureusement observer la discipline et à faire preuve d'une solidarité sans faille ; à s'appuyer sur les masses populaires, à partager le même sort avec elles et à travailler d'arrache-pied.

Le grand esprit de la Longue Marche incarne l'attitude révolutionnaire des communistes chinois et de l'armée populaire sous leur direction, retrace l'intrépidité et l'opiniâtreté de la nation chinoise, et représente l'esprit national axé sur le patriotisme.

Un homme sans esprit ne peut tenir sa place en société, et une nation qui manque d'esprit est condamnée à la faiblesse. L'esprit perpétue l'âme d'une nation, qui ne pourra se tenir bien droite dans le flux de l'histoire et n'avancer vaillamment que lorsque son esprit aura atteint une certaine grandeur. Le grand esprit de la Longue Marche,

---

[*] Extraits du discours à la Conférence pour commémorer le 80ᵉ anniversaire de la victoire de la Longue Marche de l'Armée rouge.

partie importante du gène et de la lignée des communistes chinois, s'est déjà profondément ancré dans le sang et l'âme de la nation chinoise, en nourrissant les valeurs essentielles socialistes et en devenant une force spirituelle encourageant et stimulant le peuple chinois pour qu'il brave toutes les difficultés et remporte de nouvelles victoires.

L'histoire est écrite par le peuple. Un peuple héroïque compose une histoire héroïque. On doit à l'esprit de la Longue Marche les progrès et le développement de la Chine d'aujourd'hui.

A la veille de la naissance de la Chine nouvelle, le camarade Mao Zedong nous avait mis en garde : « La conquête de la victoire dans tout le pays n'est que le premier pas d'une longue marche. »[1] Après la fondation de la Chine nouvelle, nous avons, grâce aux recherches effectuées d'arrache-pied et à travers une pratique sinueuse, ouvert une nouvelle ère de la réforme et de l'ouverture, en nous lançant dans une nouvelle Longue Marche de la construction du socialisme à la chinoise.

Depuis les trente années de réforme et d'ouverture, sous la direction du Parti communiste chinois, le peuple chinois multiethnique s'unit comme un seul homme et travaille avec persévérance de sorte que la réforme, l'ouverture et la modernisation socialiste ont connu un développement rapide, la vie de la population s'est améliorée de manière radicale, le système socialiste s'est considérablement consolidé et développé en Chine ; nous avons ainsi ouvert une belle perspective pour le grand renouveau de la nation chinoise.

Le maintien et le développement du socialisme à la chinoise constituent une tâche historique et lourde à long terme. Le camarade Deng Xiaoping a dit : « Nous ne pratiquons le socialisme que depuis quelques dizaines d'années, nous n'en sommes qu'à nos débuts. Pour consolider et développer le système socialiste, il faudra encore beaucoup de temps. Nous aurons besoin de la persévérance de plusieurs, d'une dizaine, voire de plusieurs dizaines de générations. Nous ne devons en aucun cas prendre les choses à la légère. »[2]

L'histoire avance sans discontinuité. Pour atteindre notre idéal, il faut progresser inlassablement en suivant la voie que nous avons fixée. Chaque génération a sa propre Longue Marche et doit assurer sa progression sur ce chemin. Aujourd'hui, la Longue Marche pour notre génération consiste à réaliser les objectifs des « deux centenaires » et le rêve chinois de grand renouveau de la nation.

La Longue Marche que nous menons aujourd'hui diffère plus ou moins de celle accomplie par l'Armée rouge et de celle entreprise depuis la réforme et l'ouverture sur les plans de l'environnement, des conditions, des tâches et des forces, mais toutes demeurent des causes innovantes, ardues et complexes.

Il n'y a pas de voie facile pour la réalisation d'un grandiose idéal. Pour obtenir de nouveaux progrès dans la grande cause du maintien et du développement du socialisme à la chinoise, aboutir à de nouveaux résultats dans la progression de la nouvelle et magistrale œuvre d'édification du Parti, ainsi que pour remporter de nouvelles victoires dans la grande lutte aux couleurs de notre époque, nous avons encore de nombreuses « montagnes enneigées » et « steppes marécageuses » à franchir, des « passes de Loushan » et des « cols Lazikou » à vaincre. Toute tentative pour rechercher la tranquillité et le confort sans vouloir travailler dur est absolument inadmissible, toute suffisance sans vouloir continuer à avancer sur la voie du progrès est absolument nuisible.

La Longue Marche se poursuit. Une nation qui oublie son passé terminera dans une impasse. Nous devons faire rayonner le grand esprit de la Longue Marche et continuer à avancer sur la voie de la nouvelle Longue Marche peu importent les réussites obtenues dans le développement de notre cause et les réalisations que nous avons déjà enregistrées.

– Pour faire rayonner le grand esprit de la Longue Marche et poursuivre notre nouvelle Longue Marche, il faut affermir le noble idéal du communisme et l'idéal commun du socialisme à la chinoise, et inlassablement lutter pour les réaliser. La victoire de la Longue Marche l'a prouvé : la foi donne des forces ; il est impossible de remporter la victoire de la Longue Marche sans un idéal indéfectible ni un ferme appui de cet idéal. Le camarade Deng Xiaoping a dit : « Dans le passé, quelque petit et faible qu'il fût, et quelles qu'aient été les difficultés rencontrées, notre Parti a toujours fait preuve d'une grande combativité grâce à nos convictions marxistes et communistes. Un idéal commun donne naissance à une discipline de fer, voilà nos atouts aujourd'hui comme hier, et encore pour demain. »[3]

Dans notre nouvelle Longue Marche, nous devons affirmer notre idéal et nos convictions de manière inébranlable malgré le changement de l'époque et des conditions, pour adhérer fermement et consciemment au noble idéal du communisme et à l'idéal commun du socialisme à la chinoise, les pratiquer fidèlement, et lutter constamment pour la vérité et notre idéal.

« Une pierre peut être brisée, mais sa dureté reste intacte ; le cinabre peut être réduit en poudre, mais sa couleur ne change pas. »[4] Un ferme idéal résulte de sa fermeté dans la théorie idéologique. Comprendre la vérité, la maîtriser, croire en elle, et la défendre constituent les conditions préalables à cet idéal. Celui des communistes chinois se base sur la vérité du marxisme, la loi du développement de la société humaine révélée par le marxisme et la noble valeur consistant à rechercher le plus largement les intérêts du peuple. Nous restons inébranlables parce que nous recherchons la vérité, observons les règles et représentons les intérêts fondamentaux du peuple.

Pour affirmer notre idéal, il faut approfondir nos études sur le marxisme-léninisme, la pensée de Mao Zedong, la théorie de Deng Xiaoping, la pensée importante de la Triple Représentation, le concept de développement scientifique, ainsi que les nouvelles conceptions, pensées et stratégies sur la gouvernance avancées par le Comité central du Parti depuis son XVIIIe Congrès afin que la vérité arme notre esprit, oriente notre idéal et affermisse nos convictions. Il faut adopter ce que nous étudions, y réfléchir et le mettre en pratique pour transformer les résultats de nos études en idéal et convictions inébranlables, en conceptions du monde, de la vie et des valeurs correctes, éclairer notre voie de lutte grâce à la lumière de notre idéal, et ouvrir un bel avenir avec la force de nos convictions.

– Pour faire rayonner le grand esprit de la Longue Marche et poursuivre notre nouvelle Longue Marche, il faut cultiver la confiance en soi concernant la voie, la théorie, le système et la culture du socialisme à la chinoise, lutter fermement pour remporter de nouvelles victoires dans la cause grandiose du socialisme à la chinoise. La victoire de la Longue Marche l'a prouvé : une théorie correcte est indispensable pour maîtriser la bonne direction de notre progression ; nous ne pouvons remporter de victoires sans tenir compte de la réalité et ouvrir la voie de notre marche en avant de manière autonome et indépendante. Dans la Longue Marche, les communistes chinois ont traversé non seulement de nombreuses montagnes et rivières, mais aussi surmonté les obstacles des idées erronées considérant le marxisme comme un dogme immuable. L'expérience et l'inspiration fondamentales de la Longue Marche consistent à insister sur la combinaison entre les principes fondamentaux du marxisme et la réalité chinoise, à suivre inébranlablement la voie de la révolution, de la construction et de la réforme, qui s'adapte à la réalité chinoise.

Dans notre nouvelle Longue Marche, nous devons avoir la certitude que la voie du socialisme à la chinoise est une voie inévitable pour réaliser la modernisation socialiste et permettre au peuple chinois de créer une vie meilleure. Le système théorique du socialisme à la chinoise est composé des théories correctes permettant au Parti et au peuple de réaliser le grand renouveau de la nation chinoise en suivant la voie du socialisme à la chinoise, ainsi que des théories scientifiques se tenant à l'avant-garde de notre époque et avançant avec celle-ci. Le système du socialisme à la chinoise est la garantie institutionnelle de base pour le développement et les progrès de la Chine actuelle, ainsi qu'un système avancé aux couleurs chinoises, qui bénéficie d'avantages institutionnels et de fortes capacités d'autoperfectionnement. La culture du socialisme à la chinoise cristallise la plus profonde poursuite spirituelle de la nation chinoise, représente ses particularités et constitue une puissante force spirituelle poussant le peuple chinois à aller courageusement de l'avant. Tout cela s'avère correct non seulement sur le plan théorique mais aussi dans la pratique.

Le socialisme à la chinoise incarne l'idéal et la recherche des communistes chinois de plusieurs générations, traduit l'aspiration et les attentes d'innombrables personnes de bonne volonté, cristallise les combats et les sacrifices de centaines de millions de Chinois et marque un choix logique du développement social chinois depuis les temps modernes. La confiance en soi concernant la voie, la théorie, le système et la culture ne signifie pas immobilisme ou esprit routinier. Nous devons sans relâche poursuivre nos découvertes, inventions, créations et progression, de sorte que le socialisme à la chinoise soit toujours plein de vitalité. Dans un même temps, il faut garder à l'esprit que tout perfectionnement et toute amélioration que nous poursuivons marquent une marche vers une direction fixée, plutôt que de changer de direction, voire renoncer aux fondements de l'existence de notre parti, de notre Etat et de notre peuple.

— Pour faire rayonner le grand esprit de la Longue Marche et poursuivre notre nouvelle Longue Marche, il faut placer le peuple à une position suprême, travailler au service du peuple et s'appuyer sur lui, ainsi qu'inlassablement lutter pour une amélioration de sa vie quotidienne. La victoire de la Longue Marche démontre que les masses populaires disposent d'une sagesse et d'une puissance inépuisables. Nous ne pouvons nous unir comme une forteresse indestructible que lorsque nous faisons confiance au peuple, que nous nous appuyons sur lui et mobilisons pleinement son enthousiasme, son initiative et sa créativité. L'histoire de la Longue Marche incarne l'union étroite entre l'armée et le peuple. Ainsi, quand trois femmes soldats de l'Armée rouge passèrent la nuit chez Xu Jiexiu, dans le village Shazhou, district de Rucheng, province du Hunan, elles coupèrent, avant le départ, leur unique couverture en deux pour laisser une moitié à madame Xu. Celle-ci, qui était âgée, fut profondément touchée : « Qu'est-ce que le Parti communiste ? Ce sont des personnes qui donnent une moitié de ce qu'elles possèdent aux masses populaires. » Vouloir partager un même sort avec le peuple dans les situations périlleuses et pouvoir braver avec lui les plus graves dangers ont permis au Parti communiste chinois et à l'Armée rouge de remporter la victoire de la Longue Marche et de surmonter toutes les difficultés et tous les risques. La raison pour laquelle le Parti communiste chinois a pu se développer et que le socialisme à la chinoise avance inlassablement, est qu'ils s'appuient sur le peuple. De même, le Parti communiste chinois bénéficie de l'adhésion du peuple et le socialisme à la chinoise gagne son soutien parce qu'ils œuvrent pour le bonheur du peuple.

Dans notre nouvelle Longue Marche, tout le Parti doit retenir par cœur pour qui il travaille et sur qui il s'appuie : c'est la pierre de touche d'un parti politique et d'un gouvernement. Nous devons constamment prendre la position du peuple comme notre position politique fondamentale, le placer à une position suprême, et pousser sans cesse en avant la cause de son bien-être. Nous devons également unir et diriger le peuple à travailler d'arrache-pied et sans relâche pour assurer et améliorer son bien-être de sorte que les résultats de la réforme et du développement soient davantage partagés par l'ensemble de la population de manière plus équitable et qu'on puisse avancer à pas assurés vers une prospérité commune généralisée.

« L'eau peut porter un bateau, mais elle peut également retourner un bateau. »[5] Nous devons garder ce principe à cœur, sans jamais l'oublier. Le peuple est le ciel qui nous abrite et la terre qui nous supporte. En l'oubliant ou en nous coupant de lui, nous deviendrons une rivière sans source ou un arbre sans racines, sans pouvoir aboutir à quoique ce soit de bon. Nous devons nous en tenir à la ligne de masse du Parti, maintenir inexorablement un lien étroit entre le Parti et les masses populaires, nous soumettre à leur critique et à leur contrôle, prendre en considération leurs préoccupations, rechercher des mesures en faveur de leur prospérité, pour que notre parti ait leur confiance et leur adhésion, et qu'elles restent des sources intarissables de notre cause.

L'union constitue une force puissante pour surmonter toute difficulté et une garantie majeure pour réunir le peuple et accomplir de grandioses causes. Dans notre lutte pour le grand renouveau de la nation chinoise, nous devons veiller à consolider la grande union de notre peuple multiethnique et celle entre les divers partis politiques, les divers groupements sociaux, les différentes ethnies et couches sociales, ainsi que toutes les parties, préserver avec fermeté l'unité nationale, l'harmonie et la stabilité de la société, et condamner résolument toute activité séparatiste portant atteinte à cette union. Nous devons également rassembler la sagesse et la force de toute la population, stimuler la créativité et la force motrice du développement de la société pour que les énormes énergies résultant de l'union de tous les Chinois deviennent une impulsion vigoureuse pour la réalisation du grand renouveau de la nation chinoise.

– Pour faire rayonner le grand esprit de la Longue Marche et poursuivre notre nouvelle Longue Marche, il faut s'en tenir à la bonne direction, pratiquer une planification d'ensemble en tenant compte de la situation globale et lutter inlassablement pour réaliser notre tâche principale, nos dispositions essentielles et notre objectif fondamental. La victoire de la Longue Marche nous montre qu'un parti politique doit, pour demeurer invincible, se tenir à l'avant-garde de son époque, saisir les nouvelles caractéristiques de cette époque, procéder à un ensemble de dispositions scientifiques, détenir l'initiative stratégique, et rester inébranlable dans la réalisation de son objectif stratégique. Dans la Longue Marche, notre armée a parcouru des montagnes hautes et escarpées, franchi des fleuves rapides et dangereux, et traversé des zones marécageuses et désertes. Cependant, chaque trajet, chaque opération de dégagement et chaque combat ont été décidés en tenant compte de la situation stratégique globale, notre armée ayant ainsi pu remporter la victoire de la Longue Marche et prendre l'initiative stratégique. Cela incarne non seulement un esprit, mais également une sagesse.

Dans notre nouvelle Longue Marche, nous devons, en nous basant sur la réalité du monde actuel, de notre pays et de notre parti, prendre en considération la situation tant nationale qu'internationale ainsi que le développement de la cause tant du Parti que de l'Etat, promouvoir le développement coordonné de toutes les œuvres, bien saisir les points clés stratégiques, réaliser des percées dans les secteurs importants, gagner l'initiative stratégique, prévenir les risques systémiques, nous garder des crises subversives et assurer un développement global.

Le maintien et le développement du socialisme à la chinoise ont pour tâche principale de réaliser la modernisation socialiste et le grand renouveau de la nation chinoise. Nous devons promouvoir de façon planifiée le « plan global en cinq axes » et les dispositions stratégiques des Quatre Intégralités, nous efforcer de tout notre cœur de réaliser les objectifs des « deux centenaires » afin de pousser en avant sans relâche l'accomplissement de notre tâche principale. Le développement jouant un rôle décisif dans le maintien et le développement du socialisme à la chinoise, nous devons centrer tous les efforts sur l'édification économique, orienter la nouvelle normalité du développement économique par le biais des nouveaux concepts de développement, résoudre les problèmes relatifs au développement et former des avantages en sa faveur, et consolider inlassablement la base matérielle du maintien et du développement du socialisme à la chinoise. La réforme constituant la mesure décisive pour l'avenir de la Chine actuelle, nous devons porter haut levé l'étendard de la réforme avec fermeté, briser le joug des esprits, détruire la barrière des « privilèges intouchables », et lever les obstacles institutionnels entravant le développement des forces productives et le progrès social, afin de favoriser la modernisation du système et de la capacité de gouvernance de l'Etat. L'innovation étant la première force motrice du développement, nous devons libérer notre esprit, rechercher la vérité dans les faits, avancer avec notre époque et promouvoir résolument l'innovation dans la théorie, la pratique, le système et d'autres domaines, afin d'insuffler sans cesse une vitalité créative dans la cause du Parti et de l'Etat et d'ouvrir de nouveaux horizons à l'innovation.

– Pour faire rayonner le grand esprit de la Longue Marche et poursuivre notre nouvelle Longue Marche, il faut assurer une défense nationale et une armée puissante adaptées au statut international de la Chine, à la sécurité de l'Etat et aux intérêts de notre développement, et affirmer notre détermination dans la lutte pour la sécurité nationale et la paix mondiale. La victoire de la Longue Marche nous a prouvé que l'armée populaire constitue l'appui de la révolution et l'espoir de notre nation. La direction absolue du Parti exercée sur l'armée est la garantie fondamentale permettant à l'armée populaire de remporter la victoire. La Longue Marche a endurci l'armée populaire, l'a aguerrie, lui a permis d'accomplir de grands exploits et lui a ouvert un nouveau point de départ pour son développement. La Longue Marche représente la gloire de l'armée populaire, qui doit poursuivre le grand esprit et l'excellence du style de la Longue Marche de l'Armée rouge.

Dans notre nouvelle Longue Marche, nous devons, en nous axant sur l'objectif de la montée en puissance de l'armée fixé par le Parti à notre époque, appliquer de façon approfondie les principes stratégiques militaires dans la nouvelle époque, de sorte que nos forces armées figurent parmi celles de premier ordre mondial.

La prospérité du pays est basée sur une armée puissante qui, seule, assure la stabilité nationale. Il nous faut saisir l'édification des forces armées sur le plan politique comme point clé, assurer la direction absolue du Parti sur l'armée, maintenir la nature, l'objectif et l'originalité de l'armée populaire, faire rayonner l'esprit de l'Armée rouge, centrer nos efforts sur la formation de militaires révolutionnaires de la nouvelle génération, qui soient avisés, compétents, intrépides et vertueux, et œuvrer pour forger une armée dotée d'une foi ferme, d'une conviction résolue, d'une discipline de fer et d'un sens des responsabilités déterminé. Il est nécessaire de renforcer l'armée grâce à la réforme, prendre la détermination dans l'approfondissement de la réforme concernant la défense nationale et l'armée, centrer nos efforts sur le règlement des obstacles d'ordre institutionnel, structurel et politique entravant l'édification de la défense nationale et de l'armée, accélérer la mise en place d'un système de forces militaires modernisées aux couleurs chinoises. Il nous faut centrer nos efforts sur la gestion de l'armée selon la loi, travailler pour mettre en place un système légal militaire à la chinoise, promouvoir un changement radical du mode de gestion de l'armée et régir par la loi l'édification de la défense nationale et de l'armée. Nous devons également nous axer sur la préparation à la guerre, en insistant sur la combativité comme l'unique critère fondamental, étendre et approfondir les préparatifs pour les combats militaires, renforcer l'entraînement militaire en situation réelle, et accélérer l'amélioration de notre capacité à remporter la victoire de la guerre informatisée. Il faut profondément mettre en application la stratégie d'intégration militaro-civile, mieux intégrer l'édification de la défense nationale et de l'armée dans le système de développement socio-économique du pays, afin de mettre sur pied une structure de développement à double vocation civile et militaire hautement efficace, qui couvre de multiples facteurs et secteurs. Il faut renforcer la mobilisation pour la défense nationale et la formation des forces de réserve, afin de consolider et de développer l'union entre l'armée et le gouvernement et celle entre l'armée et le peuple. Nous devons renforcer la coopération internationale en matière de sécurité militaire, assumer les responsabilités et remplir les obligations correspondant à la position internationale de notre pays, affronter ensemble avec les autres pays les défis sécuritaires à l'échelle planétaire, tout en contribuant davantage à la sauvegarde de la paix mondiale. L'ensemble de l'armée doit élever sa vigilance face à l'adversité et aux crises éventuelles et être toujours attachée à sa mission, promouvoir la modernisation de la défense nationale et de l'armée en se saisissant du jour et de l'instant, tout en prenant en charge la glorieuse mission de la sauvegarde de la souveraineté, de la sécurité et des intérêts en matière de développement de notre pays.

– Pour faire rayonner le grand esprit de la Longue Marche et poursuivre notre nouvelle Longue Marche, il faut renforcer la direction du Parti, s'en tenir à l'application intégrale d'une rigoureuse discipline dans les rangs du Parti, et faire progresser avec détermination la nouvelle et magistrale œuvre d'édification du Parti sur toute la ligne. La victoire de la Longue Marche a mis en évidence que la direction du Parti est la garantie fondamentale assurant le succès de la cause du Parti et du peuple. Le camarade Mao Zedong l'a indiqué : « Qui a conduit la Longue Marche à la victoire ? Le Parti communiste. Sans lui, une longue marche de ce genre eût été inconcevable. Le Parti communiste chinois, sa direction, ses cadres et ses membres ne craignent aucune difficulté, aucune épreuve. »[6] La direction du Parti est également la garantie fondamentale qui conduit la révolution, la

construction et la réforme de la Chine à la victoire. Elle est non seulement le caractère essentiel mais également la plus importante supériorité du socialisme à la chinoise. Nous devons donc inflexiblement la
maintenir et la perfectionner.

Dans notre nouvelle Longue Marche, tous les membres du Parti
doivent maintenir et sauvegarder consciemment la direction du Parti,
s'en tenir strictement à la position du Parti et du peuple, rester fidèles
envers lui, partager ses soucis et ses responsabilités, accomplir les
devoirs et les tâches désignés par le Parti, veiller à ce qu'il, grâce à
leurs efforts, maintienne toujours un lien étroit avec le peuple et se
mette à l'avant-garde de notre époque.

« Celui qui se connaît est clairvoyant ; celui qui se surpasse
lui-même est encore plus puissant. »[7] Plus on s'approche du rêve
de grand renouveau de la nation, plus lourdes sont les tâches de la
réforme et de l'ouverture, plus exigeante est l'édification du Parti.
Rester vigilant en période de paix est la voie d'existence et de développement. Notre parti est confronté à « quatre épreuves » et à « quatre
dangers », qui sont des problèmes prolongés, complexes et sérieux.
Nous devons donc maintenir la direction centralisée et unifiée du
Comité central du Parti, renforcer la conscience politique, celle de l'intérêt public, celle du noyau dirigeant et celle de l'alignement parmi les
organisations, les membres et les cadres dirigeants du Parti à tous les
échelons, afin qu'ils agissent en parfait accord avec le Comité central
du Parti sur les plans idéologique et politique comme dans les actes.
Nous devons continuer à appliquer de manière intégrale une discipline
rigoureuse dans les rangs du Parti, nous en tenir fermement à la ligne
fondamentale du renforcement de l'édification du Parti en termes de
capacité d'exercice du pouvoir et de préservation de son caractère
avancé ; réglementer la vie politique au sein du Parti à notre époque,
intensifier énergiquement la lutte pour l'intégrité dans les rangs du
Parti et contre la corruption, accroître inlassablement les aptitudes
du Parti à se purifier, à se perfectionner, à s'innover et à s'améliorer,
élever sa capacité de direction et de gouvernance, renforcer sa capacité de résistance à la corruption et à la dégénérescence, afin que le

Parti demeure le ferme noyau dirigeant de la cause du socialisme à la chinoise.

Faire rayonner le grand esprit de la Longue Marche et poursuivre la nouvelle constituent un thème majeur auquel nous sommes confrontés dans la nouvelle conjoncture. Le grand esprit de la Longue Marche représente une précieuse richesse spirituelle réalisée à la sueur du Parti et du peuple à travers de grandioses combats. Au fil des générations, les Chinois doivent donc garder au cœur ce grand esprit, agir à sa lumière, le faire rayonner, et le transformer en un puissant moteur spirituel de notre parti, de notre Etat, de notre peuple, de notre armée et de notre nation dans leur progression vers l'avenir.

Depuis la victoire de la Longue Marche 80 ans auparavant, notre parti a uni et dirigé le peuple multiethnique à pousser en avant les grandes causes de la révolution, de la construction et de la réforme, en menant un grand nombre de longues marches et en remportant des victoires spectaculaires l'une après l'autre.

Actuellement, nous sommes plus que jamais proches de l'objectif du grand renouveau national, et plus que jamais confiants et capables de l'atteindre. Nous autres, les Chinois de cette génération qui ont hérité de la cause ancestrale, luttons aujourd'hui et ouvrirons une voie pour un meilleur avenir.

Avec un grand programme d'action déjà dessiné, nous devons travailler d'arrache-pied. Dans notre marche en avant, nous devons faire rayonner le grand esprit de la Longue Marche, stimuler et encourager l'ensemble du Parti, de l'armée, et du peuple multiethnique, notamment les jeunes, à travailler avec persévérance pour accomplir de merveilleux exploits, et faire progresser la grande cause ouverte par les vétérans révolutionnaires, afin d'écrire un nouveau chapitre et de remporter des succès remarquables dans notre Longue Marche vers la réalisation des objectifs des « deux centenaires » et vers celle du rêve chinois de grand renouveau de la nation !

Notes :

[1] Mao Zedong : « Rapport à la deuxième session plénière du Comité central issu du VIIe Congrès du Parti communiste chinois », *Œuvres choisies de Mao Zedong*, tome IV, Editions du Peuple, 1991, page 1438.

[2] Deng Xiaoping : « Points essentiels des propos tenus à Wuchang, Shenzhen, Zhuhai et Shanghai », *Textes choisis de Deng Xiaoping*, tome III, Editions du Peuple, 1993, pages 379-380.

[3] Deng Xiaoping : « Allocution à la Conférence nationale du Parti communiste chinois », *Textes choisis de Deng Xiaoping*, tome III, Editions du Peuple, 1993, page 144.

[4] *Annales des Printemps et Automnes de Lü Buwei (Lü Shi Chun Qiu).*

[5] Wu Jing (670-749) : *Leçons politiques de l'ère Zhenguan*, dynastie des Tang.

[6] Mao Zedong : « La tactique de la lutte contre l'impérialisme japonais », *Œuvres choisies de Mao Zedong*, tome I, Editions du Peuple, 1991, page 150.

[7] Wang Tong (584-617) : *Zhong Shuo*, dynastie des Sui.

Porter haut levé le drapeau du socialisme à la chinoise et lutter pour remporter la victoire décisive de l'édification intégrale de la société de moyenne aisance et réaliser le rêve chinois[*]

(26 juillet 2017)

Le socialisme à la chinoise est le sujet majeur de l'ensemble des théories et des pratiques du Parti depuis le lancement de la réforme et de l'ouverture. Tout le Parti doit lever haut la bannière du socialisme à la chinoise, raffermir sa confiance en lui concernant la voie, la théorie, le système et la culture du socialisme à la chinoise afin d'assurer l'avancement de la cause du Parti et de l'Etat dans la bonne direction. Nous devons prendre en considération les caractéristiques de la phase du développement actuel de notre pays, l'aspiration du peuple à une belle vie, proposer de nouvelles pensées, stratégies et dispositions, continuer à faire progresser de façon synergique les dispositions d'ensemble dites « plan global en cinq axes » et les dispositions stratégiques des Quatre intégralités, remporter la victoire décisive de l'édification intégrale de la société de moyenne aisance et celle du socialisme à la chinoise, ainsi qu'inlassablement lutter pour réaliser le rêve chinois de grand renouveau national.

Le XIXe Congrès du Parti à venir est une réunion extrêmement importante convoquée au moment décisif de l'édification intégrale de la société de moyenne aisance et pendant une période cruciale du développement du socialisme à la chinoise. Que ce congrès puisse ou

---

* Points essentiels du discours à la cérémonie d'ouverture du séminaire « Etudier l'essence des discours importants du secrétaire général Xi Jinping pour accueillir le XIXe Congrès du Parti » destiné aux principaux dirigeants provinciaux et ministériels.

non proposer un programme d'action global, stratégique et proactif mettra en jeu la continuation de la cause du Parti et de l'Etat, l'avenir du socialisme à la chinoise, et les intérêts fondamentaux du peuple. Notre parti doit déclarer avec clarté quelle bannière à hisser, quelle voie à suivre, quel moral à avoir, quelle mission historique à remplir, et quel objectif à réaliser.

La planification et la promotion de toutes les activités du Parti et de l'Etat exigent de faire une analyse en profondeur et un jugement précis sur la situation du monde, de la Chine et du Parti. Nous soulignons l'analyse de la situation et son jugement scientifique en vue, d'une part, de fournir un fondement favorisant l'élaboration de principes et d'un plan, et d'autre part, de renforcer la vigilance face aux périls éventuels de la part des camarades de tout le Parti, notamment des cadres dirigeants aux divers échelons, pour qu'ils restent vigilants en temps de paix et recherchent la paix face aux dangers. Lors de l'analyse des situations internationale et nationale, il faut avoir en vue non seulement les progrès et les opportunités, mais aussi les défauts, les insuffisances, les difficultés et les défis, ainsi que les risques latents dans les évolutions de la situation, afin d'obtenir les meilleurs résultats en faisant suffisamment de préparatifs contre les pires cas, pour faire évoluer les choses dans le bon sens.

Les cinq années écoulées depuis le XVIIIe Congrès du Parti ont été extraordinaires dans le processus du développement du Parti et de l'Etat. Au cours de cette période, le Comité central du Parti a su considérer d'une manière scientifique les tendances de développement du monde et de la Chine d'aujourd'hui, avancer une série de dispositions stratégiques, une série de politiques majeures et une série d'activités importantes en répondant aux exigences de la pratique et à l'aspiration du peuple. Cela nous a permis de réussir des tâches colossales et de surmonter bon nombre de difficultés que nous n'avions pas réussi à surmonter durant de très nombreuses années. Nous avons renforcé la direction du Parti dans tous les domaines, ce qui a contribué à accroître sa force de cohésion et de rassemblement et sa combativité. Nous avons appliqué avec fermeté le nouveau concept de développement et promu énergiquement le développement de notre pays en vue d'une meilleure qualité, d'une meilleure efficacité, d'une meilleure équité et d'une meilleure durabilité. Nous avons promu avec fermeté l'approfondissement intégral de la réforme, afin qu'elle se déploie en largeur comme en profondeur en vue de la réalisation de plusieurs percées. Nous avons procédé avec fermeté à la promotion intégrale de la gouvernance de l'Etat en vertu de loi et renforcé remarquablement la capacité de notre parti dans la direction et la gouvernance du pays à travers des instruments juridiques. Nous avons renforcé la direction du Parti sur le travail idéologique et consolidé l'unité idéologique au sein de tout le Parti et de toute la société. Nous avons promu avec fermeté l'édification écologique et fait un pas important dans la promotion de la construction d'une belle Chine. Nous avons promu avec fermeté la modernisation de la défense nationale et de l'armée et réalisé des percées historiques dans la promotion de la réforme de la défense nationale et de l'armée. Nous avons promu avec fermeté la diplomatie de grand pays à la chinoise, créé un environnement international pacifique et un bon environnement de voisinage favorables au développement de notre pays. Nous avons promu avec fermeté l'application intégrale d'une discipline rigoureuse dans les rangs du Parti et résolu énergiquement les problèmes qui préoccupaient le plus le peuple et menaçaient le plus le socle de l'exercice du pouvoir par le Parti, de sorte que l'on puisse constater la situation suivante : la campagne contre la corruption a produit son effet dissuasif et répressif ; la vie politique au sein du Parti a changé d'aspect ; tout le Parti a raffermi son idéal et ses convictions, consolidé son esprit et davantage renforcé sa capacité d'autopurification, d'autoperfectionnement, d'auto-innovation et d'auto-amélioration ; la base de l'exercice du pouvoir par le Parti et l'assise populaire ont été davantage consolidées. Tout cela offre une puissante garantie politique pour le développement de la cause du Parti et de l'Etat.

Saisir les points essentiels pour entraîner l'ensemble du travail est une exigence de la dialectique matérialiste, et une méthode que notre parti a prônée et suivie au cours de la révolution, de la construction et de la réforme. Grâce aux 40 années de développement depuis la réforme et l'ouverture, les forces productives sociales en Chine se sont énormément intensifiées ; avec l'amélioration considérable de sa vie quotidienne, la population aspire plus vivement à une vie de qualité, a des besoins diversifiés, multiniveaux et multifacettes, attend une meilleure éducation, un travail plus stable, un revenu plus satisfaisant, une protection sociale plus sûre, des services médicaux et sanitaires d'un plus haut niveau, une habitation plus confortable et un environnement plus agréable, ainsi qu'une vie spirituelle et culturelle plus riche et variée.

Comprendre et saisir les caractéristiques actuelles du développement social de notre pays exige d'appliquer les méthodologies du matérialisme dialectique et du matérialisme historique, et de tirer des conclusions pertinentes à partir de la combinaison entre l'histoire et la réalité, entre la théorie et la pratique, et entre la Chine et le monde, à partir des coordonnées historiques dans lesquelles se situe le développement social du pays, et à partir de l'intérêt général du développement de la cause du Parti et de l'Etat. Tout le Parti doit saisir et se baser sur la réalité fondamentale de la Chine qui se trouve dans le stade primaire du socialisme, mieux saisir les caractéristiques incessamment changeantes de ce stade, poursuivre la ligne fondamentale du Parti et, tout en continuant de promouvoir le développement économique, mieux résoudre les divers problèmes apparus dans notre société, mieux réaliser le développement intégral de toutes les œuvres, mieux développer la cause du socialisme à la chinoise, mieux promouvoir le plein épanouissement de l'homme et les progrès sociaux dans tous les domaines.

Depuis le XVIIIe Congrès du Parti, sur la base des grands succès du développement du pays remportés après l'avènement de la Chine nouvelle et notamment après l'application de la politique de réforme et d'ouverture, la cause du Parti et de l'Etat a connu des changements historiques, le développement de notre pays a pris un nouveau départ, et le socialisme à la chinoise est entré dans une nouvelle phase de développement. Les grands succès que le socialisme à la chinoise ne cesse de remporter signifient que la nation chinoise qui a connu toutes sortes d'adversités depuis les temps modernes est en voie d'accomplir un bond historique, passant d'une nation qui s'est relevée, à une nation riche, puis à une nation puissante, que le socialisme exhale une grande vitalité et un grand dynamisme et ne cesse de créer un nouvel horizon de développement en Chine, que le socialisme à la chinoise a ouvert une voie de développement permettant aux pays en développement d'avancer vers la modernisation et a fourni la sagesse et la solution chinoises pour le règlement des problèmes humains. Tout le Parti doit se doter des aptitudes à une pensée stratégique et s'efforcer sans cesse de valoriser une méthode de travail soulignant le principe, la systématisation, l'anticipation et la créativité, élaborer des politiques et principes en fonction des nouvelles exigences, améliorer les stratégies de développement et les diverses politiques, et promouvoir l'avancement du socialisme à la chinoise par un état d'esprit et un dynamisme renouvelés.

Notre parti prête une haute attention à l'édification idéologique et à son rôle directeur, soulignant l'association de la théorie et de la pratique. Afin de poursuivre et développer le socialisme à la chinoise, nous devons accorder une grande attention au rôle de la théorie, accroître notre confiance en notre théorie et faire preuve de fermeté dans notre stratégie. Dans les nouvelles conditions de l'époque, pour mener la grande lutte, promouvoir la grande œuvre, faire triompher la grande cause et réaliser le grand rêve, nous devons poursuivre et valoriser la bonne tradition d'un parti marxiste qui est en phase avec son époque sur le plan théorique, et oser promouvoir l'innovation théorique sur la base de la pratique. L'évolution du temps fait naître les pensées, et la pratique fournit la source à la théorie. Afin de pouvoir prendre l'initiative dans une époque en évolution rapide et remporter la victoire de notre nouvelle et magistrale lutte, nous devons persister dans les principes fondamentaux du marxisme et avoir une vision plus large et lointaine, afin de réfléchir à une série de questions stratégiques qu'affrontera le développement du pays dans le futur, d'ouvrir sans cesse de nouveaux horizons et de proposer un nouveau résumé en matière de théorie.

Parachever l'édification intégrale de la société de moyenne aisance en 2020 pour réaliser les objectifs du premier centenaire constitue un engagement solennel que notre parti a fait envers le peuple et l'histoire. En fonction des exigences liées à l'édification intégrale de la société de moyenne aisance, formulées par les XVIᵉ, XVIIᵉ et XVIIIᵉ Congrès du Parti, nous devons mettre l'accent sur les points clés du travail, remédier aux défauts et renforcer les maillons faibles, mener à bien notamment les luttes décisives portant sur la prévention et la réduction des grands risques, l'élimination ciblée de la pauvreté, ainsi que la lutte contre les différentes formes de pollution, approfondir avec fermeté la réforme structurelle du côté de l'offre, et promouvoir un développement économique et social sain et durable, afin que le peuple reconnaisse, le moment venu, l'avènement de la société de moyenne aisance et que cette dernière résiste à l'épreuve de l'histoire. Suite à l'accomplissement de l'édification intégrale de la société de moyenne aisance à l'horizon 2020, nous devons encourager tout le Parti et notre peuple multiethnique à travailler dur pour réaliser les objectifs du deuxième centenaire et se lancer de nouveau dans la construction d'un pays socialiste moderne, afin que la nation chinoise prenne sa place dans le concert des nations avec une plus grande fierté.

Comme le Parti doit unir et guider le peuple pour mener une grande lutte, promouvoir une grande cause et réaliser un grand rêve, nous devons poursuivre et perfectionner la direction du Parti, promouvoir avec fermeté la nouvelle et magistrale œuvre d'édification du Parti et rendre le Parti plus ferme et plus puissant. Notre parti ne peut diriger le peuple à affronter avec succès les grands défis, à résister aux risques majeurs, à surmonter les grands obstacles, à résoudre les contradictions majeures, et à aller de victoire en victoire que lorsque son édification lui permet de maintenir pour toujours une vitalité et une combativité. La pratique nous permet de comprendre en profondeur que la gestion stricte du Parti met en jeu non seulement l'avenir du Parti, mais aussi celui du pays et de la nation. Il faut davantage de détermination, de courage et d'énergie pour mener à bien l'édification du Parti.

Faire régner une discipline rigoureuse au sein du Parti est une tâche qui est toujours d'actualité. L'avenir d'un parti politique ou d'un régime dépend du soutien populaire. Les résultats obtenus dans la gestion globale et stricte du Parti depuis son XVIIIe Congrès sont hautement appréciés par le peuple. Les succès méritent d'être pleinement reconnus, et les expériences sont dignes d'un bilan approfondi. Pourtant, nous ne devons pas nous en enivrer et afficher un optimisme aveugle. L'application intégrale d'une rigoureuse discipline dans les rangs du Parti demeure une lourde tâche. Tout le Parti doit agir suivant le principe « se focaliser sur les problèmes », maintenir la fermeté dans notre stratégie, pousser en profondeur l'application intégrale d'une rigoureuse discipline dans ses rangs, rendre l'idée directrice et les mesures en la matière plus scientifiques, plus rigoureuses et plus efficaces, afin que le Parti reste toujours uni avec le peuple dans la pensée et dans l'action, et conduise le navire portant le grand rêve du peuple chinois à bon port en dépassant le cap des temps difficiles.

Poursuivre la sinisation, l'actualisation et la démocratisation du marxisme*

(29 septembre 2017)

Notre parti est un parti armé du marxisme, qui est l'âme de l'idéal et des convictions de nous tous, les communistes. Pour développer le marxisme du XXIe siècle et le marxisme de la Chine contemporaine, nous devons partir des réalités de notre pays et avoir une vision mondiale, rester fidèles à l'idée d'avancer avec notre temps sur le plan théorique, comprendre en profondeur les significations contemporaines et réelles du marxisme, poursuivre inlassablement la sinisation, l'actualisation et la démocratisation du marxisme, et faire en sorte que celui-ci, en tant que vérité, brille de tout son éclat.

Dans l'histoire des pensées de l'humanité, concernant le caractère scientifique, la nature de la vérité, l'influence ou la sphère de diffusion, aucune pensée théorique n'a pu atteindre le marxisme, et aucune doctrine n'a pu exercer une influence aussi importante que le marxisme. Il possède une forte vitalité et une puissance formidable en tant que vérité. Il joue encore un rôle irremplaçable dans tout le processus au cours duquel l'homme cherche à connaître et transformer le monde, et à faire progresser la société. Etudier les courants d'idées marxistes contemporains nous permet de promouvoir la sinisation du marxisme, ainsi que de développer le marxisme du XXIe siècle et le marxisme de la Chine contemporaine.

Malgré les changements de notre époque et l'évolution de notre société, les principes fondamentaux du marxisme sont toujours pertinents. Bien que les temps aient changé profondément depuis l'époque

---

* Points essentiels du discours à la 43e séance d'étude du Bureau politique du XVIIIe Comité central du Parti.

de Marx, nous nous trouvons encore aujourd'hui dans la période historique indiquée par le marxisme, dans la perspective d'ensemble de 500 ans de socialisme mondial. Cela constitue le fondement scientifique qui nous permet d'avoir une solide confiance dans le marxisme et la victoire du socialisme. Le marxisme est la racine de l'œuvre de notre parti et de notre peuple qui ne cesse de grandir comme un arbre, et la source de leur lutte inlassable qui ressemble à un long fleuve. En s'écartant du marxisme ou en l'abandonnant, notre parti perdrait son âme et son orientation. Nous devons rester fermes sur cette question fondamentale : le marxisme est toujours notre guide, et nous ne devons vaciller à ce sujet à aucun moment et en aucune circonstance.

Tout ce qui est national est mondial, et tout ce qui peut guider notre époque deviendra mondial. Nous devons, en reposant sur les caractéristiques de notre époque, promouvoir l'actualisation du marxisme, mieux appliquer ce dernier pour observer, interpréter et guider notre époque, réellement comprendre les problèmes de celle-ci, et profondément appréhender le fil directeur et l'orientation de l'histoire mondiale. Depuis la fondation de la Chine nouvelle, notamment depuis la mise en œuvre de la politique de réforme et d'ouverture, la Chine a connu de profonds changements. Les Chinois, qui les ont personnellement vécus, sont qualifiés et aptes à dévoiler les expériences historiques et les lois de développement qui s'y trouvent, et à apporter une contribution originale chinoise au développement du marxisme. Il faut en prendre conscience et, en plus, avoir confiance en soi. En partant des réalités de notre pays et en étant centrés sur ce que nous sommes en train de faire, nous devons : être attentifs à l'opinion du peuple, répondre aux besoins réels et faire le bilan de la pratique du socialisme à la chinoise, afin de mieux combiner les principes fondamentaux du marxisme avec les réalités de la Chine contemporaine ; et, d'autre part, élargir nos horizons, et assimiler tous les fruits de la civilisation humaine, pour innover et développer sans cesse le marxisme.

L'échiquier mondial connaît une évolution accélérée, source d'un grand nombre de réels problèmes épineux et complexes, et d'un grand nombre de questions théoriques auxquelles une réponse urgente s'impose. Il nous faut pousser plus en avant nos études sur le capitalisme contemporain, analyser et appréhender tous ses changements et leur nature, ainsi qu'approfondir notre connaissance des lois des changements profonds et complexes enregistrés dans le capitalisme, et les relations internationales tant politiques qu'économiques. Les courants d'idées marxistes du monde contemporain sont marqués par un trait important : on a dévoilé de façon critique les contradictions structurelles du capitalisme, les contradictions de son mode de production, ses contradictions de classes et celles sociales, mais également analysé en profondeur la crise du capitalisme, son évolution, ses nouvelles formes et la nature de ces dernières. Toutes ces idées nous permettent d'avoir une juste compréhension de la tendance et de l'avenir du capitalisme, d'appréhender correctement les nouveaux changements et les nouvelles caractéristiques du capitalisme contemporain, ainsi que de comprendre de façon approfondie son évolution. Nous devons suivre de près et étudier les nouveaux fruits des recherches du marxisme dans d'autres pays, les analyser et les comparer, tout en nous abstenant à la fois de faire preuve de négation totale et de copiage intégral. En même temps, il nous faut mener à bien nos propres affaires, développer sans cesse le socialisme à la chinoise, renforcer la puissance globale de notre pays, et déployer pleinement la supériorité de notre régime socialiste.

Passant en revue l'histoire de lutte du Parti, nous pouvons constater que la raison pour laquelle notre parti est encore capable de remporter de nouveaux succès brillants malgré les épreuves, est parce qu'il attache toujours de l'importance à l'édification idéologique et théorique, tout en armant ses membres et ses cadres des théories scientifiques, afin que son ensemble conserve à jamais une idéologie unifiée, une solide volonté et une puissante combativité. Pour nous assurer de l'avantage, de l'initiative et d'un bel avenir, et surmonter divers obstacles dans notre marche en avant, nous devons considérer le marxisme comme notre compétence propre, embrasser, avec une vision large et sur le long terme, les problèmes majeurs que nous allons rencontrer dans le développement futur, et constamment renforcer la capacité de l'ensemble du Parti à analyser et résoudre les problèmes réels en se servant du marxisme, ainsi qu'à se servir des théories scientifiques pour faire face à de grands défis, parer à des risques graves, surmonter d'énormes obstacles et résoudre des contradictions majeures. Nous devons nous armer intellectuellement et nous unir avec les nouveaux fruits de la sinisation du marxisme, raffermir nos convictions dans le marxisme et notre idéal communiste, et continuellement augmenter la capacité de réflexion théorique et le niveau idéologique et politique de l'ensemble du Parti, notamment des cadres dirigeants. Ces derniers, notamment ceux de haut rang, doivent se consacrer aux études de manière exemplaire. Il leur faut étudier les œuvres marxistes classiques, la pensée de Mao Zedong, la théorie de Deng Xiaoping, la pensée importante de la Triple représentation et le concept de développement scientifique, ainsi que les nouvelles conceptions, pensées et stratégies du Comité central du Parti pour gouverner le pays. Ils doivent mener des études en profondeur, de façon durable et avec diligence, tout en réfléchissant aux problèmes et en associant la pratique, mais convertir également les pensées et les théories scientifiques en grande force matérielle pour comprendre et transformer le monde, le tout pour mieux maintenir et développer le socialisme à la chinoise.

II
Edification intégrale de
la société de moyenne aisance

Approfondir notre compréhension de la situation à l'étape décisive de l'édification intégrale de la société de moyenne aisance[*]

(29 octobre 2015)

Parachever l'édification intégrale de la société de moyenne aisance en 2020 est un engagement solennel qu'a pris notre parti devant le peuple et l'histoire. La période du XIIIe Plan quinquennal coïncide exactement avec la réalisation de l'objectif consistant à parachever l'édification intégrale de la société de moyenne aisance. Le XIIIe Plan quinquennal est donc le dernier plan du genre visant l'édification intégrale de la société de moyenne aisance. Toutes les tâches de notre parti et de notre Etat, d'ici cinq ans, consistent en définitive à remporter la grande victoire de l'étape décisive de l'édification intégrale de la société de moyenne aisance et à accomplir l'objectif du premier centenaire.

Au commencement de la réforme et de l'ouverture, le camarade Deng Xiaoping a été le premier à utiliser le terme d'« aisance moyenne » pour interpréter la modernisation à la chinoise, en formulant explicitement l'objectif de « construire une société de moyenne aisance en Chine »[1] à la fin du XXe siècle. Cet objectif a été accompli comme prévu grâce aux efforts conjugués de notre parti et de notre peuple multiethnique, le niveau de vie de la population ayant atteint globalement celui d'une relative aisance. Sur cette base, le XVIe Congrès du Parti a lancé un nouvel objectif : construire une société de moyenne aisance de niveau plus avancé dans les 20 premières années du XXIe siècle, au profit de plus d'un milliard d'habitants. Depuis ce

---

[*] Extraits du discours à la 2e séance générale de la 5e session plénière du XVIIIe Comité central du Parti.

congrès, notre parti a lutté sans relâche, coup sur coup, dans ce sens, et a remporté des succès notables dans l'édification intégrale de la société de moyenne aisance.

A l'heure actuelle, ce parcours de lutte qui va d'un bout à l'autre des deux premières décennies de notre siècle atteint le moment historique de l'accélération d'une seule haleine vers sa ligne d'arrivée. Accomplir cette tâche stratégique est notre responsabilité historique et notre plus grande gloire. Nous devons être conscients que, dans l'accomplissement comme prévu de l'édification intégrale de la société de moyenne aisance, nous bénéficions des conditions suffisantes mais faisons également face à des difficultés, et que nous ne marchons pas sur un chemin plat, les défis caractérisés par la superposition de nombreuses contradictions et la multiplication des risques et des dangers latents restant sérieux et complexes. En cas de réponses inadéquates, de risques systémiques ou d'erreurs subversives, le processus de l'édification intégrale de la société de moyenne aisance serait retardé voire interrompu. Par conséquent, tous les camarades du Parti doivent être suffisamment prêts sur les plans idéologique et professionnel, appréhender la situation, raffermir leur confiance et continuer à lutter âprement.

« Si l'on sait comment agir mais qu'on ignore comment saisir le bon moment, on court à l'échec. »[2] Malgré les changements profonds et complexes des environnements international et national, notre jugement majeur à propos du développement de notre pays en période importante et pleine d'opportunités stratégiques reste inchangé. Sur le plan international, la situation politique et économique mondiale est dans l'ensemble favorable au maintien de la paix et du développement ; l'économie mondiale connaît une reprise tortueuse à travers des réajustements profonds ; le système de gouvernance mondiale se transforme profondément ; les rapports de forces internationales tendent vers l'équilibre ; le développement de notre pays bénéficie donc d'un environnement extérieur relativement stable. Sur le plan intérieur, notre pays possède une solide base matérielle, un riche capital humain, un vaste marché et un potentiel de développement considérable. La situation générale de son économie tendant au mieux sur le long terme n'a pas changé. Quand le développement de notre économie a accédé à une nouvelle normalité et que le rythme de développement doit obligatoirement changer de vitesse, la transformation du mode de développement économique s'accélère, la structure de l'économie s'améliore sans cesse, les forces motrices du développement se renouvellent de manière continue, et la réforme et l'ouverture dégagent de nouvelles énergies, permettant de maintenir une excellente tendance de développement.

Sur la base de l'objectif de l'édification intégrale de la société de moyenne aisance, défini depuis le XVIe Congrès du Parti, les « Propositions du Comité central du PCC relatives à l'élaboration du XIIIe Plan quinquennal pour le développement économique et le progrès social » ont avancé, conformément au contexte nouveau, de nouvelles exigences pour les cinq années à venir. Celles-ci, ainsi que les exigences formulées par les XVIe, XVIIe et XVIIIe Congrès du Parti, constituent une promesse solennelle que nous avons faite à notre peuple, et nous devons faire tout notre possible pour la tenir. A propos de ces nouvelles exigences, lesdites Propositions ont apporté une interprétation très claire. Je voudrais me limiter ici aux questions de l'appréhension et de l'application.

Les exigences formulées par les Propositions visent l'ensemble du pays et ne peuvent être uniformes pour les diverses régions. Par exemple, les deux « doublements »[3] signifient que durant la période du XIIIe Plan quinquennal et dans l'ensemble du pays, la croissance économique annuelle doit être supérieure à 6,5% et que les revenus disponibles par habitant en ville comme à la campagne doivent augmenter au moins de 5,8% par an. Le développement et la croissance des revenus des habitants doivent augmenter à une même vitesse, mais une telle vitesse ne peut être identique dans tout le pays. En réalité, elle doit varier d'une région à l'autre. Dans certaines régions du Centre et de l'Ouest, les anciennes bases révolutionnaires, les régions peuplées d'ethnies minoritaires, les régions frontalières et les régions démunies, notamment dans les principales régions de production agricole et les régions prioritaires à vocation écologique, l'objectif principal est de renforcer leurs fonctions spécifiques consistant à garantir la sécurité alimentaire et la sécurité écologique du pays, et de faire progresser le travail dans tous les domaines, notamment l'élévation du niveau de vie de la population et des services publics. Quant aux populations démunies, il faut qu'elles aient de quoi manger et s'habiller, et bénéficient de l'enseignement obligatoire, de soins médicaux de base et de logements décents, et que leurs revenus dépassent le seuil de pauvreté. Le parachèvement de l'édification intégrale de la société de moyenne aisance ne signifie pas que le PIB et le revenu par habitant partout dans le pays doivent atteindre la moyenne nationale.

Il est à noter tout particulièrement que l'accès à l'étape décisive de l'édification intégrale de la société de moyenne aisance n'exige pas un nouveau cycle de travaux gigantesques et un accomplissement à la hâte. Il faut dire non au mode de développement extensif et à la réalisation des deux « doublements » à marche forcée, auquel cas nous courrions vers l'ancienne voie et nous nous heurterions à de nouvelles contradictions et à de nouveaux problèmes. Nous devons non seulement construire intégralement une société de moyenne aisance, mais aussi réfléchir sur les exigences de développement à plus longue échéance, afin d'accélérer la formation d'un mode de croissance adapté à la nouvelle normalité du développement économique. C'est seulement ainsi que nous pouvons construire une société de moyenne aisance de haute qualité et jeter une base encore plus solide pour atteindre l'objectif du deuxième centenaire.

Notes :

[1] Deng Xiaoping : « Considérer les relations sino-japonaises dans une perspective à long terme », *Textes choisis de Deng Xiaoping*, tome III, Editions du Peuple, 1993, page 54.

[2] Lu Zhi (754-805), dynastie des Tang.

[3] Il s'agit de doubler le PIB et le revenu moyen par tête d'habitant en ville comme à la campagne par rapport à ceux de 2010, mesure qui a été avancée dans le rapport intitulé « Poursuivons résolument la voie du socialisme à la chinoise et luttons pour la réussite de l'édification intégrale de la société de moyenne aisance » présenté au XVIIIe Congrès du Parti.

Fournir de grands efforts pour assurer le parachèvement à la date prévue de l'édification de la société de moyenne aisance*

(29 octobre 2015)

Il faut fournir de grands efforts pour résoudre les principaux problèmes et difficultés, afin d'accomplir les objectifs et les tâches fixés par la 5ᵉ session plénière. Cela marque non seulement une tâche à accomplir, mais également une difficulté à surmonter. « Les gouvernants doivent maîtriser les principes et les points essentiels, et confier les opérations concrètes à leurs subalternes. »[1]

Premièrement, transformer le mode de développement afin de régler efficacement les questions liées à la qualité et à la rentabilité du développement. Le développement étant la base, sans le développement économique, on ne saurait faire quoi que ce soit. Depuis le lancement de la politique de réforme et d'ouverture en 1978, nous avons accompli de remarquables réalisations grâce à nos efforts concentrés sur la construction et le développement. Pour réaliser l'objectif de l'édification intégrale de la société de moyenne aisance, le développement doit continuer à être considéré comme la première priorité afin qu'il puisse être porté à un niveau plus élevé. Nous devons nous en tenir à l'idée stratégique selon laquelle « le développement est un principe fondamental » et, dans le même temps, nous devons maintenir un développement scientifique, renforcer la réforme structurelle, et nous concentrer sur l'amélioration de la qualité et de la rentabilité du développement, afin d'assurer un développement plus

---

* Extraits du discours à la 2ᵉ séance générale de la 5ᵉ session plénière du XVIIIᵉ Comité central du Parti.

qualitatif, rentable, équitable et durable.

A l'heure actuelle, la tendance à la baisse de l'activité économique chinoise s'est en partie accentuée sous l'impact des facteurs mondiaux et périodiques, cependant, la cause fondamentale réside dans la structure. Par exemple, l'une des causes de la baisse actuelle de l'activité économique réside dans le ralentissement de la croissance industrielle, lequel est principalement dû à une structure industrielle inadaptée au changement de la demande, ainsi qu'à une grave surcapacité de production dans certains secteurs. Cela constitue également une cause principale de la mauvaise rentabilité de certaines entreprises. La clé pour améliorer la qualité et la rentabilité du développement consiste à accélérer la transformation du mode de développement, à remodeler la structure économique et à prendre des mesures énergiques, afin de régler les problèmes liés à la surcapacité de production. Voilà l'unique solution adéquate. La période du XIIIe Plan quinquennal est une période favorable à la transformation du mode de développement et à la restructuration économique. Si nous n'y prêtons pas attention et lançons des politiques de stimulation ayant pour seul but de réaliser une croissance à court terme, cela conduira à compromettre continuellement la croissance future. Face aux contradictions et aux problèmes accumulés dans le mode de développement traditionnel, si nous hésitions à prendre des mesures et attendions sans rien faire, nous raterions les opportunités offertes par cette période favorable et épuiserions les précieuses ressources accumulées depuis le lancement de la réforme et de l'ouverture. De nombreux pays ont fait cette erreur. Dans une telle situation, les opportunités s'échapperaient et les problèmes s'aggraveraient irréversiblement.

La croissance doit comporter un certain rythme basé sur la qualité et la rentabilité. Si la tendance, de plus en plus forte, à la baisse de l'activité est en apparence due à l'insuffisance de la demande effective, elle est en réalité causée par l'insuffisance de l'offre effective. Dans l'ensemble, la Chine bénéficie d'une grande capacité de production comprenant une partie inefficace. Parallèlement, l'offre valable, de haute qualité et de niveau élevé, est insuffisante. Bien que la Chine soit un grand pays manufacturier et exportateur, elle propose principalement des produits et technologies bas de gamme, avec peu de produits à haute technicité, de haute qualité et à forte valeur ajoutée. Nous devons travailler non seulement pour élargir la demande, mais également pour accroître l'offre et sa qualité.

Par le passé, la capacité de production se trouvait dans une situation retardataire en Chine. Nous avons donc concentré nos efforts sur l'élargissement des investissements et l'amélioration de la capacité de production. A présent, la capacité de production est dans son ensemble excédentaire et, si nous continuons à accélérer la croissance économique en comptant uniquement sur l'élargissement des investissements, cela aura un effet limité et une utilité marginale décroissante. Bien que l'investissement soit un moteur important de la croissance économique sur le court terme, la consommation incarne en fin de compte la perpétuelle force motrice de la croissance. Tout en élargissant les investissements efficaces et en mettant en valeur le rôle clé des investissements, il faut faire jouer plus efficacement le rôle fondamental de la consommation dans la croissance. L'initiative « la Ceinture et la Route », le développement coordonné de la zone Beijing-Tianjin-Hebei et la construction de la ceinture économique du Changjiang sont trois stratégies qui constituent les nouveaux horizons du développement sur lesquels nous devons prochainement centrer nos efforts. Ces stratégies doivent être promues de manière énergique et ordonnée. Au cours du développement de ces trente dernières années, la Chine a progressivement mis en forme trois conurbations – région Beijing-Tianjin-Hebei, ainsi que les deltas du Changjiang et du Zhujiang –, qui sont devenues les principaux vecteurs entraînant le développement national. Le Nord-Est, la Plaine centrale, le cours moyen du Changjiang et la région Chengdu-Chongqing abritent chacun une population supérieure à 100 millions de personnes, et disposent des conditions requises pour la mise en place d'un système industriel relativement complet et d'un marché gigantesque, mais également pour devenir de nouveaux horizons stimulant le développement économique. Bien entendu, il est nécessaire de procéder à une conception globalisée de la planification territoriale et de la promouvoir de manière ordonnée en évitant toute action aveugle.

En ce qui concerne les tâches prioritaires de la transformation du mode de développement et de la restructuration économique, les « Propositions relatives à l'élaboration du XIIIe Plan quinquennal pour le développement de l'économie nationale et le progrès social » ont formulé des exigences concrètes, dont le point clé réside dans la réalisation d'un développement axé sur la qualité et la rentabilité. Primo, les investissements doivent être rentables. L'élargissement des investissements entraîne la croissance, mais lorsque les investissements ineffectifs ne sont pas rentables, les prêts et les dettes ne sont alors plus remboursables. Les créances douteuses qui en résultent provoquent des risques budgétaires aux entreprises et des risques financiers à l'Etat. Bien que la période de retour sur investissement des infrastructures – notamment sur celui des infrastructures publiques – soit relativement longue, nous ne pouvons investir dans les programmes d'une durée de plusieurs décennies, même s'ils sont nécessaires, car nous devons tenir compte de nos moyens financiers. Secundo, les produits doivent avoir un marché prometteur, ce qui est la condition préalable à la rentabilité raisonnable d'un investissement. Sans procéder à une analyse des perspectives du marché et si le gouvernement distribue des ressources à la place de l'entreprise ou incite celle-ci à élargir son investissement par le biais de politiques préférentielles, il finira par entraver sa progression. Tertio, les entreprises doivent réaliser des bénéfices et leurs activités doivent être lucratives. Si les entreprises ne produisent pas de bénéfices ou enregistrent des pertes considérables, elles risqueront de faire faillite après deux ou trois ans à peine. Dans ce cas-là, elles devront faire face non seulement au ralentissement de leur croissance, mais également à l'impossibilité d'assurer un salaire à leurs employés et des recettes financières au gouvernement. Enfin, elles pourraient provoquer des risques financiers voire des risques sociaux. Nous devons baser nos politiques sur les entreprises – notamment les entreprises de l'économie réelle – en accordant une haute importance au développement sain de l'économie réelle, afin d'améliorer sa rentabilité. Quarto, les salaires doivent être assurés. Les employés travaillent pour gagner de l'argent et ne veulent pas travailler dans une entreprise qui propose un salaire inférieur à leurs attentes ou au niveau moyen régi par le marché. Bien entendu, la croissance plus rapide du salaire par rapport à celle des bénéfices de l'entreprise en fonction de la situation macro-économique élève le coût de la main-d'œuvre et augmente les charges de l'entreprise. Certaines entreprises à capitaux étrangers et à haute intensité de travail se déplaceront probablement vers les pays où les salaires sont plus bas. Quinto, le gouvernement doit avoir des recettes fiscales pour fournir des services publics et des infrastructures de fortes externalités. Cependant, d'où vient l'argent lui permettant de faire cela ? La réponse est : des recettes fiscales principalement. Le gouvernement peut émettre des obligations, mais de façon rationnelle. Si la croissance économique est importante et que le gouvernement n'a pas de recettes fiscales, il manquera alors de moyens financiers pour accomplir ses devoirs ; l'amélioration du bien-être de la population et des services publics serait un vain mot, sans parler d'une société harmonieuse et stable. Le gouvernement ne doit pas dilapider l'argent, il doit contrôler ses dépenses.

La transformation du mode de développement et la restructuration économique constituent les tâches clés du XIIIe Plan quinquennal. En nous focalisant sur l'approfondissement de la restructuration économique et la remise en valeur de l'économie réelle, nous devons réajuster et perfectionner les politiques concernées, mettre en place un nouveau système industriel, favoriser le développement d'industries stratégiques, fonder un système industriel de l'agriculture moderne, et accélérer la construction d'une puissance manufacturière, ainsi que le développement des services modernes. La force motrice essentielle de la transformation du mode de développement et de la restructuration économique réside dans l'innovation. Nous devons promouvoir un développement vigoureux des nouvelles technologies, industries et activités économiques, obtenir d'importants résultats d'innovation en ciblant les technologies de pointe dans le monde, promouvoir l'application des acquis technico-scientifiques, transformer les résultats de l'innovation en activités économiques réelles et mettre en forme de nouveaux groupes de produits et de nouvelles grappes industrielles.

Deuxièmement, renforcer les maillons faibles en mettant l'accent sur la solution du déséquilibre de développement. L'édification intégrale de la société de moyenne aisance vise non seulement la vie aisée, mais encore et surtout son aspect intégral qui est plus important et plus difficile à atteindre. La vie aisée représente le niveau de développement, tandis que l'« intégral » désigne un développement équilibré, coordonné et durable. Si nous accomplissons d'ici 2020 cet objectif sur les plans du volume et de la vitesse, nous ne pourrons prétendre l'avoir réellement accompli en étant encore confrontés à des problèmes aggravés par un déséquilibre, un manque d'harmonie et une non-durabilité dans le développement, et à une accentuation des maillons faibles. Dans ce cas, même si nous finissions par proclamer la réalisation de cet objectif, celle-ci ne serait reconnue ni par les masses populaires ni par la communauté internationale.

La construction de la société de moyenne aisance doit couvrir tous les domaines, et marquer un progrès global sur les plans politique, économique, culturel, social et écologique. La société de moyenne aisance exige une économie plus développée, une démocratie plus avancée, un niveau scientifique et éducatif plus élevé, une culture plus prospère, une société plus harmonieuse et une vie plus aisée pour la population. En concentrant nos efforts sur l'édification économique, nous devons promouvoir l'édification sur les plans politique, économique, culturel, social et écologique, mais également favoriser le développement coordonné de tous les chaînons et de tous les aspects de la modernisation, tout en évitant des disparités frappantes.

Par exemple, l'édification écologique représente un maillon faible marquant. Grâce à une trentaine d'années de développement rapide et soutenu, la capacité de production des produits agricoles, industriels et de services a connu une croissance rapide dans notre pays. Cependant, la capacité d'offre des produits écologiques de qualité ne cesse de s'affaiblir et l'environnement écologique continue à se détériorer dans certaines régions. Cela exige que nous fassions tout notre possible pour remédier à notre maillon faible en matière d'édification écologique, intégrions réellement le concept, le principe et l'objectif de la civilisation écologique dans tous les domaines du développement socio-économique, en les mettant en application dans nos plans de tous niveaux et de toutes catégories, ainsi que dans toutes nos activités. Les régions à fonctions spécifiques représentent un système fondamental d'exploitation et de protection de l'espace territorial, mais aussi une mesure de base pour protéger l'environnement écologique à la source. Cette mesure a été proposée plusieurs années auparavant, mais sa mise en application n'est pas satisfaisante. Sur le territoire chinois de 9,6 millions de kilomètres carrés, les conditions naturelles varient d'une région à l'autre, et un faux positionnement risque de conduire toutes les activités dans une mauvaise direction. En conséquence, il faut accélérer le perfectionnement des politiques et l'évaluation de la performance différenciée basés sur les régions à fonctions spécifiques, et encourager les diverses régions à se développer selon le positionnement de ces mêmes fonctions. Il faut également donner la priorité à la protection de l'environnement en la centrant sur la régénération naturelle, mettre en application des programmes relatifs à la protection et à la régénération écologiques des montagnes, des cours d'eau, des forêts, des champs et des lacs, renforcer les travaux d'aménagement, réformer le système de base en la matière, ainsi qu'améliorer globalement la stabilité des écosystèmes naturels et leurs fonctions de services écologiques, afin de consolider le système de barrières protectrices de la sécurité écologique.

L'édification intégrale de la société de moyenne aisance doit bénéficier à toute la population. L'un des maillons faibles notables de cette édification réside dans le bien-être du peuple. Les problèmes liés au développement déséquilibré se manifestent principalement dans l'amélioration des conditions de vie pour les différents groupes sociaux. « Bien que le Ciel et la Terre soient vastes, les gens du peuple constituent la base de la gouvernance. »[2] Nous devons agir en suivant le principe de « par tous et pour tous », nous garder de ne pas dépasser le seuil, mettre l'accent sur les domaines prioritaires, perfectionner le système institutionnel, orienter les anticipations et accorder une haute attention à l'égalité des chances, afin d'assurer les conditions de vie de base de la population.

Le maillon faible le plus saillant réside dans la sortie de la pauvreté des ruraux démunis. Bien que l'édification intégrale de la société de moyenne aisance n'ait pas pour but d'assurer une vie aisée tout à fait identique à tous, une telle société de moyenne aisance ne convaincra pas si les 70 millions de ruraux actuellement démunis ne voient pas leurs conditions de vie sensiblement améliorées. En conséquence, les Propositions ont pris la sortie de la pauvreté des ruraux démunis comme signe essentiel de l'édification intégrale de la société de moyenne aisance, en soulignant l'assistance ciblée aux démunis et l'éradication précise de la pauvreté. Nous devons, avec une plus grande détermination, une piste de réflexion plus précise et des mesures plus énergiques, faire des démarches exceptionnelles et nous lancer dans la lutte décisive contre la pauvreté, afin de nous assurer que toutes les populations rurales démunies et tous les districts pauvres, définis selon les critères en vigueur dans notre pays, sortent de la pauvreté, et que le problème de la pauvreté régionale soit résolu.

La Chine compte actuellement près de 18 millions de citadins qui vivent du minimum social. Leur existence doit être assurée par le perfectionnement des divers systèmes de garantie. Il faut : accroître l'offre des services aux séniors et faciliter l'accès aux services de santé pour les 130 millions de personnes âgées de plus de 65 ans ; faciliter progressivement l'accès équitable des 200 millions de travailleurs migrants résidant en ville aux services publics locaux de base ; fournir un logement décent à la population non domiciliée des grandes villes, dont notamment une dizaine de millions de diplômés universitaires ; ou encore fournir une formation professionnelle à plus de 9 millions de chômeurs enregistrés dans les villes, de sorte qu'ils trouvent un emploi pérenne et reçoivent un revenu stable. En bref, nous devons nous en tenir au concept de développement centré sur le peuple et, face aux personnes spécifiques en proie à des difficultés particulières, nous devons faire tout notre possible pour les aider à régler leurs problèmes pratiques.

Au cours du XIIIe Plan quinquennal, la croissance des recettes fiscales ne sera pas aussi haute que par le passé. Par conséquent, nous devons concilier le développement économique et la garantie du bien-être de la population, en renforçant cette dernière à partir du développement économique. Cependant, il ne faut pas prendre des engagements difficiles à remplir sans tenir compte de nos moyens financiers. L'accent doit être mis sur le renforcement des services publics de base, notamment sur celui du soutien aux services publics fondamentaux en faveur des anciennes bases révolutionnaires, des régions peuplées d'ethnies minoritaires, des régions frontalières et des régions démunies, ainsi que sur l'aide aux groupes de personnes spécifiques vivant dans des situations particulièrement difficiles. Sur cette base, le bien-être de la population doit être assuré dans les domaines de l'éducation, de l'emploi, de la répartition des revenus, de la protection sociale, des soins médicaux, etc. Nous devons observer strictement le principe dit de « régler sa dépense sur son revenu » et réajuster activement la structure des dépenses financières. Il y a peu de temps, nous avons engagé des promesses compte tenu d'une croissance assez rapide des recettes fiscales. Aujourd'hui, il me semble nécessaire de réexaminer ces promesses sous l'angle de la durabilité, et, sans hésiter, de les réviser à une baisse appropriée.

L'édification intégrale de la société de moyenne aisance doit couvrir toutes les régions urbaines et rurales. Elle a pour tâche majeure de réduire les disparités de développement entre les villes et les zones rurales, de même qu'entre les diverses régions. Il faut traiter cette question de manière dialectique. Les villes et les zones rurales comme les diverses régions, assument des fonctions spécifiques différentes. La majeure partie du Qinghai et du Tibet couvre des régions clés à fonctions écologiques. En tant que « 3e pôle du monde », ces régions se dotent d'une valeur extrêmement importante sur le plan des produits et des services écologiques. L'environnement détérioré à cause d'une exploitation aveugle ne sera jamais réparé et ce, quel que soit le prix qu'on paierait. Dans le cadre du système de comptabilité du PIB en vigueur, le niveau de développement est uniquement évalué par le PIB, si bien que les disparités de développement entre ces régions et les régions développées s'aggraveront de jour en jour. Si nous parlons ici de la réduction des disparités de développement entre les villes et les zones rurales comme entre les diverses régions, il s'agit non seulement de réduire celles sur les plans du PIB et du rythme de la croissance, mais également de réduire celles sur les plans du niveau de revenus des habitants, du niveau d'accès aux infrastructures, du niveau de services publics fondamentaux accessibles à tous, et du niveau de vie de la population. De plus, il faut parfaitement comprendre les écarts de revenus entres les villes et les zones rurales comme entre les diverses régions. Comme le coût de vie, notamment celui du logement, varie sensiblement entre les villes et les zones rurales comme entre les diverses régions, les revenus seuls ne peuvent refléter correctement les vrais problèmes.

Troisièmement, prévenir les risques, en particulier, aiguiser la conscience et améliorer la capacité de prévention et de contrôle des risques. Au cours des cinq prochaines années, les risques que notre pays affrontera dans les divers domaines au cours de son développement pourraient sans cesse s'accumuler, voire se manifester de manière concentrée. Les principaux risques auxquels le développement chinois est confronté sont : à l'intérieur, les risques sur les plans économique, politique, idéologique, social, ainsi que ceux provenant de la nature ; à l'extérieur, les risques économiques, politiques et militaires. Si nous ne parvenons pas à tenir bon devant les risques majeurs, la sécurité de l'Etat fera face à une énorme menace et le processus de l'édification intégrale de la société de moyenne aisance sera interrompu. « Prévoir le mal avant qu'il ne surgisse ; prévenir le désordre avant qu'il n'éclate. »[3] Nous devons donner la priorité à la prévention des risques et travailler pour nous prémunir ou nous assurer contre les risques majeurs.

Dans le passé, nous étions habitués à croire que certaines contradictions et certains problèmes étaient dus à un bas niveau de développement économique et à un faible revenu des masses populaires, et qu'ils seraient atténués avec l'élévation du niveau de développement économique et l'amélioration de la vie de la population. A présent, il nous semble que le sous-développement et le développement engendrent chacun ses problèmes, et que les problèmes apparus après le développement économique ne sont pas moins nombreux que ceux survenus auparavant. Ils sont même plus nombreux et plus complexes. A notre époque, si nous ne parvenons pas à concilier les rapports d'intérêt ni à régler correctement les différentes contradictions, nous verrons s'aggraver les problèmes qui pourraient même freiner le développement.

Il est à noter que les divers risques, qui ne se manifestent pas de manière isolée, s'entrecroisent probablement pour former un ensemble complexe. Les comités du Parti et les gouvernements à tous les échelons doivent renforcer leur sens des responsabilités et aiguiser leur conscience à l'égard des risques éventuels, ainsi que prendre des précautions et maîtriser les risques dans les limites de leurs attributions. Ils ne doivent absolument pas rejeter leurs responsabilités à leur échelon supérieur ou les laisser à leurs successeurs, et encore moins, provoquer des risques dans leur travail de manière irresponsable. Il faut intensifier l'enquête et l'analyse sur les diverses sources de risques, améliorer la capacité de surveillance dynamique et d'avertissement en temps réel, et rendre la prévention et le contrôle des risques plus scientifiques et plus minutieux. Il est nécessaire de bien maîtriser les risques éventuels et leurs causes, et de prendre des mesures appropriées et globales en temps opportun et avec fermeté contre eux. Il faut chercher à résorber les risques à leur source, afin d'empêcher ceux mineurs de se transformer en grands, ceux isolés en généraux, ceux locaux en régionaux ou systématiques, ceux économiques en sociaux et politiques, et ceux internationaux en nationaux.

Notes :

[1] Chen Liang (1143-1194), dynastie des Song du Sud.

[2] *Livre des Jin* (*Jin Shu*) de Fang Xuanling (579-648) et al., dynastie des Tang.

[3] *Ancien livre des Tang* (*Jiu Tang Shu*) de Liu Xu (887-946) et al., dynastie des Jin postérieurs.

Insister sur l'assistance ciblée aux personnes démunies et l'élimination précise de la pauvreté afin de gagner la lutte décisive contre la pauvreté*

(27 novembre 2015)

Eliminer la pauvreté, améliorer le bien-être du peuple et progressivement réaliser l'enrichissement commun constituent l'exigence essentielle du socialisme et la tâche importante de notre parti. L'édification intégrale de la société de moyenne aisance incarne notre promesse solennelle faite au peuple chinois. L'heure du début de la lutte décisive pour l'élimination de la pauvreté a déjà sonné. Nous devons être fermement déterminés, travailler dur en gardant notre objectif en vue et gagner résolument cette lutte décisive afin d'assurer, d'ici 2020, une vie aisée dans toutes les régions et pour tous les habitants pauvres.

Cette première conférence nationale organisée depuis la clôture de la 5ᵉ session plénière du XVIIIᵉ Comité central du Parti incarne la profonde préoccupation du Comité central du Parti vis-à-vis de l'assistance aux personnes démunies par le biais du développement. A partir de l'objectif de l'édification intégrale de la société de moyenne aisance, cette session a décidé, d'ici 2020, de débarrasser les habitants ruraux démunis et les districts pauvres de la précarité selon les critères en vigueur en Chine, ainsi que d'éliminer la pauvreté au niveau régional. La tâche principale de cette conférence consiste à mettre en application l'esprit de la 5ᵉ session plénière du XVIIIᵉ Comité central du Parti, à analyser la situation et les tâches que l'édification intégrale de la société de moyenne aisance affronte lors de cette période clé,

---

* Points essentiels du discours à la Conférence nationale sur l'assistance aux démunis par le biais du développement.

à prendre des dispositions concernant l'élimination de la pauvreté à l'étape actuelle et dans les années à venir, à mobiliser l'ensemble du Parti, du pays et de la société à gagner ensemble la lutte décisive contre la pauvreté.

Depuis la fondation de la Chine nouvelle, notre parti a dirigé le peuple dans sa lutte contre la pauvreté. Grâce à nos efforts fournis depuis la réforme et l'ouverture lancées 37 ans auparavant, nous avons réussi à trouver une voie à la chinoise destinée à réduire la pauvreté par le biais du développement, ayant bénéficié à plus de 700 millions d'habitants ruraux et consolidant les assises de la réussite de l'édification intégrale de la société de moyenne aisance. La Chine est ainsi devenue le pays ayant aidé le plus grand nombre de personnes à sortir de la pauvreté ainsi que le premier pays à avoir achevé les Objectifs du millénaire pour le développement des Nations unies. Ces réalisations seront inscrites dans l'histoire du développement de la société humaine et suffisent à prouver au reste du monde la supériorité de la direction du Parti communiste chinois et celle du socialisme à la chinoise.

Cependant, nous devons être conscients que l'actuelle lutte pour l'élimination de la pauvreté reste une tâche assidue en Chine. A la fin de l'année précédente, la Chine comptait encore plus de 70 millions de ruraux pauvres. L'objectif de la lutte contre la pauvreté au cours du XIIIe Plan quinquennal consiste à assurer, d'ici 2020, les besoins essentiels et les droits à l'enseignement obligatoire, aux soins médicaux de base et au logement des ruraux pauvres, ainsi qu'à réaliser en même temps une croissance des revenus disponibles par résident rural dans les régions pauvres plus élevée que la moyenne nationale, ainsi que des indicateurs proches de la moyenne nationale dans les principaux domaines des services publics fondamentaux. La lutte contre la pauvreté entrant dans sa dernière ligne droite pour affronter les problèmes particulièrement épineux, nous devons rester unis en bloc pour réaliser l'objectif de cette lutte avec une détermination plus ferme, une idée plus précise, des mesures plus ciblées et des efforts décuplés, sans laisser de côté aucune région pauvre ni aucun habitant démuni.

Nous devons insister sur l'assistance ciblée aux personnes démunies et l'élimination précise de la pauvreté tout en mettant l'accent sur l'efficacité. L'important est de trouver des moyens corrects et de mettre en place des mécanismes appropriés : prendre des mesures ciblées efficaces, fournir de réels efforts dans l'assistance visée, et obtenir des résultats dans la mise en application de précision. Il faut régler le problème de « bénéficiaires de l'assistance », assurer la distinction des habitants pauvres véritables et préciser la part de la population pauvre, son niveau de pauvreté et les causes de celle-ci afin d'appliquer des mesures différenciées adaptées à chacun des foyers et des individus. Il faut également régler le problème d'« auteurs de l'assistance » et accélérer la création d'un mécanisme de réduction de la pauvreté par le biais du développement, caractérisé par la planification globale des autorités centrales, la responsabilité des provinces (régions autonomes et municipalités relevant directement de l'autorité centrale) ainsi que la mise en application par les municipalités (ou préfectures) et les districts, tout en assurant une division nette du travail, des responsabilités bien déterminées et des tâches définies en se basant sur un individu et une évaluation sûre.

Nous devons régler le problème de « comment assister » et, conformément aux conditions propres aux régions et aux habitants pauvres, mettre en application le programme de la « quintuple élimination de la pauvreté » : 1. Elimination de la pauvreté en développant la production. Orienter et soutenir toutes les personnes capables de travailler à améliorer leur vie en comptant sur leurs propres efforts, et les débarrasser de la pauvreté à partir des ressources locales. 2. Elimination de la pauvreté en procédant au déplacement. Les habitants pauvres ayant des difficultés à sortir de la pauvreté dans leur propre région seront déplacés de façon planifiée, organisée et progressive, afin d'assurer le déplacement, la stabilité et l'enrichissement de ces personnes. 3. Elimination de la pauvreté en effectuant la compensation écologique. Renforcer la protection et la réhabilitation écologiques dans les régions pauvres, augmenter les transferts de paiements dans les régions prioritaires à vocation écologique, étendre les domaines concernant l'application des mesures et faire des habitants pauvres capables de travailler du personnel de la protection environnementale tel que garde forestier. 4. Elimination de la pauvreté en développant l'éducation. L'éradication de la pauvreté implique nécessairement l'élimination de l'ignorance, et l'assistance aux personnes démunies, l'amélioration du niveau d'éducation. Les fonds nationaux destinés à l'enseignement devront favoriser les régions pauvres, l'enseignement élémentaire et la formation professionnelle pour aider les régions pauvres à améliorer leurs conditions d'enseignement et accorder une attention particulière aux enfants issus de familles rurales pauvres, et notamment aux enfants de travailleurs migrants. 5. Elimination de la pauvreté grâce à la protection sociale. Celle-ci devra se charger de tous ceux qui ont perdu totalement ou partiellement leur capacité de travail. Il faut coordonner les normes concernant l'assistance aux démunis et les minima sociaux dans les régions rurales et renforcer l'aide sociale sous d'autres formes. L'assurance maladie et l'assistance médicale seront renforcées ; le nouveau système médical mutualisé rural et la politique d'assurance contre les maladies graves devront privilégier les habitants pauvres. Il faut attacher une haute importance à la lutte contre la pauvreté dans les anciennes bases révolutionnaires.

L'assistance ciblée aux démunis vise l'élimination ciblée de la pauvreté. Il faut fixer un ordre du jour précis pour réaliser un retrait ordonné des mesures politiques, en évitant l'atermoiement et l'impatience. Il convient d'embrasser une certaine période charnière où l'étiquette de la pauvreté est ôtée à une région sans pour autant arrêter l'assistance octroyée. Il faut réaliser une évaluation stricte et une vérification selon les critères de sortie de la précarité, ainsi que débarrasser foyers et personnes de la pauvreté. Le peuple sera invité à examiner les résultats des efforts fournis contre la pauvreté et à se prononcer à ce sujet.

La lutte décisive pour l'élimination de la pauvreté requiert davantage le renforcement et l'amélioration de la direction du Parti. Les comités du Parti et les gouvernements à tous les échelons doivent

raffermir leur confiance et assumer courageusement leurs responsabilités pour endosser le devoir du débarrassement de la pauvreté et
prendre en main leurs tâches. Les cadres dirigeants aux divers échelons doivent maintenir un style de travail persévérant et enthousiaste
pour mener à bien la lutte contre la pauvreté. Les comités du Parti et
les gouvernements en charge des régions où les tâches de l'élimination
de la pauvreté sont lourdes doivent considérer celle-ci comme leur
priorité, et le programme du bien-être le plus important au cours du
XIIIe Plan quinquennal, tout en basant le développement économique
et social sur l'élimination de la pauvreté. Des contrats de responsabilités en cette matière devront être signés par tous les échelons. Un
système de rapport annuel et d'inspection concernant la lutte contre
la pauvreté devra être mis en place pour renforcer l'inspection et le
recours en responsabilité. Les résultats de l'élimination de la pauvreté
seront considérés comme une référence essentielle dans la sélection
et la nomination des cadres, tout en examinant et identifiant ceux-ci
grâce à leurs réalisations au front de cette lutte, et en les encourageant
à s'impliquer pleinement dans cette tâche. Nous devons combiner
la consolidation des organisations de base du Parti dans les régions
rurales avec la lutte contre la pauvreté pour sélectionner des chefs et
des équipes dirigeantes compétents.

Les investissements dans l'aide au développement des régions
pauvres doivent s'adapter aux exigences du gain de la lutte décisive
contre la pauvreté. La croissance des fonds spéciaux des finances
centrales et celle des investissements nationaux dans l'infrastruc-
ture destinés à la réduction de la pauvreté doivent correspondre à la
nécessité du renforcement de cette lutte. Il faut veiller à privilégier
les régions pauvres dans le cadre des transferts de paiements généraux
des finances centrales et de tous les transferts de paiements spéciaux
concernant le bien-être du peuple. Les finances provinciales et les
régions de l'Est chargées de l'assistance ciblée doivent convenable-
ment accroître leurs investissements. Nous devons optimiser les fonds
destinés à l'assistance aux personnes démunies, mener à bien l'assistance financière afin d'accélérer la réforme et l'innovation financières

dans les régions rurales, renforcer la gestion transparente des fonds en la matière, exercer des poursuites contre les infractions commises dans l'exercice du pouvoir dans le domaine de l'assistance aux personnes démunies et punir sévèrement les personnes qui faussent les comptes, ou détournent, retiennent, empochent ou dilapident les fonds d'assistance aux plus démunis.

L'élimination de la pauvreté et l'enrichissement dépendent en fin de compte du travail acharné des personnes démunies. Aucun sommet n'est plus élevé que l'homme ; aucun trajet n'est plus long que les pieds. Il nous faut mettre en valeur l'esprit d'initiative des cadres à l'échelon de base et du peuple, les encourager et les mobiliser à sortir de la précarité en comptant sur leur propre travail. Il faut également mobiliser toute la société à participer à cette grande œuvre.

Accroître notre effort pour poursuivre la lutte contre la pauvreté dans les régions gravement touchées[*]

(23 juin 2017)

En vue d'accélérer la poursuite de la lutte contre la pauvreté dans les régions gravement touchées, nous devons suivre les dispositions unifiées prises par le Comité central du Parti, et nous en tenir à la stratégie fondamentale d'assistance ciblée aux démunis et d'éradication précise de la pauvreté. Nous devons également poursuivre le système administratif selon lequel les autorités centrales assurent la planification générale, les provinces endossent la responsabilité globale, les municipalités et les districts assurent la mise en application, ainsi que le système de responsabilité du travail selon lequel les principaux responsables des organes du Parti et du gouvernement assument la responsabilité générale. Il faut en même temps maintenir la structure d'aide au développement associant des programmes spéciaux, sectoriels et sociaux, avec la combinaison organique et la complémentarité entre de multiples forces et entre plusieurs mesures. En nous axant sur le règlement des problèmes saillants entravant le développement, en utilisant comme levier les principaux programmes d'aide au développement et les mesures d'aide ciblée à chaque village et à chaque foyer, et en prenant le renforcement des maillons faibles pour points de percée, nous devons intensifier le système d'appui et de garantie, appliquer une politique plus préférentielle envers les régions concernées, centrer nos efforts sur la solution des problèmes clés,

---

[*] Extraits de l'allocution lors d'une causerie sur la lutte contre la pauvreté dans les régions gravement touchées.

et nous unir comme un seul homme pour surmonter les difficultés, afin d'assurer que toutes les régions gravement touchées et toutes les personnes démunies entrent dans la société de moyenne aisance en même temps que tout le peuple du pays.

1. Définir des objectifs rationnels de la sortie de la pauvreté. Le Comité central du Parti a explicitement défini son objectif de lutte contre la pauvreté d'ici 2020 comme suit : satisfaire progressivement les besoins élémentaires du quotidien des ruraux démunis, et leur garantir l'enseignement obligatoire, les soins médicaux fondamentaux et un logement décent ; réaliser une croissance des revenus disponibles par résident rural dans les régions démunies plus élevée que la moyenne nationale, et rendre les indicateurs des services publics fondamentaux dans les principaux domaines proches de la moyenne nationale ; assurer que tous les ruraux démunis sortent de la pauvreté selon les critères en vigueur dans le pays et que tous les districts démunis se débarrassent de la pauvreté, et éradiquer la pauvreté globale régionale. Les régions gravement touchées doivent elles aussi réaliser cet objectif. Dans le même temps, nous devons adopter une vision matérialiste face à cette question. Les régions gravement touchées ne parviendront pas, même en 2020, à atteindre le niveau de développement des régions développées. Nous déployons aujourd'hui des efforts en vue de satisfaire les besoins élémentaires du quotidien des habitants dans ces régions, et de leur donner accès à l'enseignement obligatoire, aux soins médicaux fondamentaux et à un logement décent, de sorte que les indicateurs de leurs services publics fondamentaux dans les principaux domaines soient proches de la moyenne nationale. Face à cette question, nous devons faire preuve d'objectivité, au lieu de viser trop haut et de stimuler excessivement l'appétit de diverses parties.

2. Accroître les investissements et le soutien. Nous devons faire jouer le rôle central du gouvernement en tant que principal investisseur, ainsi que celui des capitaux financiers dans l'orientation et la coordination. Les nouveaux capitaux destinés à la lutte contre la pauvreté doivent être principalement investis dans les régions grave-

ment touchées, les nouveaux programmes en la matière, majoritairement distribués dans ces régions, et les nouvelles mesures à cet égard, principalement concentrées dans ces régions. Les projets d'intérêt public adoptés par les divers départements doivent privilégier ces régions, et les nouveaux capitaux liés à l'agriculture dans ces régions doivent être optimisés avant d'être utilisés dans les programmes de lutte contre la pauvreté. Les finances à tous les échelons doivent accroître le transfert de paiements dans les régions gravement touchées, augmenter les investissements financiers dans ces régions. Les marchés de capitaux doivent prendre des dispositions favorables aux entreprises cotées issues de ces régions, et les assureurs doivent réduire de manière appropriée les primes à l'égard de ces régions. Il faut intensifier le soutien apporté à ces régions en ce qui concerne les terrains utilisés à des fins de construction. Les quotas de terrains supplémentaires à des fins de construction doivent prioritairement assurer les besoins de ces régions en terrains pour le développement. Les districts gravement touchés sont autorisés à utiliser à l'échelle provinciale les quotas liés avec la variation en quantité des terres destinées à des projets de construction urbaine et rurale. On adopte de multiples mesures pour associer tous les efforts afin d'augmenter les investissements contre la pauvreté dans toutes les régions gravement touchées.

3. Concentrer des forces supérieures pour remporter la lutte contre la pauvreté. « Les troupes sont faibles lorsqu'elles sont déployées séparément, et puissantes lorsqu'elles sont concentrées. »[1] Les causes conduisant à une grave pauvreté varient d'une région à l'autre. Lorsque nous concentrons nos forces supérieures pour gagner la lutte contre la pauvreté, nous devons tenir compte des réalités locales ainsi que mettre pleinement en valeur les atouts de notre système en matière d'exécution. A l'échelle nationale, nous mettrons prochainement l'accent sur le règlement des problèmes dans les régions gravement touchées concernant les services publics, les infrastructures et les soins médicaux de base. En décembre dernier, lors d'une réunion du Comité permanent du Bureau politique du Comité central pour écou-

ter le rapport sur la lutte contre la pauvreté, j'ai proposé de mettre en application un programme de montée en gamme des villages démunis, de développer l'économie collective, d'améliorer les infrastructures et de surmonter les difficultés du « dernier kilomètre » dans l'application des mesures politiques contre la pauvreté. Nous serons en mesure de régler tous ces problèmes difficiles et complexes, pourvu que nous concentrions nos efforts, trouvions la bonne solution, renforcions le relogement, dans des zones plus hospitalières, des habitants vivant dans les régions aux conditions naturelles extrêmement difficiles, créions des postes d'intérêt public, comme gardes forestiers, en faveur des résidents ruraux vivant dans les zones où l'exploitation est interdite ou limitée à cause de leur environnement écologique fragile, intensifions l'assistance, comme l'aide médicale, temporaire ou caritative, aux personnes appauvries à cause d'une grave maladie et appliquions des mesures pour garantir les moyens d'existence des foyers qui ne sont pas à même de se débarrasser de la pauvreté malgré l'appui industriel ou l'aide à l'emploi.

4. Focaliser les efforts sur l'assistance ciblée aux personnes démunies afin de promouvoir le développement régional qui est, dans les régions gravement touchées, la base de l'assistance ciblée aux personnes démunies ainsi qu'une composante importante de celleci. Les régions où sont concentrées des zones de pauvreté due à des conditions naturelles particulièrement hostiles doivent mettre l'accent sur la résolution des problèmes liés au perfectionnement des services publics, à la construction d'infrastructures et au développement industriel. Cependant, il faut noter que cela a pour but de fournir un environnement favorable à la sortie de la pauvreté des personnes démunies. Les mesures visant à promouvoir le développement interrégional dans les régions gravement touchées doivent être axées sur la manière de réduire la pauvreté afin de jeter les bases favorables à l'application de l'assistance ciblée aux personnes démunies. Nous devons éviter la mise à exécution de projets et la demande de capitaux sous prétexte du développement interrégional, parce que cela conduira à la croissance économique régionale et à l'amélioration des services

sociaux, mais également à l'augmentation des écarts entre riches et pauvres. Les régions gravement touchées doivent améliorer leur mode de développement économique, en mettant l'accent sur le développement des secteurs bénéficiant aux personnes démunies, tels que le secteur agricole spécifique, le secteur manufacturier à forte intensité de main-d'œuvre et les services. Les travaux de communication doivent privilégier autant que possible l'accès des villages et des foyers ; les travaux hydrauliques, les villages défavorisés et la production agricole de petite envergure ; les programmes de protection écologique, la participation des personnes démunies et le niveau de leur bénéfice ; le nouveau système médical mutualisé rural et l'assurance contre les maladies graves, les personnes démunies.

5. Renforcer l'aide de toutes les parties. Nous devons encourager les régions de l'Est et les services de l'Etat à augmenter leur aide et soutien aux régions gravement touchées, et intensifier leur responsabilité dans ce domaine pour que chacun assume sa responsabilité. En ce qui concerne la coopération en matière d'aide au développement et l'assistance ciblée entre les régions de l'Est et les régions de l'Ouest, si ceux bénéficiant d'une aide désignée des services de l'Etat se trouvent dans les régions gravement touchées, nous devons y consacrer davantage d'efforts sur le plan des capitaux, des projets et des ressources humaines. L'action visant à « accéder main dans la main à une moyenne aisance » sous forme de jumelage des districts développés dans l'Est du pays et des districts démunis dans l'Ouest, ainsi que l'action de « l'aide de dix mille entreprises à dix mille villages » effectuée par des entreprises privées doivent toutes deux privilégier les régions gravement touchées. Le Bureau d'aide au développement du Conseil des Affaires d'Etat doit assurer le raccord en la matière. Nous devons, sous de multiples formes, orienter les forces sociales à largement participer à la lutte contre la pauvreté dans les régions gravement touchées, et à aider la population de ces régions à surmonter les difficultés qu'elle rencontre dans la production et son quotidien. Nous devons également lancer des actions de solidarité à travers toute la société en faveur des régions et des personnes démunies, largement

sensibiliser le public aux bons exemples apportant une importante contribution à la lutte contre la pauvreté et créer une ambiance favorable à la participation des forces sociales à cette lutte.

6. Stimuler la formation des forces endogènes de développement. Je dis souvent que l'aide au développement doit s'associer avec le renforcement de la volonté de lutte et l'amélioration du niveau d'éducation qui constituent des forces et des causes internes. Lorsque je travaillais à Ningde dans la province du Fujian, j'ai déjà proposé que « les oiseaux faibles prennent leur envol avant les autres afin d'arriver à destination en même temps qu'eux », que les régions et les personnes démunies doivent se doter avant tout d'une conscience de « l'envol » et d'une action de « s'envoler avant les autres ». Faute de forces endogènes, si vous n'avez pas la volonté de « vous envoler » et que vous vous reposez uniquement sur une aide externe assez importante, vous n'arrivez jamais à radicalement régler vos problèmes. Actuellement, on constate dans certaines régions un phénomène étrange : les cadres jouent leur rôle avec une ardeur excessive, alors que les masses manquent d'enthousiasme pour jouer leur rôle, « les cadres travaillent tandis que les masses restent les bras croisés » ou « les cadres s'inquiètent alors que les masses ne se soucient de rien ». Certaines personnes démunies sont imbues des idées telles que « attente, dépendance et sollicitude », et elles « s'exposent au soleil, assises contre le pied d'un mur, dans l'espoir qu'autrui leur donne une vie aisée ». Il faut donc stimuler leur enthousiasme, leur initiative et leur créativité, développer leurs compétences élémentaires de développer la production, de travailler et de faire du commerce ; il convient de stimuler la vitalité endogène des régions et des personnes démunies pour qu'elles se débarrassent de la pauvreté avant de s'enrichir ; et il est nécessaire d'améliorer la capacité d'autodéveloppement de ces régions et personnes. Il faut faire rayonner les vertus traditionnelles de la nation chinoise, les encourager à s'enrichir grâce à leur propre labeur et à gérer leur ménage avec diligence et économie. Il faut surtout mettre en valeur la piété filiale et le respect aux personnes âgées, orienter nos concitoyens à assumer consciemment leurs responsabilités

familiales et à asseoir de bonnes mœurs familiales ; il convient d'intensifier le sens de responsabilité des membres de la famille concernant l'entretien et l'aide aux personnes âgées, et promouvoir une bonne entente familiale. Une nation saine doit encourager le travail, l'emploi, l'entretien de la famille par ses propres efforts, les services rendus à la société et la contribution à l'Etat. Nous devons changer notre mode de travail en remplaçant les aides simples en liquide, en matériels, en bœufs et en moutons par des récompenses et des subventions à la production, une allocation de labeur et une organisation des travaux rémunérés pour mieux assister les nécessiteux. Plutôt que de nous charger de tout et d'agir à leur place, nous devons encourager et orienter les masses populaires à s'enrichir par leur travail d'arrache-pied.

7. Renforcer l'organisation et la direction. En vue de lutter contre la pauvreté dans les régions gravement touchées, il faut accorder une grande importance à la mise à exécution des mesures, envisager des résultats prompts, responsabiliser davantage les services compétents, assurer la présence du personnel, déployer suffisamment d'efforts et garantir des résultats satisfaisants. Pour résoudre les problèmes liés à la grave pauvreté, le renforcement de l'organisation et de la direction en constitue la garantie. Le Comité central du Parti a demandé de renforcer les « quatre consciences »[2], qui, au lieu d'être un slogan ou une formule creuse, doivent être matérialisées dans les actions. Les comités du Parti et les gouvernements à tous les échelons doivent mettre en application les décisions et les dispositions prises par le Comité central du Parti afin de mener jusqu'à la fin la lutte contre la pauvreté. Les comités du Parti et les gouvernements des régions gravement touchées doivent faire de la lutte contre la pauvreté une priorité dans leur application du XIIIe Plan quinquennal et le plus important programme d'intérêt public. Ils doivent également procéder à une planification globale de leur développement socio-économique à partir de cette lutte. Les comités du Parti pour les districts sont le centre de commandement dans la lutte contre la pauvreté de leur district, et les secrétaires des comités du Parti pour ces districts se doivent de procéder à une planification d'ensemble de la lutte contre la pauvreté, de prendre

des dispositions d'ensemble pour faire progresser la lutte, de mettre en œuvre les projets prévus, d'assurer l'allocation des fonds, d'affecter la main-d'œuvre, et de pousser en avant l'application. Je souhaiterais réitérer ici qu'il faut, au cours de la lutte contre la pauvreté, stabiliser les postes de numéro un des organes du Parti et du gouvernement des districts pauvres, et promouvoir à des postes plus importants ceux qui œuvrent efficacement contre la pauvreté. J'espère que les camarades qui occupent ces postes font honneur à leur mission et accomplissent parfaitement la tâche glorieuse assignée par le Parti.

En vue de lutter contre la pauvreté dans les régions gravement touchées, il faut particulièrement renforcer l'organisation et la direction en première ligne du travail. Le succès de cette lutte réside dans l'homme. Ces dernières années, nous avons envoyé des premiers secrétaires du Parti, des équipes de travail, ou encore des cadres-étudiants dans des villages pauvres. La grave pauvreté représentant la tâche la plus ardue à accomplir, il nous faut donc envoyer les plus compétents pour remporter la victoire et les différentes régions doivent déployer d'énormes efforts dans ce domaine ; sinon, on échouera, et ce, quel que soit le montant de nos investissements. Il faut associer la consolidation des organisations rurales du Parti à l'échelon de base avec la lutte contre la pauvreté, correctement sélectionner les principaux responsables et doter les équipes dirigeantes des membres les plus compétents. Il faut notamment régler avec détermination les problèmes présents dans les équipes dirigeantes à l'échelon de base qui se révèlent faibles et entachées de laxisme. Il faut également mettre en valeur le rôle de bastion des organisations du Parti dans les villages dans la lutte contre la pauvreté, et combattre en vertu de la loi les forces mafieuses dans les villages en prévenant strictement leur intervention dans l'exercice du pouvoir à l'échelon de base. Les organes du Parti et du gouvernement à tous les échelons doivent sélectionner et envoyer des cadres dans les régions démunies, ainsi que des premiers secrétaires du Parti et des équipes de travail dans les villages défavorisés, de sorte que les cadres puissent être directement en contact avec la lutte contre la pauvreté. Les cadres à l'échelon de base et au front de la lutte contre la pauvreté travaillent dur. Cette année, je leur ai adressé des salutations spéciales dans mes vœux du Nouvel An, dans le but d'adresser un message aux comités du Parti et aux gouvernements locaux, pour qu'ils prennent soin d'eux, les entourent d'égards et d'attentions. Il faut considérer les régions gravement touchées comme une plateforme importante destinée à forger et sélectionner les cadres, et ceux qui luttent contre la pauvreté doivent volontairement se rendre dans les villages et travailler corps et âme avec les masses populaires, plutôt que de rester à la surface des choses, de travailler par à-coups ou de commencer un travail sans y venir à bout. Les organisations du Parti et les départements de l'organisation à tous les échelons doivent exercer un contrôle strict dans ce domaine afin d'assurer que les premiers secrétaires du Parti et les cadres envoyés dans les villages s'appliquent dans l'aide au développement avec diligence et passion.

8. Intensifier le contrôle et l'inspection. La lutte contre la pauvreté ne sera pas facilement accomplie du jour au lendemain. Le Comité central du Parti n'a pas imposé de rigoureuses exigences aux autorités locales pour accomplir la sortie de la pauvreté avant terme, sans parler des régions gravement touchées où les problèmes sont complexes. La sortie de la pauvreté ne peut se faire par anticipation et à la légère, sans tenir compte de la réalité locale, et les normes des aides accordées aux personnes démunies ne peuvent être réduites à volonté. Il est absolument interdit d'effectuer une fausse sortie de la pauvreté avec un trucage des chiffres. Nous devons appliquer l'évaluation la plus stricte, poursuivre un système de rapport annuel et d'inspection concernant la lutte contre la pauvreté, intensifier l'inspection et le recours en responsabilité sur le laxisme, la malhonnêteté et la falsification. Nous devons également assurer la gestion et l'utilisation des capitaux destinés à l'aide au développement, tout en appliquant une ferme rectification et de rigoureuses sanctions contre le détournement de fonds et la malversation. Il faut adopter une attitude réaliste et travailler d'arrache-pied dans la lutte contre la pauvreté, afin d'obtenir des résultats réels reconnus par les masses populaires et résistant à

l'épreuve de la pratique et de l'histoire.

J'ai souligné à maintes reprises que la lutte contre la pauvreté nécessite un solide travail. Tout travail a pour aboutissement le règlement des problèmes pratiques des personnes démunies. Il faut veiller à éviter le formalisme, la superficialité, et les formalités complexes et inutiles. J'ai eu l'occasion de lire des documents qui m'ont appris que certaines autorités locales, afin d'atteindre les objectifs visant à correctement distinguer les personnes démunies et à pratiquer une éradication ciblée de la pauvreté, ont imposé de nombreux formulaires à remplir à leurs organes subordonnés. Certains cadres à l'échelon de base sont tellement occupés qu'ils font des heures supplémentaires pour remplir de tels formulaires, sans avoir le temps de mener des enquêtes auprès des foyers défavorisés. Certains de ces formulaires exigent qu'ils soient remplis par les personnes démunies elles-mêmes, mais ils sont si compliqués et rédigés en termes professionnels que les paysans concernés ne les comprennent pas. Ces problèmes doivent être réglés. D'une part, il faut continuer à correctement discerner les personnes démunies et à éradiquer la pauvreté de manière précise et, d'autre part, il faut adopter une vision scientifique, prêter attention aux méthodes de travail et privilégier l'efficacité. Il est recommandé de réunir les informations de toutes les parties pour mettre en place une banque de données grâce à laquelle on partagera les ressources d'information.

Toutes les provinces, régions autonomes et municipalités relevant directement de l'autorité centrale doivent, conformément aux exigences avancées par le Comité central du Parti, se focaliser sur les problèmes notables, analyser les causes, et rechercher les solutions. Elles doivent accroître soit leurs efforts soit leurs investissements si cela est nécessaire, ou étudier de nouvelles mesures selon les exigences de l'aide ciblée aux personnes démunies si elles n'ont pas encore trouvé de solutions, et ce afin d'assurer la sortie de la pauvreté à l'échelle provinciale des régions gravement touchées d'ici 2020.

Notes :

[1] *Art de la guerre de Sun Zi* interprété par Du You (735-812).

[2] La conscience politique, celle de l'intérêt général, celle du noyau dirigeant, celle de l'alignement.

III
Approfondir la réforme

Promouvoir la réforme de manière effective*

(18 août 2014)

Cette année est la première qui suit la proposition de l'approfondissement intégral de la réforme par la 3ᵉ session plénière du XVIIIᵉ Comité central du Parti. Il faut promouvoir la réforme de manière effective en vue d'assurer un bon départ pour les années à venir. Toutes les régions et tous les départements doivent accomplir un énorme travail dans la concrétisation de nos activités – pleinement concrétiser les programmes, les tâches, le contrôle et l'examen, les résultats de la réforme, la sensibilisation et l'orientation – de sorte que les masses populaires puissent réellement éprouver les résultats de la réforme, et afin d'orienter les cadres et la population à donner des propositions à son sujet et à déployer des efforts pour la promouvoir.

Le « Plan d'application des importantes mesures de la réforme (2014-2020) », établi lors de la 3ᵉ session plénière du XVIIIᵉ Comité central du Parti, a fixé un ensemble de dispositions sur l'application de la réforme dans les sept ans à venir, en précisant la feuille de route, les formes des résultats et l'avancement chronologique de chaque mesure de réforme, constituant ainsi un plan d'exécution et un registre de compte guidant la réforme dans la prochaine période. Les départements concernés des autorités centrales doivent bien organiser l'application de ce plan, coordonner les réformes concernées, rationaliser le rythme de la réforme, matérialiser et détailler les résultats, harmoniser les rapports entre la réforme d'une part et l'élaboration, la révision et l'abrogation des lois concernées d'autre part, régler en temps opportun les contradictions et les problèmes rencontrés au cours de l'appli-

---

* Points essentiels du discours à la 4ᵉ session du Groupe dirigeant central pour l'approfondissement intégral de la réforme.

cation des mesures, et assurer la réalisation des tâches de la réforme.

La pleine concrétisation est le point clé pour assurer le travail de la prochaine étape. Il faut pleinement concrétiser les programmes, en saisissant les problèmes saillants et les chaînons clés, en éclaircissant les nœuds institutionnels, en proposant des solutions et en assurant la qualité de l'élaboration des principales mesures de la réforme. Il faut pleinement concrétiser les tâches, en suivant méthodiquement le rythme et les étapes, en assurant une parfaite coordination, pour que les diverses réformes s'enchaînent et progressent ensemble. Il faut pleinement concrétiser le contrôle et l'examen, en renforçant le mécanisme de contrôle et d'évaluation, en mettant en place un système de responsabilité vis-à-vis de chaque projet, pour que chacun assume ses responsabilités et détienne l'initiative dans la surveillance de l'application des mesures. Il faut pleinement concrétiser les résultats de la réforme, en perfectionnant le système d'évaluation en la matière. Il faut pleinement concrétiser la sensibilisation et l'orientation, en poursuivant la sensibilisation à l'esprit de la 3ᵉ session plénière du XVIIIᵉ Comité central du Parti, ainsi qu'aux nouvelles réalisations et aux nouveaux progrès obtenus dans la réforme.

Accélérer la mise en œuvre de la stratégie de zones de libre-échange et mettre en place un nouveau système d'économie ouverte[*]

(5 décembre 2014)

Pour réaliser les objectifs des « deux centenaires » et le rêve chinois de grand renouveau de la nation à partir d'un nouveau point de départ historique, il faut s'adapter aux nouvelles tendances de la mondialisation économique, juger avec précision les nouveaux changements de la situation internationale et tâcher de répondre aux nouvelles exigences de la réforme et du développement du pays. Nous allons encore, de manière plus active et dans un esprit plus entreprenant, porter l'ouverture vers un niveau plus élevé, accélérer la mise en œuvre de la stratégie de zones de libre-échange et la mise en place d'un nouveau système d'économie ouverte, afin de nous assurer l'initiative dans le développement économique et la concurrence internationale grâce à l'initiative de l'ouverture.

Accélérer la mise en œuvre de la stratégie de zones de libre-échange représente un point essentiel de notre nouveau cycle d'ouverture sur l'extérieur. Le XVIIe Congrès du Parti a érigé la construction de zones de libre-échange en stratégie nationale ; le XVIIIe Congrès a proposé l'accélération de la mise en œuvre de la stratégie de zones de libre-échange ; la 3e session plénière du XVIIIe Comité central du Parti a avancé l'accélération de la mise en œuvre de la stratégie de zones de libre-échange basée sur les pays voisins pour former un réseau de zones de libre-échange répondant aux plus hauts standards et orien-

---

[*] Points essentiels du discours à la 19e séance d'étude du Bureau politique du XVIIIe Comité central du Parti.

té vers le monde entier. On a inclus ce sujet dans la séance d'étude collective du Bureau politique du Comité central afin d'analyser l'environnement, à l'intérieur comme à l'extérieur, auquel fait face l'accélération de la mise en œuvre de la stratégie de zones de libre-échange, et d'explorer les pistes de réflexion permettant d'accélérer la mise en œuvre de cette stratégie.

Il importe pour nous d'avoir une vue exacte des nouvelles tendances de la mondialisation économique et des nouvelles exigences de l'ouverture de notre pays. La réforme et l'ouverture sont le moteur de notre développement économique et social. L'élargissement continu de l'ouverture, l'amélioration du niveau d'ouverture ainsi que la promotion de la réforme et du développement par le biais de l'ouverture sont le précieux outil permettant à notre pays d'enregistrer continuellement de nouveaux progrès dans son développement. Les réalités du développement en Chine et dans les autres pays du monde ont prouvé : l'ouverture amène le progrès, tandis que le repli sur soi conduit à la régression. Dans la foulée de la tenue du XVIIIe Congrès du Parti, nous avons accéléré la mise en place d'un nouveau système d'économie ouverte, et une structure d'ouverture à un plus haut niveau est en train de prendre forme.

Le système commercial multilatéral et les accords commerciaux régionaux demeurent deux roues permettant de pousser le développement de la mondialisation économique. Aujourd'hui, le système de commerce mondial connaît sa plus grande reconstruction à l'issue du cycle d'Uruguay en 1994. Notre pays est un acteur actif et un ferme partisan de la mondialisation économique, ainsi qu'un important bâtisseur et un des principaux bénéficiaires. Comme le développement économique de notre pays est entré dans une nouvelle normalité, il faut davantage élargir l'ouverture sur le monde extérieur pour affronter de manière appropriée les difficultés et les défis dans le développement économique et social de notre pays. « L'occasion est comme un esprit. Il est difficile de le croiser mais facile de passer à côté. »[1] Nous devons donc correctement apprécier la situation, nous efforcer de prendre de l'avance et gagner l'initiative dans la mondialisation économique.

Accélérer la mise en œuvre de la stratégie de zones de libre-échange est une nécessité objective pour s'adapter aux nouvelles tendances de la mondialisation économique, un choix logique pour l'approfondissement intégral de la réforme et la construction d'un nouveau système d'économie ouverte, ainsi qu'un moyen important de conduire de manière active les relations extérieures de notre pays et de réaliser les objectifs de notre stratégie diplomatique. Nous devons accélérer la mise en œuvre de la stratégie de zones de libre-échange, faire jouer le rôle des zones de libre-échange dans la promotion du commerce et des investissements, et mieux aider nos entreprises à trouver de nouveaux débouchés sur le marché international, afin de donner une nouvelle impulsion et étendre l'espace au développement économique de notre pays. Accélérer la mise en œuvre de la stratégie de zones de libre-échange est une importante plateforme à travers laquelle notre pays participe activement à l'élaboration de règles économiques et commerciales internationales, et s'efforce d'obtenir un pouvoir institutionnel de gouvernance économique mondiale. Nous ne devons pas être un simple spectateur ou suiveur, mais un acteur et un initiateur. Nous devons savoir renforcer la compétitivité internationale de notre pays grâce à la construction de zones de libre-échange et faire davantage entendre la voix de la Chine dans l'élaboration des règles internationales, ainsi qu'injecter un plus grand nombre d'éléments chinois pour maintenir et élargir nos intérêts en matière de développement.

Accélérer la mise en œuvre de la stratégie de zones de libre-échange est un chantier systémique complexe. Il faut renforcer la conception globalisée, porter notre attention aussi bien sur le jeu d'une pièce que sur la situation d'ensemble du grand échiquier mondial, afin de progressivement construire un réseau de zones de libre-échange reposant sur les pays voisins, rayonnant sur la « Ceinture et Route » et s'ouvrant sur le monde entier. On va donc activement discuter de l'établissement de zones de libre-échange avec les pays et régions riverains de la « Ceinture et Route » afin que la coopération avec eux soit plus étroite, que les échanges soient davantage facilités, et les intérêts, plus intégrés. On va s'efforcer d'augmenter le nombre de zones de libre-échange, davantage rechercher la qualité, tout en se lançant dans les expérimentations avec audace et en s'adaptant à l'époque pour élargir l'ouverture du secteur des services et accélérer les négociations sur de nouveaux sujets. Il faut penser à toutes les éventualités en envisageant le pire, veiller à la prévention des risques, mener à bien l'évaluation des risques et exclure les facteurs de risque, tout en renforçant la mise en œuvre préliminaire de projets et la démonstration scientifique, afin d'accélérer l'établissement et le perfectionnement d'un système de régulation globale, d'améliorer la capacité de surveillance et de consolider le réseau de sécurité. Nous devons continuer à améliorer nos compétences, et correctement remplir nos tâches, soit : accélérer la réforme orientée vers le marché, créer un environnement commercial légalisé, accélérer la restructuration économique, promouvoir l'optimisation et la montée en gamme industrielles, et aider les entreprises à prendre de l'ampleur, à monter en puissance, ainsi qu'à améliorer leur compétitivité internationale et leur résilience.

Il faut établir des règles du marché équitables, ouvertes et transparentes pour améliorer la compétitivité internationale du secteur des services de notre pays. Il faut combiner les deux volets de la stratégie, à savoir « introduire de l'étranger » et « sortir du pays », améliorer le système et les politiques d'investissement à l'étranger, stimuler le potentiel d'investissement extérieur des entreprises, oser et savoir distribuer des ressources ainsi que gagner des parts de marché à l'échelle mondiale. Nous devons faire de notre pays une puissance commerciale, consolider nos avantages traditionnels en matière de commerce extérieur tout en façonnant de nouveaux avantages compétitifs, et ce afin d'élargir l'espace du commerce extérieur et d'accroître activement les importations. Nous devons également avoir une pensée stratégique et une vision globale, ainsi qu'examiner avec attention le développement de notre pays et celui du monde en prenant en considération les relations entre la situation nationale et la situation internationale, afin de faire continuellement progresser notre œuvre de l'ouverture sur l'extérieur.

Note :

[1] Wei Shou (507-572) : *Livre des Wei* (*Wei Shu*), dynastie des Qi du Nord.

Faire éprouver aux masses populaires davantage de satisfaction[*]

(27 février 2015 – 5 décembre 2016)

I

Nous devons procéder à une planification scientifique d'ensemble des tâches de la réforme, et coordonner les mesures de la réforme prises lors des 3ᵉ et 4ᵉ sessions plénières du XVIIIᵉ Comité central du Parti. Il faut promouvoir la réforme dans le respect de la loi et perfectionner l'état de droit au cours de la réforme. Il est nécessaire de mettre l'accent sur les points clés, de prendre des mesures ciblées, de s'attaquer aux problèmes principaux et de parvenir à des solutions efficaces et reconnues par les masses populaires. Nous devons également traiter correctement les rapports entre le « premier kilomètre » et le « dernier kilomètre » de la réforme, en balayant les obstructions à l'application de celle-ci. Il convient de prévenir toute absence d'action dans le travail et de mettre en relief la valeur des mesures de réforme, afin de faire éprouver aux masses populaires davantage de satisfaction.

(Points essentiels du discours prononcé le 27 février 2015 à la 10ᵉ réunion du Groupe dirigeant central pour l'approfondissement intégral de la réforme)

---

[*] Points essentiels des discours aux 10ᵉ, 11ᵉ, 23ᵉ et 30ᵉ réunions du Groupe dirigeant central pour l'approfondissement intégral de la réforme.

II

Nous devons, du point de vue de l'application des dispositions stratégiques des Quatre Intégralités, appréhender la position et le rôle primordiaux de l'approfondissement intégral de la réforme, envisager et promouvoir notre travail dans un esprit innovant avec courage et détermination, ainsi qu'inlassablement améliorer notre capacité et notre niveau de direction, de planification, de promotion et d'application de la réforme, de sorte que la réforme réponde aux aspirations des masses populaires.

(Points essentiels du discours prononcé le 1ᵉʳ avril 2015 à la 11ᵉ réunion du Groupe dirigeant central pour l'approfondissement intégral de la réforme)

III

La réforme doit s'orienter non seulement vers une direction favorable à l'accroissement de nouvelles forces motrices du développement, mais également vers celle favorable à la défense de l'équité et de la justice sociales. Nous devons promouvoir la réforme structurelle du côté de l'offre grâce à l'innovation institutionnelle, nous efforcer de régler les problèmes institutionnels freinant le développement socio-économique, traduire le concept de développement centré sur le peuple dans tous les chaînons du développement socio-économique, mais aussi faire en sorte que la priorité de la réforme réponde aux attentes et aux aspirations des masses populaires, afin de renforcer le sentiment de satisfaction de la population à travers la réforme.

(Points essentiels du discours prononcé le 18 avril 2016 à la 23ᵉ réunion du Groupe dirigeant central pour l'approfondissement intégral de la réforme)

IV

Faire le bilan de la réforme et bien planifier le futur travail en la matière jouent un rôle essentiel pour mener à bien la réforme de l'année prochaine et dans les années à venir. Nous devons faire le bilan de nos expériences, parfaire nos idées, saisir les points clés, améliorer l'efficacité de la réforme dans son ensemble, élargir les parties bénéficiaires de la réforme, faire jouer le rôle directeur de la réforme, et davantage promouvoir la réforme favorable à l'accroissement des forces motrices du développement socio-économique, à la garantie de l'équité et de la justice sociales, au renforcement du sentiment de satisfaction du peuple et à la stimulation de l'enthousiasme des cadres et des masses populaires.

(Points essentiels du discours prononcé le 5 décembre 2016 à la 30^e
réunion du Groupe dirigeant central pour l'approfondissement
intégral de la réforme)

Oser s'imposer une révolution et devenir promoteur et acteur de la réforme[*]

(5 mai 2015 – 29 août 2017)

I

Il faut éduquer et orienter les cadres dirigeants à tous les échelons pour qu'ils unifient leurs idées conformément aux dispositions stratégiques des Quatre Intégralités, appréhendent correctement la situation globale de la réforme et comprennent le réajustement des rapports d'intérêts en tenant compte de cette situation globale. Tant que les activités sont favorables à la réforme, au développement de la cause du Parti et de l'Etat, à la formation de mécanismes parfaits dans son secteur ou domaine, on doit consciemment se soumettre à cette situation, travailler à son service, avoir le courage de s'imposer une révolution et oser faire face aux problèmes, afin de mener à bien l'approfondissement intégral de la réforme.

(Points essentiels du discours prononcé le 5 mai 2015 lors de la 12ᵉ réunion du Groupe dirigeant central pour l'approfondissement intégral de la réforme)

II

L'approfondissement intégral de la réforme est un critère important pour évaluer les cadres dirigeants en ce qui concerne les « trois consignes de rigueur et trois règles d'honnêteté », à savoir faire preuve

---

[*] Points essentiels des discours aux 12ᵉ, 14ᵉ, 21ᵉ, 28ᵉ, 32ᵉ, 33ᵉ et 38ᵉ réunions du Groupe dirigeant central pour l'approfondissement intégral de la réforme.

de rigueur dans l'autoperfectionnement, l'exercice du pouvoir et l'autodiscipline, et d'honnêteté dans l'élaboration de projets, la création d'entreprises et dans leurs comportements. Il faut appliquer ces exigences dans tout le processus de la réforme, mais également orienter les membres du Parti, les cadres, et notamment les cadres dirigeants, à faire rayonner l'esprit d'objectivité et de réalisme. Ils doivent travailler comme promoteurs et acteurs de la réforme en comprenant, en projetant et en mettant en application la réforme de manière réaliste.

(Points essentiels du discours prononcé le 1ᵉʳ juillet 2015 lors de la 14ᵉ réunion du Groupe dirigeant central pour l'approfondissement intégral de la réforme)

III

Il faut, dans toutes les régions comme dans tous les départements, se forger une conscience de la situation globale et une conscience des responsabilités, considérer la réforme comme une responsabilité politique majeure, raffermir la détermination et la confiance dans la réforme, renforcer la conscience de promouvoir la réforme dans l'esprit comme dans l'action, travailler comme promoteur et acteur de la réforme, assurer l'application des mesures de réforme avec ténacité, saisir les chaînons clés et prendre des mesures ciblées, oser s'attaquer aux problèmes difficiles, et entreprendre la réforme de manière résolue et constante jusqu'à ce que les réalisations soient obtenues.

(Points essentiels du discours prononcé le 23 février 2016 lors de la 21ᵉ réunion du Groupe dirigeant central pour l'approfondissement intégral de la réforme)

IV

Les départements concernés du Comité central du Parti et des organes de l'Etat constituent les acteurs responsables de la réforme et la force principale promouvant la réforme. Ils doivent fermement appliquer les décisions et les dispositions prises par le Comité central du Parti, et insister sur l'orientation fondamentale de la libération de l'esprit, de la libération et du développement des forces productives sociales, ainsi que de la libération et du renforcement de la vitalité sociale. Il leur faut également renforcer le sens des responsabilités, promouvoir la réforme dans un esprit de révolution auto-imposée, et corriger avec détermination la compréhension idéologique, afin d'assurer l'application de la réforme en tenant compte de l'ensemble de la situation.

(Points essentiels du discours prononcé le 11 octobre 2016 lors de la 28ᵉ réunion du Groupe dirigeant central pour l'approfondissement intégral de la réforme)

V

Les principaux responsables du Parti et du gouvernement jouent un rôle déterminant dans la conduite de la réforme. Ils doivent accorder une place primordiale à la réforme, en se positionnant en tant qu'exemples. Ils doivent également assumer la charge la plus lourde, résoudre les problèmes les plus difficiles, et personnellement prendre les dispositions importantes, vérifier les projets majeurs, coordonner les chaînons primordiaux, et surveiller l'application des mesures, afin d'accomplir un travail solide dans l'application de la réforme.

(Points essentiels du discours prononcé le 6 février 2017 lors de la 32ᵉ réunion du Groupe dirigeant central pour l'approfondissement intégral de la réforme)

VI

Les principaux responsables à tous les échelons doivent consciemment procéder à une planification globale pour faire progresser la réforme, rechercher la vérité dans les faits, être réalistes, savoir commencer et savoir finir, assurer la bonne direction, avoir le courage de relever les défis et donner de leur personne dans chaque affaire, afin d'assurer le succès du travail.

(Points essentiels du discours prononcé le 24 mars 2017 lors de la 33ᵉ réunion du Groupe dirigeant central pour l'approfondissement intégral de la réforme)

VII

La réforme est une partie importante de notre grande lutte aux caractéristiques historiques nouvelles. L'approfondissement intégral de la réforme exige de renforcer la direction du Parti, de s'en tenir au principe « se focaliser sur les problèmes », de veiller à l'application des mesures de la réforme, et d'approfondir la compréhension et l'utilisation des règles régissant la réforme. Nous devons porter haut levé le drapeau de la réforme, adopter une vision plus globale dans sa planification et sa promotion, raffermir notre détermination, accroître notre courage, et dresser le bilan des expériences obtenues depuis le XVIIIᵉ Congrès du Parti afin de mener la réforme jusqu'au bout grâce à nos inlassables efforts et à notre persévérance.

(Points essentiels du discours prononcé le 29 août 2017 lors de la 38ᵉ réunion du Groupe dirigeant central pour l'approfondissement intégral de la réforme)

Mettre en application les mesures de réforme[*]

(4 – 6 janvier 2016)

L'an 2016 est aussi une année cruciale pour l'approfondissement intégral de la réforme. En saisissant les tâches emblématiques, directrices et structurantes de la réforme, nous devons nous attaquer activement aux problèmes, mais aussi prendre des mesures ciblées et suivre de près leur application. Dans la promotion de la réforme, les gouvernements locaux doivent, d'une part, assurer la mise en application des tâches assignées par le Comité central du Parti et d'autre part, encourager la recherche et l'innovation. A la condition de suivre le principe selon lequel « le pays entier est un seul échiquier », les gouvernements locaux doivent définir les points clés, la feuille de route, l'ordre et les méthodes de la réforme afin de mettre en valeur l'esprit du Comité central du Parti de manière innovante, et de faire en sorte que la réforme réponde, d'une façon plus ciblée, aux besoins du développement, aux attentes des échelons de base et aux aspirations du peuple. Il leur faut saisir intégralement les projets de réforme clés élaborés par le Comité central, et perfectionner le mécanisme d'application en partant de leur réalité et en commençant par les problèmes concrets. Il est nécessaire de tenir compte des facteurs aussi bien matériels qu'humains, et de mettre l'accent sur la résolution des problèmes saillants, afin de mettre en application effectivement les mesures de réforme.

* Points essentiels du discours prononcé lors de sa tournée d'inspection à Chongqing.

Insister sur les caractères systématique, intégral et coordonné de l'approfondissement intégral de la réforme[*]

(26 juin 2017)

Insister sur les caractères systématique, intégral et coordonné représente l'exigence intrinsèque de l'approfondissement intégral de la réforme, ainsi qu'une méthode essentielle pour sa promotion. Avec l'approfondissement de la réforme, il faut accorder davantage d'attention à l'harmonisation des plans, des mesures d'application et des résultats. C'est-à-dire, promouvoir la synergie entre les mesures en matière d'orientation politique, la promotion mutuelle dans leur application, et la complémentarité entre leurs résultats, pour concentrer les efforts sur l'objectif général qu'est l'approfondissement intégral de la réforme.

---

[*] Points essentiels du discours à 36ᶜ réunion du Groupe dirigeant central pour l'approfondissement intégral de la réforme.

Le 13 février 2015, Xi Jinping rendant visite aux villageois de Liangjiahe, district de Yanchuan, province du Shaanxi, pour mener une enquête sur place au sujet de la lutte contre la pauvreté dans les anciennes bases révolutionnaires.

Le 3 avril 2015, Xi Jinping participant au reboisement bénévole à Sunhe, arrondissement de Chaoyang, Beijing.

Le 3 septembre 2015, Xi Jinping s'est présenté à la Conférence de la célébration du 70e anni-versaire de la victoire de la Guerre de résistance du peuple chinois contre l'agression japonaise et de la Guerre mondiale antifasciste et y a donné un discours. Sur la photo, Xi Jinping passant en revue les troupes.

A l'occasion du 66ᵉ anniversaire de la République populaire de Chine, des modèles de la solidarité interethnique de l'échelon de base des cinq régions autonomes (la Mongolie intérieure, le Guangxi, le Tibet, le Ningxia et le Xinjiang) sont venus participer aux activités de célébration de la Fête nationale à Beijing à l'invitation de Xi Jinping. Le 30 septembre 2015, Xi Jinping recevant ces représentants dans le Grand Palais du peuple.

Le 7 novembre 2015 à Singapour, rencontre entre Xi Jinping et Ma Ying-Jeou, le diri-geant des autorités de Taiwan, pour un échange de vues sur la promotion en profondeur du développement pacifique des relations inter-détroit. C'est le premier entretien entre les dirigeants des deux rives depuis 1949.

Le 19 février 2016, Xi Jinping a présidé une causerie sur le travail médiatique du Parti et fait une enquête auprès des établissements des médias relevant des autorités centrales. Sur la photo, Xi Jinping discutant avec des professionnels à la CCTV.

Le 9 septembre 2016, la veille de la 32ᵉ Fête des enseignants, visite de Xi Jinping à l'école Bayi de Beijing pour apporter son soutien moral aux enseignants et aux élèves et adresser un message de félicitations à l'ensemble des enseignants et des travailleurs éducatifs à travers le pays.

Du 24 au 27 octobre 2016, la 6ᵉ session plénière du XVIIIᵉ Comité central du Parti s'est tenue à Beijing. Sur la photo, Xi Jinping, Li Keqiang, Zhang Dejiang, Yu Zhengsheng, Liu Yunshan, Wang Qishan et Zhang Gaoli à la tribune.

Le 15 novembre 2016, Xi Jinping donnant sa voix à Zhongnanhai,
Beijing, en vue de l'élection des représentants à l'assemblée populaire
de l'arrondissement de Xicheng.

Le 23 décembre 2016 à Zhongnanhai, rencontre entre Xi Jinping et Chui Sai On, chef de l'exécutif de la Région administrative spéciale de Macao venu faire rapport de son travail à Beijing.

Le 9 janvier 2017, à la Conférence nationale de remise des prix pour les réalisations scientifiques et technologiques, Xi Jinping avec l'académicien Zhao Zhongxian de l'Institut de physique de l'Académie des sciences de Chine et la chercheuse Tu Youyou de l'Académie de la médecine chinoise de Chine, tous deux lauréats des prix des sciences et technologies.

Le 23 janvier 2017, Xi Jinping rendant visite et apportant son soutien moral aux officiers et soldats de la « 3ᵉ Compagnie aux grands exploits », une unité de l'armée de terre.

Le 24 janvier 2017, Xi Jinping en visite chez Xu Haicheng, dans le village de Desheng, district de Zhangbei, province du Hebei, discutant avec les cadres et les représentants des villageois.

Le 19 avril 2017, Xi Jinping rendant visite aux ouvriers du port Tieshan de Beihai, région autonome zhuang du Guangxi.

Du 21 au 23 juin 2017, Xi Jinping a mené une enquête dans la province du Shanxi et présidé une causerie sur la lutte contre la pauvreté dans les régions extrêmement pauvres. Sur la photo, Xi Jinping examinant une brochure de la lutte contre la pauvreté chez Liu Fuyou, une famille extrêmement démunie, dans le village de Zhaojiawa, district de Kelan, municipalité de Xinzhou.

Le 1er juillet 2017, Xi Jinping à l'aéroport international de Hong Kong pour inspecter la construction de la troisième piste, après s'être présenté à la Conférence de célébration du 20e anniversaire du retour de Hong Kong au sein de la mère-patrie et de la cérémonie d'investiture du Ve gouvernement de la Région administrative spéciale de Hong Kong.

IV
Etat de droit socialiste

Accélérer l'édification de l'Etat de droit socialiste[*]

(23 octobre 2014)

Poursuivre fermement la voie de
l'Etat de droit socialiste à la chinoise

Pour assurer la primauté du droit dans tous les domaines, il faut s'engager dans une voie correcte. En empruntant une voie erronée ou une direction diamétralement opposée, il serait inutile de présenter des exigences et des mesures à prendre. La « Résolution du Comité central du Parti communiste chinois sur d'importantes questions concernant la promotion intégrale de la gouvernance du pays en vertu de la loi » de cette session plénière suit un fil rouge d'un bout à l'autre, soit maintenir et élargir la voie de l'Etat de droit socialiste à la chinoise. Cette voie réglemente tout. En parlant de nos réalisations dans l'édification de l'Etat de droit, nous pouvons citer une dizaine, voire même plusieurs dizaines d'accomplissements, grands ou petits, mais, en résumé, il ne reste que l'ouverture de la voie de l'Etat de droit socialiste à la chinoise.

« Un nouveau programme, a dit Friedrich Engels, est toujours comme un drapeau que l'on affiche en public, et d'après lequel on juge ce parti. »[1] Pour mener à bien un travail, notre parti se doit de brandir un drapeau bien distinct et l'intégralité de ses membres doit se mettre en action, ainsi, toute la société suivra les pas du Parti. Le plus grand danger menaçant un parti au pouvoir réside dans l'incertitude de ce dernier face à des questions majeures. Dans ce cas, les opinions

---

* Extraits du discours à la 2e séance générale de la 4e session plénière du XVIIIe Comité central du Parti.

sociales sur les questions concernées seront tellement partagées qu'il sera impossible d'aboutir à une conclusion unanime ; ceux étant animés par des fins inavouées en profiteront pour susciter de l'agitation et se livrer à la démagogie, faisant ainsi surgir de gros problèmes. Par conséquent, il faut s'abstenir de toute ambiguïté en ce qui concerne la voie et transmettre un message correct et clair à toute la société.

La prise de dispositions à l'occasion de cette session plénière, afin de faire progresser dans tous les domaines l'édification de l'Etat de droit, constitue un autoperfectionnement et une auto-amélioration de notre parti en matière de gouvernance plutôt qu'une démarche réalisée sous la pression d'autrui. Nous devons avoir confiance en nous et faire preuve d'une grande fermeté pour maintenir et élargir la voie de l'Etat de droit socialiste à la chinoise. Poursuivre une telle voie est un sujet primordial et nous avons encore beaucoup de choses à explorer, mais nous devons nous en tenir à l'essentiel.

Premièrement, il faut s'en tenir à la direction du Parti communiste chinois. La direction du Parti incarne la caractéristique la plus essentielle du socialisme à la chinoise au même titre que la garantie la plus fondamentale de l'Etat de droit socialiste. Pour maintenir la voie de l'Etat de droit socialiste à la chinoise, l'essentiel est d'insister sur la direction du Parti communiste chinois. Le principe de l'Etat de droit a été avancé par notre parti, ainsi que la proposition consistant à faire de ce principe la politique fondamentale de la gouvernance publique par le peuple sous la direction du Parti. De plus, il conduit depuis toujours le peuple pour promouvoir l'Etat de droit dans la pratique. Plutôt que d'affaiblir la direction du Parti, l'introduction du règne du droit dans tous les domaines doit contribuer au renforcement et à l'amélioration de la direction du Parti, à la consolidation de la position du Parti en tant que parti au pouvoir, et à l'accomplissement de sa mission.

Le maintien de la direction du Parti est l'exigence essentielle de l'Etat de droit socialiste ainsi que le pivot de notre stratégie de promotion intégrale de la gouvernance de l'Etat selon la loi. Il faut intégrer la direction du Parti dans toutes les étapes et tous les aspects de la gouvernance en vertu de la loi, et maintenir l'unité cohérente entre la direction du Parti, la souveraineté du peuple et l'Etat de droit. Ce n'est que lorsque l'on gouverne le pays selon la loi sous la direction du Parti que la souveraineté du peuple est garantie, et que la vie étatique et sociale peut progresser selon un ordre correct et en vertu de la loi.

Le maintien de la direction du Parti, plutôt que d'être un mot d'ordre creux, doit se matérialiser dans des actes concrets : le Parti doit diriger la législation, assurer l'application de la loi, soutenir la justice et donner l'exemple dans le respect de la loi. D'une part, il faut s'en tenir au rôle du Parti en tant que noyau dirigeant dans la maîtrise de l'ensemble de la situation et la coordination des actions des parties diverses, harmoniser les différentes activités dans la gouvernance publique en vertu de la loi, et assurer l'application des propositions du Parti dans toutes les étapes et tous les aspects de l'Etat de droit. D'autre part, il faut améliorer la direction du Parti dans la gouvernance publique en fonction de la loi, accroître sans cesse la capacité et l'efficacité du Parti pour diriger la gouvernance publique en vertu de la loi. Le Parti doit, d'une part, insister sur la nécessité de diriger l'Etat et d'exercer le pouvoir en respectant les lois et agir consciemment dans le cadre de la Constitution et des lois et, d'autre part, il doit faire jouer le rôle de noyau politique et le rôle avant-gardiste de ses organisations à tous les échelons, de ses nombreux membres et cadres dans la gouvernance de l'Etat en vertu de la loi.

Deuxièmement, il faut s'en tenir à la position primordiale du peuple. Notre régime socialiste garantit la position du peuple en tant que maître du pays et acteur principal dans la promotion de l'Etat de droit. Ceci représente la supériorité de notre régime ainsi que la différence essentielle entre l'Etat de droit socialiste à la chinoise et l'Etat de droit capitaliste.

Pour maintenir la position primordiale du peuple, il faut insister sur le principe selon lequel l'Etat de droit sert le peuple, dépend de celui-ci, lui bénéficie et le protège. Nous veillerons à garantir le droit légitime du peuple à gérer, sous la direction du Parti et en vertu de la loi, les activités économiques et culturelles ainsi que les affaires sociales par le biais de diverses voies et sous diverses formes. Nous devons représenter les intérêts du peuple, interpréter ses souhaits, protéger ses droits et accroître son bien-être, tout en les matérialisant dans toutes les étapes de la gouvernance publique selon la loi, pour que la loi et son application illustrent parfaitement la volonté du peuple.

Le peuple a besoin de la loi pour protéger ses droits et intérêts, tandis que la loi a besoin de lui pour défendre son autorité. Il faut pleinement mobiliser l'enthousiasme et l'esprit d'initiative de la population pour s'investir dans la pratique de l'Etat de droit, faire en sorte que l'ensemble de la population reste fidèle à l'Etat de droit socialiste, le respecte et le défende fermement, et que toute la population cherche à respecter la loi, à compter sur elle, à l'observer, à l'utiliser et à la défendre.

Troisièmement, il faut s'en tenir à l'égalité de tous devant la loi. L'égalité est le principe fondamental du droit socialiste et l'exigence essentielle de la légalité socialiste. Il faut assurer l'égalité devant la loi sur tous les plans, tels que la législation, l'application de la loi, l'exercice du pouvoir judiciaire et le respect de la loi. Toute organisation ou toute personne doit respecter l'autorité de la Constitution et des lois, mener ses activités dans leurs limites, exercer ses pouvoirs et ses droits, ainsi que remplir ses responsabilités et ses obligations en vertu d'elles. Personne n'est au-dessus de la Constitution et des lois. Toute violation de celles-ci sera poursuivie. Personne ne peut substituer son autorité personnelle à la loi, placer son pouvoir au-dessus d'elle ni abuser de ses fonctions pour satisfaire ses intérêts personnels, sous quelque forme ou prétexte que ce soit.

Les cadres dirigeants assument des responsabilités importantes dans la promotion de l'Etat de droit. Cependant, il subsiste chez certains membres du Parti et des cadres, une philosophie qui consiste à « gouverner selon l'humeur des dirigeants » et une croyance en « la volonté des supérieurs ». Ils craignent que le respect de la loi produise des cloisonnements et qu'ils se retrouvent entravés dans leurs actions. Ce serait donc à eux de faire la loi. En ignorant la législation, ils substituent leur autorité personnelle à la loi et placent leur pouvoir au-dessus d'elle. Si ces abus ne sont pas corrigés, l'Etat de droit ne se matérialisera pas. Il faut concentrer notre attention sur les cadres dirigeants qui constituent la « minorité déterminante », et résoudre dans un premier temps la question idéologique en faisant comprendre à tous les cadres que sauvegarder l'autorité de la Constitution et des lois revient à sauvegarder l'empire de la volonté commune du Parti et du peuple ; que défendre la primauté de la Constitution et des lois revient à défendre la dignité de la volonté commune du Parti et du peuple ; et qu'assurer l'application de la Constitution et des lois revient à assurer la traduction dans les faits de la volonté commune du Parti et du peuple.

Nous devons scrupuleusement sensibiliser nos cadres au principe de l'Etat de droit et veiller en toute honnêteté à sa mise en œuvre. Les cadres dirigeants aux divers échelons doivent s'incliner devant la loi, et donner l'exemple de son respect absolu et de son application dans toutes leurs activités. Ils sont appelés à améliorer sans cesse leur compétence à mettre en œuvre la philosophie et la méthode conformes au régime de la légalité, de manière à approfondir la réforme, à promouvoir le développement, à résoudre les contradictions et à préserver la stabilité. Dans un court délai, un grand danger ne peut se faire sentir si on lance des slogans, recherche le faux brillant et fait des manières au lieu de passer effectivement à l'action. Cependant, au moment où les problèmes s'accumulent jusqu'à ce que nous ne soyons plus en mesure de les résoudre, les conséquences sont catastrophiques. Quant aux cadres dirigeants à tous les échelons, tout auteur d'infraction à la loi, quelle que soit son identité, fera l'objet de poursuites judiciaires. Il est absolument inadmissible de contourner l'application de la loi et la justice. Les résultats obtenus dans l'édification de la légalité serviront de base pour évaluer la performance des équipes et des cadres dirigeants à tous les échelons, et la conduite et la compétence d'un cadre seront mesurées à l'aune de son respect pour le principe de légalité.

Quatrièmement, il faut insister sur l'alliance de la loi et de la morale dans la gouvernance de l'Etat. La loi est la morale érigée en règles juridiques écrites, et la morale est la loi enracinée dans le cœur humain. La loi et la morale contribuent ensemble à réguler les actions de la société et à défendre l'ordre social. La gouvernance du pays et de la société exige qu'elles jouent simultanément leur rôle. Nous devons attacher de l'importance non seulement à la fonction normative de la loi, mais aussi au rôle éducateur de la morale. Cela doit en fin de compte conduire à leur symbiose.

Pour faire valoir la fonction normative de la loi, il faut infuser les conceptions morales dans la gouvernance en vertu de celle-ci et renforcer son rôle dans la promotion de l'édification morale. D'une part, la morale est le fondement de la loi : seules les lois en accord avec la morale et profondément enracinées dans celle-ci seront respectées par davantage de personnes. D'autre part, la loi sert de garantie à la morale et joue le rôle d'avant-garde dictant les valeurs morales en réglementant les comportements des individus et en punissant les violations de la loi. Nous devons veiller à transformer en lois les règles morales fondamentales, afin d'illustrer les conceptions morales et la solidarité humaine dans les lois et les règlements, de renforcer le rôle de la morale et de garantir la limite morale par le caractère coercitif des lois, ainsi que de finalement rehausser le niveau moral de toute la société.

Afin de faire valoir le rôle éducateur de la morale, il faut nourrir avec les valeurs morales l'esprit de la légalité socialiste et renforcer le soutien que peut offrir la morale à la culture légalitaire. Les lois, même nombreuses et pertinentes, ne seront respectées qu'une fois inscrites dans la conscience des gens. On dit que « rien n'arrête les gens sans conscience »[2]. Sans la subsistance de la morale, la culture légalitaire perd sa source vivifiante et l'application de la loi est privée d'une base sociale solide. Dans la promotion de l'Etat de droit, il faut proclamer haut et fort les valeurs essentielles socialistes, faire rayonner les vertus traditionnelles chinoises, cultiver les vertus civiques, l'éthique professionnelle, les valeurs familiales et les qualités personnelles, et élever les niveaux idéologique et moral de toute la nation, de manière à créer un environnement favorable à la gouvernance du pays en vertu de la loi.

Cinquièmement, il faut partir de la réalité de la Chine. Quelle voie la légalité doit-elle emprunter ? Quel ordre légal faut-il établir ? Tout cela dépend des réalités fondamentales d'un pays. « En ce qui concerne la gouvernance, le pays connaîtra l'ordre si les lois sont élaborées en se basant sur les mœurs, et il convient de servir l'essentiel selon la réalité du pays, auquel cas le pays fera face à des troubles populaires, affrontera de nombreuses tâches et réalisera peu d'accomplissements. »[3] Pour faire progresser dans tous les domaines l'édification de l'Etat de droit, il faut partir de la réalité de notre pays, et prendre en considération la modernisation du système et de la capacité de gouvernance de l'Etat. D'une part, on ne doit pas négliger la réalité du pays ou brûler les étapes du développement social ; d'autre part, il faut éviter de tomber dans l'immobilisme et d'autres attitudes sclérosées.

Partir de la réalité, c'est faire valoir les caractéristiques de la Chine, de la pratique et de notre époque. Nous devons, en dressant le bilan de l'expérience acquise par le peuple sous la direction du Parti dans l'édification de la légalité, et en nous focalisant sur les grands problèmes théoriques et pratiques qui touchent à l'édification de la légalité, élaborer une pensée originale correspondant à la réalité chinoise tout en illustrant les lois du développement social. Cette théorie doit servir de guide et de soutien à nos efforts pour gouverner le pays en vertu de la loi. Nos ancêtres ont cherché depuis longtemps à réguler le comportement des êtres humains : dès les périodes des Printemps et Automnes et des Royaumes combattants, ils ont élaboré des codes écrits, qui se sont transformés en codes complets sous les dynasties des Han et des Tang. La légalité de la Chine antique englobe une haute sagesse et des sources abondantes, le système de droit chinois se distinguant des autres grands systèmes de droit dans le monde. Nous devons étudier la tradition du droit de la Chine antique, dresser le bilan de ses avantages et de ses défauts, mettre en valeur la quintessence de la culture légalitaire chinoise, en tirer ce qui est bon, et la suivre dans ce qui est favorable.

Partir de la réalité de notre pays ne signifie pas que nous promouvrons la légalité en fermant nos portes. La légalité est un des fruits importants de la civilisation humaine. La quintessence et la valeur de la légalité ont une portée mondiale vis-à-vis de la gouvernance du pays et de la société. Nous devons étudier et assimiler les acquis de toutes les civilisations légalitaires du monde. Cependant, l'assimilation ne signifie pas absorption absolue : nous devons tenir compte de notre propre réalité, distinguer le bon du mauvais et assimiler rationnellement les acquis. L'occidentalisation intégrale, la transplantation pure et simple ainsi que l'imitation à l'aveugle sont à éviter absolument.

Concrétiser réellement les tâches fixées
par la session plénière

Cette session plénière a pris un ensemble de dispositions pour faire progresser sur tous les plans l'édification de l'Etat de droit. Les plus de 180 mesures importantes qu'elle a adoptées recouvrent tous les domaines de cette édification. Tout le Parti doit immédiatement passer à l'action en adoptant le style de travail selon lequel il faut « bien commencer pour bien finir » et accomplir un travail solide pour concrétiser les tâches suivantes fixées par la session plénière :

1. Accélérer la mise en place d'un système d'Etat de droit socialiste à la chinoise en se concentrant sur le but général de l'introduction du règne du droit dans tous les domaines. Ce but général consiste à mettre en place un système d'Etat de droit socialiste à la chinoise et à édifier un Etat de droit socialiste. En tant que fil conducteur de la Résolution, ce but général précise la nature et l'orientation du travail concerné, et met en relief les tâches principales et les leviers dans ce domaine. Tout cela entraîne l'ensemble du travail dans la promotion de l'Etat de droit, comme s'ouvrent les mailles d'un filet lorsqu'on en tire la corde principale.

Les dispositions de tout le travail concernant la gouvernance du pays en vertu de la loi seront axées sur l'objectif ultime. L'ordre légal constitue l'ouvrage clé du système de la gouvernance de l'Etat. Pour matérialiser les décisions du plénum, il faut élaborer d'une façon accélérée une législation et une réglementation complètes, notamment au sein du Parti, garantir l'exécution efficace des lois, surveiller rigoureusement leur application et donner à ce travail un appui légal solide.

« Une bonne législation conduit à la paix sous les cieux et donc à la paix d'un pays. »[4] Il faut insister sur la primauté de la législation, accorder une importance égale à la rédaction de la loi, à son adoption, à son abrogation ou modification éventuelle, et à son interprétation, perfectionner le système des lois, règlements administratifs et règlements locaux, améliorer le système des normes sociales dont les codes de bonne conduite des citadins et des villageois, les déontologies professionnelles et les statuts des groupements, afin de fournir des règlements fondamentaux à observer. Il faut accélérer l'édification des systèmes et des mécanismes concernant la mise en œuvre de la Constitution, l'application de la loi, l'exercice du pouvoir judiciaire et le respect de la loi, ainsi que s'en tenir à l'administration en vertu de la loi et à l'équité de la justice, afin d'assurer la mise en application efficace de la Constitution et des lois dans tous les domaines. Nous devons renforcer le contrôle interne du Parti, le contrôle par les assemblées populaires, la surveillance par l'audit, le contrôle par l'opinion publique ainsi que les contrôles démocratique, administratif, judiciaire et social afin de mettre en place un système scientifique et efficace de fonctionnement et de contrôle des pouvoirs publics, et d'augmenter sa synergie et son efficacité.

Nous devons perfectionner le mécanisme d'élaboration des règlements internes du Parti, accorder ces règlements avec les lois de l'Etat, construire une réglementation basée sur les Statuts du Parti et consolidée par des règles d'accompagnement au sein du Parti, et augmenter la force exécutoire de ces règlements. Les règlements du Parti, qui incluent les Statuts, imposent aux communistes des exigences plus élevées que les lois de l'Etat. Ces derniers doivent être plus exigeants envers eux-mêmes, en respectant non seulement les lois de l'Etat mais également les règlements du Parti.

2. Bien appréhender les dispositions de la promotion intégrale de

l'édification de l'Etat de droit pour insister sur la nécessité de diriger l'Etat, d'exercer le pouvoir et de conduire les affaires administratives dans le respect de la loi, et sur l'édification intégrée d'un Etat, d'un gouvernement et d'une société fondés sur le droit. Etant donné que la promotion intégrale de l'édification de l'Etat de droit est une entreprise colossale et multidimensionnelle, nous devons procéder à une planification d'ensemble en identifiant les priorités pour réaliser une promotion conjointe et une édification intégrée.

« Le plus difficile sur le plan légal n'est pas la législation mais l'application stricte de la loi. »[5] Administrer un pays en vertu de la loi est un principe fondamental qui a été défini dans notre Constitution. L'élément déterminant pour atteindre cet objectif est la capacité du Parti et des gouvernements aux divers échelons à gérer notre pays conformément à la loi. Nous devons prendre conscience de l'importance de gouverner le pays en vertu de la loi, accomplir notre devoir en adhérant à ce principe et en établissant des systèmes et des procédures conformes aux lois, et améliorer les capacités et modes de direction et de gouvernance du Parti, afin que l'exercice du pouvoir en vertu de la loi devienne un système standardisé observant les procédures fixes. L'application de la loi est le principal moyen par lequel les organes administratifs exercent leurs attributions et gèrent les affaires économiques et sociales. Les gouvernements à tous les échelons doivent remplir leurs fonctions conformément à la loi et agir strictement dans le cadre de leurs attributions légales, sans dépasser les limites de la légalité. A cet effet, ils doivent perfectionner leur mécanisme de prise de décision selon les règlements établis et améliorer les procédures relatives à l'exécution des lois tout en assumant strictement leurs responsabilités, de sorte que l'application des lois soit rigoureuse, équitable, standardisée et policée.

L'Etat de droit, le gouvernement respectueux du droit et la société de droit se distinguent et se complètent mutuellement. La promotion intégrale de l'édification de l'Etat de droit exige la participation de tous les membres de la société et le renforcement de leur conscience de la légalité. Il faut faire rayonner l'esprit de la légalité socialiste dans toute la société et développer une culture légalitaire socialiste. L'autorité de la loi doit être rehaussée au sein de la société, ainsi la population réalisera-t-elle que la loi est à la fois une arme puissante pour protéger ses droits et un code de conduite à respecter. Il faut créer un environnement propice où l'on agit conformément à la loi et où l'on recourt à la justice en cas de différend, de litige ou de conflit, pour s'opposer consciemment aux infractions et défendre l'autorité de la légalité.

3. Bien appréhender les tâches majeures de la promotion intégrale de l'édification de l'Etat de droit pour promouvoir la législation selon un concept scientifique, l'application rigoureuse de la loi, assurer l'équité de la justice et sensibiliser les masses populaires au respect de la loi. Pour promouvoir tous azimuts l'Etat de droit, il faut partir de l'actuelle situation de l'édification de la légalité, mettre l'accent sur les tâches majeures et accomplir un travail ordonné et solide.

Pour promouvoir la législation selon un concept scientifique, la clé est de perfectionner le système législatif, de légiférer dans un esprit scientifique et démocratique, ainsi que d'améliorer la qualité de la législation. Il faut optimiser la distribution des attributions législatives, faire jouer dans la législation le rôle central des assemblées populaires et de leur comité permanent, améliorer les mécanismes de rédaction, de débat, de coordination et d'examen, parfaire la procédure de vote sur les projets de loi, afin que les lois et règlements aient des cibles plus précises, soient efficaces et élaborés à temps et soumis à un système unifié, dans le but d'améliorer leur praticabilité et leur faisabilité. Il faut préciser les limites du pouvoir législatif, et prévenir, à l'aide des systèmes, des mécanismes et des procédures de travail, la légalisation des intérêts départementaux et du protectionnisme local. Nous devons renforcer la législation dans les domaines clés, refléter à temps les exigences du développement de la cause du Parti et de l'Etat au même titre que les préoccupations et les attentes des masses populaires, nous concentrer sur l'élaboration et la révision des lois relatives à l'approfondissement global de la réforme, au développement économique, à l'amélioration de la gouvernance sociale, à la garantie du bien-être du peuple et à la sauvegarde de la sécurité nationale.

Pour promouvoir l'application rigoureuse de la loi, il faut résoudre en priorité les problèmes criants auxquels nous sommes confrontés dans ce domaine : la non-conformité aux standards, le manque de transparence et de civisme, le laxisme et le manquement au devoir. Nous devons, dans le but d'édifier un gouvernement respectueux de la loi, mettre en place un mécanisme de vérification de la légalité des décisions de grande importance au sein des administrations, promouvoir l'affectation de jurisconsultes auprès de celles-ci, réglementer leurs organes, leurs fonctions, leurs pouvoirs, leurs procédures et leurs responsabilités, normaliser et légaliser les attributions des gouvernements à tous les échelons. Nous devons aussi insister sur la transparence des affaires administratives, renforcer la limitation et la surveillance des pouvoirs administratifs, et instaurer un système administratif régi par la loi, hautement efficace, inspirant le respect et permettant une parfaite adéquation entre pouvoirs et responsabilités. Il faut, en outre, faire exécuter la loi par des personnes compétentes, perfectionner les procédures relatives à l'exécution des lois, et établir des normes régissant le pouvoir discrétionnaire de l'administration afin d'assurer une application juste et efficace des lois.

Pour promouvoir l'équité de la justice, il faut dans un premier temps optimiser la structure du système judiciaire et perfectionner le mécanisme permettant aux divers services de l'appareil judiciaire d'exercer leurs fonctions respectives, de collaborer et de se conditionner les uns les autres. Les organisations du Parti et les cadres dirigeants aux divers échelons doivent soutenir sans ambiguïté les organes judiciaires qui exercent leurs fonctions en vertu de la loi et en toute indépendance. De plus, il leur est absolument interdit d'y intervenir en abusant de leur autorité. « Si le gouvernement emploie d'honnêtes hommes et écarte les hommes vils, la population lui obéira ; en cas contraire, elle lui désobéira. »[6] Le personnel judiciaire doit être droit et irréprochable, faire preuve de courage pour surmonter, conformément à la loi, les perturbations provenant tant de l'intérieur que de l'extérieur des organes judiciaires, se gardant de ne pas franchir le seuil de l'équité de la justice. Il faut promouvoir l'impartialité et la crédibilité de la justice par la transparence et mettre en place un système judiciaire ouvert, dynamique, transparent et de proximité, tout en mettant un terme aux manœuvres secrètes et en enrayant la corruption judiciaire.

Pour sensibiliser l'ensemble de la population au respect de la loi, il faut renforcer son sens du droit. Nous devons considérer comme notre travail de base et à long terme la diffusion des connaissances juridiques parmi les Chinois et le respect de la loi par ceux-ci, ainsi qu'adopter des mesures vigoureuses pour renforcer la campagne de sensibilisation au droit. Il faut entamer ce travail parmi les jeunes, intégrer l'éducation en matière de légalité dans le système de l'éducation nationale et l'édification de la civilisation spirituelle, ainsi que renforcer progressivement la conscience des règles de conduite chez les jeunes. Il faut améliorer le registre sur le respect de la loi par les citoyens et les organisations, améliorer les mécanismes qui récompensent la loyauté et le respect de la loi et punissent les entorses à l'honnêteté et à la loi, créer dans la société un climat général qui met à l'honneur le respect de la loi et réprouve la transgression, ainsi que faire du respect de la loi l'idéal commun et le réflexe consciencieux de tous les Chinois.

4. Mettre l'accent sur la formation en compétences judiciaires. Former un corps judiciaire hautement qualifié combinant les qualités morales et les compétences professionnelles est d'une importance primordiale pour faire progresser la gouvernance de l'Etat en vertu de la loi dans tous les domaines. Dans notre pays, les professionnels du droit comprennent notamment les législateurs dans les assemblées populaires et les pouvoirs publics, les exécuteurs de la loi dans les organismes administratifs, et les agents de la justice dans les organismes judiciaires. Pour promouvoir intégralement la gouvernance de l'Etat en vertu de la loi, il faut d'abord mener à bien la formation de ces trois corps professionnels.

Présentant en même temps des caractéristiques communes et spécifiques, le corps législatif, le corps judiciaire et le personnel chargé de l'exécution des lois jouent chacun un rôle très important. La législation ayant pour mission sacrée d'établir les règles de conduite qui régissent l'Etat et la société, le corps législatif doit posséder d'excellentes qualités idéologiques et politiques, de même que l'aptitude à observer les lois des choses, à développer la démocratie, à renforcer la coordination et à fédérer les esprits. L'application de la loi étant un maillon clé pour transformer une loi écrite sur le papier en une loi vivante adéquate à la réalité, le personnel qui s'en charge doit défendre la loi en y restant fidèle et oser assumer ses responsabilités en l'appliquant avec rigueur. La justice représentant la dernière ligne de défense de l'équité et de la justice sociales, son personnel est tenu de défendre fermement la légalité en tant que partisan de la loi, de tenir la balance égale en utilisant à bon escient le marteau du juge et d'assurer un exercice équitable du pouvoir judiciaire en faisant preuve d'une parfaite impartialité. Conformément aux exigences élevées relatives à la conscience politique, à l'aptitude professionnelle, au sens des responsabilités, à l'esprit de discipline et au style de travail, il faut inciter les personnels des appareils législatif, judiciaire et chargé de l'application de la loi à cultiver le sens de la légalité socialiste, à se conformer strictement à la déontologie professionnelle, et à rester loyaux au Parti, à l'Etat, au peuple et à la loi.

Les membres du barreau étant une force importante dans la gouvernance de l'Etat en vertu de la loi, il nous faut améliorer leur niveau politico-idéologique et faire de leur fidélité à la direction du Parti et à la légalité socialiste une exigence fondamentale pour l'exercice de leur profession.

5. Poursuivre la réforme dans le domaine de la légalité et éliminer tous les obstacles institutionnels entravant la promotion intégrale de l'édification de l'Etat de droit. Pour résoudre les problèmes les plus pressants, la voie essentielle à emprunter est celle de la réforme. Il sera impossible de résoudre les problèmes les plus importants si on se tient à l'ancien cadre institutionnel, en utilisant de vieilles méthodes face aux nouveaux problèmes et situations apparus, ou en cherchant à y apporter des solutions partielles. Au début de la rédaction de la Résolution, j'ai déclaré qu'une décision superficielle ne servirait à rien. La Résolution de la session plénière doit oser affronter les problèmes et

se concentrer sur eux ; elle doit répondre aux préoccupations de tous en ce qui concerne les problèmes dans le domaine de la légalité, qui suscitent de vives réactions parmi les cadres et la population.

Différente de la 3ᵉ session plénière, cette session plénière, tout en étudiant la promotion intégrale de l'édification de l'Etat de droit et en en prenant des dispositions, porte inévitablement sur un grand nombre de domaines, dont la réforme, le développement, la stabilité, les affaires intérieures et extérieures, la défense nationale, la gestion du Parti, de l'Etat et de l'armée. Cette session plénière a adopté plus de 180 mesures, dont un grand nombre visent à s'attaquer aux problèmes épineux relatifs au réajustement des relations d'intérêts et de l'échiquier du pouvoir. Toutes les mesures de réforme inscrites dans la Résolution résultent de mûres réflexions et s'attaquent aux problèmes à résoudre impérativement. Nous devons avoir le courage de nous renouveler, de résoudre un à un les problèmes et de mettre en œuvre toutes les mesures proposées.

La réforme dans le domaine de la légalité concerne notamment les organes du pouvoir et les « structures de force » dont les départements de la sécurité publique, les parquets, les tribunaux et les organes judiciaires. Elle attire une grande attention sociale et est confrontée à une grande difficulté ; il faut donc une grande détermination pour se réformer. Si l'on ne pense qu'à soi-même, qu'on se soucie uniquement de ses pouvoirs et de ses intérêts particuliers, ou qu'on se livre à des tractations sur des problèmes concrets, on rencontrera sûrement des obstacles sans pouvoir aboutir à quoi que ce soit. Existe-t-il une réforme qui ne touche pas aux attributions, pouvoirs et intérêts déjà acquis ? Nous devons oser y toucher si cela s'impose. Tous les secteurs doivent se soumettre aux intérêts d'ensemble. Les divers départements et secteurs doivent renforcer leur sens de l'intérêt général, réfléchir et agir en conformité avec lui, sortir de leur propre cadre, afin de se soutenir et se coordonner. Le nombre de problèmes concrets résolus et le degré de satisfaction de la population doivent être les seuls critères de l'évaluation des performances d'une réforme. Tout ce qui favorise l'augmentation de la capacité du Parti à exercer son pouvoir, la consolidation de la position du Parti en tant que parti au pouvoir, la sauvegarde de l'autorité de la Constitution et des lois, la défense des droits et intérêts de la population, le maintien de l'équité et de la justice, la garantie de la sécurité et de la stabilité du pays, doit être résolument développé contre toutes les résistances et perturbations. Il ne faut jamais éluder l'essentiel, craindre les difficultés, fuir ses responsabilités et tergiverser sans prendre de décisions.

La réforme dans le domaine de la légalité présente un trait particulier : beaucoup de problèmes sont en rapport avec les lois et les règlements. La réforme doit se baser sur les lois, mais nous ne devons pas pour autant avoir pieds et poings liés par les lois et les règlements en vigueur, auquel cas la réforme n'aboutirait pas. « Si cela profite au peuple, nous n'avons pas nécessairement à imiter les anciens systèmes ; si cela contribue à la réussite d'une affaire, nous n'avons pas nécessairement à suivre les anciennes règles. »[7] Pour promouvoir une réforme jugée nécessaire, nous pouvons d'abord amender la loi ou le règlement concerné. Le Groupe dirigeant central pour l'approfondissement intégral de la réforme doit scrupuleusement étudier les affaires concernant la réforme et correctement contrôler leur concrétisation.

Camarades, la promotion de la gouvernance de l'Etat en vertu de la loi dans tous les domaines est une entreprise multidimensionnelle ainsi qu'une révolution étendue et profonde dans la gouvernance de l'Etat. Il faut donc renforcer la direction et la gestion du Parti dans le travail judiciaire. Les comités du Parti à tous les échelons doivent perfectionner le système et les mécanismes de travail qui permettent au Parti de diriger la gouvernance du pays selon la loi et d'assumer leurs responsabilités de direction dans le travail judiciaire de leurs zone et domaine. Il leur convient de bien définir la priorité du travail, avant de chercher par tous les moyens à élaborer des avis concrets et des plans d'action qui permettront l'application de l'esprit de cette session plénière. Il faut accorder la priorité du travail à l'échelon de base, faire jouer le rôle de bastion des organisations du Parti à l'échelon de base, renforcer l'édification des organes et la formation du corps judiciaire à l'échelon de base, sensibiliser et orienter les membres du Parti et les cadres à élever leur conscience de la légalité ainsi qu'à augmenter leur capacité à agir en vertu de la loi, de sorte que le travail et les mesures proposés par cette session plénière s'appliquent vraiment à la base.

Notes :

[1] Friedrich Engels : « Lettre à August Bebel », *Œuvres choisies de Marx et d'Engels*, tome III, Editions du Peuple, 2009, page 415.

[2] Ouyang Xiu (1007-1072) : *Collection d'œuvres anciennes (Ji Gu Lu)*, dynastie des Song du Nord.

[3] *Livre du seigneur de Shang (Shang Jun Shu)*.

[4] Wang Anshi (1021-1086), dynastie des Song du Nord.

[5] Zhang Juzheng (1525-1582), dynastie des Ming.

[6] *Entretiens de Confucius (Lun Yu)*.

[7] *Huainanzi.*

Les cadres dirigeants doivent se donner en exemple dans le respect, l'étude, l'observation et l'application de la loi[*]

(2 février 2015)

Les cadres dirigeants à tous les échelons assument une responsabilité importante dans la promotion intégrale de la gouvernance de l'Etat en vertu de la loi, et y constituent la « minorité déterminante ». Ils doivent donc se donner en exemple dans le respect, l'étude, l'observation et l'application des lois, et diriger tout le Parti et tout le peuple à travailler pour de nouvelles réalisations dans l'édification d'un système légal socialiste à la chinoise et la construction d'un Etat de droit socialiste.

Depuis le lancement de la politique de réforme et d'ouverture, et notamment depuis la proposition de la gouvernance de l'Etat en vertu de la loi et de l'édification d'un Etat de droit socialiste prise lors du XVe Congrès du Parti, la Chine a accompli de remarquables réalisations dans l'édification d'un état de droit socialiste, et les cadres dirigeants à tous les échelons ont joué un rôle significatif dans la promotion de la gouvernance de l'Etat en vertu de la loi. Parallèlement, certains cadres dirigeants ont, dans la pratique, un faible sens de l'état de droit. On constate un certain laxisme dans l'observation et l'application des lois, voire l'abus du pouvoir à des fins personnelles par certains cadres, ce qui a porté atteinte à l'image et au prestige du Parti et de l'Etat, et compromis l'ordre normal dans les domaines politique, économique, culturel, social et écologique. En conséquence, tous les cadres diri-

---

* Points essentiels du discours au colloque des principaux dirigeants provinciaux et ministériels sur l'étude de l'esprit de la 4e session plénière du XVIIIe Comité central du Parti sur le thème de la promotion intégrale de la gouvernance de l'Etat en vertu de la loi.

geants doivent aiguiser leur vigilance et se lancer dans la rectification et la solution des problèmes relatifs à l'état de droit.

Les convictions, la détermination et l'action des cadres dirigeants à tous les échelons s'avèrent très importantes pour la promotion intégrale de la gouvernance de l'Etat en vertu de la loi. Ils doivent donc donner l'exemple dans le respect des lois en s'inclinant devant elles, dans l'étude des lois pour les comprendre et les maîtriser, dans l'observation des lois en les défendant, ainsi que dans l'application des lois en agissant en vertu d'elles.

Les cadres dirigeants doivent ancrer dans leur esprit les concepts fondamentaux de l'état de droit, dont la primauté de la Constitution et des lois, l'égalité de tous devant la loi, la légalité des pouvoirs et l'exercice du pouvoir en vertu de la loi, tout en luttant fermement contre les actes portant atteinte à l'état de droit. Il faut accentuer l'instruction, cultiver la conscience, intensifier la gestion et renforcer le contrôle en matière de qualité de l'état de droit à l'égard des cadres dirigeants dès leur adhésion. L'étude et la compréhension des lois constituent les conditions préalables à leur observation et à leur application. Les cadres dirigeants doivent apprendre de manière systématique la théorie de l'état de droit socialiste à la chinoise, et maintenir la position fondamentale de notre parti concernant le traitement des problèmes liés à l'état de droit. La priorité consiste à apprendre la Constitution, ainsi que les lois et règlements directement liés aux activités sous leur direction. Les cadres dirigeants doivent en particulier tirer au clair l'exercice du pouvoir en vertu de la loi et les activités dans les limites autorisées par la loi, ce qu'ils peuvent faire et ce qu'ils ne peuvent pas, ancrer les lois dans leur esprit, exercer leur pouvoir en vertu de la loi et agir dans les limites autorisées par la loi. Les comités du Parti à tous les échelons doivent accorder une haute importance à la formation en matière d'état de droit et perfectionner le système régissant l'étude des lois.

Les cadres dirigeants doivent toujours garder à l'esprit qu'ils ne doivent pas franchir la ligne rouge de la loi, ni défier les limites de tolérance de la loi. Ils doivent se donner en exemple dans l'observation et l'application des lois, ainsi que dans la création d'un environnement marqué par l'état de droit où on se sert de la loi pour régler les affaires, les différends, les problèmes et les conflits. Ils doivent envisager le travail dans l'esprit de l'état de droit, traiter les problèmes dans le respect de la loi, et considérer la loi comme régissant leurs paroles et leurs actions. Ils doivent transformer leur respect de la loi en mode de pensée et de conduite, réfléchir aux questions, prendre des décisions et traiter les affaires dans les limites autorisées par la loi. La discipline du Parti et les lois de l'Etat ne doivent pas être considérées comme « pâte à modeler » ou « épouvantails ». Toute infraction à la discipline et à la loi doit être poursuivie.

Les principaux responsables du Parti et du gouvernement doivent remplir leurs devoirs en tant que premiers responsables de la promotion de l'état de droit, mais également favoriser de manière coordonnée la législation selon un concept scientifique, la rigueur dans l'application de la loi, l'impartialité de la justice et le respect de la loi par tous. L'affectation du personnel joue le rôle d'orientation le plus important, le plus fondamental et le plus efficace. Le sens de l'état de droit est une part importante des qualités morales et des compétences professionnelles des cadres. Il faut introduire le respect de la loi et l'exercice du pouvoir en vertu de la loi dans l'évaluation des performances des cadres, accélérer la conception d'un système d'évaluation des réalisations obtenues par les cadres dirigeants dans la promotion de l'état de droit, établir des règlements sur l'application des résultats de cette évaluation, et mettre en application les dispositions institutionnelles prises en la matière lors de la 4ᵉ session plénière du XVIIIᵉ Comité central du Parti, pour qu'elles soient mises en forme et jouent un rôle important au plus tôt.

La promotion intégrale de la gouvernance de l'Etat en vertu de la loi doit suivre une bonne direction et bénéficier d'une ferme garantie politique. La direction du Parti constitue la garantie fondamentale de l'état de droit socialiste. La voie de l'état de droit socialiste à la chinoise que nous devons suivre est une représentation de la voie du socialisme à la chinoise dans le domaine de l'état de droit. La théorie de l'état de droit socialiste à la chinoise que nous devons développer marque les résultats théoriques du système théorique du socialisme à la chinoise sur l'état de droit. Le système de l'état de droit socialiste à la chinoise que nous voulons mettre en place constitue substantiellement une manifestation juridique du socialisme à la chinoise.

Le Parti communiste chinois, noyau dirigeant de la cause du socialisme à la chinoise, a pour mission de maîtriser la situation générale et de coordonner les intérêts des diverses parties. L'état de droit socialiste doit se soumettre à la direction du Parti, qui s'appuie à son tour sur l'état de droit socialiste. Le droit incarne de manière unifiée les propositions du Parti et la volonté du peuple. Le Parti, qui dirige le peuple à élaborer la Constitution et les lois et à les mettre en application, doit agir dans les limites autorisées par celles-ci. Cela représente la force directrice du Parti. Le Parti et le droit, ainsi que la direction du Parti et l'état de droit forment une unité cohérente. Nous mettons en application, à la lettre, la gouvernance de l'Etat et l'exercice du pouvoir conformément à la Constitution de la République populaire de Chine.

Chaque organisation du Parti et du gouvernement ou chaque cadre dirigeant doit se soumettre à la Constitution et aux lois et les respecter, plutôt que de prendre la direction du Parti comme un bouclier leur permettant de substituer leur autorité personnelle à la loi, de placer leur pouvoir au-dessus de la loi et d'abuser de leurs fonctions pour satisfaire leurs intérêts personnels. Le pouvoir est une « épée à double tranchant », qui améliorera le bien-être du peuple s'il est exercé en vertu de la loi mais qui, en revanche, portera atteinte à l'Etat et au peuple s'il est exercé au mépris de la loi. Enfermer le pouvoir dans la cage institutionnelle a pour but de définir, de réglementer, d'équilibrer et de surveiller le pouvoir selon la loi. La promotion intégrale de la gouvernance de l'Etat en vertu de la loi doit être réalisée en se basant sur la garantie et la promotion de l'équité et de la justice sociales. L'équité et la justice constituent une valeur noble que notre parti recherche. Nous devons poursuivre cette recherche, protéger les droits et intérêts du peuple, et défendre la justice pour rester dévoués à l'objectif de servir le peuple de tout notre cœur.

Approfondir la réforme des institutions judiciaires[*]

(24 mars 2015)

Approfondir la réforme des institutions judiciaires et mettre en place un système judiciaire socialiste marqué par l'équité, l'efficacité et l'autorité, constituent une mesure importante pour la modernisation du système et de la capacité de gouvernance de l'Etat. Une justice impartiale concerne les intérêts vitaux du peuple, l'équité et la justice sociales ainsi que la promotion intégrale de la gouvernance du pays selon la loi. Nous devons persévérer dans la juste orientation politique de la réforme des institutions judiciaires, nous en tenir au critère fondamental consistant à élever la crédibilité de la justice aux yeux du public, insister sur la combinaison entre le respect de la situation nationale et l'observation des règles de la justice, suivre le principe « se focaliser sur les problèmes » et avoir le courage d'affronter toutes les difficultés et tous les obstacles. Nous devons raffermir notre confiance, fédérer les esprits, faire preuve d'esprit d'entreprise et résoudre tout problème difficile afin d'approfondir fermement la réforme des institutions judiciaires et de promouvoir continuellement l'équité et la justice sociales.

Créé et développé par notre peuple sous la direction du Parti au cours d'une longue pratique, le système judiciaire de notre pays correspond, dans l'ensemble, à la situation de notre pays et à notre régime socialiste. Pourtant, sous l'influence de divers facteurs, notre activité judiciaire présente aussi des problèmes tels que l'injustice, de fausses accusations et des conclusions erronées, la corruption, ainsi que les cas salis par l'argent, le pouvoir et les relations humaines. Si nous ne

---

* Points essentiels du discours à la 21e séance d'étude du Bureau politique du XVIIIe Comité central du Parti.

pouvons pas résoudre à temps ces problèmes, ils pourraient nuire gravement à la gouvernance du pays en vertu de la loi ainsi qu'affecter sérieusement l'équité et la justice sociales. Depuis le XVIIIe Congrès du Parti, le Comité central attache une grande importance à la réforme des institutions judiciaires, et met les bouchées doubles pour mettre en œuvre les mesures de la réforme, axées sur l'édification du système juridique socialiste aux caractéristiques chinoises, d'un Etat de droit socialiste, ainsi que sur le maintien de l'équité et de la justice sociales. Nous avons déjà accompli d'importants progrès.

Le système judiciaire fait partie importante de la superstructure. La réforme des institutions judiciaires que nous effectuons en ce moment est un autoperfectionnement et un autodéveloppement du système judiciaire socialiste, et suit la voie de la légalité socialiste à la chinoise. La direction du Parti est la garantie fondamentale de la légalité socia-liste, et le maintien de cette direction représente le trait fondamental et la supériorité politique de notre système judiciaire socialiste. L'appro-fondissement de la réforme des institutions judiciaires, l'amélioration du système de gestion judiciaire et celle des mécanismes de fonction-nement du pouvoir judiciaire doivent s'effectuer sous la direction unifiée du Parti, tout en maintenant et perfectionnant notre système judiciaire socialiste. Il faut unir le rôle du Parti dans la maîtrise de la situation générale et la coordination des actions des parties diverses à l'accomplissement de leurs attributions et au travail effectué par les organes de jugement et les parquets.

La réforme des institutions judiciaires doit se dérouler pour le peuple, par le peuple et au profit du peuple. Le jugement des résultats de cette réforme revient, en dernière analyse, au peuple et dépend, en fin de compte, de l'amélioration de la crédibilité de la justice auprès du public. La justice est la dernière ligne de défense de l'équité et de la justice sociales et l'impartialité incarne l'âme et la vie de la justice. Pour approfondir la réforme des institutions judiciaires, nous devons prendre note des avis exprimés par les masses populaires, nous rendre aux premières lignes du travail judiciaire pour prendre connaissance de la situation réelle et des attentes véritables du peuple. Pour juger les résultats de la réforme, nous devons voir combien de problèmes ont été résolus et à quel degré le peuple en est satisfait.

Dans le travail judiciaire, nous devons faire jouer le rôle clé du système de responsabilité. Tous les membres du corps judiciaire, dont les juges et les procureurs, doivent régler les affaires au front et en prendre la responsabilité à vie. Les magistrats sont dotés du pouvoir d'examiner et de juger une affaire. Il faut, en même temps, renforcer le contrôle et la restriction à leur égard et matérialiser les surveillances juridique, sociale et par l'opinion publique sur le pouvoir judiciaire, afin d'« assurer l'impartialité et l'intégrité en actes pour l'intérêt public »[1], d'enfermer le pouvoir judiciaire dans la cage institutionnelle, d'éclairer l'esprit du peuple avec la lumière de l'équité et de la justice, et de montrer aux gens du commun les résultats tangibles de la réforme.

La réforme des institutions judiciaires doit correspondre au régime politique fondamental, aux systèmes politiques essentiels et au niveau du développement économique et social de notre pays, afin de conserver nos caractéristiques et notre supériorité. Nous devons nous inspirer des résultats positifs de la légalité de certains pays étrangers, sans pourtant copier leur système judiciaire. L'amélioration du système judiciaire et l'approfondissement de la réforme des institutions judiciaires doivent respecter les lois objectives de l'activité judiciaire, et refléter les exigences suivantes : l'union des pouvoirs et des responsabilités, la restriction du pouvoir, la transparence et l'impartialité, ainsi que l'observation des procédures. La réforme des institutions judiciaires engageant l'ensemble de notre travail, nous devons renforcer la conception globalisée et progresser de manière ordonnée, de haut en bas. Il faut partir de la réalité et promouvoir l'innovation du système, en tenant compte de la réalité des organes judiciaires des diverses régions et aux divers échelons et de leurs expériences.

Les problèmes déterminent l'orientation de nos activités et constituent également la brèche à ouvrir pour la réforme. Il faut saisir les problèmes majeurs et les questions clés qui affectent l'équité judiciaire et restreignent les capacités de la justice, afin de renforcer le ciblage et l'efficacité de la réforme. Les tâches décidées par les 3e et 4e sessions plénières du XVIIIe Comité central du Parti à propos de la réforme des institutions judiciaires ont été mûrement considérées et doivent être accomplies de manière résolue et à cent pour cent. La Commission des affaires politiques et juridiques du Comité central et les coordinateurs devront planifier le moment, la méthode et le rythme de publication des réformes, et ils doivent continuellement lancer des mesures énergiques et substantielles, pour la satisfaction des masses populaires. Les services de l'Etat chargés des affaires politiques et juridiques doivent donner l'exemple à suivre, et partir de la situation globale du développement de la cause du Parti et de l'Etat ainsi que des intérêts fondamentaux du peuple, lorsqu'ils conçoivent des règlements et des plans ou publient des mesures complémentaires. Toutes les régions et tous les départements doivent énergiquement soutenir la réforme des institutions judiciaires et mener à terme l'accomplissement des tâches. Quant aux mesures de réforme déjà mises en œuvre, il faut renforcer l'évaluation de leur effet, synthétiser à temps les expériences acquises ainsi que découvrir avec attention et résoudre les problèmes aux caractères annonciateurs, tendancieux ou potentiels. Nous devons travailler beaucoup pour fédérer les esprits, mobiliser au maximum tous les facteurs positifs afin d'insuffler une force considérable à la réforme.

Note :

[1] Lü Kun (1536-1618) : *Gémissements* (*Shen Yin Yu*), dynastie des Ming.

Insister sur l'association de la gouvernance de l'Etat par la loi et par la vertu[*]

(9 décembre 2016)

La loi est la règle fondamentale à respecter par tous à tout moment ; la vertu est la pierre angulaire qui jamais ne doit être négligée. Dans les nouvelles conditions historiques, afin d'assurer de manière effective l'application de la stratégie fondamentale de gouvernance du pays en vertu de la loi et du moyen fondamental de l'exercice du pouvoir dans le respect de la loi, et de faire de la Chine un Etat de droit, nous devons insister sur l'association de la gouvernance de l'Etat par la loi et par la vertu, faire en sorte qu'elles se complètent, se stimulent et se rehaussent dans la gouvernance du pays, afin de moderniser le système et la capacité de gouvernance de l'Etat.

La loi est la vertu érigée en règles juridiques écrites, et la vertu est la loi enracinée dans le cœur des gens. La loi et la vertu jouent toutes un rôle de régularisation des comportements sociaux, d'harmonisation des relations sociales et de maintien de l'ordre social et possèdent chacune un statut et des fonctions propres dans la gouvernance du pays. La loi assure la paix sous le ciel et la vertu nourrit les esprits. L'application effective de la loi dépend du soutien de la vertu, et la mise en pratique des vertus doit être soumise à la loi. La gouvernance par la loi et celle par la vertu sont inséparables, et ni l'une ni l'autre ne doit être négligée. La gouvernance du pays nécessite leur synergie.

Depuis la réforme et l'ouverture, en nous basant sur le bilan approfondi des expériences réussies et des douloureuses leçons en matière d'édification de l'état de droit socialiste dans notre pays, nous

---

[*] Points essentiels du discours à la 37ᵉ séance d'étude du Bureau politique du XVIIIᵉ Comité central du Parti.

nous sommes frayé une voie de l'état de droit socialiste à la chinoise, en définissant la gouvernance du pays en vertu de la loi comme la stratégie fondamentale de la gouvernance par le peuple sous la direction du Parti, et l'exercice du pouvoir dans le respect de la loi comme le moyen fondamental de la gouvernance par le Parti. Cette voie a un caractère très marqué : associer la gouvernance du pays par la loi et celle par la vertu, et accorder une importance égale à ces deux volets. C'est à la fois un bilan des expériences historiques et une compréhension approfondie de la règle sur la gouvernance du pays.

Il faut renforcer le rôle d'appui que joue la vertu dans la gouvernance par la loi. Pour assurer l'association de la gouvernance de l'Etat par la loi et par la vertu, il est impératif d'attacher une grande importance au rôle éducateur de la vertu et d'élever la civilité de nos citoyens, afin de créer un bon environnement humain et culturel pour la promotion intégrale de la gouvernance de l'Etat selon la loi. Il faut refléter les exigences juridiques dans le système moral et mettre en valeur l'effet nourrissant de la vertu pour l'état de droit, et faire en sorte que le système moral et le droit socialiste s'associent, se coordonnent et se stimulent. Il faut mettre en relief la connotation de l'état de droit dans l'éducation morale, veiller à cultiver la foi dans la loi, le sens légal et la conscience réglementaire dans l'esprit de la population, et conduire celle-ci à remplir volontairement les obligations légales, ainsi que les responsabilités sociales et familiales, afin de créer un environnement culturel dans lequel toute la société cultive l'esprit de droit et respecte la légalité.

Il est nécessaire d'intégrer les exigences morales dans l'édification de l'état de droit. Les notions morales doivent être incorporées dans la légalité pour que la vertu ait un appui institutionnel solide. Les lois et règlements doivent se doter d'une orientation morale évidente pour mettre à l'honneur la vertu et la justice. La législation, l'application de la loi et la justice doivent toutes refléter les exigences morales socialistes et incorporer les valeurs essentielles socialistes pour que l'état de droit socialiste incarne de bonnes lois et une gouvernance parfaite. Il convient d'élever au niveau du droit les exigences morales largement reconnues dans le quotidien, assez mûres et facilement praticables, pour orienter toute la société vers une noble morale et le bien. Il faut poursuivre la stricte application de la loi, faire rayonner le vrai, le bien et le beau, tout en combattant le faux, le mal et le laid. Il faut maintenir l'impartialité de la justice, et faire jouer au jugement son rôle de châtier le mal et d'exalter le bien.

Il convient de résoudre les problèmes saillants dans le domaine moral par le biais de la légalité. La loi est le seuil et la garantie de la vertu. Il est nécessaire de renforcer le travail législatif connexe pour définir des mesures de punition et de prévention contre les actes immoraux, notamment en intensifiant la lutte contre les actes immoraux qui provoquent de vives réactions au sein de la population. En ce qui concerne la lutte contre le manque d'honnêteté, il faut rapidement établir un système d'information sur le crédit personnel couvrant toute la société, tout en améliorant le mécanisme de récompense pour le respect des lois et la crédibilité, ainsi que le mécanisme de punition et de prévention contre les infractions et la malhonnêteté, de sorte que personne n'ose ou ne puisse se livrer à des actes répréhensibles. Il faut rigoureusement appliquer la loi contre les actes illégaux, comme la négligence du sens de la justice à la vue du gain et la contrefaçon frauduleuse, de sorte que ceux qui portent atteinte à la vertu et au droit soient sanctionnés et en paient le prix.

Il faut améliorer le sens de l'état de droit et la conscience morale de la population. L'ensemble de la société doit d'abord avoir foi en la loi pour que celle-ci joue son rôle ; la qualité morale de la population doit être rehaussée pour que la vertu soit respectée. Il est nécessaire de renforcer la sensibilisation à l'état de droit et d'encourager l'ensemble de la société à se forger un sens de l'état de droit, pour que les gens aient une conviction intime et un profond respect envers la Constitution et les lois ; dans le même temps, il nous faut renforcer l'éducation morale et promouvoir les vertus traditionnelles de la nation chinoise pour rehausser les niveaux idéologique et moral de la société. Il faut considérer la sensibilisation à l'état de droit et le respect de la loi par toute la population comme le travail fondamental de la gouvernance du pays selon la loi, afin que tous les citoyens respectent fidèlement, observent consciemment et défendent fermement l'état de droit socialiste. Il est nécessaire d'appliquer en profondeur le projet de l'édification morale des citoyens et de poursuivre les activités populaires pour l'avènement d'une civilisation spirituelle afin de conduire les masses populaires à pratiquer consciemment les valeurs essentielles socialistes, à se forger de bonnes mœurs sociales, et à devenir modèles de la morale socialiste et défenseurs de bonnes mœurs sociales.

Il faut mettre en valeur le rôle crucial des cadres dirigeants dans la gouvernance du pays par la loi et par la vertu. Les cadres dirigeants doivent non seulement organiser et promouvoir l'application intégrale de la gouvernance de l'Etat en vertu de la loi, mais aussi préconiser l'édification morale tout en se donnant en exemple. Il faut considérer l'étude et l'observation de la loi par les cadres dirigeants comme la clé de la promotion intégrale de la gouvernance de l'Etat en vertu de la loi, et rendre régulière et institutionnalisée l'étude de la loi par les cadres dirigeants. Cultiver leur personnalité, établir leur prestige et convaincre par la vertu constituent un facteur important des cadres afin qu'ils se développent et deviennent compétents. Les cadres dirigeants doivent s'efforcer de devenir des modèles moraux de la société, prendre l'initiative de mettre en pratique les valeurs essentielles socialistes, insister sur l'esprit du Parti et la conduite parfaite en donnant l'exemple, attacher de l'importance à la famille, à l'éducation familiale et aux mœurs familiales, préserver le noble caractère et l'intégrité des communistes, afin de stimuler l'ensemble de la société à promouvoir la vertu et le bien, et à respecter et observer la loi.

V
Diriger rigoureusement le Parti

Soyez secrétaires du comité du Parti de district comme Jiao Yulu*

(12 janvier 2015)

Camarades,

C'est avec un grand plaisir que je suis venu pour une causerie avec vous. J'attache une grande importance au travail mené à l'échelon de district. Le Département de l'organisation du Comité central du Parti m'a rapporté que vous étiez dans l'Ecole centrale du Parti et que vous espériez me voir. Je lui ai répondu que je voudrais bien vous voir, et aussi avoir une entrevue avec vous pour vous écouter parler de vos acquis et de vos idées. Vous venez du front de la réforme, du développement et du maintien de la stabilité et connaissez les réalités. Parler avec vous me ferait sûrement du bien.

Le jour du Nouvel An vient de passer. Je vous souhaite d'abord une bonne et heureuse année, et je profite de l'occasion pour adresser mes vœux à tous les secrétaires du comité du Parti de district, ainsi qu'aux membres du Parti et aux cadres travaillant dans les districts. Vous vous êtes donné beaucoup de peine.

Le Comité central du Parti a décidé d'organiser le séminaire des secrétaires du comité du Parti de district. Nous mettrons un peu plus de trois ans à instruire à tour de rôle les quelque 2 800 secrétaires du comité du Parti au niveau des districts (municipalités, arrondissements ou bannières) de tout le pays. Il s'agit d'une mesure stratégique s'inscrivant dans une vision à long terme. Elle a pour but principal d'aider les secrétaires du comité du Parti de district à étudier à fond l'esprit du XVIIIe Congrès du Parti et celui des 3e et 4e sessions plénières du

---

* Discours à la causerie avec les stagiaires du Séminaire des secrétaires du comité du Parti de district organisé par l'Ecole centrale du Parti.

XVIIIe Comité central du Parti et à les appliquer, à étudier le système théorique du socialisme à la chinoise, à faire des recherches sur les problèmes théoriques et pratiques relatifs au développement économique et social et à l'édification du Parti au niveau des districts, ainsi qu'à s'armer des derniers acquis de l'innovation théorique du Parti pour guider la pratique et faire progresser le travail, afin de former un contingent de secrétaires du comité du Parti de district de haute qualité.

J'ai eu une expérience personnelle quant aux fonctions et au fonctionnement de l'échelon de district et au rôle du secrétaire du comité du Parti de district. Tout à l'heure, six camarades ont pris la parole et ils m'ont tellement touché qu'il m'a semblé revenir 30 années auparavant, quand j'étais secrétaire du comité du Parti de district. Je partage vos sentiments, à savoir que le poste du secrétaire du comité du Parti de district est très important. Bien qu'il s'agisse d'un fonctionnaire subalterne, sa responsabilité et la pression à laquelle il est sujet sont assez grandes et il n'est pas facile de bien remplir de telles fonctions.

Dans l'organigramme de notre parti et de notre Etat, l'échelon de district est à la charnière entre le haut et le bas, et constitue une base importante nous permettant de développer l'économie, de garantir le bien-être de la population, de maintenir la stabilité et de promouvoir la paix et la sécurité du pays. Nos anciens disaient : « Tant que les préfectures et les districts sont bien gouvernés, la paix est assurée au pays. » Dans notre pays, le district fut d'abord établi à l'époque des Printemps et Automnes, puis consolidé et développé sous les Qin qui tâchaient de promouvoir le régime des préfectures et des districts. Depuis plus de deux mille ans, le district reste l'unité élémentaire de l'organigramme de notre Etat et demeure stable à ce jour.

Les dynasties successives attachaient sans exception une grande importance à la sélection et à la nomination des fonctionnaires du district. Nos anciens sont parvenus depuis longtemps à cette conclusion historique : « Le Premier ministre est issu des responsables de préfecture et de ministère, et le généralissime, des soldats et des sous-officiers. »[1] Dans l'histoire, nombre de personnalités célèbres ont commencé leur carrière officielle à partir d'un poste du district. Wang Anshi, homme politique de la dynastie des Song du Nord, assuma les fonctions du chef du district de Yinxian, actuellement arrondissement de Yinzhou, de la municipalité de Ningbo, au Zhejiang, à l'âge de 27 ans. Pendant trois ans, « son administration fut si fructueuse que la population loua ses mérites ». Cela jeta la base de la réforme qu'il entreprit plus tard. Sous les Qing, Zheng Banqiao[2] fut longtemps le chef du district de Fanxian, au Henan, et celui du district de Weixian, au Shandong. Circulent toujours les vers qu'il a composés :

Le frissonnement du bambou me parvient, étendu dans le cabinet,
Je crois entendre le gémissement des habitants souffrants.
Nous autres, officiels subalternes de préfectures ou districts,
Nous nous sentons attachés même à une brindille et à une feuille.

Tao Yuanming[3], Di Renjie[4], Bao Zheng[5] et Hai Rui[6] ont tous été chefs de district.

Un district est une société essentiellement complète. « Même petit, le moineau possède tous les organes et viscères. » Actuellement, le pouvoir du district est chargé de plus en plus de responsabilités et a davantage de choses à faire. Il joue notamment un rôle important dans l'édification intégrale de la société de moyenne aisance, l'approfondissement intégral de la réforme, la promotion intégrale de la gouvernance de l'Etat en vertu de la loi et l'application intégrale d'une discipline rigoureuse dans les rangs du Parti. Dans la hiérarchie des cadres, le secrétaire du comité du Parti de district n'est pas élevé, mais il occupe une place exceptionnelle. Le camarade Deng Xiaoping a dit : « Il n'est pas facile d'être un bon secrétaire du comité du Parti de district. Celui-ci doit avoir une expérience complète de direction et peut prendre en main les diverses activités. »[7] « Il faut tout particulièrement bien prendre en main les comités du Parti de district. Que c'est important de mettre sur pied un fort comité du Parti de district ! L'armée se fonde sur le régiment, et le civil se fonde sur le district. Pourquoi évoquons-nous toujours les échelons de district et de régiment ? En voilà la raison. »[8] Hai Rui a dit : « Le poste officiel le plus difficile, est celui de chef de district. »[9]

Comment être un bon secrétaire du comité du Parti de district ? Dans leurs interventions, des camarades ont parlé de la nécessité d'être éclairé et ferme sur le plan politique, de servir de dalle sur la voie du développement vert, d'avoir les jambes solides pour rendre visite aux compatriotes, de devenir le meneur de l'équipe dirigeante locale et le « forgeron » de l'amélioration du style de travail. C'est là une très bonne synthèse. Je suis toujours d'avis que le camarade Jiao Yulu a donné l'exemple à suivre aux secrétaires du comité du Parti de district. Je me suis plusieurs fois rendu au district de Lankao. L'année dernière, j'y suis allé encore deux fois lors de la deuxième campagne d'éducation et de mise en pratique de la ligne de masse du Parti. Quand j'ai foulé le sol de Lankao, une forte émotion s'est emparée de moi. Le camarade Jiao Yulu, par ses actes, a érigé l'image lumineuse d'un bon communiste et d'un bon secrétaire du comité du Parti de district. Pour être un bon secrétaire du comité du Parti de district, il faut suivre l'exemple de Jiao Yulu.

Comment être un secrétaire du comité du Parti de district comme Jiao Yulu ? On peut aborder cette question sous de nombreux angles. Aujourd'hui, je le fais sous quatre angles : garder présents à l'esprit le Parti, le peuple, les responsabilités et la discipline.

I. Un bon secrétaire du comité du Parti de district doit toujours garder présent à l'esprit le Parti.

Le comité du Parti de district est le « poste de commandement de la première ligne » de notre parti pour exercer le pouvoir et faire prospérer le pays, et son secrétaire est le « commandant en chef de la première ligne ». Rester fidèle au Parti constitue un important critère et prime les nombreux autres critères pour juger un secrétaire du comité du Parti de district. « Aucune bonté ne peut surpasser la preuve de fidélité. »[10]

Dans l'ensemble, nos secrétaires du comité du Parti de district sont bons, et l'écrasante majorité mérite notre confiance. Nous devons le confirmer en termes explicites. Dans le même temps, nous devons constater qu'à ce poste, ils se heurtent à des épreuves nombreuses et sérieuses : les lourdes tâches de la réforme, du développement et de la stabilité, la garantie et l'amélioration du bien-être de la population, les courants d'idées erronées de toutes sortes, les tentations du pouvoir, de l'argent et du sexe, les pratiques vulgaires et les règles implicites, etc. Il faut noter tout particulièrement que toutes sortes de tentations et manigances pourront entourer des secrétaires du comité du Parti de district, de même que toutes sortes de complaisances et de flatteries, parce qu'ils détiennent un pouvoir considérable entre leurs mains. Du fait que beaucoup de chefs-lieux de district sont éloignés des villes centrales, l'idée que « le souverain est loin » et que le contrôle de l'autorité supérieure pourrait ne pas les atteindre peut facilement naître dans leur esprit. Dans ces conditions, ils pourraient être défaits par telles ou telles épreuves, s'ils ne pouvaient pas compter sur leur fidélité au Parti comme un stabilisant politique.

Nos positions dans les districts doivent être sauvegardées de pied ferme par ceux qui gardent présent à l'esprit le Parti et lui sont fidèles. Un secrétaire du comité du Parti de district doit retenir qu'il est un secrétaire du comité du Parti communiste chinois, et qu'il a été envoyé par le Parti à ce poste. Ce raisonnement est simple, mais le garder à cœur n'est pourtant pas chose aisée. Il faut donc qu'il saisisse correctement l'orientation politique, renforce la conscience de l'organisation, n'oublie pas qu'il est membre du Parti ni ses obligations et ses responsabilités envers le Parti, ait confiance en l'organisation, compte sur elle et lui obéisse, ainsi que défende consciemment la cohésion et l'unité du Parti.

La fermeté de l'idéal et des convictions constitue la solide base idéologique de la perpétuelle présence du Parti à l'esprit et de la fidélité envers lui. Quand l'idéal et les convictions vacillent, il est impossible d'avoir le Parti à cœur. Tout le monde doit considérer l'apprentissage et la maîtrise de la théorie marxiste comme une chose vitale. Tous doivent étudier à fond le marxisme-léninisme, la pensée de Mao Zedong, la théorie de Deng Xiaoping, la pensée importante de la Triple Représentation et le concept de développement scientifique, ainsi que les acquis de l'innovation théorique du Parti depuis son XVIIIe Congrès. Ces études doivent être assimilées et sans cesse approfondies, de sorte que l'on puisse saisir de nouvelles connaissances et idées et s'attacher à bien régler la question de l'« interrupteur central » que sont les conceptions du monde, de la vie et des valeurs, et parvenir à avoir une conviction ferme, tenace et profonde à l'égard du marxisme.

Le communisme ne se réalise pas quand tout le monde mange du goulache. On ne peut y accéder du jour au lendemain. Cependant, nous ne pouvons pas non plus penser que l'idéal du communisme est un mirage et renoncer à être un communiste loyal, parce que la réalisation du communisme est un processus très prolongé. Rien n'est plus élevé que les idéaux révolutionnaires. La réalisation du communisme est notre idéal suprême, et cet idéal suprême exige de nous que nous luttions de génération en génération pour sa réalisation. Si nous pensons qu'il s'agit d'une chose invisible et insaisissable et qu'il n'est pas nécessaire de lutter et de consentir des sacrifices pour elle, le communisme sera alors vraiment irréalisable. Aujourd'hui, alors que nous maintenons et développons le socialisme à la chinoise, nous visons justement à travailler inlassablement pour notre idéal suprême.

Bien que le niveau de développement de notre pays et le niveau de vie du peuple ne soient pas des plus élevés et que de nombreux problèmes existent dans notre développement – vous devez remarquer ou rencontrer, à votre poste de secrétaire du comité du Parti de district, de nombreuses contradictions et questions réelles –, nous devons persévérer dans une position fondamentale, à savoir que nous gardons confiance en la victoire certaine du socialisme à la chinoise et que notre position et notre attitude sont fermes sur les questions de principe d'importance capitale concernant la voie, la théorie et le système du socialisme à la chinoise. Si, en votre qualité de « commandant en chef de la première ligne », vous, les secrétaires du comité du Parti de district, vous montrez fermes et convaincus, et travaillez de toutes vos forces pour notre grand objectif, nous pourrons bien garder nos positions, gagner nos combats et notre idéal pourra devenir réalité.

Garder présent à l'esprit le Parti n'est pas abstrait, mais concret. En tant que cadres du Parti, nous devons renforcer l'esprit du Parti et notre conscience politique, pouvoir résister aux épreuves et ne pas dévier ou nous fourvoyer dans l'orientation politique. Il faut observer strictement la discipline et les règles de conduite politiques sur les plans de l'orientation, de la position, des propos et des actes, persévérer consciemment dans la direction du Parti, s'aligner sur le Comité central du Parti, sauvegarder consciemment son autorité, répondre fermement à ses appels et agir résolument selon ses décisions, refuser tout ce qu'il défend et ne permettre en aucun cas les tentatives de contrecarrer les mesures politiques formulées aux échelons supérieurs, de désobéir aux ordres reçus, d'enfreindre les interdits et de retarder l'application des décisions et des dispositions du Comité central du Parti. Si de tels problèmes apparaissent, vous devrez les corriger fermement.

II. Un bon secrétaire du comité du Parti de district doit toujours garder présent à l'esprit le peuple.

Notre parti a pour but fondamental de servir le peuple de tout cœur. Etant un cadre dirigeant de base tout près des masses populaires, le secrétaire du comité du Parti de district doit se préoccuper de la situation des masses populaires et travailler dans leur intérêt. Vous devez toujours garder présents à l'esprit les habitants locaux. Vous devez être les premiers à endurer les peines et les derniers à goûter aux plaisirs de la vie, et faire preuve de désintéressement et de dévouement. Il faut être lucide à propos du renom, de la position sociale et de l'intérêt personnel et les considérer d'un œil froid, ainsi que refouler consciemment ses propres calculs. On doit concentrer ses forces sur la résolution des problèmes d'intérêts les plus réels, les plus immédiats et qui préoccupent le plus la population. Il faut déployer tous ses efforts pour résoudre les problèmes qui suscitent le plus le mécontentement des masses populaires, et accorder à celles-ci l'aide dont elles ont le plus besoin. A présent, seuls cinq ou six ans nous séparent de la date prévue de la réalisation de l'objectif du premier centenaire : l'édification intégrale de la société de moyenne aisance. Cependant, les régions et les personnes en difficultés restent encore nombreuses. Il nous faut donc mettre les bouchées doubles pour lutter efficacement contre la pauvreté et empêcher les régions et les personnes en difficultés de rester en situation retardataire. Notre parti et notre Etat ont décidé que notre tâche importante consiste à mener à bien la lutte contre la pauvreté. Les cadres dirigeants à tous les échelons des régions pauvres doivent travailler encore davantage pour mener à bien ce travail avec toute l'attention voulue, et s'unir avec les larges masses populaires pour transformer leur région par une lutte ardue. « Si un mandarin ne travaille pas dans l'intérêt du peuple, il lui vaudrait mieux de retourner chez lui vendre des patates douces. » Cette parole tirée d'une pièce de théâtre expose justement cette raison. J'ai souvent mentionné Gu Wenchang, qui était, dans les années 1950 et 1960, le secrétaire du comité du Parti pour le district de Dongshan, au Fujian. Il s'est consacré corps et âme au service du peuple de sorte que pendant les jours du Nouvel An et les fêtes, les habitants locaux « offraient d'abord des sacrifices au secrétaire Gu avant de s'agenouiller devant les tablettes de leurs ancêtres ».

Beaucoup de secrétaires du comité du Parti de district veulent faire quelque chose à leur poste. Ils doivent être animés d'une telle idée et d'une telle ardeur. Quand je suis arrivé à Zhengding, j'ai vu des habitants vivre dans la pauvreté et un développement économique et social en retard. J'étais très inquiet. C'est vrai que de l'ardeur et de l'ambition m'ont poussé à changer au plus tôt cet état de choses mais, en toute affaire, il faut implanter un juste concept des mérites des cadres, et « aimer ce que le peuple aime, et haïr ce que le peuple hait »[11]. Il faut faire preuve de pragmatisme, travailler de pied ferme pour accomplir des œuvres vraiment utiles. On doit consciemment partir de l'intérêt du peuple et se garder coûte que coûte de mettre en chantier des projets ruineux qui servent uniquement une politique du prestige.

Les différents districts possèdent des ressources et des dotations différentes. Il faut donc faire des enquêtes et des recherches, comme une nécessité essentielle, partir à la base, parmi les masses populaires, en contact avec les réalités et les situations sur place et demander des conseils aux habitants locaux. J'ai dit qu'un secrétaire du comité du Parti de district devait parcourir tous les villages, celui de municipalité, tous les cantons et bourgs, et celui de province, tous les districts, villes et arrondissements. Quand je travaillais à Zhengding, je visitais régulièrement les villages en vélo et je devais traverser la rivière Hutuohe pour me rendre aux communes sur la rive sud. Sur la grève de la rivière, je devais marcher en portant la bicyclette sur mes épaules. Je me suis donné beaucoup de peine, mais j'ai vraiment réussi à connaître l'état des choses, à me rapprocher des cadres de base et des habitants locaux, et à me sentir proche d'eux. Après avoir tiré la situation au clair, il faut s'appuyer sur les faits pour concevoir et entreprendre une œuvre ou un travail dont les idées, les mesures et les projets se conforment à la réalité et ne visent pas trop haut ni ne s'éloignent de la pratique. Quant aux décisions et projets importants, notamment les mesures politiques majeures engageant les intérêts vitaux des masses populaires, il faut écouter l'opinion de celles-ci autant que possible, sans craindre l'ennui ou la peine.

Pour garder présent à l'esprit le peuple, un bon style de travail est de rigueur. Le comportement du secrétaire du comité du Parti de district est démonstratif du style de travail du Parti et du gouvernement au niveau du district. Quand les gens du peuple observent notre parti, ils fixent leur regard sur l'équipe dirigeante du comité du Parti de district, notamment le secrétaire. Si celui-ci se comporte de manière répréhensible, l'image du Parti sera dégradée aux yeux des habitants locaux. Il faut donc, conformément aux demandes du Comité central du Parti, continuer à améliorer le style de travail et à consolider les acquis de la campagne d'éducation et de mise en pratique de la ligne de masse, travailler avec diligence et pragmatisme, se mettre volontiers au service du peuple, résister et remédier consciemment aux « quatre vices ».

III. Un bon secrétaire du comité du Parti de district
doit toujours garder présentes à l'esprit ses responsabilités.

« J'ai toujours honte d'être un mandarin qui se dérobe à son devoir. »[12] Les cadres doivent avoir le courage d'assumer leurs responsabilités. Le courage est proportionnel à la grandeur d'une cause, et les efforts déployés, aux réalisations accomplies. On ne doit pas penser à se faire officiel sans vouloir accomplir quelque chose, à prendre le pouvoir sans en assumer les responsabilités, et à se faire remarquer sans vouloir apporter sa contribution. Les dirigeants de l'échelon du district se chargent de la réforme, du développement et de la stabilité concernant plusieurs centaines de milliers voire plus d'un million d'habitants, et s'occupent de multiples affaires. Ils ont donc un théâtre d'opérations assez vaste. Vous avez aussi dit tout à l'heure que vous étiez un « fonctionnaire aussi petit qu'un grain de sésame » portant au contraire des charges très lourdes. En plaçant des cadres comme vous à un tel poste, le Parti vous témoigne de sa confiance, et vous confie une importante tâche à accomplir. Il vous faut déployer tous vos efforts et accomplir votre tâche avec ardeur et succès. Durant son mandat, un cadre dirigeant doit apporter le bonheur à sa région. Il ne doit travailler une, deux ou trois années là-bas, sans rien changer à son district demeurant le même sous l'angle du développement et fredonnant une même rengaine tous les ans.

La responsabilité signifie se donner corps et âme à son travail. Pour les dispositions du travail déjà définies, on doit les mettre en pratique jusqu'au bout, avec la même ardeur du début à la fin, et absolument éviter de travailler pour la forme ou avec un enthousiasme éphémère. La plupart des secrétaires du comité du Parti de district ont un mandat de plusieurs années. Ils ne doivent pas agir comme un travailleur temporaire. Une fois placés à ce poste, certains cadres pensent que, comme leur mandat ne sera pas long, il vaut mieux faire un bruit retentissant afin de démontrer leurs capacités et réalisations, dans le but de paver la voie à leur avancement. De telles idées sont à rejeter. Dans un district, le changement fréquent de projet ou de plan n'aboutira à rien. On doit avoir la grandeur d'âme d'un cadre content de voir réussir le projet de son prédécesseur ou son projet durant le mandat de son successeur, en se disant que « tout le mérite d'une entreprise ne doit pas revenir nécessairement à notre petite personne ». Un bon plan, pourvu qu'il soit scientifique, pratique et réponde aux aspirations du peuple, doit être mis en pratique sans arrêt, comme dans une course de relais, en passant le témoin au suivant. Le district de Youyu, au Shanxi, est un débouché du vent, à la lisière du désert Muu-Us. C'est une région aride et dénudée. Au début de la fondation de la Chine nouvelle, le premier secrétaire du comité du Parti pour le district de Youyu a conduit la population dans la lutte contre la désertification et pour la plantation d'arbres. Depuis 60 ans, les comités du Parti du district ont continué, l'un après l'autre et mandat après mandat, d'accomplir le même plan avec le même objectif, à la tête des cadres et des habitants locaux. La superficie boisée est passée de 0,3 % à 53 % aujourd'hui. Une région aride est devenue une oasis. Une telle patience et une telle persévérance sont nécessaires en toute affaire pour qu'elle puisse produire un effet profitable et durable.

Une entreprise doit sa réussite à plusieurs raisons dont la principale est un esprit entreprenant. La majorité de nos cadres sont capables d'assumer leurs responsabilités et d'accomplir leurs tâches, mais il y a effectivement un certain nombre de cadres qui répugnent à progresser et à agir, et se contentent de vivre au jour le jour et d'être un cadre tout tranquille, sans faute ni mérite. On a tort de penser et d'agir de la sorte. Quand on rencontre des difficultés dans son travail, on doit avoir le courage de braver les dangers et de rechercher une manière de les surmonter, et sortir du rang pour devenir le pilier spirituel conduisant les masses populaires à vaincre tous les obstacles et périls.

Actuellement, le développement économique de notre pays a accédé à la nouvelle normalité. Afin de maintenir le développement économique et social sain et durable, il faut transformer le mode de croissance et réajuster les structures, mettre en pratique la stratégie de développement grâce à l'innovation et promouvoir le développement simultané de l'industrialisation nouvelle, de l'informatisation, de l'urbanisation et de la modernisation agricole. Pour bien le faire, le district est un échelon très important de notre structure administrative. Comment accomplir ces tâches ? Que faire ? On doit faire travailler son cerveau, réfléchir profondément et promouvoir activement. Qu'est-ce que l'autorité du district doit et peut faire pour l'approfondissement intégral de la réforme ? Il faut rejeter l'attentisme et la position expectative, agir en suivant le principe « se focaliser sur les problèmes » et prendre l'initiative de faire quelque chose activement. Le district est un échelon administratif à la première ligne des contradictions sociales, et le secrétaire de son comité du Parti est au front pour maintenir la stabilité. Il doit donc bien assumer ses responsabilités. Les incidents survenus il y a quelques années à Weng'an, Menglian et Longnan montrent que des conflits d'intérêts complexes, des problèmes du style de travail des cadres et le traitement inadéquat dans le travail se dissimulent dans les contradictions aiguës et les incidents inattendus. Nous devons être conscients de notre responsabilité de régler les contradictions aiguës de notre propre initiative, au lieu de les fuir et de nous y dérober. Nous devons nous efforcer de les découvrir au plus tôt et de les régler à l'état embryonnaire. Devant les incidents inattendus, nous ne devons pas avoir peur. Nous devons garder notre sang-froid et oser prendre nos responsabilités. Au moment critique, nous devons commander au premier front et régler l'affaire avec résolution.

IV. Un bon secrétaire du comité du Parti de district doit toujours garder présente à l'esprit la discipline.

Notre pouvoir est confié par le Parti et le peuple et doit être utilisé pour les servir. De nature publique et non privée, il est destiné à servir le Parti, l'Etat et le peuple. Il faut se servir du pouvoir avec droiture, en conformité avec la loi, dans l'intérêt public et dans l'intégrité. Il faut absolument remplir les fonctions conformément à la loi et agir strictement dans le cadre des attributions légales, sans dépasser les limites de la légalité, avec la perpétuelle prudence de quelqu'un qui se trouverait au bord d'un précipice ou sur une fine couche de glace, de sorte que l'on ait toujours quelque chose à craindre, des préceptes et des règles de conduite à observer, et régler judicieusement les rapports entre le public et le privé, entre les sentiments et le droit, et entre l'intérêt et la loi.

En tant que chef d'équipe, le secrétaire du comité du Parti de district doit appliquer en premier le centralisme démocratique et ne pas transformer le « chef d'équipe » en « père de famille ». Il doit prendre des décisions selon la procédure établie, notamment sur les questions importantes concernant les fonds, les projets et l'emploi du personnel. Il est nécessaire de recourir à l'étude collective et de ne pas laisser le pouvoir être monopolisé par une seule personne. Il faut savoir concentrer l'intelligence des membres du comité du Parti, des membres dirigeants des institutions politiques et des cadres à tous les échelons afin d'exercer une direction globale, mais non monopolisée, de pratiquer la division du travail sans diviser la « famille », et de donner libre cours à l'initiative, non sans contrôle. Il faut être assez magnanime pour tolérer des gens et des choses, prêter une oreille attentive aux avis des membres de l'équipe dirigeante, et donner l'exemple en améliorant et en sauvegardant l'union du comité du Parti de district. Il va sans dire que la sauvegarde de l'union ne revient pas à chercher à être agréable envers tout le monde, et que la recherche de l'harmonie ne signifie pas tâcher de bien s'entendre au détriment des principes. En ce qui concerne les questions d'importance capitale, il faut observer une juste position et une attitude sans équivoque, oser prendre la parole et déclarer sa position.

La 4ᵉ session plénière du XVIIIᵉ Comité central du Parti a proposé de promouvoir intégralement la gouvernance de l'Etat en vertu de la loi pour faire de la Chine un Etat de droit socialiste. La gouvernance par la loi se fonde aux échelons de base. Le secrétaire du comité du Parti de district doit donner l'exemple à suivre en étudiant, en respectant, en observant et en utilisant la loi, savoir se servir de la pensée d'état de droit pour planifier la gouvernance du district placé sous sa direction. Il ne doit jamais oublier que la loi est une ligne rouge à ne pas franchir et une ligne de fond intouchable, et qu'en prenant des décisions et en entreprenant un travail, il faut réfléchir si ses actions sont légales et réalisables et penser aux fondements juridiques, à la procédure juridique et aux conséquences de la violation de la loi. Enfin, il doit être consciemment le promoteur et le défenseur de la gouvernance du pays selon la loi.

L'intégrité et l'autodiscipline constituent la base sur laquelle s'appuient les membres du Parti pour agir en tant que dirigeant ou officiel. Je dis souvent qu'il faut savoir choisir entre le poisson et la patte d'ours. La carrière politique et l'enrichissement constituent deux voies différentes. S'engager dans la carrière politique signifie renoncer à l'enrichissement et, pour s'enrichir, il faut abandonner sa carrière politique. Nous devons être rigoureux et exigeants envers nous-mêmes, parfaitement résister aux attraits du pouvoir, de l'argent et des belles femmes, et rester intègres dans le comportement, la gestion des affaires et l'exercice du pouvoir. Il faut renforcer l'éducation de ses proches et des travailleurs de son entourage et leur imposer des contraintes, exiger d'eux qu'ils respectent la moralité, la discipline et la loi. Le camarade Jiao Yulu a personnellement rédigé « Dix interdits à l'intention des cadres », selon lesquels les cadres ne peuvent en aucun cas bénéficier de privilèges. Ayant appris que son fils n'avait pas payé son entrée pour voir une pièce de théâtre, il lui a donné l'argent en lui demandant d'aller rembourser son dû. Zhang Boxing, considéré comme « le plus intègre des mandarins des Qing » par l'empereur Kangxi[13], a déclaré : « Un fil ou un grain concerne ma réputation ; un centime ou une sapèque provient de la sueur et du sang du peuple. Si l'on fait preuve de clémence d'un dixième, le peuple obtient plus d'un dixième ; prendre un dixième, ma réputation ne vaut plus un dixième. »[14] Ces maximes sur l'intégrité ne sont pas surannées aujourd'hui, et nous devons nous en inspirer.

Le secrétaire du comité du Parti de district détient le pouvoir et est une personnalité en vue dans le district. Il doit donc veiller sur sa conduite morale. Un faux pas moral peut causer une lésion encore plus grave qu'une erreur commise dans le travail. Dans la Chine antique, les chefs de district furent sollicités de « guider la moralité ». Il faut faire rayonner et mettre en pratique les valeurs essentielles socialistes, renforcer le perfectionnement moral et rechercher les goûts sains et traiter avec prudence ses fréquentations, faire son examen de conscience de temps en temps sur tous les aspects de sa vie et conduire tout le district à cultiver des mœurs sociales saines et ascendantes. Il faut sans cesse appréhender et faire valoir les belles vertus traditionnelles léguées par nos ancêtres, entre autres, « quand la Voie céleste prévaut, l'esprit public règne sur Terre »[15] ; « je vois comme des nuages flottants la richesse et la noblesse procurées par des moyens illicites ; … l'homme de bien sait ce qui est juste ; … la promesse doit être tenue et tout acte doit aboutir ; … l'homme moral n'est jamais seul ; … si l'on ne tient pas sa parole, quelle est la valeur de la personne »[16]. Toutes ces maximes nous inspirent beaucoup pour savoir comment vivre et se conduire en société.

Camarades, dans quelques jours, votre séminaire va prendre fin. J'espère que vous mettrez en pratique vos acquis et les ferez aboutir, et que vous obtiendrez de meilleurs résultats dans votre travail. Pour terminer, je vous souhaite un bon travail, une bonne santé et du bonheur familial.

Notes :

[1] Citation de *Hanfeizi*.

[2] Zheng Banqiao (1693-1765), dynastie des Qing.

[3] Tao Yuanming (365-427), né à Chaisang du Xunyang (aujourd'hui au sud-ouest de Jiujiang dans la province du Jiangxi), poète sous la dynastie des Jin de l'Est.

[4] Di Renjie (630-700), né à Taiyuan du Bingzhou (aujourd'hui au sud-ouest de Taiyuan dans la province du Shanxi), ministre sous le règne de Wu Zetian des Tang.

[5] Bao Zheng (999-1062), né à Hefei du Luzhou (aujourd'hui dans la province de l'Anhui), ministre sous la dynastie des Song du Nord.

[6] Hai Rui (1514-1587), né à Qiongshan du Guangdong (aujourd'hui province de Hainan), ministre sous la dynastie des Ming.

[7] Deng Xiaoping : « Il faut remettre de l'ordre dans tous les domaines », *Textes choisis de Deng Xiaoping*, tome II, Editions du Peuple, 1994, page 36.

[8] Deng Xiaoping : « Propos tenus le 4 octobre 1975 à la causerie nationale sur le travail concernant les régions rurales », *Annales de Deng Xiaoping (1975-1997)*, tome I, Editions de la documentation centrale, 2004, page 107.

[9] Hai Rui : *Préceptes (Ling Zhen)*.

[10] Ma Rong (79-166), dynastie des Han de l'Est.

[11] *Grand Savoir (Da Xue)*.

[12] Yuan Haowen (1190-1257), dynastie des Kin.

[13] L'empereur Kangxi (1654-1722) a régné sur la Chine de 1661 à 1722.

[14] Zhang Boxing (1651-1725), dynastie des Qing.

[15] *Livre des rites (Li Ji)*.

[16] *Entretiens de Confucius (Lun Yu)*.

Observer la discipline et les règles de conduite[*]

(13 janvier 2015)

Les anciens Chinois disaient : « Une règle est indispensable pour tracer une ligne droite, et un compas pour dessiner un cercle. »[1] Sans règles, il n'y aura pas de parti politique, et encore moins de parti marxiste. Selon moi, les règles au sein de notre parti constituent le code de conduite que toutes les organisations et tous les membres du Parti doivent observer. Quel est le contenu principal des règles au sein du Parti ? Premièrement, les Statuts du Parti, que tous ses membres se doivent d'observer, constituent nos règles générales ; deuxièmement, la discipline du Parti est une contrainte rigide, et sa discipline politique l'est d'autant plus, l'ensemble du Parti devant l'observer en termes d'orientation, de position, d'opinion et d'action politiques ; troisièmement, les lois de l'Etat étant des règles que les membres du Parti et les cadres se doivent d'observer, elles sont élaborées par le peuple sous la direction du Parti, et l'ensemble de ce dernier doit se donner en exemple dans leur application ; quatrièmement, les bonnes traditions et les usages du travail, formés par le Parti au cours de son histoire, sont également des règles importantes en son sein même.

Il est facile de comprendre que les règlements au sein du Parti dont ses Statuts, sa discipline et les lois de l'Etat constituent les règles que tout le Parti se doit de respecter. Pourquoi les bonnes traditions et les usages du travail formés par le Parti au cours de son histoire sont également des règles importantes au sein même du Parti ? Parce que notre parti si grand repose non seulement sur ses Statuts et sa discipline, mais également sur ses bonnes traditions et ses usages du travail.

---

[*] Extraits du discours à la 5ᵉ session plénière de la XVIIIᵉ Commission centrale de contrôle de la discipline du Parti.

Il semble que ceux-ci ne sont pas écrits sur papier, mais ils sont tous des traditions, des modèles et des exigences. La discipline fait partie des règles écrites, et les règles qui ne sont pas expressément inscrites dans la discipline constituent la discipline non écrite ; la discipline fait partie des règles rigides, tandis que les règles qui ne sont pas expressément inscrites dans la discipline nécessitent une autocontrainte. Bon nombre de règles au sein du Parti résultent des traditions et des usages du travail mis en place par notre parti au cours de son histoire. Elles ont été vérifiées et consacrées par la pratique, se sont avérées efficaces, et incarnent une réflexion approfondie et un bilan scientifique réalisés par notre parti sur certaines questions. L'ensemble du Parti doit constamment s'y tenir et consciemment les observer.

Il est par exemple interdit, au sein du Parti, de former de petits clans, des coteries ou des bandes à des fins personnelles, auquel cas il s'agit d'une infraction à la discipline politique. Comment tuer le mal dans ses surgeons ? Il faut commencer par les règles, et avoir une conscience en la matière. Certains cadres se réunissent pour former des associations de compatriotes ou d'anciens camarades d'école. Ils se rassemblent fréquemment et se regroupent selon leur année de promotion. Il semble que leurs membres n'ont ni but ni objet, mais ils ont, en effet, un objectif implicite en tête, soit celui de faire de nouvelles connaissances pour une assistance mutuelle et des échanges d'informations dans le futur, ce qui ne correspond pas aux règles du Parti. Il est recommandé de cesser ce genre de réunion. Certaines personnes abusent de leur pouvoir pour former sous un prétexte formel des coteries dans tous leurs anciens lieux de travail, dans le but de transformer ces endroits en leurs propres fiefs. Elles interviennent dans les nominations et réservent des égards particuliers à leurs proches, de sorte que ces derniers leur sont liés sur le plan de l'intérêt.

Les problèmes liés aux racontars, aux bavardages médisants, ainsi qu'à la langue sans frein sont assez fréquents chez certains cadres. S'il s'agit de rumeurs qui provoquent des troubles, cela constituera une infraction à la discipline du Parti voire à la loi de l'Etat. Cependant, ces personnes se contentent de plaisanter, de répandre des bruits de couloir, de dire n'importe quoi sur les autres, de retransmettre des informations nuisibles en ligne, voire même de critiquer à tort et à travers les principes du Comité central entre des prétendus « amis inconditionnels ». Certains se passionnent pour l'obtention d'informations coûte que coûte, se renseignent partout, posent des questions auxquelles ils n'ont pas le droit et sont assoiffés d'informations qu'ils n'ont pas à connaître. Ils diffusent en privé les soi-disant dessous après les avoir acquis. En ce qui concerne les cadres impliqués dans de graves infractions mises au jour et sanctionnées par le Comité central du Parti, certains cadres supérieurs se posent en justiciers, arguant que ces cadres ne devraient pas être punis pour ces infractions d'une moindre importance alors qu'ils ont quand même beaucoup fait pour nous. Mais est-ce vrai ? Qui est victime d'une injustice parmi eux ? Il suffit de lire leurs confessions pour ne plus poser ce genre de question. Bien qu'il ne s'agisse que d'informations diffusées ou de commentaires déclarés de manière irresponsable et informelle, tout cela pourra produire un effet corrupteur et de laisser-aller non négligeable.

Certains cadres ne font pas de rapport à l'organisation lorsqu'ils s'absentent de leur poste, sous prétexte d'affaires personnelles ou d'un besoin de temps libres. Quand je travaillais à l'échelon local, j'étais de permanence pendant toutes les fêtes, redoutant les cas inopinés. Les responsables de certaines régions ou de certains départements partent en vacances pendant les fêtes et les jours de congé. Comment peuvent-ils rester tranquilles tout en se trouvant à un endroit si éloigné ? Comment faire si survient un événement inopiné ? Les cadres dirigeants doivent avoir un vif sens des responsabilités, et consciemment rester à leur poste, notamment pendant les fêtes et les jours de congé. Cela ne signifie pas que le repos est interdit, mais il faut savoir comment et où se reposer, ainsi que prendre en considération ses responsabilités. La majorité des cadres dirigeants se donnent en exemple dans ce domaine, restant à leur poste pendant les fêtes et les jours de congé. Ceci constitue également une règle.

Certains cadres dirigeants ne soumettent pas de rapport sur leurs affaires personnelles majeures. Le système de rapport ne concerne pas que les cas de décès dans la famille. Certains camarades ne soumettent pas de rapport lorsqu'ils sont gravement malades, dissimulant à tout le monde leur état de santé. Même jusqu'à ce que leur maladie évolue vers un état critique, leur organisation n'en sait rien. Ils ne sont plus en mesure de travailler, mais ils persistent à ne pas faire de rapport et finissent par décéder. Certains cadres ne font pas de rapport sur leurs enfants ou d'autres membres de la famille vivant à l'étranger à long terme. Selon les règles, ceux qui ont leur famille partant s'installer à l'étranger doivent en soumettre un rapport ; cependant, lorsque leur famille ne s'établit pas définitivement à l'étranger, ils ne jugent pas nécessaire d'en faire un rapport. Certains cadres ne présentent pas de rapport à l'organisation du Parti lors de changements au sein de leur famille, même s'ils ont divorcé ou se sont mariés depuis longtemps. Certains camarades se procurent de nombreux papiers, détiennent plusieurs passeports ou fausses cartes d'identité. N'est-ce pas nécessaire de rapporter ces affaires ? Ceux qui observent les règles doivent naturellement soumettre un rapport sur ces informations ; quant à ceux qui ne se plient pas à ces règles, soit ils ne les respectent pas, soit ils nourrissent d'inavouables desseins. Certains cadres supérieurs du Parti ont convenu d'un langage secret, utilisé entre les membres de leur famille et leur entourage du travail, comme le feraient des agents secrets. Est-ce normal ?

On peut également citer des personnes qui divulguent des informations confidentielles, sollicitent des grâces et demandent des faveurs. En ce qui concerne les décisions et les dispositions prises au sein de l'organisation du Parti, certains cadres vont les divulguer, par des sous-entendus et des gestes, auprès de personnes intéressées. Ces agissements dissimulés sont impossibles à mettre en évidence. Lorsque l'organisation du Parti décide la promotion d'un cadre, ils n'ont qu'à dire : « Ça y est » ; lorsque quelqu'un subira une mise en examen, ils n'ont qu'à lui dire : « Un peu d'attention ». On constate également que des cadres formulent l'appréciation d'untel, comme un signe implicite en faveur de sa promotion, auprès des responsables des autorités de leur ancien lieu de travail ou d'une région où ils avaient une certaine influence. Tout est ainsi implicitement dit. Ces cadres-là se mêlent de la distribution des postes dans les régions qu'ils ont déjà quittées. De plus, avant les élections, certaines personnes vont demander des faveurs et solliciter des voix, sans avoir recours à des termes explicites. Les personnes concernées comprennent parfaitement leurs intentions. Est-ce que l'on peut agir comme ça ? Est-ce qu'il ne s'agit pas d'une infraction aux règles ?

Sans règles, une personne n'aboutira à rien, et un parti politique sombrera dans le chaos. Si l'on ne s'efforce pas de les régler, les problèmes susmentionnés se répandront comme des maladies contagieuses et porteront au final de graves préjudices à l'organisme du Parti. Certaines règles au sein du Parti sont écrites en termes explicites, d'autres non. Cependant, les cadres du Parti, notamment ceux de haut rang, doivent les comprendre, sinon, ils n'auraient ni la conscience ni la compétence nécessaires pour assumer leurs fonctions. En ce qui concerne les affaires dont le rapport n'est pas obligatoire en termes explicites, faut-il les rapporter ou non ? Le point clé réside dans la conscience des cadres à l'égard du concept et de l'esprit du Parti. Les infractions à la discipline commises par les cadres dirigeants commencent souvent par la transgression des règles. Si l'on ne parvient pas à établir des règles ni à les appliquer rigoureusement, on constatera l'apparition progressive de nombreux problèmes. Bon nombre de faits l'ont déjà prouvé. Le respect des règles est une épreuve importante pour les membres et les cadres du Parti à l'égard de l'esprit du Parti, ainsi qu'un contrôle important de leur fidélité envers le Parti.

A l'heure actuelle, l'observation de la discipline et des règles de conduite politiques couvre les cinq exigences suivantes : premièrement, il faut défendre l'autorité du Comité central du Parti ; il est absolument interdit d'adopter d'autres règles allant à l'encontre de celles élaborées par le Comité central du Parti, et tous les membres du Parti, notamment les cadres dirigeants à tous les échelons, doivent se conformer à la position de celui-ci sur les plans idéologique et politique comme dans les actes à tout moment et en toute circonstance ; il faut obéir au commandement du Comité central du Parti, et éviter de jouer un double jeu, d'agir à sa guise, de faire des commentaires irresponsables sur la politique générale définie par le Comité central du Parti et de s'exprimer ouvertement à l'encontre de l'esprit du Comité central ; deuxièmement, il faut défendre l'unité du Parti, interdire absolument l'entretien des forces à sa solde, et persister sur le principe consistant à unir les cadres sans distinction de leur origine, unir tous les camarades fidèles au Parti et la majorité de nos camarades, sans nommer les cadres par favoritisme, ni former des groupes fractionnels sous quelque forme que ce soit ; troisièmement, il faut suivre les procédures organisationnelles ; il est absolument inadmissible d'agir à sa guise et de faire cavalier seul et, en ce qui concerne les questions d'importance majeure, il faut demander des instructions et en rendre compte comme il se doit, enfin, il n'est pas permis de les traiter en dépassant les limites de ses compétences, ni d'agir avant de faire un rapport ; quatrièmement, il faut obéir aux décisions prises par son organisation ; il n'est pas permis de se livrer à des activités en dehors de l'organisation, ni de marchander avec l'organisation du Parti, ni d'enfreindre les décisions de son organisation et, face aux problèmes, il faut recourir à l'organisation du Parti et s'appuyer sur elle plutôt que de la tromper ou de lui résister ; cinquièmement, il faut bien contrôler ses proches et les gens de son entourage en les empêchant de se mêler des affaires administratives, de rechercher des intérêts personnels, d'influencer l'élaboration de politiques et la distribution des postes, d'intervenir dans le fonctionnement normal des affaires administratives et de rechercher des intérêts illicites en profitant de leur statut spécial.

La discipline et les règles de conduite politiques prédominent dans l'ensemble de la discipline et des règles du Parti. Dans les graves infractions à la discipline et à la loi mises au jour et sanctionnées ces dernières années, ayant impliqué des cadres supérieurs dont notamment Zhou Yongkang, Bo Xilai, Xu Caihou, Ling Jihua et Su Rong, on constate des problèmes portant de très graves préjudices à la discipline et aux règles de conduite politiques du Parti, auxquels nous devons prêter une grande attention. Plus de pouvoirs ils détiennent et plus haute est leur position, moins d'importance ils accordent à la discipline et aux règles de conduite politiques du Parti, agissant même sans aucune retenue ou avec une folle témérité ! Certains parmi eux ont eu une ambition politique démesurée, ourdi des complots politiques à l'insu de l'organisation du Parti pour rechercher leurs propres intérêts ou ceux de leurs petits clans, et se sont livrés à des manœuvres politiques dans l'intention de détruire et diviser le Parti ! Certains cadres dirigeants se sont placés au-dessus de l'organisation du Parti en se considérant comme étant à la tête du monde. Ils ont transformé les endroits dont le Parti leur avait confié la gouvernance en leur « royaume indépendant », sans faire de rapport au Comité central du Parti en ce qui concerne la nomination de cadres et la prise de décisions, s'adonnant à la formation de petits clans soudés par le même intérêt particulier. Ils travaillaient dans le seul but de s'embellir, attendant des flatteurs qu'ils leur prodiguent des éloges et accroissent leur influence personnelle, dénotant leur ambition politique démesurée. Certaines personnes, se croyant supérieures, ont boycotté agilement les dispositions prises par le Comité central du Parti, voire même proféré des absurdités sur la théorie, la ligne, les principes et les politiques du Parti, propagé des rumeurs perfides contre des dirigeants du Comité central du Parti, ainsi qu'étouffé et attaqué les camarades qui ne partageaient pas leurs avis. Persuadées qu'elles étaient à deux doigts de leur objectif, elles se sont attaquées à quiconque entravait leur promotion. Quelle témérité ! Cela est absolument intolérable au sein de notre parti et toute personne agissant ainsi finira par voir ses pieds écrasés par la pierre qu'elle avait soulevée elle-même. Elle a beau être si fine avec tous ses calculs et intrigues, ceux-ci ne lui servent à rien sinon à se détruire.

« Affirmer les lois avant d'exécuter les peines. » Les organisations du Parti aux différents échelons se doivent de mettre à une place primordiale la stricte observation de la discipline et le strict respect des règles, afin de créer une ambiance favorable à l'observation de la discipline et au respect des règles au sein du Parti. Elles doivent souligner en termes explicites la discipline et les règles de conduite politiques, et les mettre en application avec la détermination, plutôt que d'utiliser des termes implicites et flous. Les cadres dirigeants aux différents échelons, notamment ceux de haut rang, se doivent d'enraciner dans leur esprit la conscience de la discipline et des règles, et d'être exemplaires en matière de respect de la discipline et d'observation des règles, devenant consciemment des hommes avisés en politique. Il faut particulièrement renforcer l'éducation et l'orientation des jeunes cadres, de sorte qu'ils comprennent l'importance et la solennité du respect des règles et de la discipline dès leur nomination. Il faut leur faire comprendre qu'ils finiront par périr s'ils ne respectent pas les règles et la discipline au sein du Parti, exagèrent leurs mérites auprès de l'organisation du Parti, cèdent à l'appât du pouvoir et du gain, recourent à tous les moyens pour leur promotion, et ont l'audace de tout faire pour rechercher leurs intérêts personnels. Les comités du Parti aux différents échelons se doivent de renforcer le contrôle et la supervision, et de punir sévèrement les infractions à la discipline.

Note :

[1] *Annales des Printemps et Automnes de Lü Buwei*, époque des Royaumes combattants.

Elever notre conscience de l'alignement sur le Comité central du Parti[*]

(11 décembre 2015)

Notre parti étant un parti marxiste hautement centralisé et unifié, l'unité idéologique, l'union politique et l'unanimité des actions sont fondamentalement à l'origine de l'essor continu de sa cause. L'école du Parti, endroit où les cadres sont éduqués et formés, doit s'aligner consciemment sur le Comité central du Parti sur les plans idéologique et politique comme dans les actes, et faire toujours mieux que les autres. Une erreur éventuelle à ce sujet sera une erreur de nature d'orientation.

Lors d'une réunion préparatoire du VIIe Congrès du Parti, le président Mao Zedong a prononcé ces mots : « Sachez qu'une troupe de soldats est généralement peu arrangée, il convient de lui donner de temps en temps l'ordre d'alignement sur le côté gauche, sur le côté droit ou sur le milieu. Nous devons nous aligner sur la norme posée par le Comité central du Parti, ainsi que sur celle posée par le Congrès du Parti. S'aligner sur la norme, c'est une question de principe. La déviation existe dans la vie, et s'il y en a une, il faut donner l'ordre d'alignement. »[1] Selon le président Mao, s'aligner sur la norme, c'est une question de principe, et la déviation existe dans la vie. C'est une raison profonde. A l'instar d'une troupe de soldats, des ordres d'alignement lui sont souvent donnés, aussi entraînée soit-elle, et cela se fait tous les jours et à tout moment. Certes, il est facile de faire s'aligner une troupe de soldats, car il s'agit d'un alignement corporel. Il n'est cependant pas facile de s'aligner sur les plans de l'idéologie, de la politique et de l'action. Donner souvent l'ordre d'alignement est une

---

[*] Extraits du discours à la Conférence nationale sur le travail des écoles du Parti.

loi et une expérience de notre parti en matière de renforcement de sa propre édification. Nous ne pouvons rester vigilants contre toute déviation et la corriger à temps afin que l'ensemble du Parti maintienne une vaillance exemplaire que lorsque nous donnons régulièrement l'ordre d'alignement, et que lorsque les organisations du Parti aux divers échelons en font autant. L'un des buts des convocations de cadres dirigeants à l'école du Parti en vue d'un stage est de les aider à s'aligner sur le Comité central du Parti.

Pour renforcer sa conscience d'alignement, l'école du Parti doit axer toutes ses activités sur les décisions et dispositions du Comité central du Parti. Avant le Mouvement de rectification du style de travail à Yan'an[2], les écoles des cadres incluant les écoles du Parti ont eu un problème de déviation de la ligne du Comité central du Parti dirigé par Mao Zedong, à savoir un problème de non-alignement, en raison de leur divorce entre théorie et pratique, et entre étude et application, de leur subjectivisme et de leur dogmatisme. Dans son article « Réformons notre étude », Mao Zedong a critiqué ce phénomène, pourtant sa critique n'a pas fait l'objet d'attention. En septembre 1943, Mao Zedong a répété : « En mai 1941, j'ai présenté un rapport intitulé "Réformons notre étude", qui n'a eu aucun effet. »[3] Du fait de la seule absence de l'alignement et du non-alignement sur le Comité central du Parti, l'Ecole centrale du Parti a fait l'objet de deux réorganisations le 28 février et à la fin de mars 1942, et a été soumise à la direction directe du président Mao, afin de changer radicalement ses méthodes non adaptées au développement de la cause du Parti.

Dans le nouveau contexte, le travail de l'école du Parti doit s'aligner sur le Comité central du Parti, sur la théorie, la ligne, les principes et les politiques du Parti, sur l'esprit du XVIIIe Congrès du Parti et celui des 3e, 4e et 5e sessions plénières du XVIIIe Comité central du Parti, ainsi que sur les décisions et dispositions du Comité central du Parti portant sur la réforme, le développement, la stabilité, les affaires internes, la diplomatie, la défense nationale, et la gestion du Parti, du pays et de l'armée. En ce qui concerne l'enseignement et la recherche, que l'école du Parti élabore son programme, établisse ses tâches, définisse le contenu ou innove dans la méthodologie, elle doit les orienter et les concrétiser consciemment en tenant compte de cette situation globale, afin de faire rigoureusement ce qu'exige le Comité central du Parti. Si l'école du Parti peut s'aligner sur le Comité central du Parti, elle peut conduire ses étudiants à agir pareillement. Mais si l'école du Parti ne peut s'aligner sur le Comité central du Parti, comment pourrait-elle conduire les étudiants à y parvenir ?

Afin de renforcer sa conscience de l'alignement sur le Comité central du Parti, l'école du Parti doit observer scrupuleusement la discipline et les règles de conduite politiques du Parti. L'école du Parti est une école, mais n'est pas une école comme les autres. Elle est en fait une école où le Parti éduque et forme des élites pour l'exercice du pouvoir, et elle doit donc être plus exigeante envers elle-même sur le plan politique. Autrefois, j'ai entendu dire que certains diffusaient des valeurs capitalistes occidentales lorsqu'ils donnaient des cours dans l'école du Parti. Il y en avait qui disaient n'importe quoi en commentant a priori les politiques et les principes fondamentaux du Parti et de l'Etat ; d'autres ne faisaient que chercher la petite bête, se plaindre et débiter des paroles moqueuses ; et d'autres encore participaient à leur guise et au nom de l'école du Parti à des activités condamnables organisées dans la société. Une minorité de personnes seulement était concernée, mais cela a produit un effet très mauvais. Ces problèmes ne peuvent être permis dans l'école du Parti !

Si je parle de ces problèmes, je n'ai pas l'intention de vous empê-cher de faire des remarques, des critiques, voire des critiques sévères à l'égard des politiques et des activités concrètes du Parti et de l'Etat. Nous encourageons et soutenons la libération de la pensée, ainsi que l'évaluation analytique des politiques et des dispositions concernées. Cependant, il faut savoir maîtriser l'unité organique entre la fermeté de la position politique et l'innovation de l'exploration académique. Nous ne pouvons prendre des questions académiques exploratoires pour les questions politiques sérieuses et réciproquement. Nous ne pouvons non plus raconter n'importe quoi à n'importe quelle occa-sion sous prétexte d'une question académique discutable. Enfin, nous ne pouvons chercher à nous singulariser uniquement dans le but de briguer les honneurs.

Il faut bien comprendre que l'opinion ou la critique d'un individu est souvent de nature exploratrice, et qu'elle représente quelquefois une vue bornée individuelle. Son exactitude doit être vérifiée dans la pratique. Il est possible de l'étudier au sein de l'école du Parti, ou de la transmettre par des canaux appropriés à une organisation de l'échelon supérieur. Pourtant, il faut être très prudent quand on la présente dans un cours à l'école du Parti ou qu'on la rend publique. Lorsque vous prenez la liberté d'en parler, vos auditeurs prennent votre opinion au sérieux. Les gens du peuple penseraient qu'il s'agit certes d'une opinion officielle et fiable puisqu'elle vient de l'école du Parti. Il y a par ailleurs des personnes malintentionnées qui, dès qu'elles entendent parler de quelque chose venant de l'école du Parti, croient avoir trouvé une merveille et en parlent à profusion. Elles prétendent qu'il y a un désaccord au sein du Parti communiste, puisque des gens de l'école du Parti se permettent de jaser sur le Comité central du Parti. Ce genre de propos qui se font entendre à l'école du Parti sont très nuisibles et appellent toute vigilance.

En conclusion, lorsqu'on s'exprime, sur l'estrade de l'école du Parti ou à un lieu public, au sujet d'une question politique ou théorique d'une grande importance, il est impératif de défendre consciemment le prestige du Parti, l'autorité du Comité central du Parti, ainsi que l'image de l'école du Parti. Si nous affirmons qu'il n'y a pas de zone interdite en matière d'exploration académique, et que l'enseignement dans l'école du Parti doit se soumettre à la discipline, l'absence de zone interdite n'est pourtant pas absolue. Tout propos et tout acte contre les Quatre principes fondamentaux, ainsi que toute opinion erronée contre la théorie du Parti, sa ligne, ses principes et ses politiques, manifestés ouvertement ou en privé, ne sont pas permis au sein de l'école du Parti. Il s'agit d'une discipline politique du Parti. L'école du Parti doit l'observer de façon exemplaire.

Notes :

[1] Mao Zedong : « Principe de travail du VIIe Congrès du Parti communiste chinois », *Œuvres choisies de Mao Zedong*, tome III, Editions du peuple, 1996, pages 297-298.

[2] Entre 1942 et 1945, le Parti a effectué en son sein un mouvement de profonde sensibilisation au marxisme, basé à Yan'an, aussi connu comme Mouvement de rectification du style de travail. Ce mouvement avait pour but de rectifier le style de l'étude en s'opposant au subjectivisme, le style du travail du Parti en s'opposant au sectarisme, et le style de rédaction en s'opposant aux formules stéréotypées. Ce mouvement a permis à tout le Parti de davantage assurer la direction fondamentale caractérisée par la combinaison des théories marxistes fondamentales avec la pratique de la révolution chinoise.

[3] *Biographie de Mao Zedong (1893-1949)*, Editions de la documentation centrale, 2004, page 655.

Renforcer inébranlablement la lutte pour l'intégrité dans les rangs du Parti et la lutte contre la corruption[*]

(12 janvier 2016)

Le Parti est le facteur décisif pour remporter la grande victoire dans l'étape finale de l'édification intégrale de la société de moyenne aisance. « Pour bien forger, il faut être un bon forgeron », c'est l'engagement solennel de notre parti ; l'application intégrale d'une discipline rigoureuse dans ses rangs est sa promesse à tenir à tout prix. Depuis trois ans, nous avons consacré de gros efforts pour corriger toute manifestation de laxisme et de relâchement dans le contrôle et la gestion du Parti, exerçant des effets dissuasifs évidents sur la corruption, de sorte que personne n'ose, ne puisse, ni ne veuille pratiquer la corruption. La lutte contre la corruption prend une tournure irrésistible.

La détermination du Comité central du Parti à lutter contre la corruption reste inchangée, son objectif de donner un coup de frein énergique à la propagation de la corruption reste également inchangé. Tous les camarades de notre parti doivent se montrer assez confiants dans la détermination du Comité central du Parti à l'égard de la lutte contre la corruption, dans les résultats obtenus dans cette lutte, dans l'énergie positive apportée par cette lutte et dans la belle perspective de cette lutte.

Dans le même temps, nous devons réaliser en toute lucidité que la situation de la lutte pour l'intégrité dans les rangs du Parti et de la

---

[*] Extraits du discours à la 6e session plénière de la XVIIIe Commission centrale de contrôle de la discipline du Parti.

lutte contre la corruption demeure encore compliquée et difficile. A en juger par les cas d'infraction à la discipline et à la loi sanctionnés depuis le XVIIIe Congrès du Parti et impliquant des cadres sous l'administration directe du Département de l'organisation du Comité central du Parti, nous constatons que les éléments corrompus sont pour la majorité dégénérés sur le plan politique, avides sur le plan économique, dépravés dans la vie quotidienne et arbitraires dans le style de travail.

Depuis le XVIIIe Congrès du Parti, le Comité central a exigé à maintes reprises que les cadres dirigeants observent rigoureusement la discipline et les règles de conduite politiques. Cependant, certains font la sourde oreille et font flèche de tout bois pour rechercher le pouvoir en formant des clans, des coteries ou des bandes à des fins personnelles ; d'autres, en parfaite connaissance de leur absence dans la future équipe dirigeante après le renouvellement, envoient malgré tout des personnes de confiance faire des démarches pour solliciter des voix, et commettent des infractions aux règles organisationnelles ; d'autres encore, d'une ambition politique démesurée, convoitent le pouvoir suprême de leur vivant et la gloire après leur mort ; d'autres enfin fondent des « royaumes indépendants », forment de petits clans et pratiquent le sectarisme là où ils exercent le pouvoir, en jouant un double jeu face aux décisions et aux dispositions prises par le Comité central du Parti, sans hésiter à recourir à tous les moyens pour réaliser leur propre ambition politique.

Ces problèmes majeurs qui mettent en jeu la sûreté politique du Parti et de l'Etat ne font-ils pas partie de la politique ? Est-il nécessaire de se montrer flou ou de garder un silence absolu sur ces problèmes ? « Pour les jeunes pins, j'espère qu'ils grandissent aussi haut qu'ils le peuvent, alors que pour les mauvais bambous, aussi nombreux soient-ils, je les éradique sans merci. »[1] Si les éléments corrompus ne sont pas éliminés à la racine, un appel d'air les réanimera, ce qui non seulement détériorera le paysage politique, mais portera également de graves préjudices à la volonté du Parti et aux aspirations du peuple. On dit que le peuple sera déçu par le rebond ou le retour de la corruption malgré la présente lutte. En conséquence, nous devons tenir la promesse que nous avons solennellement faite.

A l'heure actuelle, la corruption persiste. Certains, comptant sur la chance, ont recours à une tactique de contournement pour amasser de l'argent par toutes sortes de moyens, en commercialisant des postes de fonctionnaires, en approuvant la vente de terrains, en accaparant des projets de construction et en recevant des pots-de-vin, ce qui implique des millions, des dizaines de millions voire même des centaines de millions de yuans ; d'autres, trompant l'organisation et y résistant, font du recel de fonds et de biens illégalement acquis, s'entendent avec les personnes concernées pour se protéger mutuellement, dans l'espoir d'échapper à la sanction de la discipline du Parti et de la législation de l'Etat. Ils lancent intentionnellement des rumeurs pour semer la confusion dans le public, leur permettant de tirer leur épingle du jeu. Les « quatre vices » sont superficiellement contrôlés, mais n'ont pas été éliminés. Parmi les cadres dirigeants débusqués et punis après le XVIII⁰ Congrès du Parti, nombreux sont ceux qui, sans pouvoir mettre un frein à l'hédonisme et à la prodigalité, recherchaient les agréments de la vie, faisaient bombance, vivaient dans la débauche, nageaient dans l'opulence, et persistaient dans leur façon de faire. Certains problèmes liés aux « quatre vices » ont changé de visage pour se présenter sous une autre forme. La réalité prouve que la tâche de l'application intégrale d'une discipline rigoureuse dans les rangs du Parti reste encore ardue et que nous devons continuer à maintenir une forte pression sur la corruption.

Les exigences générales dans la lutte pour l'intégrité dans les rangs du Parti et la lutte contre la corruption pour l'année 2016 sont les suivantes : appliquer sur tous les plans l'esprit du XVIII⁰ Congrès du Parti, ainsi que celui des 3ᵉ, 4ᵉ et 5ᵉ sessions plénières du XVIII⁰ Comité central ; promouvoir de façon synergique les dispositions stratégiques des Quatre Intégralités ; maintenir une grande fermeté politique ; s'en tenir à l'application intégrale d'une discipline rigoureuse dans les rangs du Parti et à la gestion du Parti en vertu des règlements, s'acquitter fidèlement des devoirs assignés par les Statuts du Parti ;

se focaliser sur le contrôle, l'application de la discipline et le recours en responsabilité ; intensifier les mesures visant à s'attaquer aux racines comme aux manifestations des problèmes ; innover dans les systèmes et mécanismes, perfectionner la réglementation ; renforcer le contrôle interne du Parti, placer la discipline au premier plan ; appliquer constamment l'esprit des « huit recommandations »[2] du Comité central ; veiller à combattre les phénomènes néfastes et les problèmes de corruption à proximité des masses, donner un coup de frein énergique à la propagation de la corruption ; bâtir un corps de supervision et de contrôle de la discipline dévoué, intègre et prêt à assumer ses responsabilités. Tout cela a pour but d'obtenir sans cesse de nouveaux résultats dans la lutte pour l'intégrité dans les rangs du Parti et la lutte contre la corruption.

Pour mener à bien le travail de cette année, il faut mettre l'accent sur les points suivants :

Premièrement, respecter les Statuts du Parti, appliquer strictement les principes et les règlements. L'application intégrale d'une discipline rigoureuse dans les rangs du Parti doit commencer par le respect des Statuts du Parti. Les principes généraux des Statuts du Parti soulignent en termes explicites la nécessité de « contrôler étroitement les comportements de ses membres et de faire régner une stricte discipline dans ses rangs ». C'est le principe fondamental de l'édification du Parti. Selon l'article 37 des mêmes statuts, « les organisations du Parti doivent appliquer et préserver avec rigueur la discipline du Parti ». Il s'agit d'une exigence concrète vis-à-vis des principaux responsables des comités du Parti dans la lutte pour l'intégrité dans ses rangs. Les comités du Parti aux divers échelons doivent suivre de près, sur le plan idéologique comme dans l'application des méthodes et mesures, les dispositions stratégiques de la gestion globale et stricte du Parti. En donnant la priorité à la discipline, ils doivent mettre en garde les personnes concernées dès qu'ils découvrent leurs problèmes, et les habituer à rougir de honte et à suer de remords. En ce qui concerne ceux ayant de graves problèmes, ils doivent les punir et tirer la sonnette d'alarme à leur adresse, de sortent qu'ils fassent l'objet d'une punition par l'organisation du Parti ou d'une mesure disciplinaire selon la gravité de leurs problèmes. Les secrétaires des comités du Parti, en tant que principaux responsables, doivent prendre en charge la responsabilité politique de l'application intégrale d'une discipline rigoureuse dans les rangs du Parti.

« Faites toujours de bonnes actions même si elles sont petites ; ne faites pas de mal, si insignifiant soit-il. » Si l'on mettait en garde dès le début les personnes fautives en chuchotant à leur oreille ou en tirant leur manche, et que l'on appliquait une discipline rigoureuse envers elles, combien de personnes aurait-on pu empêcher de commettre des infractions à la loi ? Par le passé, un phénomène était considéré comme normal, selon lequel tout le monde « tolérait » ou « pardonnait » des comportements, pourvu qu'ils étaient en deçà des infractions à la loi. Cependant, lorsque ces comportements persistaient et devenaient des infractions à la loi, on les abandonnait. Il s'agit d'une irresponsabilité à l'égard du Parti et des cadres. Selon des camarades de l'armée de l'air, la formation d'un aviateur vaut son pesant d'or. Quel est le prix à payer pour former un haut cadre de rang provincial ou ministériel ? Bon nombre de cadres commencent leur carrière à l'échelon de base et gagnent en maturité progressivement. Ils finissent cependant par se détruire d'un coup. Le moindre faux pas pourrait causer des regrets éternels. Il se peut que les personnes fautives aient déjà donné des signes précurseurs avant de commettre de graves fautes, mais pourquoi on ne les a pas aidées à prendre conscience de leurs problèmes et à en trouver des solutions ? On voit là la nécessité d'accorder la primauté à la discipline.

Les « Principes du Parti communiste chinois sur l'intégrité et l'autodiscipline » et les « Règlements du Parti communiste chinois sur les sanctions disciplinaires » entrés en vigueur ce mois-ci ont défini les hauts critères s'appliquant aux membres du Parti et les strictes règles du contrôle et de la gestion du Parti. Maintenant que les règles sont définies, il nous reste de déployer plus d'efforts pour leur mise à exécution. Les comités du Parti et les commissions de contrôle de la discipline aux divers échelons doivent tout d'abord renforcer leur supervision et leur contrôle relatifs à la défense des Statuts du Parti, à l'application de la ligne, des principes, des mesures politiques et des résolutions adoptés par le Parti, en se focalisant sur la concrétisation de l'esprit du XVIIIe Congrès du Parti et de celui des 3e, 4e et 5e sessions plénières du XVIIIe Comité central, et sur la mise à exécution des décisions et des dispositions importantes prises par le Comité central du Parti, afin d'assurer la cohésion et l'unité du Parti ainsi que l'exécution sans obstacle des décisions prises par le Comité central du Parti.

Autant de pouvoir, autant de responsabilité. Le pouvoir correspond à la responsabilité. Dans le recours en responsabilité, il faut creuser jusqu'au tuf et défier les personnes concernées en faisant valoir les effets dissuasifs au lieu de se laisser guider par l'émotion ou par la pitié. Il y a deux ans, nous avons poursuivi avec sérieux la responsabilité dans le cas de corruption électorale à Hengyang dans la province du Hunan, en sanctionnant 467 personnes conformément à la discipline du Parti et à la discipline administrative, et en renvoyant 69 personnes aux organes judiciaires. L'année dernière, nous avons mené une enquête approfondie sur le cas d'achat des voix à Nanchong, en sanctionnant avec sévérité les 477 personnes impliquées dans cette affaire. Ces deux affaires, extrêmement graves, ont constitué un défi à notre parti et à la démocratie socialiste. La mise au jour et la punition avec fermeté, ainsi que le recours en responsabilité avec sérieux incarnent l'intransigeante attitude à adopter dans la poursuite de tout manquement au devoir et dans l'application d'une discipline rigoureuse. Cette année, les équipes dirigeantes locales vont bientôt se renouveler, et il faudra rigoureusement appliquer les disciplines politique et organisationnelle, assurer le recours en responsabilité, renforcer le contrôle, la mise au jour et la punition des affaires concernées, afin d'assurer une intégrité totale lors des élections. A chaque localité, à chaque département ou à chaque service, une fois qu'apparaissent des problèmes dans le rôle de direction du Parti, dans l'application de la ligne, des principes et des politiques du Parti, dans le contrôle et la gestion du Parti, dans la sélection et la nomination des cadres, dans la remise en ordre après une tournée d'inspection, ainsi que des problèmes liés aux « quatre vices » et à la corruption, il faut poursuivre avec sévérité les responsables en mettant l'accent sur les cas typiques. Il s'agit non seulement d'une poursuite de la responsabilité principale du comité du Parti et de celle de contrôle, mais également d'une poursuite de la responsabilité de direction et de celle de l'organisation du Parti de l'échelon supérieur. Il faut également perfectionner et réglementer la poursuite en responsabilité, mettre en place un système d'information des problèmes typiques découverts dans la poursuite en responsabilité, associer celle-ci avec d'autres moyens de contrôle, promouvoir l'exercice efficace des fonctions et l'application sans réserve de la discipline du Parti par une poursuite régulière en responsabilité.

Deuxièmement, persister sans le moindre relâchement afin de mener l'amélioration du style de travail jusqu'au bout. Le style de travail est, par sa nature, une question liée à l'esprit du Parti. Pour nous communistes, la capacité à régler les problèmes relatifs au style de travail constitue un critère important pour mesurer notre adhésion au marxisme, nos convictions socialistes et communistes, et notre fidélité envers le Parti et le peuple. Nous devons non seulement recourir à une discipline de fer pour porter un coup d'arrêt aux infractions à la discipline commises en bravant l'interdit, mais encore écarquiller nos yeux pour débusquer et punir toutes sortes de pratiques malsaines cachées quelle que soit leur forme. Pour améliorer notre style de travail, il nous faut retourner à ses origines, consolider ses fondements, et accroître notre engagement dans l'identité du Parti et, en même temps, il faut faire rayonner la brillante culture traditionnelle chinoise.

Je souhaiterais souligner ici l'importance des valeurs familiales. Les affaires de corruption révélées ces dernières années montrent que les valeurs familiales dégradées sont une des principales causes qui ont poussé les cadres dirigeants à commettre de graves infractions à la discipline et à la loi. Bon nombre de cadres se sont non seulement livrés eux-mêmes à des abus du pouvoir à des fins mercantiles sur le devant de la scène, mais ont également toléré et encouragé dans les coulisses leurs familles à amasser de l'argent et à recevoir des pots-de-vin. Leurs enfants, en profitant de leur influence, ont également fait fortune sans scrupule dans le commerce. Certains cadres ont profité de leur « cercle de relations » et de leur « prestige » tissés depuis de nombreuses années pendant leur exercice du pouvoir pour rechercher des bénéfices illicites pour leurs enfants. Les conséquences fâcheuses ne sont pas à sous-estimer. Nos ancêtres disaient : « Pour bien gouverner un Etat, il faut tout d'abord bien gérer sa famille et développer sa personnalité »[3] ; « Un gouverneur ne doit jamais confier des postes à ses proches, cela risque de conduire à sa destitution, voire même à la ruine de sa famille » ; « On ne peut nourrir de mauvaises intentions en opposition avec la volonté du Ciel et de la Terre, mais on doit en revanche se donner en exemple dans les paroles et les actes pour ses descendants. »

Les vétérans révolutionnaires nous ont donné de bons exemples dans la formation de bonnes mœurs familiales. Chaque cadre dirigeant se doit de donner à la formation des mœurs familiales une place importante, de se perfectionner et de gérer son foyer avec intégrité, de poser des exigences rigoureuses à sa conjointe ou à son conjoint, à ses enfants et à son entourage. Lors de la réunion démocratique thématique organisée vers la fin de l'année écoulée par le Bureau politique du Comité central du Parti, j'ai mis un accent particulier sur ce problème. J'ai ainsi dit : « Avec ma plus grande sincérité, je voudrais vous recommander de prêter une attention particulière aux membres de votre famille, sinon, vous risqueriez de laisser échapper des erreurs commises par eux. Il faut découvrir les problèmes dès les premiers indices pour tuer le mal dans l'œuf, plutôt que de gâter les membres de votre famille. Les enfants des cadres doivent eux aussi respecter la loi et la discipline, et ne peuvent prétendre que personne ne peut rien faire contre eux en raison de leur position sociale. S'ils commettent des infractions à la discipline du Parti et à la loi de l'Etat, ils seront tous punis, voire plus sévèrement. Ceci a pour but de démontrer notre attitude aux gens du commun. »

En ce qui concerne les problèmes complexes et difficiles, ceux légués par le passé, et ceux d'inaction accumulés depuis de longues années, il faut faire preuve de persévérance, de ténacité et d'opiniâtreté afin de surmonter les difficultés, de faire de son mieux pour obtenir le meilleur résultat.

Troisièmement, assurer les effets dissuasifs et donner un coup de frein énergique à l'extension de la corruption. Qui se livre à la corruption le payera. Un arbre de haute futaie se flétrira progressivement s'il se fait ronger par des termites qui se multiplient. Nous devons mener la lutte contre la corruption sans relâche et de façon rigoureuse, nous en tenir au principe dit « couverture totale, tolérance zéro et aucune zone interdite ». Il faut mettre l'accent sur les poursuites contre les cadres dirigeants impliqués dans des problèmes liés à la fois à la politique et à la corruption, qui ne lâchent pas prise, qui occupent actuellement des postes importants et bénéficieront probablement d'une promotion, et dont les problèmes ont été largement dénoncés et provoquent de vives réactions parmi les masses populaires. Il faut analyser en profondeur les cas typiques impliquant des cadres coupables de graves infractions à la discipline et à la loi, de sorte qu'ils jouent un rôle d'alarme, de dissuasion et d'éducation.

Il faut redoubler d'efforts pour le rapatriement des éléments corrompus en fuite et des fonds détournés, promouvoir la coopération internationale dans les cadres multilatéraux dont le G20, l'APEC et la Convention des Nations unies contre la corruption, lancer des opérations d'envergure spéciales, étendre le filet de la lutte contre la corruption dans tous les coins du monde, de sorte que les éléments corrompus en fuite ne puissent trouver aucun refuge, et que ceux qui tentent de s'enfuir rejettent leurs illusions.

Quatrièmement, étendre l'application intégrale d'une discipline rigoureuse dans les rangs du Parti vers les échelons de base. Actuellement, la majorité des cadres aux échelons de base sont bons. Cependant, dans certaines localités, et dans certains départements et services, les cadres aux échelons de base sont davantage exposés aux tendances malsaines et à la corruption, qui impliquent une plus grande quantité de cadres et de secteurs. Certains cadres saisissent toutes les opportunités pour extorquer de l'argent, se creusent la tête pour faire de fausses déclarations dans le but de frauder, retiennent voire même s'approprient des fonds spéciaux en faveur des régions rurales ou des fonds d'assistance aux plus démunis. D'autres privilégient leurs parents et leurs proches et réclament des pots-de-vin en donnant des allocations et des subventions. D'autres encore, se tenant au-dessus des masses, font peu de cas de leurs difficultés, et se lancent dans le formalisme et la bureaucratie. D'autres enfin appliquent injustement les lois et règlements, vont jusqu'à devenir porte-parole des familles influentes ou des forces mafieuses, imposent leur domination sans frein et asservissent le peuple.

Par rapport aux « tigres » au loin, les masses ont une impression plus réelle sur les « mouches » qui volent sous leurs yeux. La « corruption minime » pourrait aussi devenir un grand fléau portant atteinte aux intérêts vitaux des masses, rongeant leur sentiment de satisfaction et dilapidant leur confiance dans le Parti. En conséquence, il faut rectifier et punir avec sévérité les problèmes liés à la corruption et à l'injustice dans l'application de la loi aux échelons de base afin de protéger les intérêts vitaux des masses, de sorte qu'elles ressentent davantage les résultats de la lutte pour l'intégrité et contre la corruption.

Les comités du Parti pour les districts constituent les « postes de commandement de première ligne » de notre parti dans son exercice du pouvoir en vue du renouveau national, les secrétaires de ces comités sont donc les « commandants de première ligne ». Les comités du Parti pour les provinces et les municipalités doivent concrétiser leurs responsabilités principales, s'axer sur les comités du Parti pour les districts, et renforcer en particulier le sens des responsabilités de leurs secrétaires. Ils doivent intensifier le renforcement des organisations et la formation des cadres aux échelons de base, transformer les organisations du Parti aux échelons de base en bastions fermes et mettre pleinement en valeur le rôle exemplaire des membres du Parti et des cadres.

Cinquièmement, s'attaquer aux manifestations comme aux racines des problèmes pour assainir le paysage politique. Un paysage politique favorable permet de réconforter les esprits et de cultiver la droiture ; un paysage politique défavorable donne lieu au relâchement de la discipline et à de multiples maux. A l'heure actuelle, la droiture n'est pas mise en valeur dans certaines localités et certains départements, alors que les tendances néfastes n'y sont pas éliminées ; les règles explicites n'existent plus que de nom, tandis que les règles tacites règnent ostensiblement ; ceux qui sont réalistes et travaillent d'arrache-pied sont écartés, tandis que ceux qui sont assoiffés de gloire et de succès et recherchent des intérêts immédiats sont confortablement installés. Si ces tendances ne sont pas rectifiées ou inversées, elles provoqueront des effets traumatisants sur les cadres. « Les tendances malsaines se répandent facilement, alors que les mœurs simples sont difficiles à rétablir. »[4] L'assainissement du paysage politique, tout comme la réhabilitation de l'environnement, ne s'accomplit pas du jour au lendemain. Il nous faut prendre des mesures d'ensemble et les mettre en application de manière coordonnée.

Les cadres dirigeants aux divers échelons, notamment les cadres de haut rang, doivent se donner en exemple à leurs subordonnés. La nation chinoise a depuis toujours attaché un grand prix à la réputation, à la vertu et à l'intégrité. Elle s'attache à la « gouvernance par la vertu » et à la « responsabilité de défendre son territoire ». Les cadres dirigeants se doivent d'exercer leur pouvoir dans un esprit de justice et d'intégrité, de respecter de façon exemplaire la discipline et la loi. Dans le même temps, ils se doivent de s'en tenir aux principes et d'avoir le courage de lutter contre la corruption. Il faut maintenir un principe directeur correct dans le choix et la nomination de cadres, afin de sélectionner et de nommer des cadres vertueux, de favoriser la promotion des cadres compétents, la rétrogradation des cadres médiocres et l'élimination des mauvais cadres. En profitant de l'élaboration des règlements, il est nécessaire d'établir des règles explicites et de rejeter les règles tacites. En se focalisant sur les cas de corruption, il faut rechercher les lacunes, et en tirer des leçons, en mettant l'accent sur le perfectionnement des systèmes régissant tous les domaines, dont la vie politique au sein du Parti. Parallèlement, il faut réduire les espaces et les terrains favorables à l'immobilisme et à la corruption, et promouvoir sans relâche l'amélioration du paysage politique par le biais de la réforme et de l'innovation institutionnelles.

Notes :

[1] Du Fu (712-770), dynastie des Tang.

[2] Le Bureau politique du XVIIIe Comité central du Parti a approuvé les « huit recommandations » sur l'amélioration du style de travail et le maintien des liens étroits avec la population pour améliorer les enquêtes et les recherches, rationaliser les activités de la conférence, simplifier la rédaction des documents et des bulletins, standardiser les visites à l'étranger, améliorer le travail de sécurisation et la présentation de l'information, imposer des restrictions sur la publication des écrits, faire preuve de diligence et de frugalité.

[3] Zhao Xiang (959-993), dynastie des Song du Nord.

[4] Wang Bo (650-676), dynastie des Tang.

Mettre en place un système national de supervision couvrant tous les organes d'Etat et les fonctionnaires[*]

(12 janvier 2016)

La Loi sur la supervision administrative doit représenter les avis du Comité central du Parti concernant l'emploi du même personnel par la Commission centrale de contrôle de la discipline et le ministère de la Supervision, l'accomplissement de deux fonctions – le contrôle de la discipline au sein du Parti et la supervision administrative au nom du gouvernement – par la Commission centrale de contrôle de la discipline en étant responsable devant le Comité central. Tous les fonctionnaires doivent faire l'objet de cette supervision. Il faut maintenir la direction unifiée du Parti sur la lutte pour l'intégrité et contre la corruption, élargir la couverture de la supervision, réorganiser les personnels de supervision, et perfectionner l'organigramme national de supervision, afin de mettre en place un système national de supervision couvrant tous les organes d'Etat et l'ensemble des fonctionnaires.

Le renforcement du contrôle interne du Parti a pour but d'assurer que le Parti se mette au service de l'intérêt général et exerce le pouvoir pour le peuple ; l'intensification de la supervision nationale, de veiller à ce que l'appareil d'Etat exerce ses pouvoirs en vertu de la loi et dans un esprit de justice ; la consolidation de la supervision par les masses populaires, d'assurer que les pouvoirs soient confiés par le peuple et exécutés au service du peuple. Il faut associer le contrôle interne du

---

[*] Extraits du discours à la 6ᵉ session plénière de la XVIIIᵉ Commission centrale de contrôle de la discipline du Parti.

Parti avec la supervision nationale et la supervision par les masses populaires, le coordonner avec le contrôle législatif, le contrôle démocratique, la surveillance par l'audit, le contrôle judiciaire et le contrôle par l'opinion publique, afin de conjuguer tous les efforts de contrôle pour promouvoir la modernisation du système et de la capacité de gouvernance de l'Etat.

Renforcer le contrôle par les tournées d'inspection et faire jouer son rôle d'arme tranchante dans l'application d'une discipline rigoureuse dans les rangs du Parti*

(12 janvier 2016)

Les tournées d'inspection constituent une disposition institutionnelle stratégique du contrôle interne du Parti. Depuis la dynastie des Ming, les censeurs de la Cour, l'épée impériale à la main, bénéficiaient d'un grand prestige là où ils allaient. Nos tournées d'inspection, bien que différentes du censorat impérial, doivent faire autorité pour devenir l'arme tranchante de notre Etat et de notre parti. L'approfondissement des tournées d'inspection réside dans l'application du principe du Comité central du Parti portant sur ce travail. Il faut, en particulier, vérifier d'une part si les organisations du Parti faisant l'objet d'une inspection savent défendre l'autorité des Statuts du Parti, mettre en œuvre le principe régissant l'application d'une discipline rigoureuse dans les rangs du Parti, et appliquer la ligne, les principes, les politiques et les résolutions du Parti, et d'autre part si elles font preuve d'un affaiblissement de la direction du Parti, d'un manquement aux responsabilités principales ou d'une faiblesse dans l'application de la discipline du Parti, afin de les pousser à prendre en charge la responsabilité du contrôle et de la gestion du Parti. Il faut, en se référant à la discipline du Parti, centrer le contrôle sur l'application de la discipline politique, la découverte des problèmes saillants concernant la corruption, la discipline, le style de travail, la nomination et la promotion des

---

* Extraits du discours à la 6ᵉ session plénière de la XVIIIᵉ Commission centrale de contrôle de la discipline du Parti.

cadres, afin de mieux faire jouer aux tournées d'inspection leurs rôles de dissuasion, de contrainte et d'éradication. En profitant de l'application des règlements sur les tournées d'inspection, il faut améliorer l'efficacité des tournées d'inspection en vertu des règlements et de la discipline afin de les institutionnaliser et de les réglementer.

La couverture totale par les tournées d'inspection est elle-même dissuasive. Parmi les 280 unités au niveau central faisant l'objet d'une tournée d'inspection, il en reste actuellement une centaine à inspecter, et la tâche est encore lourde. Prochainement, il faudra accomplir les tournées d'inspection dans les organes centraux du Parti et de l'Etat, pour réaliser une couverture totale des services relevant de l'autorité centrale. Nous devons continuer à innover dans les institutions, à établir et perfectionner les mécanismes régissant l'organisation et la direction, la planification d'ensemble et la coordination, la réponse au rapport et l'application de la remise en ordre ainsi que la formation du personnel. Nous devons également innover dans le système organisationnel, exploiter les forces potentielles internes en mettant en valeur les moyens disponibles, augmenter les effectifs tout en optimisant la structure. Il faut innover dans les méthodes de travail afin de rendre les tournées d'inspection plus professionnelles, plus flexibles et plus ciblées.

Il est nécessaire de traiter, après une catégorisation, les problèmes et les pistes révélés lors des tournées d'inspection, tout en mettant l'accent sur la coordination, et de centrer les efforts sur le suivi de chacun des problèmes et de chacune des pistes. Les organes de contrôle de la discipline et les départements de l'organisation doivent les suivre de près en temps opportun, discerner la nature des problèmes, et donner une conclusion claire à chacun de ceux-ci. Si la responsabilité fondamentale d'un problème mis à jour lors d'une tournée d'inspection incombe à l'organisation du Parti d'une unité faisant l'objet d'une tournée d'inspection, cette organisation est tenue de résoudre elle-même le problème, au lieu de se croiser les bras ou de chercher des prétextes. En ce qui concerne la matérialisation de la remise en ordre proposée lors d'une tournée d'inspection, il faut procéder à une deuxième tournée d'inspection pour assurer la matérialisation définitive de la remise en ordre. Les exemples typiques de ceux qui adoptent une attitude purement formelle, qui ne font pas tout leur possible ou qui refusent la remise en ordre, seront sévèrement poursuivis en responsabilité.

Les équipes d'inspection doivent explorer les causes profondes des problèmes qu'elles ont décelés, et formuler des avis et des propositions, afin de pousser les organisations du Parti des unités qu'elles inspectent à combler les lacunes institutionnelles. Les nombreux problèmes découverts lors des tournées d'inspection, en plus des causes historiques et subjectives, résultent objectivement des failles institutionnelles. En particulier dans le domaine de la gestion du personnel, des activités et des biens, l'absence de règlements et leur application inefficace coexistent, et les moyens et les mesures de contrôle font défaut. Il faut donc approfondir la réforme du système de contrôle, veiller à un contrôle réel, détaillé, puissant et efficace. Les comités du Parti pour les différentes provinces, régions autonomes et municipalités relevant directement de l'autorité centrale doivent renforcer leur direction sur les tournées d'inspection, et assurer la couverture totale par celles-ci avant l'expiration de leur mandat. Les secrétaires des comités du Parti pour les provinces, régions autonomes et municipalités relevant directement de l'autorité centrale, les ministres et les présidents des commissions nationales, ainsi que les secrétaires des groupes dirigeants (ou des comités) du Parti pour les organes d'Etat doivent désigner nominativement des responsables et avancer des avis concrets à l'égard des principaux problèmes découverts lors des tournées d'inspection, plutôt que de prendre des mesures pour la forme ou de simplement donner leur accord.

L'éducation dite « deux études et une ligne d'action » se fonde sur l'étude et insiste sur l'action[*]

(4 février 2016 et 13 avril 2017)

I

L'éducation dite « deux études et une ligne d'action»[1] fait partie des dispositions d'importance capitale pour renforcer l'édification idéologique et politique du Parti. Elle constitue une attache solide nous permettant de promouvoir de façon coordonnée les dispositions stratégiques des Quatre Intégralités, notamment d'étendre à la base l'application intégrale d'une discipline rigoureuse dans les rangs du Parti. Cette éducation se fonde sur l'étude et insiste sur l'action. Les organisations du Parti à tous les échelons, en tant qu'acteurs principaux, doivent prendre la responsabilité de la mener à bien, procéder à une catégorisation, suivre le principe « se focaliser sur les problèmes » et assurer l'obtention de résultats effectifs.

Le renforcement de l'édification du Parti a pour tâche première de renforcer son édification idéologique et politique, et pour clé de bien éduquer et gérer les membres du Parti et les cadres. Depuis son XVIIIe Congrès, notre parti a organisé successivement une campagne d'éducation et de mise en pratique de la ligne de masse du Parti et une éducation thématique sur les « trois consignes de rigueur et trois règles d'honnêteté ». Cela contribue dans une large mesure à résoudre les problèmes cuisants existant parmi les cadres membres du Parti, notamment ceux à l'échelon de district et au-dessus, mais également à faire progresser l'application intégrale d'une discipline rigoureuse

---

[*] Directives faites sur l'éducation dite « deux études et une ligne d'action ».

dans les rangs du Parti. L'édification idéologique et politique ne peut prendre fin après une seule bataille. L'éducation dite « deux études et une ligne d'action » vise à étendre l'éducation au sein du Parti de la « minorité déterminante » aux larges masses des membres du Parti, et de l'éducation concentrée à l'éducation régulière, à raffermir la position marxiste des membres du Parti, à assurer l'alignement de tout le Parti sur son Comité central sur les plans idéologique et politique comme dans les actes, ainsi qu'à faire de notre parti un parti marxiste doté d'idéal et de convictions.

L'échelon de base fournit à notre parti les assises de son pouvoir et la source de sa force. Notre parti n'aura une base solide et une grande combativité que lorsque ses organisations de base auront été fermes et puissantes et que ses membres auront joué leur rôle. L'éducation dite « deux études et une ligne d'action » doit asseoir l'application intégrale d'une discipline rigoureuse au sein du Parti sur chacune de ses cellules et chacun de ses membres. Elle se fonde sur l'étude et insiste sur l'action. Il faut, en visant la résolution des problèmes, réfléchir sur ceux-ci pendant l'étude et chercher à atteindre la conformité avec les critères d'un membre du Parti en se corrigeant de manière ciblée. Il faut ériger les critères exigés, tracer le seuil des affaires et de la conduite personnelle, mais également dresser l'image des éléments avancés du Parti et montrer par les actes la force de la foi et des convictions. Il faut mettre de l'ordre dans les organisations de base du Parti qui ne satisfont pas aux demandes, mais aussi maintenir et appliquer les systèmes praticables de manière effective. Il faut assainir la vie politique au sein du Parti en tenant compte du nouveau contexte et de nouveaux problèmes, et compenser les carences institutionnelles dans l'esprit de la réforme et de l'innovation, afin de rendre la vie organisationnelle ainsi que l'éducation et la gestion des membres du Parti plus sérieuses et substantielles.

Les organisations du Parti à tous les échelons et leurs responsables, en tant qu'acteurs principaux, doivent prendre la responsabilité d'organiser « deux études et une ligne d'action » et les mener à bien, sans tarder, et de façon substantielle. Le secrétaire du comité du Parti de toutes les organisations du Parti à tous les échelons doit bien gérer tant les cadres que les membres du Parti et correctement conduire tant l'équipe dirigeante que tous ses effectifs, en maîtrisant les méthodes et les exigences en ce qui concerne l'édification des rangs des membres du Parti. Il faut s'en tenir à la catégorisation, aux instructions opportunes et au ciblage, tout en prévenant la superficialité et le formalisme. Les cadres dirigeants membres du Parti de l'échelon de district et au-dessus doivent donner l'exemple à suivre dans l'éducation. En liaison avec leur travail de direction quotidien, ils doivent étudier davantage, et de façon plus approfondie, plus sérieuse et plus rigoureuse, afin d'élever leurs qualités idéologique et politique et leur niveau théorique.

(Directives données le 4 février 2016 sur l'éducation dite
« deux études et une ligne d'action »)

II

L'éducation dite « deux études et une ligne d'action », menée dans tout le Parti, a remporté des succès notables. La pratique montre que cette éducation constitue une attache solide permettant de promouvoir l'édification idéologique, organisationnelle et institutionnelle du Parti, ainsi qu'une œuvre de base visant à appliquer intégralement une rigoureuse discipline dans les rangs du Parti, que nous devons poursuivre jusqu'au bout. Il faut mettre l'édification idéologique et politique à la première place, persévérer dans la réglementation des propos et des actes des membres du Parti et des cadres par les Statuts et les règlements du Parti, doter tout le Parti de l'innovation théorique du Parti, et conduire tous les membres du Parti à se conformer aux critères. Il faut prendre en main la « minorité déterminante » et les cellules du Parti à la base, s'en tenir à la résolution des problèmes et mettre en valeur le rôle démonstratif des éléments avancés. Les comités (ou groupes dirigeants) du Parti à tous les échelons, en tant qu'acteurs principaux, doivent prendre la responsabilité d'appliquer toutes les mesures visant à pérenniser et à institutionnaliser « deux études et une ligne d'action ». Ils doivent permettre aux organisations du Parti de remplir leurs fonctions et de jouer leur rôle de noyau, aux cadres dirigeants de rester fidèles, intègres et responsables et de jouer leur rôle exemplaire, et aux membres du Parti de se donner en exemple et de jouer leur rôle d'avant-garde et de modèle, afin de fournir de solides garanties organisationnelles à la progression planifiée du « plan global en cinq axes » et à l'accomplissement coordonné des dispositions stratégiques des Quatre Intégralités.

(Directives données le 13 avril 2017 sur la pérennisation et l'institutionnalisation de l'éducation dite « deux études et une ligne d'action »)

Note :

[1] Etude des Statuts et des règlements du Parti ; étude des discours de Xi Jinping ; devenir un membre du Parti digne de ce nom.

Poursuivre la direction du Parti et renforcer son édification constituent un avantage particulier des entreprises d'Etat[*]

(10 octobre 2016)

Il faut renforcer et perfectionner la direction du Parti dans les entreprises d'Etat, et y intensifier et améliorer son édification, afin qu'elles deviennent l'appui le plus sûr du Parti et de l'Etat, ainsi qu'une force importante qui applique résolument les décisions et les dispositions définies par le Comité central du Parti, qui met en œuvre les nouvelles idées en matière de développement et approfondit la réforme sur tous les plans, qui met en application les stratégies majeures telles que « sortir des frontières » et le projet « la Ceinture et la Route », qui contribue à l'accroissement de la puissance globale du pays, au développement économique et social, ainsi qu'à la garantie et à l'amélioration du bien-être de la population, et qui permet à notre Parti de remporter la victoire dans la grande lutte aux nombreuses caractéristiques historiques nouvelles. Nous devons observer les principes favorisant la préservation et la revalorisation des biens publics, l'accroissement de la compétitivité de l'économie publique, et la multiplication des fonctions des capitaux d'Etat, encourager les entreprises d'Etat à approfondir la réforme et à améliorer leur exploitation et leur gestion, intensifier le contrôle et la gestion des biens publics, et rendre les entreprises d'Etat plus puissantes, plus compétitives et plus grandes.

Les entreprises d'Etat constituent un des principaux fonde-

---

[*] Points essentiels du discours à la réunion nationale sur l'édification du Parti dans les entreprises d'Etat.

ments matériels et politiques du socialisme à la chinoise, ainsi qu'un pilier majeur et une force d'appui de notre parti dans son exercice du pouvoir et le redressement de la nation. Depuis la fondation de la Chine nouvelle, notamment depuis la réforme et l'ouverture, les entreprises d'Etat ont accompli d'énormes réalisations, apportant une contribution historique au développement économique et social, aux progrès scientifiques et techniques, à l'édification de la défense nationale et à l'amélioration du niveau de vie de la population. Leurs exploits sont brillants et méritoires.

Poursuivre la direction du Parti et renforcer son édification constituent une glorieuse tradition, la « racine » et l'« âme », ainsi qu'un avantage particulier de nos entreprises d'Etat. Dans le nouveau contexte, la poursuite de la direction du Parti et le renforcement de son édification dans les entreprises d'Etat doivent observer les exigences globales suivantes : suivre le principe recommandant au Parti de bien contrôler le comportement de ses membres et de faire régner une stricte discipline dans ses rangs, s'axer sur la résolution des problèmes liés à l'atténuation, à la minimisation, à la dématérialisation et à la marginalisation de la direction du Parti et de son édification, maintenir fermement la direction du Parti dans les entreprises d'Etat, faire jouer à l'organisation du Parti dans les entreprises d'Etat son rôle de noyau dirigeant et politique, afin d'assurer l'application des principes et des mesures politiques, ainsi que des dispositions importantes définies par le Parti et l'Etat au sein des entreprises d'Etat ; persister à servir la production et l'exploitation, prendre comme point de départ et aboutissement du travail de l'organisation du Parti dans les entreprises d'Etat l'amélioration de la rentabilité, l'accroissement de la compétitivité, ainsi que la préservation et la revalorisation des biens publics, et évaluer le travail et la force de combat de l'organisation du Parti par le biais des résultats de la réforme et du développement de l'entreprise ; maintenir le rôle de direction et de contrôle de l'organisation du Parti dans la sélection et l'affectation du personnel des entreprises d'Etat, et former un vaste contingent de directeurs hautement compétents ; consolider sans relâche les organisations de base du Parti dans les entreprises d'Etat, faire de sorte que l'édification du Parti et le rôle de bastion des cellules du Parti sont présents là où se trouvent les entreprises, afin de fournir une solide garantie organisationnelle au développement des entreprises d'Etat.

Poursuivre la direction du Parti dans les entreprises d'Etat est un grand principe politique à observer constamment, tandis que mettre en place un système d'entreprises modernes incarne l'orientation de la réforme des entreprises d'Etat à suivre sans relâche. Le système d'entreprises d'Etat modernes à la chinoise est caractérisé par l'intégration de la direction du Parti dans tous les chaînons de la gouvernance d'entreprise, l'incorporation des organisations du Parti dans la structure de gouvernance d'entreprise, ainsi que la définition et la concrétisation du statut légal de l'organisation du Parti dans la structure de gouvernance de l'entreprise en tant que personne morale, permettant la présence concrète des organisations et des cadres, la clarification des attributions et des responsabilités, ainsi qu'une supervision stricte.

La direction du Parti dans les entreprises d'Etat représente une unité cohérente de la direction sur les plans politique, idéologique et organisationnel. Le rôle de noyau dirigeant et politique joué par l'organisation du Parti dans les entreprises d'Etat peut se résumer à maintenir l'orientation, à maîtriser la situation générale et à assurer la matérialisation des décisions et mesures. Il faut définir les pouvoirs et responsabilités ainsi que le mode de travail de l'organisation du Parti dans les maillons de la prise de décisions, de l'exécution et de la supervision, de sorte que son rôle soit structuré, institutionnalisé et concrétisé. Il faut correctement traiter les rapports entre l'organisation du Parti et d'autres acteurs de la gouvernance, délimiter leurs pouvoirs et obligations, et assurer une couverture sans faille, de manière à former un mécanisme de gouvernance d'entreprise dans lequel chacun s'occupe de ses affaires et prend ses responsabilités, avec un fonctionnement coordonné et un équilibrage efficace.

Le Parti et le peuple confient la gestion et l'exploitation des biens publics aux directeurs des entreprises avec une énorme confiance. Il est nécessaire de sensibiliser les directeurs des entreprises d'Etat à l'esprit du Parti, à son objectif fondamental, et à la vigilance, ainsi que de leur faire observer la discipline et les règles de conduite politiques, afin de les conduire à constamment améliorer leur niveau sur les plans idéologique et politique, à accroître leur engagement dans l'identité du Parti, et à s'imposer une contrainte idéologique. Il faut mettre en évidence les points essentiels à contrôler, en intensifiant la supervision et la gestion des postes clés, du personnel important, notamment des principaux responsables, et en améliorant le mécanisme de contrôle de la prise de décisions concernant « trois décisions majeures et un emploi capital »[1]. Il faut être plus rigoureux dans la gestion quotidienne, en associant les forces de contrôle pour former une synergie.

Persévérer dans le principe consistant à s'appuyer sur la classe ouvrière de tout cœur constitue une exigence intrinsèque de la direction du Parti dans les entreprises d'Etat. Il faut perfectionner le système de gestion démocratique ayant pour forme essentielle l'assemblée des représentants des ouvriers et des employés, en promouvant la transparence dans les affaires et les activités de l'entreprise, et en matérialisant le droit des travailleurs à l'information, à la participation, à l'expression et au contrôle, afin de mettre pleinement en valeur l'enthousiasme, l'esprit d'initiative et la créativité de la classe ouvrière. Les entreprises doivent tenir compte des avis des travailleurs lors d'une prise de décision importante et les questions importantes liées aux intérêts vitaux des travailleurs doivent être soumises à l'examen de l'assemblée des représentants des ouvriers et des employés. Il faut encourager les représentants des travailleurs à participer d'une manière ordonnée à la gouvernance d'entreprise en maintenant et en perfectionnant le système des administrateurs salariés et celui des surveillants salariés.

Les directeurs des entreprises d'Etat constituent l'ossature du Parti dans l'exercice du pouvoir dans le domaine économique, ainsi qu'une importante source de talents polyvalents en matière de gouvernance de l'Etat qui assument la principale responsabilité d'exploiter et gérer les biens publics pour leurs préservation et revalorisation. Les directeurs des entreprises d'Etat doivent rester fidèles au Parti, audacieux dans l'innovation, aptes à la gestion d'entreprise, entreprenants et intègres. Ils doivent raffermir leurs convictions, assumer leurs responsabilités et garder constamment à l'esprit que leur obligation primordiale consiste à travailler pour le Parti. Armés des « quatre consciences », ils sont tenus de matérialiser leur amour pour le Parti, ainsi que leur souci pour la préservation et l'essor du Parti dans chaque activité de l'exploitation et de la gestion. Face à une concurrence de plus en plus acharnée sur les marchés national et international, les directeurs des entreprises d'Etat doivent aller de l'avant malgré les difficultés rencontrées et travailler dans un esprit novateur, afin de conduire les cadres et les travailleurs vers de nouvelles perspectives de développement de l'entreprise.

Il faut insister sur le principe du contrôle de la gestion de l'ensemble du personnel par le Parti, assurer d'une part le pouvoir du Parti dans la direction des affaires du personnel et la gestion des principaux managers et, d'autre part, la conformité aux normes politiques, le bon style de travail et l'intégrité irréprochable des candidats. Les directeurs des entreprises d'Etat doivent passer par toutes sortes d'épreuves en première ligne de la production pour se forger et grandir, et les personnes compétentes qui se démarquent dans la pratique doivent être sélectionnées en temps opportun pour être nommées aux postes de direction. En ce qui concerne les directeurs des entreprises d'Etat, il faut, tout en leur imposant une gestion stricte, les entourer d'attentions, et les orienter grâce à une stimulation positive afin qu'ils se lancent dans le travail et la création d'entreprise sans contraintes. Il faut largement diffuser les actions méritoires et les remarquables contributions des directeurs éminents des entreprises d'Etat et créer un climat social favorable au respect de la valeur des entrepreneurs, à l'encouragement de leur innovation et à la mise en valeur de leur rôle.

La concrétisation dans les entreprises d'Etat de l'application intégrale d'une discipline rigoureuse dans les rangs du Parti commence obligatoirement par les organisations, les effectifs et les systèmes fondamentaux. Il faut établir de manière synchronisée l'organisation du Parti et actualiser la structure de l'organisation. Il faut fermement prendre en main et mener à bien le travail fondamental en matière d'éducation et de gestion quotidiennes envers les membres du Parti. Les « trois séances et un cours »[2] dans les organisations du Parti des entreprises doivent veiller à forger l'esprit du Parti. La cellule du Parti doit devenir un noyau pour unir les masses populaires, une école pour éduquer les membres du Parti et un commando pour se lancer à l'assaut des difficultés. Le travail idéologique et politique doit être considéré par l'organisation du Parti de l'entreprise comme étant son travail régulier et fondamental. Veillant à associer la résolution des problèmes idéologiques à celle des problèmes pratiques, l'organisation du Parti doit non seulement donner des explications, mais également régler les difficultés concrètes, ainsi qu'accomplir davantage de réalisations bénéficiant du soutien du peuple, réchauffant et apaisant son cœur.

Les comités du Parti à tous les échelons doivent mener à bien l'édification du Parti dans les entreprises d'Etat et assurer la concrétisation du principe recommandant au Parti de correctement contrôler le comportement de ses membres et de faire régner une stricte discipline dans ses rangs. Les comités locaux du Parti aux différents échelons doivent intégrer l'édification du Parti des entreprises d'Etat dans leur planification globale de travail ainsi que dans le programme global d'édification du Parti. Les comités (ou groupes dirigeants) du Parti dans les entreprises d'Etat doivent s'acquitter de leur responsabilité en tant qu'acteur principal. Il faut intensifier la lutte pour l'intégrité et contre la corruption au sein du Parti dans les entreprises d'Etat, en soulignant la discipline et les règles, en appliquant avec persévérance l'esprit des « huit recommandations » du Comité central, en menant à bien la rectification des problèmes décelés au cours des tournées d'inspection, ainsi qu'en imposant des enquêtes et des poursuites de l'appropriation des biens publics, du transfert de bénéfices, etc.

Notes :

[1] Les décisions majeures concernant la gestion de l'entreprise, la nomination et la destitution des principaux managers et les importants projets, ainsi que la gestion des montants élevés de capitaux.

[2] L'organisation régulière de la réunion de la cellule du Parti, de la réunion du comité de cellule, de la réunion du groupe du Parti, et l'assistance régulière aux cours sur les connaissances du Parti.

Adopter une attitude sérieuse envers la vie politique au sein du Parti*

(27 octobre 2016)

Je n'ai cessé de souligner, au cours des dernières années, qu'il fallait adopter une attitude sérieuse envers la vie politique au sein du Parti, pour la simple et bonne raison que notre parti se trouve à un moment crucial où ses rangs connaissent de grands changements et que les relations entre lui et le peuple, de même qu'entre les cadres et les masses populaires, sont marquées par des situations et des problèmes jusqu'alors inédits. Cela nous exige de veiller, sur le plan politique dans un premier temps, à l'application intégrale d'une discipline rigoureuse dans ses rangs.

Les « Principes de la vie politique au sein du Parti pour la nouvelle situation » adoptés par la présente session plénière reflètent de façon concrète les règlements et les exigences des Statuts du Parti, et résultent de la systématisation d'une série de règlements et de mesures élaborés depuis quelques années dans l'application intégrale d'une discipline rigoureuse dans les rangs du Parti. Ciblant les contradictions et les problèmes notables au sein du Parti, ces Principes, axés sur douze aspects, non seulement indiquent les maux, mais offrent également leurs remèdes, avec des mesures visant à éliminer les symptômes, ainsi que des stratégies s'attaquant aux causes. L'efficacité de ces Principes réside dans le caractère effectif et intégral de leur exécution.

Premièrement, il faut mettre en valeur le rôle essentiel de l'éducation idéologique. « La réussite dépend de la détermination. »[1] Renfor-

---

* Extraits du discours à la 2ᵉ séance générale de la 6ᵉ session plénière du XVIIIᵉ Comité central du Parti.

224

cer l'éducation idéologique et l'armement théorique est la première tâche de la vie politique au sein du Parti et la condition préalable pour assurer une unité d'action dans son ensemble. Le camarade Mao Zedong a remarqué : « Prendre en main l'éducation idéologique, voilà la tâche centrale à laquelle nous devons nous atteler si nous voulons unir tout le Parti en vue des grandes luttes politiques à venir. »[2] Si différents problèmes sont survenus dans la vie politique au sein du Parti, la cause fondamentale en est que l'idéal et les convictions qui jouent le rôle de « lest » de certains cadres et membres du Parti, ainsi que l'« interrupteur central » que sont leurs conceptions du monde, de la vie et des valeurs ont été ébranlés. L'idéal et les convictions puisent leur origine dans la persévérance et doivent être mis à l'épreuve. Il faut sans relâche renforcer l'armement théorique, la sensibilisation à l'esprit du Parti et l'éducation morale, afin d'inciter les cadres et les membres du Parti à consolider leurs convictions en tant que base, à combler leur manque de « calcium » spirituel, à tenir le « gouvernail » idéologique, à défendre la vérité, à poursuivre la bonne voie, à s'en tenir aux principes et aux règles, à observer la moralité aux niveaux national, social et individuel, à s'imposer une conduite irréprochable, une moralité exemplaire et un esprit serein, de sorte qu'ils se basent sur leurs convictions, leur personnalité et un travail solide.

La vie, le paysage et la culture politiques au sein du Parti se conditionnent et se complètent : cette dernière est l'âme de la première et exerce une influence imperceptible sur le second. Une importance capitale doit être accordée à l'édification intensifiée de la culture politique au sein du Parti, en préconisant et en valorisant les valeurs telles que la loyauté, l'honnêteté, la franchise, l'impartialité, l'intégrité, l'esprit objectif et réaliste, ainsi que l'esprit de labeur et de sobriété, et en s'opposant sans ambiguïté à la recherche excessive de relations, à l'arrivisme, au carriérisme, aux règles tacites et à d'autres manières d'agir ou de penser décadentes, afin de rendre plus fertile le terrain propice à un paysage politique de qualité.

Deuxièmement, faire jouer le rôle clé de l'application d'une discipline rigoureuse. « Une règle est indispensable pour tracer une ligne droite, et un compas pour dessiner un cercle. »[3] Faire respecter une discipline rigoureuse est l'exigence intrinsèque et la garantie majeure pour renforcer et réglementer la vie politique au sein du Parti. Nous devons intensifier les contraintes institutionnelles au sein du Parti et consolider la cage institutionnelle. La discipline et les règles de conduite politiques constituent la discipline essentielle et primordiale du Parti, et observer les premières constitue le fondement de l'observation de l'ensemble des règles du Parti. Les membres du Parti et ses organisations aux divers échelons doivent consciemment observer la discipline et les règles de conduite politiques, renforcer sans cesse leur conscience politique, celle de l'intérêt général, celle du noyau dirigeant et celle de l'alignement, afin de persévérer dans leurs convictions politiques, de se tenir fermes dans leur position politique et de maintenir une juste orientation politique.

Tout ordre et toute interdiction doivent être suivis. Toute infraction à la discipline fera l'objet d'une sanction, afin que tous les règlements deviennent des « lignes de haute tension » et que l'effet de vitre brisée soit évité. Les règlements en vigueur seront remis en examen en vertu des Principes pour être révisés et complétés en cas de besoin, afin que la vie politique au sein du Parti soit régie par des règlements à suivre. Les organisations du Parti aux divers échelons doivent assumer leur responsabilité de faire appliquer la discipline et les règles, renforcer la surveillance et le recours en responsabilité, et poursuivre de manière systématique ceux ayant manqué à leur responsabilité, afin que la gestion du Parti devienne plus sévère, plus énergique et plus ferme.

Troisièmement, mettre en valeur le rôle d'orientation de la sélection et de l'affectation des cadres. La sélection et l'affectation des cadres jouent le rôle d'orientation dans la vie politique au sein du Parti. Les pratiques pernicieuses et la corruption liées à l'affectation des cadres sont les actes les plus nuisibles à la vie politique. Remédier à l'orientation erronée dans l'affectation des cadres est une solution radicale destinée à assurer une attitude sérieuse envers la vie politique au sein du Parti. Il faut bien appliquer les normes d'un bon cadre et contrôler la conscience politique, la conduite, le style de travail et l'intégrité des cadres. Les cadres loyaux, francs et courageux, qui servent le peuple avec pragmatisme et intégrité, qui se montrent dynamiques et entreprenants, qui se lancent dans la réforme et qui ont accompli de remarquables performances seront loués et chargés de fonctions importantes, tandis que les cadres obséquieux qui feignent l'obéissance, qui fraudent, qui ne s'adonnent pas au travail concret et qui cherchent à se faire des relations à des fins déloyales et à user de passe-droits, destitués et punis. De grands efforts devront être consacrés pour corriger les pratiques douteuses dans la sélection et l'affectation des cadres afin de créer une atmosphère saine, pour mettre fin à la sélection adverse ou au phénomène dans lequel la mauvaise monnaie chasse la bonne, de manière à favoriser la pureté du paysage politique grâce à une atmosphère saine dans l'affectation des cadres. Les institutions régissant une gestion et un contrôle stricts des cadres devront être améliorées pour remédier à l'importance accordée à leur sélection plutôt qu'à leur gestion. Dans un même temps, nous devons perfectionner le mécanisme de tolérance et de rectification d'erreurs, encourager plus énergiquement nos cadres à s'investir dans le travail, et faire en sorte qu'ils aient un bon état d'esprit, tout en se montrant dynamiques et entreprenants, et en osant également endosser de lourdes responsabilités.

Quatrièmement, faire jouer le rôle de moyen courant des activités régulières de l'organisation du Parti. D'une part, ces activités constituent une partie et un support primordiaux de la vie politique au sein du Parti et d'autre part, une forme essentielle dans laquelle l'organisation du Parti éduque, gère et contrôle les membres de celui-ci. La puissance et la combativité d'une équipe dirigeante sont étroitement liées au fait qu'elle prend ou non au sérieux les activités régulières de l'organisation du Parti. Il faut concrétiser les systèmes régissant « trois séances et un cours », les réunions de la vie démocratique, la participation des cadres dirigeants aux activités régulières de l'organisation du Parti à deux niveaux, les délibérations démocratiques sur les membres du Parti, et les entretiens à cœur ouvert. L'éducation, la gestion et le contrôle des membres du Parti sont à renforcer de manière régulière. Quant aux activités de l'organisation du Parti, il convient d'en innover les moyens et les méthodes, mais également de les rendre davantage attractives et persuasives, afin d'améliorer leurs qualité et résultat.

La critique et l'autocritique constituent des atouts permettant à notre parti de se fortifier, de se soigner et de rester sain, mais sont également un moyen important pour renforcer et réglementer la vie politique dans ses rangs. Les cadres dirigeants et les équipes dirigeantes doivent endosser un rôle d'exemple dans leurs actions afin de créer une atmosphère favorable à la critique et à l'autocritique. Les cadres dirigeants doivent s'opposer résolument à l'idée vulgaire selon laquelle on se désintéresse totalement de tout ce qui ne nous concerne pas et que l'on évite de se prononcer au sujet d'un acte ou d'une idée de toute évidence injuste. Il leur faut éviter les mauvaises tendances consistant à justifier leurs erreurs et à refuser de les corriger.

Cinquièmement, valoriser les maillons clés que sont l'héritage et l'innovation. La vie politique au sein du Parti est une glorieuse tradition s'étant formée dans une pratique de longue haleine. Elle a été, reste aujourd'hui et sera toujours un trésor de notre parti. Nous ne devons pas abandonner notre glorieuse tradition sans laquelle nous serions privés d'âme, et devons conserver notre gène révolutionnaire sans lequel nous nous détériorerions. De plus, nous devons, en nous basant sur la nouvelle réalité, améliorer et innover le contenu, la forme, le support, les méthodes et les moyens de la vie politique au sein du Parti, savoir user de nouvelles expériences pour guider une nouvelle pratique, et mieux faire jouer le rôle de la vie politique, afin de créer dans l'ensemble du Parti une atmosphère politique vivante et dynamique où règnent le centralisme et la démocratie, la discipline et la liberté, l'unité de volonté et un état d'esprit fait de satisfaction pour chacun.

Pour évaluer l'application des Principes, la clé consiste à examiner si les contradictions et les problèmes saillants dans la vie politique au sein du Parti sont vraiment réglés ou non. Les organisations du Parti aux divers échelons, les membres du Parti et les cadres doivent consciemment évaluer leurs pensée et actions en vertu des Principes, mais oser également affronter les problèmes et procéder à une auto-analyse pour s'attaquer aux maux persistants. D'une part, nous devons consacrer nos efforts à la résolution des problèmes généraux et saillants, à savoir : l'autoritarisme, le monopole du droit à la parole, le libéralisme et le particularisme dans le travail ; le formalisme, la bureaucratie, l'hédonisme et le goût du luxe en ce qui concerne le style de travail ; l'abus de pouvoir, la corruption active et passive, la débauche, l'infraction à la loi et à la discipline ; le laxisme dans l'observation et l'application de la discipline, ainsi que dans la poursuite des infractions à la discipline ; l'immobilisme, le manque de sens des responsabilités, la paresse et l'inaction, etc. Ces problèmes, faciles à percevoir, ont des limites claires et, pour les résoudre, il faut strictement faire respecter les règlements et renforcer les contraintes rigides. D'autre part, l'accent doit être mis sur la résolution des problèmes de nature politique et très nuisibles, soit : le non-alignement sur le Comité central du Parti en ce qui concerne les dossiers importants, et le manquement à l'application de la discipline et des règles de conduite politiques du Parti ; le manque de fidélité et d'honnêteté envers le Parti, l'obéissance feinte, la falsification de faits, et le fait de jouer un double jeu ; le népotisme, la nomination de cadres pour ses propres intérêts, l'obtention d'une promotion par des pistons, par de l'argent ou par le marchandage des titres officiels, et la corruption électorale ; la formation d'une coterie au service de ses intérêts privés, la formation d'une bande pour le même dessein, et l'ambition politique poussée à l'extrême, etc. Ces problèmes, peu visibles, ne sont dévoilés qu'au moment crucial et, pour les résoudre, il est important d'élaborer des normes de jugement, de punir à temps les cas typiques, et de mettre en place un mécanisme efficace.

La vie politique au sein du Parti concerne divers éléments, et connaît différents problèmes dans différentes localités, différents départements ou différentes unités de travail. Il faut faire preuve de courage pour faire face aux problèmes, et de compétence pour les résoudre. Nous insistons sur le principe consistant à résoudre tous les problèmes et surtout ceux qui sont difficiles et saillants. Il faut procéder à une analyse globale et aller du particulier au général, afin que toute mesure et tout effort contribuent au renforcement et à la normalisation de la vie politique au sein du Parti, de même qu'à l'assainissement de son paysage politique.

Notes :

[1] Zhang Zai (1020-1077), dynastie des Song du Nord.

[2] Mao Zedong : « Du gouvernement de la coalition », *Œuvres choisies de Mao Zedong*, tome III, Editions du Peuple, 1991, page 1094.

[3] *Annales des Printemps et Automnes de Lü Buwei (Lü Shi Chun Qiu)*.

Appliquer intégralement le système de responsabilité en matière de contrôle interne du Parti[*]

(27 octobre 2016)

Le « Règlement sur le contrôle interne du Parti communiste chinois », adopté par cette session plénière, constitue une conception globalisée pour renforcer le contrôle interne du Parti dans une nouvelle conjoncture, et une réglementation fondamentale visant à normaliser ce contrôle à l'heure actuelle et pour les années à venir. Il est impératif de correctement l'appliquer et d'en faire des contraintes rigoureuses encadrant les comportements des organisations du Parti aux divers échelons, des membres du Parti et des cadres.

Pendant la période de Yan'an, le camarade Mao Zedong avait déjà proposé de se libérer de la « règle cyclique de l'histoire ». Le VIIIe Congrès du Parti a stipulé que tout membre et toute organisation du Parti devaient subir le contrôle du haut vers le bas et du bas vers le haut. A l'heure actuelle, nous ne cessons de perfectionner le système de contrôle interne du Parti dans le but de former un mécanisme scientifique et efficace de prévention et de correction des erreurs, et d'accroître l'aptitude du Parti à ses propres assainissement, perfectionnement, rénovation et amélioration.

Il subsiste depuis longtemps un problème saillant au sein du Parti : on refuse, on craint ou on résiste plus ou moins au contrôle. On craint de perdre sa voix en effectuant le contrôle de l'échelon subordonné, de détruire une amitié en effectuant le contrôle du même échelon ou d'essuyer une revanche en privé en effectuant le contrôle de l'échelon supérieur. Dans de nombreuses régions et de nombreux départe-

* Extraits du discours à la 2e séance générale de la 6e session plénière du XVIIIe Comité central du Parti.

ments, le contrôle interne du Parti est devenu un slogan, puisqu'il n'est souligné que pour la forme et qu'il est mal appliqué en réalité. L'absence du contrôle au sein du Parti conduira forcément à l'affaiblissement de sa direction, à la perte de son édification, et à l'inefficacité de sa gestion pleinement rigoureuse. L'ensemble du Parti doit avoir pleinement conscience que le contrôle dans ses rangs est une source vitale lui permettant de préserver son corps sain, et qu'il faut donc renforcer la conscience consistant à combattre le foyer de la maladie dans son corps, et faire de l'exercice actif du contrôle et de son acceptation volontaire des actes conscients de tout le Parti.

Le contrôle interne du Parti est une tâche pour tout le Parti. Les comités (ou groupes dirigeants) du Parti en endossent la responsabilité principale, les secrétaires en sont les premiers responsables, les membres des comités permanents ou membres des groupes dirigeants du Parti ainsi que ceux des comités du Parti accomplissent leur devoir de contrôle dans les limites de leurs attributions. Les cadres dirigeants du Parti aux divers échelons doivent placer leur responsabilité au cœur de leurs actions, s'assurant qu'ils le maîtrisent correctement, s'en acquittent et l'assument, et ont le courage de pratiquer le contrôle. Afin de mieux exercer le contrôle interne du Parti, il faut suivre le principe consistant à tirer des leçons des erreurs passées pour éviter leur retour et à guérir la maladie pour sauver l'homme, agir au plus tôt contre les petites erreurs, et s'adonner à la critique et l'autocritique. Il convient également d'intervenir en temps opportun par le biais d'une prise de rendez-vous pour un entretien, d'une enquête par correspondance et d'un entretien à caractère d'avertissement, afin de découvrir à temps les problèmes et de corriger les déviations. Une analyse des cas typiques de corruption faisant l'objet d'une enquête ces dernières années permet de constater que ces cas sont passés d'un changement quantitatif à un changement qualitatif et d'un petit rien à une grosse faute. Si les organisations les avaient arrêtés à temps en signalant leurs problèmes, certains cadres n'auraient pu s'aventurer plus loin sur la voie erronée. Les organisations du Parti doivent mieux connaître l'état d'esprit, le travail, le style de travail, et les conditions de vie du quotidien des membres du Parti et des cadres, accorder davantage d'attention aux avis des cadres et du peuple, et intervenir au plus tôt pour éviter que les petits riens évoluent vers de grosses fautes. Le contrôle interne du Parti doit se faire à tout moment, partout et sur chaque affaire. Il faut exhorter les membres du Parti et les cadres à se conduire honnêtement et à travailler en fonction de leur rôle. Les camarades de l'ensemble du Parti se doivent de prendre l'habitude de corriger leurs fautes et de progresser main dans la main grâce au rappel et à l'encouragement mutuels entre eux.

Les commissions de contrôle de la discipline aux divers niveaux sont des organes chargés du contrôle interne du Parti et assument les fonctions de l'exercice du contrôle, de l'application de la discipline et de la poursuite de la responsabilité. Elles doivent avant tout défendre la discipline et les règles de conduite politiques, renforcer le contrôle de l'application des Statuts, des règlements et de la discipline du Parti dans leur propre circonscription, et contrôler l'application de la ligne, des principes, des politiques et des résolutions du Parti. Il est recommandé d'appliquer le système de la double direction sur le travail de contrôle de la discipline, d'intensifier la direction d'une commission de contrôle de la discipline de l'échelon inférieur par celle de l'échelon supérieur, de renforcer la direction du travail des groupes accrédités de contrôle de la discipline, et d'exhorter les organisations du Parti des institutions concernées et les groupes accrédités de contrôle de la discipline à assumer leur responsabilité de la gestion du Parti par une stricte discipline. Les services de travail du Parti assument les responsabilités principales des comités (ou groupes dirigeants) du Parti dans les différents domaines. Ils doivent mener à bien le travail lié au contrôle interne du Parti dans les limites de leurs attributions, renforcer non seulement le contrôle interne dans leur propre service mais aussi le contrôle quotidien au sein de leur secteur. Ils doivent connaître et résoudre à temps les problèmes apparus et ne doivent pas attendre l'intervention des comités du Parti et des commissions de contrôle de la discipline. Nous pourrons tisser un dense réseau de contrôle interne du Parti quand nous menons à bien le travail de tous les échelons et de tous les secteurs.

Le contrôle démocratique par les membres du Parti est un principal moyen du contrôle interne du Parti. Plutôt qu'un droit, il est un devoir indéclinable et une responsabilité que les membres doivent remplir envers le Parti. Les organisations à l'échelon de base et les membres du Parti doivent renforcer leur contrôle des cadres dirigeants du Parti, les exhorter à prendre normalement part aux activités régulières des organisations du Parti et à remplir les obligations propres à un membre du Parti. Lors d'une réunion du Parti, les membres doivent avoir le courage de présenter leurs opinions en ce qui concerne les comportements allant à l'encontre des Statuts et des règlements du Parti, critiquer toute organisation et tout membre du Parti avec fondement, et rendre compte de manière responsable au Parti des infractions à la loi et à la discipline commises par toute organisation ou par tout membre du Parti. Les organisations du Parti aux divers échelons doivent assurer les droits à l'information et au contrôle aux membres du Parti, ainsi que les encourager et soutenir à jouer un rôle actif dans le contrôle interne du Parti. Ceux qui perturbent le contrôle ou usent de représailles contre celui-ci seront sévèrement sanctionnés en vertu de la discipline.

Parmi toutes les formes de contrôle du Parti et de l'Etat, le contrôle interne du Parti est fondamental et primordial. Pourtant, s'il n'est pas associé avec le contrôle issu des organes de l'Etat concernés, des autres partis démocratiques, du peuple, et de l'opinion publique, on ne parviendra pas à conjuguer tous les efforts en la matière. Les cadres dirigeants aux divers échelons doivent prendre l'initiative d'accepter un contrôle de toutes parts, ce qui démontre à la fois la largeur d'esprit et la confiance en soi. Nous devons soutenir les conférences consultatives politiques du peuple chinois à exercer un contrôle démocratique en vertu de ses Statuts, prêter une haute attention aux opinions, critiques et suggestions présentées par les autres partis démocratiques et les personnalités sans-parti, ainsi qu'encourager les personnalités non communistes à dire la vérité et à présenter de sincères avertissements. Il est recommandé d'accepter volontairement le contrôle de la part du peuple, de canaliser les voies de dénonciation, de traiter avec sérieux les infractions les plus courantes aux règlements et à la discipline, et de répondre à temps aux préoccupations du peuple. Il faut également renforcer le contrôle de la part de l'opinion publique, lancer des avertissements par le biais de la publication et de l'analyse des cas typiques, afin de créer un environnement d'opinion publique favorable à la gestion stricte du Parti sur tous les plans.

Se forger les « quatre consciences » et sauvegarder l'autorité du Comité central du Parti[*]

(26 et 27 décembre 2016)

L'histoire de notre parti et celle du développement de la Chine nouvelle nous apprennent que le maintien de la cohésion et de l'unité du Parti, ainsi que la sauvegarde de l'autorité du Comité central du Parti sont d'une importance primordiale pour correctement gérer ce grand parti qu'est le nôtre et ce grand pays qu'est la Chine. Sauvegarder l'autorité du Comité central du Parti est l'exigence importante du Bureau politique du Comité central mettant en pratique les « Principes de la vie politique au sein du Parti pour la nouvelle situation » et le « Règlement sur le contrôle interne du Parti communiste chinois ». Les camarades membres du Bureau politique du Comité central doivent garder présentes à l'esprit la conscience politique, celle de l'intérêt public, celle du noyau dirigeant et celle de l'alignement, s'en tenir à porter haut levé le drapeau du Parti, à s'orienter dans la direction indiquée par le Parti, à faire sienne la volonté du Parti, et rester lucides sur le plan politique. La fidélité au Parti provient en définitive de notre idéal et de nos convictions inébranlables. Les « quatre consciences », loin d'être des mots creux, doivent se traduire effectivement en actions, plutôt que d'être seulement exprimées verbalement. Nous devons complètement suivre la ligne fondamentale du Parti, appréhender sérieusement et maîtriser correctement la théorie, la ligne, les principes et les mesures du Parti, comprendre et saisir la ligne fondamentale du Parti à partir du courant principal du développement humain, du grand contexte des changements mondiaux et de

---

[*] Points essentiels du discours lors de sa présidence d'une réunion de vie démocratique du Bureau politique du Comité central du Parti.

236

la grande histoire du développement de la Chine, pour comprendre de manière approfondie pourquoi cette ligne fondamentale doit être durablement poursuivie.

Rester fidèle au Parti et ne jamais le trahir sont l'exigence fondamentale des Statuts du Parti aux membres du Parti. Sur la question de la fidélité au Parti, les camarades membres du Bureau politique du Comité central doivent montrer une pureté parfaite. La fidélité au Parti n'est pas abstraite, mais concrète, et n'est pas conditionnelle mais inconditionnelle. Elle doit se traduire par notre fidélité aux convictions du Parti, à ses organisations et à sa théorie, à sa ligne, à ses principes et à ses mesures. La position du peuple est la position politique fondamentale des partis marxistes. Le peuple est le moteur authentique du progrès de l'histoire, et les masses populaires sont les vrais héros. Les intérêts du peuple constituent le point de départ et l'aboutissement de toutes les activités de notre parti. Les autorités centrales doivent être tout le temps reliées aux masses populaires. Nous devons garder toujours présentes à notre esprit les masses populaires. Les camarades membres du Bureau politique du Comité central doivent partager les joies et les peines du peuple, et avoir à cœur ses conditions de vie, se forger une conception de développement centré sur le peuple, et éprouver de vifs sentiments de sollicitude, d'amour, d'attachement et de bienveillance envers le peuple. Ils doivent connaître la situation des populations et se lier à la base, écouter l'opinion publique et présenter les attentes des masses populaires.

Depuis le XVIIIe Congrès du Parti, le Bureau politique du Comité central applique le centralisme démocratique avec succès. Il maintient et développe la démocratie au sein du Parti, et recourt en particulier à diverses méthodes et voies pour élargir la démocratie et donne une forte impulsion à la prise de décision scientifique, démocratique et légale. Il doit continuer à donner à tout le Parti l'exemple à suivre dans l'application soutenue du centralisme démocratique, en associant le centralisme basé sur la démocratie avec la démocratie guidée par le centralisme. Nous sommes tous membres de cette direction collégiale et devons nous positionner correctement. Quelles que soient nos fonctions et si grand que soit notre pouvoir, nous devons exécuter les décisions prises collectivement, et agir conformément aux besoins de la situation d'ensemble, en prenant quelque décision que ce soit, en exécutant quelque affaire que ce soit. L'application rigoureuse de la discipline est la garantie importante du maintien de la cohésion et de l'unité du Parti. Chaque membre du Parti doit respecter scrupuleuse-ment et observer rigoureusement la discipline et les règles de conduite politiques du Parti. Les camarades membres du Bureau politique du Comité central doivent réussir, avant toute chose, à garder un esprit lucide et à se tenir sur une position très ferme en ce qui concerne l'idée directrice, la ligne, les principes et les mesures, ainsi que les questions de principe d'importance capitale relatives à la situation d'ensemble. Il faut rigoureusement appliquer le système consistant à demander des instructions et à faire des rapports sur toute question d'importance capitale, et correctement régler les rapports entre l'ensemble et les parties, ainsi qu'entre l'échelon central et l'échelon local. Si notre parti est ferme et puissant, c'est parce qu'il exécute le principe de gestion des cadres par le Parti. Il faut donc s'en tenir consciemment à ce prin-cipe.

Le développement de la cause de notre parti et de notre Etat ne peut se passer des efforts soutenus et énergiques et du travail inlas-sable de tout le Parti. Quand on prend en main un travail, on peut soit se contenter de lancer des appels de manière générale, soit agir en personne de manière exemplaire, les résultats sont alors très différents. Dire la vérité et agir de manière concrète sont ce qui permet le mieux de tester et de tremper l'esprit du Parti. Les camarades membres du Bureau politique du Comité central doivent donner l'exemple à suivre, en exaltant le travail honnête, en exécutant les tâches de toute leur force, en menant des enquêtes et recherches de façon approfondie et en s'attaquant aux problèmes avec précision, afin d'accomplir toutes les tâches relatives à la réforme, au développement et à la stabilité, et de concrétiser toutes les activités en faveur des masses populaires. Pour mener à bien l'accomplissement des tâches, il faut effectuer des enquêtes et des recherches sur une large échelle et connaître parfaitement la situation. Face à la situation nouvelle et aux nouveaux défis, nous devons oser et savoir lutter, et rester inébranlables sur les questions d'importance capitale impliquant l'avenir du socialisme à la chinoise, oser surmonter tout obstacle, aussi dur soit-il, dans le travail pour la réforme, le développement et la stabilité, oser balayer les obstacles dans l'application intégrale d'une discipline rigoureuse dans les rangs du Parti, oser riposter du tac au tac dans la sauvegarde des intérêts essentiels de l'Etat, refuser de baisser la tête face aux difficultés, de reculer face aux défis, de marchander avec les principes et d'avaler la pilule amère portant atteinte aux intérêts fondamentaux de la nation chinoise, sous quelque pression que ce soit.

Les membres du Bureau politique du Comité central doivent donner l'exemple à suivre à tout le Parti en procédant à la critique et l'autocritique, et agir en combattants qui osent s'imposer une révolution. Ils doivent persévérer dans la recherche de la vérité dans les faits, avoir le courage de faire la critique et l'autocritique, d'écouter des opinions contraires à la leur et de corriger à temps leurs erreurs. L'arme de la critique et de l'autocritique doit être utilisée non seulement à l'encontre de ses subordonnés, mais aussi de ses pairs et notamment de ses supérieurs. Il est intolérable que les cadres supérieurs deviennent incritiquables et intouchables. L'arme de la critique et de l'autocritique doit être utilisée fréquemment, régulièrement, suffisamment et adéquatement afin que cela devienne une habitude, une action consciente et une responsabilité.

Si notre parti désire gagner en popularité et que son Comité central souhaite exercer son autorité, ils devront être intègres. Il faut renforcer la conscience de l'objectif fondamental, raffermir l'idéal, les convictions et l'aspiration spirituelle, se conduire correctement et élever les qualités morales ainsi que prendre la tête dans l'édification du style de travail du Parti. Les camarades membres du Bureau politique du Comité central doivent d'abord agir conformément à ce qu'ils demandent à tout le Parti de faire. Ils doivent renforcer leur conscience de l'intégrité et de l'autodiscipline. Ils doivent rester intègres en exerçant le pouvoir selon la loi, de façon juste et en pleine lumière, et parvenir à l'autodiscipline en préservant la discipline, le code de conduite et l'intégrité. Les camarades membres du Bureau politique du Comité central doivent dire non aux privilèges, aux traitements spéciaux, ainsi que renforcer l'éducation et la gestion des leurs et du personnel dans leur entourage.

S'imposer de strictes exigences
selon les critères du Parti[*]

(13 août 2017)

Notre cellule du Parti organise régulièrement des activités, et le système de « trois séances et un cours » s'est avéré fructueux. A l'époque de la lutte armée déjà, notre parti avait demandé à ce que ses cellules soient fondées à l'échelon de la compagnie. De la réorganisation à Sanwan[1] à la réunion de Gutian[2], notre parti a commencé à prêter attention à l'édification de l'armée sur le plan politique et à celle de ses organisations à l'échelon de base. Notre cellule a consciencieusement appliqué le système de « trois séances et un cours ». Le Comité central du Parti et moi-même devons nous donner en exemple dans l'application de ce système, et toutes les personnes ici présentes sont des communistes ordinaires, sur un pied d'égalité dans la vie du Parti. Une participation égale aux activités régulières de l'organisation du Parti représente une exigence fondamentale du respect de ses Statuts et pour être un communiste digne de ce nom.

A l'heure actuelle, l'une des missions importantes de l'ensemble du Parti et du pays consiste à assurer la convocation avec succès du XIXe Congrès du Parti. J'espère que nous mènerons tout d'abord à bien l'auto-édification, prêterons une attention particulière à nos propres activités en ce moment crucial, imposerons à nous-mêmes de strictes exigences selon les critères du Parti et éviterons toute erreur commise dans notre travail. Vous occupez tous des postes confidentiels et importants, et il est impératif d'assurer le travail, de rester prudents,

---

* Points essentiels de l'allocution impromptue lors de sa participation en tant que membre ordinaire du Parti à une réunion thématique des activités régulières de l'organisation du Parti convoquée par sa cellule.

de réussir, d'assumer les responsabilités avec assiduité, et d'accomplir avec succès les tâches à faire.

J'espère que vous serez tous des hommes hautement moraux, détachés des intérêts mesquins. Vous vous consacrez à une noble cause, et je recommande à ceux qui recherchent honneurs et fortune, et qui sont d'un naturel peureux, de suivre un autre chemin. Qui sont les exemples à suivre ? Citons Zhang Side[3] et Norman Béthune[4] du passé, ainsi que Jiao Yulu[5] et Mai Xiande[6] du présent qui ont essayé de brillamment rayonner depuis leurs postes ordinaires. J'espère que vous vous référerez à ces exemples, procédez régulièrement à un examen de conscience, tirez des leçons du passé, vous éloignez des dangers, respectez strictement la discipline et les règles et restez avisés et méticuleux.

J'espère que vous avez confiance en les masses populaires, en notre parti et en notre organisation. Vous vous êtes lancés dans cette noble cause, et contribuez avec désintéressement à la réalisation des objectifs des « deux centenaires » à notre époque. A vos postes, vous participez autant que ceux qui travaillent ailleurs, en étant tous grands et glorieux. Je vous suggère de suivre l'organisation du Parti et de vous consacrer avec abnégation à notre cause. Il est indéniable que l'organisation du Parti, quant à elle, vous entoure d'attentions, prend soin de vous, et a confiance en vous.

Notes :

[1] Le 29 septembre 1927, les troupes sous la direction de Mao Zedong qui avaient participé à l'Insurrection de la Moisson d'Automne à la frontière entre le Hunan et le Jiangxi, ont réalisé une remise en ordre et une réorganisation au village Sanwan, du district de Yongxin, dans la province du Jiangxi. Ces troupes ont été réorganisées comme premier régiment de la 1ère division de la 1ère armée de l'Armée révolutionnaire des ouvriers et des paysans de Chine. Ainsi a été fixée la direction absolue du Parti communiste chinois dans l'armée. Les organisations du Parti ont été établies à tous les échelons dans les troupes ; les cellules du Parti ont été basées à l'échelon de la compagnie ; les groupes du Parti, sur les escouades et les pelotons ; les comités du Parti, sur les bataillons et les régiments ; les délégués du Parti, sur les unités au

niveau supérieur au régiment ; au sein des troupes, a été établi un système démocratique selon lequel est pratiquée une égalité entre les officiers et les soldats, et mis en place un comité des soldats. La remise en ordre et la réorganisation au village Sanwan ont jeté les bases pour la fondation d'une nouvelle armée populaire.

[2] En décembre 1929, le IXe Congrès du Parti de la 4e armée de l'Armée rouge des ouvriers et des paysans s'est tenu au village de Gutian, du district de Shanghang, dans la province du Fujian. Ce congrès a déterminé le principe de l'édification du Parti axée sur le plan idéologique et de celle de l'armée sur le plan politique.

[3] Zhang Side (1915-1944), né à Yilong dans la province du Sichuan, soldat du régiment de la garde du Comité central du Parti communiste chinois. Il fut un communiste qui servit loyalement le peuple. Il se joignit à l'Armée rouge en 1933, participa à la Longue Marche, et fut blessé en service. Le 5 septembre 1944, alors qu'il fabriquait du charbon de bois dans les montagnes du district d'Ansai, dans le nord du Shaanxi, il périt à cause de l'écroulement d'un four à carboniser. Le 8 septembre 1944, Mao Zedong a donné un discours intitulé « Servir le peuple » lors de la réunion tenue par le régiment de la garde du Comité central du Parti pour honorer la mémoire du camarade Zhang Side.

[4] Norman Béthune (1890-1939), membre du Parti communiste du Canada et célèbre chirurgien. En 1937, après l'éclatement sur tous les plans de la Guerre de résistance du peuple chinois contre l'agression japonaise, il se rendit en Chine à la tête d'une équipe médicale composée de médecins canadiens et américains. Il contracta une septicémie au cours d'une opération d'urgence et mourut au district de Tangxian dans la province du Hebei le 12 novembre 1939. Le 21 décembre 1939, Mao Zedong rédigea un article intitulé « A la mémoire de Norman Béthune », pour faire l'éloge de son esprit, de son oubli total de lui-même et de son dévouement aux autres.

[5] Voir l'article « Soyez secrétaires du comité du Parti de district comme Jiao Yulu » du présent ouvrage.

[6] Mai Xiande, né en 1945 à Raoping dans la province du Guangdong. Il s'enrôla dans l'armée à l'âge de 18 ans. Dans le combat maritime ayant eu lieu le 6 août 1965, il réussit, malgré une grave blessure, à dépanner une machine pour assurer son fonctionnement et la sécurité de son navire. En 1966, il reçut la distinction honorifique de « héros de guerre » décernée par le ministère de la Défense. En 2017, il a reçu une « médaille du 1er août » décernée par la Commission militaire centrale.

VI
Nouveaux concepts de développement

Orienter le développement grâce à un nouveau concept de développement[*]

(29 octobre 2015)

Le concept ouvre la voie à l'action. Une pratique de développement est orientée par un concept concordant de développement. Celui-ci est le facteur décisif de l'efficacité et voire du succès du développement. La pratique nous montre que le développement est une évolution en perpétuel changement. Ni l'environnement du développement ni ses conditions ne sont immuables, c'est la raison pour laquelle le concept de développement ne doit pas être immuable.

Au début de la rédaction des « Propositions du Comité central du Parti communiste chinois relatives à l'élaboration du XIIIᵉ Plan quinquennal pour le développement de l'économie nationale et le progrès social », j'ai souligné la priorité de la définition d'un concept de développement, qui a une portée stratégique, magistrale et directrice, et incarne de manière concentrée l'idée, l'orientation et les points d'appui du développement. Un bon concept de développement facilite la fixation des objectifs et des tâches, ainsi que l'élaboration des politiques et des mesures. Les Propositions ont formulé un concept de développement innovant, coordonné, écologique, ouvert et partagé. Ce concept n'a pas été forgé sans fondement. Il l'a été grâce à un bilan des expériences et des leçons du développement chinois et étranger, mais aussi à une analyse approfondie des circonstances nationales et internationales. Ce concept marquant l'approfondissement de la connaissance de notre parti sur les lois du développement économique et social a été formulé à l'égard des contradictions et des problèmes saillants

* Extraits du discours à la 2ᵉ séance générale de la 5ᵉ session plénière du XVIIIᵉ Comité central du Parti.

existant dans le développement de notre pays.

Le développement innovant met l'accent sur le règlement de la question de la force motrice. La Chine présente une capacité d'innovation faible, un niveau technico-scientifique peu élevé et un rôle d'appui technico-scientifique insuffisant au développement économique et social. La contribution technico-scientifique à la croissance économique est largement inférieure à celle des pays développés, ce qui constitue le talon d'Achille pour une économie chinoise aussi grande. La nouvelle vague de révolutions technico-scientifiques a entraîné des concurrences plus acharnées dans ces domaines. Sans l'innovation scientifique et technologique, la transformation de la force motrice ne pourrait être réalisée et nous resterions dans une situation désavantageuse dans la concurrence mondiale. Par conséquent, nous devons considérer l'innovation comme le premier moteur du développement et les talents comme les ressources de premier ordre soutenant le développement, en plaçant l'innovation au centre des dispositions prises pour le développement du pays. Il nous faut également promouvoir l'innovation dans tous les domaines dont notamment théorique, institutionnel, technico-scientifique et culturel, pour que l'innovation devienne une pratique courante dans toutes les activités du Parti et de l'Etat, mais aussi dans l'ensemble de la société.

Le développement coordonné insiste sur le rééquilibrage du développement. Le déséquilibre demeure un problème de long terme dans le développement chinois. Il se manifeste principalement dans les relations entre les différentes régions, entre la ville et la campagne, entre l'économie et la société, entre la civilisation matérielle et la civilisation spirituelle, ainsi qu'entre l'édification économique et la défense nationale. Dans le contexte marqué par un développement économique et social retardataire, il est impératif de réaliser un développement rapide pendant un certain temps. Cependant, après avoir réalisé un certain développement, il faut accorder de l'importance au réajustement des rapports et à la rentabilité globale du développement. Sinon, la Loi du minimum se révèle, approfondissant les contradictions sociales. Par conséquent, nous devons procéder à des dispositions globales pour la construction d'un socialisme à la chinoise, traiter correctement les rapports d'importance majeure dans le développement et renforcer inlassablement la globalité du développement.

Le développement écologique cherche à harmoniser la relation entre l'homme et la nature. Le développement vert, circulaire et bas carbone constitue l'orientation de la révolution technico-scientifique et industrielle à notre époque, ainsi que le domaine le plus prometteur. La Chine bénéficie d'un grand potentiel dans ce domaine, où de nouveaux pôles de croissance seront stimulés. En Chine, la situation est grave : les contraintes énergétiques se durcissent, la pollution de l'environnement s'aggrave et l'écosystème se dégrade. La population aspire de plus en plus fortement à un air pur, à une eau potable propre, à des aliments sûrs et à un environnement agréable. Nous devons donc insister sur la politique fondamentale d'économie des ressources et de protection de l'environnement, et poursuivre avec fermeté la voie d'un développement sain associant l'essor de la production, le bien-être de la population et la protection des écosystèmes, afin de promouvoir la construction d'une belle Chine caractérisée par l'économie des ressources et un environnement agréable ainsi que d'apporter une nouvelle contribution à la sécurité écologique mondiale.

Le développement ouvert a pour but de favoriser l'interaction entre l'intérieur et l'extérieur. La coopération et la concurrence économiques connaissent de profonds changements à l'échelle mondiale, le système et les règles de gouvernance économique mondiale font face à un réajustement important, l'introduction de l'étranger et la sortie des frontières s'approfondissent, s'élargissent et s'accélèrent plus que jamais, la lutte contre les risques économiques extérieurs et la garantie de la sécurité économique nationale subissent une pression sans précédent. A l'heure actuelle, il est important d'améliorer la qualité d'ouverture et de favoriser l'interaction entre l'intérieur et l'extérieur, plutôt que de rejeter l'ouverture vers l'extérieur. Le niveau d'ouverture de la Chine n'est pas assez élevé. Ses capacités sont insuffisantes dans l'utilisation des ressources et des marchés nationaux et internationaux, dans la neutralisation des frictions économiques et commerciales internationales, dans la lutte pour le droit à la parole sur le plan économique international et dans l'application des règles économiques et commerciales internationales. Il faut remédier à ces faiblesses le plus vite possible. En conséquence, nous devons nous en tenir à la politique fondamentale d'ouverture, poursuivre la stratégie d'ouverture mutuellement bénéfique, approfondir les échanges humains, améliorer la répartition géographique de l'ouverture, du commerce extérieur et de l'investissement, mettre en place un nouveau mécanisme d'ouverture, développer une économie ouverte de plus haut niveau, et faire avancer l'innovation, la réforme et le développement par le biais de l'élargissement de l'ouverture. Le projet « la Ceinture et la Route » marque une mesure stratégique importante visant à élargir l'ouverture, et la conception globalisée de l'économie et de la diplomatie. Il faut trouver des points de percée pour étendre une expérience particulière à toute une région, mais aussi agir avec circonspection et persévérance. Il faut également promouvoir la réforme et le perfectionnement du système de gouvernance économique mondiale, orienter le calendrier économique mondial, sauvegarder le système de commerce multilatéral, accélérer la mise en œuvre de la stratégie de zones de libre-échange, et assumer les responsabilités et les devoirs internationaux adaptés à la capacité et à la position de notre pays.

Le développement partagé vise à résoudre les questions d'équité et de justice dans la société. « L'impartialité est prioritaire pour la gouvernance de l'Etat et permet la paix dans le monde. »[1] Le partage des fruits de la réforme et du développement par les masses populaires constitue l'exigence essentielle du socialisme et l'expression concentrée de la supériorité du socialisme. Cela reflète clairement la persévérance du Parti dans son objectif fondamental de servir le peuple de tout son cœur. Le règlement des problèmes en la matière permettra la mise en valeur de l'enthousiasme, de l'initiative et de la créativité de toute la population, ainsi que la montée en puissance de l'économie nationale. Le « gâteau » du développement économique de notre pays s'agrandit sans cesse, mais les inégalités restent notables dans la redistribution sociale, et les écarts en termes de revenu et de niveau des services publics entre les régions urbaines et rurales demeurent considérables. Il y a encore beaucoup à faire pour améliorer le partage des résultats de la réforme dans la réalité comme dans la conception institutionnelle. En conséquence, nous devons procéder à des dispositions institutionnelles plus efficaces pour que l'ensemble de la population avance vers la prospérité commune, en insistant sur un développement pour le peuple, par le peuple et au profit du peuple. Il ne sera, en aucun cas, permis que surgisse une situation où « les riches accumulent une fortune gigantesque, tandis que les pauvres ne sont que grossièrement nourris »[2].

Cette session plénière souligne que le développement innovant, coordonné, écologique, ouvert et partagé marque une révolution profonde touchant à la situation globale du développement chinois. Les cinq axes de ce concept sont liés entre eux et se stimulent mutuellement. Il s'agit d'un ensemble étroitement lié qu'il faut mettre en application de manière unifiée et coordonnée, sans négliger aucun aspect. L'application partielle de ce concept portera atteinte au développement dans son ensemble. Tous les membres du Parti doivent améliorer leur capacité et leur niveau d'application coordonnée du concept de développement en cinq axes, afin d'ouvrir inlassablement de nouveaux horizons au développement.

Notes :

[1] *Annales des Printemps et Automnes de Lü Buwei* (*Lü Shi Chun Qiu*).
[2] Ban Gu (32-92) : *Livre des Han* (*Han Shu*), dynastie des Han de l'Est.

Comprendre en profondeur le nouveau concept de développement*

(18 janvier 2016)

J'ai abordé plus d'une fois le concept de développement innovant, coordonné, écologique, ouvert et partagé, lors de la 5ᵉ session plénière du XVIIIᵉ Comité central du Parti et à d'autres occasions. Aujourd'hui, je ne présente pas un exposé général selon l'approche de nos activités. Je veux en donner un exposé théorique et macroscopique, en liaison avec le passé et la réalité, ainsi qu'avec certains problèmes d'importance majeure.

Premièrement, insister sur l'application de la stratégie du développement grâce à l'innovation. L'innovation est mise à la première place puisqu'elle est la première force motrice du développement. La force motrice du développement détermine sa vitesse, son efficacité et sa durabilité. Pour une économie aussi colossale que la nôtre, il est impossible de réaliser une croissance saine et durable, ainsi que le doublement du PIB et du revenu par habitant, si nous ne parvenons pas à résoudre le problème de la force motrice. Il va sans dire que le développement coordonné, le développement écologique, le développement ouvert et le développement partagé profitent tous au renforcement de la force motrice, mais l'innovation en est l'essentiel. En maîtrisant l'innovation, on tient les rênes du développement économique et social dans son ensemble.

Persister dans le développement grâce à l'innovation est la conclusion que nous avons tirée de l'analyse du processus du développement

---

* Extraits du discours au colloque des principaux dirigeants provinciaux et ministériels sur l'étude et l'application de l'esprit de la 5ᵉ session plénière du XVIIIᵉ Comité central du Parti.

mondial depuis l'époque moderne, notamment de la réforme et de l'ouverture couronnées de succès de notre pays, ainsi que la politique fondamentale nous permettant de faire face aux changements de la conjoncture du développement, de renforcer la force motrice du développement, de prendre l'initiative du développement et de mieux conduire la nouvelle normalité.

En jetant un regard rétrospectif sur l'évolution de notre monde depuis l'époque moderne, nous constatons clairement que la capacité innovatrice d'un pays ou d'une nation implique, voire détermine son avenir.

Depuis le XVIe siècle, la société humaine a accédé à une période d'innovation plus animée que jamais. Au cours de plusieurs siècles, les réalisations innovatrices en matière de sciences et techniques ont dépassé le total de celles des plusieurs milliers d'années antérieures. Depuis le XVIIIe siècle notamment, plusieurs révolutions scientifiques et techniques importantes ont eu lieu dans le monde, comme la naissance de la physique moderne, la machine à vapeur et le mécanisme, l'électricité et les transports, la théorie de la relativité et la théorie quantique, mais aussi le développement de la technologie électronique et informatique. Sur la lancée de ce progrès, l'économie mondiale a connu plus d'une révolution industrielle, de mécanisation, d'électrification, d'automatisation et d'informatisation. Chaque révolution scientifique et technique et chaque révolution industrielle ont profondément modifié le visage du monde et le contexte de son développement. Des pays ont saisi l'occasion et leur développement économique et social s'est engagé dans une voie rapide. Leur potentiel économique, scientifique, technique et militaire s'est rapidement renforcé. Certains sont même devenus des puissances mondiales. La première révolution industrielle, qui s'est amorcée en Grande-Bretagne, lui a permis de parvenir à la suprématie mondiale. Les Etats-Unis ont saisi l'opportunité de la deuxième révolution industrielle et rattrapé puis dépassé la Grande-Bretagne pour se classer au premier rang du monde. Cette position des Etats-Unis depuis la deuxième révolution industrielle est due au fait qu'ils étaient les pionniers et les plus grands bénéficiaires des révolutions scientifiques, techniques et industrielles.

La nation chinoise osait et savait innover. Le développement et la prospérité de la Chine ancienne que nous avons mentionnés ci-dessus étaient étroitement liés aux inventions et aux innovations scientifiques et techniques de notre pays. La Chine antique a obtenu des succès impressionnants dans l'astronomie, le calendrier, les mathématiques, l'agronomie, la médecine et la géographie. Ces inventions et ces créations étaient étroitement liées à la production de l'époque et ont apporté un appui puissant au développement de l'agriculture et de l'artisanat. Selon le philosophe britannique Francis Bacon, l'imprimerie, la poudre à canon et la boussole ont changé la physionomie et la situation de toutes les choses du monde, de sorte qu'aucun empire, aucune religion ni aucune personnalité ne pouvait produire une plus grande force et une plus grande influence sur les œuvres humaines que ces trois inventions. Des documents montrent que, parmi les 300 inventions et découvertes les plus importantes dans le monde avant le XVIe siècle, 173 sont dues à la Chine, loin devant l'Europe de cette époque. Dans l'histoire mondiale, la Chine a longtemps été avant-gardiste. Ses pensées philosophiques, sa culture, son régime social, son développement économique, ses sciences et techniques et d'autres activités ont rayonné et exercé une forte attraction sur son voisinage. Depuis l'ère moderne, au lieu de préserver son avance, la Chine a pris de plus en plus de retard. L'une des raisons importantes en est qu'elle a raté les immenses opportunités de développement apportées par plusieurs révolutions scientifiques, techniques et industrielles.

A l'heure actuelle, le développement économique et social dépend de plus en plus de l'innovation surgie dans les domaines théorique, institutionnel, scientifique, technique et culturel. Dans la concurrence internationale, la nouvelle supériorité se traduit de plus en plus par la capacité innovatrice. Quiconque devance ses concurrents d'un pas dans l'innovation peut garder l'initiative du développement. Aujourd'hui, un nouveau cycle de révolution scientifique, technique et industrielle se profile à l'horizon. Il se caractérise principalement par l'apparition incessante d'importantes technologies de rupture, l'accélération de l'application industrielle des découvertes scientifiques et techniques, ainsi qu'un caractère monopolistique plus accentué dans la forme d'organisation et la chaîne industrielles. Les principaux pays du monde avancent l'un après l'autre la nouvelle stratégie de l'innovation, augmentent les apports et renforcent la dispute pour les ressources stratégiques de l'innovation, à savoir les talents, les brevets et les normes.

Bien que la Chine soit devenue la deuxième économie mondiale, elle reste relativement faible et souffre de la « pléthore », de l'« obésité » et de l'« asthénie ». Elle a pour symptôme la faible capacité d'innovation. Il s'agit là du talon d'Achille du mastodonte chinois. Orienter et pousser le développement par l'innovation devient une exigence urgente du développement chinois. C'est pourquoi je souligne sans cesse que s'engager dans l'innovation, c'est s'engager dans le développement et qu'envisager l'innovation, c'est envisager l'avenir.

Après plusieurs années d'efforts, nous avons sensiblement élevé le niveau général de nos sciences et techniques, qui sont en train de passer de l'accroissement quantitatif à l'élévation qualitative. Dans certains domaines importants, elles se sont trouvées dans le peloton de tête au niveau mondial mais dans l'ensemble, notre dépendance des pays étrangers pour des techniques clés n'a pas foncièrement changé. Les sciences et techniques de réserve destinées à créer de nouveaux secteurs d'activité et à orienter le développement futur sont largement insuffisantes, et nos industries sont classées moyen et bas de gamme dans la chaîne de valeur mondiale. Nous accusons un sérieux retard sur les pays développés en ce qui concerne les hautes technologies militaires ou sécuritaires. Pour nous développer, nous devons mettre l'accent sur l'innovation, dégager par elle de nouvelles forces motrices de développement et former davantage d'activités pionnières grâce à une supériorité de précurseur.

L'innovation est une ingénierie complexe des systèmes sociaux. Elle concerne tous les domaines de l'économie et de la société. En persévérant dans le développement grâce à l'innovation, nous devons nous en tenir au point de vue général et systématique sans négliger ce qui est crucial. Nous devons faire des percées dans les secteurs prioritaires et les maillons clés pour entraîner l'avancée de l'ensemble. Il faut réfléchir et prendre des dispositions en avance sur le temps et, en s'axant sur les thèmes essentiels et décisifs de la compétitivité économique, les goulots d'étranglement du développement social et les graves défis menaçant la sûreté de l'Etat, renforcer la recherche fondamentale et les recherches sur les technologies clés génériques impliquant le développement dans son ensemble, élever notre capacité innovatrice autonome dans tous les domaines et faire des percées importantes dans l'innovation scientifique et technique pour que le niveau de nos sciences et techniques passe d'une position de suiveur à celle de prétendant avant de parvenir à la position de chef de file. En nous guidant par l'innovation scientifique et technique d'importance capitale, nous devons accélérer la conversion de ses réalisations en forces productives réelles, et la mise en place de nouveaux systèmes industriels, pour parvenir à avoir tout ce que les autres ont, à l'emporter sur les autres quant à la quantité et à la qualité, et à renforcer les qualités de notre économie dans son ensemble et sa force compétitive internationale. Il faut approfondir la réforme du système scientifique et technique, promouvoir l'innovation concernant le système et la politique du développement du personnel, donner la priorité aux personnes munies de hautes technologies, d'un savoir-faire de haute qualité, de techniques de pointe ou manquantes, appliquer une politique plus ouverte relative à l'introduction du personnel innovateur et rassembler les élites du monde à notre service.

Deuxièmement, attacher une grande importance à l'intégralité et à la coordination du développement. « Avec le dessus, il y a le dessous. Avec celui-ci, il y a celui-là. »[1] Selon la dialectique matérialiste, les choses et les phénomènes sont liés entre eux. Le monde est un ensemble formé d'éléments qui dépendent les uns des autres et se conditionnent mutuellement ainsi qu'un système interactif. Fidèle à la dialectique matérialiste, on doit appréhender les choses et les phénomènes à partir de leurs liens inhérents, ainsi que connaître et traiter les problèmes. Les auteurs classiques du marxisme accordent une haute attention à l'usage de la dialectique matérialiste et excellent dans la connaissance et l'exploration de la loi du mouvement des contradictions dans le développement de la société humaine. Karl Marx, par exemple, a dit que la reproduction sociale était divisée en deux grandes catégories : la production des moyens de production et la production des moyens de consommation. Ces deux catégories doivent maintenir un rapport déterminé pour pouvoir assurer la réalisation heureuse de la reproduction sociale.

En conduisant le peuple chinois dans l'édification du socialisme, notre parti a mis au point, dans cette longue pratique, de nombreux concepts et stratégies sur le développement coordonné. Peu après la fondation de la Chine nouvelle, le camarade Mao Zedong a avancé des méthodes de pensée et de travail, comme la « planification d'ensemble » ou encore « jouer du piano ». Il a dit : « Pour jouer du piano, il faut mouvoir les dix doigts ; on n'y arrive pas avec quelques doigts seulement, en laissant les autres immobiles. Cependant, si on appuie ses dix doigts à la fois, il n'y a pas de mélodie non plus. Pour faire de la bonne musique, il faut que les mouvements des doigts soient rythmés et coordonnés. Les comités du Parti doivent bien prendre en main leur tâche centrale et, en même temps, développer autour d'elle le travail dans d'autres champs d'activité. Actuellement, nous avons à nous occuper de bien des domaines : nous avons à veiller au travail dans toutes les régions, toutes les unités armées et tous les organismes. Nous ne devons pas réserver notre attention à quelques problèmes seulement, à l'exclusion des autres. Partout où il y a un problème, il faut frapper la touche ; c'est une méthode dans laquelle nous devons acquérir de la maîtrise. »[2] Le traité intitulé « Sur les dix grands rapports », rédigé par le camarade Mao Zedong, est exemplaire dans l'emploi de l'universalité des liens pour exposer la loi régissant l'édification du socialisme. Dans « De la juste solution des contradictions au sein du peuple », il a également formulé le principe dit « Planification d'ensemble et dispositions appropriées ».

Après le lancement de la réforme et de l'ouverture en Chine, le camarade Deng Xiaoping a répondu à la nouvelle situation et aux nouveaux problèmes en ces termes : « La modernisation nous pose des tâches dans divers domaines. Il est nécessaire de procéder à un équilibrage intégral dans tous les domaines et de s'abstenir de concentrer nos efforts sur un seul point. »[3] Au cours des diverses périodes de la réforme et de l'ouverture, il a avancé une série de principes stratégiques dits « mener deux actions de front ». Le camarade Jiang Zemin a proposé de traiter douze grands rapports touchant à l'ensemble de nos activités au cours de la progression de la modernisation socialiste de notre pays[4]. Le camarade Hu Jintao a proposé le développement intégral, coordonné et durable. Le XVIIIe Congrès du Parti a formulé le « plan global en cinq axes » de la cause socialiste à la chinoise. Puis, nous avons élaboré les dispositions stratégiques des Quatre Intégralités. Tout cela montre notre compréhension de plus en plus approfondie du développement coordonné et le sens de la méthodologie de la dialectique matérialiste dans la solution des problèmes du développement chinois.

Dans la situation nouvelle, le développement coordonné revêt des caractéristiques nouvelles. Par exemple, la coordination est à la fois le moyen et l'objectif du développement, mais aussi la norme et la mesure de l'évaluation du développement. Plus encore, la coordination du développement est l'unité entre la prise en considération des deux aspects et l'insistance sur l'aspect principal. Un pays, une région ou un secteur possède ses avantages et ses contraintes pendant une période déterminée de développement. Quant à l'idée directrice du développement, il faut résoudre les problèmes difficiles et combler les lacunes tout en consolidant et accroissant les avantages existants. Seules la complémentarité et l'interaction vertueuse de ces deux aspects permettent un développement de haut niveau. En outre, la coordination est l'unité de l'équilibre et du déséquilibre du développement. Passer de l'équilibre au déséquilibre, puis du déséquilibre à un nouvel équilibre constitue la loi fondamentale du développement des choses et des phénomènes. L'équilibre est relatif et le déséquilibre est absolu. Insister sur le développement coordonné n'encourage pas l'égalitarisme, mais souligne l'équité des opportunités de développement et la distribution équitable des ressources. Par ailleurs, la coordination est l'unité des lacunes et des potentialités de développement. La Chine est actuellement au stade du passage de pays aux revenus moyens au rang des pays aux revenus élevés. Les expériences internationales montrent que ce stade est justement celui où éclatent toutes sortes de contradictions et où existent inévitablement la disharmonie et diverses lacunes du développement. Pour réaliser un développement coordonné, il faut trouver les lacunes et s'efforcer de les combler, augmentant ainsi les potentialités et l'endurance du développement.

Pour assurer l'heureuse marche du développement du pays entier pendant le XIIIe Plan quinquennal, la clé réside dans le développement coordonné. Nous devons apprendre à maîtriser la dialectique et à bien « jouer du piano », mais aussi régler les rapports entre la partie et l'ensemble, entre le présent et l'avenir, entre l'essentiel et l'accessoire, et mesurer le pour et le contre pour trouver l'option stratégique la plus avantageuse. Tenant compte des problèmes qui se font le plus sentir dans le développement de notre pays, tels que le déséquilibre, la disharmonie et la non-durabilité, nous devons insister sur la nécessité de promouvoir le développement coordonné entre les diverses régions, entre la ville et la campagne, et entre la civilisation matérielle et la civilisation spirituelle, ainsi que le développement intégré de la construction économique et de l'édification de la défense. Voilà les points essentiels traités par la 5e session plénière au sujet du développement coordonné.

Il faut faire valoir les avantages comparatifs de toutes les régions, promouvoir l'optimisation de la distribution des forces productives, mettre l'accent sur le projet « la Ceinture et la Route », le développement coordonné de Beijing-Tianjin-Hebei, et le développement de la ceinture économique du Changjiang, qui constituent nos trois grandes stratégies. Nous devons soutenir le développement accéléré des anciennes bases révolutionnaires, des régions peuplées de minorités ethniques, des régions frontalières et des régions démunies, mais aussi former une structure d'exploitation régionale, ouverte, mise en réseau et munie de plusieurs centres d'activité, en reliant l'Est, le Centre et l'Ouest, ainsi que le Nord et le Sud, et réduire progressivement les écarts de développement entre les régions. Il faut suivre le principe recommandant à l'industrie d'aider en retour l'agriculture, aux villes, de soutenir les régions rurales, et de libéraliser les campagnes en leur accordant davantage et en leur prenant moins. Il faut également promouvoir la répartition équilibrée des ressources publiques dans les régions urbaines et rurales, accélérer l'établissement des rapports caractérisés par la promotion de l'agriculture par l'industrie, l'entraînement des villages par les villes, l'avantage mutuel des ouvriers et des paysans ainsi que l'intégration des régions urbaines et rurales, afin de réduire sans cesse l'écart de développement entre zones urbaines et rurales. Il faut maintenir l'orientation de la culture avancée socialiste et recourir aux valeurs essentielles socialistes pour unifier les idées et rassembler les forces, aux produits culturels de qualité pour galvaniser les esprits et encourager le moral, et à la brillante culture traditionnelle chinoise pour fournir de la nourriture morale au peuple et élever le niveau de la civilisation spirituelle. Il faut procéder à une planification d'ensemble pour la construction économique et l'édification de la défense nationale de manière à former une structure de développement caractérisée par une profonde fusion des industries militaires et civiles, qui implique tous les facteurs, couvre de multiples domaines et s'avère performante ; faire progresser l'édification de la défense et de l'armée au même rythme de l'édification intégrale de la société de moyenne aisance ; et parvenir à un développement coordonné, équilibré et inclusif.

Troisièmement, promouvoir énergiquement la cohabitation harmonieuse de l'homme et de la nature. Le développement vert est, dans son essence, la solution judicieuse au problème de leur cohabitation harmonieuse. Les activités humaines doivent respecter la nature, s'adapter à elle et la protéger. Sinon, l'homme subira les représailles de la nature. Personne ne peut résister à cette loi.

Dans la *Dialectique de la nature*, Friedrich Engels a écrit : « Les gens qui, en Mésopotamie, en Grèce, en Asie Mineure et d'autres lieux, essartaient les forêts pour gagner de la terre arable, étaient loin de s'attendre à jeter par là les bases de l'actuelle désolation de ces pays, en détruisant avec les forêts les centres d'accumulation et de conservation de l'humidité. Sur le versant sud des Alpes, les montagnards italiens qui saccageaient les forêts de sapins, conservées avec tant de sollicitude sur le versant nord, n'avaient pas idée qu'ils sapaient par là l'élevage de haute montagne sur leur territoire ; ils soupçonnaient moins encore que, par cette pratique, ils privaient d'eau leurs sources de montagne pendant la plus grande partie de l'année et que celles-ci, à la saison des pluies, allaient déverser sur la plaine des torrents d'autant plus furieux. »

Au siècle dernier, les « huit incidents de nuisance majeure du monde » ont considérablement affecté l'environnement écologique et la vie de la population dans les pays occidentaux. L'incident du smog photochimique de Los Angeles a causé 1 000 morts et quelque 75 % des citadins souffraient de rougeurs et de douleurs dans l'œil. Quand l'incident du smog londonien a éclaté pour la première fois en décembre 1952, quelque 4 000 personnes ont péri en quelques jours seulement. Dans les deux mois qui ont suivi, environ 8 000 personnes sont mortes des suites de maladies du système respiratoire. Et en 1956, 1957 et 1962, il s'est successivement produit 12 incidents graves de brouillard de pollution. La maladie de Minamata, au Japon, est due à l'évacuation des eaux usées contenant du méthylmercure dans la baie de Minamata. Les personnes ayant mangé des poissons, des mollusques et des crustacées contaminés furent empoisonnées au mercure. Les malades, au nombre d'un millier, souffraient de douleurs incommensurables. Quelque 20 000 personnes étaient menacées. L'écrivain américain Rachel Carson a donné une description détaillée de cet état de choses dans son ouvrage *Printemps silencieux*.

Selon des documents historiques, le plateau de Lœss, le bassin de la rivière Weihe et les monts Taihang étaient jadis couverts de forêts et traversés par de limpides cours d'eau. Ces zones étaient propices à l'agriculture et à l'élevage, mais le déboisement effréné et le défrichement des terres ont gravement détérioré l'environnement écologique. L'extension du désert du Taklamakan a enseveli la prospère Route de la soie. Les déserts du corridor de Hexi ont détruit la vieille cité de Dunhuang. Les steppes de Mongolie, belles et fertiles, ont été grignotées par les déserts de Horqin, de Mu Us et de Ulan Buh. L'ancienne cité de Loulan a connu la décrépitude à cause du changement du lit de la rivière Kongque, dû au défrichement et à l'irrigation aveugle. Dans le nord du Hebei, Weichang était très boisé et les ruisseaux et les herbages étaient merveilleux mais, sous le règne de l'empereur Tongzhi, cette terre clôturée a été ouverte au défrichement et une immense forêt de pins a presque disparu, cédant la place à des collines dénuées de plusieurs centaines de milliers de *mu*. Nous devons nous souvenir de ces leçons cinglantes.

A propos de la nature, Friedrich Engels a fait une remarque pertinente : « Cependant ne nous flattons pas trop de nos victoires sur la nature. Elle se venge sur nous de chacune d'elles. Chaque victoire a certes en premier lieu les conséquences que nous avons escomptées mais, en second et en troisième lieu, elle a des effets différents et imprévus, qui ne détruisent que trop souvent ces premières conséquences. »[5] L'être humain est né de la nature, et il cohabite avec elle. Tout dommage qu'il aura causé à la nature finira par nuire à l'homme lui-même. Ce n'est qu'en respectant les lois de la nature que nous pouvons éviter les détours apparus dans l'exploitation et l'utilisation de la nature. Nous devons retenir cette vérité et agir en conséquence.

Depuis la mise en pratique de la réforme et de l'ouverture, la Chine a obtenu des succès historiques dans son développement économique. Ce point mérite notre fierté et notre orgueil, et suscite l'envie de nombreux pays. Dans le même temps, nous devons constater le nombre important de problèmes environnementaux que nous avons accumulés, qui constituent une lacune évidente et mécontentent fortement notre peuple. Toutes sortes de pollutions éclatent fréquemment et affligent les masses populaires au plus profond d'elles-mêmes. Nous devons déployer tous nos efforts pour en finir avec cet état de choses.

Nos ancêtres avaient compris l'importance de l'environnement écologique. Il est écrit dans les *Entretiens*[6] : « On utilise une ligne pour pêcher, et non de grands filets ; on ne tue pas les oiseaux qui passent la nuit dans leur nid. »[7] Xun Zi[8] a dit : « Quand la végétation pousse et devient luxuriante dans les montagnes, la hache ne doit pas surgir afin d'abattre des plantes et briser leur croissance. Quand les tortues, les poissons et les anguilles portent leurs petits, le filet et le poison ne doivent pas apparaître dans les plans d'eau, afin de ne pas les prendre et détruire leur reproduction. »[9] Les *Annales des Printemps et Automnes de Lü Buwei*[10] ont fait remarquer : « Si on mettait un étang à sec pour prendre les poissons, pourrait-on ne pas en avoir ? Mais alors, il n'y en aurait pas l'année suivante. Quand on cultive sur brûlis, peut-on ne pas obtenir de récoltes ? Mais il n'y aurait alors pas d'animaux l'année prochaine. » Ces idées relatives à la demande à la nature au moment opportun et dans une mesure raisonnable présentent un très important sens pratique.

L'environnement écologique n'a pas de substitut. On s'en sert sans s'en apercevoir, mais si on le perd, il sera difficile de le récupérer. J'ai dit que l'environnement représentait le bien-être du peuple, que les montagnes vertes la beauté, que le ciel bleu le bonheur, et que les eaux claires et les monts verts la richesse. Protéger l'environnement revient à protéger les forces productives ; améliorer l'environnement, à développer les forces productives. En ce qui concerne la protection de l'environnement, il faut se forger un sens de la situation générale, de l'avenir et de l'ensemble pour envisager les choses. Nous ne devons pas rechercher de petits intérêts au détriment des grands, saisir une chose pour en laisser échapper une autre, manger son blé en herbe et chercher à obtenir de rapides succès. Nous devons constamment observer la politique nationale consistant à économiser les ressources et à protéger l'environnement. Il nous faut protéger l'environnement écologique comme la prunelle de nos yeux, le traiter comme nous traitons notre vie, promouvoir un mode de développement et un mode de vie respectueux de l'environnement, et faire avancer par nos efforts conjugués l'enrichissement du peuple, la prospérité du pays et l'édification d'une belle Chine. Ces idées m'ont poussé à souligner, au cours de la réunion tenue il y a peu de temps à Chongqing sur le développement de la ceinture économique du Changjiang, qu'il faudrait donner la priorité à l'écologie et au développement vert, et mettre la restauration de l'environnement écologique du Changjiang à une place prédominante. Tout le monde travaillerait pour sa protection et dirait non à l'exploitation excessive.

Les cadres dirigeants de tous les échelons doivent raffermir leurs convictions sur la protection de l'environnement écologique et rejeter résolument les modes et moyens de développement qui endommagent voire détruisent l'environnement écologique. Ils ne doivent pas sacrifier l'environnement écologique pour réaliser la croissance locale et momentanée. Il faut résolument promouvoir le développement vert et favoriser la valorisation massive du capital naturel, afin que le peuple vive mieux dans un environnement écologique de qualité, qui présente une belle image de la Chine. Il faut permettre aux habitants de respirer un air pur, de boire une eau propre, de manger une nourriture saine, de vivre dans un environnement agréable et de bénéficier de l'effet environnemental de la croissance économique. Ainsi, la Chine accédera à une nouvelle époque de civilisation écologique, avec un ciel plus bleu, des montagnes plus vertes, des eaux plus claires et un environnement meilleur.

Quatrièmement, mettre en place un nouveau système de l'ouverture sur l'extérieur. Les succès que nous avons obtenus ces 30 dernières années dans le développement du pays sont dus à l'ouverture. La prospérité d'un pays ou le renouveau d'une nation réside dans l'adaptabilité de ce pays ou de cette nation au courant de son époque et dans son aptitude à prendre en main l'initiative d'avancer avec l'histoire.

La mondialisation économique est le courant de notre temps, auquel nous devons faire face en envisageant notre développement. Cette notion n'est devenue courante qu'à la fin de la guerre froide. Cependant, cette tendance du développement n'est pas une nouveauté. Déjà au XIXe siècle, Marx et Engels ont analysé en détail le commerce mondial, le marché mondial et l'histoire mondiale dans leurs œuvres : *L'Idéologie allemande*, *Manifeste du Parti communiste*, *Introduction générale à la critique de l'économie politique* et *Le Capital*. Il est écrit dans le *Manifeste du*

Parti communiste : « Par l'exploitation du marché mondial, la bourgeoisie donne un caractère cosmopolite à la production et à la consommation de tous les pays. » Les points de vue perspicaces et les commentaires de Marx et Engels exposent profondément la nature, la logique et le processus de la mondialisation économique. Ils constituent la base théorique nous permettant de connaître la mondialisation économique actuelle.

La mondialisation économique est passée *grosso modo* par trois étapes. La première est celle de l'expansion coloniale et la formation du marché mondial. Avant la Première Guerre mondiale, les pays occidentaux avaient presque terminé la division du monde suite à la prise par la force ou par la fraude, à l'occupation armée et à l'expansion coloniale. Toutes les régions et toutes les nations du monde ont été englobées au sein du système mondial du capitalisme. La deuxième étape est celle de deux marchés mondiaux parallèles. Après la fin de la Seconde Guerre mondiale, sont nés des pays socialistes, et des pays coloniaux ou semi-coloniaux ont accédé à leur indépendance. Le monde s'est divisé en un camp socialiste et un camp capitaliste, et deux marchés parallèles sur le plan économique. La troisième est celle de la mondialisation économique. Après la fin de la guerre froide, l'antagonisme entre les deux camps a également pris fin, de même que les deux marchés parallèles. L'interdépendance s'est considérablement renforcée entre les pays et la mondialisation économique a connu un développement et une évolution accélérés.

Dans le même temps, les relations de notre pays avec le reste du monde sont aussi passées par trois étapes. La première fut celle du passage de la fermeture du pays à l'état de pays semi-colonial et semi-féodal. Avant la Guerre de l'Opium, la Chine était à l'écart du marché mondial et de la vague d'industrialisation. Elle a ensuite subi défaite sur défaite dans les guerres de l'Opium et les guerres d'agression ultérieures des puissances étrangères. Elle est devenue un pays à la fois pauvre et faible. La deuxième étape fut celle consistant à « se ranger d'un seul côté » et à se trouver fermée ou à moitié fermée. Après la fondation de la Chine nouvelle, nous nous sommes rangés d'un seul côté : l'Union soviétique. Nous recherchions péniblement la voie de l'édification socialiste dans des conditions relativement fermées. Durant la « révolution culturelle », nous sommes encore une fois isolés du reste du monde. La troisième étape fut celle de l'ouverture tous azimuts vers l'extérieur. Depuis la réforme et l'ouverture, nous avons tiré le meilleur parti des opportunités apportées par la mondialisation économique, élargi sans cesse notre ouverture et réalisé une transformation historique de nos relations avec le monde.

La pratique nous apprend que, pour se développer, tout pays doit suivre de son propre chef le courant de la mondialisation économique, s'en tenir à l'ouverture vers l'extérieur et pleinement valoriser les acquis scientifiques et techniques avancés, ainsi que les expériences de gestion utiles, réalisés par la société humaine. Au début de la réforme et de l'ouverture, alors que nous étions faibles et manquions d'expériences, de nombreux camarades se demandaient avec suspicion si nous pourrions tirer parti des opportunités de l'ouverture face à des pays occidentaux prééminents, et ne pas être soudoyés ou engloutis par eux. Les pressions étaient alors très fortes quand nous nous engagions dans les négociations sur le recouvrement de nos droits au GATT et sur notre accession à l'OMC. Aujourd'hui, nous pouvons dire que nous avons choisi une orientation juste en ouvrant le pays courageusement et en embrassant le monde.

Il y a encore 20 ans ou même 15 ans, les pays occidentaux, notamment les Etats-Unis, étaient les promoteurs de la mondialisation économique. Mais aujourd'hui, on nous considère comme le premier porte-drapeau de la libéralisation et de la facilitation du commerce et des investissements, et comme un combattant actif contre toutes sortes de protectionnisme des pays occidentaux. Cela montre que si l'on suit de son propre chef le courant du développement dans le monde, il est non seulement possible de devenir puissant, mais également de conduire le courant du développement mondial.

L'ouverture et le développement que nous entreprenons actuellement font face à des situations intérieure et internationale bien différentes de celles du passé. Dans l'ensemble, les facteurs favorables sont plus nombreux, mais les risques et défis ne sont pas négligeables car ceux-ci sont sous-jacents et s'accumulent depuis longtemps. Nous pouvons procéder à une analyse sur les quatre points suivants : Primo, le rapport des forces connaît un changement positif et sans précédent sur le plan international. Le redressement en groupe des pays émergents et en développement modifie la configuration politique et économique du monde. La multipolarisation du monde et la démocratisation des relations internationales représentent une tendance irréversible. Le système de gouvernance mondiale dirigé par les pays occidentaux présente des signes de réforme, mais la lutte pour diriger la gouvernance mondiale et la formulation des règles internationales est acharnée. Les pays occidentaux développés conservent leur position supérieure dans les domaines économique, scientifique, technique, politique et militaire, et le chemin reste difficile et très long pour établir un ordre international politique et économique plus juste et plus équitable. Secundo, l'économie mondiale quitte graduellement l'ombre de la crise financière internationale et la reprise se profile globalement dans les pays occidentaux grâce à la ré-industrialisation. De nouveaux changements sont intervenus dans la division internationale du travail, mais le protectionnisme s'aggrave sur le plan international. La formulation des règles économiques et commerciales internationales donne des signes de politisation et de fragmentation. Nombre de pays émergents et en développement connaissent une récession prolongée et l'économie mondiale n'a pas encore retrouvé de nouveaux moteurs déclenchant une reprise généralisée. Tertio, la Chine représente une part de plus en plus importante dans l'économie mondiale et la gouvernance mondiale. Elle est à présent la deuxième économie du monde, le premier exportateur et le deuxième importateur de marchandises, le deuxième investisseur mondial à l'étranger, le plus gros détenteur de réserves de devises étrangères et le plus grand marché touristique. Elle est donc un facteur principal agissant sur la carte politique et économique du monde. Cependant, l'économie chinoise présente toujours un problème cuisant : elle est importante en quantité mais non en qualité, le revenu par habitant et le niveau de vie de la population sont loin de pouvoir se comparer à ceux des pays développés. Nous devons déployer davantage d'efforts pour transformer notre puissance économique en un pouvoir institutionnalisé international. Quarto, l'ouverture de la Chine a accédé à un stade plus pondéré entre l'introduction de l'étranger et la sortie des frontières. Au début, l'ouverture de notre pays était principalement marquée par l'introduction de l'étranger, et elle présente maintenant un nouveau contexte où l'introduction de l'étranger et la sortie des frontières sont toutes deux importantes. Cependant, le droit, la consultation, la finance, le personnel, la gestion et le contrôle des risques, ainsi que la garantie de la sécurité qui doivent s'adapter à cet état de choses, arrivent difficilement à satisfaire les besoins actuels. Les institutions et les forces soutenant une ouverture de haut niveau et une massive sortie des frontières s'avèrent encore faibles.

Cela veut dire que notre ouverture et notre développement bénéficient aujourd'hui d'une situation générale plus favorable que jamais, mais affrontent en même temps des contradictions, des risques et des antagonismes sans précédent. Toute inattention pourrait nous faire tomber dans un piège soigneusement préparé. A propos de l'ouverture et du développement ultérieurs de notre pays, la 5ᵉ session plénière du XVIIIᵉ Comité central du Parti a pris des dispositions adéquates et dans le discours que j'ai prononcé à la 2ᵉ séance générale de cette session plénière, j'ai également formulé des exigences. J'espère que vous ne cesserez pas d'explorer et d'expérimenter, afin d'être plus conscients et plus capables de maîtriser la situation d'ensemble tant intérieure qu'extérieure, et d'élever la qualité et le niveau de l'ouverture vers l'extérieur.

Cinquièmement, mettre en œuvre le concept de développement centré sur le peuple. C'est une idée avancée pour la première fois par la 5ᵉ session plénière du XVIIIᵉ Comité central du Parti. Elle incarne la vocation fondamentale de notre parti consistant à servir corps et âme le peuple, et démontre la conception matérialiste de l'histoire selon laquelle le peuple est la force essentielle du développement.

« L'administration du pays a ses règles courantes, mais servir les intérêts du peuple en est l'essence. »[11] Ce concept de développement centré sur le peuple n'est pas une notion abstraite et mystérieuse, et ne peut pas rester au stade verbal ou comme étant une idée en gestation. Il doit se concrétiser à tous les maillons du développement économique et social. Il faut maintenir la position du peuple en tant qu'acteur principal, répondre à son aspiration à une belle vie et continuer à réaliser, à préserver et à développer les intérêts fondamentaux des larges masses populaires, de sorte que le développement serve le peuple, dépende du peuple et bénéficie au peuple tout entier. Nous devons, par le biais de la réforme approfondie et de l'innovation, élever la qualité et la rentabilité du développement économique et fournir davantage de biens matériels et de productions intellectuelles pour satisfaire les besoins matériels et culturels croissants du peuple. Il faut mobiliser l'enthousiasme, l'initiative et la créativité du peuple tout entier, et fournir une scène et un environnement propres à la valorisation du rôle des travailleurs, des entrepreneurs, des innovateurs et des cadres de tous les métiers. Il faut conserver le système économique et le système de distribution fondamentaux socialistes, réajuster le contexte de répartition des revenus, améliorer le mécanisme régulateur de redistribution par les principaux moyens de la fiscalité, de la protection sociale et du transfert des paiements, afin de sauvegarder l'équité et la justice sociales, de résoudre le problème de l'écart des revenus et d'apporter de façon plus équitable à tout le peuple davantage de bénéfices des réalisations du développement.

Le concept de partage est au fond l'idée de maintenir un développement centré sur le peuple. Il traduit l'exigence consistant à progressivement réaliser l'enrichissement commun, qui est un objectif fondamental du marxisme, ainsi qu'un idéal essentiel nourri par notre peuple depuis l'antiquité. Confucius[12] a dit : « Ce qui est à craindre, ce n'est pas la rareté, mais l'inégalité ; ce n'est pas la pauvreté, mais l'instabilité. »[13] Mencius[14] a dit de son côté : « Il convient de traiter avec gentillesse les personnes âgées et les enfants des autres comme ceux de sa propre famille. »[15] Le *Livre des rites*[16] donne une description concrète et vivante de ce que sont la société de « moyenne aisance » et celle de « grande concorde ». Selon la conception de Marx et Engels, la société communiste abolira définitivement les antagonismes et les différences entre les classes, entre villes et campagnes, et entre travail intellectuel et travail physique. Elle mettra en pratique le principe dit « De chacun selon sa capacité, à chacun selon ses besoins ». Elle réalisera effectivement le partage commun dans la société et assurera l'épanouissement libre et complet de chacun.

La réalisation de cet objectif demande bien entendu un long processus historique. La Chine est et restera encore longtemps au stade primaire du socialisme. Nous ne devons pas agir en outrepassant ce stade, mais cela ne veut pas dire non plus que nous pouvons ne rien faire pour l'accomplissement graduel de l'enrichissement commun. Nous devons nous efforcer de faire ce qui est permis par les conditions actuelles, accumuler les victoires mineures pour en faire une majeure et avancer sans cesse vers l'objectif de l'enrichissement commun de tout le peuple.

Aux premiers jours de la fondation de la Chine nouvelle, le camarade Mao Zedong a déclaré : « Maintenant, nous pratiquons tel régime et tel plan. Nous pouvons devenir plus riches et plus puissants d'année en année, et nous pouvons le constater chaque année. Cet enrichissement est celui de tout le monde, et cette puissance se trouve sur le plan commun, chacun ayant sa part. »[17] Durant la nouvelle période historique marquée par la réforme et l'ouverture, le camarade Deng Xiaoping a maintes fois souligné l'enrichissement commun. En décembre 1990, dans un entretien avec plusieurs camarades responsables des autorités centrales, il a fait remarquer : « L'enrichissement commun, nous en avons parlé dès le début de la réforme. Ce sera certainement un thème central un jour. Le socialisme ne signifie pas qu'une minorité devient riche, alors que la majorité reste pauvre. Non, ce n'est pas ça. La plus grande supériorité du socialisme est l'enrichissement commun qui témoigne de l'essence même du socialisme. »[18] Le camarade Jiang Zemin a notamment déclaré : « La réalisation de l'enrichissement commun est le principe fondamental du socialisme et sa caractéristique essentielle. Nous devons rester inébranlables sur ce point. »[19] Le camarade Hu Jintao a, lui aussi, demandé de « permettre à tout le peuple de bénéficier des réalisations de la réforme et de l'ouverture, et d'avancer à pas sûrs vers l'enrichissement commun »[20]. Après de longues années de dur labeur, notre peuple a considérablement amélioré sa qualité de vie et le niveau de partage social s'est sensiblement élevé. Il s'agit là d'un succès inestimable.

Le concept de développement partagé que notre parti a avancé à la 5e session plénière du XVIIIe Comité central comporte un contenu en quatre points : 1. Le partage par tout le peuple. Il s'agit de la couverture du partage. Par développement partagé, on entend le partage par tout le monde, où chacun a sa part. Ce n'est pas un partage par une minorité ou par une partie seulement des personnes. 2. Le partage dans tous les domaines. Il s'agit là du contenu du partage. Le développement partagé désigne le partage de toutes les réalisations de la construction du pays dans les domaines économique, politique, culturel, social et écologique, ainsi que la garantie totale des droits et intérêts légitimes du peuple dans tous les domaines. 3. Le partage grâce à une construction conjointe. Il s'agit là de la manière de réaliser le partage. La construction conjointe permet le partage, et le processus de cette construction est aussi celui du partage. Il faut donner libre cours à la démocratie, réunir largement les idées de la population, mobiliser au maximum la force populaire et créer une atmosphère vivante marquée par la participation de tous, la contribution de tous et le sentiment de réussite de tous. 4. Le partage progressif. Il s'agit du processus de l'avancée du développement partagé. Ce n'est pas en un jour qu'on devient grand. Le processus du développement partagé sera un passage du stade inférieur au stade supérieur, du déséquilibre à l'équilibre. Même à un niveau très élevé, il y aura encore des différences. Nous devons partir de la situation de notre pays et du niveau de notre développement économique et social pour examiner et concevoir la politique de partage. Nous ne devons pas hésiter face aux difficultés, ni lésiner sur tout, sans verser l'argent qui doit être dépensé. Nous ne devons pas non plus viser trop haut, manger le blé en herbe et faire de vaines promesses. Les quatre points mentionnés ci-dessus sont liés entre eux et nous devons les comprendre et les maîtriser globalement.

Au cours du XIIIe Plan quinquennal, nous avons devant nous un ensemble de tâches à accomplir et de mesures à appliquer, afin de réaliser le concept de développement partagé. En résumé, nous avons deux niveaux d'affaires : premièrement, mobiliser pleinement l'enthousiasme, l'initiative et la créativité des masses populaires et conjuguer les efforts de toute la nation pour faire progresser la cause socialiste à la chinoise et agrandir sans cesse le « gâteau ». Deuxièmement, diviser judicieusement ce « gâteau » qui grossit de manière continue, afin de faire valoir la supériorité du régime socialiste, et de donner davantage aux masses populaires un sentiment de satisfaction. Nous devons élargir les groupes de personnes au revenu moyen et parvenir progressivement à une distribution en forme d'ovale. Il faut en particulier accentuer l'aide aux masses démunies et gagner la bataille pour éradiquer la pauvreté dans les régions rurales. La réalisation du développement partagé est un grand savoir-faire. Il faut mener à bien tout le travail allant de la conception globalisée au « dernier kilomètre », et acquérir sans cesse de nouveaux résultats dans la pratique.

Notes :

[1] Cheng Yi (1033-1107) : *Mutations des Zhou interprétées par Cheng Yi*, dynastie des Song du Nord.

[2] Mao Zedong : « Méthodes de travail des comités du Parti », *Œuvres choisies de Mao Zedong*, tome IV, Editions du Peuple, 1991, page 1442.

[3] Deng Xiaoping : « La situation actuelle et nos tâches », *Textes choisis de Deng Xiaoping*, tome II, Editions du Peuple, 1994, page 250.

[4] Jiang Zemin a avancé, dans le discours intitulé « De la juste solution des rapports importants dans la modernisation socialiste », les rapports entre la réforme, le développement et la stabilité, entre la rapidité et la rentabilité, entre l'édification économique, la population, les ressources et l'environnement, entre les secteurs primaire, secondaire et tertiaire, entre l'est, le centre et l'ouest de la Chine, entre le mécanisme de marché et le contrôle macro-économique, entre l'économie publique et les autres composants économiques, entre l'Etat, l'entreprise et le particulier dans la

distribution, entre l'ouverture accrue et la confiance en soi, entre l'autorité centrale et les instances locales, entre l'édification de la défense nationale et la construction économique, ainsi qu'entre la construction de la civilisation matérielle et le développement de la civilisation spirituelle.

[5] Friedrich Engels : « Dialectique de la nature (extraits) », *Œuvres choisies de Marx et d'Engels*, tome IX, Editions du Peuple, 2009, pages 559-560.

[6] *Entretiens de Confucius* (*Lun Yu*), l'un des classiques confucéens, est une compilation de discours de Confucius et de ses disciples ainsi que de discussions entre eux.

[7] Ibid.

[8] Xun Zi (325-238 av. J.-C.), aussi appelé Xun Kuang ou Xun Qing, philosophe, penseur et pédagogue de la fin de l'époque des Royaumes combattants.

[9] *Xunzi.*

[10] Rédgé par Lü Buwei (292-235 av. J.-C.), Premier ministre de Qin de l'époque des Royaumes combattants.

[11] *Huainanzi.*

[12] Confucius (551-479 av. J.-C.), né dans le royaume de Lu (aujourd'hui à Qufu du Shandong) de l'époque des Printemps et Automnes. Son patronyme est Kong, son prénom Qiu, et son prénom social Zhongni. Il était un penseur, pédagogue, homme politique et fondateur du confucianisme.

[13] *Entretiens de Confucius* (*Lun Yu*).

[14] Mencius (372-289 av. J.-C.), aussi connu sous les noms de Meng Ke et de Ziyu, était un philosophe et pédagogue au milieu de l'époque des Royaumes combattants.

[15] *Mencius* (*Mengzi*).

[16] *Livre des rites* (*Li Ji*), l'un des classiques confucéens, est un ouvrage important pour l'étude des aspects sociaux de la Chine antique, des lois et des canons confucéens.

[17] Mao Zedong : « Discours prononcé lors de la causerie sur les questions relatives à la transformation socialiste de l'industrie et du commerce capitalistes », *Textes choisis de Mao Zedong*, tome VI, Editions du Peuple, 1999, page 495.

[18] Deng Xiaoping : « Saisir l'occasion favorable pour résoudre les problèmes posés par le développement économique », *Textes choisis de Deng Xiaoping*, tome III, Editions du Peuple, 1993, page 364.

[19] Jiang Zemin : « De la juste solution des rapports importants dans la modernisation socialiste », *Textes choisis de Jiang Zemin*, tome I, Editions du Peuple, 2006, page 466.

[20] Hu Jintao : « La construction d'une société socialiste harmonieuse », *Textes choisis de Hu Jintao*, tome II, Editions du Peuple, 2016, page 291.

Assurer l'application du nouveau concept de développement[*]

(18 janvier 2016)

En vue de matérialiser le nouveau concept de développement et de le transformer en une pratique universelle, la clé réside dans la compréhension et l'action des cadres dirigeants aux divers échelons. Pour ce faire, je voudrais mettre l'accent sur les quatre points suivants :

Premièrement, approfondir notre étude en la matière et assurer son application. Une orientation par des expériences pilotes permet de sensibiliser les cadres et les masses à la puissance du nouveau concept de développement en tant que vérité. « On se rassure dans la pratique en approfondissant la compréhension. »[1] Ancrer un concept dans l'esprit d'une population implique un certain processus. Forger un nouveau concept de développement nécessite des études inlassables, approfondies et durables, afin de cultiver dans son for intérieur la conscience et la confiance à l'égard de ce concept. Les cadres dirigeants à tous les échelons doivent effectuer une étude multidimensionnelle et comparative, en tenant compte de l'histoire et de la réalité. Ils doivent approfondir leur compréhension sur ce concept résultant du bilan des expériences obtenues dans le développement et sur le rôle directeur de ce concept dans toutes les activités du développement économique et social pour assurer l'attachement à l'innovation, l'accent mis sur la coordination, la mise à l'honneur de l'écologie, l'approfondissement de l'ouverture et la promotion du partage.

J'ai souligné à maintes reprises que le travail de direction néces-

---

* Extraits de l'allocution prononcée au colloque des principaux dirigeants provinciaux et ministériels sur l'étude de l'esprit de la 5ᵉ session plénière du XVIIIᵉ Comité central du Parti.

sitait une vision, une qualité et des méthodes professionnelles. La maîtrise du nouveau concept de développement est non seulement une exigence politique, mais aussi une exigence du savoir et du professionnalisme, parce que ce concept implique une grande quantité de nouvelles connaissances, expériences, informations et exigences débordant du goût de l'époque. « La raison pour laquelle on remonte à l'origine d'une chose a pour but de tirer au clair le comment et le pourquoi. »[2] Si on ne connaît que certaines notions et exigences d'un concept de manière superficielle, au lieu d'établir un système de connaissances correspondant à ce concept, on aura un faible niveau professionnel dans sa parole et son action.

Si je souligne toujours que les cadres dirigeants doivent devenir des grands connaisseurs de la gouvernance économique et sociale, c'est parce que j'ai un objectif bien ciblé. Avec le développement rapide du marché, des industries, des sciences et technologies, et notamment des technologies d'Internet, les cadres dirigeants doivent se doter d'un niveau professionnel relativement élevé en matière économique. Les investissements, la sécurité de production, le contrôle boursier et le contrôle de la cyberfinance comportent de gros risques et exigent une haute compétence. Un faux jugement, un choix imprudent ou encore un contrôle inefficace conduiront à des problèmes, voire à des problèmes majeurs. Si ceux-ci sont assez graves, ils porteront atteinte à la stabilité sociale. Depuis quelque temps, les incidents éclatant les uns après les autres dans les domaines de la sécurité de production, de la Bourse et de la cyberfinance ont à maintes reprises sonné l'alarme. Aujourd'hui, la gouvernance économique et sociale s'avère difficile à cause de nombreux facteurs complexes. Des erreurs sont inévitables, mais chaque revers nous rend plus avisés. Nous devons en tirer les leçons pour éviter la répétition de ces erreurs. Il faut approfondir la recherche et l'examen sur les divers programmes, les investissements et les activités financières, et en évaluer les risques, au lieu de se laisser fasciner par l'argent au détriment de la justice. La simplification administrative, la décentralisation du pouvoir et la délivrance de la licence commerciale précédant l'octroi du permis d'exploitation ne signifient pas le rejet du contrôle. Il faut continuer à exercer un contrôle approprié, les attributions décentralisées par un organe supérieur doivent être exercées par le rang inférieur sans laisser de vide ni de lacune. Chaque échelon doit assumer ses responsabilités. Les cadres dirigeants à tous les échelons doivent consciemment renforcer leur étude, améliorer leur capacité de direction et élever leur niveau de gestion, afin de s'en tenir au principe et de rester prévoyants et innovants dans la prise de décision, le travail et le contrôle, en les systématisant.

Les anciens Chinois disaient : « Ce n'est pas difficile de connaître une chose, mais ça l'est davantage de l'appliquer. »[3] Il faut joindre l'action à la pensée, en donnant la priorité à la première. L'application du nouveau concept de développement implique non seulement le changement de vision et l'amélioration des connaissances et des capacités, mais également le réajustement des rapports d'intérêt et l'innovation institutionnelle. Il faut appliquer le nouveau concept de développement dans toutes les activités de la direction, dans la prise de décision, l'exécution et le contrôle, mais aussi s'efforcer d'améliorer la capacité et le niveau d'application coordonnée de ce nouveau concept, afin d'ouvrir de nouveaux horizons. Il faut éviter le bavardage et la légèreté dans l'action. Cependant, il faut renforcer la conscience stratégique et celle de l'intérêt général, s'appuyer sur une approche globale et à long terme, au lieu de se limiter aux intérêts régionaux, départementaux ou à court terme. Il ne faut surtout pas porter atteinte à l'intérêt général pour rechercher l'intérêt partiel, ni porter atteinte à l'intérêt fondamental et à long terme pour rechercher l'intérêt immédiat.

Deuxièmement, utiliser des méthodes dialectiques pour procéder à une conception et une application scientifiques du nouveau concept de développement. La proposition du nouveau concept de développement marque une utilisation de la dialectique ; et son application doit se guider sur la dialectique. D'un point de vue systématique, il faut procéder à une conception systématique du nouveau concept de développement selon son intégralité et sa corrélation, afin que toutes les parties se renforcent mutuellement et progressent ensemble au lieu de faire cavalier seul, de tenir compte d'une partie en négligeant l'autre ou de privilégier une partie au détriment des autres. Il faut insister sur la combinaison entre la théorie selon laquelle chaque chose a deux aspects et celle consistant à veiller à régler la contradiction principale de chaque chose, savoir distinguer la contradiction principale des contradictions secondaires, l'aspect principal des aspects secondaires d'une contradiction et ce qui est important de ce qui ne l'est pas ; saisir la contradiction principale et l'aspect principal d'une contradiction tout en prenant en considération les intérêts de toutes les parties ; promouvoir la situation dans son ensemble grâce à des percées opérées sur les points clés ; et réaliser des percées sur les points clés à travers la promotion de la situation dans son ensemble. Il faut observer la loi de l'unité des contraires, celle du passage des changements quantitatifs aux changements qualitatifs, celle de la double négation pour maîtriser l'universalité et la particularité du développement, sa progression et son bond en avant, son avancement et sa sinuosité. En insistant sur la combinaison entre la continuation et l'innovation, il faut d'une part rechercher la vérité dans la pratique et progresser à pas sûrs, et d'autre part avancer vaillamment avec notre époque. Il faut régler les problèmes en tenant compte de leurs propres caractéristiques. « En montagne, c'est auprès d'un bûcheron que l'on doit se renseigner ; en mer, auprès d'un pêcheur. »[4] Nous devons réaliser des échanges et faire des comparaisons pour saisir les opportunités, assurer la modération et l'efficacité en prenant en considération le temps, l'endroit et les conditions réelles.

Troisièmement, innover les moyens pour promouvoir l'application du nouveau concept de développement à travers la réforme et la légalité. Le rôle moteur de la réforme et le rôle de garantie de la légalité sont indispensables pour l'application du nouveau concept de développement. L'affirmation d'un nouveau concept est toujours accompagnée de l'éradication de vieilles idées : « Sans destruction, pas de construction. » L'application du nouveau concept de développement implique une série de changements de modes de pensée, d'action et de travail, ainsi qu'une série de réajustements des rapports sociaux, de travail et d'intérêt. Sans réforme, le nouveau concept ne sera qu'un stratège en chambre qui ne sera jamais appliqué. Les dispositions prises par le Comité central du Parti relatives à l'approfondissement intégral de la réforme sont directement liées à l'application de ce nouveau concept de développement. Les cadres dirigeants à tous les échelons doivent remplir leur responsabilité d'acteur principal quant à l'application de ce concept. Dans l'application, ils peuvent, en tenant compte des conditions réelles, concrétiser davantage les exigences de principe dans les projets de réforme proposés par le Comité central du Parti ; effectuer des recherches et des essais audacieux en ce qui concerne les lacunes dans ces projets ; s'efforcer d'enlever tous les obstacles gênant notre idéologie et notre travail sans jamais céder ou faire de compromis, ni se relâcher dans l'esprit ou s'arrêter à mi-chemin. Ils doivent approfondir leur analyse sur les nouvelles exigences du nouveau concept de développement vis-à-vis de l'édification de la légalité et sur les problèmes saillants survenus dans l'application de ce concept dans le domaine de la légalité, afin de prendre des mesures ciblées et d'utiliser la pensée et le mode de gouvernance selon la loi pour favoriser l'application de ce concept.

Quatrièmement, se préparer au pire pour atténuer en temps opportun les contradictions et les risques dans l'application du nouveau concept de développement. Le développement du socialisme à la chinoise est une tâche historique ardue et de longue haleine. Il faut se préparer à une grande lutte aux nombreuses caractéristiques historiques nouvelles. A l'heure actuelle et dans les années à venir, nous devons et devrons affronter une grande quantité de contradictions, de risques et de défis sur les plans national et international. Il ne faut pas baisser notre vigilance. Leurs sources et leurs points clés s'enchevêtrent et se conditionnent mutuellement. Sans prévention ni luttes efficaces, les contradictions, risques et défis se propagent, se superposent, se développent et s'aggravent, de sorte que les petits se transformeront en grands, les locaux en systématiques, ceux de l'étranger en ceux du pays, et ceux dans les domaines économique, social, culturel et écologique en ceux dans le domaine politique, avant de menacer la position du Parti en tant que parti au pouvoir et la sécurité de l'Etat.

La sécurité de l'Etat et la stabilité sociale sont les conditions préalables à la promotion du développement innovant, coordonné, écologique, ouvert et partagé. Sans la sécurité ni la stabilité, rien n'est possible. « Les hommes intelligents savent prendre des mesures préventives et les sages peuvent prévenir les futurs dangers. »[5] Nous devons prendre l'initiative, nous prémunir avant l'approche du danger, agir dès les premières prémices, savoir « jouer le premier coup », afin de tuer le mal dans l'œuf, préciser la responsabilité de chacun et nous préparer contre les contradictions, les risques et les défis de tout genre, sur les plans économique, politique, culturel, social, diplomatique et militaire.

En 1945, le camarade Mao Zedong a présenté un rapport conclusif lors du VIIe Congrès du Parti. En parlant de se préparer à « en pâtir » et à affronter les difficultés, il a énuméré d'une seule traite 17 catastrophes au niveau national : 1. critiques étrangères ; 2. critiques de l'intérieur ; 3. quelques bases d'appui importantes tombées sous la main du Guomindang ; 4. des dizaines de milliers de soldats anéantis par le Guomindang ; 5. les troupes fantoches accueillant Tchang Kaï-chek ; 6. éclatement de la guerre civile ; 7. affaire de Ronald Scobie risquant de réduire la Chine à une situation similaire à la Grèce ; 8. « non-reconnaissance de la Pologne », soit la non-reconnaissance du statut du Parti communiste ; 9. des dizaines de milliers de membres du Parti désertés ou dispersés ; 10. pessimisme et lassitude apparus au sein du Parti ; 11. terres abandonnées à cause de la fréquence des catastrophes naturelles ; 12. difficultés économiques ; 13. troupes ennemies concentrées dans la Chine du Nord ; 14. le Guomindang pratiquant l'assassinat et visant nos camarades responsables. 15. désaccord au sein de la direction du Parti ; 16. absence d'aide du prolétariat international pendant longtemps ; 17. d'autres affaires imprévisibles. Selon lui, « bien que de nombreuses affaires soient imprévisibles, nous devons faire des préparatifs. Les cadres dirigeants de haut rang doivent notamment se préparer mentalement aux difficultés extrêmes et aux situations extrêmement défavorables. Nous devons pleinement les prendre en considération. »[6] Le camarade Deng Xiaoping a souligné à maintes reprises : « Nous devons baser notre travail sur la prévention des risques majeurs et en préparer les contre-mesures. Ainsi, le Parti surmontera-t-il toute épreuve malgré les risques graves. »[7] Les camarades Mao Zedong, Deng Xiaoping, Jiang Zemin et Hu Jintao sont tous arrivés à la même conclusion profonde, qui est une expérience et une sagesse politiques importantes pour la gouvernance du Parti et de l'Etat.

Enfin, le dernier point à souligner consiste à mobiliser, de manière plus large et plus efficace, l'enthousiasme de nos cadres. Ce point est extrêmement important et semble urgent à l'heure actuelle, parce que les cadres constituent la force d'ossature pour la cause du Parti. Nos cadres améliorent sans cesse leur qualité et optimisent sensiblement leur structure dans leur ensemble. Ils s'adaptent essentiellement aux exigences du développement de notre cause, notamment grâce à l'épanouissement d'un grand nombre de jeunes cadres compétents. Dans le même temps, influencés par divers facteurs, dont leur expérience de développement personnel, l'environnement social et le paysage politique, certains cadres manifestent actuellement des problèmes complexes, tels que la grande perplexité morale, le manque d'enthousiasme et un certain immobilisme. Nous devons prêter une haute attention à ce genre de problème, l'examiner avec sérieux, tirer au clair la situation, approfondir l'analyse sur les causes et procéder à des contre-mesures, afin de le régler de manière ciblée.

En résumant les comptes rendus de toutes parts, l'« immobilisme » des cadres est dû aux trois causes suivantes : 1. Manque de compétence ; 2. Manque d'enthousiasme ; 3. Manque de sens des responsabilités. Ces causes existaient dans le passé, mais pourquoi sont-elles plus notables aujourd'hui ? Outre que certains cadres présentent une qualité qui n'est pas adaptée aux exigences de la nouvelle situation et des nouvelles tâches, cela est dû aux problèmes dans notre travail et à l'influence des facteurs complexes dans la société. En ce qui concerne notre travail, il s'agit principalement de certaines localités et de certains organismes, qui n'ont pas perfectionné leurs règles d'application et mesures d'accompagnement visant à appliquer les décisions et dispositions du Comité central du Parti, qui n'ont pas correctement maîtrisé les politiques, qui ont utilisé des méthodes simplistes et rigides, qui n'ont pas effectué une éducation et une orientation pertinentes de leurs cadres en temps opportun. Dans les opérations concrètes relatives à l'idéologie, aux concepts, au style de travail et au développement économique et social, il se peut que ces localités et organismes n'aient pas encore réalisé un réajustement selon les nouvelles exigences formulées depuis le XVIIIe Congrès du Parti ou qu'ils aient réalisé un réajustement imparfait, donnant lieu ainsi à une inadaptation. Du point de vue des facteurs sociaux, des opinions négatives et des coups médiatiques malveillants ont estompé le rayon visuel des cadres et accru leur perplexité.

Tout le monde estime que l'immobilisme chez les cadres est devenu un problème saillant. Les comités du Parti aux différents échelons doivent immédiatement prendre des mesures appropriées, afin de redresser la situation le plus tôt possible. Ils doivent renforcer l'éducation et la formation des cadres, en organisant des formations ciblées et efficaces sur les plans théorique, politique, scientifique, technologique, gestionnaire, législatif et réglementaire, qui visent les vides de connaissance, les lacunes d'expérience et les faiblesses de compétence, afin de stimuler l'enthousiasme des cadres, de dissiper leur perplexité, de renforcer leur sens des responsabilités et leur conscience de la mission dans le travail, mais aussi d'intensifier leur confiance et leur compétence à s'adapter à la nouvelle situation et aux nouvelles tâches. Il faut combiner la stricte gestion des cadres avec une chaleureuse sollicitude envers eux. Il faut d'une part leur demander d'accomplir de leur plein gré tous les devoirs confiés par l'organisation, d'agir strictement en conformité avec les principes, la discipline et les règles du Parti, sans abuser de leur pouvoir, ni violer la discipline et la loi, et d'autre part les encourager sur le plan politique, les soutenir dans leur travail, assurer leur traitement, leur témoigner des soins psychologiques, de sorte que tous les cadres aient un cœur léger, soient pleins de confiance, accomplissent des actions d'éclat et aient le courage d'assumer leurs responsabilités. Il faut distinguer : les erreurs commises par les cadres dans la promotion de la réforme en raison du manque d'expérience de celles commises par eux en violant la discipline et la loi en parfaite connaissance de cause ; les erreurs commises dans des essais expérimentaux sans contraintes précises définies par les organes supérieurs des infractions commises malgré les interdictions explicites des organes supérieurs ; les erreurs involontaires dans l'intention de promouvoir le développement des infractions visant à rechercher l'intérêt individuel. Tout cela a pour but de protéger les cadres intègres, audacieux, responsables et entreprenants, de stimuler au maximum l'enthousiasme, l'initiative et l'esprit créatif des cadres, de les encourager à mieux diriger les masses à se joindre à notre cause, de parachever l'édification intégrale de la société de moyenne aisance à la date prévue et de réaliser de nouvelles avancées dans la modernisation socialiste.

Notes :

[1] *Recueil raisonné des propos de Maître Zhu* (*Zhuzi Yulei*).

[2] *Textes choisis de Zhu Xi*, dynastie des Song du Sud (1127-1279).

[3] Wu Jing (670-749) : *Leçons politiques de l'ère Zhenguan*, dynastie des Tang.

[4] Zhuang Yuanchen (1560-1609), dynastie des Ming.

[5] Chen Shou (233-297) : « Wu Shu », *Histoire des Trois Royaumes,* dynastie des Jin de l'Ouest.

[6] Mao Zedong : « Conclusion tirée lors du VIIe Congrès du Parti communiste chinois », *Textes choisis de Mao Zedong*, tome III, Editions du Peuple, 1996, page 392.

[7] Deng Xiaoping : « Tirer profit de l'expérience internationale », *Textes choisis de Deng Xiaoping*, tome III, Editions du Peuple, 1993, page 267.

VII
Nouvelle normalité économique

Le travail économique doit s'adapter à la nouvelle normalité du développement économique[*]

(9 décembre 2014)

Une compréhension scientifique de la situation actuelle et un jugement correct de sa future évolution constituent des conditions préalables essentielles pour mener à bien nos activités économiques. Récemment, une question se pose à l'intérieur comme à l'extérieur du pays : qu'est-ce qui est arrivé à l'économie chinoise lorsque le rythme de sa croissance continue à baisser ? Certains pensent que le rythme de la croissance chinoise est déjà tombé à moins de 7,5 % et se demandent pourquoi le gouvernement chinois ne prend pas de mesures fortes de relance, etc. A mon avis, pour analyser et traiter cette question, il faut comprendre de manière historique et dialectique les caractéristiques du développement économique chinois à l'étape actuelle.

L'année dernière, le Comité central du Parti a formulé un jugement, selon lequel le développement économique chinois traverse une période caractérisée par des changements de vitesse de la croissance économique, des difficultés inhérentes à la restructuration et la nécessité d'ajuster les politiques de relance. Lors d'une réunion du Bureau politique du Comité central du Parti tenue au milieu de l'année, j'ai approfondi mon analyse sur cette période, en soulignant que le travail économique devait s'adapter à la nouvelle normalité du développement économique. Peu de temps avant, lors du Sommet des PDG de l'APEC tenu à Beijing, j'ai fait une analyse sommaire sur les caractéristiques du développement économique chinois dans le contexte de la nouvelle normalité, à savoir : le changement de vitesse, l'optimisation structurelle et le changement de moteur. Ici, je voudrais utiliser une

---

[*] Extraits du discours à la Conférence centrale sur le travail économique.

méthode par contraste pour expliquer quelques changements tendanciels causés par la nouvelle normalité.

1. Sur le plan de la demande de consommation. Par le passé, la consommation chinoise était caractérisée par des vagues sans innovation. Tout le monde consommait les mêmes choses et la consommation s'est accrue vague après vague. Maintenant, l'« effet suiviste » n'existe plus, mettant fin à ce mode de consommation. La consommation, en différentes gammes, étant plutôt personnalisée et diversifiée, la qualité et la sécurité des produits, ainsi que la stimulation de la demande par le biais de l'innovation de l'offre, revêtent une importance accrue. Avec l'élévation du niveau des revenus et le changement de la structure de consommation en Chine, un certain réajustement est indispensable pour le système d'offre. Cependant, la Chine compte plus de 1,3 milliard d'habitants, avec un niveau de consommation relativement bas dans son ensemble, la marge restant importante. Nous devons adopter de bonnes politiques de consommation pour mettre en valeur son potentiel et lui faire jouer son rôle fondamental dans la promotion du développement économique.

2. Sur le plan de la demande d'investissement. Par le passé, l'espace de la demande d'investissement étant énorme, tout investissement était rentable pour les audacieux. L'investissement a joué un rôle important dans le développement économique. Maintenant, après une trentaine d'années de développement et de construction à haute densité et de grande envergure, les investissements dans les secteurs traditionnels et l'immobilier sont relativement saturés. Cependant, de nombreuses opportunités d'investissement surgissent dans l'interconnexion des infrastructures, de nouvelles technologies, de nouveaux produits, de nouvelles activités économiques et de nouveaux modes commerciaux, présentant de nouvelles exigences à l'innovation du mode d'investissement et de financement. Le taux d'épargne dans son ensemble reste élevé en Chine. Nous devons bien orienter l'investissement et enlever les obstacles qui l'entravent, de sorte qu'il continue à jouer un rôle clé dans le développement économique.

3. Sur le plan de l'exportation et de la balance des paiements inter-

nationaux. Avant l'éclatement de la crise financière internationale, l'espace du marché international s'est rapidement élargi. Les exportations augmentaient tant que nous avions des avantages en matière de coût de revient. L'exportation est devenue l'un des moteurs importants entraînant un développement rapide de notre économie. Actuellement, la demande globale languit dans le monde, les avantages comparatifs de notre pays en matière de bas coûts se sont transformés. Parallèlement à cela, notre pays maintient toujours ses avantages concurrentiels en termes d'exportation et le marché international pour lequel nous avons œuvré depuis de nombreuses années constitue une ressource considérable. L'introduction de haut niveau d'investissements étrangers et la sortie massive d'investissements chinois se produisent simultanément. Le yuan est davantage internationalisé et la balance favorable des paiements internationaux progresse vers un équilibre global. Nous devons accélérer la formation de nouveaux avantages comparatifs et influencer activement la redéfinition des règles du commerce et de l'investissement internationaux, pour que l'exportation continue à jouer un rôle d'appui dans le développement économique.

4. Sur le plan de la capacité de production et du mode d'organisation industrielle. Par le passé, l'insuffisance de l'offre était une contradiction majeure, qui nous a longtemps ralentis. Désormais, la capacité de l'offre des secteurs traditionnels dépasse sensiblement celle de la demande. La capacité de production des industries de l'acier, du ciment et du verre approche de leur apogée. La surcapacité immobilière est structurelle et régionale, avec la superficie de construction planifiée de diverses zones de développement, de différents parcs industriels et de nouvelles zones urbaines dépassant la demande réelle. Dans un contexte de la surcapacité de production, l'optimisation et la montée en gamme de la structure industrielle sont obligatoires, la réorganisation d'entreprises et la concentration relative de la production paraissent inévitables. Le développement accéléré des technologies d'Internet, l'apparition sans cesse de modes d'innovation, l'importance croissante des industries émergentes, des services et des micro-entreprises, de même que la production miniaturisée, intelli-

gente et professionnalisée, deviendront les nouvelles caractéristiques de l'organisation industrielle.

5. Sur le plan des avantages comparatifs des facteurs de production. Par le passé, la Chine étant alimentée d'une nouvelle main-d'œuvre et de la main-d'œuvre excédentaire en milieu rural, la main-d'œuvre à bas coût était son plus grand avantage. Les technologies et la gestion introduites de l'étranger se sont rapidement transformées en forces productives. Aujourd'hui, avec le vieillissement de notre population, la population active diminue dans son ensemble, de même que le surplus de la main-d'œuvre rurale. Par ailleurs, l'innovation scientifique et technologique de notre pays, comparée au niveau mondial avancé, laisse beaucoup à désirer. Les pays développés n'exportent plus de technologies clés favorables à la mise à niveau de l'économie. Tout cela a affaibli la force motrice massive des facteurs de production. Avec l'amélioration inlassable de la qualité des facteurs, la croissance économique reposera davantage sur la qualité du capital humain et le progrès technologique. Il faut donc faire de l'innovation un nouveau moteur du développement.

6. Sur le plan des caractéristiques de la concurrence sur le marché. Par le passé, on s'appuyait principalement sur la concurrence par la quantité et le prix. Désormais, la concurrence est principalement basée sur la qualité et la diversification. Les consommateurs prêtent davantage attention aux produits de qualité et personnalisés. La concurrence doit donc viser la demande potentielle du marché pour satisfaire la demande par le biais de l'innovation dans l'offre. Il n'est plus possible pour les entreprises de profiter des politiques préférentielles en matière fiscale et foncière pour former leurs avantages concurrentiels, ni pour les capitaux étrangers de bénéficier d'un traitement préférentiel supérieur à celui des entreprises chinoises. L'unicité du marché national et l'amélioration du rendement de la distribution des ressources constituent des exigences endogènes du développement économique. Nous devons approfondir la réforme et l'ouverture, et accélérer la mise en forme d'un marché unifié, transparent, ordonné et réglementé, afin de créer des conditions favorables à la concurrence

sur le marché.

7. Sur le plan des contraintes venant des ressources et de l'environnement. Par le passé, les ressources énergétiques et l'environnement écologique avaient un espace relativement important, qui nous a permis une exploitation massive et un développement rapide. Aujourd'hui, la capacité d'adaptation de l'environnement a déjà atteint ou s'est approchée du plafond, n'étant plus en mesure d'accueillir un développement extensif à haute consommation. Les masses populaires ont une aspiration de plus en plus pressante aux produits écologiques, dont l'air pur, l'eau limpide et l'environnement propre. L'environnement écologique est donc de plus en plus précieux. Nous devons répondre à l'aspiration des masses populaires à un meilleur environnement écologique, favoriser la mise en place de nouveaux modes de développement vert, bas carbone et circulaire, et en faire de nouveaux pôles de croissance.

8. Sur le plan de l'accumulation et de la neutralisation des risques économiques. Par le passé, la croissance à haute vitesse a masqué certaines contradictions et certains risques. Désormais, avec le ralentissement du rythme de la croissance, les divers risques cachés se manifestent progressivement, notamment dans les domaines portant sur les dettes des instances locales, le système bancaire parallèle et l'immobilier. Il existe également des risques structurels dans l'emploi. Ces risques ont été causés par un outrepassement du gouvernement dans ses activités au cours de la restructuration économique, par des investissements aveugles des acteurs du marché lors de la prospérité économique, par des engagements excessifs par manque d'une vision à long terme ou encore par le choc de la crise financière internationale. En résumé, les risques que nous affrontons sont contrôlables dans leur ensemble, mais la neutralisation des divers risques de surendettement et de bulles prendra du temps. Nous devons nous attaquer à leurs manifestations tout en remontant à leurs origines, prendre des mesures adéquates, établir et perfectionner les systèmes et mécanismes de neutralisation de tous les risques, atténuer le choc des risques ponctuels par le biais du prolongement du traitement, et faire preuve

de fermeté pour effectuer des « opérations chirurgicales » contre une menace de risques systémiques.

9. Sur le plan du mode de distribution des ressources et du mode de macrocontrôle. Par le passé, la croissance de la demande globale avait un large espace potentiel. L'application de mesures keynésiennes stimulait efficacement le développement économique ; les maillons faibles du développement économique étant visibles, les politiques industrielles formaient facilement des avantages comparatifs pourvu que nous imitions les pays avant-gardistes selon la théorie du vol des oies sauvages. Aujourd'hui, du côté de la demande, la politique de relance globale a, de toute évidence, une utilité marginale décroissante. Du côté de l'offre, il faut non seulement réduire la surcapacité de production dans les secteurs concernés, mais également rechercher la future orientation du développement industriel grâce à la mise en valeur du rôle du mécanisme de marché. Nous devons maîtriser de manière globale les derniers changements des rapports offre-demande, procéder à un macrocontrôle scientifique, ainsi qu'à une intervention appropriée et clairvoyante, passer résolument à l'action en cas de besoin à condition de nous en assurer, et équilibrer les rapports entre le renforcement de la dynamique et la création d'un environnement favorable, afin de former un nouveau mode permettant une répartition rationnelle des rôles entre le marché et le gouvernement, ainsi que la promotion du développement.

Les changements tendanciels susmentionnés prouvent que durant cette période caractérisée par des changements de vitesse de la croissance économique, des difficultés inhérentes à la restructuration et la nécessité d'ajuster les politiques de relance, la vitesse de la croissance diminuera certainement, mais ne déclinera pas sans limite. La restructuration économique est un passage douloureux mais inévitable. L'ajustement des politiques de relance est indispensable, mais nous pouvons atténuer l'impact de divers risques durant cet ajustement par le biais d'une orientation efficace. Cela prouve également que l'économie chinoise se développe vers une période caractérisée par une forme de plus haut niveau, une division de travail plus complexe et une structure plus rationnelle. Ces changements tendanciels sont à la fois des caractéristiques extrinsèques de la nouvelle normalité et la motivation intrinsèque de celle-ci. Certains parmi eux seront intensifiés davantage et d'autres pourront changer.

En résumé, après l'entrée du développement économique de notre pays dans la nouvelle normalité, la vitesse de la croissance passe d'une croissance accélérée autour de 10 % à un rythme moyennement rapide de l'ordre de 7 % ; le mode de développement économique reposant sur la quantité et la vitesse se dirige vers un mode comptant sur la qualité et la rentabilité ; la structure économique axée sur l'augmentation du nombre et l'accroissement des capacités se tourne vers une restructuration axée sur la réorganisation des capacités existantes et l'optimisation des capacités à augmenter ; la force motrice du développement économique dépendant des pôles de croissance traditionnels s'oriente vers de nouveaux pôles de croissance. La nouvelle normalité est un résultat inhérent au développement économique chinois à cette période et indépendant de la volonté humaine. Nous devons comprendre la nouvelle normalité, nous y adapter et l'orienter à l'heure actuelle comme dans les années à venir. Tel est un principe important du développement économique chinois.

« La pauvreté pousse au changement, le changement à la faisabilité, et la faisabilité à une pratique durable. »[1] Face à la nouvelle normalité, nous devons nous y adapter sur le plan idéologique, la comprendre correctement, prendre des mesures nécessaires ciblées et travailler efficacement. Sinon, nous n'arriverons pas à mener à bien les activités économiques en avançant avec notre époque.

Il faut approfondir notre compréhension de la nouvelle normalité et unifier les vues en la matière. C'est un concept de développement métaphysique, si l'on ne considère le développement économique que comme étant une modification quantitative et une répétition simple. Tout le monde doit aligner sa pensée et son action sur la compréhension et le jugement du Comité central du Parti, afin de renforcer sa conscience et son initiative d'accélérer la transformation du mode de développement économique. Nous ne suivrons pas de près l'évolution de la situation si nous ne voyons ni ne voulons admettre les nouveaux changements, les nouvelles situations et les nouveaux problèmes en persistant dans l'ancien développement extensif à haute vitesse et en nous accoutumant à rechercher l'expansion des projets existants ou à mettre à exécution de nouveaux projets. Les anciennes mesures ne seront pas durables même si elles permettent temporairement une accélération du développement. En plus, elles contribueront à accumuler et à intensifier davantage les contradictions et les problèmes existant dans le développement, avant qu'ils n'éclatent une fois pour toutes.

Face à la nouvelle normalité du développement économique de notre pays, nous devons nous en tenir au développement en prenant des mesures actives. J'ai souligné à maintes reprises que centrer tous nos efforts sur l'édification économique était une nécessité absolue du renouveau national, et que le développement était pour le Parti la priorité dans son exercice du pouvoir et le renouveau national, mais également la base et la clé pour régler tous les problèmes en Chine. J'ai également répété souvent que nous voulions un développement rentable, durable et de haute qualité, soutenu par un emploi relativement plein, l'augmentation de la productivité du travail, de la rentabilité de l'investissement et de l'efficacité d'allocation des ressources. Si j'affirme que la performance d'un cadre ne doit pas être évaluée tout simplement selon la norme du PIB, cela implique non seulement une exigence d'assurer correctement les activités économiques, mais également une exigence de juger correctement la situation économique. Une croissance un peu plus rapide ne signifie pas une situation « prometteuse », alors qu'un léger ralentissement ne représente pas non plus une situation « catastrophique ». La fluctuation de la vitesse est normale et correspond à la loi du développement économique. Tant que la fluctuation demeure dans les limites rationnelles, nous devons garder notre sérénité, sans nous alarmer inutilement, d'autant plus que nous disposons de l'initiative d'un contrôle macro-économique. Nous devons rester plus que jamais vigilants à toute défaillance, pourtant sans aller trop loin ni éprouver l'angoisse du prophète de malheur.

Il faut préciser que la nouvelle normalité de l'économie chinoise n'a pas changé notre jugement selon lequel le développement chinois demeure encore dans une période pleine d'opportunités stratégiques, où de grands exploits sont réalisables, mais elle a changé la connotation et les conditions de cette période. Elle n'a pas changé la situation générale de l'économie chinoise tendant au mieux, mais le mode de développement et la structure économique. Nous devons comprendre le changement des conditions du développement de manière correcte, approfondie et globale, agir suivant les exigences de la situation, profiter de l'élan créé pour aller de l'avant, persister de manière plus consciente à centrer tous nos efforts sur l'amélioration de la qualité et de la rentabilité du développement économique, et promouvoir énergiquement la restructuration stratégique de l'économie. Il faut prêter davantage attention à la satisfaction des besoins des masses populaires, à l'analyse du marché et de la psychologie des consommateurs, à l'orientation des anticipations sociales, au renforcement de la protection de la propriété et notamment de la propriété intellectuelle, à la mise en valeur des aptitudes des entrepreneurs, à la formation et à l'amélioration de la qualité du capital humain, à l'édification de la civilisation écologique, aux progrès scientifiques et technologiques, ainsi qu'à l'innovation dans tous les domaines. La clé de l'accomplissement de ces tâches réside dans l'approfondissement global de la réforme, l'application de la stratégie de développement grâce à l'innovation, et les efforts déployés pour régler les difficultés. Par conséquent, il faut promouvoir courageusement la réforme et l'innovation, accélérer la transformation du mode de développement économique et transformer efficacement la force motrice du développement économique, afin de créer une nouvelle situation favorable au développement économique et social à un nouveau point de départ.

Note :

[1] *Mutations des Zhou (Zhou Yi).*

Mettre en application trois stratégies pour promouvoir le développement interrégional coordonné*

(9 décembre 2014 – 23 février 2017)

I

Le Comité central du Parti a décidé de privilégier l'application des trois stratégies concernant le projet « la Ceinture et la Route », le développement coordonné de la zone Beijing-Tianjin-Hebei et la construction de la ceinture économique du Changjiang. Les points communs de ces trois stratégies consistent à briser les circonscriptions administratives et à promouvoir un développement interrégional coordonné. Je vous recommande d'unifier vos pensées et d'assurer l'application de ces trois stratégies pour un bon commencement l'année prochaine. Le projet « la Ceinture et la Route » apporte des opportunités au développement dans l'Est, le Centre et l'Ouest, et notamment dans certaines régions de l'Ouest, qui étaient marginales par le passé, et seront des centres de rayonnement qui bénéficieront d'énormes opportunités de développement une fois l'interconnexion avec les pays voisins réalisée. A l'avenir, l'un des points clés de notre politique régionale consistera à unifier le grand marché national, ce qui représente non seulement une question à traiter par la politique régionale, mais également une tâche majeure de la réforme du système financier et fiscal. Nous devons abattre, grâce à la réforme et à l'innovation, les cloisons entre les régions et les barrières des privilèges intouchables, et améliorer globa-

---

* Extraits de discours sur la promotion du développement interrégional coordonné.

lement la rentabilité de la distribution des ressources.

(Discours prononcé le 9 décembre 2014 à la Conférence centrale sur le travail économique)

II

Pour promouvoir le développement de la ceinture économique du Changjiang, il faut établir des mécanismes de direction et de travail marqués par la coordination grâce à une planification d'ensemble, l'orientation des programmes, et les opérations de marché. Le groupe dirigeant pour la promotion du développement de la ceinture économique du Changjiang doit mieux jouer son rôle dirigeant. Les programmes de développement doivent être accomplis d'un point de vue global, s'adapter à la réalité et jouer le rôle d'orientation et de contrainte. La protection environnementale, la mise en place d'un marché unifié et l'accélération de la transformation du mode de développement économique et de la restructuration marquent une orientation précise et des points clés, et nécessitent de « hâter » et de « faire l'addition ». Par contre, « retarder » et « faire la soustraction » sont indispensables face à une situation dans laquelle on ne maîtrise pas tout, ou que l'on ne peut parvenir à un consensus en ce qui concerne l'utilisation scientifique des ressources en eau, l'optimisation de la répartition industrielle, la planification des ressources en ports, en berges et en lignes côtières, ainsi que la mise en œuvre de programmes nécessitant des investissements élevés. Pour les programmes ayant deux ou plusieurs options difficiles à choisir, il nous faut choisir la meilleure à l'aide d'une argumentation scientifique. Il faut établir une liste négative portant sur les interdictions formelles. Le marché et l'ouverture constituent d'importantes forces motrices soutenant le développement de la ceinture économique du Changjiang. Pour assurer ce développement, il faut faire jouer au marché son rôle décisif dans la distribution des ressources et mettre mieux en valeur le rôle du gouvernement. Les provinces et municipalités riveraines doivent accélérer la reconversion des attributions du gouvernement, élever le niveau des services publics et créer le meilleur environnement de marché possible. Les provinces et municipalités riveraines, ainsi que les départements d'Etat concernés, doivent réaliser une unité de volonté et d'action, et travailler ensemble pour transformer la ceinture économique du Changjiang en une « ceinture d'or » caractérisée par un meilleur environnement, un transport facilité, une économie coordonnée, un marché unifié et des mécanismes plus scientifiques.

(Points essentiels du discours prononcé le 5 janvier 2016 lors d'une causerie sur la promotion du développement de la ceinture économique du Changjiang)

III

La planification et la construction de la nouvelle zone de Xiong'an doivent être placées sous la direction du Comité central du Parti. Il faut insister sur le principe général dit « aller de l'avant à pas assurés », forger et mettre en application un nouveau concept de développement, ainsi que s'adapter à la nouvelle normalité du développement économique, la maîtriser et l'orienter. En s'axant sur la promotion de la réforme structurelle du côté de l'offre, il faut s'en tenir à une vision mondiale, aux normes internationales, aux caractéristiques chinoises, à un positionnement de niveau supérieur, à la priorité à l'environnement, au développement vert, à la place centrale du peuple, à l'accent mis sur la garantie et l'amélioration du bien-être de la population, à la protection et la mise en valeur de la culture traditionnelle chinoise et à la continuité de l'histoire chinoise, afin de construire une nouvelle zone urbaine verte et agréable à vivre, une zone pilote du développement grâce à l'innovation, une zone d'expérimentation du développement coordonné, et une zone modèle du développement ouvert, ainsi que de mettre en place une zone pilote du développement innovant basé sur un nouveau concept de développement.

La planification et la construction de la nouvelle zone de Xiong'an doivent mettre l'accent sur les sept tâches suivantes : 1. construire une nouvelle ville verte, moderne, intelligente et au niveau international ; 2. créer un environnement écologique agréable et une ville écologique bénéficiant d'eaux limpides, de terrains verdoyants et d'un air pur ; 3. développer les industries haut de gamme basées sur les hautes et nouvelles technologies, absorber et réunir les facteurs et les ressources pour l'innovation, former de nouvelles forces motrices ; 4. offrir des services publics de qualité, construire des infrastructures publiques performantes, façonner un nouveau modèle de gestion urbaine ; 5. mettre en place un réseau de transport rapide et efficace, bâtir un système de transport vert ; 6. promouvoir la réforme institutionnelle, faire jouer au marché son rôle décisif dans la redistribution des ressources, mettre davantage en valeur le rôle du gouvernement, stimuler la vitalité du marché ; 7. élargir l'ouverture tous azimuts sur l'extérieur, créer un nouveau pôle d'ouverture et une nouvelle plateforme de coopération avec l'étranger.

(Points essentiels du discours prononcé le 23 février 2017 à la causerie sur la planification et la construction de la nouvelle zone de Xiong'an, lors de sa tournée d'inspection dans le district de Xin'an, province du Hebei)

Comment traiter la nouvelle normalité
et comment agir ?*

(18 décembre 2015)

I

Comment traiter la nouvelle normalité ? L'entrée de l'économie chinoise dans une nouvelle normalité marque un jugement essentiel effectué sur la base de nos analyses générales sur les longs cycles économiques mondiaux, les particularités du développement chinois à l'étape actuelle, et l'interaction entre eux. La majorité des pays partagent notre avis sur la nouvelle normalité. Le Fonds monétaire international a avancé en termes explicites qu'avec l'entrée de l'économie chinoise dans la nouvelle normalité, l'économie mondiale était entrée dans cette normalité. Nous nous devons d'agir suivant les exigences de la situation. Dans le contexte de la « coïncidence de trois défis », à savoir le changement de vitesse de la croissance, la restructuration difficile et la digestion de la politique de relance antécédente, il nous faut tenir compte des points suivants pour traiter la nouvelle normalité :

Premièrement, on se doit d'unifier la pensée et d'approfondir notre compréhension. « Quand il existe une chose, il existe une raison. »[1] L'économie chinoise passe d'une croissance extensive à une croissance intensive, d'une simple division de travail à une division complexe, cela représente une exigence objective. Malgré nos idées subjectives, nous ne pouvons aller à l'encontre de la loi objective. Le mode de croissance extensive a joué un rôle considérable en Chine. Les opérations massives ont permis d'accélérer le développement

* Extraits du discours à la Conférence centrale sur le travail économique.

économique chinois. Cependant, à l'heure actuelle, ce mode de croissance, que ni les conditions nationales ni les conditions internationales ne soutiennent, n'est pas durable. Il nous conduira, un jour ou l'autre, dans une impasse si l'on ne le modifie pas. Nous devons en prendre conscience. Pour mettre en valeur l'énorme potentiel et les points forts de l'économie chinoise, il faut accélérer la transformation du mode de croissance, la restructuration économique et la formation de nouvelles forces motrices de la croissance. Réaliser un développement durable et d'un niveau plus élevé à travers la transformation du mode de développement constitue une période incontournable pour les pays à revenus moyens en vue d'éviter le « piège du revenu intermédiaire ». J'ai mis en garde à plusieurs reprises contre le « piège de Thucydide » et le « piège du revenu intermédiaire ». Déjouer le premier, au niveau politique, consiste à traiter correctement les relations avec les grandes puissances dont les Etats-Unis. Eviter le dernier, au niveau économique, consiste à améliorer la qualité et l'efficacité du développement économique chinois. Cette 5ᵉ session plénière a mis l'accent sur l'amélioration de la qualité et de l'efficacité du développement économique, dans le but d'accélérer la transformation du mode de croissance et la restructuration économique. Il convient d'approfondir la connaissance et la compréhension sur la « coïncidence de trois défis » et sur la nouvelle normalité du développement économique, de renoncer complètement aux idées sur la réapparition d'une forte croissance par les anciens pensées, modes et méthodes, pour s'aligner, sur le plan idéologique comme dans les actes, sur les jugements, les décisions et les dispositions d'importance majeure pris par le Comité central du Parti.

Deuxièmement, on se doit de surmonter les difficultés et les défis. Nous devons recourir à la dialectique pour traiter chaque question en la divisant en deux aspects. D'une part, notre économie dispose d'un fondement solide, d'un grand potentiel, d'une bonne résilience, et d'une marge de manœuvre importante. Les nouvelles forces motrices se renforcent, de nouvelles activités économiques ne cessent d'apparaître, nombre de régions et de secteurs connaissent de réjouissantes transformations, nous présentant un avenir prometteur. D'autre part, nous sommes confrontés à un bon nombre de difficultés et de défis, notamment la surcapacité structurelle. Après la fondation de la Chine nouvelle, notre parti a déployé d'énormes efforts dans la promotion de l'industrialisation. Malgré toutes les difficultés, la Chine a mis en forme très tôt sa base de l'industrialisation. Depuis le lancement de la politique de réforme et d'ouverture, les capacités de production ont augmenté en flèche dans tous les domaines, dont une grande quantité a été constituée lors de la période de croissance de notre économie à grande vitesse et de l'âge d'or de la croissance mondiale, pour laquelle la Chine a travaillé afin de satisfaire la demande. Par la suite, afin de faire face au choc de la crise financière internationale, certaines capacités de production ont été élargies. Maintenant, en raison de la coïncidence de trois facteurs – l'accélération de la révolution tech-nologique, la montée en gamme de la structure de la consommation et le ralentissement de la croissance sur le marché international –, la majorité des capacités de production sont parvenues à leur pic et de nombreuses capacités ne trouvent pas de débouchés sur le marché. De plus, les coûts de la production sociale augmentent. Tout cela conduit à la baisse du taux du profit marginal de l'économie réelle et du taux de profit moyen. Non seulement la Chine, mais également les autres pays sont confrontés à cette situation. Pour cette raison-là, une grande quantité de capitaux fuit vers l'économie virtuelle, conduisant à un gonflement de la bulle spéculative, à l'accumulation de risques finan-ciers, et à un cycle global obstrué entre la production, la circulation, la distribution et la consommation dans la reproduction sociale. Cela marque une épreuve historique incontournable. Si nous accélérons la réforme et l'innovation et menons à bien notre travail sans retard, nous franchirons la barrière avec succès. Si nous ne pouvons saisir les opportunités pour entamer un réajustement stratégique, ni détruire ce qui est périmé et encourager ce qui est nouveau, nous n'y parvien-drons probablement pas, les problèmes s'accumuleront jusqu'à deve-nir un mal incurable, ce qui portera atteinte à la réalisation de l'objectif stratégique global.

Troisièmement, on se doit d'être déterminé et audacieux dans la réforme et l'innovation. Certes, les difficultés et problèmes auxquels nous sommes confrontés sont directement liés avec l'impact de la crise financière internationale en tant que cause externe, mais c'est la cause interne qui joue un rôle décisif. Il s'agit de contradictions profondes, structurelles, institutionnelles et du côté de l'offre, auxquelles nous faisons face. Nous devons libérer l'esprit, rechercher la vérité dans les faits, et avancer avec notre époque. Nous devons également, selon le concept de développement innovant, coordonné, écologique, ouvert et partagé, faire une synthèse innovatrice sur le plan théorique, prendre des dispositions anticipatrices sur le plan des mesures politiques, renforcer la réforme structurelle, rectifier la distorsion dans l'allocation des facteurs de production, accroître l'offre réelle, améliorer l'adaptabilité et la souplesse de la structure de l'offre, et augmenter la productivité globale des facteurs. Les problèmes actuels n'étant pas majoritairement périodiques, il n'est pas possible de réaliser une reprise en forme de V par une relance à court terme, et l'économie chinoise pourrait connaître une période de croissance sous forme de L. Nous devons nous préparer à une lutte prolongée, oser nous mettre à l'épreuve des difficultés, nous tenir prêts pour le changement et le ralentissement de rythme de la croissance, consolider la base de notre économie pour la reprise par la suite. Il est nécessaire de braver les difficultés, de nous maintenir dans la bonne direction, de raffermir notre confiance, de conjuguer nos efforts afin de fortifier les moteurs institutionnels et la vitalité endogène, de transformer l'énorme potentiel de la croissance chinoise en réalité et de faire franchir un nouveau palier à l'économie chinoise.

II

Comment agir dans la nouvelle normalité ? En termes concrets, nous devons travailler pour réaliser des changements dans l'axe de notre travail dans plusieurs domaines.

Premièrement, accorder davantage d'importance à la qualité et à l'efficacité pour promouvoir le développement économique. Les critères pour mesurer la qualité et l'efficacité couvrent la rentabilité des investissements, les débouchés pour les produits, les bénéfices des entreprises, les revenus des employés, les recettes budgétaires du gouvernement, et l'amélioration de l'environnement, qui constituent le développement que nous désirons. En plus d'une croissance rationnelle, pour mener à bien le travail économique et évaluer les résultats, nous devons remplacer le focus de nos anciens critères axés sur la croissance par de nouveaux critères reposant sur la qualité et l'efficacité.

Deuxièmement, prêter davantage attention à la réforme structurelle du côté de l'offre pour maintenir une croissance régulière. Actuellement, dans le contexte de la « coïncidence de trois défis », les problèmes saillants entravant la croissance se posent sur le plan quantitatif mais également davantage sur le plan structurel. Lorsque l'offre réelle ne peut s'adapter aux changements quantitatifs et structurels de la demande, pour maintenir une croissance régulière, il faut, tout en élargissant raisonnablement la demande globale et en réajustant la structure de la demande, mettre l'accent sur le renforcement de la réforme structurelle du côté de l'offre, afin d'assurer le passage de l'équilibre offre-demande de bas niveau vers celui de haut niveau.

Troisièmement, davantage orienter les activités sur le marché et les anticipations de la société dans le contrôle macro-économique. Le contrôle macro-économique doit viser à orienter les anticipations de la société pour réaliser l'objectif anticyclique. Nous devons maîtriser les anticipations sur le marché et la psychologie sociale à l'abri de la consommation et des investissements, tenir compte des caractéristiques des activités des acteurs du marché, rendre nos mesures politiques plus transparentes et plus anticipatrices, intensifier leurs échanges et leur intégration avec les acteurs du marché, multiplier les échanges internationaux portant sur les politiques macro-économiques, et exercer un contrôle macro-économique plus scientifique et plus tactique.

Quatrièmement, associer les quatre opérations arithmétiques dans la restructuration industrielle. Alors que les capacités de production ont atteint un pic dans de nombreux secteurs, si l'on ne les réduit pas, si les prix restent faibles, et si cette situation persiste, les entreprises performantes connaîtront un épuisement. Il faut orienter les capacités à augmenter afin de former de nouveaux moteurs de croissance, réduire activement des capacités et neutraliser résolument la surcapacité afin de réaliser la sélection par élimination, faire jouer le rôle de l'innovation en tant que premier moteur du développement, mettre en œuvre des programmes technico-scientifiques importants, accélérer la réalisation de percées dans les techniques clés, augmenter globalement la teneur scientifique et technique du développement économique, accroître la productivité du travail et le taux de rendement sur le capital investi ; il faut veiller à la formation professionnelle, améliorer la qualité du capital humain et optimiser sa structure.

Cinquièmement, promouvoir une urbanisation davantage centrée sur l'homme. La promotion de l'urbanisation doit revenir à son objectif original d'encourager une plus grande part de la population à s'intégrer dans les villes, afin d'aiguiller les ruraux en mesure de trouver un emploi permanent à vivre en ville et à y installer leur famille. Cela permet non seulement d'augmenter et de stabiliser l'offre de main-d'œuvre, d'alléger la pression due à l'augmentation du coût de la main-d'œuvre, mais également d'élargir la consommation, notamment immobilière. Cela constitue une mesure fondamentale pour réduire les écarts entre la ville et la campagne, changer le dualisme ville/campagne et promouvoir la modernisation agricole.

Sixièmement, prêter davantage attention à l'équilibre entre, d'une part, la croissance démographique et le développement économique, et d'autre part, les ressources et l'environnement afin de promouvoir le développement régional. Nous travaillons pour promouvoir l'équilibre entre différentes régions sur les plans économique et démographique, réduisant les écarts en matière de PIB par habitant entre les différentes régions, et également pour adapter la croissance démographique et le développement économique aux capacités de charge des ressources et de l'environnement entre les différentes régions, réduisant les écarts en la matière. En tenant compte de la répartition des régions à fonctions spécifiques, nous nous efforçons de créer une nouvelle structure de développement interrégional coordonné, caractérisée par la circulation ordonnée et libre des facteurs de production, la contrainte effective des fonctions spécifiques, l'uniformisation des services publics fondamentaux et l'adaptation de charge des ressources et de l'environnement.

Septièmement, accorder davantage d'importance à la formation de modes écologiques de production et de consommation pour protéger l'environnement. Pour préserver les montagnes verdoyantes et les eaux limpides, il faut entamer une protection à la source pour mettre en place un mécanisme de moteurs endogènes. Il faut également suivre avec fermeté la voie de développement vert, circulaire et bas carbone, bâtir un système industriel et une répartition géographique écologiques, orienter la formation de modes écologiques de production et de consommation ainsi que promouvoir la coexistence harmonieuse entre l'homme et la nature.

Huitièmement, insister sur l'aide ciblée aux populations spécifiques et en difficulté particulière pour garantir et améliorer leur bien-être. Nous devons améliorer inlassablement le bien-être de la population en nous appuyant sur le développement économique, surtout améliorer la quantité et la qualité des services publics de base, dont l'éducation et les soins médicaux, et promouvoir l'équité dans l'éducation. Nous devons également appliquer une aide ciblée aux populations spécifiques et en difficulté particulière, afin de renforcer leur sentiment de satisfaction et d'améliorer efficacement leur capacité de développement et celle de leur descendance.

Neuvièmement, veiller à faire jouer au marché un rôle décisif dans l'allocation des ressources. Il est nécessaire de faire attention à la stimulation de la vitalité des acteurs micro-économiques, et de savoir bien l'encourager. Le gouvernement doit centrer ses efforts sur les affaires que le marché n'est pas en mesure de traiter, s'acquitter de ses devoirs fondamentaux tels que le contrôle macro-économique, la surveillance du marché, les services publics, la gestion sociale et la protection de l'environnement.

Dixièmement, davantage promouvoir l'ouverture réciproque de haut niveau pour élargir l'ouverture sur l'extérieur. En poursuivant la stratégie d'ouverture mutuellement bénéfique, il faut coordonner les demandes intérieure et extérieure, équilibrer les importations et les exportations, accorder une importance égale à l'introduction de l'étranger et à la sortie des frontières, introduire simultanément les capitaux, les technologies et les talents. En même temps, la Chine doit activement participer à la gouvernance économique mondiale et à l'offre des produits publics, afin d'accroître son droit réglementaire à la parole dans la gouvernance mondiale.

En conclusion, la promotion de la réforme structurelle du côté de l'offre représente une innovation majeure pour nous adapter à la nouvelle normalité du développement économique et l'orienter, un choix actif pour répondre à la nouvelle situation de la concurrence de la puissance nationale après la crise financière internationale, et constitue également une exigence pour nous adapter à la nouvelle normalité du développement économique du pays. J'espère que nos camarades travailleront ensemble pour assurer le succès de cette réforme.

Note :

[1] Ye Shi (1150-1223), dynastie des Song du Sud.

Approfondir notre connaissance sur la nouvelle normalité du développement économique*

(18 janvier 2016)

J'ai mentionné à maintes reprises l'accès de notre développement économique à la nouvelle normalité. Aujourd'hui, je voudrais l'expliquer du point de vue historique et réaliste.

Au cours du XIIIe Plan quinquennal, le développement économique de notre pays se caractérise par la nouvelle normalité. Dans ce contexte-là, les principales caractéristiques du développement économique résident dans le passage de la haute vitesse à un rythme moyennement rapide, celui du mode de développement reposant sur la quantité et la vitesse à un mode reposant sur la qualité et la rentabilité, celui de la restructuration économique axée sur l'augmentation du nombre et l'accroissement des capacités à une restructuration axée sur la réorganisation des capacités existantes et l'optimisation des capacités à augmenter, celui de la force motrice dépendant de l'augmentation des facteurs tels que les ressources et la main-d'œuvre à bas coût à un moteur par l'innovation. Tous ces changements marquent un processus incontournable de l'économie chinoise vers une phase d'une forme supérieure, d'une division de travail optimisée et d'une structure plus raisonnable. Il n'est pas facile de réaliser ces profonds changements et nous sommes confrontés à un grand défi tout nouveau.

« Les hommes intelligents sont toujours prêts à changer de méthode et de tactique en fonction des circonstances, et les sages savent adapter leur conduite à l'évolution des choses. »[1] Pour projeter

* Extraits du discours au colloque des principaux dirigeants provinciaux et ministériels sur l'étude et l'application de l'esprit de la 5e session plénière du XVIIIe Comité central du Parti.

et promouvoir le développement économique et social durant le XIIIe Plan quinquennal, il est logique de s'adapter à la nouvelle normalité, de la maîtriser et de l'orienter dans tous les aspects et tout le processus du développement.

Dans l'histoire chinoise, de nouveaux états et de nouvelles structures et phases prennent continuellement forme au cours du développement économique, dont la nouvelle normalité constitue l'une de ces phases. Cela correspond tout à fait à la règle de la montée en spirale de l'évolution des choses. Pour comprendre et maîtriser de manière globale la nouvelle normalité, nous devons observer le développement de notre pays du point de vue tant temporel que spatial.

Du point de vue temporel, le développement chinois a connu plusieurs cycles « prospérité-déclin-prospérité ». La nouvelle normalité d'aujourd'hui résulte de cette évolution.

La Chine antique reposait sur l'agriculture, avec une civilisation agricole s'étant longtemps maintenue à un niveau mondial avancé. Sous la dynastie des Han, la population chinoise dépassait déjà les 60 millions de personnes, et la superficie des terres cultivées, les 800 millions de *mu*. La ville de Chang'an, capitale de la dynastie des Tang, avait une superficie dépassant les 80 kilomètres carrés, et une population supérieure à 1 million d'habitants. Elle abritait des palais magnifiques, des temples et pagodes sublimes ainsi que deux marchés prospères à l'est et à l'ouest. Le poète Cen Shen[2] en fit l'éloge, indiquant : « La ville de Chang'an abrite un million de foyers. » Sous la dynastie des Song du Nord, les recettes fiscales de l'Etat atteignirent une fois les 160 milliards de sapèques, faisant de la Chine le pays le plus riche au monde. A cette époque-là, Londres, Paris, Venise et Florence avaient chacune moins de 100 000 habitants, alors que la Chine comptait déjà 50 villes d'une population supérieure à 100 000 habitants.

Après l'éclatement de la révolution industrielle, nous nous sommes laissés distancer pendant que les pays occidentaux se développaient. Après les guerres de l'Opium, l'économie naturelle qui se suffit à elle-même se désorganisa progressivement en Chine. Sans avoir pu saisir l'opportunité de la révolution industrielle, la Chine était, dans son ensemble, pauvre, retardataire, troublée par des guerres et restant en retard dans la vague de l'évolution, malgré un certain développement de l'industrie nationale et l'introduction de capitaux étrangers, tels que le marché prospère de Shanghai, l'industrie de Tianjin et l'industrie militaire de Wuhan. Cette situation a perduré un centenaire.

Après la fondation de la Chine nouvelle, notre parti a dirigé le peuple à se lancer dans une construction industrielle de grande envergure. Le camarade Mao Zedong a indiqué que notre tâche consistait à « concentrer tous nos efforts de sorte que nous soyons en mesure de construire une industrie, une agriculture, une science, une culture et une défense nationale modernisées »[3]. Dans les années 1950, la Chine a obtenu des réalisations remarquables dans la construction nationale. Plus tard, l'industrialisation de grande envergure n'a pu être poursuivie à cause des erreurs « de gauche » commises dans l'idée directrice, des troubles intérieurs pendant la « révolution culturelle » qui a duré dix ans, ainsi que de notre compréhension moins profonde sur les lois de l'édification du socialisme.

La 3e session plénière du XIe Comité central du Parti a ouvert une nouvelle période historique marquée par la réforme et l'ouverture. Depuis plus de 30 ans, malgré les diverses difficultés, nous avons accompli le miracle de la plus longue durée de croissance continue à haute vitesse après la Seconde Guerre mondiale. Sur le podium mondial en matière de volume économique, la Chine était au 11e rang au début du lancement de la politique de réforme et d'ouverture, au 5e rang en 2005 en surpassant la France, au 4e rang en 2006 en surpassant le Royaume-Uni, au 3e rang en 2007 en surpassant l'Allemagne, et au 2e rang en 2009 en surpassant le Japon. En 2010, l'industrie manufacturière chinoise a surpassé les Etats-Unis pour occuper la première place. Nous avons pris quelques dizaines d'années pour accomplir le processus que les pays développés avaient réalisé en plusieurs centenaires. Ce fut un véritable miracle dans le développement mondial.

Avec l'augmentation du volume économique, nous avons rencontré de nouvelles situations et de nouveaux problèmes au cours de notre développement. Il est temps, pour le développement écono-mique, de changer de vitesse. Cela ressemble à un homme qui grandit rapidement entre 10 et 18 ans, mais dont la croissance ralentit après ses 18 ans. Le développement économique confronté à une restruc-turation, il faut digérer de manière concentrée les surcapacités des secteurs bas de gamme et accélérer le développement des secteurs moyen et haut de gamme. La situation dans laquelle tous les produits étaient vendus et permettaient de gagner de l'argent n'existe plus. Le développement économique faisant face à un changement de moteur, la force motrice axée sur les ressources à bas coût et l'augmentation des facteurs de production s'affaiblit. La croissance économique nécessite davantage l'innovation concernant les forces motrices.

Du point de vue spatial, les avantages chinois en matière d'expor-tation et le mode de participation à la division industrielle internatio-nale sont confrontés à de nouveaux défis. La nouvelle normalité en est une représentation.

Depuis le lancement de la politique de réforme et d'ouverture, l'une des caractéristiques de notre croissance rapide réside dans l'utilisation complète et efficace du marché international. La grande exportation et le développement orienté vers l'extérieur grâce à la main-d'œuvre à bas coût et au transfert des industries à haute intensité de travail des pays développés sont devenus d'importantes forces motrices de la croissance chinoise à haute vitesse. De 1979 à 2012, notre expor-tation de marchandises a maintenu une croissance moyenne annuelle de 20 %, permettant à la Chine de devenir rapidement un grand pays commercial au niveau mondial.

Le développement rapide des exportations chinoises est dû en grande partie à l'énorme demande réelle dégagée lors de l'âge d'or de la croissance économique des pays occidentaux. Avec l'éclate-ment de la crise financière internationale en 2008 qui a mis fin à cet âge, l'économie des pays occidentaux est entrée dans une période de réajustement profond, la demande réelle diminue, les effets de substitution aux importations, résultant de la ré-industrialisation et du retour d'industries dans leur propre pays, se renforcent, ce qui a directement conduit au ralentissement de la demande des exportations chinoises. Les pays occidentaux et d'autres pays ont intensifié le protectionnisme. En plus des mesures traditionnelles comme l'anti-dumping et l'anti-subvention, ils ont imposé des conditions de plus en plus exigeantes dans l'accès au marché, impliquant principalement les barrières commerciales technologiques, les normes de travail et les barrières vertes. Par ailleurs, les litiges commerciaux causés par la perception de la taxe d'exportation et la définition du quota d'exportation sont plus fréquents. La Chine a été pendant neuf années consécutives le pays faisant l'objet du plus grand nombre d'enquêtes anti-dumping et anti-subvention du monde. Dans le même temps, le coût des facteurs de production, dont la main-d'œuvre, a connu une augmentation rapide en Chine. Les économies émergentes, telles que l'ASEAN et d'autres pays en développement, ont activement participé à la division internationale du travail en profitant de leurs avantages comparatifs fondés sur le coût de la main-d'œuvre et les ressources naturelles. Le transfert d'industries et de commandes vers nos pays voisins est assez important, ce qui a entraîné une concurrence plus acharnée pour les exportations chinoises.

La morosité dans laquelle est tombé le commerce mondial constitue une situation fondamentale du développement économique mondial actuel et à venir. Selon les statistiques, durant plusieurs décennies, la croissance commerciale mondiale a maintenu un rythme plus rapide que celui de la croissance économique. Ces dernières années, la croissance commerciale s'est inscrite en baisse et son rythme a été inférieur à celui de la croissance économique pendant quatre années consécutives. Après la Seconde Guerre mondiale, l'Allemagne et le Japon ont tous deux connu une période de croissance rapide des exportations, devenant ainsi de grandes puissances commerciales au niveau mondial. Dans la pratique de ces deux pays, lorsque les exportations représentaient environ 10 % de celles du monde, le rythme de la croissance diminuait à ce tournant. La proportion des exportations chinoises au niveau mondial était inférieure à 1 % au début de la réforme et de l'ouverture. Elle a dépassé 5 % en 2002 et 10 % en 2010 pour atteindre 12,3 % en 2014. Cela signifie l'arrivée du tournant de la croissance des exportations chinoises. Il n'est pas possible de maintenir une croissance élevée des exportations et une proportion importante des exportations dans le PIB. Cela implique que nous basions davantage le moteur de la croissance économique sur l'innovation et l'élargissement de la demande intérieure, notamment la demande de consommation.

En ce qui concerne la connaissance de la nouvelle normalité, nous devons correctement comprendre sa connotation en nous préservant de certaines tendances. Premièrement, la nouvelle normalité n'est pas un événement, qui doit être jugé comme bon ou mauvais. Certains se demandent si la nouvelle normalité est une bonne ou une mauvaise situation. Cette question n'est pas scientifique. La nouvelle normalité, ni bonne ni mauvaise, est un état objectif incontournable pour l'actuel développement économique chinois, et une nécessité intrinsèque. Nous devons projeter, agir et avancer en conformité avec l'évolution de la situation. Deuxièmement, la nouvelle normalité n'est pas une boîte fourre-tout. Elle se manifeste principalement dans le domaine économique. Il n'est pas correct d'utiliser excessivement ce terme, en formant des expressions telles que « nouvelle normalité culturelle », « nouvelle normalité touristique » ou encore « nouvelle normalité de la gestion urbaine », voire en imputant à la nouvelle normalité certains phénomènes négatifs. Troisièmement, la nouvelle normalité n'est pas un port de refuge. On ne doit pas lui attribuer les difficultés et en faire une raison pour ne pas les régler. La nouvelle normalité ne consiste pas à pratiquer l'immobilisme, ni à renoncer au développement, ni à négliger la croissance du PIB, mais à mieux faire valoir l'initiative et à promouvoir le développement d'un esprit plus innovant. J'ai déjà expliqué ce principe à maintes reprises.

Dans le contexte de la nouvelle normalité, malgré la considérable pression à la baisse sur l'économie, la Chine reste et restera, au cours du XIIIe Plan quinquennal et dans les années à venir, dans une période stratégique favorable. La situation générale de l'économie chinoise tendant vers une amélioration à long terme reste inchangée.

Les fondamentaux de l'économie chinoise, qui possède une bonne résilience, un grand potentiel et une large marge de manœuvre, restent également inchangés. Le fondement et les conditions favorables à la croissance durable restent inchangés. La tendance à l'optimisation de la restructuration économique, enfin, reste aussi inchangée. En saisissant cette situation, nous devons concentrer tous nos efforts sur l'édification économique, insister sur l'idée stratégique faisant du « développement un principe fondamental », rechercher l'innovation à travers les changements, avancer grâce à l'innovation et faire des percées au cours de la progression, afin de permettre au développement chinois d'accéder à de nouveaux paliers.

Notes :

[1] Huan Kuan : *Le sel et le fer* (*Yan Tie Lun*), dynastie des Han de l'Ouest (206 av. J.-C. – 25 apr. J.-C.).

[2] Cen Shen (715-770), dynastie des Tang.

[3] Mao Zedong : « Que la paix et l'amitié règnent éternellement à la frontière sino-népalaise », *Textes choisis de Mao Zedong*, tome VIII, Editions du Peuple, 1999, page 162.

Promouvoir la réforme structurelle
du côté de l'offre*

(18 janvier 2016)

L'année dernière, lors de la Conférence centrale sur le travail économique, j'ai mis l'accent sur la réforme structurelle du côté de l'offre, suscitant une vive discussion. La communauté internationale et les divers milieux nationaux ont partagé les mêmes avis. Cependant, certains de nos camarades n'ont pas complètement compris la réforme structurelle du côté de l'offre, même après avoir suivi les discussions au niveau social. Ici, je voudrais reprendre ce sujet.

Tout d'abord, je souhaiterais préciser que la réforme structurelle du côté de l'offre n'a rien à voir avec l'économie de l'offre en Occident. Il ne faut pas considérer la réforme structurelle du côté de l'offre comme une copie de celle-ci et force est de prévenir la propagation du « néolibéralisme » par certains, qui, à travers leur interprétation, tentent de créer des opinions péjoratives en profitant de cette occasion.

L'économie de l'offre est née en Occident dans les années 1970, où les pays occidentaux connaissaient une « stagflation » due à l'échec de la gestion de la demande globale du keynésianisme. D'après l'économie de l'offre, l'offre crée automatiquement la demande et il faut promouvoir le développement économique par l'amélioration de l'offre ; l'augmentation de la production et de l'offre nécessite en premier lieu la réduction de l'impôt afin d'améliorer la capacité d'épargne et d'investissement, ainsi que l'initiative de la population. C'est ce qui est illustré par la « courbe de Laffer » avancée par le

---

* Extraits du discours au colloque des principaux dirigeants provinciaux et ministériels sur l'esprit de la 5ᵉ session plénière du XVIIIᵉ Comité central du Parti.

représentant de l'économie de l'offre, Arthur Laffer, qui préconise la réduction de l'impôt. De plus, l'économie de l'offre soutient également que la réduction de l'impôt nécessite deux conditions : des coupes dans les dépenses gouvernementales pour équilibrer le budget et la restriction de l'émission fiduciaire pour stabiliser les prix. L'économie de l'offre se penche notamment sur la réduction de l'impôt en mettant un accent excessif sur le rôle du taux de l'impôt. D'une façon de penser assez absolue, elle ne fait attention qu'à l'offre au détriment de la demande, et qu'à la fonction du marché au détriment du rôle du gouvernement.

Par la réforme du côté de l'offre, on entend plutôt « la réforme structurelle du côté de l'offre », et c'est ce que j'ai expliqué lors de la Conférence centrale sur le travail économique. Elle peut être simplifiée en « réforme du côté de l'offre » sans oublier toutefois le terme « structurelle » qui est très important. La réforme structurelle du côté de l'offre se concentre sur la libération et le développement de la force productive sociale, ainsi que la promotion du réajustement structurel par le biais de la réforme, afin de réduire l'offre ineffective et bas de gamme, d'élargir l'offre effective et moyen et haut de gamme, d'améliorer l'adaptabilité et la flexibilité de la structure de l'offre vis-à-vis de l'évolution de la demande, et d'augmenter la productivité globale des facteurs. Il ne s'agit pas uniquement des recettes fiscales et du taux d'impôt, mais aussi de la résolution des problèmes existant du côté de l'offre grâce à une série de mesures politiques, notamment celles qui favorisent l'innovation scientifique et technologique, le développement de l'économie réelle, mais aussi la garantie et l'amélioration du bien-être de la population. Notre réforme structurelle du côté de l'offre accorde une importance égale à l'offre et à la demande, au développement des forces productives de la société et à l'amélioration des rapports de production, à la mise en valeur du rôle décisif du marché dans la distribution des ressources et à celle du rôle gouvernemental, aux intérêts immédiats et à ceux à long terme. Du point de vue de l'économie politique, la réforme structurelle du côté de l'offre a pour but essentiel d'améliorer notre capacité d'offre, de sorte qu'elle satisfasse mieux la demande croissante, personnalisée et mise à niveau de la population sur les plans matériel, culturel et écologique, afin de réaliser l'objectif de la production socialiste.

L'offre et la demande sont les deux aspects fondamentaux des rapports intrinsèques de l'économie de marché. Observant la loi dialectique de l'unité des contraires, elles sont inséparables, interdépendantes et se conditionnent mutuellement. L'offre ne sera pas réalisée sans la demande et une nouvelle demande stimulera une nouvelle offre. La demande ne sera pas satisfaite sans l'offre, et une nouvelle offre créera une nouvelle demande.

Le côté de la demande et le côté de l'offre sont deux moyens essentiels pour la gestion et le contrôle macro-économiques. La gestion du côté de la demande met l'accent sur le règlement des questions liées au volume et le contrôle à court terme. Elle stimule ou restreint la demande principalement par le réajustement du taux d'impôt, des dépenses financières et des prêts monétaires, afin de promouvoir la croissance économique. La gestion du côté de l'offre met l'accent sur le règlement des problèmes structurels et la stimulation des forces motrices de la croissance économique. Elle améliore la qualité et l'efficacité du système de l'offre par l'optimisation de la distribution des facteurs et le réajustement de la structure productive, afin de promouvoir la croissance économique.

En jetant un regard rétrospectif sur l'histoire du développement économique mondial, la politique économique du côté de l'offre ou de la demande est décidée selon la situation macro-économique du pays intéressé. Il serait unilatéral d'aborder le côté de l'offre en rejetant le côté de la demande et réciproquement. Ce n'est pas tout l'un ou tout l'autre : les deux côtés doivent se soutenir mutuellement et progresser de manière coordonnée.

Aujourd'hui et durant une période prévisible, les problèmes auxquels le développement économique chinois fait face concernent les deux côtés de l'offre et de la demande, mais les principales contradictions se concentrent sur le côté de l'offre. Certains secteurs et certaines industries de notre pays, par exemple, connaissent une grande surcapacité de production, mais, dans le même temps, dépendent de l'importation pour une grande quantité d'équipements importants, de technologies clés et de produits haut de gamme ; l'immense marché national échappe à notre contrôle. Un autre exemple, malgré la situation encourageante de notre développement agricole, l'offre de certains produits ne s'adapte pas bien au changement de la demande : le lait ne peut satisfaire la demande des consommateurs en matière de qualité et de garantie de la crédibilité ; la production du soja présente un fort décalage tandis que l'accroissement de la production du maïs dépasse la croissance de la demande ; le stock des produits agricoles est excessif. Un exemple de plus, la demande de certains biens de consommation appuyée par un grand pouvoir d'achat ne pouvant pas être satisfaite à l'intérieur du pays, les consommateurs se voient obligés de dépenser énormément dans des achats à l'étranger, ou des achats en ligne de produits étrangers, qui couvrent non seulement des produits de luxe, tels que des bijoux, des sacs, des montres, des vêtements de grande marque et des produits de beauté, mais aussi des articles d'usage courant, dont des cuiseurs à riz, des abattants de WC intelligents, du lait en poudre et des biberons. Selon les estimations, les touristes chinois ont dépensé en 2014 plus de 1 000 milliards de yuans à l'étranger.

Les faits montrent que, dans notre pays, la demande n'est ni insuffisante ni absente, mais que, face au changement de la demande, l'offre de produits n'a pas changé, avec la qualité et les services à considérer. L'insuffisance de l'offre effective entraîne un « débordement massif de la demande », avec une fuite préoccupante de la capacité de consommation. Pour résoudre ces problèmes structurels, il faut promouvoir la réforme du côté de l'offre.

Sur le plan international, la structure économique mondiale connaît un réajustement profond. La crise financière internationale a brisé la grande circulation économique planétaire dans laquelle les économies développées d'Europe et des Etats-Unis pratiquent la consommation de prêt, l'Asie de l'Est fournit un taux d'épargne élevé, une main-d'œuvre et des produits bon marché, tandis que la Russie, le Moyen-Orient et l'Amérique latine fournissent des énergies et des ressources ; la demande effective du marché international décline rapidement ; la croissance économique est bien plus basse que le niveau de production potentielle. Les principaux pays voient leur niveau de vieillissement augmenter continuellement, le taux de croissance de la population active baisser sans discontinuité, le coût social et le coût de production croître rapidement, les industries traditionnelles et les forces motrices de la croissance diminuer sans cesse, le volume et les forces motrices de croissance des secteurs émergents être loin de s'accumuler. C'est justement sur cet arrière-plan qu'il faut s'y prendre, par le côté de l'offre, pour nous positionner correctement sur le marché de l'offre mondial.

A l'intérieur du pays, le développement économique est confronté à la baisse du rythme de croissance, du prix des produits industriels, du rendement des entreprises réelles, et des recettes financières, ainsi qu'à l'augmentation de la probabilité de risques économiques. Les principales contradictions de ces problèmes sont structurelles et non périodiques, et les disparités structurelles du côté de l'offre sont graves. Avec la dégradation continuelle du rendement marginal de la gestion de la demande, il est difficile de régler les contradictions structurelles, telles que la surcapacité de production, en s'appuyant uniquement sur la stimulation de la demande nationale. Par conséquent, il faut nous concentrer sur l'amélioration de la structure du côté de l'offre afin de réaliser une transition de l'équilibre offre-demande de bas niveau à un équilibre offre-demande de haut niveau.

Pour promouvoir la réforme structurelle du côté de l'offre, il faut commencer par la production en mettant l'accent sur le règlement efficace du problème de surcapacité de production, l'optimisation et la réorganisation industrielles, la réduction des coûts des entreprises, le développement des secteurs émergents stratégiques et des services modernes, l'augmentation de l'offre des produits et des services publics, le renforcement de l'adaptabilité et de la flexibilité de la structure de l'offre vis-à-vis de l'évolution de la demande. En résumé, il s'agit de la réduction des capacités de production excédentaires, du déstockage, de la diminution du ratio de levier, de la baisse des coûts de production et du renforcement des maillons faibles.

Ces dernières années, certaines de nos entreprises ont réalisé des explorations significatives dans la promotion de la réforme structurelle du côté de l'offre. Par exemple, il y a plusieurs années, notre marché débordait de nombreuses marques de téléphone mobile comme Motorola, Nokia et d'autres marques étrangères, ainsi que des marques chinoises. La concurrence était d'une âpreté telle que certaines entreprises ont fait faillite. Dans ce contexte, des entreprises chinoises, en entamant par la production, ont pu persister dans l'innovation indépendante, viser le marché haut de gamme et proposer des téléphones mobiles intelligents, satisfaisant les demandes des consommateurs en matière de fonctions multiples, de vitesse plus grande, d'images de plus haute définition et d'apparence plus à la mode. Elles ont ainsi pu prendre une part de plus en plus importante sur les marchés national et international. Le marché mondial des téléphones mobiles est aussi marqué par une concurrence féroce. Les marques Motorola, Nokia et Ericsson, qui jouissaient d'une grande popularité, ont enregistré un déclin de leur position, voire disparu du marché. Après le jour de l'an, je suis allé à Chongqing pour visiter une société produisant des écrans TFT-LCD, un exemple de succès typique de la réforme structurelle du côté de l'offre. Ces dernières années, Chongqing a connu un développement rapide en ce qui concerne les terminaux intelligents, dont les ordinateurs portables et les voitures de marque nationale, donnant naissance à la plus grande grappe industrielle électronique et informatique du monde et à la plus grande grappe industrielle automobile du pays. Un tiers des ordinateurs portables du monde y sont fabriqués. Cela prouve que nous pouvons tout à fait trouver une voie favorable à l'optimisation et la montée en gamme de nos industries, lorsque nous faisons avancer la réforme du côté de l'offre en ciblant le marché.

Du point de vue des expériences internationales, le développement d'un pays dépend en fin de compte du côté de l'offre. Les révolutions technologiques et industrielles ont apporté des améliorations des forces de production et créé des capacités d'offre incroyables. A notre époque, l'une des caractéristiques majeures de la grande production sociale est qu'une fois le côté de l'offre réussit une innovation révolutionnaire, le marché lui répondra par d'énormes échanges commerciaux. J'ai lu un document, disant que le Meta-conseil des technologies émergentes du Forum économique mondial avait publié le Top 10 des technologies émergentes de l'année 2015, couvrant les véhicules à pile à combustible, la robotique de la prochaine génération, les plastiques thermodurcissables recyclables, les techniques de génie génétique précis, la fabrication additive, l'intelligence artificielle émergente, la fabrication distribuée, les « Sense and Avoid » drones, la technologie neuromorphique et le génome numérique. Lors d'une visite au Royaume-Uni l'année dernière, Konstantin Novoselov et Andre Geim, lauréats du Prix Nobel de physique, m'ont présenté, au Centre pour l'innovation en ingénierie du graphène relevant de l'Université de Manchester, la recherche-développement du graphène, ainsi que la perspective de son exploitation et de son utilisation. Le graphène, une matière nouvelle, présente des perspectives prometteuses. Le gouvernement britannique et un fonds européen pour la recherche et le développement lui ont apporté un soutien important. Ces innovations ont entraîné des essors scientifiques et technologiques, et offriront des forces motrices puissantes au développement économique. Aussi faut-il implanter dans l'esprit le concept de développement innovant, faire progresser la réforme du côté de l'offre, et promouvoir le développement de nouvelles technologies, de nouvelles industries et de nouveaux secteurs d'activité, afin de fournir des forces motrices endogènes et inépuisables à un développement économique sain.

Maintenir notre système économique fondamental et promouvoir le développement de toutes les formes de propriété[*]

(4 mars 2016)

Bonjours à tous !

Aujourd'hui, le camarade Yu Zhengsheng[1] et moi-même sommes très heureux d'être ici parmi vous, membres du Comité national de la CCPPC provenant de l'Association pour la construction démocratique de Chine et de la Fédération nationale de l'industrie et du commerce de Chine. Tout d'abord, je souhaiterais vous adresser, au nom du Comité central du Parti, mes salutations cordiales et, par votre biais, aux membres de l'Association pour la construction démocratique de Chine, aux membres de la Fédération nationale de l'industrie et du commerce, aux personnalités travaillant dans le secteur économique non public et à tous les membres de la CCPPC.

Un peu plus tôt, vous avez fait des interventions sur le maintien du développement économique sain et durable, la promotion de la réforme structurelle du côté de l'offre, l'encouragement du développement sain de l'économie non publique, etc. A ce sujet, vous avez fait des remarques et propositions précieuses que les départements intéressés devront étudier et assimiler.

L'année dernière, face à la conjoncture internationale complexe, et à nos missions lourdes et ardues axées sur la réforme, le développement et la stabilité, nous avons, conformément aux dispositions straté-

---

[*] Discours prononcé à la réunion conjointe des représentants de l'Association pour la construction démocratique de Chine et de ceux de la Fédération nationale de l'industrie et du commerce de Chine, tenue lors de la 4ᵉ session plénière du XIIᵉ Comité national de la CCPPC.

giques des Quatre Intégralités, maintenu le principe général dit « aller de l'avant à pas assurés », fait preuve d'initiative dans le développement économique et social, cherché à nous adapter à la nouvelle normalité de la croissance économique, et réagi judicieusement aux défis apportés par les grands risques. Ainsi avons-nous assuré une croissance économique permettant au pays de se maintenir aux premiers rangs mondiaux, mené la réforme en profondeur et sur toute la ligne, enregistré de nouveaux progrès dans l'édification sur les plans économique, politique, culturel, social et écologique, atteint les principaux objectifs de l'année, et accompli avec succès le XIIe Plan quinquennal.

Ces succès, qui n'ont pas été faciles à obtenir, résultent de la ferme direction du Comité central du Parti et des efforts conjoints fournis par le peuple chinois multiethnique, mais cristallisent également l'énergie et la sagesse de tous les autres partis démocratiques, de la Fédération nationale de l'industrie et du commerce, et des membres ici réunis du Comité national de la CCPPC. L'année dernière, le Comité central de l'Association pour la construction démocratique de Chine et la Fédération nationale de l'industrie et du commerce, tout en mettant en valeur leurs atouts, ont mené des enquêtes et des études sur le développement de la ceinture économique du Changjiang, l'assistance ciblée aux personnes démunies, l'application industrielle des réalisations scientifiques et techniques, la création d'un environnement favorable à l'innovation, la participation des entreprises privées au projet « la Ceinture et la Route » et l'assistance aux micro-entreprises. De nombreuses remarques et propositions de qualité ont été faites, favorisant ainsi notre travail. Je vous présente ici mes sincères remerciements.

Je voudrais maintenant exposer quelques idées pour répondre à vos interventions et à ce qui vous préoccupe.

I. Maintenir et améliorer le système économique fondamental socialiste

Appliquer le système économique fondamental, qui favorise le développement commun des divers régimes de propriété avec prédo-

minance du secteur public, est une politique stratégique fixée par le
Parti communiste chinois, une partie essentielle du socialisme à la
chinoise, ainsi qu'une exigence intrinsèque du perfectionnement de
l'économie de marché socialiste.

En Chine, l'économie non publique se développe depuis la mise
en œuvre de la politique de réforme et d'ouverture grâce aux mesures
politiques lancées par le Parti communiste chinois, et il s'agit d'une
voie frayée sous la direction de celui-ci. Le XVe Congrès du Parti a
décidé la mise en place d'un système économique fondamental « axé
sur le développement commun des divers régimes de propriété avec
prédominance du secteur public », en précisant que « l'économie non
publique est un composant important de notre économie de marché
socialiste ». Le XVIe Congrès du Parti a proposé de « consolider et
développer inébranlablement l'économie publique » et d'« encourager,
soutenir et orienter de façon inflexible le développement de l'économie non publique ». Le XVIIIe Congrès du Parti a, sur cette base,
demandé de « continuer avec détermination à encourager, soutenir et
orienter le développement de l'économie non publique, et de garantir
aux divers régimes de propriété un accès égal aux facteurs de production conformément à la loi, une participation sur un pied d'égalité à la
concurrence sur le marché, et une même protection par la loi ». D'après
la résolution de la 3e session plénière du XVIIIe Comité central du
Parti, l'économie publique et l'économie non publique sont toutes les
deux des composants importants de l'économie de marché socialiste
et constituent la base majeure du développement économique et social
de notre pays ; le droit de propriété de l'économie publique est invio-
lable, il en est de même pour celui de l'économie non publique ; l'Etat
protège le droit de propriété et les intérêts légitimes des économies
sous divers régimes de propriété, insiste sur l'égalité des droits, des
chances et des règles, abolit toutes formes de règlements irrationnels à
l'égard de l'économie non publique, lève toutes les barrières invisibles,
et stimule la vitalité et la créativité de l'économie non publique. La
4e session plénière du XVIIIe Comité central du Parti a affirmé qu'il
fallait « améliorer le système de protection du droit de propriété basé

sur le principe de l'équité, renforcer la protection du droit de propriété des organisations économiques et des personnes des diverses formes économiques, et amender les dispositions législatives allant à l'encontre de l'équité ». La 5ᵉ session plénière du XVIIIᵉ Comité central du Parti a souligné qu'il fallait « encourager les entreprises privées à entrer dans davantage de domaines en vertu de la loi, introduire les capitaux non étatiques dans la réforme des entreprises d'Etat, et stimuler la vitalité et la créativité de l'économie non publique ».

En évoquant ces importants principes et politiques, je souhaite indiquer que notre parti préconise clairement et constamment le maintien de notre système économique fondamental, et qu'il approfondit continuellement cette idée, sans jamais vaciller. Inscrite dans les Statuts du Parti communiste chinois, cette politique ne changera pas et ne doit pas changer.

Ici, j'affirme à nouveau que : la position et le rôle de l'économie non publique dans le développement économique et social de notre pays demeurent inchangés ; notre principe consistant à encourager, soutenir et orienter de façon inébranlable le développement de l'économie non publique demeure inchangé ; notre principe consistant à créer un environnement favorable et plus d'opportunités pour le développement de l'économie non publique demeure inchangé.

Notre pays étant un pays socialiste sous la direction du Parti communiste chinois, l'économie publique, qui s'est formée au cours d'un développement de longue haleine de celui-là, a apporté de remarquables contributions à la construction du pays, à la sécurité de la défense nationale et à l'amélioration de la vie de la population. Elle est un bien précieux de l'ensemble du peuple. Il faut la développer pour qu'elle contribue encore et toujours à la réforme, à l'ouverture et à la modernisation. En revanche, la consolidation et le développement de l'économie publique ne sont pas en opposition avec le principe de l'encouragement, du soutien et de l'orientation du développement de l'économie non publique ; ces deux aspects constituent une unité organique. Dans un grand pays très peuplé comme le nôtre qui se trouve et se trouvera encore pendant longtemps au stade primaire du socialisme, le développement économique et social exige les efforts conjugués de tous les secteurs et de tout le monde. L'économie publique et l'économie non publique doivent se compléter pour réussir ensemble, plutôt que de s'exclure ou de se neutraliser.

Grâce aux politiques du Parti et de l'Etat, l'économie non publique s'est développée en partant de zéro et a gagné en puissance. Elle connaît un développement rapide depuis longtemps, et joue un rôle majeur dans la garantie d'une croissance régulière, la promotion de l'innovation, la création d'emplois et l'amélioration du bien-être de la population. L'économie non publique est une base importante de la stabilité économique, une source majeure des recettes fiscales de l'Etat, un acteur appréciable de l'innovation technique, un appui éminent du développement financier, et une force essentielle du développement économique sain et durable.

Au cours de son développement, l'économie, publique ou non publique, rencontre inévitablement des contradictions et des problèmes, ainsi que des difficultés et des défis, que nous devons traiter ensemble. Cependant, il ne faut jamais laisser l'essentiel être dissimulé par un détail insignifiant, ni prendre une partie pour l'ensemble. Toute idée visant à nier l'économie publique ou l'économie non publique ne correspond pas aux intérêts fondamentaux de la très grande majorité de la population, ni aux exigences de la réforme et du développement de notre pays ; il s'agit donc d'une idée erronée.

II. Concrétiser les mesures politiques favorisant le développement sain de l'économie non publique

Depuis la mise en œuvre de la politique de réforme et d'ouverture, le Parti et l'Etat ont lancé une série de mesures politiques pour le développement de l'économie non publique. Depuis le XVIIIe Congrès du Parti notamment, au fil de l'approfondissement intégral de la réforme, l'économie non publique bénéficie de plus en plus de mesures favorables à son développement.

Les 3e, 4e et 5e sessions plénières du XVIIIe Comité central du

Parti ont proposé des mesures de réforme destinées à élargir l'accès de l'économie non publique au marché et à permettre à celle-ci de se développer à titre égal, soit : encourager les entreprises non publiques à participer à la réforme des entreprises d'Etat ; encourager le développement des entreprises de propriété mixte dont le capital non public est l'actionnaire principal ; permettre aux divers acteurs du marché d'entrer, en vertu de la loi et sur un pied d'égalité, dans les domaines non énumérés dans la liste négative ; permettre à la propriété d'Etat et à d'autres systèmes de propriété de davantage se transformer en propriété mixte ; permettre aux capitaux non étatiques de participer aux projets investis par les capitaux étatiques ; permettre aux capitaux privés réunissant les conditions nécessaires de prendre l'initiative de créer, en vertu de la loi, de petites et moyennes banques et d'autres institutions financières ; permettre aux capitaux non publics de prendre part, par voie d'exploitation sous licence, à l'investissement et à l'opération des infrastructures urbaines ; encourager les capitaux non publics à investir dans la construction des régions rurales ; permettre aux entreprises et organisations sociales de développer différentes œuvres dans les campagnes, etc.

Pour concrétiser l'esprit du XVIIIe Congrès du Parti et des 3e, 4e et 5e sessions plénières du XVIIIe Comité central, nous avons mis en œuvre une quantité de mesures formant un ensemble de politiques visant à encourager, soutenir et orienter le développement de l'économie non publique. Ainsi, ce dernier bénéficie de politiques favorables et d'un climat social propice sans précédent.

Pour certaines raisons, les mesures d'accompagnement de ces politiques ne sont pas tangibles, et la matérialisation de ces dernières est encore loin d'être satisfaisante. Les principaux problèmes sont les suivants : la restriction de l'accès au marché reste importante ; il existe de nombreuses barrières invisibles dans l'application des politiques ; certains départements administratifs restent peu efficaces auprès des entreprises privées ; ces dernières, notamment les PME et les micro-entreprises, manquent de canaux de financement, et leur chaîne de financement connaît souvent des carences, etc. Certains entrepreneurs ont comparé leurs difficultés rencontrées sur le marché à des icebergs, celles rencontrées dans le financement, à de hautes montagnes, et celles rencontrées au cours de la reconversion, à des volcans.

La plupart des problèmes, dus à une application insuffisante des politiques, nuisent aux effets de celles-ci et doivent être résolus. Nous allons d'une part perfectionner les politiques pour en augmenter la valeur et l'opérabilité et, d'autre part, multiplier nos efforts afin d'assurer la concrétisation généralisée de diverses politiques. Le manquement, l'insuffisance et la déviation dans l'application des politiques impliquent l'enjeu du « dernier kilomètre ». J'affirme à nouveau que la mise en œuvre des politiques est dix fois plus importante que leur élaboration. Toutes les régions et tous les départements doivent partir de la réalité, préciser et quantifier les politiques, tout en élaborant des mesures d'accompagnement et en assurant l'application réelle et précise des politiques, afin de permettre aux entreprises privées de renforcer leur sentiment de satisfaction grâce à ces politiques.

Actuellement, l'accent doit être mis sur la résolution des problèmes suivants : 1. Faciliter le financement des PME et leur fournir des services sûrs, efficaces et commodes en améliorant le système financier ; 2. Libéraliser l'accès au marché, encourager les capitaux privés à pénétrer dans tous les secteurs et domaines non interdits par la loi, et donner accès aux capitaux privés à tous les domaines que notre gouvernement a ouvert ou promis d'ouvrir aux capitaux étrangers ; 3. Accélérer la mise en place d'un système de services publics, soutenir la création de plateformes de techniques génériques au service des entreprises privées, développer le marché des technologies, de manière à fournir un soutien technique et des services spécialisés pour l'innovation autonome des entreprises privées ; 4. Conduire les entreprises privées pour qu'elles se servent du marché des propriétés pour rassembler les capitaux privés, engager des fusions-acquisitions et des regroupements interrégionaux et intersectoriels, afin de faire naître nombre de groupes d'entreprises aux traits distinctifs et à forte compétitivité ; 5. Réexaminer et simplifier les formalités d'approbation administrative et les perceptions de frais concernant l'investissement et la gestion des capitaux privés, normaliser les actes des rouages et des organisations intermédiaires, de manière à alléger les charges des entreprises et à réduire leurs coûts de production.

Pendant la période couvrant le XIIIe Plan quinquennal, le développement économique de notre pays s'est caractérisé par son entrée dans la nouvelle normalité. Cette dernière présente à la fois un défi et une opportunité, et cela dépend de notre compréhension et de notre traitement. Si nous pouvions nous en faire une juste idée, l'embrasser de façon appropriée et travailler efficacement, la nouvelle normalité nous offrirait des opportunités plutôt que des défis. Les entreprises privées devraient mettre en valeur leur initiative et leur esprit d'innovation et d'entreprise, avoir une compréhension juste de la nouvelle normalité, s'y adapter activement, et chercher à réaliser de nouveaux exploits, une nouvelle amélioration et un nouveau développement. Par exemple, les trois stratégies de développement – le projet « la Ceinture et la Route », le développement coordonné de la zone Beijing-Tianjin-Hebei et le développement de la ceinture économique du Changjiang –, offrent de nombreuses opportunités. Les entreprises privées peuvent y prendre part en profondeur pour favoriser la synergie et la réorganisation d'équipements, de techniques, de normes et de services, et réaliser la montée en gamme industrielle. De plus, les « Propositions sur l'élaboration du XIIIe Plan quinquennal » ont formulé 50 mesures importantes et quelque 300 mesures concrètes, lesquelles fournissent de grandes opportunités au développement de l'économie non publique.

Le développement économique de notre pays bénéficie d'un atout évident consistant en une grande capacité de résilience, un potentiel de développement et une marge de manœuvre considérables. La Chine reste le pays capable de fournir les meilleures opportunités d'investissement sur la planète. L'économie non publique et ses acteurs bénéficient donc d'un grand espace de développement, de nombreuses opportunités, d'un bel avenir, et donc d'une grande marge d'action. La confiance importe. Notre pays rencontre parfois des fluctuations dans son développement mais, sur le long terme, il progresse vers un brillant avenir. Les nombreux acteurs de l'économie non publique doivent se faire une juste idée de la tendance générale de notre développement économique, consolider leur confiance en celui-ci, améliorer leur qualité globale, perfectionner le système d'exploitation et de gestion de leur entreprise, activer leur esprit d'entrepreneur, mettre en valeur leur talent d'entrepreneur, renforcer la vitalité et la créativité au sein de leur entreprise, et permettre à celle-ci de réaliser un nouveau développement plus adéquat.

III. Encourager les nombreux acteurs de l'économie non publique à devenir des bâtisseurs qualifiés du socialisme à la chinoise

L'année dernière, lors de la Conférence centrale sur le travail du front uni, j'ai souligné que le développement sain de l'économie non publique dépendait de celui de ses acteurs. Les nombreux acteurs de l'économie non publique doivent en prendre conscience et chercher à apprendre par eux-mêmes, à s'éduquer et à s'améliorer. Ils ne doivent pas être contrariés par cette exigence, car nous demandons également à nos cadres dirigeants au sein du Parti de répondre à celle-ci, voire même davantage. « L'homme ne peut être parfait comme l'or ne peut être pur. » Il faut donc « faire des efforts constants pour se perfectionner » et « viser à atteindre la perfection ».

Beaucoup de nos entrepreneurs de l'économie privée sont des célébrités qui ont réussi. Vous êtes, comme on dit familièrement, des figures. Par vos propos et actes, vous jouez un rôle pilote dans la société. Vous devez donc attacher du prix à votre image sociale et la préserver. Il vous faut : mener en profondeur une éducation sur les plans de l'idéal et des convictions, axée sur le respect de la loi et du principe de loyauté, et le raffermissement de la confiance ; rester attachés à la patrie, au peuple et au Parti communiste chinois ; mettre en pratique les valeurs essentielles socialistes ; servir de modèles de patriotisme, de professionnalisme, d'exploitation légale, de création d'entreprise, d'innovation et de reconnaissance ; accomplir des actions d'éclats dans votre vie personnelle et professionnelle, tout en favorisant la réalisation du rêve chinois de grand renouveau de la nation. Nous devons accorder une grande importance à l'éducation et à la formation d'une nouvelle génération d'acteurs de l'économie non publique, afin qu'ils mettent en valeur l'esprit d'entreprise des anciens entrepreneurs et leur glorieuse tradition consistant à obéir au Parti et à le suivre de près. Les nombreuses entreprises privées doivent se livrer aux œuvres d'assistance aux régions sous-développées, aux œuvres philanthropiques et aux services d'intérêt public, se montrer reconnaissantes envers la société ayant favorisé leur enrichissement, harmoniser la justice et les intérêts, et remplir consciemment leur responsabilité sociale. L'assistance ciblée aux personnes démunies menée par la Fédération nationale de l'industrie et du commerce, consistant à « aider dix mille villages par dix mille entreprises », donne un bon exemple et nous devons la concrétiser pour obtenir des résultats remarquables.

Nous exigeons de nos cadres dirigeants de ne pas bousculer la ligne rouge et de garder une certaine décence dans leurs rapports avec les entrepreneurs de l'économie privée, mais cela ne signifie pas qu'ils peuvent négliger ces derniers, ignorer leurs revendications justifiées, ou ne pas protéger leurs intérêts légitimes. Pour promouvoir le développement économique et social, les échanges entre les cadres dirigeants et les acteurs de l'économie non publique sont inévitables, fréquents, mais aussi indispensables. Leurs rapports doivent être nobles et désintéressés. Les cadres dirigeants doivent faire preuve de fraternité envers les acteurs de l'économie non publique, protéger leurs droits et intérêts légitimes, et favoriser leur exploitation légale. Il faut absolument s'abstenir d'entretenir des rapports tels qu'il existait entre le bureaucrate féodal et les marchands politiquement influents, tels qu'en Occident entre les groupes financiers et les milieux politiques, et tels que ceux entre les amis s'adonnant aux plaisirs de la table.

Je me suis demandé quels devraient être les rapports de type nouveau entre les pouvoirs publics et les acteurs économiques. Ma réponse est la « proximité » et l'« intégrité ».

Pour les cadres dirigeants, la « proximité » leur exige de contacter les entreprises privées avec franchise et sincérité, et d'agir activement, en fournissant des services de près, surtout quand ces dernières rencontrent des difficultés et des problèmes ; ils doivent prêter une attention particulière aux acteurs de l'économie non publique, souvent s'entretenir avec eux à cœur ouvert, les guider dans leurs activités et les aider à surmonter leurs réelles difficultés, afin de soutenir sérieusement et sincèrement le développement de l'économie privée. L'« intégrité » exige que les cadres dirigeants restent intègres dans leurs rapports avec les entrepreneurs de l'économie privée, et s'abstiennent de toute considération d'ordre personnel et de tout abus de pouvoir à des fins personnelles ou mercantiles.

Pour les entrepreneurs de l'économie privée, la « proximité » leur recommande de communiquer activement et davantage avec les comités du Parti et les départements gouvernementaux à tous les échelons en disant la vérité et en donnant des conseils, pour soutenir énergiquement le développement local. L'« intégrité » leur demande de faire preuve de franchise et de droiture dans leur exploitation, et de respecter les lois et règlements dans l'opération de leur entreprise. Quand une entreprise rencontre des difficultés et des problèmes dans son exploitation, elle doit en rendre compte aux autorités compétentes, et chercher à les résoudre par des canaux légitimes. Dans le cas où des agents publics créent délibérément des difficultés ou restent inactifs, elle peut les dénoncer pour protéger ses droits et intérêts légitimes à l'aide de la loi. Une entreprise ne réussira jamais si elle use de pratiques malhonnêtes et de moyens illicites. Non seulement cela corrompt les mœurs de la société, mais ceux qui s'y livrent ne peuvent trouver une tranquillité d'esprit.

L'exploitation légale constitue un principe majeur que doit observer toute entreprise. Toutes les entreprises, publiques ou non, doivent se baser sur le respect de la loi et l'honnêteté, procéder à l'exploitation, à la gestion d'entreprise et à la défense de leurs droits en vertu de la loi. Il faut strictement éviter de bousculer la ligne rouge de la législation, s'abstenir de toute infraction à la loi, comme la fraude et l'évasion fiscales, la contrebande, la revente de marchandises de contrebande, la contrefaçon ou la vente de produits de contrefaçon, et se garder de tout acte malhonnête, tel que truquer la qualité, le poids et le prix des marchandises.

Depuis son XVIIIe Congrès, notre parti intensifie sa lutte contre la corruption, chasse aussi bien les « tigres » que les « mouches », et s'en tient aux principes dits de « couverture totale, tolérance zéro et aucune zone interdite » ; un certain nombre de cas d'infraction à la loi et à la discipline ont été sanctionnés. La lutte anticorruption aide à purifier le paysage politique, à assainir la vie économique et à mettre en ordre le marché pour remettre celui-ci à sa place et les choses distordues en état. Si ceux ayant un pouvoir plus ou moins grand cherchaient à obtenir des intérêts personnels en créant des obstacles, ou en se livrant au transfert de bénéfices et à la manipulation secrète, le développement économique serait compromis. Je considère que beaucoup d'entrepreneurs honnêtes de l'économie privée en ont fait l'expérience personnelle. Dans les cas de corruption impliquant des entreprises privées, des cadres dirigeants suspects ont parfois réclamé des pots-de-vin et, d'autres fois, des entrepreneurs ont versé de leur propre chef des pots-de-vin. Pour mettre fin au premier cas, nous devons intensifier le contrôle et l'éducation des cadres dirigeants. Quant aux entrepreneurs, il leur faut tirer une leçon du second cas et s'abstenir d'erreurs de la même nature.

Cette année et l'année prochaine, les autres partis démocratiques et la Fédération nationale de l'industrie et du commerce procéderont au renouvellement de leur équipe dirigeante, et les assemblées populaires et les comités de la CCPPC aux échelons locaux marqueront le début d'une nouvelle législature et celui d'un nouveau mandat. Nous avons donc un travail majeur consistant à conférer des sièges aux acteurs de l'économie non publique dont la contribution est importante. Ce travail exige d'insister sur les normes de sélection, de respecter strictement la procédure, d'examiner attentivement les candidats et de les évaluer de façon globale, afin de faire ressortir les représentants des acteurs de l'économie non publique, caractérisés par une haute

conscience idéologique et politique, une forte représentativité secto-
rielle, une grande capacité à participer aux affaires politiques de l'Etat
et une haute crédibilité sociale. Nous soutiendrons énergiquement
l'édification sur les plans idéologique, organisationnel, institutionnel
et surtout l'édification de l'équipe dirigeante des divers partis démocratiques dont l'Association pour la construction démocratique de
Chine, afin qu'ils améliorent leur perception politique, et renforcent
leurs capacités à participer aux affaires de l'Etat, à organiser et diriger
le travail, à collaborer et résoudre leurs problèmes. Nous mettrons
en place des conditions favorables pour la résolution des problèmes
rencontrés par les autres partis démocratiques en accomplissant
leur mission. La Fédération nationale de l'industrie et du commerce
doit intensifier son auto-édification, accroître son rôle rassembleur,
son influence et sa force exécutoire, faire progresser la réforme des
chambres de commerce lui étant rattachées, et assumer de manière
effective ses responsabilités en tant que directeur, guide et serveur.

Note :

[1] Yu Zhengsheng, né en 1945 à Shaoxing dans la province du Zhejiang, membre
du Comité permanent du Bureau politique du XVIIIe Comité central du Parti et
président du XIIe Comité national de la Conférence consultative politique du peuple
chinois.

Transformer notre pays en une puissance scientifique et technologique mondiale*

(30 mai 2016)

Au cours de l'histoire humaine, l'innovation a toujours été une force importante du développement d'un pays et d'une nation, mais aussi du progrès de la société humaine. On ne peut s'abstenir de l'innovation, ni même innover trop doucement. Si nous sommes incapables d'appréhender le changement, d'y répondre et d'y aspirer, nous tomberons probablement dans une passivité stratégique, perdrons l'opportunité de développement et passerons même à côté de toute une époque. Appliquer la stratégie de développement grâce à l'innovation est un choix obligatoire pour faire face au changement environnemental du développement, en maîtriser l'autonomie et renforcer notre compétitivité essentielle. Cela consiste également en un choix obligatoire pour accélérer la transformation du mode de développement économique et résoudre les contradictions et les problèmes les plus profonds de la croissance, ainsi que pour mieux conduire la nouvelle normalité de la croissance de notre pays et en maintenir un développement sain et régulier.

Les sciences et technologies constituent un outil sophistiqué permettant à un Etat de devenir puissant, à une entreprise d'être compétente, et à une population de vivre dans de meilleures conditions. Si la Chine veut devenir puissante et assurer le bien-être du quotidien de son peuple, elle devra exceller sur le plan scientifique

* Extraits du discours à la Conférence nationale sur les innovations scientifiques et techniques, à la 18ᵉ Conférence des membres de l'Académie des Sciences de Chine, à la 13ᵉ Conférence des membres de l'Académie d'Ingénierie de Chine, et au 9ᵉ Congrès national de l'Association des Sciences et Technologies de Chine.

et technologique. Notre époque marquée par une situation nouvelle et des tâches inédites nous exige d'avoir un nouveau concept, un nouveau plan et une nouvelle stratégie dans le domaine de l'innovation scientifique et technologique. Nous devons appliquer en profondeur le nouveau concept de développement, ainsi que la stratégie de renouveau national grâce aux sciences et à l'éducation, et celle de renouveau national grâce à l'émergence de talents et celle de développement grâce à l'innovation, établir une planification d'ensemble, renforcer le travail d'organisation ainsi qu'optimiser les dispositions générales relatives au développement scientifique et technologique de notre pays.

Premièrement, consolider la base scientifique et technologique, et nous efforcer d'être à l'avant-garde mondiale dans les domaines importants en la matière. Pour faire progresser les sciences et technologies, il faut juger correctement la direction de notre percée dans ces domaines. Un juste jugement nous permet de saisir l'opportunité avant les autres. « Savoir saisir l'occasion vaut mieux qu'être intelligent. »[1] Les expériences du passé montrent que les pays ayant saisi l'occasion de la révolution scientifique et technologique pour se moderniser sont ceux étant dotés d'une solide base scientifique, et que ceux qui ont saisi une telle occasion pour devenir des puissances mondiales se trouvent sans exception à l'avant-garde dans les importants domaines scientifiques et technologiques.

A en juger par sa situation globale, la Chine est déjà devenue un grand pays influent sur le plan scientifique et technologique, où l'innovation en ces domaines joue un rôle d'appui et de moteur de plus en plus important dans le développement économique et social. Dans le même temps, nous devons également prendre pleinement conscience que, dans la voie menant à une puissance scientifique et technologique, notre pays se trouve confronté à de graves goulots d'étranglement entravant son développement. Notre dépendance des apports étrangers dans les technologies essentielles des domaines clés n'a pas foncièrement changé, notre base scientifique et technologique reste faible, et notre capacité d'innovation scientifique et technologique, notamment celle de création originale, est loin du niveau mondial.

Les sciences et technologies ont un impact mondial et répondent aux besoins de leur époque. Pour les développer, nous devons adopter une vision globale et prendre le pouls de notre époque. Dans le monde d'aujourd'hui, une nouvelle vague de révolution scientifique et technologique se profile à l'horizon. Des percées réalisées grâce à la création originale dans les importantes questions scientifiques comme la structure de la matière, l'évolution de l'univers, l'origine de la vie et l'essence de la conscience ouvrent de nouveaux horizons avant-gardistes et de nouvelles directions à emprunter. D'importantes innovations technologiques révolutionnaires créent de nouvelles industries et de nouvelles formes d'activités économiques. L'informatique, la biotechnologie, les technologies manufacturières, les technologies des nouveaux matériaux et les nouvelles technologies énergétiques pénètrent largement dans quasiment tous les domaines. Elles entraînent des transformations technologiques massives et importantes, caractérisées par leurs aspects écologiques, intelligents et omniprésents. L'interpénétration entre l'informatique de nouvelle génération, comme les mégadonnées, l'informatique en nuage et Internet mobile d'une part et la robotique et les technologies de la fabrication intelligente d'autre part s'accélère et la chaîne de l'innovation scientifique et technologique devient plus souple. De plus, le renouvellement technologique et la valorisation des acquis technologiques sont plus rapides et le développement industriel ne cesse de s'accélérer. Tout cela pousse la production et la consommation sociales à passer de l'industrialisation à l'automatisation et à la transformation intelligente. Les forces productives sociales enregistreront une autre croissance considérable et la productivité connaîtra de nouveau un grand bond.

Pour mener à bien l'innovation scientifique et technologique, nous ne pouvons être dans l'expectative, ni emboîter le pas d'autrui. Nous ne pouvons que nous saisir du jour et de l'instant. Le temps presse et nous devons mettre les bouchées doubles, définir à temps notre stratégie de développement et renforcer notre capacité d'innovation autonome. Nos milieux scientifiques et technologiques doivent raffermir leur confiance en soi dans l'innovation ainsi que leur résolution d'avoir le courage d'être précurseurs. Ils doivent également consacrer leurs efforts à la recherche de l'originalité et de l'exclusivité, avoir le courage de défier les problèmes scientifiques à la fine pointe des recherches, formuler davantage de théories originales, faire davantage de découvertes originales, tâcher de réaliser un développement à grandes enjambées dans les domaines importants des sciences et technologies, parvenir à suivre ou même à guider les nouvelles orientations du développement dans ce même domaine, et prendre en main l'initiative stratégique dans ce nouveau tour de la compétition mondiale sur le plan scientifique et technologique.

Deuxièmement, suivre une orientation stratégique correcte et surmonter les difficultés scientifiques et technologiques entravant le développement grâce à l'innovation. L'orientation stratégique de l'innovation scientifique et technologique est urgente et importante. Il faut la définir de façon précise, afin d'aider à résoudre les difficultés scientifiques et technologiques. Actuellement, l'Etat a plus que jamais besoin de l'appui scientifique et technologique stratégique.

Je cite ici quelques exemples. Théoriquement, les gisements s'enfoncent jusqu'à 10 000 mètres sous terre. La profondeur de l'exploration et de l'extraction du niveau le plus avancé dans le monde a désormais atteint les 2 500-4 000 mètres, mais reste inférieure à 500 mètres en Chine. Approfondir l'extraction est un problème stratégique que nous devons absolument résoudre. Les matériaux constituent la base de l'industrie manufacturière. La Chine a beaucoup de retard dans la mise au point et la production des matériaux haut de gamme, et ceux d'importance vitale sont loin d'être fournis de manière autonome. Une large part du marché de nombreux médicaments brevetés est détenue par des sociétés étrangères. Les équipements médicaux haut de gamme dépendent principalement de l'importation. Tout cela est l'une des causes du coût élevé des soins médicaux en Chine. L'étude et la mise au point de médicaments issus de l'innovation reflètent de manière concentrée les nouveaux acquis et les nouvelles percées à la pointe des domaines des sciences de la vie et de la biotechnologie, tandis que celles des équipements médicaux avancés représentent l'imbrication interdisciplinaire et l'intégration des systèmes. Les études sur la cartographie du cerveau sont liées au premier front de la science pour connaître les fonctions cérébrales et étudier l'essence de la conscience. Ces recherches revêtent une grande signification scientifique et orienteront la prévention et le traitement des maladies du cerveau ainsi que le développement des technologies intelligentes. La mer profonde recèle des ressources précieuses que les humains sont à cent lieues de connaître et d'exploiter. Cependant, pour les obtenir, il est indispensable de maîtriser les technologies clés en matière de descente, d'exploration et de mise en valeur en profondeur. Les technologies spatiales ont profondément développé la connaissance humaine sur l'univers en procurant une grande force motrice au progrès de la société humaine. Dans le même temps, l'immense espace céleste recèle des mystères extrêmement nombreux à éclaircir. Il faut donc stimuler un développement intégral des sciences, technologies et applications spatiales. Les domaines de ce genre sont innombrables. Le Comité central du Parti a déjà formulé une stratégie sur le long terme à l'horizon 2030 en matière technico-scientifique. Il a décidé de mettre en œuvre un groupe de projets et de travaux scientifiques et technologiques d'importance capitale qui devraient être promus plus rapidement. En tenant compte des besoins stratégiques primordiaux de l'Etat, il a demandé de maîtriser les technologies clés essentielles et d'occuper les positions dominantes stratégiques dans les sciences et technologies aux intérêts globaux et à long terme.

Pour nous transformer en une puissance scientifique et technologique, un centre scientifique et un pôle d'innovation des plus influents, il nous faut posséder des établissements de recherche, des universités performantes en recherche et des entreprises innovantes de premier ordre, et assurer l'émergence continuelle des résultats scientifiques originaux d'importance capitale. La 5e session plénière du XVIIIe Comité central du Parti a proposé de mettre sur pied un groupe de laboratoires d'Etat dans les principaux domaines de l'innovation. Il s'agit d'une mesure stratégique favorable à l'innovation scientifique et technologique en Chine. Par la construction de laboratoires d'Etat,

nous renforcerons les forces scientifiques et technologiques stratégiques du pays. Dans les domaines importants où les objectifs et les
besoins stratégiques d'urgence de l'Etat sont clairement définis, ainsi
que dans les positions stratégiques dominantes susceptibles d'orienter
le futur développement, nous devons nous axer sur la résolution des
problèmes scientifiques et technologiques clés et les infrastructures
nationales de grande dimension, nous appuyer sur les meilleures
unités innovantes, optimiser les ressources de l'innovation du pays,
établir un nouveau type de mécanisme de fonctionnement favorable à
la réalisation des objectifs, à l'évaluation des résultats et de l'efficacité,
à la résolution des problèmes difficiles grâce à des efforts conjugués,
à l'ouverture et au partage, et édifier des laboratoires d'Etat caractérisés par l'intégration de leurs effets révolutionnaire, directeur et de
plateforme. De tels laboratoires d'Etat doivent devenir des forces des
sciences et technologies stratégiques en mesure de surmonter tous
les obstacles et toutes les difficultés, d'orienter le développement et
de créer, de concert avec les autres établissements de recherche, les
universités, ainsi que les départements de recherche-développement
des entreprises, une nouvelle configuration de l'innovation coordonnée marquée par la complémentarité et l'interaction vertueuse.

Troisièmement, renforcer l'approvisionnement scientifique et
technologique, et servir les principaux théâtres d'opération du développement économique et social. « La recherche de la vérité mènera
à la maîtrise du savoir et l'auto-examen permettra la mise en pratique
de la théorie. »[2] La recherche doit non seulement capter le savoir et la
vérité, mais aussi servir le développement économique et social, ainsi
que les larges masses populaires. Les travailleurs scientifiques et techniques doivent étroitement lier leurs travaux aux besoins de la patrie
et mettre les résultats de leurs recherches au service de la cause grandiose de la modernisation du pays.

Après une trentaine d'années de réforme et d'ouverture, la
Chine est devenue la deuxième économie du monde. Nous devons
cependant prendre conscience que, malgré leur envergure colossale,
nombreux sont les secteurs d'activité qui ne sont ni puissants ni

performants dans notre développement économique. Le mode de croissance et d'expansion dépendant principalement de l'augmentation des facteurs de production dont les ressources, les capitaux et la main-d'œuvre ne peut plus durer dans la nouvelle situation. Notre pays assume à présent la lourde tâche de poursuivre son développement en changeant de force motrice et de mode de croissance, et en réajustant sa structure. A présent, des innovations scientifiques et technologiques plus nombreuses et plus adaptées sont nécessaires pour injecter une nouvelle force à la croissance lorsque la force motrice émanant des ressources à bas coûts et de l'augmentation des facteurs de production s'affaiblit sensiblement. Elles sont indispensables pour assurer un développement économique et social coordonné alors que le développement social fait face à de nombreux défis, comme le vieillissement de la population, l'éradication de la pauvreté et la garantie de la santé publique. Elles sont essentielles pour construire une belle Chine au ciel bleu, aux espaces verdoyants et aux eaux limpides lorsque la civilisation écologique se heurte à l'aggravation de la pollution de l'environnement. Elles sont primordiales pour garantir la sûreté de l'Etat lorsque les risques se font de plus en plus pesants notamment dans la sécurité sur les plans énergétique, alimentaire, écologique, biologique, d'Internet et de la défense nationale. Par conséquent, l'innovation scientifique et technologique est au centre de toutes nos activités et joue un rôle primordial dans la maîtrise de la situation générale du développement de notre pays.

Pour promouvoir un développement économique et social sain et durable, faire progresser la réforme structurelle du côté de l'offre, et remplir les tâches consistant à éliminer les capacités de production obsolètes, à réduire les stocks immobiliers, à diminuer le ratio de levier, à abaisser les coûts de production et à combler les failles de l'économie, il faut radicalement changer la dynamique endogène et la vitalité entraînant le développement, ainsi que réaliser un développement avant-gardiste reposant davantage sur l'innovation et capable de mettre en valeur les avantages du premier. Il faut étudier d'une manière approfondie et résoudre les problèmes scientifiques et technologiques dont le développement économique et industriel a urgemment besoin. S'axant sur les besoins de la transformation du mode de croissance, de la restructuration économique, de la construction d'un système industriel moderne, de la création de nouveaux secteurs stratégiques, et du développement des services modernes, il est nécessaire de promouvoir le transfert et l'application des résultats scientifiques ainsi que de faire évoluer les industries et les produits vers le moyen et haut de gamme dans la chaîne des valeurs.

Le développement déséquilibré est depuis longtemps un cuisant problème en Chine. Il se manifeste de manière concentrée dans les rapports entre les différentes régions, entre les villes et les campagnes, entre l'essor économique et le progrès social, entre la civilisation matérielle et la civilisation spirituelle, ainsi qu'entre l'édification économique et l'édification de la défense. Par conséquent, nous devons nous baser sur l'innovation scientifique et technologique pour libérer sa force motrice, faire de l'innovation le fondement du développement, ouvrir de nouveaux horizons et créer de nouvelles opportunités au développement, mettre en marche de nouveaux moteurs du développement, promouvoir la synchronisation de la nouvelle industrialisation, de l'informatisation, de l'urbanisation et de la modernisation agricole, améliorer le rendement général du développement et réaliser un développement coordonné à un niveau de développement plus élevé.

Le développement vert est une nécessité de l'édification de la civilisation écologique et représente une direction de la révolution scientifique et industrielle. Il s'agit du domaine du développement le plus prometteur. L'homme se doit de respecter la nature, de s'y adapter et de la protéger, sous peine de subir ses représailles. Personne ne peut résister à cette règle. Il faut approfondir les connaissances sur les lois de la nature et consciemment agir en conséquence. Nous devons non seulement étudier les mesures visant à restaurer, aménager et protéger l'environnement, mais également mieux comprendre la biodiversité et d'autres règles scientifiques. Nous devons non seulement renforcer les mesures de contrôle et de protection en la matière, mais également mieux connaître les changements de notre planète ou encore le mécanisme du cycle du carbone. Il faut compter sur l'innovation scientifique et technologique pour venir à bout des difficultés entravant le développement vert, et créer une nouvelle situation du développement harmonieux de l'homme et de la nature.

La coopération et la concurrence économiques internationales connaissent un profond changement et un important réajustement s'opère dans le système et les règles de gouvernance économique mondiale. En apparence, la mondialisation économique consiste en une vaste circulation des marchandises, des capitaux et des informations à travers le monde, mais, au fond, cette circulation est dirigée par l'homme et sa capacité d'innovation scientifique et technologique. Il nous faut être plus capables de conduire cette circulation mondiale des marchandises, des capitaux et des informations, et former une nouvelle structure à notre ouverture vers l'extérieur. Il nous faut renforcer notre puissance et notre capacité pour participer à la fixation des règles économiques, financières et commerciales mondiales, pour entamer la coopération internationale sur le plan économique et celui de l'innovation scientifique et technologique à un niveau supérieur, ainsi que pour prendre part à la gouvernance mondiale dans le cadre d'une communauté d'intérêts plus large, afin de réaliser le développement commun.

Les besoins et l'appel du peuple font entendre la voix de notre époque en matière de progrès et d'innovation scientifiques et technologiques. Avec le développement économique et social continu de notre pays, les 1,3 milliard de Chinois aspirent davantage à une vie meilleure. L'élévation du niveau du développement social, l'amélioration des conditions de vie et de la santé publique exigent davantage de l'innovation scientifique et technologique. Nous devons répondre aux attentes et aux préoccupations du peuple, en nous focalisant sur les questions importantes du bien-être, dont la prévention et le contrôle des maladies graves, la sécurité des aliments et des médicaments, ainsi que le vieillissement de la population. Nous devons considérablement augmenter l'offre des services scientifiques et technologiques publics afin d'assurer au peuple un environnement plus agréable, de meilleurs services médicaux et sanitaires, ainsi que des aliments et des médicaments plus sûrs. Il faut compter sur l'innovation scientifique et technologique pour mettre en place un système de services publics à bas coûts, de large couverture et de haute qualité. Il faut accentuer l'offre des services scientifiques et technologiques inclusifs et publics, développer les technologies à bas coûts liées à la prévention et au contrôle des maladies, ainsi qu'aux traitements médicaux à distance, et réaliser le partage inclusif des ressources médicales et sanitaires de qualité. Nous devons également développer la technologie de l'information, éliminer le fossé numérique entre les personnes aux revenus différents et entre les diverses régions, et nous efforcer de rendre les ressources culturelles et éducatives de qualité accessibles à tous sans distinction.

Quatrièmement, approfondir la réforme et l'innovation afin de mettre en place un mécanisme dynamique de gestion et d'opération des sciences et technologies. L'innovation est une ingénierie dans laquelle sont imbriquées les chaînes de l'innovation, de l'industrie, du financement et des mesures politiques, qui se lient étroitement et se soutiennent mutuellement. Une réforme effectuée au sein d'un ou de plusieurs maillons n'aboutit pas. Elle doit être disposée de façon généralisée et progresser inébranlablement. L'innovation scientifique et technologique ainsi que la rénovation des systèmes doivent jouer leur rôle de manière coordonnée, comme les deux roues d'une charrette qui tournent simultanément.

La plus grande supériorité de notre pays consiste en son régime socialiste, qui nous permet de concentrer nos forces pour entreprendre de grands projets. C'est un atout assurant la réussite de nos entreprises. Grâce à lui, nous avons réalisé dans le passé d'importantes percées scientifiques et technologiques. Aujourd'hui, nous devons également compter sur lui pour faire progresser à grandes foulées l'innovation scientifique et technologique et établir un nouveau mécanisme nous permettant de consacrer nos forces concentrées à de grands projets dans les conditions de l'économie de marché socialiste.

Une réforme approfondie du système scientifique et technologique et des autres systèmes concernés doit s'opérer par nos efforts centrés sur l'innovation scientifique et technologique. Il faut accélérer l'instauration d'un mécanisme de prise de décision s'appuyant sur la consultation. Il faut également renforcer le système de consultation pour les prises de décision en termes de sciences et technologies, et construire des laboratoires d'idées de haut niveau dans ce domaine. Il est nécessaire d'accélérer l'institutionnalisation de prise des décisions importantes en matière scientifique et technologique afin d'empêcher les directeurs de prendre des décisions sans réfléchir et les experts scientifiques de leur obéir sans ciller. Il est indispensable de perfectionner le mode de répartition des ressources conformément à la règle de l'innovation scientifique et technologique, et de mettre fin à l'application mécanique du budget administratif et de la gestion financière dans la gestion des ressources scientifiques et technologiques. Il faut optimiser les moyens de soutien aux recherches fondamentales, à l'étude des hautes technologies stratégiques et aux recherches d'intérêt public, dans le but de maximiser le rendement de l'innovation scientifique et technologique. Il faut veiller sur la réforme et l'innovation de l'utilisation et de la gestion des fonds consacrés à la recherche, de sorte que ces fonds servent les activités créatrices et non le contraire. Nous devons réformer le système d'évaluation scientifique et technologique, et en établir un système catégorisé et orienté vers la qualité, la contribution et la rentabilité de l'innovation scientifique et technologique. Enfin, il est recommandé de correctement évaluer les valeurs scientifique, technologique, économique, sociale et culturelle des résultats de cette innovation.

En tant que force importante associant les sciences et technologies à l'économie, les entreprises doivent agir comme des acteurs principaux dans la prise de décision en matière d'innovation technologique, l'investissement dans la recherche-développement, l'organisation de la recherche et la mise sur le marché des résultats acquis. Par conséquent, nous devons formuler et concrétiser les mesures politiques encourageant l'innovation technologique des entreprises, accentuer la pression par mécanisme d'engrenage en faveur de cette innovation, renforcer le soutien à l'innovation technologique des PME, promouvoir la réforme dans la circulation, ainsi que la lutte contre les monopoles et la concurrence déloyale, et orienter les entreprises à accroître plus rapidement le personnel de leur recherche-développement. Nous devons également accélérer l'amélioration des systèmes de gestion concernant l'utilisation, l'arrangement et les bénéfices des réalisations scientifiques et technologiques, faire valoir le rôle décisif du marché dans la distribution des ressources, afin d'activer les institutions, le personnel, les installations, les capitaux et les projets, de sorte que ceux-ci associent leurs efforts pour impulser l'innovation scientifique et technologique. Il faut réajuster les établissements de recherche sectoriels et locaux existants, augmenter l'effectif de la recherche-développement des entreprises et soutenir la construction de centres nationaux d'innovation technologique tablant sur les entreprises, ainsi que former des entreprises qui se positionnent comme leaders mondiaux dans leurs secteurs.

Le développement scientifique et technologique de notre pays repose principalement sur les établissements de recherche et les universités performantes en recherche, qui sont également les berceaux de talents de l'innovation scientifique et technologique. Il faut donc optimiser la répartition de leur recherche. Les établissements de recherche doivent également réorganiser leurs projets selon les tendances mondiales du développement scientifique et technologique, consolider leurs assises disciplinaires, cultiver des pépinières des disciplines croisées émergentes, renforcer en priorité la recherche sur les technologies génériques et relatives aux programmes d'intérêts publics et au développement durable, et accroître l'offre des services scientifiques et technologiques publics. Les universités performantes en recherche doivent renforcer le développement de leurs disciplines en se focalisant sur la recherche fondamentale basée sur l'expérimentation libre. Il faut renforcer la coopération entre les établissements de recherche et les établissements d'enseignement supérieur, établir le trait d'union entre la recherche ciblée et l'expérimentation libre pour qu'elles profitent des atouts les unes des autres, établir un nouveau mode permettant à l'enseignement et à la recherche de se compléter et de conjuguer leurs efforts pour la formation de talents, consolidant ainsi les bases scientifique et humaine en faveur de notre innovation scientifique et technologique.

La mise en valeur de l'enthousiasme et de l'initiative de toutes les régions dans le développement grâce à l'innovation revêt une importance capitale pour associer tous les efforts favorables à l'innovation scientifique et technologique de notre pays. En profitant des grands projets, comme la mise en œuvre du projet « la Ceinture et la Route », le développement de la ceinture économique du Changjiang et le développement coordonné de la zone Beijing-Tianjin-Hebei, nous devons respecter la loi régissant la concentration régionale de l'innovation scientifique et technologique, chercher des voies différenciées du développement grâce à l'innovation selon les conditions locales, accélérer la création de centres d'innovation scientifique et technologique de stature mondiale, et construire des villes innovantes et des centres novateurs régionaux jouant un rôle d'entraînement.

Cinquièmement, faire rayonner l'esprit innovant et former des talents adaptés aux demandes du développement grâce à l'innovation. « C'est grâce aux compétences que de grands exploits sont accomplis et qu'une grande œuvre progresse. »[3] Les sciences et technologies sont des grandes activités créatrices de l'homme. Toute innovation est effectuée par l'homme. Pour faire de la Chine une puissance scientifique et technologique mondiale, nous avons besoin d'un contingent important et bien structuré de compétences, qualitativement appréciables, et nous devons veiller à valoriser leur dynamisme et leur potentiel pour l'innovation. Il faut mobiliser et respecter l'esprit créateur des scientifiques et ingénieurs, et les pousser à promouvoir et à effectuer l'innovation, de sorte que chacun se mette consciemment à concevoir, à promouvoir et à réaliser l'innovation.

La Chine possède le plus grand nombre de scientifiques et ingénieurs au monde, ce qui constitue une vaste pépinière de grands maîtres, de chefs de file et d'élites de classe mondiale. La formation et le développement des scientifiques et ingénieurs ont leurs règles à suivre. Nous devons mettre à l'honneur tout effort, de sorte que les personnes compétentes soient repérées, que leur talent soit apprécié, respecté et appliqué. Nous devons créer un environnement favorable à l'épanouissement des scientifiques et ingénieurs, découvrir, former et rassembler les talents dans l'innovation afin que ceux-ci donnent libre cours à leurs capacités et mettent en valeur leur potentiel. Il faut réformer les mécanismes de formation, d'introduction et d'emploi du personnel, et former un grand nombre de scientifiques et ingénieurs stratégiques, capables de saisir les courants scientifiques et technologiques du monde et de juger l'orientation du développement des sciences et technologies. Il faut également former un grand nombre de chefs de file capables de rassembler les forces, de planifier et coordonner les opérations, ainsi qu'un grand nombre d'entrepreneurs et de personnes hautement qualifiées, pourvus de courage et de la capacité d'innover. Nous travaillons pour perfectionner le mode de formation des talents novateurs et renforcer la culture de l'esprit scientifique et de l'esprit créateur, ainsi que la collaboration entre la science et l'enseignement et celle entre les écoles et les entreprises. Nous allons former un grand nombre de talents novateurs et d'entrepreneurs, dotés d'un savoir scientifique et technologique et connaissant bien les opérations du marché, ainsi qu'un grand nombre de jeunes scientifiques et ingénieurs. Il nous faut créer un environnement propice à la recherche, faire rayonner l'éthique académique et celle de la recherche, et faire régner dans la société une ambiance encourageant l'innovation et tolérant l'échec. Il est nécessaire de renforcer la protection de la propriété intellectuelle et d'appliquer activement une politique de répartition valorisant le savoir, dont l'augmentation de la part des chercheurs dans les bénéfices générés par les applications de leurs réalisations, ainsi que la mise en œuvre de mesures incitatives comme l'octroi d'actions et d'options d'achat et la répartition de boni, pour qu'ils donnent la pleine mesure de leurs capacités.

Dans le domaine de la recherche fondamentale, y compris les sciences et technologies appliquées, il faut respecter les caractéristiques de la recherche : inspiration instantanée, méthodes choisies en toute liberté et incertitude du chemin suivi. Il faut permettre aux scientifiques de penser à leur guise en toute liberté, de faire des hypothèses audacieuses et de s'atteler à faire de leur mieux pour les confirmer. Nous ne devons pas intervenir dans leurs recherches sous le prétexte de la production scientifique, ni utiliser des stéréotypes pour les contraindre. Dans de nombreuses recherches, il faut avoir une vue lointaine et ne pas être à la recherche de succès rapides et immédiats. Quiconque agit à la hâte ne peut correctement réussir. Il faut assurer aux scientifiques et aux ingénieurs en chef les pouvoirs attachés à leurs fonctions et leur conférer davantage de pouvoirs décisionnels dans la direction de leurs recherches, une plus grande disposition de fonds et de ressources, tout en se gardant des ordres donnés aveuglément ou à la légère. Il faut établir des systèmes adéquats de responsabilités et de recours en responsabilité, afin de résoudre de manière effective les problèmes subsistant plus ou moins dans notre travail : se jeter tête baissée dans une action de masse ou de bric et de broc. Les départements gouvernementaux chargés des affaires scientifiques et technologiques doivent s'occuper de la stratégie, de la planification, des mesures politiques et des services, tout en valorisant l'atout de notre contingent institutionnalisé scientifique et technologique stratégique.

L'innovation scientifique et technologique et la vulgarisation scientifique sont les deux ailes du développement grâce à l'innovation. Il faut accorder une importance égale à l'une comme à l'autre. Sans l'amélioration générale de la formation scientifique de toute la nation, il sera quasiment impossible d'établir un grand contingent de chercheurs innovateurs sur les plans quantitatif et qualitatif, et de réaliser les rapides applications des acquis scientifiques et technologiques. J'espère que les scientifiques et les ingénieurs se feront un devoir d'élever le niveau scientifique de toute la nation, de vulgariser les connaissances scientifiques, de faire rayonner l'esprit scientifique, de diffuser les idées scientifiques, et de recommander les méthodes scientifiques. Nous pouvons ainsi créer une ambiance sociale favorable au respect, à l'amour, à l'apprentissage et à l'utilisation des sciences, afin que des millions et des millions de Chinois déploient pleinement leur sagesse et leurs forces pour l'innovation.

Notes :

[1] *Mencius (Meng Zi).*

[2] *Histoire des Song (Song Shi),* Toqtaï et al., dynastie des Yuan (1271-1368).

[3] Voir la note 11 de l'article « Rester fidèle à l'engagement initial et poursuivre notre marche en avant » du présent ouvrage.

Promouvoir le cercle vertueux de l'économie et de la finance et leur développement sain[*]

(14 juillet 2017)

La finance représente une compétitivité clé du pays. Sa sécurité constitue une partie importante de la sécurité nationale. Le système financier est un système essentiel d'une importance majeure dans le développement économique et social. Il est impératif de renforcer la direction du Parti sur le travail financier, de maintenir le principe général dit d'« aller de l'avant à pas assurés », de suivre la loi du développement financier, et de s'axer sur les trois tâches consistant à servir l'économie réelle, à prévenir et contrôler les risques financiers, et à approfondir la réforme financière ; il faut innover et perfectionner la régulation financière, perfectionner le système d'entreprises financières modernes, améliorer le système des marchés financiers, pousser en avant la mise en place d'un cadre de régulation financière moderne, accélérer la transformation du mode de développement financier, perfectionner la législation financière, assurer la sécurité financière du pays, et promouvoir le cercle vertueux de l'économie et de la finance et leur développement sain.

Depuis le XVIIIe Congrès du Parti, la réforme et le développement financiers de notre pays ont enregistré de nouveaux résultats importants : le secteur financier maintient un rythme de développement rapide ; les produits financiers s'enrichissent de jour en jour ; l'inclusivité des services financiers est promue ; la réforme financière se poursuit de manière ordonnée ; le système financier ne cesse de se perfectionner ; l'internationalisation du Renminbi et l'ouverture financière réciproque ont connu de nouvelles avancées ; la régulation

* Points clés du discours à la Conférence nationale sur le travail financier.

financière s'est améliorée ; et les capacités nécessaires pour maîtriser les risques financiers systémiques et ne pas dépasser les seuils critiques se sont renforcées.

Afin de mener à bien le travail financier, il convient de correctement appliquer les principes importants suivants :

Premièrement, le secteur financier doit retourner à ses origines afin d'obéir aux besoins du développement économique et social en fournissant les services concernés. Il doit considérer les services offerts à l'économie réelle comme le point de départ et l'aboutissement de ses efforts, améliorer intégralement l'efficacité et le niveau de ses services, répartir davantage de ressources financières dans les domaines importants et les maillons faibles du développement économique et social, afin de mieux satisfaire les besoins financiers diversifiés du peuple et de l'économie réelle.

Deuxièmement, le secteur financier doit optimiser sa structure et perfectionner le système financier incluant les marchés, les institutions et les produits concernés. Il est recommandé de donner la priorité à la qualité, de guider le développement du secteur financier pour qu'il s'adapte au développement économique et social, de promouvoir la facilitation du financement, de réduire les coûts de l'économie réelle, d'améliorer l'efficacité de la répartition des ressources et d'assurer la contrôlabilité des risques.

Troisièmement, le secteur financier doit intensifier la supervision et améliorer la capacité de prévention et de neutralisation des risques financiers. Il doit faire de l'intensification de la supervision financière son travail clé, et de la prévention des risques systémiques, sa ligne rouge, accélérer la législation concernée et l'élaboration des réglementations connexes, perfectionner la structure de gouvernance des institutions financières en tant que personnes morales, renforcer la mise en place d'un système de gestion macroprudentielle, intensifier la supervision fonctionnelle et attacher davantage d'importance à la supervision des actes.

Quatrièmement, le secteur financier doit s'orienter vers le marché et mettre en valeur le rôle décisif de celui-ci dans la répartition des ressources financières. Il doit garder le cap de réforme de l'économie de marché socialiste, harmoniser les relations entre le gouvernement et le marché, perfectionner le mécanisme des contraintes exercées par le marché, et améliorer l'efficacité de l'allocation des ressources financières. Il doit également renforcer et améliorer le macrocontrôle gouvernemental, perfectionner les règles de marché, et faire valoir le sens de la discipline.

La finance est l'artère vitale de l'économie réelle. Servir cette dernière constitue sa vocation, son objectif, ainsi qu'une disposition fondamentale pour prévenir les risques financiers. Le secteur financier doit appliquer le nouveau concept de développement, adopter l'idée de donner la priorité à la qualité et de placer l'efficacité au-dessus de tout, prêter une plus grande attention à la restructuration des capacités existantes, à l'optimisation des capacités à augmenter et à la transition vers de nouveaux moteurs de développement du côté de l'offre. Il doit conférer au développement du financement direct une place importante pour établir un système du marché des capitaux à divers niveaux qui propose une fonction complète de financement, des règlements essentiels, une supervision de marché et une protection efficaces des droits et intérêts légitimes des investisseurs. Les efforts s'orientent vers le perfectionnement de la structure de financement indirect, la promotion de la transformation stratégique des grandes banques d'Etat, ainsi que le développement de petites et moyennes banques et d'institutions financières privées. Il est important de pousser le secteur des assurances à mettre en valeur sa fonction de gestion et de garantie de risques avisée et à long terme. Le secteur financier doit développer un système financier inclusif, intensifier les services financiers destinés aux petites entreprises et micro-entreprises, à l'agriculture, au monde rural et aux agriculteurs, ainsi qu'aux zones reculées, pousser en avant l'assistance ciblée aux personnes démunies, et encourager le développement de la finance verte. Il est nécessaire de pousser les institutions financières à diminuer leurs coûts de revient des opérations, de réexaminer et de réglementer les maillons intermédiaires des opérations et d'éviter d'augmenter sous forme déguisée les coûts de financement de l'économie réelle.

La prévention des risques financiers systémiques est un thème constant du travail financier. Le travail financier doit attribuer une place plus importante à la prévention et à la neutralisation des risques financiers systémiques, les prévenir d'une manière scientifique, les identifier, lancer l'alerte, les découvrir et les traiter au plus tôt ; il doit s'efforcer de prévenir et neutraliser les risques dans les domaines clés et de perfectionner les mécanismes de ligne de défense de la sécurité financière et de réponse d'urgence aux risques. Il est approprié de pousser l'économie à diminuer le ratio de levier, d'appliquer avec fermeté une politique monétaire prudente, et de coordonner d'une manière adaptée les rapports entre le maintien d'une croissance régulière, le réajustement de la structure et le contrôle du crédit total. Il est recommandé de traiter la réduction de l'effet de levier dans les entreprises d'Etat comme une priorité essentielle et de trouver une solution ajustée pour les entreprises zombies. Les comités du Parti et les gouvernements locaux aux divers échelons doivent développer une vision pertinente des mérites des cadres, contrôler strictement la croissance des dettes des gouvernements locaux, appliquer un système de recours en responsabilité à vie et un mécanisme de poursuite permettant de remonter la chaîne des responsabilités. Il faut rectifier les actes perturbant gravement l'ordre du marché financier, réglementer de manière draconienne les transactions sur le marché financier ainsi que l'exploitation financière polyvalente et l'association des entreprises avec le secteur financier, intensifier la supervision financière sur Internet, et renforcer la responsabilité principale des institutions financières contre les risques. Les efforts doivent également tendre vers la mise en place d'un système de crédit social et le perfectionnement d'un système de législation financière adapté aux réalités de la Chine.

Il faut poursuivre avec fermeté l'approfondissement de la réforme financière. Celle-ci consiste à optimiser le système des institutions financières et à perfectionner la gestion des capitaux financiers de l'Etat, ainsi que le système et le mécanisme du marché de change. Il faut améliorer le système d'entreprises financières modernes et la structure de gouvernance des entreprises en tant que personnes morales, optimiser la structure des droits d'apport, mettre en place un mécanisme efficace d'incitation et de contrainte, renforcer le développement d'un mécanisme de contrôle interne des risques et la contrainte externe par le marché. Il est recommandé de renforcer la coordination de la supervision financière et de combler les défauts concernés. Il est nécessaire de créer la Commission de la stabilisation financière au sein du Conseil des Affaires d'Etat et de renforcer les devoirs de la Banque populaire de Chine en matière de gestion macro-prudentielle et de prévention des risques systémiques. En se soumet-tant aux pouvoirs décisionnels des autorités centrales concernant la gestion financière, les gouvernements locaux se doivent d'intensifier, conformément aux règles unifiées des autorités centrales, la responsa-bilité de traitement des risques dans leurs circonscriptions. Les auto-rités de régulation financière doivent s'efforcer de cultiver l'esprit de supervision consistant à remplir avec sérieux leurs responsabilités, à oser superviser, à parfaitement maîtriser la supervision et à avoir un recours en responsabilité inflexible, afin d'instituer une ambiance de supervision sévère dans laquelle on doit être accusé de manquement à son devoir pour ne pas avoir découvert à temps un risque apparu, ou pour ne pas avoir signalé ou traité à temps un risque déjà découvert. Il faut également perfectionner le mécanisme de contrôle, d'alerte et d'intervention précoce de risques, renforcer la supervision coordon-née et l'interconnexion des infrastructures financières, et promouvoir le partage des statistiques générales et des informations de supervision du secteur financier.

Il faut élargir l'ouverture financière vers l'extérieur. Nous devons approfondir la réforme du mécanisme de formation du taux de change du Renminbi, promouvoir régulièrement son internationalisa-tion, et parvenir à pas assurés à sa convertibilité pour les opérations en capital. Il est important de promouvoir activement et méthodi-quement l'ouverture du secteur financier vers l'extérieur, d'arranger rationnellement l'ordre de l'ouverture, et d'accélérer la mise en place d'un mécanisme optimal favorisant la protection des droits et intérêts des consommateurs financiers, le renforcement de la concurrence financière méthodique et la prévention des risques financiers. Il faut promouvoir l'innovation financière dans la promotion du projet « la Ceinture et la Route » et mener à bien l'élaboration des institutions concernées.

En vue de mener à bien le travail financier dans un nouveau contexte, il faut persister dans la direction centralisée et unifiée du Comité central du Parti sur ce travail, assurer la bonne orientation de la réforme et du développement financiers, ainsi que la sécurité financière du pays. Il est nécessaire de matérialiser les exigences visant à appliquer une discipline rigoureuse dans les rangs du Parti, de mettre en place des équipes dirigeantes compétentes dans le secteur financier, et d'intensifier la supervision des postes cruciaux et des personnes de premier plan, notamment des chefs. Il faut mener à bien l'édification du Parti dans les entreprises, intensifier l'éducation portant sur l'idéal, les convictions, l'esprit du Parti et la discipline, et renforcer l'édification du Parti pour assurer l'intégrité dans ses rangs. Nous devons déployer de grands efforts pour former, sélectionner et utiliser des talents financiers possédant une haute conscience politique, dotés d'un style de travail exemplaire, et connaissant bien leur métier. Nous devons prêter une attention particulière à la formation de compétences financières de haut niveau, et nous efforcer de bâtir un large contingent de talents financiers de haute qualité, vertueux et compétents.

VIII
Démocratie socialiste

Raffermissons notre confiance dans le régime politique du socialisme à la chinoise*

(5 septembre 2014)

La démocratie populaire est toujours le drapeau porté haut levé par le Parti communiste chinois. Dans notre marche en avant, nous devons inlassablement suivre la voie de développement politique socialiste à la chinoise, et promouvoir continuellement l'édification de la démocratie socialiste et le développement de la civilisation politique socialiste.

Le choix de la piste de réflexion destinée à concevoir et promouvoir l'édification de la démocratie socialiste jouera un rôle fondamental, général et à long terme dans la vie politique de la Chine. Dans l'antiquité comme à présent, en Chine comme à l'étranger, nombreux sont les cas d'agitations sociales, de désagrégation du pays et de changement de politiques avec le départ de leur initiateur en raison d'un mauvais choix de voie de développement politique. Pour la Chine, grand pays en voie de développement, rester sur la bonne voie de développement politique est d'autant plus un problème clé dont l'enjeu est fondamental et général.

La conception et le développement du système politique national imposent l'unité organique entre l'histoire et le présent, entre la théorie et la pratique, et entre la forme et le contenu. Il faut partir des particularités du pays et de nos réalités, prendre en compte à la fois la tradition qui s'affirme depuis longtemps, la voie de développement que nous avons suivie, les expériences politiques accumulées, les principes politiques établis, les exigences actuelles et les problèmes réels à

---

* Extraits du discours à la Conférence célébrant le 60ᵉ anniversaire de l'Assemblée populaire nationale.

résoudre. Il ne faut pas se couper du passé et se faire d'illusions sur un
« pic volant » du système politique. Comme le système politique vise à
régler les rapports politiques, à établir l'ordre politique, à promouvoir
le développement du pays et à sauvegarder la stabilité de celui-ci, il
ne faut pas le juger de manière abstraite sans considération pour les
conditions politiques spécifiques d'une société, ni croire que différents
pays peuvent se servir d'un même système politique. Deux opinions
simplistes et partiales ont cours en ce qui concerne le système politique : copier tout ce qui manque chez nous, ou annuler tout ce qui est
propre à nous. Ces deux opinions sont toutes erronées.

« La mandarine est un délice quand elle pousse sur sa terre d'origine, au sud du fleuve Huaihe ; elle prend un goût acide et amer
quand elle pousse au nord du même fleuve. »[1] Nous pouvons bien
sûr emprunter certains fruits de la civilisation politique d'autres
pays, mais ne devons absolument pas abandonner l'essence de notre
système politique. La Chine couvre une superficie de 9,6 millions de
kilomètres carrés et se compose de 56 groupes ethniques. Quel pays
pourrait être son modèle ? Qui peut se poser en donneur de leçons
devant elle ? Face à ce monde riche et varié, nous devons tout inclure
dans le champ de nos études, apprendre avec modestie des réussites
des autres, assimiler en toute indépendance leurs atouts et les transformer en les nôtres. Pourtant, il ne faut ni tout gober, ni imiter les autres
et perdre notre identité. Le système politique d'autres pays ne s'accli-
mate pas en Chine ; en le copiant, la Chine perdrait son identité et son
avenir. Seul le système qui s'enracine et s'alimente dans les réalités du
pays est fiable et utile.

Il n'existe au monde ni système politique identique ni mode politique applicable à tous les pays. « Il est naturel que les choses soient
différentes. »[2] En raison de ses spécificités, chaque pays dispose d'un
système politique particulier, choisi par son peuple et résultant d'une
évolution longue, progressive et endogène, basé sur son histoire, ses
traditions culturelles et son développement économique et social. Si
le système politique du socialisme à la chinoise est réalisable, efficace
et plein de vitalité, c'est parce qu'il grandit sur le terreau de la société

chinoise. Pour rester plein de vigueur dans son futur développement, ce système politique doit continuer à s'enraciner, comme dans le passé et à présent, dans le terreau de la société chinoise.

Pour juger si le système politique d'un pays est démocratique et efficace, il faut surtout savoir si la classe dirigeante de ce pays se renouvelle de façon légale et ordonnée, si toute la population gère en vertu de la loi les affaires de l'Etat, les affaires sociales, les activités économiques et culturelles, si le public exprime librement ses exigences d'intérêt, si tous les secteurs sociaux participent de façon efficace à la vie politique de l'Etat, si ce dernier prend des décisions de manière scientifique et démocratique, si les talents des divers secteurs entrent dans le système de direction et de gestion de l'Etat par le biais de concurrence loyale, si le parti au pouvoir dirige les affaires de l'Etat en fonction de la Constitution et des lois, et si l'exercice du pouvoir est restreint et supervisé de façon efficace.

Grâce à des efforts qui se sont poursuivis sur une longue période, nous avons remporté des progrès décisifs dans tous ces domaines. Nous avons aboli l'inamovibilité des fonctions dirigeantes qui existait en réalité pour mettre en œuvre un système de mandat des cadres dirigeants, réalisant le renouvellement ordonné des organes de l'Etat et de la classe dirigeante. Nous élargissons sans relâche la participation ordonnée de la population aux affaires politiques pour que cette dernière joue son rôle de maître du pays dans différents domaines et à multiples niveaux. Nous nous consacrons au développement du front uni patriotique le plus large possible et à celui de la démocratie consultative socialiste spécifique, rassemblant ainsi la sagesse et la force de tous les partis, de tous les groupements, de toutes les ethnies, de toutes les couches sociales et des personnalités de divers milieux. Nous avons mis en place un mécanisme de prise de décision qui nous permet d'évaluer les conditions de vie de la population, de représenter ses opinions, de mettre en commun sa sagesse et de préserver ses ressources, et avons renforcé la transparence de la prise de décision et la participation du public, pour que les décisions prises correspondent mieux aux intérêts et aux vœux des citoyens. Nous faisons progresser des mécanismes de sélection et de nomination des personnels qui, accueillants et pleins de vitalité, permettent de rassembler les talents de divers domaines dans la cause du Parti et de l'Etat. Nous insistons sur la nécessité de diriger l'Etat, d'exercer le pouvoir et de conduire les affaires administratives dans le respect de la loi, ainsi que sur l'édification intégrée d'un appareil d'Etat, d'une administration et d'une société fondés sur le droit, améliorant sans cesse la gouvernance publique en vertu de la loi. Nous œuvrons à mettre au point un système de contrôle à tous les niveaux, à améliorer la transparence des procédures administratives et à faire en sorte que les organes dirigeants du Parti et de l'Etat ainsi que leur personnel exercent leur pouvoir dans les strictes limites de la loi et en vertu des procédures prescrites par la loi.

La Chine pratique un régime étatique marqué par la dictature démocratique populaire dirigée par la classe ouvrière et basée sur l'alliance des ouvriers et des paysans, un régime politique traduit par le système des assemblées populaires, un système de coopération multipartite et de consultation politique sous la direction du Parti communiste chinois, un système d'autonomie régionale ethnique, et un système d'autogestion des masses populaires de base, ce qui revêt distinctivement des caractéristiques chinoises. Tous ces systèmes permettent efficacement au peuple de jouir des droits et libertés toujours plus larges et substantiels et de participer largement à la gouvernance de l'Etat et de la société ; ils servent à réguler efficacement les rapports politiques au sein de l'Etat, à développer les relations pleines de vitalité entre partis, entre ethnies, entre religions, entre classes sociales, mais aussi entre Chinois de l'intérieur et de l'extérieur du pays, à renforcer la cohésion nationale et à créer une situation politique caractérisée par la stabilité et la solidarité ; ils permettent de réunir toutes les forces pour réaliser de grandioses causes, de stimuler efficacement la libération et le développement des forces productives sociales, de favoriser toutes les causes de la modernisation, et d'encourager l'amélioration de la qualité et du niveau des conditions de vie de la population ; par ailleurs ils défendent efficacement l'indépendance et l'autonomie du pays, sauvegardent sa souveraineté, sa sécurité et ses intérêts en matière de développement, et protègent le bien-être de la population et de la nation.

Depuis plus de trente ans de réforme et d'ouverture sur l'extérieur, la Chine constate un renforcement continu de sa puissance économique et de sa puissance globale, et une amélioration ininterrompue du niveau de vie de sa population ; nous ne cessons de surmonter différentes difficultés inédites dans notre marche en avant ; les diverses ethnies chinoises unissent leurs efforts pour se développer en commun ; la société chinoise connaît l'harmonie et la stabilité depuis longtemps. Tous ces faits montrent que la démocratie socialiste en Chine est animée d'une remarquable vitalité, que la voie du développement politique socialiste à la chinoise est correcte puisqu'elle correspond aux spécificités du pays et assure le statut de sa population en tant que maître du pays.

Le système politique d'un pays dépend de sa base économique et sociale, et en même temps, réagit à celle-ci et joue même un rôle décisif. Parmi tous les systèmes que présente un pays, son système politique se trouve dans le maillon clé. Par conséquent, pour raffermir notre confiance dans le régime socialiste à la chinoise, il faut d'abord raffermir notre confiance dans le système politique du socialisme à la chinoise, et raffermir notre confiance et notre détermination dans la voie du développement politique socialiste à la chinoise.

La démocratie socialiste à la chinoise est une nouveauté et une bonne chose. Certes, cela ne veut pas dire que le système politique de la Chine est parfait et qu'il n'a pas besoin d'être amélioré et développé. La confiance dans le système ne signifie pas la présomption et l'autosatisfaction, encore moins l'immobilisme et la routine, mais exige l'unité de cette confiance avec la réforme et l'innovation continuelles afin de favoriser sans cesse l'amélioration et le développement des institutions tout en maintenant notre système politique fondamental et nos systèmes politiques essentiels. Nous savons que notre édification en matière de démocratie et de légalité ne répond pas encore parfaitement aux exigences de la généralisation de la démocratie populaire et du développement économique et social, que la démocratie socialiste n'est pas encore parfaite en ce qui concerne ses institutions, ses mécanismes, ses procédures, ses normes et son fonctionnement, qu'il lui reste des lacunes dans la protection des droits démocratiques de la population et dans la mise en valeur de l'esprit créatif des citoyens, et que nous devons sans cesse l'améliorer. Au cours de l'approfondissement intégral de la réforme, nous devons poursuivre activement et méthodiquement la réforme du système politique ; tout en nous basant sur le statut du peuple en tant que maître du pays et ayant pour objectifs d'accroître le dynamisme du Parti et de l'Etat et de mettre en valeur l'esprit d'initiative de la population, nous allons œuvrer pour l'édification de la civilisation politique socialiste.

Développer la démocratie socialiste, telle est l'exigence inhérente de la modernisation du système et de la capacité de gouvernance de l'Etat. L'objectif général de l'approfondissement intégral de la réforme, déterminé par la 3ᵉ session plénière du XVIIIᵉ Comité central du Parti, comprend deux éléments : perfectionner et développer le régime socialiste à la chinoise, et puis promouvoir la modernisation du système et de la capacité de gouvernance de l'Etat. Le premier élément indique notre orientation fondamentale qui n'est autre que la voie socialiste à la chinoise. Le second réaffirme la priorité à l'amélioration et au développement du régime socialiste à la chinoise. Ces deux éléments forment un tout.

Pour développer la démocratie socialiste, la clé est de multiplier et d'accroître nos atouts et nos caractéristiques, au lieu de les affaiblir ou de les réduire. Nous devons faire jouer au Parti son rôle de noyau dirigeant qui maîtrise l'ensemble de la situation et coordonne les actions des diverses parties, élever son niveau d'exercice du pouvoir de façon scientifique, démocratique et en fonction de la loi, et assurer une gouvernance efficace du pays par le peuple sous la direction du Parti, tout en évitant le manque de direction et de cohésion. Nous devons insister sur le fait que tout le pouvoir du pays appartient au peuple et assurer au peuple son droit à l'élection démocratique, mais également à la prise de décisions démocratique, à la gestion démocratique et au contrôle démocratique, prévenant les cas où un élu ne tiendrait pas ses promesses de campagne. Nous devons maintenir et perfectionner le système de coopération multipartite et de consultation politique sous la direction du Parti communiste chinois et renforcer la coopération et la coordination des diverses forces sociales, tout en évitant les conflits et les dissensions entre les partis. Nous devons maintenir et développer le système d'autonomie régionale ethnique, consolider les rapports interethniques socialistes caractérisés par l'égalité, la solidarité, l'entraide et l'harmonie, et favoriser la coexistence pacifique, la parfaite collaboration et le développement harmonieux des différentes ethnies, tout en évitant les malentendus et les conflits entre elles. Nous devons maintenir et améliorer le système d'autogestion des masses populaires de base, développer la démocratie à la base, et assurer à la population l'exercice légal et direct de ses droits démocratiques, en évitant que ces droits restent lettre morte. Nous devons maintenir et perfectionner les systèmes et les principes du centralisme démocratique, encourager les divers organes de l'Etat à améliorer leur capacité et leur efficacité et à renforcer leur coordination et leur collaboration pour former une puissante synergie en gouvernance de l'Etat, tout en évitant les perturbations et les frictions internes.

En bref, il nous faut promouvoir sans cesse l'institutionnalisation, la normalisation et la régularisation de la démocratie socialiste, mieux mettre en valeur les atouts du système politique socialiste à la chinoise, et créer une meilleure garantie institutionnelle pour la prospérité et la stabilité durable du Parti et du pays.

Notes :

[1] *Annales des Printemps et des Automnes de Yan Zi (Yan Zi Chun Qiu).*
[2] *Mencius (Meng Zi).*

Elargir la démocratie consultative à de multiples niveaux en suivant la voie de l'institutionnalisation[*]

(21 septembre 2014)

La démocratie consultative socialiste, forme et avantage propres à la démocratie socialiste chinoise, est une manifestation importante de la ligne de masse du Parti dans le domaine politique. Le XVIIIe Congrès du Parti a proposé d'améliorer le système de démocratie consultative et son mécanisme de travail ainsi que de l'élargir à de multiples niveaux en suivant la voie de l'institutionnalisation au cours du développement de la démocratie socialiste de notre pays. La 3e session plénière du XVIIIe Comité central du Parti a souligné qu'en se focalisant sur les problèmes majeurs relatifs au développement économique et social ainsi que les problèmes pratiques touchant aux intérêts vitaux de la population, le Parti devait élargir la consultation à travers toute la société et assurer son déroulement avant la prise de décision mais aussi durant l'application des décisions prises. Ces propositions et dispositions importantes ont indiqué la voie à suivre pour la démocratie consultative socialiste chinoise.

– Nous devons parfaitement comprendre ce jugement important selon lequel la démocratie consultative socialiste est une forme et un avantage propres à la démocratie socialiste chinoise. La raison pour laquelle le Parti dirige le peuple à pratiquer la démocratie populaire consiste à garantir et soutenir la maîtrise par le peuple de son propre destin. Ce n'est en aucun cas un slogan ou une parole creuse. Nous devons l'appliquer dans la vie politique de l'Etat et dans la vie sociale, afin d'assurer le droit du peuple à gérer efficacement et conformé-

* Extraits du discours à la célébration du 65e anniversaire de la fondation de la Conférence consultative politique du peuple chinois.

ment à la loi les affaires de l'Etat, l'économie et la culture, ainsi que les affaires sociales.

« Un nom ne tombe pas du ciel, mais se base sur une réalité. »[1] Il existe des formes riches et variées pour réaliser la démocratie. Nous ne devons donc pas nous limiter à un modèle rigide, encore moins prétendre qu'il n'existe qu'un seul critère d'évaluation universellement reconnu. Pour juger de la question de savoir si le peuple jouit de droits démocratiques, il faut savoir s'il a le droit de vote aux élections, mais également savoir s'il a le droit à une participation soutenue à la vie politique quotidienne ; il faut savoir s'il possède le droit à l'élection démocratique, mais également savoir si ce droit inclut la prise de décision, la gestion et la supervision démocratiques. La démocratie socialiste exige non seulement un ensemble complet d'institutions et de procédures, mais aussi une pratique de participation d'un bout à l'autre. Le rôle du peuple en tant que maître du pays doit se traduire de manière concrète et pratique dans l'exercice du pouvoir par le Parti et sa gouvernance de l'Etat, dans toutes les activités du Parti et des organes de l'Etat à tous les échelons, ainsi que dans la réalisation et le développement des intérêts du peuple.

Appliquer la démocratie populaire et assurer le rôle du peuple en tant que maître du pays exigent que nous élargissions la consultation dans tous les domaines au sein du peuple au cours de notre gouvernance du pays. Le camarade Mao Zedong a indiqué : « Les rapports entre tous les domaines de l'Etat nécessitent la consultation. »[2] « Vous connaissez tous le caractère de notre gouvernement, qui consulte le peuple avant d'agir », « il peut être appelé gouvernement qui sait consulter »[3]. Le camarade Zhou Enlai a déclaré : « L'esprit de délibération de la démocratie nouvelle ne se manifeste pas dans le vote mais dans la consultation et les discussions répétées avant la prise de décision. »[4]

Sous le système socialiste chinois, se consulter chaque fois qu'un problème se pose, et solliciter les avis de tous quand il s'agit des affaires de tous, afin de trouver le plus grand dénominateur commun répondant à la volonté et à la demande de la société. C'est là la quintessence de la démocratie populaire. En ce qui concerne les affaires liées aux intérêts du peuple, il faut les mettre en discussion en son sein. Il est difficile de conduire ces affaires à leur terme, et encore plus de les mener à bien sans en discuter ou sans le faire suffisamment. Nous devons effectuer des discussions au sujet des problèmes, et plus elles seront nombreuses et approfondies, mieux cela vaudra. Concernant les affaires liées aux intérêts de notre peuple multiethnique, les discussions doivent se dérouler au sein de la population et dans toute la société. S'agissant des affaires liées aux intérêts de la population d'une certaine région, les discussions doivent être largement assurées au sein de cette population. Dans le cas d'affaires liées aux intérêts de certaines personnes ou d'une population déterminée, les discussions doivent être largement tenues entre celles-ci. De même, en ce qui concerne les affaires touchant aux intérêts des masses populaires à l'échelon de base, une large consultation aura lieu parmi les personnes concernées. Une consultation élargie engagée entre toutes les parties au sein du peuple marque un processus de la valorisation de la démocratie et de la centralisation de la sagesse collective, celui de l'unification des idées et de la fédération des esprits, celui de la prise de décision scientifique et démocratique, ainsi que celui de la mise en valeur du rôle du peuple en tant que maître du pays. C'est seulement ainsi que nous pouvons consolider la base de la gouvernance de l'Etat et de la gouvernance sociale, et rassembler les énergies.

Dans les temps anciens comme de nos jours, en Chine comme à l'étranger, la pratique prouve qu'il est extrêmement important de garantir et de soutenir la maîtrise par le peuple de son propre destin, de faire en sorte que ses représentants élus en vertu de la loi gèrent les affaires de l'Etat et la vie sociale. Il est également important de faire en sorte que le peuple gère ces affaires par le biais des systèmes et moyens en plus de l'élection. Si le peuple n'a que le droit de vote, mais pas celui à la participation à grande échelle, et s'il n'est réveillé que pour voter puis passe dans une période de sommeil, alors une telle démocratie est purement formaliste.

Sur la base du bilan de la pratique de la démocratie populaire depuis la fondation de la Chine nouvelle, nous avons avancé en termes explicites que dans un pays socialiste si peuplé et si vaste, une large consultation menée sous la direction du Parti sur les problèmes importants liés à l'économie nationale et à la vie du peuple incarne l'unité de la démocratie et du centralisme. Deux formes importantes de la démocratie socialiste chinoise sont les suivantes : le peuple exerce son pouvoir par le biais de l'élection et du vote ; toutes les parties au sein du peuple mènent une large consultation avant la prise de décisions majeures en vue d'arriver à un accord sur les problèmes d'intérêt commun. En Chine, ces deux formes ne sont pas mutuellement substituables et l'existence de l'une ne dénie pas nécessairement l'autre. Au contraire, elles se complètent et leur symbiose fait davantage ressortir leur efficacité. Elles constituent ensemble les caractéristiques et les avantages institutionnels de la démocratie socialiste chinoise.

La démocratie consultative est une forme originale, unique et inventive, propre à la démocratie socialiste chinoise. Elle résulte d'une culture politique de la nation chinoise qui s'est progressivement formée et qui se traduit par le pouvoir pour le peuple, l'inclusivité, la recherche de l'entente par-delà les divergences. Elle provient de l'évolution politique en Chine depuis les temps modernes, et de la longue pratique menée par le peuple sous la direction du Parti dans la révolution, la construction et la réforme. Elle vient d'une grande invention en matière de système politique réalisée en commun par les partis politiques, les groupements, les ethnies, les diverses couches sociales et les représentants de tous les milieux après la fondation de la Chine nouvelle. Elle émane de l'innovation sur le plan du système politique effectuée sans discontinuer depuis le lancement de la politique de réforme et d'ouverture. Elle est donc dotée de profondes bases culturelle, théorique, pratique et institutionnelle.

La démocratie consultative s'est profondément ancrée dans le processus complet de la démocratie socialiste chinoise. La démocratie consultative socialiste chinoise se base sur la direction du Parti tout en valorisant le rôle positif de toutes les parties. Elle s'en tient à la position primordiale du peuple, tout en appliquant le système de direction et le principe organisationnel du centralisme démocratique. Elle reste adhérée au principe de la démocratie populaire tout en répondant aux exigences de l'unité et de l'harmonie. C'est pourquoi la démocratie consultative socialiste chinoise enrichit l'éventail des formes et multiplie les moyens d'expression de la démocratie et l'approfondit dans toutes ses dimensions.

– Nous devons comprendre intégralement la nature fondamentale de la démocratie consultative socialiste en tant que manifestation de la ligne de masse du Parti communiste chinois dans le domaine politique. Le Parti communiste chinois est issu du peuple et est dévoué à son service. Cela signifie que la République populaire de Chine fondée par le peuple sous la direction du Parti communiste chinois doit administrer l'Etat et la société en s'appuyant sur le peuple. Suivant cette ligne de masse, le Parti communiste chinois travaille dans l'intérêt des masses, compte sur elles en toutes circonstances, part des masses pour retourner aux masses et fait de ses propositions pertinentes l'action consciente de la population. D'après la Constitution de la République populaire de Chine, tout le pouvoir de l'Etat appartient au peuple. Tout organe de l'Etat et son personnel doivent s'appuyer sur le peuple, constamment maintenir des liens étroits avec lui, écouter ses opinions et ses suggestions, se soumettre à son contrôle et le servir de tout cœur. Qu'il s'agisse du Parti communiste chinois ou des organes de l'Etat, ils doivent appliquer la ligne de masse et compter sur le peuple pour exercer le pouvoir.

« Un pouvoir qui répond aux aspirations du peuple devient puissant, tandis qu'un pouvoir qui est contre les aspirations du peuple devient faible. »[5] Pour tout parti et tout pouvoir, leur avenir dépend de la volonté du peuple. Le parcours complet du développement du Parti communiste chinois et de la République populaire de Chine nous montre que la raison pour laquelle ils ont fait progresser leur cause, est qu'ils ont constamment conservé leurs liens de chair et de sang avec le peuple, et qu'ils représentent le plus largement les intérêts fondamentaux du peuple. S'ils se coupent du peuple et perdent son soutien, leur cause se soldera par un échec. Nous devons mettre les intérêts du peuple à la première place. A tout moment et en toutes circonstances, nous devons respirer au même rythme et partager le même sort avec lui, rester fidèles à l'objectif de servir le peuple corps et âme sans se départir du point de vue du matérialisme historique selon lequel le peuple est le véritable héros.

Servir corps et âme le peuple ainsi que représenter constamment et le plus largement les intérêts fondamentaux de la grande majorité du peuple, telles sont la condition préalable et la base indispensable pour appliquer et développer la démocratie consultative. Les Statuts du Parti communiste chinois le précisent : Le Parti n'a pas d'autre intérêt que celui de la classe ouvrière et des masses populaires dans leur sens le plus large. Le Parti et l'Etat qu'il dirige représentent le plus largement les intérêts fondamentaux du peuple, et toutes ses théories, toutes ses lignes directrices, tous ses principes, toutes ses politiques et toutes ses dispositions de travail doivent provenir du peuple, être élaborés et appliqués au service de ses intérêts. Sous cette condition politique, nous devons et pouvons rester à l'écoute des remarques et suggestions des différentes composantes au sein du peuple. Sous la direction unique du Parti communiste chinois, nous écoutons des opinions et des suggestions et acceptons des critiques et une super-vision à grande échelle par le biais d'une consultation sous diverses formes, ce qui permet de parvenir à un plus large consensus portant sur la prise de décision et le travail, et de prévenir efficacement les abus causés par la concurrence voire même les conflits entre les partis et entre les groupes d'intérêt. Cela permet d'assurer l'accès à la procédure de la prise de décision des diverses demandes et revendi-cations d'intérêts, et de mettre fin aux abus causés par les différentes forces politiques qui s'en tiennent à leurs opinions en repoussant les opposants pour leurs propres intérêts. Cela permet de mettre en place un mécanisme facilitant la découverte et la correction des erreurs et des fautes, et de supprimer les abus provenant des ambiguïtés et des présomptions présentes au cours de la prise de décision. Cela permet de mettre en place des mécanismes facilitant la participation de la population à la gouvernance et à la gestion aux divers échelons, et de désamorcer les tensions dues au manque de moyens d'expression et de participation de la population à la vie politique de l'Etat et à la gouvernance sociale. Cela permet de rassembler les sagesses et les forces de toute la société nécessaires à la promotion de la réforme et du développement, et de surmonter le manque de consensus et les difficultés d'application des politiques et du travail. Ce sont là les avantages propres à la démocratie consultative socialiste.

La démocratie, loin d'être un ornement, ne sert pas à attirer les regards, mais à résoudre les problèmes que souhaite résoudre le peuple. Toutes les activités liées à l'exercice du pouvoir par le Parti communiste chinois, et toutes celles liées à la gouvernance de la République populaire de Chine, se doivent de respecter la position primordiale du peuple et son esprit créateur, de le reconnaître comme maître, d'accroître la sagesse politique et la compétence de gouvernance en s'inspirant des activités créatives du peuple et d'utiliser les suggestions perspicaces et clairvoyantes des différentes parties dans la gouvernance du pays.

« Ce que le Ciel voit est ce que l'homme voit, ce que le Ciel entend est ce que l'homme entend. »[6] Nous devons considérer la matérialisation, la préservation et l'extension des intérêts fondamentaux de la grande majorité de la population comme point de départ et aboutissement de toutes nos activités. Toute action et toute prise de décision d'importance majeure doivent prendre en considération les aspirations du peuple et gagner son adhésion. Nous devons attacher la plus grande importance aux intérêts de la population, garder à l'esprit ses attentes, prêter une oreille attentive à ses revendications, refléter comme telle sa volonté et avoir à cœur ses soucis. Nous devons également déplacer le centre de gravité de notre travail vers l'échelon de base, nous rendre sur le terrain pour nous frotter aux réalités, faire corps avec les masses populaires pour mieux connaître leurs conditions, remédier à leurs soucis, apaiser leurs mécontentements, réchauffer leurs cœurs, réaliser ce qui les satisfait, et pleinement mobiliser leurs enthousiasme, initiative et créativité.

– Nous devons accomplir la tâche stratégique qui consiste à élargir la démocratie consultative à de multiples niveaux en suivant la voie de l'institutionnalisation. En envisageant l'avenir, nous devons adhérer au centralisme démocratique, encourager la liberté d'expression, rassembler les conseils de toutes les parties, mobiliser tous les membres de la société à penser et à agir de sorte que nous puissions réussir toutes les œuvres, consolider la situation politique nationale caractérisée par la stabilité et l'unité, et promouvoir le développement harmonieux des rapports entre les partis politiques, entre les ethnies, entre les religions, entre les couches sociales, et entre nos citoyens et nos ressortissants. C'est pour ainsi dire que « rien n'est imperceptible pour un souverain s'il emprunte les yeux de tous ; rien ne lui est inaudible s'il emprunte les oreilles de tous ; rien ne lui est inconnu s'il emprunte les cerveaux de tous »[7].

La démocratie consultative socialiste doit être menée de manière terre-à-terre, plutôt que d'avoir seulement une apparence d'ornement, elle doit être concrétisée dans tous les domaines au lieu de se borner à une seule dimension, elle doit se pratiquer à l'échelle nationale et aux divers échelons et non se limiter seulement à un échelon déterminé. Il faut donc mettre en place un système de démocratie consultative socialiste doté d'une procédure raisonnable et de chaînons complets, mettant à disposition un système sur lequel cette démocratie puisse s'appuyer, une règle à respecter, une méthode à adopter et un ordre à suivre.

On entend par consultation une véritable consultation qui doit avoir lieu avant et au cours de la prise de décision. Cela exige que les décisions soient prises et que notre travail soit réajusté selon les opinions et les suggestions recueillies. Une garantie institutionnelle permet d'assurer la concrétisation des résultats d'une telle consultation, de sorte que notre prise de décision et notre travail s'adaptent mieux à la volonté du peuple et aux réalités. A propos des problèmes importants concernant la réforme, le développement et la stabilité, et en particulier ceux touchant aux intérêts vitaux de la population, une large consultation doit être engagée par toutes les voies et sous toutes les formes. Nous devons répondre aux vœux de la majorité

tout en prenant en compte les revendications raisonnables de la minorité. Nous devons également recueillir les opinions de la population
et rassembler ses sagesses, afin de dégager un consensus général et
de conjuguer tous les efforts. Il est nécessaire de multiplier les voies
consultatives réservées au Parti communiste chinois, aux assemblées
populaires, aux gouvernements populaires, à la Conférence consultative politique du peuple chinois, aux autres partis démocratiques,
aux organisations populaires, aux organisations à l'échelon de base,
aux entreprises, aux établissements d'intérêt public, aux organisations
de la société civile et aux laboratoires d'idées. Il convient de mener
en profondeur les consultations politique, législative, administrative
et démocratique ainsi que celle au sein de la société civile et celle à
l'échelon de base. Il est recommandé de mettre en place des modes
de consultation qui incluent le dépôt de propositions, la réunion, les
causeries, la séance démonstrative, l'audition publique, l'information
au public, l'évaluation, la consultation et Internet. Nous pourrons ainsi
continuellement rendre la démocratie consultative plus scientifique et
plus efficace.

La population est l'auteur principal de la démocratie consultative
socialiste. La prise de décision et le travail touchant aux intérêts de la
population ont majoritairement lieu à l'échelon de base. Conformément au principe de « consultation au sein de la population et dans
ses intérêts », nous devons énergiquement développer la démocratie
consultative à l'échelon de base en mettant l'accent sur les masses
populaires de base. Toute prise de décision touchant à leurs intérêts
vitaux doit recueillir autant que possible leurs opinions, et la consultation avec elles doit être engagée sous toutes ses formes, aux divers
échelons et sur tous les plans. Nous devons améliorer les systèmes
permettant aux organisations à l'échelon de base de rester en contact
avec les masses populaires, renforcer la consultation sur les affaires
concrètes, mener à bien la communication des informations entre
les échelons supérieur et inférieur, et assurer que le peuple gère
ses affaires comme l'exige la loi. Nous avons à rendre l'exercice du
pouvoir transparent et normalisé ainsi qu'à perfectionner la trans-

parence dans les affaires du Parti, les activités du gouvernement, les affaires judiciaires et l'administration des autres domaines, afin que le peuple surveille le pouvoir et que ce dernier fonctionne en pleine lumière.

Notes :

[1] Wang Fuzhi (1619-1692), de la fin de la dynastie des Ming et du début de celle des Qing.

[2] Mao Zedong : « La nature et les tâches de la Conférence consultative politique du peuple chinois », *Textes choisis de Mao Zedong*, tome VI, Editions du Peuple, 1999, page 386.

[3] Mao Zedong : « Propos tenu avec les milieux industriels et commerciaux », *Textes choisis de Mao Zedong*, tome VII, Editions du Peuple, 1999, page 178.

[4] Zhou Enlai : « Quelques questions sur la Conférence consultative politique du peuple chinois », *Textes choisis de Zhou Enlai portant sur le front uni*, Editions du Peuple, 1984, page 134.

[5] *Guanzi.*

[6] *Classique des documents (Shang Shu).*

[7] *Guanzi.*

Appliquer intégralement les politiques ethnique et religieuse du Parti*

(28 septembre 2014 et 22 avril 2016)

I

La multiplicité ethnique constitue une des particularités de notre pays, ainsi qu'un facteur favorable au développement chinois. Au cours des cinq millénaires de l'histoire chinoise, de nombreuses ethnies sont montées l'une après l'autre sur la scène historique, et les 56 ethnies d'aujourd'hui ont pu se former grâce à la division et à la fusion des anciens groupes. Les diverses ethnies ont conjointement exploité le vaste territoire chinois et ensemble créé une longue histoire et une brillante civilisation. Les dynasties prospères des Qin, des Han et des Tang, ainsi que l'âge d'or des règnes des empereurs Kangxi et Qianlong, ont tous été fondés grâce aux efforts communs de toutes les ethnies. Nous pouvons ainsi dire que l'unité nationale et la multiplicité ethnique représentent non seulement un patrimoine hérité de nos ancêtres mais également un atout majeur de notre pays.

(Extrait du discours prononcé le 28 septembre 2014 à la Conférence centrale sur le travail ethnique)

II

La bonne voie aux couleurs chinoises à suivre pour régler les questions ethniques consiste à, sous la direction du Parti communiste

* Extraits de deux discours sur les politiques ethnique et religieuse du Parti.

chinois, poursuivre la voie du socialisme à la chinoise, à préserver l'unité de la patrie, à respecter l'égalité de toutes les ethnies, à maintenir et perfectionner le système d'autonomie régionale ethnique, à persévérer dans la lutte solidaire et le développement commun de toutes les ethnies, à consolider la base idéologique de la communauté de la nation chinoise, à insister sur la gouvernance de l'Etat en vertu de la loi, à renforcer les échanges et l'intégration entre les différentes ethnies, à promouvoir une bonne entente, une solidarité étroite et un développement harmonieux entre elles, ainsi qu'à intensifier et développer les relations interethniques socialistes caractérisées par l'égalité, l'union, l'entraide et l'harmonie, afin qu'elles réalisent ensemble le grand renouveau de la nation chinoise.

(Extrait du discours prononcé le 28 septembre 2014 à la
Conférence centrale sur le travail ethnique)

III

Le maintien et le perfectionnement du système d'autonomie régionale ethnique exigent une « double association ». Premièrement, il s'agit de l'association entre l'unité et l'autonomie. La cohésion et l'unité constituent l'intérêt suprême de l'Etat et l'intérêt partagé par toutes les ethnies, tout en étant la condition préalable et la base de l'application de l'autonomie régionale ethnique. Sans cohésion ni unité, l'autonomie régionale ethnique n'existe pas. Dans le même temps, nous devons, en nous basant sur l'application rigoureuse des lois et des décrets de l'Etat, garantir en vertu de la loi l'exercice de l'autonomie par les localités autonomes, leur accorder un soutien spécial, et correctement régler leurs questions spécifiques. Deuxièmement, il s'agit de l'association entre le facteur ethnique et le facteur régional. L'autonomie régionale ethnique couvre non seulement le facteur ethnique mais aussi le facteur régional. L'autonomie régionale ethnique n'est pas l'autonomie exclusive d'une certaine ethnie, et la localité autonome ethnique n'est pas réservée à une ethnie seulement. Nous nous devons d'éclaircir ce point pour ne pas emprunter une direction erronée.

(Extrait du discours prononcé le 28 septembre 2014 à la Conférence centrale sur le travail ethnique)

IV

La religion demeure une des questions majeures devant être correctement réglées par notre parti dans sa gouvernance de l'Etat. Le travail religieux a une importance particulière dans le travail global du Parti et de l'Etat. Il met en jeu le développement de la cause du socialisme à la chinoise, les liens étroits entre le Parti et les masses populaires, l'harmonie sociale, la solidarité interethnique, la sûreté de l'Etat et l'unité de la patrie. Notre travail religieux connaît une bonne situation dans l'ensemble : les principes fondamentaux du Parti portant sur les religions sont appliqués, le front uni patriotique entre le Parti et les milieux religieux est inlassablement consolidé, la réglementation du travail religieux est davantage renforcée, et les activités religieuses progressent de manière stable et ordonnée. La pratique a permis de prouver que la théorie, les principes et les politiques de notre parti sur la religion étaient corrects.

Pour mener à bien le travail religieux, il faut s'en tenir aux principes fondamentaux du Parti en la matière, appliquer intégralement la politique du Parti portant sur la liberté de croyance, gérer les affaires religieuses en vertu de la loi, poursuivre les principes d'indépendance et d'autonomie, et activement orienter les religions vers une adaptation à la société socialiste. Les principes fondamentaux de notre parti portant sur le travail religieux ont été élaborés sur la base des conceptions religieuses marxistes, à partir des réalités nationales et religieuses, et en fonction des expériences positives et négatives. L'application de la politique de la liberté de croyance a pour point de départ et aboutissement d'unir au maximum les croyants et les non-croyants. L'orientation active des religions vers une adaptation à la société socialiste a pour but d'encourager les croyants à s'attacher à la patrie et au peuple, à défendre l'unité de la patrie, à sauvegarder l'union de la nation chinoise, à se soumettre à l'intérêt suprême de l'Etat et aux intérêts généraux de la nation chinoise, et à travailler à leur service ; de les sensibiliser au soutien à la direction du Parti communiste chinois et au système socialiste, et à la poursuite de la voie du socialisme à la chinoise ; de les encourager à pratiquer activement les valeurs essentielles socialistes, à faire rayonner la culture chinoise, et à œuvrer pour intégrer leurs doctrines avec celle-ci ; de leur demander de respecter les lois et règlements de l'Etat et de se soumettre consciemment à l'administration par l'Etat en vertu de la loi ; de les conduire à se consacrer à la réforme, à l'ouverture et à la modernisation socialiste, et à contribuer à la réalisation du rêve chinois de grand renouveau national.

Pour mener à bien le travail religieux du Parti et assurer le maintien des principes fondamentaux du Parti concernant ce travail, le point clé consiste à approfondir notre compréhension de l'« orientation », à la maîtriser parfaitement, et à saisir son essence afin de prendre des mesures adéquates, puissantes et efficaces en faveur de l'orientation, ainsi que de fermement détenir l'initiative du travail religieux.

(Points essentiels du discours prononcé le 22 avril 2016 à la Conférence nationale sur le travail religieux)

Mener à bien le travail du front uni
dans le nouveau contexte*

(18 mai 2015)

Pour mener à bien le travail du front uni dans le nouveau contexte, il nous faut maîtriser sa loi, nous en tenir aux principes, prêter attention aux méthodes, et en dernier ressort maintenir la direction du Parti. Le front uni est dirigé par le Parti. Dans le travail du front uni, les principes politiques que nous mettons en pratique, et les mesures que nous adoptons doivent profiter au maintien et à la consolidation du statut dirigeant du Parti et de sa position en tant que parti au pouvoir. Dans le même temps, il faut notifier que notre parti exerce principalement une direction politique sur le front uni, soit les principes politiques, l'orientation politique, la directive et les mesures politiques d'importance capitale, et que sa direction se traduit principalement par la direction du comité du Parti et non par la direction d'un département quelconque, ainsi que par la direction collective et non par la direction d'un individu. Il faut invariablement maintenir la direction du Parti, mais au cours de ce processus, il faut également respecter, sauvegarder et prendre en compte les intérêts de nos alliés, et aider les personnalités non communistes à se débarrasser des soucis et à surmonter les difficultés. Ce sont là un devoir de notre parti ainsi qu'une condition importante lui permettant de diriger le front uni.

Pour mener à bien le travail du front uni dans le nouveau contexte, il faut correctement régler les rapports entre l'homogénéité et la diversité, qui sont réunies dans le front uni. Il n'est pas possible d'établir et de développer le front uni s'il n'y a que l'une sans l'autre ou vice versa : c'est ce que l'on appelle « Sans un, il n'y a pas le double ; et

---

* Extraits du discours à la Conférence centrale sur le travail du front uni.

sans le double, on ne peut réaliser ni l'un ni l'autre. »[1] L'homogénéité et la diversité ne sont pas invariables, mais historiques, concrètes et en évolution. Certains camarades recherchent démesurément l'homogénéité, ou laissent aller la diversité à l'excès. Le résultat sera de nature à ébranler le fondement du front uni. La clé d'une juste solution des rapports entre l'homogénéité et la diversité réside dans la recherche d'un terrain d'entente par-delà les divergences. D'une part, il faut consolider sans cesse la base idéologique et politique commune, consolider la communauté des vues existante, et pousser à en former une nouvelle. Ce sont la base et la condition préalable. D'autre part, il faut développer au maximum la démocratie, respecter et tolérer la divergence. Il faut résolument s'opposer à tous les actes portant préjudice à la direction du Parti et à notre pouvoir socialiste, nuisant au régime et aux lois de l'Etat et portant atteinte aux intérêts fondamentaux des masses populaires, sans les laisser pulluler au nom de la diversité. Telle est la limite politique admise et irréfutable. A part cela, pour toutes les autres diversités, nous devons faire tout notre possible, grâce à un travail patient et minutieux, pour trouver leur plus grand dénominateur commun. Si nous tenons fermement à la limite politique qui est le centre du cercle, nous pouvons tracer des cercles concentriques plus grands, avec des rayons plus longs des diversités comprises.

Pour mener à bien le travail du front uni dans le nouveau contexte, il faut savoir se faire des amis. Il s'agit d'un contenu principal et d'une importante méthode de ce travail. Les cadres dirigeants du Parti et du gouvernement ainsi que les cadres chargés du travail du front uni doivent maîtriser cette méthode. Si nous formons le front uni, ce n'est pas dans le but de nous faire voir ou entendre publiquement, mais dans le but de bénéficier de son utilité, de sa grande utilité, et voire de son utilité irremplaçable. En dernière analyse, le front uni consiste à agir sur des hommes dans le but de grossir les forces qui sont disposées à lutter ensemble. Le front uni compte un total de plusieurs centaines de millions de membres issus de différents milieux, dont les partis et groupements démocratiques, les personnalités sans-parti, les ethnies, les religions, les nouvelles couches sociales, les compatriotes de Hong Kong, de Macao, de Taiwan et à l'étranger. Nous pouvons affirmer qu'avec autant de personnes unies, nous parviendrons à considérablement augmenter les forces pour réaliser les objectifs des deux centenaires et le rêve chinois, celui de grand renouveau de la nation chinoise. Le succès du travail du front uni doit être jugé, dans un certain sens, par le nombre, la qualité et la solidité de nos amis. C'est une question à la fois quantitative et qualitative. Un proverbe dit : « Se faire un ennemi est de trop ; se faire cent amis est trop peu. » On doit étendre son horizon en se faisant des amis et plus nombreux sont les amis, mieux cela vaut. Il faut surtout se faire des amis capables de parler à cœur ouvert et osant critiquer. Pour y parvenir, il faut travailler comme le cuisinier d'un restaurant gastronomique, et non comme celui de la restauration rapide. Il faut multiplier les contacts, les entretiens à cœur ouvert et les aides, faire preuve de respect, d'égalité et de franchise avec les personnalités non communistes, sans blesser leur amour-propre de quelque façon que ce soit, ni imposer son autorité. Il va sans dire qu'en se liant d'amitié avec des personnalités non communistes, on voit naître une amitié privée, mais celle-ci doit obéir à l'amitié publique. Il faut respecter les principes, la discipline et le code de conduite. On ne peut considérer les personnalités non communistes comme ses ressources individuelles. Au contraire, on doit agir dans l'intérêt public pour se faire de nombreux amis non communistes, qui ouvrent leur cœur à notre parti.

Note :

[1] Cai Shen (1167-1230), dynastie des Song du Sud.

Poursuivre et renforcer le caractère politique du travail du Parti sur les organisations de masse ainsi que les caractères avancé et de masse de celles-ci*

(6 juillet 2015)

La cause du socialisme à la chinoise est celle de plus d'un milliard de Chinois, et le travail du Parti sur les organisations de masse est chargé d'une mission cruciale en la matière. Les organisations de masse, telles que les syndicats, la Ligue de la jeunesse communiste et les associations des femmes, doivent persévérer dans l'émancipation de la pensée, la réforme, l'innovation, l'esprit d'entreprise et le travail d'arrache-pied afin de poursuivre et renforcer le caractère politique du travail du Parti sur les organisations de masse ainsi que les caractères avancé et de masse de celles-ci. Elles doivent également organiser et appeler les masses populaires à s'unir étroitement autour du Parti, à transformer leurs aspirations à une vie meilleure en une forte impulsion afin d'écrire de concert avec elles un nouveau chapitre dans la réalisation des objectifs des « deux centenaires » et dans celle du rêve chinois de renouveau de la nation.

C'est la première fois dans l'histoire du Parti que son Comité central organise une conférence sur le travail du Parti portant sur les organisations de masse. Cette conférence a pour tâche principale d'analyser et d'étudier les nouvelles situations et les nouveaux défis qu'aura à affronter ce travail dans le nouveau contexte, de mettre en application les « Avis sur le renforcement et l'amélioration du travail

---

* Points essentiels du discours à la Conférence centrale sur le travail du Parti concernant les organisations de masse.

du Parti concernant les organisations de masse », de faire un bilan des expériences, de régler les problèmes les plus pressants, et de promouvoir la réforme et l'innovation, afin de créer une nouvelle situation favorable au travail du Parti sur les organisations de masse.

La cause des organisations de masse est une composante importante de la cause du Parti. Le travail du Parti sur les organisations de masse est un travail de masse que le Parti mène par le biais de ces organisations, ainsi qu'une tâche majeure pour les organisations du Parti qui mobilisent les masses populaires à lutter pour réaliser l'objectif principal du Parti. Cela constitue une grande initiative de notre parti et un avantage important pour lui. Pendant les différentes périodes de la révolution, de la construction et de la réforme en Chine, les organisations de masse telles que les syndicats, la Ligue de la jeunesse communiste et les associations des femmes, sous la direction du Parti, ont joué un rôle actif en organisant et en mobilisant les masses populaires à suivre inébranlablement le Parti, apportant ainsi une contribution majeure au développement de la cause du Parti et du peuple. Les faits ont prouvé que, dans le nouveau contexte, le travail du Parti sur les organisations de masse, au lieu de s'affaiblir et de stagner, doit être renforcé et amélioré. Nous devons renforcer et améliorer le travail du Parti sur les organisations de masse en fonction du développement de la situation et de notre tâche, mettre pleinement en valeur le rôle de la classe ouvrière comme force principale, celui des jeunes comme forces vives, celui des femmes comme égales des hommes et celui des talents comme premières ressources humaines et, enfin, mobiliser l'enthousiasme des 1,3 milliard de Chinois. Nous devons, du point de vue de la consolidation de la base de classe et de celle de masse permettant au Parti de détenir le pouvoir, mener à bien le travail du Parti sur les organisations de masse, afin d'unir notre parti et les masses populaires dans un même sort et un même idéal. Nous devons revitaliser et consolider les organisations de masse pour qu'elles fournissent une impulsion à la modernisation du système et de la capacité de gouvernance de l'Etat.

Nous devons pleinement apprécier les remarquables réalisations du travail du Parti sur les organisations de masse, mais en même temps nous attacher à résoudre les problèmes existants, notamment à résoudre le détachement des masses populaires. Les organisations de masse, dont les syndicats, la Ligue de la jeunesse communiste et les associations des femmes, doivent rehausser le courage de se rénover, saisir cette occasion de consolider et de développer les réalisations de la campagne d'éducation et de mise en pratique de la ligne de masse du Parti, ainsi que de mettre en place la sensibilisation aux « trois consignes de rigueur et trois règles d'honnêteté », afin d'approfondir en leur sein la sensibilisation idéologique, la rectification des défauts et le renouvellement institutionnel, et également afin de changer de concepts, de raffermir leur conscience de service du peuple, d'améliorer leur style de travail et d'élever leur niveau de travail.

Il faut poursuivre et renforcer le caractère politique du travail du Parti sur les organisations de masse. Le caractère politique, âme de ces organisations, est d'une importance primordiale. Ces organisations doivent constamment se placer sous la direction du Parti, et se conformer strictement à la position du Comité central du Parti sur les plans idéologique et politique comme dans les actes. Elles doivent consciemment sauvegarder l'autorité du Comité central du Parti, mettre en application avec détermination la volonté et les idées du Parti, observer rigoureusement la discipline et les règles de conduite politiques, résister aux tentations déviationnistes, prendre en charge les tâches politiques de la canalisation des masses populaires à la suite du Parti et, enfin, unir étroitement le peuple autour de celui-ci.

La voie de développement des organisations de masse marquée par le socialisme à la chinoise est une application concrète de la voie du socialisme à la chinoise dans le cadre du travail sur les organisations de masse. Créée et développée par le Parti au cours de sa longue pratique visant à rechercher une voie de développement des syndicats, une orientation de mouvement de la jeunesse et une voie de développement des femmes, toutes marquées par le socialisme à la chinoise, cette voie correspond aux conditions nationales et aux tendances de l'évolution historique. Nous devons insister sur la direction unifiée du

Parti sur le travail des organisations de masse, mettre en valeur leur rôle de trait d'union, centrer nos efforts sur la croissance économique et œuvrer pour une situation harmonieuse et stable dans le pays, persévérer dans la ligne vitale pour notre travail consistant à nous mettre au service des masses populaires, persister dans la progression avec notre époque, dans la réforme et l'innovation, et dans l'accomplissement autonome de notre travail en vertu de la loi et des règlements en vigueur. Les organisations du Parti doivent encourager les organisations de masse à jouer pleinement leur rôle, tandis que celles-ci, de leur côté, doivent se montrer actives et courageuses dans leur travail.

Il faut poursuivre et renforcer le caractère avancé des organisations de masse. Ces organisations, dont les syndicats, la Ligue de la jeunesse communiste et les associations des femmes, sont des organisations de masse placées sous la direction directe du Parti. Du fait qu'elles ont pour énorme responsabilité d'organiser et mobiliser les masses populaires à lutter avec elles pour accomplir la tâche principale du Parti, il faut prendre comme point d'application important le maintien et le renforcement de leur caractère avancé. Elles doivent saisir fermement le thème de notre époque consistant à lutter pour réaliser le rêve chinois de grand renouveau de la nation. Tout en tenant compte de l'intérêt primordial du travail du Parti et de l'Etat, elles doivent organiser et mobiliser les masses populaires à se positionner à l'avant-garde de notre époque et à accomplir des exploits en première ligne de la réforme, du développement et de la stabilité. Elles doivent également encourager les retardataires par l'exemple des éléments avant-gardistes, remplacer l'obscurantisme et le retard par la civilisation et le progrès, promouvoir le bien, le vrai et le beau en condamnant le mal, le faux et le laid. Elles doivent encourager les masses populaires à élever sans cesse leur conscience politique et leur niveau moral, à suivre fermement la voie socialiste à la chinoise, à mettre consciemment en pratique les valeurs essentielles socialistes, afin qu'elles deviennent un solide appui, un puissant soutien et une base sociale sûre en faveur de l'exercice du pouvoir du Parti.

Les organisations de masse doivent toujours se placer sur la ligne du Parti et du peuple, partager les soucis du Parti et travailler dans l'intérêt du peuple, faire pénétrer le travail idéologique et politique dans toutes leurs activités, et mettre l'accent sur l'organisation, la sensibilisation, l'éducation et l'orientation des masses populaires, ainsi que sur les activités ayant pour but d'unifier la pensée, de fédérer les esprits, de résoudre les contradictions, de resserrer les liens et de stimuler les forces motrices.

Il faut poursuivre et renforcer le caractère de masse des organisations de masse. Le caractère de masse constitue la caractéristique essentielle de celles-ci. Elles doivent définir leur action en donnant la priorité aux masses populaires, à qui elles se doivent d'attribuer un rôle principal, et non secondaire, encore moins de spectateur. Elles doivent porter toute leur attention aux gens ordinaires, se soucier de leurs conditions de vie et témoigner de la sollicitude envers eux. Elles doivent rendre visite aux citoyens, afin de se renseigner sur leurs conditions de vie et de nouer des liens étroits avec eux. Il faut régulièrement aller au contact des masses face à face, main dans la main et à cœur ouvert, afin d'approfondir les liens d'amitié avec elles. Il faut perfectionner la gestion de ces organisations, en particulier celle de l'échelon de base, renforcer l'organisation dans de nouveaux secteurs et des couches sociales nouvelles. Les organisations de masse et leurs cadres, notamment les cadres des organes dirigeants, doivent aller à la base et se mêler aux masses pour fidèlement accomplir l'objectif de servir le peuple de tout leur cœur, exécuter avec détermination la ligne de masse du Parti et approfondir leur compréhension du travail du Parti sur les masses.

Il faut porter notre regard vers le bas et privilégier les unités de base, réformer et améliorer la structuration des organes, leur mode de gestion et leur mécanisme de fonctionnement, veiller à privilégier les unités de base en ce qui concerne la distribution du personnel et des ressources. Il faut se mettre en contact avec les organisations sociales correspondantes et les orienter, porter une grande attention à la proportion et la représentativité des masses pour intégrer davantage de talents issus de la population dans les organisations et élever considérablement la proportion de personnels en première ligne à l'échelon de base.

Les organisations de masse doivent porter leur regard sur la situation globale du travail du Parti et de l'Etat, réfléchir et agir à partir de cette situation globale. En même temps, elles doivent se baser sur le positionnement de leurs responsabilités et sur les masses avec qui elles restent en contact, afin de chercher les points de jonction et d'application de leurs activités et de progresser dans leurs fonctions en harmonie avec notre époque. Ces organisations doivent développer leur sens du service public, améliorer leur capacité de service, mettre en valeur les ressources à cet égard, définir leurs activités en fonction des attentes de la population, attacher une importance suffisante aux populations défavorisées, aider la population à se débarrasser de ses soucis quotidiens en entretenant sa confiance, son amitié et en se rendant indispensables à celle-ci.

Les comités du Parti à tous les échelons doivent prendre en considération à la fois les qualités morales et la compétence professionnelle, et unir les cadres sans distinction de leur origine. Ils doivent renforcer la formation et la gestion des cadres des organisations de masse, sélectionner avec soin les cadres afin d'armer ces organisations d'équipes dirigeantes compétentes, et travailler à améliorer la qualité globale de leurs cadres. Ceux-ci doivent, de leur côté, approfondir leur conscience idéologique et morale, raffermir leurs convictions, se montrer exigeants envers eux-mêmes, mettre consciemment en pratique les « trois consignes de rigueur et trois règles d'honnêteté », éviter et rectifier les problèmes liés aux « quatre vices ».

Les comités du Parti aux différents échelons doivent renforcer et améliorer leur direction sur le travail du Parti concernant les organisations de masse en partant de la situation globale du travail du Parti et de l'Etat. Ils doivent maintenir une structure de travail sous laquelle ils exercent leur direction unifiée, le Parti et le gouvernement coopèrent dans la gestion, les divers départements assument leurs responsabilités respectives, les cadres membres du Parti jouent un rôle pilote, et les organisations de masse exercent leurs fonctions et accomplissent leurs tâches. Les comités du Parti et les gouvernements aux différents échelons doivent créer des conditions favorables aux activités des organisations de masse, maîtriser parfaitement les règles du travail du Parti sur les organisations de masse, et perfectionner le système de direction des comités du Parti sur les organisations de masse, sans oublier d'élever le niveau scientifique du travail du Parti en la matière.

IX
Confiance dans notre culture

Réaliser la transformation créative
et le développement innovant
de la culture traditionnelle*

(24 septembre 2014)

Nous ne pourrons bâtir l'avenir si nous oublions notre histoire, nous ne saurons innover si nous ne perpétuons pas nos traditions. La culture traditionnelle est essentielle à la continuation et au développement d'un pays ou d'une nation et, sans elle, ils verraient leur artère vitale sectionnée. Nous devons unir organiquement et associer étroitement la revalorisation de la culture traditionnelle et le développement de la culture contemporaine, afin de développer notre culture à travers la continuation et de maintenir nos traditions grâce au développement.

Depuis sa naissance et au cours de son développement, la culture traditionnelle a inévitablement trouvé ses limites liées aux connaissances humaines, aux conditions de l'époque, et aux contraintes des systèmes sociaux. Elle renferme inéluctablement quelque chose de périmé et de résiduel. Pour cette raison, il faut que nous sachions, dans l'étude, la recherche et l'application de cette culture, mettre l'ancien au service du présent, faire du neuf avec du désuet, faire de bons choix en prenant en considération les nouvelles pratiques et les exigences de l'époque, et ne pas tout reproduire indistinctement. On s'en tiendra à mettre l'ancien au service du présent et faire du passé sa source d'inspiration, à traiter avec distinction et à procéder à une continuation en séparant le bon grain et l'ivraie, plutôt que de préférer l'ancien à l'actuel ou de renier celui-ci par le passé. Nous devons nous efforcer

---

* Extraits du discours à la cérémonie d'ouverture du colloque international célébrant le 2565ᵉ anniversaire de Confucius et de la Vᵉ Conférence de la Fédération internationale confucéenne.

de réaliser la transformation créative et le développement innovant de la culture traditionnelle, pour qu'elle s'associe avec la culture actuelle, et contribue de concert avec celle-ci à l'éducation de l'homme par la culture, une mission de notre époque.

S'en tenir à la création artistique et littéraire centrée sur le peuple[*]

(15 octobre 2014)

L'art et la littérature socialistes sont par nature ceux du peuple. Aux causeries sur l'art et la littérature à Yan'an, le camarade Mao Zedong disait déjà : « C'est une question primordiale et de principe pour savoir qui l'on veut servir. »[1] Deng Xiaoping a déclaré : « Notre art et notre littérature appartiennent au peuple... Le peuple est la mère des écrivains et des artistes. »[2] Le camarade Jiang Zemin a exigé des travailleurs du domaine littéraire et artistique qu'ils « créent dans la grande création historique du peuple et progressent artistiquement en suivant les pas du peuple »[3]. Le camarade Hu Jintao a souligné : « Les artistes ne peuvent perpétuer leur art qu'en positionnant le peuple au cœur de leurs préoccupations, en restant à ses côtés et en s'en tenant à une création centrée sur lui. »[4]

Le peuple est le créateur de l'Histoire, et il en est également le témoin. Il est « acteur » de l'Histoire tout en étant son « dramaturge ». Si l'art et la littérature comptent faire entendre la voix du peuple, ils doivent s'en tenir à l'orientation fondamentale consistant à servir le peuple et le socialisme. Il s'agit de l'exigence de base du Parti envers le front littéraire et artistique, ainsi qu'un problème clé dont dépendent le futur et le destin de la cause littéraire et artistique de notre pays. Ce n'est que lorsque les écrivains et les artistes enracinent dans leur esprit la vision marxiste de l'art et de la littérature, et parviennent à centrer leurs créations sur le peuple que l'art et la littérature peuvent déployer la meilleure communication positive. Centrer la création sur le peuple consiste à considérer la satisfaction des besoins spirituels

---

[*] Extraits du discours aux Causeries sur le travail littéraire et artistique.

et culturels du peuple comme point de départ et aboutissement de l'art et de la littérature ainsi que du travail en la matière ; à prendre le peuple comme sujet des œuvres littéraires et artistiques, à le positionner en tant que leur connaisseur et critique esthétique, et à considérer comme la vocation des travailleurs du domaine littéraire et artistique le dévouement au service du peuple.

Premièrement, le peuple a besoin de l'art et de la littérature. Ses besoins sont multiples. En vue de satisfaire les besoins matériels croissants du peuple, il faut mener à bien l'édification économique et sociale ainsi qu'enrichir la société sur le plan matériel. Pour satisfaire les besoins spirituels et culturels croissants du peuple, il faut mener à bien l'édification culturelle et offrir davantage de richesse spirituelle et culturelle à la société. Les besoins matériels sont primordiaux, manger à sa faim passe avant tout, et c'est pour cela que l'on dit que « La nourriture est essentielle à l'homme. »[5] Cependant, cela ne signifie pas que les besoins du peuple en matière culturelle et spirituelle ne sont pas obligatoires. L'une des grandes différences entre le monde humain et le monde animal réside dans cette recherche spirituelle, l'aspiration du peuple à une vie spirituelle et culturelle étant présente à chaque instant.

L'augmentation du niveau de vie fait que les gens ont de plus grandes attentes en ce qui concerne la qualité, le goût et le style des produits culturels, y compris les œuvres littéraires et artistiques. La littérature, le théâtre, le cinéma, la télévision, la musique, la chorégraphie, les Beaux-Arts, la photographie, la calligraphie, les arts folkloriques chinois, l'acrobatie, la littérature et l'art populaires doivent être en phase avec leur époque, et répondre aux aspirations du peuple. Les écrivains et artistes, grâce à leur passion abondante, à leur style vivant, à leurs belles mélodies et à leurs personnages émouvants, doivent créer des œuvres appréciées de tous, afin de permettre à la qualité de vie spirituelle et culturelle du peuple de s'améliorer encore et toujours.

Par ailleurs, la communauté internationale s'intéresse de plus en plus à la Chine. Les gens souhaitent connaître la Chine, sa conception du monde, de la vie et des valeurs. Ils désirent apprendre la vision chinoise sur la Nature, le Monde, l'Histoire et le futur. Les gens veulent appréhender nos joies et peines ainsi qu'en savoir davantage sur la transmission de l'histoire chinoise, nos mœurs et coutumes ainsi que nos caractéristiques nationales. Nous ne pouvons passer uniquement par les voies de presse ou les moyens officiels, qui ne sont pas suffisants, pour présenter tout cela. Nous appuyer sur des étrangers en visite en Chine a également ses limites. L'art et la littérature sont les meilleurs moyens de communication existants, jouant un rôle indispensable à cet égard. Un roman, un texte en prose, un poème, une peinture, une photographie, un film, un feuilleton télévisé, ou un morceau de musique, tout cela peut attirer et émouvoir les gens ainsi qu'offrir au public étranger un point de vue particulier pour mieux appréhender la Chine. L'opéra de Pékin, la musique folklorique, la calligraphie et la peinture traditionnelle chinoise constituent la quintessence de notre culture et un important moyen de connaître la Chine pour les étrangers. Les artistes doivent savoir raconter la Chine, bien faire entendre la voix de la Chine, interpréter l'esprit chinois, et montrer les traits marquants de la Chine, afin de permettre aux étrangers d'approfondir leur connaissance sur la Chine à travers leurs œuvres. Nous devons diffuser notre littérature et notre art de par le monde et procurer un plaisir esthétique au public étranger tout en lui permettant de mieux connaître et comprendre la civilisation chinoise.

Deuxièmement, l'art et la littérature ont besoin du peuple. Le peuple est la source de l'eau vive de la création artistique et littéraire. En se séparant du peuple, l'art et la littérature ne sont que des plantes déracinées, des malades imaginaires, ou des corps sans âme. Lénine a dit : « L'art appartient au peuple, il doit plonger le plus profondément possible ses racines au sein des masses laborieuses. Il doit être compris et aimé d'elles. Il doit les lier et les élever dans leurs sentiments, leurs pensées et leurs volontés. Il doit éveiller et former dans leur sein des artistes. »[6] Des matériaux pour la littérature et l'art se trouvent en quantité dans la vie du peuple et cette vie est une source d'inspiration intarissable pour la création littéraire et artistique.

La valeur de l'existence de l'art et de la littérature réside dans le besoin du peuple à leur égard. Pour créer des œuvres de qualité, il faut être capable d'exprimer les sentiments du peuple en leur faveur. Les œuvres qui font sensation à leur époque et qui se transmettent à la postérité sont celles qui reflètent les exigences de l'époque et font entendre la voix du peuple. Toutes les plus belles œuvres littéraires de notre pays qui ne cessent de se transmettre reflètent cette empathie pour le peuple, son destin, ses sentiments et ses préoccupations. Dans les plus anciens recueils de poésie chinoise, notamment dans *L'Anthologie de la poésie classique*[7], ou encore le *Livre des Odes*[8], on trouve des poèmes qui racontent la vie des chasseurs, le travail dur des paysans, la vie des soldats et des jeunes amoureux. *Les Questions au Ciel*[9] cherchent à explorer les mystères de l'univers ; le *Chant de Chile*[10] raconte la vie des bergers ; *La Ballade de Mulan*[11] narre l'histoire d'une jeune héroïne. Tous ces personnages sont inspirés de la vie du peuple. La poésie chinoise regorge de cette empathie pour lui, ainsi Qu Yuan[12] écrit : « Longuement, je soupire pour retenir mes larmes. Profondément, je m'attriste pour compatir aux souffrances du peuple. »[13] Du Fu[14] se demande en soupirant : « Que j'aimerais avoir des millions de logis spacieux pour abriter tous les lettrés pauvres et les rendre heureux ! »[15] et « Derrière les portes vermillon, pourrissent vin et viande, alors que dehors, les cadavres des pauvres gèlent. »[16] Li Shen[17] fait la morale en disant : « Qui sait le prix de son repas sur le plateau ? Chaque grain de riz provient d'un dur labeur certes. »[18] Zheng Banqiao[19] exprime l'attitude que doit avoir un fonctionnaire envers le peuple : « Même si je ne suis qu'un petit fonctionnaire du district de Caozhou, chaque habitant compte pour moi, autant que les feuilles et les branches du bambou que j'aime devant ma fenêtre. »[20] *L'Épopée de Gilgamesh*, un des textes les plus anciens du monde, raconte la quête des populations vivant en Mésopotamie, leur questionnement sur la vie, la mort et les lois de la Nature. *Les Hymnes homériques*[21] racontent la bravoure, la justice, l'altruisme et l'ardeur au travail. *La Divine Comédie*[22], le *Décaméron*[23], *Gargantua et Pantagruel*[24] sont des œuvres qui combattaient l'ascétisme et l'obscurantisme, elles sont le symbole du désir de l'époque pour la libération spirituelle. Par conséquent, il n'y a qu'en s'enracinant dans la réalité de la vie et en raccrochant ses wagons au train de l'époque que les arts et les lettres peuvent être prospères. Il n'y a qu'en suivant les souhaits du peuple et en faisant preuve d'empathie pour lui qu'ils peuvent conserver leur vitalité.

Le peuple n'est pas un symbole abstrait, ce sont des personnes concrètes, faites de chair et d'os, qui ont des sentiments, qui savent aimer et détester, qui ont des rêves et qui ont aussi des contradictions intérieures et des questionnements existentiels. L'artiste ne doit pas remplacer les sentiments du peuple par les siens, mais il doit apprendre du peuple et de la vie, et trouver son inspiration dans des matériaux tels que la pratique, la vie et les sentiments bigarrés du peuple. L'artiste doit s'enrichir personnellement et artistiquement, découvrir la beauté et la créer. Les heurs et malheurs du peuple doivent toujours être au cœur de la création artistique. Il faut chanter sa vie de combat, créer les plus beaux personnages, et raffermir la confiance des gens en leurs rêves et leur vie.

A ce propos, je voudrais vous faire part d'un souvenir. C'était en 1982, la veille de mon départ pour le district de Zhengding dans le Hebei. Des amis avaient préparé un pot de départ, et parmi eux figurait un écrivain et scénariste des studios cinématographiques de l'Armée populaire de Libération : Wang Yuanjian. Celui-ci m'a dit : « Tu pars pour la campagne, tu dois faire comme Liu Qing : t'immerger dans la vie des paysans, t'intégrer parmi eux. » En 1952, Liu Qing était secrétaire adjoint du comité du Parti pour le district de Chang'an dans le Shaanxi. Il a décidé de quitter son poste de secrétaire adjoint, mais de conserver son poste de membre du comité permanent du comité du Parti pour aller s'installer dans le village de Huangpu. Il y a passé quatorze années et s'est consacré à la rédaction de son roman *Les Bâtisseurs.* Parfaitement familier avec la vie des habitants du Shaanxi, les personnages qu'il a dépeints dans le roman sont très vivants et réalistes. Il connaissait les sentiments des paysans, leurs joies et leurs peines et, ainsi, lorsque le gouvernement central sortait des politiques relatives aux régions rurales et aux paysans, il était en mesure de dire si celles-ci seraient bien accueillies ou non par les principaux concernés.

Troisièmement, les arts et les lettres doivent aimer le peuple. L'absence ou la présence de sentiments, envers qui et pourquoi sont décisifs pour la création artistique. Sans affection pour le peuple, il est inutile d'écrire pour lui. Lu Xun[25] estimait le peuple, comme le montre un de ses vers : « Le sourcil hautain, je défie froidement le dignitaire qui pointe le doigt sur moi ; la tête baissée, je me fais volontiers le buffle de l'enfant. »[26] Lorsque je travaillais à Zhengding dans le Hebei, j'ai eu la chance de faire la connaissance de Jia Dashan, un auteur amoureux du peuple. Après sa mort, j'ai écrit un texte à sa mémoire. La plus profonde impression qu'il m'a laissée était son sentiment très fort pour le destin de notre nation et les préoccupations du peuple. « Même si l'on n'est pas fonctionnaire, on se préoccupe du destin de la nation et du peuple. »[27] Pour obtenir des succès, l'artiste doit respirer au même rythme que le peuple et partager son destin, ainsi qu'être heureux ou triste lorsqu'il l'est. Servir le peuple de tout son cœur est la seule voie envisageable pour un artiste, mais aussi son plus grand bonheur.

Aimer le peuple n'est pas qu'un slogan, il faut avoir une connaissance rationnelle en la matière et passer à l'action. Pour que l'amour pour le peuple soit sincère, profond et pérenne, il faut être conscient que c'est le peuple qui fait l'Histoire, il faut s'immerger en son sein, dans sa vie et devenir son disciple. Quand je dis « s'immerger dans sa vie », cela ne désigne pas une simple visite comme certains le font en considérant qu'ils « se sont immergés ». Cela nécessite de réfléchir sur des questionnements tels que « Pour qui est-ce que je travaille, de qui je dépends et qui suis-je ? ». On ne doit pas se limiter à se déplacer, il faut le faire avec son cœur et animé d'affection.

Les innovations artistiques et littéraires proviennent toutes du peuple directement ou indirectement. « Chaque acte de la vie quotidienne constitue en soi une connaissance. Une compréhension approfondie des sentiments des gens ordinaires incarne la substance même d'un véritable savoir. »[28] L'art permet de déployer les ailes de l'imagination, mais il faut en revanche savoir rester les pieds sur terre. Il existe une pléthore de règles de création artistique, mais la règle capitale consiste à savoir rester aux côtés du peuple, et à s'enraciner dans sa vie quotidienne. Si Cao Xueqin[29] n'avait pas eu une vision panoramique et une analyse approfondie de la société dans laquelle il vivait, il n'aurait jamais pu écrire son chef-d'œuvre *Le Rêve dans le pavillon rouge*, tout comme Lu Xun n'aurait pu inventer des personnages vivants, tels que la belle-sœur Xianglin, Run Tu, Ah Q ou encore Kong Yiji, s'il n'avait pas bien connu la vie du peuple des bas-fonds avant et après la Révolution de 1911.

Ce n'est pas en s'enfermant dans une tour d'ivoire que l'on trouve l'inspiration et la passion nécessaires à la création. Un poète soviétique a même dit que cette façon d'envisager la création artistique revenait à se ronger les ongles jusqu'à ce qu'ils saignent, miné par l'anxiété de ne pas avoir matière à créer. Il faut pénétrer dans la vie quotidienne, et découvrir sa vraie nature au sein du peuple. Il faut « goûter la vie », la « mâcher » et la « digérer » entièrement pour que les péripéties et les personnages créés soient réellement émouvants et que les œuvres créées attirent vraiment les gens, comme le dit ce proverbe : « Jamais bon vers ne naîtrait de l'enfermement, seules la vie et la pratique composent une belle poésie. »[30] Les techniques et les moyens de création n'existent que pour servir un contenu, pour mieux expliquer, pour raconter avec davantage d'acuité, de précision et de profondeur. Si l'on va à contre-courant de ce principe, la technique et la méthode deviendront inutiles et l'art sera alors dénué de sens, souffrant même d'un effet négatif.

Evidemment, la vie ne présente pas seulement un aspect marqué par des scènes de prospérité et de floraison. Beaucoup de choses laissent encore à désirer et des cas répréhensibles subsistent. Cela ne signifie pas pour autant qu'il ne faut pas les dénoncer, la question en réalité à savoir « comment les interpréter ». Nos anciens disaient : « Joie et tristesse doivent s'exprimer dans la mesure. »[31] et « L'expression des sentiments doit s'arrêter à la bienséance. »[32] Si la création artistique n'est que la présentation du statu quo tel qu'il est, qu'elle ne se contente que de montrer le côté obscur et sans fard et ne se fait pas le chantre de la lumière, de l'idéal, ni un guide moral, elle ne pourra inciter le peuple à progresser. Il faut observer la vie avec les yeux du réalisme et la ressentir avec le cœur du romantisme, dissiper les ténèbres grâce à la clarté, vaincre l'hideux par la beauté et la bienveillance ainsi que montrer aux gens l'éclat, l'espoir et les rêves qui se trouvent face à eux.

Une bonne œuvre est une œuvre capable de soutenir la critique populaire et la critique des professionnels, et qui résiste bien à l'épreuve du marché. C'est une œuvre qui donne la priorité à l'efficacité sociale, sans jamais la dissocier de l'économique. Etant dans une ère d'économie de marché socialiste, les produits culturels doivent aujourd'hui passer par le marché pour réaliser leur valeur. Pourtant, il ne faut pas non plus que les intérêts économiques prennent le pas sur les bénéfices pour la société et ils doivent pour cela au second plan. Quand l'intérêt économique et l'effet sur la société deviennent contradictoires, le premier doit s'asservir au second. Les arts et les lettres ne doivent pas devenir des esclaves du marché et vénaux. Les meilleures œuvres artistiques sont celles qui sont réussies sur les plans de la pensée, de l'art, mais aussi financièrement parlant. Il faut maintenir son idéal esthétique, protéger les valeurs indépendantes de l'art, mais aussi mettre en place des outils rationnalisés pour voir la portée de la distribution, de l'audience, du nombre de clics ou des entrées pour savoir comment sont accueillies les œuvres. Nous ne devons pas négliger ces indicateurs, mais il ne faut pas non plus les considérer comme étant absolus et se laisser uniquement guider par des critères mercantiles.

Certains parmi nous disent qu'à notre époque le ciel est mondial mais que la terre est différente dans chaque pays. Il nous faut porter le regard sur le côté le plus avancé de l'humanité tout en ayant conscience des conditions de subsistance des Chinois, afin d'être vraiment à même de partager notre expérience avec le monde et, par les arts et les lettres nous étant propres, contribuer au monde. Nos 5 000 ans d'histoire et les combats sanglants menés dans les temps modernes pour l'indépendance nationale et la libération du peuple, la révolution, l'édification et la réforme que conduisent les Chinois sous la direction du Parti communiste chinois, les profonds changements survenus dans une Chine ancienne ainsi que la production et la vie enrichissantes des 1,3 milliard de Chinois constituent un véritable terreau favorable à la création de l'art et de la littérature. Il y a tant à écrire. En restant aux côtés du peuple, nous pourrons sans cesse nous procurer la force inépuisable du sol de cette patrie qui nous est aussi chère que notre mère.

Notes :

[1] Mao Zedong : « Intervention aux causeries sur la littérature et l'art à Yan'an », *Œuvres choisies de Mao Zedong*, tome III, Editions du Peuple, 1991, page 857.

[2] Deng Xiaoping : « Allocution au IVe Congrès des travailleurs littéraires et artistiques de Chine », *Textes choisis de Deng Xiaoping*, tome II, Editions du Peuple, 1994, pages 209 et 211.

[3] Jiang Zemin : « Développer et faire prospérer la littérature et l'art socialistes », *Documents importants depuis le XIVe Congrès du Parti communiste chinois*, tome II, Editions de la documentation centrale, 2011, page 224.

[4] Hu Jintao : « Discours prononcé lors de la IXe Conférence de la Fédération des hommes de lettres et des artistes de Chine et de la VIIIe Conférence de l'Association des écrivains de Chine », *Documents importants depuis le XVIIe Congrès du Parti communiste chinois*, tome II, Editions de la documentation centrale, 2013, page 618.

[5] Ban Gu : *Livre des Han (Han Shu)*, dynastie des Han de l'Est.

[6] Clara Zetkin : « Souvenirs sur Lénine » (Erinnerungen an Lenin), *Lénine, de la littérature et de l'art*, Editions de la littérature du Peuple, 1960, page 912.

[7] Une collection de poèmes datant de l'époque antérieure à la dynastie des Qin jusqu'à celle des Sui, réalisée par Shen Deqian (1673-1769), de la dynastie des Qing.

[8] Le *Livre des Odes (Shi Jing)* est la première collection de poèmes de Chine. Il comprend 305 poèmes collectés pendant quelque 500 ans depuis les Zhou de l'Ouest (XIe-VI{e} siècle av. J.-C.) jusqu'au milieu de l'époque des Printemps et Automnes (770-476 av. J.-C.).

[9] Un des articles dans *Les Chants des Chu (Chu Ci)*.

[10] Chant folklorique sous les dynasties du Nord (386-581).

[11] Long chant folklorique sous les dynasties du Nord.

[12] Qu Yuan (339-278 av. J.-C.), poète et homme politique du royaume de Chu de l'époque des Royaumes combattants.

[13] « Li Sao », *Les Chants des Chu*.

[14] Du Fu (712-770), né dans le district de Gongxian dans la province du Henan (aujourd'hui la municipalité de Gongyi), poète sous la dynastie des Tang.

[15] « Chaumière abîmée par le vent d'automne ».

[16] « Partant de la capitale pour la préfecture de Feng Xian ».

[17] Li Shen (772-846), né à Wuxi (aujourd'hui dans la province du Jiangsu), poète sous la dynastie des Tang.

[18] « Plaindre le paysan ».

[19] Zheng Banqiao (1693-1765), peintre et écrivain sous la dynastie des Qing.

[20] Voir la note 2 de l'article « Soyez secrétaires du comité du Parti de district comme Jiao Yulu » du présent ouvrage.

[21] L'*Iliade* et l'*Odyssée,* ouvrages attribués à Homère.

[22] Poème de Dante Alighieri.

[23] Recueil de nouvelles de Boccace.

[24] Roman de François Rabelais.

[25] Lu Xun (1881-1936), né à Shaoxing, province du Zhejiang, homme de lettres, penseur et révolutionnaire, et l'un des fondateurs de la littérature moderne chinoise.

[26] « Autodérision », *Œuvres complètes de Lu Xun,* tome VII, Editions de la littérature du Peuple, 2005, page 151.

[27] Fan Zhongyan (989-1052), *Notes sur la Tour de Yueyang,* dynastie des Song du Nord.

[28] Cao Xueqin : *Le Rêve dans le pavillon rouge,* dynastie des Qing.

[29] Cao Xueqin (1715-1763), originaire de Liaoyang, romancier sous la dynastie des Qing.

[30] Yang Wanli (1127-1206), dynastie des Song du Sud.

[31] *Entretiens de Confucius (Lun Yu).*

[32] *Préface au Livre des Odes (Mao Shi Xu).*

La foi du peuple assure l'espoir de la nation et la puissance de l'Etat*

(28 février 2015)

La foi du peuple assure l'espoir de la nation et la puissance de l'Etat. Pour réaliser le rêve chinois de renouveau de la nation, il faut s'offrir une abondante richesse aussi bien matérielle que spirituelle. Nous devons continuer à travailler inlassablement, comme toujours, et à mener à bien l'édification de la civilisation spirituelle socialiste, qui servira de garantie morale, de support spirituel et de nourriture éthique à l'avancement sans encombre de notre peuple multiethnique.

Au début de la réforme et de l'ouverture déjà, notre parti avait lancé de manière créative la mission stratégique de l'édification de la civilisation spirituelle socialiste, en établissant la directive stratégique d'« accorder une importance égale au matériel et au spiritual ». Au cours de la trentaine d'années qui ont suivi, les Chinois ont non seulement créé un miracle mondial en matière d'édification de la civilisation matérielle, mais également produit des fruits féconds sur le plan de l'édification de la civilisation spirituelle. Un grand nombre de personnages d'élite et de modèles avant-gardistes dans l'édification de la civilisation spirituelle, dont vous êtres les représentants, sont apparus.

Si une nation compte progresser à l'unisson, elle doit s'appuyer sur ses convictions communes. Nous devons sensibiliser de manière soutenue et approfondie tout le Parti et toute la société au socialisme à la chinoise, mettre à l'honneur les thèmes de notre époque, faire valoir l'esprit de justice, et renforcer sans discontinuer notre confiance

---

* Points essentiels des propos tenus lors de sa rencontre avec des représentants de la 4ᵉ Conférence nationale pour honorer les villes, villages et unités cités pour la « civilité », ainsi que les travailleurs chargés de la formation idéologique et morale des mineurs.

dans la voie, la théorie et le système du socialisme à la chinoise, pour que l'idéal et les convictions éclairent tel un flambeau notre peuple multiethnique.

Nous devons « accorder autant d'attention au matériel et au spirituel », traiter correctement les rapports entre la civilisation matérielle et la civilisation spirituelle d'un point de vue dialectique, intégral et équilibré. L'édification de la civilisation spirituelle est à effectuer à travers le processus de la réforme, de l'ouverture et de la modernisation, dans tous les domaines de la vie sociale. Il faut combiner cette édification avec la formation et la mise en pratique des valeurs essentielles socialistes, préconiser énergiquement les conceptions communistes du monde, de la vie et des valeurs, mais aussi fermement conserver le foyer spirituel des communistes. Il faut renforcer la construction concernant le civisme, la déontologie professionnelle, les vertus familiales et les moralités personnelles, pour créer une ambiance dans laquelle toute la société vénère la moralité et la bienveillance. Il faut faire valoir les excellentes traditions culturelles de la nation chinoise, renforcer énergiquement l'amélioration du style de travail du Parti et du gouvernement, des mœurs sociales et familiales. Il faut faire des efforts particuliers afin que le gène culturel de la nation chinoise prenne racine et germe dans le cœur des jeunes et des adolescents. Il faut pleinement user du rôle des modèles : les cadres dirigeants, les personnalités publiques, et les modèles avant-gardistes doivent être de bons exemples à suivre, conduisant et encourageant le peuple tout entier à se sensibiliser à la courtoisie, à être un citoyen civique et à donner une image civilisée.

L'édification de la civilisation spirituelle ne peut jouer un rôle plus puissant que lorsqu'elle se positionne à l'avant-garde de notre époque et pilote les mœurs sociales. Actuellement dans notre société, les différentes idées s'activent et les diverses conceptions de valeur se heurtent. De plus, les nouvelles technologies et les nouveaux médias, dont Internet, se renouvellent de jour en jour. Nous devons correctement apprécier la situation, guider les médias selon les circonstances et en rénover les contenus et les vecteurs, mais également en améliorer les modes et les méthodes, afin de maintenir la vitalité de l'édification de la civilisation spirituelle. Pour y parvenir, il faut travailler de manière pragmatique, rechercher l'efficacité, et se focaliser sur l'amélioration du bien-être du peuple. Nous devons nous opposer au formalisme et à la bureaucratie, et nous efforcer de satisfaire les besoins spirituels et culturels croissants des masses populaires. Les comités du Parti à tous les échelons doivent pleinement assumer leurs responsabilités et s'assurer que tout travail lié à l'édification de la civilisation spirituelle soit mené à bien.

Poursuivre et consolider la direction
du travail idéologique par le Parti*

(18 mai 2015 – 17 mai 2016)

I

Avec le développement rapide d'Internet, de nombreuses personnalités d'Internet, incluant les professionnels des nouveaux médias et les leaders d'opinion sur la toile, sont apparues. Dans ces deux groupes, certains exploitent Internet et se chargent de « planter le décor », alors que d'autres s'expriment en ligne et « jouent de l'opéra ». Ils manipulent souvent les sujets publiés en ligne, et leur influence ne doit donc pas être sous-estimée. J'ai déjà déclaré qu'Internet était à l'heure actuelle une position principale pour la communication idéologique. Si nous ne l'occupons pas, d'autres le feront ; si nous n'unissons pas ces personnes, d'autres les séduiront. Nous devons intégrer leurs personnages représentatifs dans le champ du travail du front uni, établir des contacts réguliers avec eux, intensifier l'interaction en ligne et la communication hors ligne avec eux, afin d'orienter leurs points de vue politiques et de renforcer leur adhésion politique.

(Discours prononcé le 18 mai 2015 à la Conférence
centrale sur le travail du front uni)

II

Les écoles du Parti doivent leur nom au Parti. Ce principe consiste

---

* Extraits de discours portant sur le renforcement de la direction du travail idéologique par le Parti.

à afficher la bannière du Parti et à la faire flotter au-dessus des écoles du Parti aux divers niveaux. Pour s'en tenir à ce principe, il faut d'abord persévérer dans le marxisme et le communisme. Le marxisme est la pensée directrice de notre parti, et le communisme, son noble idéal. Sans la foi marxiste et l'idéal communiste, il n'y aurait pas eu le Parti communiste chinois ni le socialisme à la chinoise. Lorsque je dirigeais la rédaction du Rapport du XVIIIe Congrès du Parti, j'ai spécialement demandé d'y ajouter ces mots : « La foi dans le marxisme et la conviction envers le socialisme et le communisme constituent l'âme politique des communistes ainsi qu'un ressort spirituel leur permettant de sortir vainqueurs des épreuves de tout genre. »

Afin de mener à bien nos entreprises, nous ne devons pas oublier notre fondement et nos valeurs ancestrales, tout en restant fidèles à l'engagement initial. Pour nous autres, communistes, notre fondement est la foi dans le marxisme, la conviction envers le socialisme à la chinoise et le communisme, ainsi que la fidélité au Parti et au peuple. Le fondement que nous voulons consolider consiste à raffermir cette foi, cette conviction et cette fidélité. Le parcours sinueux des pratiques socialistes dans le monde nous apprend qu'un parti marxiste s'effondre dès qu'il abandonne sa foi dans le marxisme et ses convictions envers le socialisme et le communisme. Si un communiste manque de croyance et d'idéal ou que ceux-ci ne sont pas solides, il souffrirait d'une « carence en calcium » sur le plan moral, puis de rachitisme ; ce qui le conduirait vers la dénaturation sur le plan politique, l'avidité sur le plan économique, la dégradation sur le plan moral et la débauche sur le plan de son quotidien.

Tous les membres du Parti se doivent de rester lucides en ce qui concerne la bannière à porter et la voie à suivre. « Lorsqu'on a un doute au cours d'une observation, si l'on ne parvient pas à se tranquilliser, si bien qu'on ne peut voir clairement, alors la logique des choses n'est pas claire. Si l'on n'a pas les idées claires, il est impossible de donner un jugement raisonnable. »[1] Les écoles du Parti doivent, sans ambiguïté, haut et fort, enseigner le marxisme, le socialisme à la chinoise et le communisme, ainsi que la nature du Parti, son objectif, sa tradition et son style de travail. Le Comité central du Parti a ratifié la fondation de la faculté du marxisme au sein de l'Ecole centrale du Parti. C'est un geste par lequel il persiste dans l'adhésion des écoles du Parti au marxisme et au communisme.

Toutes sortes de forces hostiles en Chine comme à l'étranger tentent encore de faire changer à notre parti de bannière et de nom. Elles ont pour objectif essentiel de nous faire abandonner la foi dans le marxisme et la conviction envers le socialisme et le communisme. Pourtant, certains d'entre nous, voire des camarades au sein du Parti, n'ont pu se rendre clairement compte de leur dessein dissimulé et posent les questions suivantes : « Les "valeurs universelles" occidentales ont traversé des centaines d'années, pourquoi ne pas les partager ? Pourquoi ne pas emprunter des discours politiques occidentaux ? Si on les accepte, on ne subira pas de grosses pertes. Pourquoi prendre forcément une attitude inverse ? » Certains considèrent les doctrines et discours occidentaux comme des règles d'or, et deviennent inconsciemment des chantres de l'idéologie capitaliste occidentale.

« S'il est difficile de juger entre le vrai et le faux, il faut mesurer les choses en référence aux expériences du passé et les tester en référence aux faits récents. »[2] Depuis la fin de la guerre froide, sous l'emprise des valeurs occidentales, certains pays se sont plongés dans la misère. Certains souffrent de la division, d'autres du feu de la guerre, ou du chaos. Si l'on juge notre pratique avec le système des valeurs capitalistes occidentales, et mesure le développement de notre pays avec le système d'évaluation capitaliste occidentale, considérant que ceux qui correspondent aux normes occidentales sont bons, ou au contraire, sont arriérés, obsolètes et doivent faire l'objet de critiques et d'attaques, cela conduira à de désastreuses conséquences. Au final, soit nous marcherions sur les traces d'autrui, soit nous nous ferions insulter.

L'école du Parti n'est pas un eldorado. Ses étudiants viennent de tous les coins du pays. Ils ont entendu et vu de nombreux problèmes, et de nombreux problèmes majeurs sur le plan idéologique se concentrent dans l'école du Parti. Cela lui pose une tâche importante consistant à renforcer la recherche sur la théorie idéologique.

L'école du Parti se doit de renforcer la différenciation et l'orientation de toutes sortes de courants idéologiques sur la base d'une bonne analyse, au lieu de rester les bras croisés. Elle doit également oser s'exprimer audacieusement, savoir clarifier les doutes, et défendre fermement cette position avancée du marxisme et du socialisme à la chinoise.

(Discours prononcé le 11 décembre 2015 à la
Conférence nationale sur le travail des écoles du Parti)

III

L'école du Parti doit son nom au Parti, ce qui détermine que la recherche qu'elle mène doit s'axer sur la tâche centrale du Parti, œuvrer pour les recherches sur la théorie et l'idéologie du Parti, et apporter une contribution positive tant à la poursuite et la consolidation de la direction du travail idéologique par le Parti qu'à la consolidation du rôle de guide idéologique du marxisme. Dans le même temps, l'école du Parti ne peut mener à bien l'éducation et la formation qu'en comprenant correctement, sur les plans théorique et idéologique, des problèmes majeurs. Un adage dit : « On devient perspicace en observant, sensible, en écoutant, et rationnel, en réfléchissant. »[3]

A l'époque actuelle, la société s'anime de différentes idées et valeurs, où les courants principaux et secondaires coexistent, et où ceux avancés et retardataires s'entremêlent. En résumé, les courants idéologiques déferlent dans la société. J'ai déjà déclaré qu'il existait, dans le domaine de l'idéologie et de l'opinion publique, « trois zones » : une rouge, une noire et une grise. La zone rouge est notre front de combat principal que nous devons conserver. La zone noire est négative et nous devons oser la combattre afin de largement réduire son fief. Quant à la zone grise, nous devons la gagner avec toute la vigueur pour la transformer en zone rouge.

(Discours prononcé le 11 décembre 2015 à la
Conférence nationale sur le travail des écoles du Parti)

IV

A propos du rôle de guide du marxisme, l'écrasante majorité des camarades ont un esprit lucide et adoptent une attitude ferme. Parallèlement, certains n'ont pas une compréhension profonde et aiguë du marxisme. Ils ne sont pas compétents pour travailler conformément à la position, aux points de vue et aux méthodes du marxisme, et leurs résultats de haut niveau ne sont pas nombreux. Il en est de même pour eux quant à l'édification du système des disciplines, du système des recherches académiques et du système terminologique, dirigés par le marxisme. Des idées ambiguës ou erronées subsistent dans notre société : par exemple, certains considèrent que le marxisme est désuet et que la Chine ne le pratique plus ; d'autres sont d'avis que le marxisme n'est qu'une phraséologie idéologique, qui n'a ni raison ni système scientifiques. Dans le travail pratique, le marxisme est marginalisé, vidé de sens et étiqueté dans certains domaines. Il n'est mentionné ni dans certaines disciplines, ni dans certains manuels d'enseignement et ni dans certains forums. Cet état de choses doit retenir toute notre attention.

Même dans la société occidentale d'aujourd'hui, le marxisme demeure influent. A l'avènement du XXIe siècle, Marx a été élu « le plus grand penseur du millénaire » en Occident. Dans son ouvrage intitulé *Le marxisme : pour ou contre*, le chercheur américain Robert Heilbroner écrit que nous devons nous mettre à l'école de Karl Marx pour explorer la perspective de la société humaine, et que la société humaine suit aujourd'hui encore la loi de développement qu'il a énoncée. La pratique prouve aussi que le marxisme fait toujours montre de grandes forces de la pensée scientifique et reste à la pointe de la vérité et de la justice, quels que soient les changements de l'époque et quels que soient les progrès des sciences. Le camarade Deng Xiaoping a sérieusement déclaré : « Je suis certain que les partisans du marxisme dans le monde deviendront plus nombreux, car le marxisme est une science. »[4]

Les travailleurs chinois en philosophie et en sciences sociales doivent prendre consciemment le marxisme comme guide et se servir du système théorique socialiste à la chinoise tout au long de leurs recherches et de leur enseignement, pour en faire une conscience théorique claire, une ferme conviction politique et une méthode de pensée scientifique.

(Discours prononcé le 17 mai 2016 à la Causerie sur le travail relatif à la philosophie et aux sciences sociales)

Notes :

[1] *Xunzi.*

[2] Ibid.

[3] *Collection d'interprétations du Livre de la Voie et de la Vertu (Dao De Zhen Jing Ji Zhu).*

[4] Deng Xiaoping : « Points essentiels des propos tenus à Wuchang, Shenzhen, Zhuhai et Shanghai », *Textes choisis de Deng Xiaoping*, tome III, Editions du Peuple, 1993, page 382.

Améliorer la capacité de communication et d'orientation des médias du Parti, accroître leur influence et leur crédibilité[*]

(19 février 2016)

Le travail médiatique, partie composante importante des activités du Parti, de la gouvernance et de la consolidation de la stabilité politique, doit s'adapter aux changements des situations nationale et internationale, se positionner en tenant compte du travail global du Parti, insister sur la direction de celui-ci, maintenir la bonne direction politique, persévérer dans l'orientation axée sur le peuple, respecter la loi sur les médias et la communication, et innover dans les moyens et les méthodes, afin de réellement améliorer sa capacité de communication et d'orientation, et d'accroître son influence et sa crédibilité.

Depuis longtemps, les principaux médias de l'autorité centrale respirent au même rythme que le peuple, avancent avec leur époque, sensibilisent activement à la vérité marxiste et aux propositions du Parti, et reflètent les revendications des masses, tout en jouant un rôle primordial dans toutes les périodes historiques de la révolution, de la construction et de la réforme. Depuis le XVIIIe Congrès du Parti, les principaux médias de l'autorité centrale ont axé leurs efforts sur la sensibilisation à l'esprit de ce congrès et à celui des 3e, 4e et 5e sessions plénières du XVIIIe Comité central du Parti, expliqué les décisions majeures et les dispositions prises par le Comité central du Parti, reflété la grande pratique et l'état d'esprit du peuple, glorifié les grands thèmes de notre époque, diffusé les informations positives et stimulé vigoureusement tout le Parti et toutes les ethnies nationales à lutter

---

[*] Points essentiels du discours à une causerie sur le travail médiatique du Parti.

ensemble pour la réalisation du rêve chinois de grand renouveau de la nation.

Le travail médiatique du Parti met en jeu son drapeau et sa voie, l'application de sa théorie, de sa ligne, de ses principes et de ses politiques, la promotion de toutes les œuvres du Parti et de l'Etat, la force de cohésion et de rassemblement de tout le Parti et du peuple multiethnique du pays, ainsi que le destin du Parti et de l'Etat. Il faut assurer le travail médiatique du Parti en tenant compte de la situation globale des activités du Parti, lui accorder une haute importance sur le plan idéologique et déployer des efforts ciblés et efficaces.

Dans le nouveau contexte actuel, les devoirs et les missions du travail médiatique du Parti sont les suivants : porter haut levé notre drapeau, orienter l'opinion publique, se concentrer sur la tâche centrale, servir l'intérêt général, unir le peuple, encourager l'enthousiasme, assainir les mœurs de la société et éduquer la population, concentrer notre esprit et nos énergies, dissiper les erreurs et malentendus, discerner le vrai du faux et relier la Chine avec le reste du monde. Pour bien prendre en charge ces devoirs et ces missions, il faut donner la priorité à la direction politique, maintenir fermement l'esprit et les principes du Parti, s'en tenir aux points de vue marxistes, assurer une bonne orientation de l'opinion publique et soutenir avant tout fermement une communication positive.

Le maintien de l'esprit et des principes du Parti consiste à insister sur la direction du travail médiatique par le Parti. Les médias organisés par le Parti et le gouvernement constituent le front de leur propre communication. Ceux-ci doivent être strictement dirigés par le Parti. Toutes les activités médiatiques du Parti doivent refléter la volonté du Parti, exprimer ses avis, sauvegarder l'autorité de son Comité central et son unité, et le soutenir, le défendre et le servir. En renforçant la conscience de l'alignement sur le Comité central du Parti, elles doivent se conformer strictement à sa position sur les plans idéologique et politique, comme dans les actes. Elles doivent aussi combiner l'esprit du Parti et le caractère populaire, transformer la théorie, la ligne, les principes et les politiques du Parti en actes conscients des masses populaires, refléter en temps opportun les expériences créées par les masses et leur réalité, enrichir leur esprit et intensifier leur puissance spirituelle. La conception de la presse constitue l'âme du travail médiatique. Les médias doivent approfondir leur sensibilisation aux points de vue marxistes, orienter leurs travailleurs à diffuser les politiques et les avis du Parti, à consigner les événements de notre époque, à promouvoir les progrès sociaux et à défendre la justice et l'équité.

Il faut assurer une bonne orientation de l'opinion publique dans tous les domaines et tous les chaînons du travail médiatique. La bonne orientation est indispensable pour les journaux et les magazines du Parti, les radios et les télévisions à tous les échelons, les revues métropolitaines, les nouveaux médias, les reportages, les suppléments, les émissions spéciales, les publicités, les actualités politiques, les actualités concernant le divertissement et la société, ainsi que les reportages sur les actualités nationales et internationales.

Le principe fondamental du travail médiatique du Parti réside dans l'unité, la stabilité et l'encouragement en donnant la première place à la communication positive. Pour mener à bien cette dernière, il faut rendre notre travail plus captivant et plus persuasif. La vérité étant la vie de la presse, il faut décrire la réalité à partir des faits, rendre compte correctement de la réalité en prenant en considération tous ses aspects et en les reflétant d'un point de vue macroscopique. Le contrôle public et la communication positive constituent un ensemble. Les médias doivent affronter les problèmes apparus dans leur travail et combattre les fléaux de la société, s'attaquer aux comportements malsains, faire rayonner les honnêtes gens et les actions méritoires, souligner les problèmes et publier les reportages critiques basés sur la réalité des faits et l'analyse objective.

Avec l'évolution de la situation, le travail médiatique du Parti doit être innovant dans la conception, les contenus, les genres littéraires, les formes, les moyens, les méthodes, les activités, les institutions et les mécanismes, mais aussi renforcer sa pertinence et son efficacité. Il faut également s'adapter à la tendance de la communication personnalisée et différenciée, accélérer la mise en forme d'une nouvelle structure orientant l'opinion, promouvoir le développement intégré, recourir activement aux avantages des nouveaux médias, saisir les opportunités, suivre le rythme, utiliser des tactiques, déployer des efforts dans le temps, la mesure et l'efficacité, refléter les exigences sur ces trois plans, améliorer la capacité de communication internationale, augmenter la voix au chapitre sur la scène internationale, savoir raconter la Chine, optimiser les dispositions stratégiques et travailler pour créer des médias porte-drapeau dans la communication avec le monde extérieur, ayant une forte influence internationale.

Les talents constituent le point clé de la concurrence médiatique, et les avantages humains, le noyau de ceux des médias. Il faut former une équipe médiatique ayant une ferme position politique, une grande compétence, un bon style de travail, et à qui le Parti et le peuple font confiance. Les journalistes doivent travailler d'un point de vue politique, se positionner correctement dans l'accomplissement de la tâche centrale et le service de l'intérêt public, retenir par cœur leurs responsabilités sociales, et régler les questions fondamentales « Pour qui ? De qui dépends-je ? Qui suis-je ? ». Ils doivent améliorer leurs compétences, étudier et travailler avec beaucoup de persévérance, s'efforcer de devenir des talents professionnels adaptés à tous les types de média. Ils doivent améliorer leur style de travail, aller à l'échelon de base pour se frotter aux réalités, dire la vérité et parler à cœur ouvert, faire publier des ouvrages émouvants et de haute qualité, remplis de remarques pertinentes. Ils doivent s'imposer des exigences rigoureuses, rechercher le perfectionnement moral et maintenir l'esprit de justice. Il nous faut approfondir la réforme du système de gestion du personnel dans les établissements médiatiques, faire pleinement confiance à leurs travailleurs sur le plan politique, leur confier des charges avec audace, veiller à leurs intérêts dans la vie quotidienne et assurer leur rémunération dans les meilleurs délais.

Le renforcement et l'amélioration de la direction du travail médiatique par le Parti constituent la garantie fondamentale assurant le développement sain et avec succès de ce travail. Les comités du Parti à tous les échelons doivent consciemment prendre en charge des responsabilités politiques et directrices. Les cadres dirigeants doivent renforcer leur capacité de prise de contact avec les médias, en profiter pour sensibiliser aux politiques et aux propositions du Parti, se renseigner des revendications sociales et des opinions du peuple, découvrir les contradictions et les problèmes, orienter le sentiment social, mobiliser les masses populaires et faire avancer notre travail.

Etablir un meilleur environnement numérique, mettre en valeur le rôle d'Internet pour orienter et refléter l'opinion publique[*]

(19 avril 2016)

Internet, grande plateforme d'informations sociales par laquelle plusieurs centaines de millions d'internautes obtiennent et échangent des informations, exerce une importante influence sur leurs voies d'obtention des connaissances, leurs modes de penser et leur concept de valeurs, ainsi que sur leurs opinions concernant l'Etat, la société, le travail et la vie.

La réalisation des objectifs des « deux centenaires » nécessite les efforts conjugués de toutes les parties dans la société, ainsi que l'union des esprits et des actions de toutes les ethnies du pays. Si une société se trouve dans une situation tumultueuse, sans idéaux ni objectifs communs, et sans valeurs communes, rien ne sera accompli. La Chine comptant 1,3 milliard d'habitants, si elle se trouvait dans une telle situation, cela ne correspondrait pas à l'intérêt de notre peuple, ni à celui de notre Etat.

Il n'est pas facile de fédérer les esprits, cela nécessite les efforts de tous. Pour réaliser nos objectifs, nous devons former sur Internet et dans la vie réelle des cercles concentriques, c'est-à-dire que sous la direction du Parti, nous mobilisons le peuple multiethnique et stimulons l'ardeur de toutes les parties afin d'œuvrer ensemble pour la réalisation du grand renouveau de la nation chinoise.

Nos anciens disaient : « Pour connaître l'état d'une maison, il faut

* Extraits du discours à une causerie sur la cybersécurité et l'informatisation.

vivre sous son toit. Et pour connaître le succès et l'échec des politiques, il faut connaître l'état d'esprit du peuple. »[1] Bon nombre d'internautes se disent « du peuple » et Internet constitue donc aujourd'hui un espace pour eux. Les internautes sont issus des masses populaires. Lorsque ces dernières surfent sur Internet, c'est l'opinion publique qui est exprimée. Nos cadres dirigeants doivent aller aux endroits où se rassemblent les masses populaires. Et sinon, comment pourraient-ils se lier à elles ? Les organes du Parti et du gouvernement ainsi que les cadres dirigeants aux divers échelons doivent savoir suivre la ligne de masse par le biais d'Internet, surfer régulièrement sur Internet, lire et s'exprimer, se renseigner sur les avis et les aspirations des masses, recueillir de bonnes idées et propositions, répondre activement aux questions qui préoccupent les internautes, et éclaircir leurs doutes. Savoir se renseigner sur l'opinion publique à l'aide d'Internet pour mener à bien leur travail est une qualification fondamentale requise des cadres dirigeants dans le nouveau contexte. Les cadres de tous les échelons, et notamment les cadres dirigeants, doivent inlassablement améliorer leurs aptitudes en la matière.

La majorité des internautes sont des gens du commun provenant de tous les coins du pays. Du fait qu'ils ont différentes expériences, leurs points de vue et leurs pensées sont diversifiés, on ne peut leur demander d'émettre des avis corrects à toutes les questions. Il nous faut faire preuve d'indulgence et de patience, absorber à temps les idées constructives, aider les personnes en difficultés, renseigner les personnes qui ne comprennent pas la situation, éclaircir les connaissances confuses, dissiper leurs plaintes, ainsi qu'orienter et rectifier les avis erronés, afin de transformer Internet en une nouvelle plateforme par laquelle nous échangeons des points de vue avec les masses, en une nouvelle voie par laquelle nous connaissons les masses, nous approchons d'elles et les aidons à se délivrer de leurs soucis, et en un nouveau canal par lequel nous faisons rayonner la démocratie populaire et faisons l'objet de leur contrôle .

Le cyberespace est un foyer spirituel partagé par des centaines de millions d'internautes. Un cyberespace clair et ordonné correspond à l'intérêt du peuple, contrairement à un cyberespace obscur et détérioré. Personne ne veut vivre dans un espace plein de mensonges, de tromperies, d'attaques, d'injures, de terreur, de pornographie et de violence. Internet ne peut échapper à la loi. Nous devons fermement enrayer et lutter contre la propagande numérique sur le renversement du pouvoir d'Etat, l'incitation à l'extrémisme religieux, l'exaltation de la scission nationale et l'instigation du terrorisme. Nous devons par ailleurs fermement contrôler certaines paroles et certains actes, ayant trait à la tromperie, à la publication de contenus pornographiques, aux attaques personnelles et à la vente des produits illicites sur Internet, et ne pas les laisser se répandre. Aucun pays ne peut laisser le champ libre à ces actions. Nous devons, en adoptant une attitude responsable à l'égard de la société et du peuple, renforcer la gouvernance du cyberespace selon la loi, intensifier l'édification du contenu sur Internet, multiplier la sensibilisation positive sur Internet, activement former une cyberculture positive, saine et bienveillante, nourrir les esprits et la société à l'aide des valeurs essentielles socialistes et des acquis remarquables des civilisations humaines, faire valoir l'énergie positive, mettre à l'honneur les grands thèmes de notre époque et créer un cyberespace juste et intègre pour les internautes, notamment pour les adolescents et les plus jeunes.

La formation d'un environnement numérique sain ne signifie pas laisser résonner une seule voix et une seule mélodie, mais plutôt que personne ne puisse répandre de médisances, confondre le vrai avec le faux, lancer de fausses rumeurs pour créer des troubles, commettre des infractions, dépasser les limites définies par la Constitution et les lois. J'ai souligné à maintes reprises qu'il était nécessaire d'enfermer le pouvoir dans la cage institutionnelle. L'une des principales méthodes consiste à mettre en valeur le rôle du contrôle de l'opinion publique, y compris celui par Internet. Il s'agit d'une tâche prioritaire des organes du Parti et du gouvernement ainsi que des cadres dirigeants à tous les échelons. Nous devons apprécier, étudier et intégrer scrupuleusement les critiques bienveillantes adressées en ligne, ainsi que le contrôle exercé par Internet, envers le travail du Parti, du gouvernement ou envers les cadres dirigeants, que cela soit agréable à entendre ou non.

Note :

[1] Wang Chong (27-97) : *Discussions critiques (Lun Heng)*.

Accélérer l'édification d'une philosophie et des sciences sociales à la chinoise[*]

(17 mai 2016)

La spécificité, le style et l'allure de la philosophie et des sciences sociales sont les produits de leur développement parvenu à une étape donnée. Ils témoignent de leur maturité, de leur force et de leur confiance en soi. La Chine est un grand pays de philosophie et de sciences sociales. Le contingent de leurs chercheurs, le nombre de thèses et le financement du gouvernement figurent parmi les premiers rangs dans le monde. Mais sa capacité et son niveau en matière de propositions, de pensées, de vues, de critères et de terminologies académiques ne s'adaptent pas à la puissance globale du pays et à sa position sur le plan international. Nous devons déployer tous nos efforts pour construire une philosophie et des sciences sociales à la chinoise, qui manifestent une spécificité, un style et une allure chinois sur les plans des idées directrices, ainsi que des systèmes disciplinaire, académique et terminologique, conformément au principe suivant : prendre racine en Chine, s'inspirer de l'étranger, explorer l'histoire, être en phase avec notre époque, nous préoccuper de l'humanité et nous tourner vers l'avenir.

Quelle doit être la spécificité de la philosophie et des sciences sociales à la chinoise ? A mon avis, il faut observer les trois aspects suivants :

En premier lieu : afficher la continuité et la nationalité. La morphologie de la philosophie et des sciences sociales résulte de la fusion de toutes les connaissances, conceptions, théories et méthodes de tout

[*] Extraits du discours à la Causerie sur le travail relatif à la philosophie et aux sciences sociales.

temps. Nous devons savoir embrasser les ressources de tout temps, dont nous concentrons surtout sur les trois types suivants : Primo, les ressources du marxisme, qui comprennent les principes fondamentaux du marxisme, les résultats de sa sinisation et de sa morphologie culturelle, dont la théorie, la ligne, les principes et mesures politiques du Parti ; la voie, le système théorique et le régime du socialisme à la chinoise ; les idées et les réalisations de notre philosophie et de nos sciences sociales en matière d'économie, de politique, de droit, de culture, de social, d'écologie, de diplomatie, de défense nationale et d'édification du Parti. Ce sont là les composantes principales de la philosophie et des sciences sociales à la chinoise, mais aussi l'apport le plus important de leur développement. Secundo, les ressources de la brillante culture traditionnelle chinoise. Ce sont là des ressources rares et précieuses pour le développement de la philosophie et des sciences sociales à la chinoise. Tertio, les ressources de la philosophie et des sciences sociales étrangères, dont tous les acquis positifs de la philosophie et des sciences sociales de tous les pays peuvent nourrir la philosophie et les sciences sociales à la chinoise. Il faut s'efforcer de « mettre l'ancien au service du présent » et de « mettre l'étranger au service du national », mais aussi fusionner toutes les ressources, afin de faire progresser sans cesse l'innovation en matière de connaissances, de théories et de méthodes. Nous devons rester fidèles à nos belles traditions, assimiler tout ce qu'il y a d'utile provenant de l'étranger et nous orienter vers l'avenir. Il nous faut regarder vers l'intérieur afin d'étudier à fond les problèmes d'importance capitale concernant l'économie nationale et la vie du peuple, sans oublier l'extérieur pour explorer les importantes questions relatives à l'avenir de l'humanité ; regarder vers l'avant pour juger correctement la tendance du développement du socialisme à la chinoise, sans oublier l'arrière pour savoir continuer et faire rayonner l'essence de la brillante tradition culturelle chinoise.

La culture chinoise plusieurs fois millénaire est la base profonde de la formation et du développement de la philosophie et des sciences sociales à la chinoise. Je vous répète ce que j'ai déjà dit : sur ce vaste territoire de 9,6 millions de kilomètres carrés, en nous nourrissant de l'essence culturelle issue des luttes prolongées de la nation chinoise et en bénéficiant de la force majestueuse des 1,3 milliard de Chinois, nous disposons d'un espace extrêmement vaste, d'un patrimoine culturel extrêmement profond et d'une détermination incomparable pour suivre notre propre voie ; le peuple chinois doit en avoir confiance, et chaque Chinois le doit aussi. Raffermir notre confiance en soi concernant la voie, la théorie et le régime du socialisme à la chinoise, c'est, en fin de compte, raffermir notre confiance en soi concernant la culture. La confiance en soi concernant la culture peut engendrer une force essentielle, profonde et pérenne, à un degré encore plus élevé. L'histoire et la réalité prouvent qu'une nation ayant abandonné son histoire et sa culture n'arrive pas à se développer et, pis encore, risque de subir une tragédie historique.

Dotée d'une tradition culturelle profonde, la nation chinoise a mis au point un système idéologique original, qui témoigne du savoir, de la sagesse et de la réflexion rationnelle que les Chinois ont développé au cours de plusieurs milliers d'années. Voilà notre supériorité originale. La civilisation chinoise poursuit la filière spirituelle de notre Etat et de notre nation, qui a besoin d'être transmise et préservée de génération en génération, mais aussi de progresser avec le temps et de se renouveler. Il faut renforcer l'exploration et le développement de la brillante culture traditionnelle chinoise, afin que le gène culturel au plus profond de la nation chinoise s'adapte à la culture moderne et à la société contemporaine, et que s'épanouisse un esprit culturel au-delà de l'espace-temps, franchissant les frontières, doté d'un charme éternel et d'une valeur de notre époque. Il faut pousser la civilisation chinoise à changer de façon créatrice et à se développer de manière innovante, et stimuler sa vitalité pour qu'elle apporte une juste direction spirituelle à l'humanité, de concert avec les civilisations multicolores des diverses nations. Il faut, en prenant en considération les problèmes d'importance capitale du développement de la Chine et du reste du monde, avancer des idées, des propositions et des plans reflétant la position, la sagesse et la valeur chinoises. Nous devons faire connaître au monde non seulement une « Chine gastronomique », mais aussi une « Chine académique », une « Chine théorique », une « Chine de philosophie et de sciences sociales », une « Chine en développement », une « Chine ouverte » et une « Chine contribuant à la civilisation de l'humanité ».

Insister sur la nationalité ne revient pas à rejeter les résultats de recherches académiques des autres pays. Au contraire, il faut en faire la comparaison, la confrontation, la critique, l'assimilation et la sublimation, et sur cette base, adapter la nationalité aux exigences du développement de la Chine et du monde d'aujourd'hui. Ce sont les particularités nationales qui contribuent à la diversité mondiale. Si nous pouvions résoudre les questions de caractère national, nous serions davantage capables de résoudre les problèmes de caractère mondial. En faisant un bilan judicieux des expériences chinoises, nous serions davantage capables de fournir des idées et des méthodes susceptibles de résoudre les problèmes de caractère mondial. C'est la loi du développement, qui va de la particularité à l'universalité.

Nous devons prendre appui sur les réalités de notre pays, et aussi entreprendre des recherches de façon ouverte. Nous devons assimiler les points de vue et les acquis des recherches utiles de l'humanité et nous en inspirer, mais nous ne pouvons pas considérer un point de vue théorique ou un acquis de recherches académiques comme « unique critère ». On ne peut essayer de transformer le monde entier par un seul modèle. On risquerait ainsi de tomber dans le bourbier du mécanisme. Certains points de vue théoriques et acquis de recherches académiques peuvent servir à attester la voie de développement de certains pays et de certaines nations. Ils montrent leur rationalité dans un territoire donné ou dans une histoire ou une culture donnée. Mais si l'on tenait à les imposer à tous les pays et à toutes les nations, à les utiliser pour formater la vie humaine et à les prendre pour arbitre, ce serait absurde. Il faut analyser et discerner les théories, les notions, les paroles et les méthodes étrangères pour se servir de ce qui nous convient, sans faire un usage stéréotypé de ce qui ne nous convient pas. La philosophie et les sciences sociales doivent faire preuve de l'esprit critique. C'est là la qualité la plus précieuse du marxisme.

La philosophie et les sciences sociales présentent un vaste champ d'étude. Les différentes disciplines ont chacune leur propre système de connaissances et leurs propres méthodes de recherche. Nous devons étudier tous les systèmes de connaissances et toutes les méthodes de recherche qui sont utiles, et nous en inspirer. Nous ne pouvons pas adopter uniquement une attitude de rejet, sans analyse. En établissant leur système théorique, Marx et Engels ont assimilé abondamment les acquis de leurs prédécesseurs et y ont puisé leur inspiration. Quant aux systèmes de connaissances utiles, amassées par les sciences sociales modernes, et aux méthodes efficaces comme l'inférence de modèles et l'analyse quantitative, nous devons nous en servir et de manière consciencieuse. Un point doit retenir notre attention : en utilisant ces connaissances et ces méthodes, n'oublions pas nos ancêtres et abstenons-nous de perdre le sens de jugement scientifique ! Quand Marx écrivait *Le Capital,* quand Lénine écrivait *L'Impérialisme, stade suprême du capitalisme,* et quand Mao Zedong écrivait ses nombreux rapports d'enquête sur les campagnes chinoises, les trois ont employé quantité de statistiques et de matériaux d'enquête sur terrain. Pour résoudre les problèmes de la Chine et proposer le plan chinois sur la résolution des problèmes de l'humanité, nous devons nous en tenir à la conception chinoise du monde et à la méthodologie chinoise. Si nous prenions sans discernement les idées et les méthodes académiques étrangères pour seule loi et seul modèle, il n'y aurait pas d'originalité. Si nous recourions aux méthodes des pays étrangers pour aboutir à une même conclusion de ces pays, il n'y aurait pas non plus d'originalité. Nous ne pouvons offrir un résultat de recherches original qu'en partant de la réalité de la Chine, en restant fidèles aux points de vue de la pratique, de l'histoire, de la dialectique et du développement, et en connaissant, vérifiant et développant la vérité dans la pratique.

En deuxième lieu : afficher l'originalité et la contemporanéité. Notre philosophie et nos sciences sociales doivent leurs caractéristiques chinoises à l'identité et à l'originalité. Si nous emboîtons le pas à quelqu'un, non seulement il nous serait difficile de bâtir une philosophie et des sciences sociales à la chinoise, mais il nous serait également impossible de résoudre les problèmes réels de notre pays. En 1944, le camarade Mao Zedong a déclaré ceci : « Notre attitude consiste à accepter notre patrimoine historique et les idées des pays étrangers de manière critique. Nous disons non à l'acceptation aveugle de toute idée quelconque et aussi au rejet aveugle de toute idée quelconque. Nous autres les Chinois devons réfléchir par notre cerveau et décider des choses capables de grandir sur notre sol. »[1] La philosophie et les sciences sociales de notre pays auront leurs particularités et leur supériorité à condition que nos recherches partent des réalités chinoises, qu'elles aboutissent à la formulation d'idées théoriques dotées d'identité et d'originalité, et qu'elles construisent leurs propres systèmes disciplinaire, académique et terminologique.

La vie de la théorie découle de l'innovation qui est le thème perpétuel du développement de la philosophie et des sciences sociales et aussi l'exigence de l'évolution sociale, de l'approfondissement de la pratique et du progrès de l'histoire envers elles. La société ne cesse d'avancer et des situations nouvelles et des problèmes nouveaux surgissent sans arrêt. Nos anciennes expériences et méthodes sont encore valables pour faire face à certains d'entre eux, mais pas utiles pour traiter les autres. Si nous ne pouvions pas étudier, formuler et utiliser à temps des idées, des conceptions et des méthodes nouvelles, la doctrine deviendrait pâle et impuissante, et la philosophie et les sciences sociales souffraient de la « myasthénie ». L'innovation peut être grande ou petite en philosophie et sciences sociales, qu'il s'agisse de révélation d'une loi, d'une théorie, d'une raison ou d'une solution aux problèmes.

Le point de départ de la réflexion théorique détermine le résultat de l'innovation théorique. Celle-ci ne peut commencer qu'avec une question. Dans un certain sens, ce processus est celui de la découverte, du filtrage, de l'étude et de la résolution des problèmes. Marx a fait remarquer de manière pertinente que « la difficulté principale n'est pas la réponse, mais la question... La question est le mot d'ordre de l'époque et c'est un appel réel exprimant son état spirituel »[2]. J'ai parcouru les ouvrages comme *La République* de Platon[3], *La Politique* d'Aristote[4], *Utopie* de Thomas More[5], *La Cité du Soleil* de Campanella[6], *Traité sur le gouvernement civil* de John Locke[7], *De l'Esprit des lois* de Montesquieu[8], *Du Contrat social* de Jean-Jacques Rousseau[9], *Le Fédéraliste* de Hamilton[10], *Principes de la philosophie du droit* de Hegel[11], *De la guerre* de Clausewitz[12], *Recherches sur la nature et les causes de la richesse des nations* d'Adam Smith[13], *Essai sur le principe de population* de Malthus[14], *Théorie générale de l'emploi, de l'intérêt et de la monnaie* de Keynes[15], *Théorie du développement économique* de Joseph Alois Schumpeter[16], *L'Economie* de Samuelson[17], *Le capitalisme et la liberté* de Friedman[18], ou encore *Croissance économique des nations* de Simon Kuznets[19]. Ce qui m'a impressionné le plus, c'est que ces œuvres constituent le résultat de la réflexion et des recherches sur les contradictions et les problèmes saillants de la société en place de l'époque.

Depuis le lancement de la réforme et de l'ouverture en Chine, nous nous sommes attelés à l'innovation théorique. Nous avons donné une réponse correcte aux importantes questions suivantes : Qu'est-ce que le socialisme et comment l'édifier ? Quel parti construisons-nous et comment le construire ? Quel développement réaliserons-nous et comment le réaliser ? En fonction de la pratique en mutation perpétuelle, nous n'avons cessé d'avancer de nouvelles théories, fournissant un guide scientifique à l'élaboration des principes et mesures politiques et à la progression de toutes nos activités. Moderniser le système et la capacité de gouvernance de l'Etat, développer l'économie de marché socialiste, mettre en place une démocratie socialiste, accroître la démocratie consultative socialiste, édifier un système d'état de droit socialiste à la chinoise, faire prospérer la culture socialiste avancée, cultiver et pratiquer les valeurs essentielles socialistes, construire une société harmonieuse socialiste, former une civilisation écologique, instituer un nouveau système de l'économie ouverte, appliquer un concept de sécurité nationale globale, construire une communauté de destin pour l'humanité, construire « la Ceinture et la Route », insister sur un juste concept de justice et de bénéfice, consolider la capacité du Parti à exercer le pouvoir, poursuivre fermement la voie du renforcement de l'armée à la chinoise et réaliser l'objectif du Parti pour une armée puissante dans la situation nouvelle... Voilà des notions et des théories marquées de l'originalité et de la contemporanéité que nous avons avancées. Au cours de ce processus, la philosophie et les sciences sociales de Chine ont apporté une contribution de poids en acquérant une supériorité incomparable.

La grandiose transformation sociale effectuée dans la Chine contemporaine n'est ni une simple continuation de notre histoire et de notre culture, ni un simple copiage de la conception des auteurs classiques du marxisme, ni l'imitation de la pratique socialiste dans d'autres pays, ni non plus la réplique de la modernisation de certains pays étrangers. On ne peut en trouver un manuel d'enseignement tout fait. La philosophie et les sciences sociales chinoises doivent concentrer leurs activités sur notre entreprise actuelle, viser la pratique de la réforme et du développement de notre pays pour trouver de nouveaux matériaux, découvrir de nouveaux problèmes, avancer de nouveaux points de vue et lancer de nouvelles théories, dresser un bilan systématique de la pratique et des expériences de la réforme, de l'ouverture et de la modernisation socialiste, et renforcer l'analyse et l'étude du développement de l'économie de marché socialiste, de la démocratie, de la culture avancée, de la société harmonieuse, de la civilisation écologique et de l'édification des capacités de l'exercice du pouvoir de notre parti. Elles doivent également renforcer l'étude et l'interprétation des nouvelles conceptions, idées et stratégies conçues par le Comité central du Parti au sujet de la gouvernance de l'Etat, et, de par leur travail de condensation et de systématisation, formuler de nouvelles théories doctrinales et résumer la loi des nouvelles pratiques. Voilà le point d'appui et le point d'accent concernant la mise sur pied de la philosophie et des sciences sociales à la chinoise. Toute tentative d'imiter, de copier, de transposer et de transcrire ne peut aboutir.

En troisième lieu : afficher la systémicité et la professionnalité. La philosophie et les sciences sociales à la chinoise doivent inclure tous les domaines dont l'histoire, l'économie, la politique, la culture, le social, l'écologie, l'art militaire et l'édification du Parti, et embrasser toutes les disciplines, traditionnelles, émergentes, à la pointe, inter-disciplinaires et délaissées. Elles doivent promouvoir sans cesse la construction et l'innovation des systèmes disciplinaire, académique et terminologique, afin de construire un système tous azimuts, tous domaines et tous facteurs de philosophie et de sciences sociales.

Aujourd'hui, notre système disciplinaire de philosophie et de sciences sociales a été établi pour l'essentiel, mais certains problèmes nécessitent encore une solution d'urgence. Il s'agit principalement des liens un peu lâches entre certaines disciplines et le développement social, de l'imperfection du système disciplinaire et de la faiblesse relative des disciplines émergentes et croisées. Le pas suivant à franchir, c'est de faire ressortir notre supériorité, d'élargir les domaines, de remédier à l'insuffisance et de perfectionner tout le système. Il nous faut : 1. renforcer l'édification des disciplines marxistes ; 2. accélérer le perfectionnement des disciplines susceptibles de soutenir la philosophie et les sciences sociales, comme la philosophie, l'histoire, l'économie, la politique, le droit, le social, l'ethnologie, le journalisme, la démographie, la religion et la psychologie, et bâtir un système disciplinaire à la chinoise ayant un sens universel ; 3. développer en priorité les disciplines clés bénéficiant de notre supériorité ; 4. accélérer le développement des disciplines émergentes et croisées revêtant une grande importance actuelle, pour que les recherches de ces disciplines deviennent des points de percée de la philosophie et des sciences sociales de Chine ; 5. prêter attention au développement des études abandonnées et délaissées, qui représentent pourtant une grande valeur culturelle et un sens de transmission. Ces disciplines paraissent loin de la réalité actuelle, mais en cas de besoin, elles doivent être présentées et utilisées, comme une armée entretenue mille jours pour se battre un jour. Certaines disciplines concernent la transmission de la culture, comme l'étude de l'écriture ossécaille et d'autres écritures antiques. Il faut accorder de l'importance à ces disciplines pour assurer leur recherche et leur transmission. En bref, il faut travailler de sorte à ce que les disciplines fondamentales soient complètes et solides, que les disciplines clés soient nettement supérieures, que les disciplines émergentes ou croisées connaissent un développement innovant, que les disciplines délaissées aient des successeurs, que les recherches fondamentales et les recherches appliquées se complètent et se soutiennent mutuellement, et que les recherches académiques et les applications des résultats acquis progressent ensemble.

Le système des disciplines et celui des manuels d'enseignement sont inséparables. Ils influent l'un sur l'autre. Si l'un est faible, l'autre l'est également. Selon les statistiques, presque tous les établissements d'enseignement supérieur de notre pays ont établi des disciplines de philosophie et de sciences sociales, et les étudiants des lettres représentent une grande proportion des étudiants admis. Ceux-ci constituent la force de réserve pour la philosophie et les sciences sociales. Si les étudiants n'apprenaient pas une juste conception du monde et une juste méthodologie, et n'avaient pas de solides bases de connaissances, il leur serait difficile d'assumer de lourdes tâches. Dans les établissements d'enseignement supérieur, la philosophie et les sciences sociales ont pour vocation de former un personnel qualifié, et doivent donc regarder tous les étudiants en face. Elles doivent les aider à avoir une juste conception du monde, de la vie et des valeurs, à améliorer leur formation morale et leur horizon spirituel, à cultiver les habitudes de penser scientifiques et à promouvoir le développement sain de leur constitution physique et mentale, ainsi que de leur personnalité. Pour former du personnel compétent spécialisé en philosophie et en sciences sociales, il faut avoir d'excellents manuels d'enseignement. Grâce à nos efforts, la rédaction des manuels a obtenu d'importantes réalisations au cours de la mise en œuvre du programme pour l'étude et l'édification de la théorie marxiste. Cependant, dans l'ensemble, les manuels sont toujours insatisfaisants. Il faut attacher de l'importance à l'édification du système des manuels pour mettre en place un système des manuels de philosophie et de sciences sociales, qui puisse répondre aux besoins du développement du socialisme à la chinoise, se trouver à la pointe des recherches académiques internationales et former une gamme complète. La rédaction, la popularisation et l'emploi des manuels doivent mettre l'accent sur l'innovation institutionnelle et mobiliser l'initiative des érudits, des écoles et des maisons d'édition pour que tous concourent à mener à bien ce travail.

Pour que la philosophie et les sciences sociales de notre pays puissent jouer leur rôle, il faut renforcer l'édification du système terminologique. En ce qui concerne l'interprétation de la pratique chinoise et la constitution des théories chinoises, nous sommes en meilleure position pour prendre la parole. Mais en réalité, la voix de la philosophie et des sciences sociales de Chine porte peu sur le plan international. Bien qu'elles aient raison, elles ne sont pas en mesure de s'exprimer. Bien qu'elles prennent la parole, leurs propos ne peuvent être suffisamment entendus. Nous devons parvenir à forger des concepts emblématiques, à créer de nouveaux concepts, catégories et expressions que la communauté internationale puisse comprendre et accepter aisément, et à conduire les milieux académiques internationaux à les étudier et à en discuter. Pour ce faire, nous devons commencer par l'édification des disciplines, dont chacune doit instituer ses théories et concepts systématiquement. Il faut encourager les établissements de philosophie et de sciences sociales à prendre part ou à mettre sur pied des organisations académiques internationales, assister et encourager à fonder à l'étranger des centres d'étude sinologique, soutenir l'étude de la Chine par des sociétés d'étude et des fondations étrangères, renforcer la communication entre les laboratoires d'idées chinois et étrangers, et promouvoir les recherches sinologiques à l'étranger. Nous devons nous focaliser sur les problèmes d'intérêt commun pour la communauté internationale, proposer et organiser des projets de recherches afin d'accroître l'influence des recherches chinoises sur la philosophie et les sciences sociales dans le monde. Il faut renforcer l'édification des sites et des périodiques académiques en langues étrangères et soutenir la présentation des résultats de recherches de haut niveau à l'étranger. Nous devons encourager les érudits à participer à des colloques internationaux et à publier leurs thèses.

L'édification de la philosophie et des sciences sociales à la chinoise est une ingénierie systématique et une tâche extrêmement lourde. Une progression synchronisée des forces de toutes parts doit être dirigée de façon coordonnée et selon une planification globalisée. Il faut mettre en œuvre un projet d'innovation et mettre en place une plateforme d'innovation pour la philosophie et les sciences sociales, afin d'innover à un plus haut degré dans tous les domaines. Il faut approfondir et élargir les recherches théoriques, la communication et l'éducation sur le thème du marxisme en valorisant le rôle des plateformes de travail idéologique et théorique suivantes : le Programme d'étude et d'édification de la théorie marxiste, le Centre d'étude du système théorique du socialisme à la chinoise, les facultés du marxisme et les services de communication de la presse et des réseaux. Il faut employer Internet et la technique des mégadonnées pour renforcer la construction d'infrastructures de la documentation, du réseau et des banques des données, ainsi que l'informatisation de la philosophie et des sciences sociales, accélérer la construction du Centre national de documentation en philosophie et sciences sociales, et mettre en place une plateforme informatisée des recherches en philosophie et sciences sociales, marquée par la rapidité, la commodité et le partage. Il faut innover le système de distribution, de financement et de gestion des fonds consacrés aux recherches scientifiques, et faire mieux valoir la fondation d'Etat pour les sciences sociales en combinant l'affectation financière à l'allocation spéciale, le financement de caractère général au financement de caractère concurrentiel, le financement gouvernemental à la donation sociale. Il faut accroître les investissements dans la recherche scientifique et élever son rendement. Il faut instituer un système prestigieux et transparent d'évaluation des résultats des recherches en philosophie et en sciences sociales, dont les meilleurs seront choisis et popularisés grâce à un système de présentation ciblée.

Notes :

[1] Mao Zedong : « Entretien avec le journaliste britannique Gunther Stein », *Textes choisis de Mao Zedong*, tome III, Editions du Peuple, 1996, page 192.

[2] Karl Marx : « La Question de la centralisation en elle-même et concernant le supplément du N°137 de la Gazette rhénane du 17 mai 1842 », *Œuvres complètes de Marx et d'Engels,* tome XL, Editions du Peuple, 1982, pages 289-290.

[3] Platon (427-347 av. J.-C.), philosophe de la Grèce antique.

[4] Aristote (384-322 av. J.-C.), philosophe et homme de science de la Grèce antique.

[5] Thomas More (1478-1535), humaniste et homme politique anglais.

[6] Tommaso Campanella (1568-1639), philosophe, poète et écrivain italien.

[7] John Locke (1632-1704), philosophe anglais.

[8] Montesquieu (1689-1755), penseur et écrivain français des Lumières.

[9] Jean-Jacques Rousseau (1712-1778), écrivain, philosophe et musicien français.

[10] Alexander Hamilton (1755 ou 1757-1804), homme politique pendant les premières années après la fondation des Etats-Unis.

[11] Georg Wilhelm Friedrich Hegel (1770-1831), philosophe allemand.

[12] Carl von Clausewitz (1780-1831), théoricien militaire prussien.

[13] Adam Smith (1723-1790), économiste anglais.

[14] Thomas Robert Malthus (1766-1834), économiste britannique.

[15] John Maynard Keynes (1883-1946), économiste anglais.

[16] Joseph Alois Schumpeter (1883-1950), économiste autrichien naturalisé américain.

[17] Paul Anthony Samuelson (1915-2009), économiste américain.

[18] Milton Friedman (1912-2006), économiste américain.

[19] Simon Kuznets (1901-1985), économiste américain d'origine russe.

Nous devons avoir une haute confiance dans notre culture[*]

(30 novembre 2016)

Je souhaite que vous raffermissiez la confiance en soi concernant la culture, et stimuliez l'esprit national par les arts et les lettres. Pour réaliser le grand renouveau de la nation chinoise, nous devons raffermir la confiance dans la voie, la théorie, le système et la culture du socialisme à la chinoise. En vue de créer des œuvres remarquables par leur identité et leurs traits nationaux très prononcés, il est nécessaire d'avoir une compréhension approfondie de la culture chinoise, aussi riche que profonde, mais surtout d'avoir une grande confiance en soi concernant la culture. Nos écrivains et artistes doivent savoir puiser quintessence et énergie dans le trésor de la culture chinoise, maintenir une grande confiance dans l'idéal et les valeurs de notre propre culture, ainsi que dans la vitalité et la créativité de notre propre culture, de sorte que leurs œuvres deviennent une puissance spirituelle encourageant la nation et le peuple chinois à aller continuellement de l'avant.

La culture incarne l'âme d'un Etat et d'une nation. L'histoire et la réalité ont démontré que, si une nation rejette ou trahit sa culture, non seulement elle ne se développe pas, mais récolte également d'incessantes tragédies. La confiance en soi concernant la culture est une confiance en soi plus fondamentale, plus large et plus profonde, ainsi qu'une puissance plus essentielle, plus profonde et plus durable. Raffermir la confiance en soi concernant la culture représente une

---

[*] Extraits du discours à la cérémonie d'ouverture de la Xe Conférence de la Fédération des hommes de lettres et des artistes de Chine et de la IXe Conférence de l'Association des écrivains de Chine.

question majeure directement liée à la prospérité nationale, à la sécurité culturelle et à l'indépendance de l'esprit national. Sans cette confiance en soi, il n'y aura pas d'œuvres énergiques, originales et charmantes.

Depuis l'antiquité, toutes les nations ont été profondément influencées, sans exception, par les classiques littéraires et artistiques, ainsi que par les grands maîtres des différentes époques historiques. L'esprit de la nation chinoise se manifeste non seulement dans la lutte et les exploits réalisés par le peuple chinois, dans sa vie et son monde spirituels, mais aussi dans toutes les œuvres remarquables qu'elle compose depuis des millénaires, et les activités créatives de tous les écrivains et artistes chinois.

A chaque période historique, la nation chinoise a composé d'innombrables œuvres immortelles, parmi lesquelles, on peut citer le *Livre des Odes*, *Les Chants des Chu*, les poèmes en prose des Han, les poèmes des Tang et des Song, les poèmes chantés des Yuan, ainsi que les romans des Ming et des Qing. La nation chinoise a ainsi écrit ensemble sa brillante histoire littéraire et artistique. Elle est dotée d'une grande créativité littéraire et artistique, accomplissant de remarquables exploits en la matière. Elle témoigne depuis toujours de la confiance en elle concernant la culture. Nous en devons ressentir une grande fierté et une immense confiance en nous.

Chaque époque a ses propres arts et lettres, ainsi que son propre esprit. Les classiques littéraires et artistiques incarnent la vie sociale et l'esprit de leur époque, et sont profondément marqués par les empreintes et les traits contemporains. Les arts et lettres ne peuvent faire entendre leur voix que lorsqu'ils sont étroitement liés avec leur Etat et leur nation et qu'ils partagent leurs heurs et malheurs. L'interprétation de leur époque constitue la mission des auteurs des milieux littéraires et artistiques : ceux-ci doivent prendre le pouls de leur époque, remplir les missions qu'elle leur assigne, écouter sa voix et oser se lancer dans la réponse à ses problématiques.

Dans l'antiquité comme de nos jours, en Chine comme à l'étranger, les arts et lettres observent la loi suivante : ils se développent et évoluent avec leur époque, et donnent de la voix en son nom tout en la représentant. A tous les moments critiques de l'évolution humaine, les arts et lettres ont fait entendre leur voix au nom de leur époque, guidé les mœurs sociales, fait progresser la sagesse, et dirigé l'évolution de l'époque et les changements sociaux. En se coupant de la pratique sociale, en restant à l'écart des grands thèmes de l'époque, ou en se parlant à soi-même, on se risque à être éliminé par son époque.

La pensée et les valeurs constituent l'âme des arts et des lettres. Toutes les formes d'expression sont des vecteurs d'une certaine pensée ou de certaines valeurs. Ces formes, quelle que soit leur diversité, sont impuissantes si dissociées d'une pensée et de valeurs. Les arts et lettres doivent, par leur nature, remplir leur glorieuse mission de refléter l'esprit de leur époque. Les valeurs essentielles socialistes incarnant l'esprit chinois de nos jours représentent les bases idéologique et morale pour l'union des forces chinoises. Les écrivains et les artistes doivent considérer comme tâche fondamentale la formation et la mise à l'honneur des valeurs essentielles socialistes, afin de composer des œuvres marquées par le sceau de notre époque et portant l'empreinte chinoise, grâce à la pensée, l'émotion et l'esthétique originales des Chinois.

La patrie constitue le plus solide appui de son peuple, et les héros, éclat de la nation. Les éloges faits à la patrie et l'hommage rendu aux héros sont des thèmes éternels ainsi que le chapitre le plus émouvant de la création littéraire et artistique. Nous devons glorifier les grands thèmes patriotiques et, à l'aide des langages littéraires vivants et de splendides images artistiques, orner notre beau pays, décrire le charme de la nation chinoise et stimuler la fierté nationale et le sens de l'honneur de chaque Chinois envers notre Etat. Il faut témoigner une haute estime aux héros de la nation chinoise, accorder une grande importance à l'enregistrement de leurs exploits, et en façonner de sorte qu'ils soient mis à l'honneur dans les œuvres littéraires et artistiques, afin d'orienter les gens du commun à se forger une juste conception de l'histoire, de la nation, du pays et de la culture, en se gardant de profaner les ancêtres, les classiques et les héros. Il faut également mettre en évidence la pratique vigoureuse de la réforme, de l'ouverture et de la modernisation socialiste, ainsi qu'une Chine aux mille facettes, en progression et unie, afin de stimuler le peuple multiethnique à avancer vers l'avenir de manière dynamique.

Pour raffermir la confiance en soi concernant la culture, indispensables sont la connaissance et l'utilisation de l'histoire de la nation chinoise. L'histoire est un miroir dans lequel nous pouvons bien comprendre le monde, la vie et nous-mêmes ; l'histoire est également un sage, et dialoguer avec elle nous permet de mieux comprendre le passé, de maîtriser le présent et de nous orienter vers l'avenir. « L'écrivain doit savoir saisir d'un coup d'œil le passé et le présent, et puiser spontanément son imagination dans l'immensité de l'univers. »[1] Sans avoir le sens de l'histoire, il est difficile pour les écrivains et les artistes d'avoir une riche inspiration et une pensée profonde. Ils doivent poursuivre leur création en se référant aux documents historiques, et être dotés de connaissances, de compétences et de vertus en matière historique.

L'histoire nourrit intarissablement les écrivains et les artistes, et leur offre une imagination infinie. Cependant, ils ne peuvent décrire l'histoire avec une imagination mal fondée, et encore moins se livrer au nihilisme historique. C'est impossible de parvenir à reconstituer complètement les vérités historiques, mais ils ont la responsabilité de présenter l'histoire véritable et ses éléments les plus précieux. Ceux qui se jouent de l'histoire ne respectent ni l'histoire ni leurs créations, et seront en fin de compte rayés par elle. Seules les œuvres traitant un thème historique avec une conception juste de l'histoire, qui la respectent, et qui sont présentées de manière artistique sont en mesure de résister à toutes les épreuves de l'histoire, de tenir leur rang à notre époque et d'être transmises à la postérité.

La culture chinoise appartient non seulement au passé mais aussi au présent, non seulement à notre nation mais également au monde entier. Les arts et lettres ne peuvent être accessibles à tous, ni se nourrir d'énergie et de vitalité pour finalement demeurer inébranlables sans s'enraciner dans le sol chinois sur lequel ils sont nés. « En mangeant

le fruit, on pense à l'arbre ; en buvant de l'eau, on songe à la source. »[2]
Nous devons rester fidèles à nos belles traditions, assimiler tout ce
qu'il y a d'utile provenant de l'étranger et nous orienter vers l'avenir,
pour réaliser une transformation non sans continuité et une trans-
cendance grâce à nos études. Il est nécessaire de composer davantage
d'œuvres incarnant la quintessence de la culture chinoise, reflétant
l'esthétique des Chinois, diffusant les valeurs de la Chine contemporaine et adaptées au courant mondial, de sorte que les arts et lettres
chinois se tiennent debout en ce monde grâce à un trait distinctif, à un
style et à une allure propres à la Chine.

Notes :

[1] Lu Ji (261-303) : *Fu sur la littérature* (*Wen Fu*), dynastie des Jin de l'Ouest.

[2] Yu Xin (513-581) : *Zhi Diao Qu*, époque des Dynasties du Sud et du Nord.

Veiller à la famille, à l'éducation familiale et aux mœurs familiales[*]

(12 décembre 2016)

La nation chinoise attache depuis toujours une grande importance à la famille. Comme le dit un proverbe : « Le monde se base sur la famille. »[1] Le respect de la vieillesse et l'amour de l'enfance sont interactifs ; une femme vertueuse permet à son mari de travailler tranquillement ; une mère tendre élève des enfants pieux ; un aîné affectueux a des cadets respectueux ; il est nécessaire d'apprendre à la fois les règles de civilité et le moyen de subsistance ; il est recommandé de tenir le ménage avec diligence et économie ; on doit chercher à être un homme bien cultivé et courtois ; il faut observer la loi et la discipline, et la bonne entente dans la famille est le garant de sa prospérité. Toutes ces expressions représentant les valeurs familiales traditionnelles de la nation chinoise sont conservées dans l'esprit des Chinois et coulent dans leurs veines. Ces valeurs familiales constituent une force spirituelle majeure servant d'appui aux générations successives et sans cesse renouvelées de la nation chinoise, ainsi qu'une richesse spirituelle dans laquelle puise la construction des valeurs morales familiales.

Avec l'approfondissement de la réforme et de l'ouverture, le développement économique et le progrès social, ainsi que l'amélioration continue du niveau de vie de la population, la structure et le mode de vie des familles urbaines et rurales connaissent de nouveaux changements dans notre pays. Cependant, quelle que soit l'évolution du temps et quel que soit le développement économique et social, le rôle

---

[*] Extraits de l'allocution lors de sa rencontre avec les représentants des familles modèles du premier concours national.

439

d'appui que joue la famille dans la vie, ses fonctions sociales et ses valeurs morales restent toujours irremplaçables dans une société. La plupart des gens vivaient, vivent et vivront au sein d'une famille. Nous devons donc attacher de l'importance à l'amélioration des mœurs familiales, faire en sorte que les familles deviennent des points d'appui du développement de l'Etat, du progrès de la nation et de l'harmonie sociale, ainsi que le point de départ des rêves. Je voudrais vous adresser quelques souhaits.

Premièrement, je souhaite que vous accordiez de l'importance à la famille. Les familles sont les cellules qui composent la société. La bonne entente familiale conduit à la stabilité sociale, le bonheur familial à la paix sociale, et l'harmonie familiale à la civilisation sociale. L'histoire et la réalité nous montrent que l'avenir de la famille est étroitement lié à celui de l'Etat et de la nation. Nous devons réaliser que le bonheur de l'Etat et de la nation ne peut reposer que sur le bonheur des innombrables familles. La prospérité de l'Etat, le renouveau de la nation et le bonheur du peuple ne sont pas des notions abstraites, mais doivent en définitive se traduire par le bonheur des millions et des millions de familles, ainsi que dans l'amélioration constante du niveau de vie d'un milliard de Chinois. Dans le même temps, nous devons réaliser que le bonheur familial dépend de la prospérité de l'Etat et de la nation. Actuellement, tout le Parti et notre peuple multiethnique sont en train d'aller courageusement de l'avant sur la route de la nouvelle Longue Marche pour réaliser les objectifs des « deux centenaires » et le rêve chinois de grand renouveau de la nation. Le rêve des familles ne peut devenir réalité qu'avec la réalisation du rêve chinois de grand renouveau national. Les Chinois recherchent depuis toujours le dévouement corps et âme à la patrie. Pendant les années de guerre révolutionnaire, les mères encourageaient leurs enfants à combattre les envahisseurs japonais, et les femmes saluaient leurs maris lors de leur départ pour le front. Pendant la période de l'édification socialiste, beaucoup de gens privilégient les intérêts collectifs au détriment des intérêts individuels. Ils ont tous fait montre d'un sentiment sublime, qui est l'amour de la patrie et l'engagement profond envers le peuple.

Les familles doivent concilier l'amour de la famille et l'amour de la patrie, intégrer leurs rêves dans celui de la nation, unir les volontés et conjuguer les efforts pour que nos 400 millions de familles, composées de plus de 1,3 milliard de personnes, fassent de leurs sagesse et enthousiasme une force impétueuse nous permettant de réaliser les objectifs des « deux centenaires » et le rêve chinois de grand renouveau de la nation.

Deuxièmement, je souhaite que vous accordiez de l'importance à l'éducation familiale. La famille est la première classe de la vie, et les parents sont les premiers enseignants d'un enfant. Les enfants reçoivent l'éducation familiale dès qu'ils commencent à parler. Telle éducation familiale, telle personne ! L'éducation familiale concerne de nombreux aspects, mais le plus important réside dans l'éducation morale, à savoir celle sur la bonne conduite. Des adages anciens disent : « Les parents qui aiment leurs enfants doivent leur apprendre à suivre la bonne voie »[2] ; « L'amour donné de manière incorrecte nuit aux enfants »[3]. La jeunesse est l'avenir et l'espoir de la famille, mais aussi ceux du pays. Déjà dans l'Antiquité, on comprenait que l'éducation des fils dépendait de leurs pères. Les parents doivent assumer la responsabilité d'éduquer leurs enfants, car leur influence est très importante tout au long de la vie de ces derniers. Les histoires racontant le triple déménagement de la mère de Mencius, le tatouage de Yue Fei par sa mère et l'instruction du fils avec un roseau, histoires transmises depuis l'antiquité, en sont des exemples. Dans mon enfance, j'ai lu la *Biographie de Yue Fei* en une bande dessinée d'une dizaine de volumes. L'un d'entre eux relate le tatouage de Yue Fei par sa mère. Les mots « Dévoue-toi corps et âme à la patrie » m'avaient laissé une vive impression. Les parents doivent transmettre les bonnes valeurs morales à leurs enfants dès leur enfance, les conduire à se former un caractère ferme et un bel esprit, pour favoriser leur épanouissement sain, de sorte qu'ils puissent être utiles à l'Etat et au peuple à l'avenir.

Les familles doivent veiller à instruire leurs enfants sur les plans moral et intellectuel à travers les paroles et en se donnant en exemple, afin de les aider à bien attacher leur premier bouton de veste dans la vie et à bien monter la première marche de la vie. Il faut cultiver et pratiquer les valeurs essentielles socialistes au sein de la famille pour conduire les membres de la famille, notamment de la génération suivante, à aimer le Parti, la patrie, le peuple et la nation chinoise. Il faut activement propager les vertus traditionnelles de la nation chinoise ; transmettre les conceptions telles que le respect des personnes âgées et l'amour des enfants, l'égalité entre l'homme et la femme, la bonne entente conjugale, la tenue du ménage avec diligence et économie, la solidarité entre voisins ; préconiser les concepts de loyauté, de responsabilité, d'affection familiale, d'étude et d'intérêt public, pour que les gens élèvent leur niveau moral et cultivent de bonnes mœurs lorsqu'ils travaillent pour le bonheur de la famille, apportent assistance et encouragement aux autres et contribuent à la société.

Troisièmement, je souhaite que vous accordiez de l'importance aux mœurs familiales. Ces dernières constituent une partie importante des mœurs sociales. La famille est non seulement le lieu où l'on vit, mais son esprit finit toujours par y retourner. Seules les bonnes mœurs familiales rendent la famille florissante et heureuse ; les mauvaises mœurs familiales porteront inévitablement préjudice aux descendants et auront des conséquences fâcheuses sur la société. Comme le dit le précepte : « Les familles qui font de bonnes actions auront davantage d'issues heureuses ; celles qui font de mauvaises actions subiront plus de malheurs. »[4] Les conseils de Zhuge Liang à son fils, ainsi que les *Enseignements familiaux du clan Yan* et les *Instructions familiales du Maître Zhu Bolu*, entre autres, préconisent des valeurs familiales similaires. Les révolutionnaires de l'ancienne génération comme Mao Zedong, Zhou Enlai et Zhu De ont attaché une haute importance à leurs mœurs familiales. J'ai vu beaucoup de testaments rédigés par des martyrs révolutionnaires à leurs enfants, qui sont très touchants par les recommandations et les souhaits qu'ils délivrent.

Les familles doivent faire rayonner les bonnes mœurs familiales pour soutenir celles de l'ensemble de la société. Les cadres dirigeants à tous les échelons, en particulier, doivent se donner en exemple à ce sujet. Dans le *Livre des Rites*, il est dit : « Il faut d'abord bien administrer sa famille avant de bien gouverner le pays, parce que ceux qui ne peuvent bien administrer les membres de la famille mais peuvent administrer autrui n'existent pas. » Les mœurs familiales des cadres dirigeants concernent non seulement leurs propres familles, mais aussi le style de travail du Parti et des administrations. Les cadres dirigeants à tous les échelons, notamment les cadres supérieurs, doivent continuer et développer les remarquables traditions culturelles chinoises, ainsi que les bonnes mœurs familiales des révolutionnaires de la génération précédente, se montrer exemplaires dans le perfectionnement moral et la gestion de la famille, en se mettant à l'école de Jiao Yulu, de Gu Wenchang, de Yang Shanzhou[5], etc. Ils doivent maintenir un esprit noble et un art de vivre sain, et proposer des exigences rigoureuses à leurs parents et enfants en traitant correctement leurs tendres sentiments pour eux. Ils doivent leur enseigner comment former les bonnes notions consistant à respecter la loi et la discipline, à mener une vie aussi simple que dure et à vivre de leur propre travail, pour qu'ils sachent qu'il est immoral de perdre le sens de justice à la vue du gain et de se laisser corrompre au mépris de la loi, et qu'ils aient une conduite exemplaire pour l'ensemble de la société.

Les familles citées en exemple aujourd'hui doivent chérir cet honneur, redoubler d'efforts, et montrer l'exemple à suivre aux autres familles afin d'œuvrer ensemble à l'entente et à l'affection familiales, à l'épanouissement sain de la génération suivante, aux soins aux personnes âgées, ainsi qu'à l'amélioration morale de toute la société.

Les comités du Parti et les autorités gouvernementales à tous les échelons doivent pleinement comprendre l'importance de la promotion des valeurs morales familiales et assumer leur responsabilité de direction pour mettre effectivement cette promotion à l'ordre du jour. Les organisations de masse, comme les syndicats, la Ligue de la jeunesse communiste et les associations des femmes, doivent développer des activités conformément à leurs caractéristiques, en vue de promouvoir le progrès de la morale familiale. Il est nécessaire que les divers secteurs aident avec attention et enthousiasme les familles en difficulté à se débarrasser de leurs soucis quotidiens. Les départements en charge de l'édification de la civilisation spirituelle doivent jouer un rôle en matière de planification d'ensemble, de coordination, d'orientation et d'incitation, en mobilisant les divers milieux sociaux pour une participation active, afin de contribuer à la formation de nouvelles mœurs familiales socialistes caractérisées par l'amour du pays et de la famille, l'affection réciproque entre les membres de la famille, l'esprit d'entreprise et la bienveillance, la synergie et le partage.

Notes :

[1] Xun Yue (148-209), dynastie des Han de l'Est.

[2] *Livre des Commentaires de Maître Zuo (Zuo Zhuan)*.

[3] Sima Guang (1019-1086) : *Miroir universel pour aider à gouverner*, dynastie des Song du Nord.

[4] *Mutations des Zhou (Zhou Yi)*.

[5] Yang Shanzhou (1927-2010), né dans le district de Shidian, dans la province du Yunnan, ancien secrétaire du comité du Parti pour la préfecture de Baoshan (aujourd'hui la municipalité de Baoshan) de la province du Yunnan. En 1988, après avoir pris sa retraite, il se rendit dans les monts Daliang dans le district de Shidian pour mener une exploitation forestière sur grande envergure, en dirigeant la population à reboiser une superficie de 56 000 *mu*. En 2009, il remit à titre gracieux à l'Etat le droit d'exploitation et de gestion de son domaine forestier d'une valeur de plus de 300 millions de yuans. En 2011, il fut élu modèle de haute moralité lors du 3e concours national et reçut le titre posthume de « communiste modèle au niveau national » conféré par le Département de l'Organisation du Comité central du Parti.

X
Bien-être du peuple

La garantie et l'amélioration du bien-être de la population ne connaissent pas de fin, mais de nouveaux points de départ successifs*

(9 mars 2015 – 25 mai 2016)

I

Le travail relatif au bien-être de la population a un lien étroit avec les masses populaires et leur vie. Nous devons mener à bien ce travail de manière constante, faire rayonner l'esprit de ténacité, travailler avec constance et assiduité, assurer l'application de toutes les mesures jusqu'au bout, avancer d'année en année sans relâche, de sorte que toutes les mesures soient réellement appliquées, que toutes les affaires reçoivent leurs réponses, et que les masses populaires voient des changements et bénéficient d'avantages matériels.

(Points essentiels du discours prononcé le 9 mars 2015 à l'examen du rapport du gouvernement avec la délégation de la province du Jilin lors de la 3ᵉ session de la XIIᵉ Assemblée populaire nationale)

II

Mener à bien la garantie et l'amélioration du bien-être de la population permet d'accroître les attentes des consommateurs et d'élargir la demande intérieure. Les efforts déployés dans le bien-être de la population contribuent également au développement. En s'appuyant sur

---

* Extraits de discours portant sur la garantie et l'amélioration du bien-être de la population.

447

l'entraînement des industries et l'incitation politique nécessaire, il faut : encourager la création d'entreprises, augmenter l'emploi, et accroître les revenus des habitants urbains et ruraux ; travailler de façon opiniâtre et progressive pour régler les problèmes qui préoccupent le plus les masses populaires concernant l'éducation, les soins médicaux, la protection sociale et la sûreté alimentaire ; promouvoir l'emploi et la création d'entreprises pour développer les œuvres sociales, mener à bien la lutte contre la pauvreté, frayer de nouvelles voies associant la garantie du bien-être de la population et le développement économique ; accorder une haute importance à la sécurité publique, qui constitue le point essentiel du bien-être de la population, s'efforcer de combler les lacunes et de faire disparaître les dangers latents, saisir les points clés et les maillons faibles pour élever continuellement le niveau de sécurité publique ; s'occuper des enfants et des parents de travailleurs migrants, perfectionner les mécanismes et les mesures de travail, améliorer la gestion et les services, de sorte que ces personnes ressentent la douceur de la grande famille socialiste.

(Points essentiels du discours prononcé lors de sa tournée d'inspection
du 16 au 18 juin 2015 dans la province du Guizhou)

III

La garantie et l'amélioration du bien-être de la population ne connaissent pas de fin, mais de nouveaux points de départ successifs. Nous devons prendre des mesures plus ciblées, d'une plus large couverture, avec des effets plus directs et des résultats plus visibles, régler réellement les difficultés des masses populaires, accroître leur bien-être et leur faire bénéficier de l'équité. Nous devons également partir de la réalité, centrer nos efforts sur l'édification du bien-être de base, qui profite à tous et qui garantit les moyens d'existence, améliorer inlassablement la capacité de construction conjointe des services publics et le niveau de partage de ceux-ci, consolider le filet de garantie des conditions de vie de la population, faire disparaître les dangers latents afin d'assurer une vie heureuse et paisible aux masses populaires, ainsi que la stabilité et l'ordre sociaux.

(Points essentiels du discours prononcé lors de sa tournée d'inspection du 1ᵉʳ au 3 février 2016 dans la province du Jiangxi)

IV

A l'heure actuelle, alors que la pression à la baisse sur l'économie s'accentue et que les problèmes et les contradictions sociaux s'accroissent, nous devons en particulier remplir les devoirs d'assurer un minimum de protection sociale à tous nos concitoyens, de garantir leurs moyens d'existence et d'assurer leur bien-être : il faut commencer par les problèmes les plus saillants, les plus urgents et qui agacent le plus les masses populaires, et rendre le travail lié au bien-être de la population plus ciblé, plus efficace et plus durable. Avec la promotion de la réforme structurelle du côté de l'offre, des travailleurs pourraient perdre leur emploi, nous devons donc accorder une plus grande attention à l'emploi, en créer davantage, mettre en application et perfectionner les mesures d'assistance, aider les personnes en difficulté à trouver un emploi au plus tôt grâce à divers moyens dont l'encouragement du recrutement par les entreprises, la création d'emplois d'intérêt public et la garantie des politiques sociales, afin d'aider constamment les ménages sans emploi à trouver du travail.

(Points essentiels du discours prononcé lors de sa tournée d'inspection du 24 au 27 avril 2016 dans la province de l'Anhui)

V

Face à une situation économique complexe à l'intérieur comme à l'extérieur du pays, nous devons centrer nos efforts sur la garantie et l'amélioration du bien-être de notre population, en assurant réellement ses moyens d'existence. La distribution et l'utilisation des fonds publics, en particulier, pour ceux des finances publiques, doivent privilégier les domaines relatifs au bien-être de la population, en assurant les dépenses concernées sans les diminuer arbitrairement. En mettant l'accent sur les points clés, nous devons déployer nos efforts sur les problèmes dont se préoccupent le plus les masses populaires tels que l'emploi, l'éducation, les soins médicaux, le logement, les services aux personnes âgées et la sortie de la pauvreté. Avant d'élaborer des mesures concernées, nous devons approfondir nos enquêtes et recherches, tâter le terrain, écouter largement les opinions, en tenant compte des intérêts des diverses parties. L'application de ces mesures doit être suivie de près pour procéder à temps à un réajustement ou à un perfectionnement en fonction des problèmes survenus. Nous devons également rendre les politiques plus transparentes pour que les masses populaires les connaissent, les comprennent et agissent en coordination avec leur application.

(Points essentiels du discours prononcé lors de sa tournée d'inspection du 23 au 25 mai 2016 dans la province du Heilongjiang)

Régler les problèmes d'intérêts les plus réels, les plus immédiats et qui préoccupent le plus la population[*]

(28 avril 2015 – 31 décembre 2016)

I

Le Parti et l'Etat doivent appliquer des mesures actives pour encourager l'emploi, créer davantage d'emplois, améliorer l'environnement de l'emploi et sa qualité, accroître sans cesse la rémunération des travailleurs, et notamment ceux de première ligne. Il faut mettre en place un mécanisme de protection des droits et intérêts des masses populaires sous l'égide du Parti et du gouvernement, en s'axant sur les questions telles que l'emploi, la formation technique, la distribution des revenus, la protection sociale, la sécurité et l'hygiène. Il faut également prêter une vive attention aux travailleurs de première ligne, aux travailleurs migrants, aux travailleurs en difficulté et à d'autres groupes, perfectionner les systèmes concernés, lever les obstacles entravant la participation des travailleurs au développement et leur partage des résultats du développement, et œuvrer pour qu'ils travaillent dans la dignité et s'épanouissent totalement. Nous devons mener à bien le travail de masse de manière réaliste, face-à-face et à cœur ouvert, nous préoccuper de la sécurité et de la vie de la population, lui accorder l'aide dont elle a le plus besoin, veiller à la débarrasser des problèmes et difficultés, travailler d'arrache-pied pour résoudre les problèmes d'intérêts les plus réels, les plus immédiats et

---

[*] Extraits de discours portant sur l'emploi, la sécurité au travail, l'éducation, la sécurité publique, la protection sociale, le logement et les personnes en difficulté.

qui la préoccupent le plus.

(Discours prononcé le 28 avril 2015 lors de la conférence tenue à l'occasion de la Fête internationale du travail du 1er Mai pour mettre à l'honneur des travailleurs modèles et des travailleurs avant-gardistes)

II

La garantie de la sécurité au travail doit servir de ligne rouge au développement. J'ai fait remarquer que le développement ne doit être assuré aux dépens de la vie des travailleurs, et cette idée doit être enracinée dans l'esprit de toute la société. Il faut profondément comprendre la difficulté, la complexité et l'urgence du travail relatif à la sécurité dans la production. En nous en tenant à mettre l'homme au centre de nos préoccupations, et à lui accorder la primauté, nous devons assurer l'application dans tous les domaines du système de responsabilité pour la sécurité dans le travail, ainsi que celle des mesures concernant la gestion, la prévention, la surveillance, le contrôle, la récompense et la punition. Il faut également concrétiser en détail la responsabilité de direction des comités du Parti et des gouvernements à tous les échelons, la responsabilité de contrôle des départements concernés, et la responsabilité des entreprises en tant qu'acteurs principaux. Il est nécessaire de lancer des projets spéciaux d'assainissement, de renforcer la prévention et de prendre des mesures radicales dans les domaines importants, dont la ligne ferroviaire à grande vitesse, le transport urbain sur rail, le réseau de gazoducs et d'oléoducs, l'approvisionnement du gaz dans les régions urbaines, la protection anti-incendie des gratte-ciel et des villages de banlieue, ainsi que dans les secteurs clés, dont les mines de charbon, l'exploitation minière, l'industrie chimique et les feux d'artifice. Il faut perfectionner le mécanisme de contrôle régulier sur la sécurité au travail, lancer, de façon régulière ou irrégulière, un contrôle en la matière par surprise et à fond, selon lequel qui exerce le contrôle, assume la responsabilité. Par la suite, il faut effectuer une remise en ordre et une rectification avec sérieux des problèmes découverts dans le contrôle, afin de réellement faire disparaître les dangers latents et ne rien laisser au hasard.

*(Discours prononcé le 29 mai 2015 lors de la 23ᵉ séance d'étude
du Bureau politique du XVIIIᵉ Comité central du Parti)*

III

L'équité dans l'éducation est une base importante de l'équité sociale. Il faut promouvoir sans relâche le partage équitable de davantage de résultats du développement de l'éducation par toute la population, mais aussi favoriser l'équité et la justice sociales grâce à l'équité dans l'éducation. Il faut également accroître le soutien à l'enseignement élémentaire, mener à bien l'enseignement préscolaire, équilibrer le développement de l'enseignement obligatoire de neuf ans, et généraliser à travers tout le pays l'enseignement secondaire du deuxième cycle. Nous devons optimiser la distribution des ressources éducatives, réduire progressivement les écarts entre les différentes régions, entre les régions urbaines et rurales, et entre les diverses écoles, augmenter les investissements dans l'enseignement élémentaire, notamment dans les anciennes bases d'appui révolutionnaires, les régions ethniques, les régions reculées et les régions démunies, garantir des fonds destinés à l'éducation dans les régions démunies, et perfectionner le système de subventions pour les élèves issus de familles démunies. Il faut promouvoir l'éradication ciblée de la pauvreté grâce à l'éducation, en mettant l'accent sur l'aide aux enfants des familles démunies dans leur accès à l'éducation, et stopper la transmission de la pauvreté de génération en génération, de sorte que chaque enfant aie confiance en lui-même et caresse des espoirs pour l'avenir.

*(Points essentiels du discours prononcé le 9 septembre
2016 lors de la visite à l'École Bayi de Beijing)*

IV

Ces dernières années, la sécurité publique s'améliore continuellement à l'échelle nationale, avec le nombre de crimes violents en baisse constante, et le renforcement progressif du sentiment de sécurité des masses. Parallèlement, on note de nombreux problèmes saillants subsistant dans ce domaine : les cas concernant la collecte de fonds illicites, la divulgation d'informations et la fraude en ligne font rage ; les infractions sont de plus en plus informatisées, dynamiques et intelligentes ; les cas individuels de violence extrême dans l'intention d'exercer des représailles contre la société afin de créer un impact se produisent parfois ; les crimes de violence grave persistent malgré la lutte dont ils sont l'objet. Il faut insister sur un assainissement systématique, intégral, à la source et en vertu de la loi, améliorer le système de prévention et de contrôle à multiples niveaux en faveur de la sécurité publique, intensifier l'analyse, l'étude et le jugement sur l'opinion publique, l'évolution de la sécurité publique, les problèmes brûlants et délicats, découvrir à temps les problèmes susceptibles de s'aggraver ou de s'étendre, prévenir et atténuer de manière efficace toutes sortes de risques, et protéger les biens et la vie de la population. Il faut lancer une campagne de prévention en ne ménageant aucun effort et lutter fermement contre les forces violentes et terroristes, les forces séparatistes ethniques et les forces extrémistes religieuses. Il est indispensable de perfectionner le système de lutte antiterroriste, de renforcer la coopération internationale en la matière, et de bâtir une muraille indestructible, afin d'éliminer toutes les activités violentes et terroristes, une fois découvertes. Il faut également prévenir avec fermeté et lutter en vertu de la loi contre les activités d'infiltration, de sabotage et de subversion menées par toutes les forces hostiles, sans jamais les laisser se développer.

(Discours prononcé le 27 octobre 2016 lors de la 2ᵉ séance générale de la 6ᵉ session plénière du XVIIIᵉ Comité central du Parti)

V

Il faut assurer, de manière approfondie et détaillée, le minimum vital selon l'idée de défendre le seuil, de mettre en relief les points clés, de perfectionner les systèmes concernés et d'orienter l'opinion publique. Il faut également perfectionner les politiques sociales pour améliorer le niveau et la qualité des services publics concernant l'emploi, les services aux personnes âgées, l'éducation, les soins médicaux et la protection de l'environnement. Il est nécessaire de renforcer l'aide aux personnes spécifiques ayant des difficultés particulières, et garantir le bien-être de base. Il faut assurer une bonne réinsertion des travailleurs licenciés en raison de la réduction des capacités de production excédentaires, prendre soin des travailleurs dont le revenu baisse sensiblement, et faire jouer le rôle de la protection sociale pour garantir les moyens d'existence des personnes entre 40 et 60 ans ayant des difficultés à retrouver un emploi. Il est nécessaire de réajuster la structure des fonds spéciaux de récompense et de subvention et celle des fonds spéciaux d'aide à l'emploi pour veiller à privilégier les régions ayant de grandes difficultés à assurer la réinsertion des travailleurs et à boucler leur budget, d'intensifier l'institutionnalisation dans le domaine social, de renforcer le sentiment de satisfaction de la population et de défendre l'harmonie et la stabilité dans la société.

(Discours prononcé le 14 décembre 2016 lors de la Conférence centrale sur le travail économique)

VI

Pour correctement régler les problèmes dans l'immobilier, il faut s'en tenir au positionnement dit « le logement, c'est pour habiter, pas pour spéculer ». Il est indispensable de trouver le point de départ et d'assurer l'aboutissement, et ce sans déviation. Il faut partir de la réalité, utiliser de manière intégrale les moyens financier, foncier, fiscal, législatif et d'investissement, accélérer l'étude sur la mise en place de systèmes fondamentaux et de mécanismes permanents adaptés à la réalité nationale et à la loi du marché, afin de contenir la bulle immobilière et d'éviter soit une surchauffe incontrôlée, soit une récession brutale.

(Discours prononcé le 14 décembre 2016 lors de la Conférence centrale sur le travail économique)

VII

A l'approche du Nouvel An, la situation des personnes en difficulté me tient particulièrement à cœur. Qu'en est-il de leurs conditions alimentaires ? Quid de leurs conditions de logement ? Sont-ils à même de passer un bon Nouvel An et une heureuse Fête du printemps ? Je suis également au courant des difficultés auxquelles certaines populations sont confrontées en termes d'emploi, de scolarisation de leurs enfants, de soins médicaux et d'habitation. Résoudre sans relâche ces problèmes fait partie des responsabilités absolues du Parti et du gouvernement. Tout le Parti et toute la société doivent continuer à prêter attention aux personnes pauvres et aux habitants en difficulté, ainsi qu'à les aider, pour que davantage de citoyens bénéficient des fruits de la réforme et du développement, et que la population ait une vie quotidienne encore plus heureuse.

(Message de Nouvel An pour 2017 adressé le 31 décembre 2016)

Accroître sans cesse les
populations à revenus moyens[*]

(16 mai 2016)

L'accroissement des populations à revenus moyens constitue un facteur décisif de la réussite de l'édification intégrale de la société de moyenne aisance, une exigence de la transformation du mode de croissance et de la restructuration économique, ainsi qu'une exigence du maintien de l'harmonie et de la stabilité sociales ainsi que de la paix durable de l'Etat. Pour accroître les populations à revenus moyens, il faut persévérer dans un développement de haute qualité et rentable, maintenir la stabilité macro-économique, et établir des bases plus solides pour l'amélioration de la vie du peuple ; il faut faire rayonner l'esprit d'enrichissement par son propre labeur, et encourager le peuple à améliorer sa vie quotidienne par le biais d'un travail appliqué ; il faut perfectionner le système de distribution des revenus, insister sur le système principalement basé sur la rémunération selon le travail fourni mais autorisant la coexistence de plusieurs modes de répartition, associer la rémunération selon le travail fourni avec celle en fonction des facteurs de production, concilier le gouvernement, les entreprises et les citoyens ; il faut renforcer le rôle du capital humain, augmenter l'investissement dans ce domaine, concentrer les efforts sur la qualité de l'éducation et bâtir un système d'éducation professionnelle moderne ; il faut faire jouer le rôle des entrepreneurs, aider les entreprises à régler leurs difficultés et à dissiper leurs incertitudes, assurer la rentabilité de tous les facteurs de production ; il faut intensifier la protection du droit de propriété, perfectionner le système

---

* Points essentiels du discours lors de la 13ᵉ réunion du Groupe dirigeant central pour les affaires financières et économiques.

de propriété moderne, renforcer la protection du droit de propriété, du droit d'exploitation et du droit de propriété de la personne morale concernant les avoirs d'Etat, ainsi que la protection du droit de propriété non publique, et du droit de propriété intellectuelle, de sorte que les masses populaires se sentent en sécurité vis-à-vis de leur propriété.

Promouvoir l'édification d'une « Chine saine »*

(19 août 2016)

On n'accomplira pas l'édification intégrale de la société de moyenne aisance sans la santé de tous les Chinois. Nous devons donc placer la santé du peuple à une position stratégique en donnant la priorité à son développement, mettre l'accent sur la sensibilisation à une vie saine, l'optimisation des services sanitaires, le perfectionnement du système de garantie sanitaire, la création d'un environnement sain et le développement des industries liées à la santé, accélérer l'édification d'une « Chine saine », et offrir des services de santé tous azimuts et couvrant toute la vie, afin de jeter les fondements sanitaires solides pour la réalisation des objectifs des « deux centenaires » et celle du rêve chinois de grand renouveau de la nation.

La santé est une exigence de la promotion de l'épanouissement général de l'être humain, une condition de base pour le développement économique et social, un symbole majeur de la prospérité de la nation et de la puissance de l'Etat, mais également une aspiration partagée par les masses populaires. Notre parti, dès sa fondation, a lié la garantie de la santé de la population avec la lutte pour l'indépendance nationale et la libération du peuple. Depuis le lancement de la politique de réforme et d'ouverture, la cause en faveur de l'hygiène et de la santé a connu un développement accéléré en Chine, avec le système de services sanitaires perfectionné de manière inlassable, les services publics fondamentaux rendus plus accessibles à tous, et la compétence globale de santé publique et la capacité de prévention et de contrôle des maladies hissées à un nouveau palier. Grâce à des années d'efforts, nous avons non seulement considérablement élevé le niveau de santé

---

* Points essentiels du discours à la Conférence nationale sur l'hygiène et la santé.

du peuple, mais également ouvert une voie de développement en faveur de l'hygiène et de la santé adaptée à la réalité chinoise.

Depuis de longues années, le personnel chinois travaillant dans l'hygiène et la santé, tout en faisant rayonner l'esprit de « défendre la vie, sauver les mourants, soigner les blessés, être prêt à se dévouer et exprimer la solidarité à tous », a servi le peuple de tout son cœur. Notamment face à la menace des grands fléaux épidémiques et durant la lutte contre les graves catastrophes naturelles, il a gagné la reconnaissance de toute la société grâce à son courage face au danger, à son engagement résolu, et à sa bravoure en venant en aide à autrui au risque de sa propre vie.

A l'heure actuelle, l'industrialisation, l'urbanisation, le vieillissement de la population, ainsi que le changement constant du spectre des maladies, de l'environnement écologique et du mode de vie ont fait que la Chine est confrontée à une situation complexe, marquée par la coexistence de multiples menaces des maladies et le mélange de divers facteurs nuisibles à la santé. Nous affrontons des problèmes d'hygiène et de santé apparus non seulement dans les pays développés, mais aussi dans les pays en développement. Le règlement inefficace de ces problèmes portera de graves préjudices à la santé du peuple, freinera le développement économique et compromettra l'harmonie et la stabilité dans la société.

Au cours de l'édification d'une « Chine saine », nous devons suivre une voie de développement de l'hygiène et de la santé à la chinoise, en saisissant les questions majeures : il faut insister sur le principe correct en matière d'hygiène et de santé, axer nos efforts sur l'échelon de base, prendre la réforme et l'innovation comme force motrice, mettre l'accent sur la prévention, accorder une importance égale à la médecine traditionnelle chinoise et à la médecine occidentale, intégrer la santé dans toutes les mesures politiques, encourager le peuple à participer à l'édification d'une « Chine saine » et à en bénéficier ; nous devons persévérer dans le caractère d'intérêt public des services médicaux et sanitaires de base, perfectionner les systèmes concernés, élargir les services et améliorer leur qualité, afin de proposer aux masses populaires des services équitables, accessibles, systématiques et continus couvrant la prévention, le traitement, le rétablissement et la promotion de la santé ; il est nécessaire d'améliorer la qualité et le niveau des services médicaux et sanitaires, de rendre ceux-ci accessibles à tous de manière égale ; et il nous faut concilier correctement le gouvernement et le marché, avec le premier jouant le rôle essentiel dans les services médicaux et sanitaires de base, et le second restant dynamique dans les services médicaux et sanitaires non fondamentaux.

Il faut appliquer sans fléchir le principe axé sur la prévention, insister sur la combinaison entre la prévention et le traitement, assurer une prévention et un contrôle coordonnés et conjoints, travailler pour offrir aux masses populaires des services d'hygiène et de santé couvrant toute leur vie. Nous devons prêter une haute attention à la prévention et au contrôle des maladies graves, optimiser les tactiques en la matière, et réduire au maximum le nombre de malades. Il faut également accorder une haute importance à la santé des enfants et des adolescents, renforcer sur tous les plans le travail de l'hygiène et de la santé dans les jardins d'enfants, ainsi que les écoles primaires et secondaires, intensifier la sensibilisation à la santé, développer le sens de prévention des maladies chez les élèves, et mettre en application, de manière ciblée, des actions d'alimentation à l'égard des élèves issus des régions démunies, afin d'assurer leur développement physique. Par ailleurs, il est nécessaire d'accorder une haute importance à la santé des populations spécifiques en assurant celle des femmes et des enfants, en offrant aux personnes âgées une gestion sanitaire et des services médicaux continus, en réalisant « l'accès aux services de rétablissement » pour tous les handicapés, en prêtant une haute attention à la santé de la population migrante, et en mettant profondément en vigueur le programme de lutte contre la pauvreté grâce aux services de santé. Nous devons aussi préconiser un mode de vie sain et civilisé, forger une conception d'hygiène et de santé générale, déplacer le centre de notre travail axé sur le traitement vers celui axé sur la santé de la population, mettre en place et perfectionner le système de sensibilisation à la santé, améliorer la qualité physique de toute la population, et promouvoir la combinaison en profondeur de la pratique d'exercices physiques par tous avec la santé de tous. Enfin, il faut multiplier les études fondamentales sur les questions psychologiques, sensibiliser la population aux connaissances et aux problèmes psychologiques, et réglementer les services en la matière concernant le traitement et la consultation.

Un environnement écologique agréable étant la base de l'existence et de la santé humaines, il faut, selon le concept de développement vert : mettre en vigueur le plus strict système de protection de l'environnement, établir et perfectionner un système de contrôle, d'enquête et d'évaluation des risques en matière d'environnement et de santé, mettre l'accent sur la lutte contre la pollution de l'air, du sol et de l'eau, accélérer le reboisement du territoire, régler réellement les problèmes notables de l'environnement portant atteinte à la santé de la population ; remettre à l'honneur la bonne tradition du mouvement patriotique pour l'hygiène publique, poursuivre l'action d'assainissement de l'environnement dans les régions urbaines et rurales, et renforcer l'amélioration de l'habitat rural, afin de construire de beaux foyers sains et agréables ; mettre en application la Loi sur la sûreté alimentaire, perfectionner le système de sûreté alimentaire, renforcer le contrôle en la matière, exercer un contrôle strict des aliments des champs jusqu'à la table ; ancrer dans l'esprit le concept de développement sécurisé, perfectionner le système de sécurité publique, et réduire les incidents liés à la sécurité publique menaçant la vie et la santé de la population.

A l'heure actuelle, la réforme du système des soins médicaux est entrée dans une phase critique, celle de s'attaquer aux problèmes épineux. Il faut accélérer la réalisation des tâches en matière de réforme du système des soins médicaux définies lors de la 3ᵉ session plénière du XVIIIᵉ Comité central du Parti ; promouvoir la construction d'un système de soins médicaux de base, travailler pour réaliser des percées dans les cinq systèmes de base concernant le traitement échelonné selon la gravité des maladies, la gestion moderne des hôpitaux, l'assurance maladie pour tous, la garantie de l'approvisionnement

des médicaments et le contrôle intégral ; promouvoir le redressement
et le développement de la médecine et de la pharmacologie traditionnelles chinoises, accorder une importance égale à la médecine
traditionnelle chinoise et à celle occidentale, encourager le développement commun dans leur complémentarité, travailler pour réaliser
la transformation créative et le développement innovant de la culture
pour entretenir la santé à travers la médecine et la pharmacologie
traditionnelles chinoises ; stimuler l'enthousiasme du personnel médical, attacher de l'importance à sa santé physique et psychologique en
améliorant ses revenus et ses traitements, l'espace de son épanouissement, l'environnement de ses activités et son statut social, renforcer
son sens de l'honneur professionnel par divers moyens, et créer une
ambiance dans laquelle le personnel médical est respecté par toute
la société. Le personnel médical doit, de son côté, faire rayonner et
pratiquer les valeurs essentielles socialistes, faire valoir la déontologie
médicale et renforcer l'autodiscipline professionnelle, afin de fournir
de meilleurs services d'hygiène et de santé au peuple. Nous devons
lutter fermement, selon la loi, contre les infractions liées à la médecine, notamment les actes de violence portant atteinte au personnel
médical, afin d'assurer sa sécurité.

Promouvoir l'édification d'une « Chine saine » constitue un engagement solennel de notre parti au peuple. Les comités du Parti et les
gouvernements à tous les échelons doivent mettre à l'ordre du jour
cet important programme d'action d'intérêt public, renforcer leur sens
des responsabilités, et mettre réellement ce programme en application.
Il leur faut intégrer les objectifs de la réforme du système médical
dans les dispositions, les exigences et l'évaluation de l'approfondissement intégral de la réforme, et soutenir les localités à effectuer des
recherches différenciées en tenant compte de leur propre réalité. Ils
doivent également établir dans tous les domaines un système d'évaluation de l'impact sur la santé, en réalisant une évaluation systématique
de l'impact par les plans et les politiques de développement socio-
économique et les programmes majeurs. Enfin, ils doivent perfectionner
le système des services d'informations portant sur la santé de la popu-

lation et promouvoir l'application des mégadonnées en matière de soins médicaux.

Depuis de longues années, la Chine a fait de remarquables progrès dans l'accomplissement des devoirs internationaux et sa participation à la gouvernance sanitaire mondiale, montrant une image internationale humanitaire de grand pays responsable et recevant une large appréciation de la communauté internationale. Nous devons participer à la recherche et à la négociation sur les normes et les règles internationales portant sur la santé, perfectionner le mécanisme d'aide d'urgence à l'étranger contre les incidents sanitaires publics inopinés auxquels la Chine participe, et multiplier la coopération avec les pays riverains de la « Ceinture et Route » dans les domaines de l'hygiène et de la santé.

Concentrer nos efforts pour assurer à la population les moyens d'existence[*]

(27 octobre 2016)

Développer l'économie a pour objectif fondamental de mieux garantir et améliorer la vie du peuple. En 1934 déjà, le camarade Mao Zedong a dit : « Tous les problèmes liés à la vie réelle du peuple doivent mériter notre attention. Si nous y prêtons attention, les résolvons et satisfaisons les besoins du peuple, nous serons les véritables organisateurs de sa vie. Il se rassemblera autour de nous et nous soutiendra avec enthousiasme. »[1] A présent, le macro-environnement et les conditions intrinsèques, auxquels fait face le travail sur le bien-être du peuple, connaissent des changements. Autrefois, l'alimentation, l'enseignement et le logement constituaient les besoins essentiels. A présent, le peuple a des besoins de différents niveaux tels que l'augmentation régulière des revenus, des services de santé de bonne qualité, l'équité dans l'éducation, l'amélioration de la qualité des logements, un environnement agréable et un air pur. Afin de nous adapter à ces nouveaux changements, nous devons suivre la méthodologie de travail consistant à maintenir une ligne de fond, à souligner l'essentiel, à perfectionner les réglementations, et à orienter les anticipations. En commençant par les problèmes d'intérêts les plus réels, les plus immédiats et qui préoccupent le plus le peuple, nous devons prendre des mesures plus ciblées, s'étendant à davantage de domaines, jouant un rôle plus direct, et assurant une efficacité plus notable. Nous devons concentrer nos efforts pour assurer à la population les moyens d'existence, et mener à bien le travail portant sur l'éducation, la distribution

---

[*] Extrait du discours à la 2ᵉ séance générale de la 6ᵉ session plénière du XVIIIᵉ Comité central du Parti.

des revenus, l'emploi, la protection sociale, la santé et le logement selon une planification d'ensemble. Nous devons notamment stabiliser l'emploi, en réinsérant, de façon adéquate et par de multiples voies, les employés dans l'attente d'un poste ou d'un travail suite à la réduction de la surcapacité de production, en aidant les personnes en difficulté dans l'emploi à obtenir un travail au plus vite et en nous assurant que les familles sans emploi trouvent du travail. Nous devons garantir le versement total et ponctuel des pensions de retraite, et écarter toute omission et tout angle mort. Nous devons renforcer les mesures et les responsabilités, afin d'assurer la mise en œuvre des efforts de lutte contre la pauvreté et de garantir les moyens d'existence des personnes en difficulté. Il nous faut par ailleurs soigneusement prendre en charge la population sinistrée et accélérer les travaux de reconstruction, afin qu'elle retrouve au plus tôt une vie normale.

Note :

[1] Mao Zedong : « Soucions-nous davantage des conditions de vie des masses et portons plus d'attention à nos méthodes de travail », *Œuvres choisies de Mao Zedong*, tome I, Editions du Peuple, 1991, page 137.

Accélérer la création d'universités et de disciplines de premier ordre au niveau mondial*

(7 décembre 2016)

Le travail idéologique et politique des établissements d'enseignement supérieur est un facteur décisif pour les questions fondamentales suivantes : quelles sortes de talents à former ? Comment et pour qui les former ? Il faut centrer les efforts sur la formation morale en menant le travail idéologique et politique tout au long de l'éducation et de l'enseignement, et en réalisant la formation de talents tout au long du processus et sur tous les plans, afin de créer une nouvelle situation dans le développement de notre enseignement supérieur.

Quand son éducation est forte, le pays l'est aussi. Le niveau de développement de l'enseignement supérieur est un important indicateur permettant d'évaluer le niveau et le potentiel du développement d'un pays. Pour réaliser le grand renouveau de la nation chinoise, la position et le rôle de l'éducation ne peuvent être négligés. Par rapport au passé, nous avons davantage besoin de l'enseignement supérieur, et d'une plus grande aspiration pour les connaissances scientifiques et les talents. Le Comité central du Parti a pris une décision stratégique consistant à accélérer la création d'universités et de disciplines de premier ordre au niveau mondial, dans le but d'élever le niveau de développement de notre enseignement supérieur et de renforcer la compétitivité fondamentale de la nation.

La particularité de notre histoire, de notre culture et de notre réalité fait que nous devons suivre notre propre voie de développement de l'enseignement supérieur, et assurer le bon déroulement des établisse-

---

* Points essentiels du discours à la Conférence nationale sur le travail idéologique et politique dans les établissements d'enseignement supérieur.

467

ments d'enseignement supérieur socialistes à la chinoise. L'enseignement supérieur de notre pays doit être étroitement lié aux objectifs et à l'avenir du développement chinois, servir le peuple, la gouvernance du pays par le Parti communiste chinois, la consolidation et le développement du système socialiste à la chinoise, ainsi que la réforme, l'ouverture et la modernisation socialiste.

L'enseignement supérieur de notre pays doit persévérer dans la bonne direction politique parce qu'il est chargé de l'importante mission consistant à former, sur les plans moral, intellectuel, physique et esthétique, des bâtisseurs et des successeurs de la cause du socialisme. L'objectif des établissements d'enseignement supérieur consiste à donner une formation sur les plans tant moral qu'intellectuel. Seules celles qui sont en mesure de former les meilleurs talents peuvent devenir des universités de premier ordre au niveau mondial. Pour développer nos établissements d'enseignement supérieur et créer des universités de cet ordre, il faut saisir comme point clé l'amélioration globale de la capacité de formation des talents afin de promouvoir les autres activités de ces établissements.

Nos établissements d'enseignement supérieur sont placés sous la direction du Parti et se caractérisent par le socialisme à la chinoise. Pour les gérer correctement, il faut intégralement appliquer le principe du Parti en matière d'éducation à la lumière du marxisme, diffuser sans relâche la théorie scientifique marxiste, assurer l'éducation en matière de cette théorie, en vue de jeter une base idéologique scientifique pour l'épanouissement des étudiants. Il faut également cultiver et faire valoir inlassablement les valeurs essentielles socialistes, orienter les enseignants et les étudiants à croire fermement en ces valeurs, à en être des diffuseurs actifs et des praticiens pilotes. Il est nécessaire de promouvoir sans cesse l'harmonie et la stabilité dans les établissements d'enseignement supérieur, de cultiver un climat sain marqué par le sens moral, de renforcer la solidarité humaine et le soutien psychologique, et de transformer ces établissements en lieux pilotes de stabilité et d'unité. Nous devons déployer des efforts inlassables pour forger une ambiance scolaire et un esprit d'étude favorables, en vue d'assurer une bonne gouvernance, une gestion efficace et une intégrité parfaite dans le développement de ces établissements.

Le travail idéologique et politique, qui réside pour l'essentiel dans les activités concernant les étudiants, est centré sur eux, prend soin d'eux, leur rend service, et améliore sans cesse leur niveau idéologique, leur conscience politique, leurs qualités morales, et leur culture générale, pour en faire des talents en plein épanouissement, à la fois intègres et compétents.

Nous devons encourager les étudiants à se faire une idée juste sur la tendance du développement de la Chine et du monde, à connaître et saisir la nécessité historique de l'évolution de la société humaine, ainsi que celle du socialisme à la chinoise à travers l'évolution historique et la grande pratique de l'exploration de notre parti en la matière, afin qu'ils raffermissent leurs convictions et leur confiance dans la lutte pour le noble idéal du communisme et pour l'idéal commun du socialisme à la chinoise. Il faut orienter les étudiants à se faire une idée juste de la particularité chinoise et de la référence internationale, afin qu'ils comprennent de manière globale et objective la Chine contemporaine et le monde extérieur. Nous devons correctement comprendre nos responsabilités à notre époque et notre mission historique, stimuler le rêve de la jeunesse grâce au rêve chinois, allumer, pour nos élèves, le feu de l'idéal et éclairer leur route, les exhorter à intégrer leurs idéal et aspiration dans la cause de l'Etat et de la nation, et à avancer avec bravoure dans un esprit de créativité pour se tenir à l'avant-garde de leur époque. Il faut correctement comprendre l'ambition et le réalisme, ménager son temps et travailler d'arrache-pied, transformer l'ambition en actions concrètes, faire de l'étude assidue une force motrice de la mise en valeur de la jeunesse, et de l'amélioration des compétences une énergie de la lutte.

Pour mener à bien le travail idéologique et politique, il faut s'adapter aux circonstances, évoluer avec le temps et innover selon la situation. Les établissements d'enseignement supérieur doivent respecter les règles du travail idéologique et politique, celles de l'éducation et de la formation des talents, et celles de l'épanouissement des étudiants, afin d'inlassablement améliorer leurs capacité et niveau de travail. Ils doivent correctement profiter des cours comme une voie principale dans l'enseignement, renforcer les cours concernant les théories idéologiques et politiques tout en les améliorant, rendre l'éducation idéologique et politique plus captivante et plus ciblée, satisfaire la demande et l'attente des étudiants pour leur épanouissement. Les autres programmes pédagogiques doivent assumer leurs propres responsabilités et avancer dans la même direction avec les cours sur les théories idéologiques et politiques, de sorte que leur coordination porte ses fruits. Ils doivent accélérer la mise en place d'un système disciplinaire et d'un système de manuels relevant de la philosophie et des sciences sociales propres à la Chine, et rédiger davantage de manuels de plus haut niveau. Ils doivent innover dans le système de communication académique, bâtir un système d'évaluation des résultats obtenus dans la philosophie et les sciences sociales, qui a une autorité scientifique, et est ouvert et transparent, et mettre en place un système de philosophie et de sciences sociales tous azimuts, comprenant tous les facteurs dans tous les domaines. Ils doivent accorder davantage d'importance à l'éducation et à la formation des étudiants à travers la culture, mener une large campagne de création de campus hautement civilisés, lancer des activités culturelles saines, diversifiées et de meilleurs goûts, et proposer de nombreuses opportunités pour la pratique sociale. Ils doivent recourir aux nouveaux médias et aux nouvelles techniques pour insuffler de la vitalité à leurs activités, afin de promouvoir la parfaite intégration des traditionnels avantages du travail idéologique et politique avec les technologies d'information, d'adapter ce travail à notre époque et de le rendre plus attractif.

Les enseignants, qui sont des ingénieurs de l'âme humaine, assument une mission sacrée. Pour cultiver la moralité, les enseignants doivent eux-mêmes comprendre la moralité et croire en elle. Les enseignants des établissements d'enseignement supérieur doivent insister sur le principe selon lequel « les éducateurs doivent d'abord être éduqués », et œuvrer pour devenir des diffuseurs de la pensée et de la culture avancées, ainsi que de fermes partisans de l'exercice du pouvoir par le Parti. Ils doivent ainsi mieux assumer la responsabilité relative à l'instruction et à l'orientation de l'épanouissement de leurs étudiants. Ils doivent veiller à améliorer leur déontologie professionnelle et leur moralité, insister sur la combinaison entre l'enseignement et la formation, celle entre l'instruction par leurs paroles et leur exemple, celle entre la recherche académique et l'attention accordée aux affaires sociales, celle entre la liberté et les normes académiques. Les établissements d'enseignement supérieur doivent sensibiliser leurs enseignants à la vertu dans leur conduite, leur travail et leur enseignement.

Pour mener à bien l'enseignement supérieur, il faut maintenir la direction du Parti, veiller à assurer cette direction dans les établissements d'enseignement supérieur de sorte que ceux-ci deviennent un front indestructible de la direction du Parti. Les comités du Parti pour ces établissements doivent assurer une bonne direction de l'enseignement, prendre l'initiative dans leur travail idéologique et politique, et assurer qu'ils demeurent un front solide de formation de bâtisseurs et de successeurs de la cause du socialisme. Les comités du Parti à tous les échelons doivent accorder une haute importance au travail idéologique et politique dans les établissements d'enseignement supérieur, et renforcer leur direction et instruction, afin de former une structure marquée par leur direction unifiée, ainsi qu'une tâche conjointe assumée par les différents départements dans divers domaines. Les secrétaires des comités du Parti des diverses régions et les secrétaires des groupes dirigeants du Parti des départements concernés doivent souvent se rendre dans les établissements d'enseignement supérieur, et augmenter la fréquence de leurs contacts avec les enseignants et les étudiants, y faire des rapports et répondre aux questions théoriques et pratiques qui leur sont posées. Ils doivent resserrer leurs liens avec les intellectuels de ces établissements, multiplier les marques de sollicitude, les échanges et les encouragements à leur égard, savoir se faire des amis de manière large et profonde, et écouter leurs opinions en toute sincérité.

Les comités du Parti des établissements d'enseignement supérieur doivent exercer une direction générale dans les activités de ces établissements, assumer la responsabilité principale dans la gestion et le contrôle du Parti ainsi que l'enseignement et la gestion de leurs universités, veiller à assurer la bonne orientation, à prendre en considération les intérêts généraux, à prendre des décisions et à garantir leur mise en application. Ils doivent renforcer l'édification de l'organisation du Parti à l'échelon de base dans les établissements d'enseignement supérieur, innover les systèmes et les mécanismes, perfectionner le style de travail, et améliorer la capacité de l'organisation du Parti à l'échelon de base au cours du travail idéologique et politique. Ils doivent également mener à bien l'admission de nouveaux membres du Parti parmi les enseignants et les étudiants, et renforcer l'éducation et la gestion des membres du Parti, de sorte que tous les enseignants et étudiants membres du Parti s'attachent à celui-ci, émettent des positions et points de vue adéquats, et lui apportent leur contribution.

Depuis de longues années, le personnel chargé du travail idéologique et politique des établissements d'enseignement supérieur travaille avec assiduité, reste prêt à se dévouer, et se montre dynamique et entreprenant, tout en apportant une contribution de poids au développement de l'enseignement supérieur. Il doit élargir ses horizons dans la sélection des talents, mener à bien l'éducation et la formation, intensifier l'entraînement par la pratique, perfectionner le mécanisme de stimulation, promouvoir globalement, dans les établissements d'enseignement supérieur, l'édification des cadres du Parti et de l'administration, des cadres de la Ligue de la jeunesse communiste, des enseignants chargés des cours de théories idéologiques et politiques, des enseignants de philosophie et de sciences sociales, des instructeurs et des enseignants-responsables, et des enseignants chargés de la consultation psychologique. Tout cela a pour but d'assurer sans discontinuité la relève de ce personnel.

Tenir en main l'initiative stratégique dans la sauvegarde de la sécurité nationale*

(17 février 2017)

Il faut appréhender de manière pertinente la situation de la sécurité nationale, se forger solidement et appliquer avec rigueur le concept global de sécurité nationale, suivre une voie en la matière aux couleurs chinoises avec comme objectif la sécurité du peuple, et s'efforcer de réaliser de nouvelles avancées dans le travail de sécurité nationale, afin d'offrir une solide garantie sécuritaire à la réalisation du rêve chinois de grand renouveau de la nation.

La convocation de cette causerie a pour but d'écouter vos opinions et propositions, d'analyser la situation de la sécurité nationale, d'effectuer une étude et de prendre des dispositions en la matière pour le présent et pour les années à venir.

Depuis le XVIIIe Congrès du Parti, son Comité central, en accordant une haute importance à la sécurité nationale, a mis en place le Conseil de sécurité nationale, formulé le concept global de sécurité nationale, mais également précisé les principes stratégiques et des dispositions générales sur la sécurité nationale, afin de promouvoir l'obtention de résultats remarquables dans le travail de sécurité nationale.

La sécurité nationale implique de nombreux domaines et son importance se fait de plus en plus sentir dans l'ensemble du travail du Parti et de l'Etat. En menant une grande lutte aux nombreuses caractéristiques historiques nouvelles, la nouvelle grande entreprise de l'édification du Parti, et la grande cause du socialisme à la chinoise, nous sommes confrontés, à tout moment, à divers risques, épreuves et défis majeurs. Cela a apporté de nouvelles questions au travail de sécurité

---

* Points essentiels du discours à la Causerie sur le travail de sécurité nationale.

nationale, mais également de nouvelles opportunités. Ce travail ayant *in fine* pour but de garantir l'intérêt du peuple, nous devons le conduire dans l'intérêt du peuple et nous appuyer fermement sur ce dernier, tout en fournissant une solide garantie à la vie heureuse et paisible du peuple.

Pour appréhender correctement la situation de la sécurité nationale et la défendre, nous devons maîtriser les règles en prenant en considération la volatilité de l'ordre international, procéder à une coordination dans le but de prévenir les risques, et à une planification en nous basant sur l'importante période stratégique favorable au développement chinois. La multipolarisation, la mondialisation économique et la démocratisation des relations internationales évoluent sans changer de cap et nous devons orienter la communauté internationale à établir conjointement un nouvel ordre international plus juste et plus équitable. Il faut réellement renforcer le travail de sécurité nationale, afin d'assurer l'importante période stratégique favorable au développement chinois. Malgré les aléas de la situation internationale, nous devons faire preuve de fermeté, de confiance en soi et de patience sur le plan stratégique. Il nous faut également procéder à une planification du point de vue international, insister sur la coordination entre le développement et la sécurité, penser à toutes les éventualités en envisageant le pire, et persévérer dans l'unité entre le principe et la tactique, afin de tenir en main l'initiative stratégique dans la sauvegarde de la sécurité nationale.

Il faut centrer les efforts sur la sécurité notamment dans les domaines politique, économique, territorial, social et d'Internet. Nous devons également perfectionner le système à multiples niveaux de prévention et de contrôle de la sécurité sociale, élever le niveau global de la gouvernance sociale, ainsi que dépister et désamorcer, en remontant à la source, les contradictions et les litiges. Il est nécessaire de renforcer la gestion de la sécurité dans la production dans les domaines importants comme le transport, la lutte contre les incendies ou encore les produits chimiques dangereux, afin de réduire les accidents graves. Nous devons également consolider la ligne de défense de la cybersécurité, élever le niveau de garantie en la matière, assurer la protection des infrastructures liées avec les informations importantes, renforcer la recherche-développement et l'application des techniques clés, consolider le système d'alarme en matière de cybersécurité, garantir la sécurité des mégadonnées, réaliser une perception globale à tout moment, ainsi qu'une protection efficace. Il faut créer des conditions extérieures favorables à la sécurité, renforcer la coopération dans le domaine sécuritaire et orienter la communauté internationale à défendre conjointement la sécurité internationale. Enfin, nous devons prêter davantage attention à l'amélioration de la capacité en matière de sécurité nationale, notamment dans les domaines des matériaux, des technologies, des équipements, du personnel qualifié, des lois et des mécanismes, afin de mieux nous adapter à l'exigence du travail de la sécurité nationale.

Le maintien de la direction du Parti sur le travail de sécurité nationale constitue le principe fondamental pour mener à bien ce travail. Les diverses régions doivent mettre en place et perfectionner le système de responsabilité en matière de travail de sécurité nationale sous la direction unifiée de leurs comités du Parti, mais également renforcer leurs responsabilités concernant la sauvegarde de la sécurité nationale, amenant chacun à assumer ses responsabilités et à remplir son devoir. Nous devons prendre soin des cadres travaillant dans la sécurité nationale, en leur fournissant des conditions favorables et une garantie sur le plan des politiques.

Suivre la voie de la gouvernance sociale du socialisme à la chinoise[*]

(19 septembre 2017)

Le développement est un principe fondamental, il en est de même pour la stabilité, et il faut donc leur accorder une importance égale. Nous devons inébranlablement suivre la voie de la gouvernance sociale du socialisme à la chinoise, savoir transformer les avantages de la direction du Parti et ceux du système socialiste en atouts favorables à la gouvernance sociale, et nous efforcer de rendre la gouvernance sociale plus systématique, scientifique, intelligente et respectueuse de la loi. Nous devons également perfectionner sans relâche le système de gouvernance sociale du socialisme à la chinoise, assurer une vie heureuse et paisible au peuple, un bon ordre social, et la stabilité durable de notre Etat.

A vos postes, vous avez remarquablement contribué à l'innovation de la gouvernance sociale et à la construction d'une Chine sûre. Vous êtes une référence sur le front national du redressement global de la sécurité publique et un exemple à suivre pour l'ensemble de la société. Je suis convaincu que cette mise à l'honneur jouera un rôle moteur dans la valorisation de l'esprit de justice et l'encouragement du personnel sur le front national du redressement global de la sécurité publique à mieux accomplir l'importante responsabilité et la glorieuse mission assignées par le Parti et le peuple.

Depuis le XVIIIe Congrès du Parti, la cause du Parti et de l'Etat a enregistré des changements historiques en accomplissant des réali-

---

[*] Points essentiels du discours lors de sa rencontre avec les participants à la Conférence nationale pour mettre à l'honneur les travailleurs modèles du redressement global de la sécurité publique.

sations inédites. Ces acquis résultent des efforts conjugués de tout le Parti et du peuple chinois multiethnique sous la direction du Comité central du Parti. Ils incarnent également la sagesse et la sueur du personnel du front national du redressement global de la sécurité publique. Depuis cinq ans, en portant haut levé le drapeau du socialisme à la chinoise, vous avez consciencieusement mis en application les décisions et les dispositions prises par le Comité central du Parti, centré vos efforts sur la tâche principale, œuvré pour l'intérêt primordial de l'Etat, accordé de l'importance tant à la sécurité publique et à la stabilité qu'à la consolidation de la base et à la recherche de l'intérêt à long terme. Vous avez sans cesse innové dans la conception, les pistes de réflexion, les structures, les mécanismes, les moyens et les méthodes, permettant de prévenir et de régler une grande quantité de problèmes notables portant atteinte à la stabilité sociale, de renforcer le sentiment de sécurité et de satisfaction des masses populaires, et apportant une contribution de poids à la sauvegarde de la situation globale de la réforme, du développement et de la stabilité. On compte parmi vous de nombreuses figures avant-gardistes.

Les collectivités et les individus mis à l'honneur aujourd'hui en sont les représentants. Parmi vous, certains camarades assument consciemment la responsabilité politique de promouvoir le développement et de défendre la sécurité dans une certaine région, et mènent à bien, avec assiduité, toutes les activités relatives au développement et à la stabilité ; certains ont à cœur la sécurité et la vie des masses populaires, ont bravé le danger à des moments critiques, et sont montés à l'assaut pour défendre, au prix du sang et de leur vie, la vie paisible et heureuse de milliers de foyers ; certains osent se tenir à l'avant-garde de notre époque, œuvrent pour améliorer l'efficacité de la gouvernance sociale grâce à des idées novatrices et à des moyens innovants, en devenant des hommes d'action dans la résolution des difficultés, le renforcement des maillons faibles et la prévention des risques ; certains s'enracinent dans l'échelon de base depuis des dizaines d'années, contribuant anonymement à la sauvegarde de l'harmonie et de la stabilité sociales. Je discerne chez vous une loyauté politique, un attachement au peuple, un esprit déontologique, et un style de travail sérieux. Vous avez payé de vos efforts, de votre sang, voire même de votre vie pour gagner la sûreté de l'Etat, la concorde sociale et le bonheur du peuple. Vous êtes les dignes gardes fidèles du Parti et du peuple, les protecteurs d'une Chine sûre, les constructeurs et les défenseurs du socialisme à la chinoise. Pour cela, le Parti et le peuple vous remercient.

Je voudrais avancer trois exigences : premièrement, insister consciemment sur la direction du Parti, renforcer la conscience politique, celle de l'intérêt général, celle du noyau dirigeant et celle de l'alignement, sauvegarder avec fermeté l'autorité et la direction centralisée et unifiée du Comité central du Parti, réfléchir aux questions et les traiter en tenant compte de l'intérêt général du Parti et de l'Etat, prendre conscience, avec lucidité, des difficultés et défis auxquels nous sommes confrontés, ainsi que se battre pour la prévention et le contrôle des risques majeurs ; deuxièmement, procéder à une analyse approfondie et un jugement précis de la situation mondiale ainsi que de celle en Chine et au sein du Parti à l'heure actuelle, partir de la réalité nationale, respecter les lois de la gouvernance, maîtriser les particularités de notre époque, renforcer et innover la gouvernance sociale, mieux régler les problèmes apparus dans la société chinoise, et assurer une société pleine de vitalité, harmonieuse et ordonnée ; troisièmement, concentrer les efforts pour rendre la gouvernance sociale plus systématique, scientifique, intelligente et respectueuse de la loi, approfondir les connaissances sur les lois de la gouvernance et du fonctionnement sociaux ainsi que savoir employer des concepts avancés, une attitude scientifique, des méthodes professionnelles et des normes strictes pour améliorer l'efficacité de la gouvernance sociale en vue de la rendre plus intégrale et coordonnée, accroître la capacité de prévision, d'alerte et de prévention de tous les risques pour augmenter la prévisibilité, la précision et l'efficacité de la gouvernance sociale et, dans le même temps, se forger une pensée de gouvernance par la loi, ainsi que faire valoir le rôle de la gouvernance par la vertu afin de mieux orienter et réglementer la vie sociale, de réaliser la sûreté de l'Etat par la loi et de réjouir le cœur du peuple par la vertu.

Les comités du Parti et les gouvernements à tous les échelons doivent accorder une place plus importante au renforcement et à l'innovation de la gouvernance sociale, perfectionner et mettre en application le système de responsabilité, étudier et régler en temps opportun les problèmes institutionnels, prendre soin du personnel travaillant sur le front national du redressement global de la sécurité publique, afin qu'il bénéficie d'un sentiment d'appartenance sur le plan organisationnel, d'un sens de l'honneur dans le travail et du bien-être dans sa vie quotidienne, et qu'il accomplisse, animé d'une pleine confiance, de nouvelles réalisations dignes du Parti et du peuple.

XI
Une belle Chine

Favoriser l'édification d'une civilisation écologique et réformer notre système de gestion concernant la protection de l'environnement[*]

(26 octobre 2015)

Sur le double contrôle de la quantité et de l'intensité concernant la consommation de ressources énergétiques et hydriques et l'utilisation de terrains à bâtir. La promotion de la civilisation écologique ainsi que la résolution des problèmes tels que l'épuisement des ressources naturelles, la pollution environnementale aggravée et la détérioration de l'écosystème requièrent des mesures rigoureuses et nous ne pouvons y obtenir des résultats réels qu'avec des efforts déployés. La mise en place du double contrôle de la quantité et de l'intensité concernant la consommation de ressources énergétiques et hydriques et l'utilisation de terrains à bâtir constitue une mesure rigoureuse. Il s'agit de contrôler la quantité de la consommation de ressources énergétiques et hydriques et l'utilisation de terrains à bâtir en même temps que leur intensité par unité de PIB. Mener à bien ce travail permettra non seulement d'économiser les ressources en énergie, en eau et en sol, et de réduire l'émission des polluants à la source, mais également de promouvoir la transformation du mode de développement économique et d'élever le niveau du développement vert de notre économie.

Le XIe Plan quinquennal a intégré pour la première fois l'intensité de la consommation de l'énergie par unité de PIB dans les indicateurs contraignants, et le XIIe Plan quinquennal a proposé de contrôler raisonnablement la quantité de la consommation de l'éner-

* Extraits de l'« Explication sur les Propositions relatives à l'élaboration du XIIIe Plan quinquennal pour le développement de l'économie nationale et le progrès social », donnée à la 5e session plénière du XVIIIe Comité central du Parti.

gie. Aujourd'hui, ces mesures s'avèrent nécessaires et efficaces. Face à l'actuelle situation critique affrontée par les ressources et l'environnement, nous devons, tout en poursuivant le double contrôle concernant les ressources énergétiques, mettre en œuvre le double contrôle de la quantité et de l'intensité concernant les ressources en eau et les terrains à bâtir, et les intégrer dans les indicateurs contraignants, tout en établissant un système de responsabilités afin de les distribuer et les mettre en application de manière raisonnable. Nous devons également étudier l'établissement d'un mécanisme de marché concernant le double contrôle, créer un système de gestion budgétaire, un système d'utilisation payante et d'échange, afin de réaliser les objectifs du double contrôle plutôt par les moyens du marché.

Sur l'expérimentation pilote de rotation des cultures et de jachères. Après un long développement, les terres arables de notre pays sont surexploitées ; certaines régions souffrent d'une érosion du sol ; la perte des eaux et du sol, l'exploitation excessive de l'eau souterraine, la détérioration du sol et la pollution diffuse croissante constituent des problèmes saillants restreignant le développement agricole durable. Actuellement, alors que l'augmentation des stocks de céréales est considérable en Chine, la subvention au stockage est relativement chargée. Parallèlement, le prix international des céréales étant faible, le prix national est beaucoup plus élevé que le prix international. En profitant de l'offre suffisante des céréales sur les marchés national et international, nous mettons en place la rotation des cultures et de jachères dans certaines régions, ce qui favorisera non seulement la reprise des terres arables et le développement agricole durable, mais aussi l'équilibrage entre l'offre et la demande des céréales, la stabilisation des recettes des agriculteurs et la réduction des charges financières.

La mise en œuvre de la rotation des cultures et de jachères permet à l'État de lancer, selon les possibilités financières ainsi que l'offre et la demande des céréales, des expériences pilotes principalement dans les zones où les nappes captives sont particulièrement profondes, les zones polluées par les métaux lourds et les zones où l'écosystème est gravement dégradé. Les agriculteurs concernés bénéficieront d'une subvention en céréales ou en argent comptant. Ces expériences pilotes doivent être lancées à condition d'assurer la sécurité alimentaire nationale et de ne pas réduire les revenus des agriculteurs. La jachère ne doit pas réduire les terres arables, ni aboutir à la désagriculturisation, ni affaiblir la productivité agricole générale, pour assurer la production et l'approvisionnement des céréales en cas d'urgence. Dans un même temps, nous devons promouvoir la sortie du pays de l'agriculture et accroître l'offre des produits agricoles domestiques. Les expériences pilotes sont obligatoires, étant donné que la rotation des cultures et la jachère ne sont pas une simple affaire.

Sur la gestion verticale de l'application de la loi concernant le contrôle et la surveillance par les services de l'environnement aux échelons inférieurs à la province. La pollution aggravée de l'environnement, notamment celle de l'air, de l'eau et du sol, est devenue un maillon faible de la construction d'une société de moyenne aisance. Remédier à la détérioration de l'environnement et améliorer la qualité de celui-ci constituent les attentes de la population et une tâche majeure durant le XIIIe Plan quinquennal à laquelle nous devons accorder une importance particulière et que nous devons faire progresser réellement. Avec l'actuel système de gestion régionale de la protection environnementale, certaines autorités locales mettent davantage l'accent sur le développement plutôt que sur la protection environnementale, interviennent dans l'application de la loi par les services de l'environnement en matière de contrôle et de surveillance, rendant les responsabilités concernées difficiles à concrétiser. Nombreux sont les phénomènes de laxisme dans l'observation et l'application de la loi et dans la poursuite en justice des infractions à celle-ci. L'actuel système de gestion de la protection environnementale présente les quatre problèmes suivants :

1. La difficulté de matérialiser la responsabilité de contrôle à l'égard des autorités locales et des départements concernés ;

2. La difficulté d'éviter l'intervention du protectionnisme local dans l'application de la loi concernant le contrôle et la surveillance de

l'environnement ;

3. La difficulté de s'adapter aux nouvelles exigences de la résolution des problèmes environnementaux transrégionaux et entre différents bassins ;

4. La difficulté de normaliser et de renforcer la formation du personnel des services locaux de la protection environnementale.

La gestion verticale de l'application de la loi concernant le contrôle et la surveillance par les services de l'environnement aux échelons inférieurs à la province, proposée par le texte, exige que le département de l'environnement au niveau provincial dirige directement les services de contrôle et de surveillance au niveau de la municipalité (ou de la préfecture) et du district, et couvre les dépenses du personnel et de l'activité de ces services, que le département de l'environnement au niveau de la municipalité (ou de la préfecture) pratique une double gestion basée sur la direction de l'administration (ou du bureau) de l'environnement au niveau provincial, et que le bureau de l'environnement au niveau du district ne travaille plus de manière indépendante mais qu'il travaille comme une délégation du bureau de l'environnement au niveau de la municipalité (ou de la préfecture). Cette réforme majeure du système de gestion de l'environnement favorisera la promotion de l'unité, de l'autorité et de l'efficacité de l'application de la loi dans ce domaine. Elle doit être généralisée sur la base des expériences pilotes afin d'être accomplie avant le terme du XIIIe Plan quinquennal.

La protection de l'environnement écologique doit nécessairement devenir un principe inhérent au développement[*]

(24 août 2016)

A présent, il est temps pour nous de renforcer la protection et l'aménagement de l'environnement écologique, et nous sommes capables de mener à bien cette affaire. D'une part, les problèmes de l'environnement écologique qui se sont accumulés au cours des nombreuses années de développement rapide sont proéminents, engrangeant ainsi de nombreuses critiques et plaintes chez le peuple ; la destruction et la pollution de l'éco-environnement ont non seulement un impact sur la durabilité du développement économique et social, mais aussi sur la santé de la population, devenant un problème considérable touchant à sa vie quotidienne que nous devons nous efforcer de résoudre. D'autre part, les conditions et les capacités sont à présent réunies pour procéder à cette résolution. Par le passé, du fait de la faiblesse des forces productives, nous étions contraints de défricher des terres en rasant des forêts et des prairies et en remplissant des zones lacustres afin d'augmenter la production de céréales. Les problèmes d'alimentation et d'habillement ayant été résolus, la protection de l'environnement écologique se doit de devenir un principe inhérent au développement.

---

[*] Extrait du discours à la fin de sa tournée d'inspection dans la province du Qinghai.

Adopter une vision selon laquelle
« la nature vaut son pesant d'or »[*]

(28 novembre 2016)

L'édification écologique fait partie importante du « plan global en cinq axes » et des dispositions stratégiques des Quatre Intégralités. Les diverses régions et les différents départements doivent mettre réellement en application le nouveau concept de développement et adopter une vision selon laquelle « la nature vaut son pesant d'or », afin de se diriger vers une nouvelle ère marquée par la civilisation écologique du socialisme.

Il faut approfondir la réforme institutionnelle de la civilisation écologique, accélérer la mise en place de la « charpente » institutionnelle régissant la civilisation écologique, afin d'assurer un développement institutionnalisé et respectueux de la loi de la civilisation écologique ; accélérer la promotion d'un développement vert, circulaire et bas carbone en l'associant avec la promotion de la réforme structurelle du côté de l'offre, afin de mettre en place des modes de vie et de production économes en ressources et respectueux de l'environnement ; renforcer le contrôle environnemental, prendre des mesures sérieuses contre les infractions à la loi et à la discipline, et œuvrer pour le règlement des problèmes notables relatifs à l'environnement écologique, de sorte que les masses populaires ressentent l'amélioration continue de l'environnement. Les comités du Parti et les gouvernements à tous les échelons, ainsi que les départements concernés, doivent prendre l'édification écologique comme l'une des tâches prioritaires, travailler d'arrache-pied et avec constance, unir leurs efforts pour régler les problèmes saillants, et veiller à obtenir

---

[*] Directives sur l'édification écologique.

des résultats pratiques, afin de mettre réellement en vigueur les décisions et les dispositions définies par le Comité central du Parti sur l'édification écologique et d'apporter une contribution plus grande à la construction d'une belle Chine, ainsi qu'au maintien de la sécurité écologique mondiale.

Promouvoir la mise en place des modes de vie et de développement écologiques[*]

(26 mai 2017)

Promouvoir la mise en place des modes de vie et de développement écologiques est dicté par la concrétisation du nouveau concept de développement. Il convient d'accorder à l'édification de la civilisation écologique une place toute particulière dans notre travail, de persévérer dans la politique fondamentale de l'Etat qui préconise l'économie des ressources et la protection de l'environnement, et d'insister sur le principe consistant à accorder la priorité à l'économie, à la protection et à la reconstitution naturelle, afin de mettre en place une configuration géographique, une structure industrielle, un mode de production et un mode de vie économes en ressources et respectueux de l'environnement, d'associer le développement économique et social à la protection de l'environnement, et de créer des conditions favorables à la production et à la vie de la population.

Les activités humaines doivent respecter la nature, s'y adapter et la protéger, auquel cas l'être humain subira ses représailles ; ceci est une loi irrépressible. L'homme vit dans la nature et coexiste avec elle. Tout dommage qu'il causera à celle-ci finira par lui porter atteinte. Seul un respect des lois de la nature nous permet d'éviter de faire des erreurs dans l'exploitation et l'utilisation de la nature. Depuis la mise en œuvre de la politique de réforme et d'ouverture, notre pays a réalisé des succès inédits dans son développement économique et social, constituant une source de fierté. En même temps, de nombreux problèmes écologiques se sont accumulés au cours de notre développement

---

[*] Points essentiels du discours à la 41ᵉ séance d'étude du Bureau politique du XVIIIᵉ Comité central du Parti.

490

rapide, et constituent un maillon faible dont le peuple se plaint avec véhémence. Il nous faut fournir des efforts pour les résoudre.

Promouvoir la mise en place des modes de vie et de développement écologiques représente une révolution profonde dans notre concept de développement. Il nous faut maintenir et appliquer le nouveau concept de développement et concilier de façon judicieuse le développement économique et la protection de l'environnement. Nous devons protéger l'environnement comme la prunelle de nos yeux, et le traiter comme nous traiterions notre propre vie. Il faut résolument abandonner les modes de développement qui compromettent ou même détruisent l'environnement, et s'abstenir de sacrifier celui-ci pour une croissance économique momentanée et locale. Nous devons veiller à faire d'un bon environnement un pôle de croissance favorable à l'amélioration de la vie de la population, le point d'appui d'un développement économique et social sain et durable, et un point d'application pour que notre pays fasse bonne figure, ainsi qu'à rendre notre ciel plus bleu, nos montagnes plus vertes, nos eaux plus limpides et notre environnement plus beau.

Nous devons prendre pleinement conscience de l'importance, de l'urgence et de la difficulté de la mise en place des modes de vie et de développement écologiques, et accorder une place plus importante à celle-ci. Il est nécessaire de mettre en place au plus vite une répartition scientifique, judicieuse et ordonnée de l'espace territorial, un système industriel favorable au développement vert, circulaire et bas carbone, des institutions écologiques alliant la contrainte et l'incitation, et un système d'action verte sous la gestion concertée entre le gouvernement, les entreprises et la population. Trois lignes devront être créées de façon accélérée, à savoir : la ligne de base pour garantir les fonctions écologiques, le seuil de la qualité et de la sécurité de l'environnement, et le plafond de l'utilisation des ressources naturelles. Tout cela a pour but de réaliser une protection de l'environnement sur tous les aspects, dans toutes les régions et au cours de tout le processus de notre développement.

Je propose six tâches majeures pour promouvoir la mise en place des modes de vie et de développement écologiques. Premièrement, accélérer la transformation du mode de développement économique. Pour fondamentalement améliorer l'environnement écologique, il faut changer le mode de développement basé sur une consommation excessive des ressources matérielles, sur une expansion quantitative et sur des industries énergivores et polluantes, de même que reposer notre développement sur l'innovation, tout en mettant en place un développement pilote davantage grâce à l'innovation et à la mise en valeur de l'avantage du premier entrant. Il s'agit d'une tâche importante de la réforme structurelle du côté de l'offre. Deuxièmement, intensifier le traitement global de la pollution de l'environnement. En mettant l'accent sur la résolution des problèmes saillants comme la pollution de l'air, de l'eau et du sol, il faut globalement renforcer la lutte contre la pollution de l'environnement, en mettant constamment en œuvre le plan d'action sur la lutte contre la pollution de l'air, en renforçant la lutte contre la pollution de l'eau, en engageant le traitement et la régénération des sols pollués, en intensifiant le traitement de la pollution diffuse d'origine agricole, et en multipliant les efforts fournis dans l'aménagement global de l'environnement urbain et rural. Troisièmement, accélérer la protection et le renouveau écologiques. En insistant sur la priorité à la protection et en mettant l'accent sur la reconstitution naturelle, il est nécessaire de renforcer la protection et la régénération écologiques intégrales des montagnes, des eaux, des forêts et des champs, engager des actions d'envergure de reboisement du territoire, et accélérer la lutte intégrée contre l'érosion des sols, la désertification et l'extension des déserts rocheux. Quatrièmement, promouvoir intégralement l'utilisation économe et intensive des ressources. Les problèmes environnementaux découlent, au fond, d'une exploitation excessive des ressources, d'une utilisation extensive de ces dernières et de leur consommation onéreuse. L'exploitation et l'utilisation des ressources doivent garantir non seulement une vie heureuse à la génération présente, mais aussi une base d'existence aux générations postérieures. Il faut forger le concept consistant à utiliser les ressources de façon économe, intensive et circulaire, et chercher à payer le moindre prix en matière de ressources et d'environnement pour obtenir les bénéfices économiques et sociaux les plus importants. Cinquièmement, préconiser la consommation verte. L'édification de la civilisation écologique est étroitement liée à chaque individu, qui doit en être un partisan et un promoteur. Il faut renforcer la sensibilisation à la civilisation écologique, élever la conscience environnementale des citoyens, pour favoriser un mode de vie et un mode de consommation économes, modérés, verts, bas carbone, sains et civilisés, et instaurer de bonnes mœurs de la participation commune de toute la société. Sixièmement, améliorer les institutions écologiques. Pour promouvoir le développement vert et l'édification écologique, l'accent doit être mis sur l'établissement des règlements, pour protéger l'environnement écologique par les institutions les plus strictes et la législation la plus rigoureuse. Pour cela, il est nécessaire d'améliorer le système de gestion des biens en ressources naturelles, renforcer la surveillance des ressources naturelles et de l'environnement écologique, promouvoir l'inspection concernant la protection de l'environnement, concrétiser le système d'indemnisation des dommages causés à l'environnement, et perfectionner le système de participation du public à la protection de l'environnement.

La clé pour concrétiser la protection écologique réside dans les cadres dirigeants. Il faut matérialiser le système de responsabilités des cadres dirigeants pour l'édification de la civilisation écologique durant leur mandat, pratiquer l'audit des biens en ressources naturelles lorsqu'un cadre dirigeant quitte définitivement son poste, appliquer consciencieusement les principes de respect des lois et règlements, d'objectivité et d'impartialité, d'authentification scientifique, de concordance entre les pouvoirs et les responsabilités, et de poursuite de la responsabilité à vie, ainsi que préciser les différentes circonstances dans lesquelles les cadres dirigeants aux divers échelons seront poursuivis en fonction de leurs responsabilités. Les cadres dirigeants responsables de dommages causés à l'environnement écologique devront être sérieusement poursuivis. Les comités du Parti et les autorités gouvernementales à tous les échelons doivent y attacher une haute importance et renforcer leur direction de manière effective ; les organismes de contrôle de la discipline et de supervision, les départements de l'organisation et les départements gouvernementaux compétents doivent assumer leurs responsabilités respectives et conjuguer leurs efforts.

Faire rayonner l'esprit de Saihanba[*]

(14 août 2017)

Depuis cinquante-cinq ans, les travailleurs du Centre de reboisement de Saihanba au Hebei, en répondant à l'appel du Parti, ont durement travaillé sur un désert où « les tempêtes de sable font disparaître le soleil, et les oiseaux ne trouvent aucun arbre pour nicher ». Ils ont fini par faire un miracle en transformant un désert en forêt, concrétisant par le biais de leurs actions réelles l'idée selon laquelle la nature vaut son pesant d'or. A ainsi été créé l'esprit de Saihanba caractérisé par une fidélité à sa mission, un dur labeur et un développement vert. Leurs actes touchants fournissent un exemple vivant à la promotion de l'édification écologique.

Tout le Parti et toute la société doivent s'en tenir au concept de développement vert, faire rayonner l'esprit de Saihanba, et poursuivre sans relâche l'édification d'une civilisation écologique. Grâce aux inlassables efforts fournis par plusieurs générations, nous mettrons en place une nouvelle situation dans laquelle l'homme et la nature vivent en harmonie, embellirons notre grande patrie, et laisserons à notre postérité un bel environnement où le ciel sera plus bleu, les montagnes plus vertes et les eaux plus limpides.

---

[*] Directives sur les mérites des travailleurs du Centre de reboisement de Saihanba au Hebei.

XII
Edification des forces armées

Mettre pleinement en valeur le rôle du travail politique en tant que ligne vitale dans le renforcement et la montée en gamme de notre armée*

(31 octobre 2014)

A l'heure actuelle, un changement profond et complexe se produit dans les situations intérieure et extérieure de notre pays. Face à la lutte aiguë et complexe au sein du domaine idéologique, notamment au réel danger des « révolutions de couleur », face aux tâches ardues et difficiles de la préparation aux luttes militaires, et face à l'approfondissement de la réforme de la défense et de l'armée, qui constitue une importante épreuve pour nous, il nous faut renforcer le travail politique dans l'armée, le faire progresser et redoubler d'efforts sans l'affaiblir ni l'arrêter ni réagir avec passivité.

L'orientation de notre parti est celle du travail politique de notre armée. La mission centrale de notre parti et de notre armée dans la nouvelle situation détermine les tâches du travail politique de notre armée. Celui-ci a pour thème actuel de fournir une solide garantie politique à l'accomplissement des objectifs fixés par notre parti pour la construction d'une puissante armée dans la nouvelle situation, tout en s'axant sur la réalisation du rêve chinois de grand renouveau de la nation. Toute notre armée doit être inébranlablement guidée par le marxisme-léninisme, la pensée de Mao Zedong, la théorie de Deng Xiaoping, la pensée importante de la Triple Représentation et le concept de développement scientifique, mais également appliquer les dispositions et les exigences formulées par le Comité central du Parti

---

* Extraits de l'intervention à la Conférence sur le travail politique de l'armée.

pour faire progresser l'état de droit et faire régner une stricte discipline au sein du Parti, appliquer le principe consistant à gérer l'armée de manière rigoureuse et selon la loi, suivre étroitement le thème actuel du travail politique de notre armée, consolider et améliorer le travail politique de notre armée dans la situation nouvelle, et faire pleinement jouer son rôle de ligne vitale pour rendre notre armée puissante et prospère.

« Les mailles d'un filet s'ouvrent quand on en tire la corde principale, et les membres obéissent eux-mêmes au corps dominant. »[1] Aujourd'hui, le plus urgent consiste à ériger quatre principes fondamentaux.

Premièrement, l'idéal et les convictions doivent être solidement implantés dans toute l'armée. « Le principe à suivre pour un général, c'est d'abord cultiver son esprit. »[2] Un noble idéal et de solides convictions constituent l'âme d'un militaire révolutionnaire et un facteur décisif permettant de vaincre l'ennemi et de résister à la corruption et à la dégénérescence. Raffermir l'idéal et les convictions des officiers et soldats doit être un projet stratégique visant à fortifier la constitution de l'armée et à concentrer ses forces vitales. Il nous faut prendre des mesures énergiques, afin d'obtenir des résultats tangibles grâce à nos efforts vigoureux et constants.

L'idéal et les convictions s'implantent au fil de la formation de nos officiers et soldats. Il faut former une nouvelle génération de militaires révolutionnaires avisés, compétents, intrépides et vertueux. Par « avisé », on entend de solides convictions et l'obéissance au commandement du Parti ; par « compétent », on entend une bonne formation et l'excellente aptitude au combat ; par « intrépide », on entend le courage, l'opiniâtreté et le sens du sacrifice ; par « vertueux », on entend de bons goûts et une bonne conduite. Il faut renforcer l'armement du Parti par la théorie scientifique, faire rayonner et mettre en pratique les valeurs essentielles socialistes, continuellement cultiver les valeurs essentielles des militaires révolutionnaires, revigorer l'allure des militaires révolutionnaires de notre temps et transmettre à la postérité les germes de notre idéal et de nos convictions, ainsi que le génome de notre tradition révolutionnaire.

Je considère encore que les cadres supérieurs constituent la clé que nous devons prendre en main pour faire épanouir notre idéal et nos convictions. Un grave problème particulièrement préoccupant est le manque de confiance des officiers et soldats de base envers un certain nombre de cadres dirigeants, notamment envers des cadres supérieurs. Dans un certain sens, la crise de conviction reflète celle de la confiance et nous devons en trouver la cause en haut. Les officiers et soldats ont-ils confiance ? Il faut avant toute autre chose examiner les cadres dirigeants, en sachant s'ils ont ou non cette confiance, et quel est leur comportement. Les camarades ici présents assument des charges très lourdes. Les officiers et soldats de toute notre armée fixent leur regard sur nous. Si nous croyons vraiment au marxisme, aimons vraiment notre parti, notre pays et notre armée, adoptons une attitude droite face aux problèmes d'importance capitale, ne craignons aucune épreuve, résistons fermement à toutes les tentations, respectons notre parole et agissons en conséquence, nous acquittons de nos responsabilités et donnons l'exemple à suivre, l'éducation relative à l'idéal et aux convictions sera couronnée de grands succès au sein de notre armée.

Deuxièmement, les principes régissant l'esprit du Parti doivent être solidement implantés dans toute l'armée. S'en tenir aux principes régissant l'esprit du Parti est la qualité politique fondamentale des membres du Parti et l'exigence fondamentale du travail politique. Dans le travail politique, il faut assurer de manière absolue la primauté aux principes du Parti, à la cause du Parti et aux intérêts du peuple. Les membres du Parti doivent garder à l'esprit leur identité, se préoccuper du Parti, le servir, concrétiser dans toutes leurs activités leur affection et leur préoccupation envers le Parti, et œuvrer pour sa prospérité et sa protection.

La critique et l'autocritique constituent une arme efficace pour s'en tenir aux principes régissant l'esprit du Parti et résoudre les contradictions et les problèmes subsistant au sein du Parti. Dans la présente campagne d'éducation et de mise en pratique de la ligne de masse du Parti, l'un des résultats importants consiste à restaurer et à développer notre belle tradition de critique et d'autocritique. Si personne n'ose critiquer ni ne veut procéder à l'autocritique, les problèmes se multiplieront, et les contradictions traîneront et s'aggraveront pour devenir finalement une maladie incurable. Nous devons consacrer des pratiques judicieuses et mener activement une lutte idéologique saine, afin de donner le jour à une ambiance transparente, solidaire et ascendante, pour discerner le vrai du faux. Nous devons renforcer le caractère politique, combatif et de principe de la vie interne du Parti et combattre résolument la complaisance et les tendances vulgaires.

« Une puissante armée exécute strictement les ordres émis. »[3] « Publier préalablement le règlement avant de punir sérieusement le coupable. »[4] Pour s'en tenir aux principes régissant l'esprit du Parti, il est essentiel d'instaurer les règles de conduite, de les observer et de les mettre en pratique. Il faut stipuler en termes explicites ce que l'on peut faire, ce que l'on ne peut pas faire, mais aussi comment procéder pour l'un et pour l'autre. Il faut élever la force contraignante du système pour que le système et la discipline deviennent des « lignes à haute tension », que la sanction pénale et disciplinaire des infractions soit systématique et permanente, et que les membres du Parti et les cadres sachent ce qu'ils doivent respecter, retenir et ne pas enfreindre.

Au cours de la 4e session plénière du XVIIIe Comité central du Parti, j'ai insisté sur la nécessité d'observer la discipline politique et les règles de conduite politiques, et j'ai énuméré sept manifestations principales des problèmes. En ce qui concerne l'observation de la discipline, l'armée doit avant tout observer la discipline politique et se conformer aux règles de conduite politiques. Pour elle, les normes doivent être plus rigoureuses, et les exigences, plus sévères. Personne ne peut franchir la ligne rouge de la discipline politique et des règles de conduite politiques, sous peine de commettre un gros impair et de le payer chèrement.

Chaque membre du Parti et chaque cadre doivent assumer la responsabilité d'observer les principes régissant l'esprit du Parti. Les cadres dirigeants doivent s'en tenir à la vérité et aux principes, et oser lutter contre toutes les personnes et actions qui violent les principes de l'esprit du Parti. A tous les échelons, il faut soutenir et protéger les membres du Parti et les cadres qui osent dire la vérité et combattre les phénomènes malsains, de sorte que les règles implicites soient rendues inefficaces et qu'une écologie politique claire et droite voie le jour.

Troisièmement, les normes de la combativité doivent être solidement implantées dans toute l'armée. Notre armée a pour vocation essentielle de faire la guerre. Les normes de la combativité sont donc les uniques normes fondamentales dans l'édification de l'armée. Le travail politique a pour but de garantir l'application totale de ces normes dans tous les domaines et toutes les activités de l'édification de l'armée. Tout doit converger vers l'exigence de « savoir combattre et vaincre ». Nous devons améliorer et perfectionner le système d'examen et d'évaluation du travail des comités du Parti et des cadres dirigeants, orienter l'opinion publique, les activités, la promotion du personnel et les mesures politiques dans un sens favorable au renforcement de la combativité de l'armée, et adopter de fermes mesures pour cimenter et compléter les normes de la combativité.

Pour notre armée, le travail politique s'avère très important pour la formation et le déploiement de la combativité. On a tort de considérer les normes de la combativité comme l'équivalent des normes militaires, et de séparer le développement de la combativité du travail politique, ou d'opposer l'un à l'autre. Le travail politique doit aiguiser sa conscience pour s'axer sur la mission centrale et servir l'intérêt général, sortir du cercle étrange « auto-conception – auto-circulation – autocontrôle » et, d'après les exigences pour gagner une guerre informatique localisée, explorer les mécanismes fonctionnels du travail politique en servant et en assurant le développement de la combativité, pour que le travail politique agisse à travers tous les maillons du développement de la combativité et fusionne avec la préparation à la lutte militaire dans tout son processus. Il faut suivre de près l'approfondissement de la réforme, mener à bien le travail idéologique et politique de façon ciblée et conduire les officiers et soldats à raffermir leurs convictions, à mieux assumer leurs responsabilités, à agir conformément aux ordres reçus, à soutenir fermement et activement la réforme, à y prendre part de leur propre chef et à assurer sa bonne marche.

Quatrièmement, le prestige du travail politique doit être solidement implanté dans toute l'armée. A parler franchement, l'existence de divers problèmes a porté atteinte au travail politique de notre armée, et a parfois causé de sérieux préjudices. Comme le dit l'adage : « Un prestige en déclin mènera à l'autodestruction et une législation confuse causera préjudice à soi-même. »[5] Il est aujourd'hui urgent de rétablir le prestige du travail politique et de s'en tenir aux principes fondamentaux suivants : cohérence entre les paroles et les actes ; rôle exemplaire des dirigeants ; et conduite de l'échelon inférieur par l'échelon supérieur.

Autrefois, notre travail politique comptait principalement sur le rôle exemplaire des éléments modèles. Durant la période de l'Armée rouge, son travail politique était assumé par les délégués du Parti, qui jouissaient d'un haut prestige. Le camarade Luo Ronghuan[6] a rappelé que, pendant la marche, « les délégués du Parti étaient à l'arrière et portaient le fusil des soldats faibles. Ils partageaient les joies et les peines des soldats et avaient donc leur soutien. Les soldats se douteraient de l'authenticité de tout ordre non cosigné par le délégué du Parti »[7]. Le rôle exemplaire des cadres politiques est pour lui-même son meilleur travail politique, soit : « les actes priment sur les paroles ».

Aujourd'hui, avec l'évolution de la situation, il y a davantage de méthodes et de moyens d'effectuer le travail politique, mais le rôle exemplaire n'est toujours pas révolu. Ce ne sont pas vos propos, mais vos actes qui sont dans le viseur des officiers et soldats. Le prestige du travail politique ne peut s'implanter que grâce au rayonnement du rôle exemplaire des militaires modèles et des dirigeants, et grâce au bilan des cas pilotes, à l'assainissement politique, à l'emploi des cadres honnêtes et à la punition des mauvais éléments. A ce propos, il faut conduire les cadres, notamment les cadres politiques, à tous les niveaux, à unir la force de la vérité et celle de la personnalité, et à constamment rechercher la vérité, le pragmatisme, l'impartialité et la probité. Dans ce rapport, les membres de la Commission militaire centrale doivent donner l'exemple à suivre pour toute l'armée.

Notes :

[1] Yang Quan, époque des dynasties des Wei et des Jin (220-420).

[2] Su Xun (1009-1066), dynastie des Song du Nord.

[3] Liu Xiang (77-6 av. J.-C.) : *Jardins de contes* (*Shuo Yuan*), dynastie des Han de l'Ouest.

[4] *La sanction sévère* (*Wei Liao Zi*).

[5] Lu Jia (240-170 av. J.-C.), dynastie des Han de l'Ouest.

[6] Luo Ronghuan (1902-1963), né à Hengshan dans la province du Hunan, révolutionnaire prolétarien, stratège et l'un des maréchaux de la République populaire de Chine.

[7] Luo Ronghuan : « La réunion de Gutian et le travail politique de notre armée », *Textes militaires choisis de Luo Ronghuan*, Editions de l'APL, 1997, page 551.

Mettre en œuvre sur tous les plans la stratégie de renforcement militaire par la réforme[*]

(24 novembre 2015)

Approfondir la réforme de la défense nationale et de l'armée constitue une exigence de l'époque pour réaliser le rêve chinois et celui du renforcement militaire, une voie incontournable pour le renforcement et le redressement de l'armée, ainsi qu'une astuce clé déterminant le destin de l'armée. Il nous faut donc appliquer en profondeur l'objectif du Parti en matière de renforcement militaire dans le nouveau contexte apparu, mobiliser toute l'armée et toutes les forces concernées, raffermir notre foi, réunir les volontés, unifier les pensées et les actions afin de mettre en œuvre sur tous les plans la stratégie de renforcement militaire par la réforme et de poursuivre inlassablement la voie de renforcement militaire propre à la Chine.

L'histoire de notre armée populaire est, d'un bout à l'autre, une succession de réformes et d'innovations. Au cours de son développement sous la direction du Parti, marqué par son agrandissement et son renforcement progressifs ainsi que sa marche de victoire en victoire, les réformes et les innovations n'ont jamais cessé. La constante vitalité de notre armée est étroitement liée à sa propre réforme qu'elle ne cesse de mener en évoluant avec son temps. A l'heure actuelle, notre pays se trouve à une période clé de passage d'une grande nation à une nation puissante, et l'édification de notre défense nationale et de notre armée, elle, à un nouveau point de départ historique. Tout nous invite à approfondir la réforme de la défense nationale et de l'armée avec davantage de sagesse et de courage : faire face aux changements

---

[*] Points essentiels du discours à la réunion de la Commission militaire centrale sur la réforme.

profonds et complexes de la conjoncture internationale avec une vision générale et mondiale et en fonction des circonstances, maintenir et développer le socialisme à la chinoise, faire progresser d'une manière coordonnée les dispositions stratégiques des Quatre Intégralités, réaliser l'objectif de renforcement militaire, mettre à exécution les principes stratégiques militaires, et accomplir dûment les missions et les tâches de l'armée. Les cadres et les masses populaires attachent une grande attention et accordent un soutien énergique à l'approfondissement de la réforme de la défense nationale et de l'armée, tandis que les officiers et soldats attendent beaucoup de lui en lui accordant leur ferme appui. De manière générale, l'approfondissement de la réforme de la défense nationale et de l'armée rencontre autant de conditions subjectives et objectives propices que d'opportunités heureuses.

Nous devons correctement comprendre et maîtriser dans leur ensemble les exigences globales imposées à l'approfondissement de la réforme de la défense nationale et de l'armée. Celui-ci suit l'idée directrice suivante : en mettant à exécution l'esprit du XVIIIe Congrès du Parti ainsi que celui des 3e, 4e et 5e sessions plénières du XVIIIe Comité central du Parti, en se guidant sur le marxisme-léninisme, la pensée de Mao Zedong, la théorie de Deng Xiaoping, la pensée importante de la Triple Représentation et le concept de développement scientifique, conformément à l'exigence des dispositions stratégiques des Quatre Intégralités, et en fonction de l'objectif du Parti en matière de renforcement militaire dans la nouvelle situation, appliquer les principes stratégiques militaires dans la nouvelle situation, mettre à exécution sur tous les plans la stratégie de renforcement militaire par la réforme, en finir avec les obstacles institutionnels, les contradictions structurelles et les mesures politiques inadéquates qui entravent l'édification de la défense nationale et de l'armée, promouvoir la modernisation de la forme organisationnelle de l'armée, mieux libérer et développer les forces de combat, mieux libérer et renforcer la vitalité de l'armée, mettre en place une solide défense nationale et une puissante armée adaptées à la position de notre pays dans le monde ainsi qu'à nos intérêts en matière de sûreté de l'Etat et de développement, et fournir un soutien énergique à la réalisation des objectifs des « deux centenaires » et à celle du rêve du renouveau de la nation chinoise.

Pour se conformer à l'idée directrice régissant l'approfondissement de la réforme de la défense nationale et de l'armée, la clé est de saisir l'objectif du Parti en termes de renforcement militaire dans la nouvelle situation, et de persister à examiner, diriger et promouvoir la réforme conformément à celui-ci. Depuis la tenue du XVIIIe Congrès du Parti, tout en s'axant sur la réalisation de l'objectif de renforcement militaire, la Commission militaire centrale a procédé à une planification générale pour harmoniser les efforts en vue d'accentuer le caractère révolutionnaire, la modernisation et la conformité aux normes internationales de notre armée, pour équilibrer l'édification et l'emploi de nos forces armées, et pour coordonner l'édification économique et celle de la défense nationale ; elle a élaboré les principes stratégiques militaires dans le nouveau contexte, avancé une série de principes et politiques d'importance majeure et pris d'importantes décisions et dispositions. Nous devons, à travers la réforme, appliquer judicieusement ces importantes planifications et conceptions stratégiques afin de fournir une grande force motrice et une garantie énergique, dynamique et institutionnelle à la mise à exécution de l'objectif du renforcement militaire.

Nous devons, en nous axant sur l'application des exigences relatives à l'édification politique de l'armée dans la nouvelle situation, promouvoir la coordination parfaite entre la direction et le contrôle des forces armées d'une part et leur commandement efficace d'autre part, et mettre en place une architecture où la Commission militaire centrale se charge de la direction générale, les commandements de théâtres d'opérations, des combats, et les différentes armées, de leur propre édification. Il faut s'en tenir à la ferme et juste direction politique, recourir à une série de conceptions institutionnelles et d'arrangements réglementaires, afin de consolider davantage et améliorer de manière continue le principe et le système fondamentaux de la direction absolue de l'armée par le Parti, de renforcer la direction centralisée et unifiée de la Commission militaire centrale et de mieux faire centraliser les pouvoirs suprêmes de direction et de commandement de l'armée au Comité central du Parti et à la Commission militaire centrale. Il faut procéder à une conception intégrée du système de direction et du système de commandement des opérations conjointes, faire appel à plusieurs mesures majeures telles que la restructuration des départements généraux de la Commission militaire centrale et l'application du système de départements multiples en son sein, la mise en place d'un organe de direction pour l'armée de terre et le perfectionnement du système de direction des armées et des armes, la réorganisation des théâtres d'opérations et l'établissement d'organes de commandement des opérations conjointes pour ceux-ci, ainsi que l'amélioration des organes de commandement des opérations conjointes relevant de la Commission militaire centrale, afin de mettre en place un système de commandement hiérarchisé « Commission militaire centrale – théâtres d'opérations – troupes » et un système de direction hiérarchisée « Commission militaire centrale – armées – troupes ».

Nous devons, en nous axant sur la promotion en profondeur de la gestion de l'armée selon la loi et avec rigueur, et en saisissant la gestion des pouvoirs qui est cruciale, mettre en place un système strict d'équilibre des pouvoirs et de surveillance de leur exercice. Conformément au principe qui veut que la prise de décision, l'application et la supervision se conditionnent et se coordonnent mutuellement, il faut diviser et répartir les pouvoirs, afin de résoudre notamment les problèmes liés à la déficience de l'indépendance et de l'autorité des organes de contrôle de la discipline, de tournée d'inspection, de vérification des comptes et de contrôle judiciaire au sein de l'armée, de rendre plus serrés les barreaux de la cage institutionnelle et de faire disparaître le terreau propice à la naissance et à l'expansion de la corruption. Une nouvelle commission de contrôle de la discipline sera créée au sein de la Commission militaire centrale, qui sera chargée d'envoyer des équipes de contrôle de la discipline aux organes et départements de la Commission militaire centrale tout comme aux différents théâtres d'opérations, afin de promouvoir la concrétisation du système de double direction des commissions de contrôle de la discipline. La Commission militaire centrale aura une commission des comptes réorganisée, qui enverra des équipes d'audit à toutes les unités. Une nouvelle commission politique et juridique sera créée au sein de la Commission militaire centrale, le système judiciaire militaire sera réorganisé, et des tribunaux et parquets militaires seront établis selon les régions afin d'assurer l'exercice de leurs attributions conformément à la loi et de façon indépendante et impartiale.

Nous devons, en nous axant sur la formation d'une force de combat d'élite, optimiser le format et la structure de l'armée ainsi que les formations des troupes, et promouvoir la transformation de notre armée de la quantité à la qualité, et du format à l'efficacité. Nous allons, conformément aux principes de format réduit et d'efficacité, réduire les effectifs de notre armée de 300 000 personnes et simplifier les services et les unités non combattantes, afin que notre armée soit peu nombreuse mais hautement efficace. Il faut réorganiser et perfectionner la composition des armées, optimiser leur structure de force, réformer les formations des troupes conformément aux besoins en sécurité et aux tâches de combat de différentes directions, afin que les formations des troupes soient substantielles, combinées, multifonctionnelles et flexibles. Nous devons faire progresser le remaniement de la gestion militaire centré sur l'efficacité et la capacité, nous forger la conception d'une gestion moderne, perfectionner le système de gestion et en optimiser la procédure afin d'élever sans cesse le niveau de la gestion professionnelle, précise et scientifique de notre armée.

Nous devons, en nous axant sur les prises de positions dominantes et stratégiques dans la future situation concurrentielle militaire, mettre pleinement en valeur le rôle d'entraînement que joue l'innovation dans le développement, et former de nouveaux pôles de croissance pour notre combativité. Le développement scientifique et technique de la défense nationale constituant un programme stratégique et jouant un rôle fondamental et directeur, il nous faut choisir avec précision des points de percée, anticiper nos dispositions, renforcer la recherche des technologies anticipatives, directrices et exploratoires ainsi que celles aux nouvelles conceptions, rechercher activement la supériorité concurrentielle en matière de technologies militaires, et élever la contribution de l'innovation à la croissance de la force de combat.

Nous devons, en nous axant sur le développement, la gestion et l'emploi des ressources humaines militaires, faire avancer la réforme institutionnelle et l'innovation politique du système de développement des compétences ainsi que créer un environnement dynamique favorable à l'émergence incessante des talents et à leur pleine mise en valeur. Il faut persévérer dans la gestion des cadres et des compétences par le Parti, améliorer la classification des ressources humaines, optimiser les attributions de leur gestion, renforcer la gestion centralisée et unifiée des ressources humaines militaires, afin qu'elles se transforment en force de combat substantielle. Nous nous devons d'approfondir la réforme des écoles militaires pour mettre en place un nouveau système de formation des compétences militaires regroupant l'enseignement dans les écoles militaires, l'entraînement et la pratique dans les troupes ainsi que la formation professionnelle militaire. Nous devons promouvoir la réforme des systèmes régissant les officiers, les soldats et le personnel civil, approfondir la réforme des systèmes concernant les soins médicaux, les assurances, l'accès au logement, la rémunération et le bien-être des militaires, améliorer les politiques et les institutions sur les ressources humaines militaires et sur la logistique, ainsi que mettre en place un système de politiques et d'institutions traduisant les particularités professionnelles militaires et renforçant le sentiment d'honneur et de fierté des militaires, afin de mieux réunir les cœurs des militaires, de stabiliser les troupes et de remonter le moral des soldats.

Nous devons, en nous axant sur l'application de la stratégie d'intégration civilo-militaire, faire progresser la réalisation des réformes et des tâches importantes engageant à la fois le militaire et le civil, afin de promouvoir la fusion du développement de l'économie nationale et de celui de la défense nationale. Il faut en finir avec les problèmes de systèmes et de mécanismes entravant l'intégration civilo-militaire, et s'efforcer de mettre en place trois systèmes afin de créer un environnement favorable au développement approfondi de l'intégration civilo-militaire impliquant tous les facteurs et plusieurs domaines tout en permettant un haut rendement. Il s'agit d'un système d'organisation et de gestion caractérisé par la direction unique, la coordination civilo-militaire ainsi que la fluidité et l'efficacité, d'un système de fonctionnement conciliant l'orientation par l'Etat, l'entraînement par les demandes et les opérations sur le marché, et d'un système de politiques et d'institutions qui est complet, assorti et incitatif. Nous devons améliorer les systèmes et les mécanismes concernant les réservistes et la mobilisation pour la défense nationale. Nous devons également renforcer, au niveau national, l'organisation et la direction de la gestion des militaires démobilisés et perfectionner le système de garantie des services ainsi que les politiques et les institutions en la matière. Nous devons par ailleurs en finir définitivement avec les services payants de l'armée.

L'approfondissement de la réforme de la défense nationale et de l'armée constitue une transformation intégrale et révolutionnaire. Conformément au calendrier établi par le programme général de la réforme, d'ici 2020, des progrès significatifs devront être réalisés dans la réforme du système de direction et de gestion ainsi que dans celle du système de commandement des opérations conjointes, et des résultats notoires devront être acquis dans la réforme concernant l'optimisation du format et de la structure, l'amélioration des politiques et des institutions ainsi que la promotion de l'intégration civilo-militaire, afin de mettre en place un système de force militaire moderne et à la chinoise, capable de gagner les guerres cybernétiques et de remplir efficacement les missions et les tâches lui incombant, ainsi que de perfectionner le système militaire aux couleurs du socialisme à la chinoise. L'ensemble de l'armée doit, animée d'une haute conscience historique, d'un vif sens des missions et responsabilités, et d'un esprit à laisser ses empreintes sur la pierre et le métal, gagner résolument ce difficile combat de réforme et répondre aux attentes du Parti et du peuple.

Nous devons insister sur l'unification de la compréhension idéologique et accompagner tout le processus de la réforme avec le travail idéologique et politique, de sorte que tous les échelons renforcent leur conscience politique, celle de l'intérêt général et celle de l'ordre, et que les commandants et combattants favorisent, soutiennent la réforme et y participent. Les organismes dirigeants et les cadres aux échelons supérieurs doivent donner l'exemple en ce qui concerne l'insistance sur la politique, la considération de l'intérêt général, l'observation de la discipline, la promotion de la réforme et l'accomplissement des obligations, maintenir sans hésitation l'autorité et la rigueur des décisions et des dispositions prises par le Comité central du Parti et la Commission militaire centrale concernant la réforme. Il faut renforcer l'organisation et la direction, afin que les comités du Parti aux divers échelons considèrent la mise à exécution des mesures de la réforme comme leur responsabilité politique, que le secrétaire du comité du Parti se positionne en tant que premier responsable et que la mise à exécution à chaque échelon soit contrôlée par son échelon supérieur. En ce qui concerne l'édification du Parti, l'armée doit déterminer les tâches et prendre les mesures en s'axant sur la réforme, tout en assurant la bonne progression de toutes les réformes. Il faut assurer les mesures d'accompagnement en insistant sur l'harmonisation entre la législation et la réforme et en menant à bien et sans tarder l'élaboration, l'amendement, l'abolition et l'interprétation des lois, afin que la réforme progresse sur la voie de la légalité et que tous les échelons fonctionnent régulièrement et méthodiquement, conformément aux nouveaux mécanismes établis. Il faut établir de façon scientifique le plan de réorganisation et de réinsertion des cadres, décider de manière rationnelle leur promotion ou leur rétrogradation tout comme leur démobilisation ou leur maintien professionnel, ainsi que prendre à cœur et résoudre leurs difficultés réelles. Les vétérans constituant une précieuse richesse du Parti et de l'armée, nous devons, avec précaution, assurer le transfert des services à leur égard.

Pour le moment, la Commission militaire centrale doit centrer sa direction sur la réforme ; tous les échelons doivent aligner leurs activités sur la réforme ; la conception, la disposition et la promotion de toutes les actions doivent s'axer sur la réforme. Nous devons continuer à accélérer et à améliorer l'application de l'esprit de la Conférence sur le travail politique de l'armée, la rectification du style de travail, la lutte contre la corruption, ainsi que le suivi de tous les examens et de toutes les vérifications, associer étroitement la campagne d'éducation et de rectification spécialisée dans les « trois consignes de rigueur et trois règles d'honnêteté » à l'approfondissement de la réforme. Il faut renforcer la gestion des troupes pour assurer leurs sécurité, stabilité, centralisation et unification. Nous devons, conformément aux nouvelles exigences du développement économique et social de l'Etat imposées à l'édification de la défense nationale et de l'armée, accélérer l'élaboration du XIIIe Plan quinquennal pour l'édification et le développement de l'armée.

Les organismes d'Etat relevant de l'autorité centrale ainsi que les comités du Parti et les gouvernements locaux aux divers échelons doivent renforcer leur conscience de l'intérêt général, considérer comme le leur le soutien à l'approfondissement de la réforme de la défense nationale et de l'armée, adopter des mesures spéciales et des politiques préférentielles afin d'aider de leur propre initiative la réinsertion des militaires et employés démobilisés. Le Parti, le gouvernement ainsi que les autorités militaires et civiles doivent conjuguer leurs efforts pour mettre à exécution les diverses tâches destinées à l'approfondissement de la réforme de la défense nationale et de l'armée, pour obtenir sans cesse de nouveaux progrès dans l'application de la stratégie de renforcement militaire par la réforme, et pour contribuer toujours davantage à la réalisation du rêve chinois et à celle du rêve du renforcement militaire.

Accélérer la mise en place d'une architecture de développement en profondeur de l'intégration civilo-militaire[*]

(20 juin 2017)

Le développement de l'intégration civilo-militaire est érigé en une stratégie nationale. Il s'agit d'un fruit important de l'exploration sur un long terme de la loi du développement coordonné de l'économie et de la défense nationale, d'une décision importante prise en faveur de la situation générale du développement et de la sécurité du pays, et d'une mesure importante visant à affronter les menaces sécuritaires complexes et à remporter les avantages stratégiques nationaux. Afin de progressivement mettre en place un système et une capacité stratégiques nationaux d'intégration civilo-militaire, il faut renforcer la direction centralisée et unifiée, appliquer le concept global de sécurité nationale et les principes stratégiques militaires dans la nouvelle conjoncture, suivre le principe « se focaliser sur les problèmes », renforcer la conception globalisée et l'intégration des demandes, gérer les ressources existantes et nouvelles selon une planification d'ensemble, promouvoir en même temps la réforme des institutions et des mécanismes, l'intégration des systèmes et des facteurs, la mise en place des règlements et des normes, et accélérer la mise en place d'une architecture de développement en profondeur de l'intégration civilo-militaire impliquant tous les facteurs et plusieurs domaines tout en permettant un haut rendement.

La période actuelle et les années à venir constituent une ère

---

* Points essentiels du discours à la première séance générale de la Commission centrale du développement de l'intégration civilo-militaire.

pleine d'opportunités stratégiques pour l'intégration civilo-militaire, et cruciale pour que cette dernière passe d'une intégration préliminaire à une intégration en profondeur avant de réaliser un développement à grandes enjambées. Les parties concernées doivent impérativement saisir l'opportunité, innover dans leurs idées, se livrant à l'« unification » en matière de direction, de demandes, de planification, de ressources et de normes, à l'« intégration » entre civils et militaires dans différents domaines, à des percées dans l'« innovation », ainsi qu'à des résultats pratiques pour un développement « en profondeur », afin d'améliorer et d'accélérer l'intégration civilo-militaire.

Afin de promouvoir le développement en profondeur de l'intégration civilo-militaire, nous devons, en fonction des réalités du pays et de l'armée, dégager une voie de l'intégration civilo-militaire à la chinoise et mettre en application le concept de développement de l'intégration civilo-militaire, ainsi que les décisions et les dispositions de celle-ci dans tout le champ et dans tout le processus de l'édification économique et de celle de la défense nationale. Il convient de mettre en valeur les avantages politiques de notre système socialiste permettant de rassembler tous les efforts pour accomplir de grands projets, de s'en tenir à l'association entre le rôle directeur de l'Etat et le mécanisme du marché, d'utiliser toutes sortes de moyens, dont l'orientation par la planification, l'innovation institutionnelle, le soutien assuré par les mesures politiques, la garantie judiciaire et la marchéisation, afin de conjuguer au maximum tous les efforts favorables au développement de l'intégration civilo-militaire, de mettre en valeur le rôle de soutien et d'entraînement bidirectionnels de cette intégration envers l'édification de la défense nationale et le développement économique et social, et de maximiser le rendement global de l'édification économique et de celle de la défense nationale.

Pour le développement en profondeur de l'intégration civilo-militaire, la solution réside en définitive dans la réforme et l'innovation. Nous devons faire une percée en élargissant l'ouverture pour rompre la fermeture, optimiser l'ensemble des systèmes, mécanismes, politiques et règlements, ainsi que promouvoir la refondation du système de l'intégration civilo-militaire et la planification d'ensemble des domaines prioritaires. Il est vivement recommandé de combiner la stratégie de développement de l'intégration civilo-militaire et celle de développement grâce à l'innovation, d'accélérer la mise en place du système d'innovation en matière d'intégration civilo-militaire, de développer des supports physiques exemplaires de l'innovation, de dégager de nouveaux espaces de développement de l'intégration civilo-militaire, et d'explorer de nouvelles approches favorisant l'intégration civilo-militaire.

Afin de développer en profondeur l'intégration civilo-militaire, nous devons savoir faire avancer notre travail selon une pensée et des procédés conformes au régime de la légalité, mettre en valeur le rôle des lois et des règlements en matière de réglementation, d'orientation et de garantie, et accélérer les activités portant sur l'élaboration, l'amendement, l'abolition et l'interprétation des lois et règlements relatifs à l'intégration civilo-militaire. Nous devons optimiser l'environnement institutionnel en faveur du développement de l'intégration civilo-militaire, résolument abolir les obstacles, rompre la glace et faciliter l'accès, accélérer le perfectionnement des règlements d'accès aux marchés, et encourager, par le biais des orientations indiquées par les politiques concernées, davantage d'entreprises remplissant les conditions requises, de talents, de technologies, de capitaux et de services à jouer un plus grand rôle au cours du développement de l'intégration civilo-militaire.

Afin de promouvoir le développement en profondeur de l'intégration civilo-militaire, nous devons concentrer nos efforts sur les domaines prioritaires, et étendre une expérience spécifique à tout un secteur en vue d'améliorer le niveau d'ensemble. L'intégration civilo-militaire dispose d'un énorme potentiel dans les domaines portant sur la construction d'infrastructures, les sciences, les technologies et les industries de la défense nationale, la commande d'armements et d'équipements, la formation de talents, la socialisation du soutien logistique de l'armée, ainsi que la mobilisation pour la défense nationale. Il faut renforcer la restructuration des ressources, utiliser au mieux les ressources existantes, et optimiser la répartition des nouvelles ressources, afin de maximiser le rendement apporté par le développement en profondeur de l'intégration civilo-militaire. Les mers, l'espace spatial, le cyberespace, la biologie, et les nouvelles énergies présentent un grand potentiel d'usage civilo-militaire, et il faut donc appliquer le concept et les exigences de l'intégration civilo-militaire tout au long de la planification des conceptions, de l'organisation des applications, et de l'utilisation des réalisations, mener à bien la résolution des problèmes notables, et accélérer la mise en place d'une architecture de développement de l'intégration civilo-militaire dans les domaines émergents qui présentent une intégration multidimensionnelle, avancent d'une manière coordonnée et assurent un développement à grandes enjambées.

Afin de promouvoir le développement en profondeur de l'intégration civilo-militaire, nous devons intensifier les mises en application. Il est nécessaire d'aiguiser le sens de l'urgence et d'agir au plus vite en profitant de l'instant présent, d'accomplir les projets l'un après l'autre dans un esprit de ténacité et en fonction de la division du travail, d'accélérer l'avancement des tâches clés, et de mettre en œuvre les projets importants avec efficacité. Une grande attention doit être accordée à l'amélioration de la qualité et de l'efficacité d'ensemble du développement de l'intégration civilo-militaire et au renforcement de la supervision et de l'évaluation, afin de former une orientation claire et des normes d'évaluation propres au développement de l'intégration civilo-militaire.

Les différentes régions et les différents services doivent harmoniser leurs pensées et leurs actions avec les décisions et les dispositions du Comité central du Parti, renforcer le sens des responsabilités, oser affronter les défis et les risques et toucher aux intérêts acquis, surmonter les problèmes délicats, vaincre l'adversité et ouvrir de nouvelles voies ; ils doivent intensifier la planification d'ensemble en ce qui concerne l'organisation et la gestion, la planification des politiques, les réformes importantes, les infrastructures et les expériences pilotes ; ils doivent par ailleurs résoudre d'une manière coordonnée les problèmes importants intersectoriels, interdisciplinaires et interrégionaux, afin de faire progresser leur travail de manière effective. Les différentes provinces (régions autonomes et municipalités relevant directement de l'autorité centrale) doivent accélérer la création d'organes de direction pour le développement de l'intégration civilo-militaire, perfectionner la répartition des fonctions et le mécanisme de travail, afin d'assurer une puissante garantie organisationnelle pour la mise en œuvre des décisions et des dispositions du Comité central du Parti.

Promouvoir constamment l'édification d'une armée puissante[*]

(1ᵉʳ août 2017)

Les roues de l'histoire vont toujours de l'avant. Dans le monde d'aujourd'hui, la situation internationale connaît des changements sans précédent. En Chine, le socialisme à la chinoise progresse sur tous les plans et nous rencontrons ainsi une rare opportunité de réaliser le rêve chinois de grand renouveau de la nation, tout en étant forts d'une base solide et d'une confiance inestimable. Cependant, dans le même temps, nous devons clairement constater que nous avancerons sur une voie qui ne sera jamais plate, que nous affronterons sans aucun doute toutes sortes de défis sérieux, de graves risques, d'obstacles de taille et de considérables contradictions, et que nous devrons mener une grande lutte aux nombreuses caractéristiques historiques nouvelles.

À ce nouveau point de départ de l'histoire, nous comprenons plus profondément que la nation chinoise s'est débarrassée de la misère et que le peuple chinois s'est libéré grâce à son armée populaire héroïque. Pour réaliser le grand renouveau de la nation chinoise et apporter de meilleures conditions de vie au peuple chinois, il faut accélérer la transformation de notre armée populaire en une armée de premier ordre mondial. Nous devons continuer d'aller de l'avant sans oublier notre engagement initial, poursuivre résolument la voie d'édification d'une armée puissante à la chinoise et promouvoir constamment l'édification d'une armée puissante.

– Pour promouvoir l'édification d'une armée puissante, il faut maintenir sans défaillance la direction absolue de l'armée par le Parti

---

[*] Extraits du discours au grand rassemblement marquant le 90ᵉ anniversaire de la fondation de l'Armée populaire de Libération de Chine.

pour que notre armée populaire suive toujours le Parti. La direction du Parti est la garantie fondamentale du maintien constant de la cohésion, de l'attraction, de la créativité et de la combativité considérables de notre armée populaire. La direction absolue de l'armée par le Parti est le caractère essentiel du socialisme à la chinoise, la supériorité politique importante du Parti et de l'Etat ainsi que la base sur laquelle s'est construite l'armée populaire et l'âme qui lui a permis de devenir puissante. Quels que soient l'évolution de l'époque et le changement de la situation, notre armée restera toujours celle de notre parti et de notre peuple. Notre armée entière doit renforcer sa conscience politique, sa conscience de l'intérêt général, sa conscience du noyau dirigeant et sa conscience de l'alignement, sauvegarder résolument l'autorité du Comité central du Parti, appliquer fermement le principe et le système essentiels régissant la direction absolue de l'armée par le Parti et obéir inébranlablement au commandement du Comité central du Parti et de la Commission militaire centrale. Sur cette question de principe extrêmement importante, on doit garder un esprit fortement lucide, montrer une attitude très claire et agir de façon particulièrement résolue, sans aucun vacillement, sans aucune hésitation et sans aucune équivoque.

– Pour promouvoir l'édification d'une armée puissante, il faut poursuivre et développer la théorie directrice militaire du Parti, et sans cesse ouvrir de nouveaux horizons au développement de la théorie militaire marxiste et de la pratique militaire de la Chine moderne. La clé de l'agrandissement et du développement de l'armée populaire est qu'elle est toujours dirigée par une théorie militaire avancée. Depuis son XVIIIe Congrès, notre parti a avancé une série de nouvelles pensées, notions, thèses et exigences à propos de l'édification de la défense nationale et de l'armée. Ainsi, sa pensée sur l'édification d'une armée puissante à une époque nouvelle a vu le jour. Toute notre armée doit consciencieusement mettre en pratique la théorie directrice militaire du Parti et armer les officiers et les soldats de ladite pensée, ainsi que progresser sans cesse dans l'édification d'une armée puissante. La pratique et le développement sont éternels. Il en est de même de la connaissance de la vérité et de l'innovation sur le plan théorique. Rendre l'armée puissante est une entreprise pionnière. Nous devons donc continuellement nous adapter à la situation nouvelle, faire face aux nouveaux défis et résoudre les nouveaux problèmes, ainsi qu'oser explorer de nouvelles possibilités dans la pratique, réaliser des percées sur le plan théorique, ne cesser d'enrichir et de développer la pensée de notre parti sur l'édification d'une armée puissante à l'époque nouvelle, de sorte que, comme une vérité, la théorie militaire marxiste brille d'un éclat encore plus vif, grâce à notre grande pratique d'édification d'une armée puissante.

– Pour promouvoir l'édification d'une armée puissante, il faut se focaliser sur les préparatifs de guerre et forger des unités d'armée capables de répondre au premier appel, de se battre et de gagner la bataille à cent pour cent. En temps de paix, on ne peut oublier l'existence de dangers et, en temps de bon ordre, on ne peut négliger la possibilité de troubles. Nous avons divers moyens et choix pour défendre la paix, maintenir la sécurité et conjurer la guerre, mais le moyen militaire reste le dernier recours. L'armée populaire est depuis toujours un détachement de combat, et sa force vitale réside dans sa combativité. Il lui faut garder un esprit vigilant en se parant aux risques éventuels, penser à toutes les éventualités en envisageant le pire, concentrer toutes ses activités mentales sur les combats, faire orienter tout son travail vers la préparation des combats, et garantir qu'elle pourra sortir, avancer et gagner au moment où le Parti et le peuple en auront besoin. Toute notre armée doit appliquer les principes stratégiques militaires dans le contexte nouveau, étudier assidument l'art militaire, la guerre et les combats, et maîtriser la loi de la guerre moderne ainsi que les règles directrices de la guerre, et solidement mener à bien tous les préparatifs de la lutte militaire. Il faut persister fermement à adapter les exercices militaires aux combats réels, à faire des exercices ardus conformément aux besoins des combats et à résoudre les problèmes saillants, afin d'élever le niveau des exercices militaires à la hauteur des combats réels. Le peuple chinois chérit la paix. Nous ne nous livrerons pas à l'agression ou à l'expansion, mais nous avons la confiance de pouvoir vaincre tous les agresseurs. Nous ne permettrons à quiconque, à aucune organisation, ni à aucun parti politique, de séparer une quelconque partie du territoire chinois, à quelque moment que ce soit et sous quelque forme que ce soit. Personne ne peut s'attendre à ce que nous acceptions sans broncher un préjudice à la souveraineté, à la sécurité et aux intérêts en matière de développement de la Chine. L'armée populaire doit fermement sauvegarder la direction du Parti communiste chinois et le régime socialiste de notre pays, résolument défendre la souveraineté, la sécurité et les intérêts en matière de développement du pays, ainsi que la paix régionale et mondiale.

— Pour promouvoir l'édification d'une armée puissante, il faut poursuivre l'édification de l'armée sur le plan politique, la montée en puissance de l'armée par la réforme et par les sciences et techniques, et la gestion de l'armée en vertu de loi, en vue d'améliorer sur tous les plans la modernisation de la défense nationale et de l'armée. Nous devons appliquer d'une façon plus poussée l'esprit de la réunion de Gutian sur le travail politique au sein de l'armée, faire valoir le rôle du travail politique en tant que ligne vitale, former une nouvelle génération de militaires révolutionnaires avisés, compétents, intrépides et vertueux, forger des troupes d'airain dotées d'une foi de fer, de convictions de fer, d'une discipline de fer et d'un sens des responsabilités de fer, et conserver la nature, le but et la qualité propres à l'armée populaire. L'ensemble de notre armée doit approfondir inébranlablement la réforme de la défense nationale et de l'armée, donner une solution plus poussée aux obstacles institutionnels, aux contradictions structurelles et aux problèmes de caractère politique qui entravent l'édification de la défense et de l'armée, améliorer et développer le système militaire socialiste à la chinoise, accélérer la mise en place d'un système de forces militaires modernes à la chinoise qui permettra de gagner une guerre informatisée et de remplir efficacement les missions et les tâches reçues. Il faut globalement appliquer la stratégie du développement de l'armée grâce aux sciences et techniques, s'en tenir au point de départ stratégique de l'innovation autonome, braquer notre attention sur le domaine avant-gardiste des sciences et technologies militaires mondiales, renforcer la planification et la conception pionnières, accélérer le développement des technologies stratégiques, pionnières et de rupture, et élever sans cesse le poids de l'innovation technologique dans l'édification de l'armée populaire et le développement de sa combativité. Il faut renforcer, au sein de toute l'armée, la conscience de la gestion selon la loi, accélérer la mise en place d'un système d'état de droit militaire à la chinoise et la transformation radicale du mode de gestion de l'armée.

– Pour promouvoir l'édification d'une armée puissante, il est nécessaire de faire progresser le développement de l'intégration civilo-militaire et de construire le système et les capacités stratégiques étatiques grâce à l'intégration du civil et du militaire. Faire du développement de l'intégration civilo-militaire une stratégie étatique est un des résultats importants obtenus par notre parti dans l'exploration des lois régissant le développement coordonné entre la construction économique et l'édification de la défense, une décision capitale qu'il a prise en partant de l'intérêt général du développement et de la sécurité de l'Etat, et une mesure d'importance capitale pour faire face aux menaces sécuritaires complexes et assurer la supériorité stratégique du pays. Il faut accentuer la conception globalisée, renforcer l'intégration des demandes, coordonner les facteurs existants et à accroître, synchroniser la réforme des systèmes et des mécanismes, la fusion des systèmes et des facteurs, ainsi que la construction des systèmes et des normes, afin d'accélérer le développement en profondeur de l'intégration civilo-militaire, englobant tous les facteurs et plusieurs domaines et produisant un rendement élevé, et de faire apparaître une nouvelle situation marquée par un développement harmonieux, équilibré et inclusif de l'édification économique et de la défense nationale. Notre défense nationale est celle du peuple entier. Faire progresser la modernisation de la défense et de l'armée est l'œuvre commune du Parti et du peuple. Les départements du Comité central du Parti et les organes de l'Etat, de même que les comités du Parti et les gouvernements locaux à tous les échelons, doivent renforcer leur conscience de la défense, apporter un soutien sans faille à l'édification et à la réforme de la défense et de l'armée, et fournir de bonnes conditions et un appui énergique à la mise en place d'une puissante armée.

– Pour promouvoir l'édification d'une armée puissante, il faut invariablement observer l'objectif fondamental de servir le peuple avec dévouement et rester une armée populaire bénéficiant de la confiance, du soutien et de l'amour du peuple. C'est en s'appuyant sur le peuple que l'armée remporte les combats. L'armée populaire est enracinée dans le sol fertile du peuple, et la guerre populaire puise son immense énergie dans la force gigantesque du peuple. Toute notre armée doit avoir le peuple à cœur, et ne jamais oublier ses obligations sacrées qui consistent à porter les armes et à se battre pour le peuple, et à résolument défendre le travail et la vie paisibles du peuple. Elle doit poursuivre ses belles traditions consistant à se lier étroitement aux masses populaires, à maintenir des relations étroites et à partager le même sort avec les masses populaires et constamment défendre les intérêts du peuple. Elle doit prendre une part active à la construction économique et sociale locale et la soutenir, et se charger avec courage des tâches urgentes, difficiles, dangereuses et lourdes, et, par ses actions, faire du bien au peuple et le rendre heureux. L'union entre l'armée et le gouvernement, et entre l'armée et le peuple, est la supériorité politique spécifique de notre parti et de notre armée. Tout le Parti, toute l'armée et tout notre peuple multiethnique doivent faire pleinement valoir les glorieuses traditions de l'amour de l'armée pour le peuple et du soutien du peuple à l'armée, et ne cesser de développer les relations monolithiques entre l'armée, le gouvernement et le peuple.

XIII
« Un pays, deux systèmes »

Consolider, assurer et perpétuer la réussite de la pratique d'« un pays, deux systèmes » à Macao[*]

(20 décembre 2014)

Depuis quinze ans, avec le soutien du gouvernement central et de l'intérieur du pays, et sous la direction du chef de l'exécutif de la Région administrative spéciale et de son gouvernement, les personnalités des différents milieux sociaux de Macao œuvrent ensemble à la promotion de la mise en pratique du principe d'« un pays, deux systèmes », qui remporte de remarquables résultats à cet égard.

– Nous sommes heureux de constater les points suivants : les principes dits « un pays, deux systèmes », « l'administration de Macao par les Macanais », et celui d'un haut degré d'autonomie ainsi que la Loi fondamentale de la Région administrative spéciale s'enracinent largement dans les cœurs des habitants de Macao, s'appliquant de manière efficace. L'ordre constitutionnel de la Région administrative spéciale, défini par la Constitution et la Loi fondamentale, est respecté et maintenu. L'autorité pleine et entière du gouvernement central s'exerce efficacement, alors que la haute autonomie dont bénéficie la Région administrative spéciale est suffisamment garantie. Les compatriotes de Macao sont maîtres de leur région, et bénéficient, en vertu de la loi, d'une large panoplie de libertés et droits démocratiques. La démocratie de Macao se développe de façon ordonnée, son économie s'accroît rapidement, le niveau de vie de ses habitants s'améliore de manière continue, sa situation sociale reste harmonieuse et stable, toutes ses causes progressent ensemble, et ses échanges avec l'extérieur

---

[*] Extraits du discours à l'occasion de la célébration du 15e anniversaire du retour de Macao au sein de la mère-patrie et de la cérémonie d'investiture du IVe gouvernement de la Région administrative spéciale de Macao.

ne cessent de se multiplier.

– Nous sommes heureux de constater les points suivants : Macao multiplie de jour en jour ses échanges et sa coopération avec l'intérieur du pays, continue d'apporter sa contribution unique à la réforme, à l'ouverture et à la modernisation de la patrie et partage les opportunités et les fruits dus au développement de la patrie. Les compatriotes de Macao ne cessent d'accroître leur sentiment d'identité nationale et leur force de cohésion nationale. Leur sentiment national basé sur les liens de chair et de sang ne cesse de prendre de l'ampleur. Le patriotisme et l'amour de Macao sont devenus des valeurs sociales majeures.

– Nous sommes heureux de constater les points suivants : Macao, ville historique reconnue pour ses rencontres culturelles sino-occidentales, transmet de génération en génération la culture chinoise aux couleurs de Lingnan, s'inspire de la culture européenne et recèle donc un charme original. Les différentes communautés qui vivent à Macao cohabitent harmonieusement, apprennent les unes des autres et s'entraident, arborant l'image de Macao débordant de dynamisme.

Les succès remportés par Macao au cours des quinze années ayant suivi son retour dans le giron de la mère-patrie font la fierté de ses compatriotes et de tout le pays. Les précieuses expériences explorées et accumulées par Macao méritent d'être appréciées et retenues par ses compatriotes et notre peuple multiethnique.

L'expérience a prouvé que la mise en pratique du principe d'« un pays, deux systèmes » se poursuivra régulièrement, efficacement et durablement vers la bonne direction et que Macao embrassera un meilleur avenir à condition qu'elle persiste à comprendre et appliquer globalement et exactement le principe d'« un pays, deux systèmes », à agir strictement selon la Loi fondamentale, qu'elle concentre toute son énergie sur le développement de son économie et sur l'amélioration de la vie de ses habitants, et qu'elle persévère dans une grande unité sous la bannière de la tolérance, de la solidarité, de la promotion du patriotisme et de l'amour de Macao.

Depuis quinze ans, de profonds changements ont eu lieu dans tous les domaines de la société de Macao et dans son environnement extérieur. A ce nouveau point de départ historique, si nous souhaitons consolider et poursuivre la bonne situation du développement socio-économique de Macao, il nous faut redoubler d'efforts avec un esprit novateur et entreprenant, afin de jeter une base encore plus solide pour une prospérité et une stabilité durables à Macao. Je voudrais profiter de cette occasion pour présenter ci-dessous mes quatre souhaits :

Premièrement, il est impératif de continuer à travailler avec dynamisme et dans un esprit entreprenant afin d'améliorer sans cesse la capacité et le niveau de la Région administrative spéciale en matière de gouvernance en vertu de la loi. Depuis son retour dans le giron de la patrie, le système et la capacité de gouvernance de la Région administrative spéciale de Macao ne cessent de s'améliorer. Parallèlement, nous constatons que l'évolution de la situation et les attentes des habitants posent de nouvelles exigences plus strictes à l'égard de la gouvernance de la Région administrative spéciale.

Les faits survenus au cours de l'évolution de la société humaine ont prouvé qu'une gouvernance respectueuse de la loi est plus fiable et plus stable. Il faut savoir gouverner selon une pensée et un mode conformes au régime de la légalité, renforcer la conscience de la gouvernance en vertu de la loi, et notamment perfectionner les systèmes institutionnel et juridique accompagnant l'application de la Loi fondamentale de la Région administrative spéciale de Macao, afin de renforcer la base institutionnelle favorisant sa gouvernance. Nous devons chercher à mettre en place un gouvernement respectueux du droit caractérisé par son assiduité, son intégrité, son efficacité et son impartialité, afin qu'il prenne les décisions et exerce son administration conformément à la loi, et que la Région administrative spéciale se développe constamment sur une voie respectueuse de la loi. Il est impératif de renforcer la formation et la gestion des fonctionnaires afin d'améliorer leur capacité à exercer leurs fonctions dans le respect de la loi. Il est recommandé de valoriser l'esprit du droit dans toute la société, de défendre ensemble l'état de droit, et de former un grand nombre de compétences juridiques maîtrisant correctement la Loi fondamentale de la Région administrative spéciale de Macao et dotées d'une parfaite qualité professionnelle, afin d'offrir une solide garantie de compétences à la gouvernance de Macao.

Deuxièmement, il faut continuer de procéder à une planification d'ensemble afin de pousser activement l'économie de Macao à emprunter une voie de développement modéré, pluriel et durable. Ces dernières années, Macao a connu un développement économique et social rapide, alors que des contradictions accumulées depuis de longues années dans les profondeurs de la société ont commencé à faire leur apparition, et que les risques devant être affrontés par son développement s'accumulent peu à peu. Il faut porter ses regards sur le monde, sur la patrie, sur l'avenir et sur le long terme, établir rationnellement un train de pensées et un plan pour le développement de Macao afin de promouvoir un développement sain de son économie et de sa société.

Il est encouragé de se donner le temps nécessaire pour prendre les décisions, de saisir l'opportunité apportée par l'approfondissement intégral de la réforme dans le pays, de se positionner en tenant compte de la construction d'un centre mondial de tourisme et de loisirs en même temps que du développement d'une plateforme de services favorisant la coopération commerciale entre la Chine et les pays lusophones, afin de pousser l'économie de Macao à se développer de façon modérée, plurielle et durable. Tout ceci met en jeu les intérêts des habitants de Macao et le développement régional, voire celui du pays. Il est approprié de mener à bien une conception globalisée et d'élaborer des mesures concrètes pour la pousser en avant. Il faut améliorer la qualité et la capacité de son propre développement tout en intensifiant la coopération régionale. D'une part, Macao doit consacrer davantage de courage et de sagesse à la résolution des problèmes délicats survenus au cours de son développement, intensifier et améliorer la surveillance de la loterie, développer activement les nouveaux pôles de la croissance économique, et remporter continuellement des succès substantiels dans la promotion d'un développement modéré, pluriel et durable. D'autre part, il est impératif de tirer pleinement profit des politiques et mesures du gouvernement central en faveur du développement de Macao et d'approfondir sa coopération avec l'intérieur de la patrie, notamment avec la province du Guangdong et le pan-delta du Zhujiang. Dans la coopération régionale, il faut étendre l'espace de développement de Macao, et accroître son dynamisme de développement, afin qu'il se développe et progresse simultanément avec l'intérieur du pays.

Troisièmement, il convient de continuer de consolider les fondements et de chercher à promouvoir l'harmonie et la stabilité de la société. Ces dernières constituent la base permettant le développement socio-économique de Macao et assurant une vie heureuse et paisible à ses habitants. Le gouvernement et les personnalités des différents milieux de la Région administrative spéciale de Macao doivent davantage chérir cette situation harmonieuse et stable et font tout leur possible pour la maintenir.

Il faut persister dans l'idée directrice de l'administration consistant à tout faire dans l'intérêt du peuple, essayer de bien comprendre ses conditions de vie, de connaître ses besoins, de dissiper ses soucis et de surmonter ses difficultés. Il faut savoir régler de façon appropriée les diverses revendications sociales, et rééquilibrer les intérêts des différentes parties, afin de créer un environnement social plus équitable et plus juste. Nous devons tout faire pour permettre à la population de mieux partager les fruits du développement et d'améliorer sa qualité de vie et son indice du bonheur. Les personnalités de différents milieux doivent poursuivre la valorisation des principales valeurs sociales traduites par le patriotisme et l'amour de Macao, soutenir le chef de l'exécutif et le gouvernement de la Région administrative spéciale dans leur exercice du pouvoir administratif en vertu de la loi, accroître la cohésion sociale et l'énergie positive, afin d'œuvrer ensemble pour réaliser la prospérité et la stabilité sur le long terme de Macao. Dans un même temps, elles doivent prévenir et lutter contre les infiltrations et les perturbations venues de l'extérieur ainsi que consolider un climat de paix et d'unité de Macao.

Quatrièmement, il faut continuer de s'orienter vers l'avenir et renforcer l'éducation et la formation de la jeunesse. Il faut dix ans pour faire un arbre, mais cent ans pour faire un homme. La jeunesse de Macao incarne son espoir et celui du pays, et engage l'avenir de Macao et de la patrie. Pour la réalisation de la transmission de père en fils de la bonne tradition du patriotisme et de l'amour de Macao ainsi que l'assurance des successeurs pour l'œuvre « un pays, deux systèmes », il est nécessaire de renforcer l'éducation et la formation de la jeunesse. Il faut prêter une haute attention à cette dernière et prendre soin d'elle, créer des conditions favorables à son développement, à ses qualifications et à ses succès.

En tant que grande nation, la Chine possède une longue histoire et une culture aussi riche que profonde. Les brillantes traditions culturelles, créées et perpétuées par la nation chinoise tout au long de son histoire plusieurs fois millénaire, constituent sa racine et son âme. Au cours de l'éducation de la jeunesse, la priorité doit être donnée à l'introduction à l'histoire, à la culture et à la réalité de la Chine, afin que la jeunesse puisse mieux découvrir la richesse et la profondeur de la civilisation chinoise, mieux percevoir le glorieux chemin parcouru par la nation chinoise depuis l'époque moderne dans le salut et la sauvegarde de la patrie et dans la lutte pour la prospérité du pays, mieux comprendre la voie extraordinaire empruntée par la Chine nouvelle et les succès considérables qu'elle a remportés, et mieux appréhender les rapports intrinsèques entre « un pays, deux systèmes » d'une part, et la poursuite et le développement du socialisme à la chinoise ainsi que la réalisation du rêve chinois de grand renouveau de la nation d'autre part. Ainsi, le destin de Macao, intimement lié à celui de la patrie, sera fermement maîtrisé, la fierté nationale, les sentiments du patriotisme et de l'amour de Macao seront approfondis, et les sens des responsabilités et de la mission de s'engager dans l'œuvre « un pays, deux systèmes » seront renforcés.

« Un pays, deux systèmes » est une politique fondamentale du pays. La poursuite de cette politique est dictée par les exigences de la réalisation de la prospérité et de la stabilité sur le long terme de Hong Kong et de Macao, et constitue une partie importante de la réalisation du rêve chinois de grand renouveau de la nation ; elle correspond aux intérêts fondamentaux du pays et de la nation, aux intérêts globaux et sur le long terme de Hong Kong et de Macao, ainsi qu'à ceux des investisseurs extérieurs.

Pour poursuivre la promotion de l'œuvre « un pays, deux systèmes », il faut fermement maîtriser ce principe fondamental, défendre ensemble la souveraineté, la sûreté et les intérêts en matière de développement du pays, et maintenir la prospérité et la stabilité sur le long terme de Hong Kong et de Macao ; il faut persister à gouverner Hong Kong et Macao selon la loi, garantir en vertu de la loi la mise en pratique du principe d'« un pays, deux systèmes » ; il faut promouvoir l'interaction bénéfique entre la persévérance dans le principe d'« un pays » et le respect des différences des « deux systèmes », entre la défense du pouvoir du gouvernement central et la garantie de la haute autonomie des régions administratives spéciales, entre la valorisation du rôle de l'intérieur du pays en tant que puissant soutien et le renforcement de la compétitivité de Hong Kong et de Macao. Il ne faut jamais négliger ni les uns ni les autres. Cela représente l'unique manière permettant d'emprunter la bonne voie et d'avancer à pas sûrs. Auquel cas, le pied gauche porterait la chaussure destinée au pied droit, commettant ainsi un impair dès le début !

Continuer la promotion de l'œuvre « un pays, deux systèmes » est une mission commune du gouvernement central, des gouvernements des régions administratives spéciales et de tout notre peuple multiethnique, incluant les compatriotes de Hong Kong et de Macao. Quels que soient les difficultés et les défis rencontrés, notre confiance et notre détermination à l'égard du principe d'« un pays, deux systèmes » ne s'ébranleront jamais ! Il en est de même pour notre confiance et notre détermination à l'égard de la promotion de sa pratique.

Consolider ensemble le développement pacifique des relations inter-détroit[*]

(7 novembre 2015)

Aujourd'hui est un jour particulier. La rencontre des dirigeants des deux rives ouvre une page historique des relations inter-détroit. L'Histoire se souviendra de ce jour. Nous nous rappelons cette période où de sombres nuages planaient sur le détroit de Taiwan : les deux rives maintenaient une opposition militaire, les compatriotes vivaient séparément de part et d'autre du détroit, les contacts entre les membres d'une même famille étaient rompus. Ces faits ont laissé de douloureuses blessures, voire des regrets irréparables. Pourtant, le détroit n'a pu couper les sentiments fraternels, ni empêcher la nostalgie de la terre natale et la soif de revoir les siens. Dans les années 1980, la force de la parenté entre compatriotes est finalement venue à bout de la porte les séparant. Depuis 2008, les relations inter-détroit se sont engagées dans une voie de développement pacifique. Au cours des sept années écoulées, la situation du détroit de Taiwan a été paisible et les relations inter-détroit ont donné des fruits abondants dans leur développement. Les autorités et les compatriotes des deux parties ont déployé d'importants efforts. C'est grâce aux efforts accumulés au cours de ces sept années que les deux rives ont pu franchir aujourd'hui ce pas historique.

L'évolution des soixante-six années de relations inter-détroit démontre que, quelles que soient les vicissitudes que les compatriotes des deux rives ont vécues, et quelle que soit la durée de leur isolement, aucune force n'est capable de nous séparer. Actuellement, le dévelop-

---

[*] Points essentiels des propos tenus lors de sa rencontre à Singapour avec Ma Ying-jeou, alors dirigeant de Taiwan.

pement de nos relations fait face à un choix de direction et de chemin à emprunter. Nos deux parties doivent s'inspirer de ce parcours d'évolution et, par responsabilité pour la nation et pour l'histoire, faire un choix qui résistera aux épreuves de l'histoire.

Notre rencontre d'aujourd'hui a pour but d'empêcher le renouvellement d'une tragédie historique et la perte des acquis du développement pacifique des relations inter-détroit, de permettre aux compatriotes des deux rives de poursuivre la création d'une vie pacifique et paisible et à nos descendants de jouir ensemble d'un avenir radieux. Face à la nouvelle conjoncture et à partir de ce nouveau point de départ pour le développement des relations inter-détroit, nos deux parties doivent tenir compte de l'intérêt général de la nation chinoise, suivre le rythme de notre temps, travailler de concert pour consolider ensemble le développement pacifique des relations inter-détroit et réaliser ensemble le grand renouveau de la nation chinoise. J'aimerais ainsi formuler quatre propositions.

Premièrement, persévérer dans la fidélité au fondement politique commun des deux rives. Si les relations inter-détroit connaissent un développement pacifique depuis sept ans, la clé réside dans le fait que nos deux parties ont confirmé le fondement politique commun constitué par le maintien du Consensus de 1992[1] et l'opposition à « l'indépendance de Taiwan ». Sans cette boussole, le vaisseau du développement pacifique risquerait de chavirer à la rencontre des vagues terribles.

Le Consensus de 1992 a été clairement reconnu par les autorités concernées des deux rives et est largement soutenu par l'opinion publique des deux rives. Si on dit de lui qu'il est important, c'est parce qu'il représente le principe de l'unicité de la Chine et définit en termes explicites la nature fondamentale des rapports entre les deux rives. Il déclare que la partie continentale et Taiwan appartiennent à une seule et même Chine, et que les rapports entre eux ne sont pas ceux entre deux Etats, ni ceux qu'on peut désigner comme « la Chine et Taiwan ». Bien que les deux rives ne soient pas encore réunifiées, la souveraineté et l'intégralité territoriale de la Chine n'ont jamais été scindées. Le fait historique et le fondement légal, selon lesquels les deux rives appartiennent à un même Etat et les habitants des deux rives appartiennent à une même nation, n'ont jamais changé et sont impossibles à modifier.

Nous souhaitons que les partis politiques et les groupements de Taiwan reconnaissent le Consensus de 1992. Nous sommes prêts à coopérer avec tous les partis et groupements politiques, peu importe leur préconisation par le passé, tant qu'ils reconnaissent le fait historique du Consensus de 1992 et approuvent son contenu fondamental. Les compatriotes des deux rives ne toléreront en aucun cas les actes visant à séparer l'Etat, quels qu'ils soient. Sur le principe de la défense de la souveraineté nationale et de l'intégralité territoriale de l'Etat, nous restons fermes comme des rocs et notre attitude est irrévocable.

Deuxièmement, persévérer dans la consolidation et l'approfondissement du développement pacifique des relations inter-détroit. Depuis trois décennies, les relations inter-détroit ont connu dans l'ensemble des changements historiques. Après 2008, ces relations se sont engagées dans une voie de développement pacifique ; il s'agit de la meilleure période depuis 1949. Rechercher la paix, les échanges et la coopération consultative mais renoncer aux conflits, à l'isolement et au jeu à somme nulle, tel est le vœu commun de nos compatriotes des deux rives. Les relations inter-détroit ne se trouvent plus dans un état d'hostilité caractérisé par de violents conflits et des oppositions aiguës.

L'évolution des relations inter-détroit nous informe que lorsque la situation du détroit de Taiwan est en proie à des tensions et que les deux rives sont soumises à des conflits et à des oppositions, les populations sont les premières victimes. L'engagement dans la voie du développement pacifique et la recherche de moyens permettant un résultat gagnant-gagnant profitent aux deux rives du détroit de Taiwan, et leurs mérites seront éternels pour la nation. Les compatriotes des deux rives doivent attacher une grande importance aux réalisations du développement pacifique, dissoudre l'hostilité, s'en tenir à la poursuite d'un développement pacifique et s'efforcer d'établir un solide cadre institutionnel du développement pacifique des relations inter-détroit.

Les deux rives doivent multiplier les échanges et le dialogue, intensifier la confiance politique mutuelle, promouvoir, par le biais de négociations d'égal à égal et de discussions actives, la résolution de divers problèmes subsistant depuis longtemps, tout en correctement contrôlant les contradictions et les différends. La création d'une ligne téléphonique directe favorisera la communication opportune entre les deux parties, et permettra d'éviter les erreurs d'appréciation dans la gestion des questions d'urgence. Il est possible de commencer par les responsables chargés des affaires inter-détroit de chaque côté.

Depuis plus de soixante ans, les deux rives ont poursuivi une voie de développement différente et appliquent un système social différent. Les résultats des voies et des systèmes sont à examiner par l'histoire et à juger par le peuple. Les deux rives doivent respecter réciproquement le choix de l'une et de l'autre en matière de voie de développement et de système social, et éviter que ces différends ne nuisent aux échanges et à la coopération entre les deux rives, ni ne compromettent les sentiments de nos compatriotes.

Nous savons ce que pensent et ressentent les compatriotes taiwanais vis-à-vis de la participation aux activités internationales. Y prêtant une grande attention, nous avons déjà réglé beaucoup de problèmes afférents. A condition que les participations n'entraînent pas le statut de « deux Chine », ou d'« une Chine et un Taiwan », les deux rives pourront toujours procéder à des arrangements raisonnables à travers des consultations pragmatiques.

A présent, la plus grande menace réelle à l'égard du développement pacifique des relations inter-détroit consiste dans les forces de « l'indépendance de Taiwan » et leurs activités séparatistes. Ces forces infligent l'hostilité et l'opposition entre les compatriotes des deux rives, nuisent à la souveraineté nationale et à l'intégralité territoriale, sapent la paix et la stabilité du détroit de Taiwan, et empêchent le progrès des relations inter-détroit. Elles ne feront qu'apporter un irréparable malheur aux compatriotes des deux rives. Par conséquent, ces derniers sont appelés à s'unir et à s'opposer aux agissements de ces forces.

Troisièmement, persévérer dans la recherche du bonheur pour les compatriotes des deux rives. Liés par le même sang, les habitants des deux rives sont les membres d'une même famille. Une famille est prospère quand ses membres vivent dans un climat de bonne entente. Le développement pacifique des relations inter-détroit que nous promouvons a pour point de départ et aboutissement l'accroissement du sentiment d'appartenance parentale chez nos compatriotes de même que leur bien-être, tout en visant à leur offrir une meilleure vie. Les deux rives doivent œuvrer pour tout ce qui favorise l'accroissement du sentiment d'appartenance parentale et du bien-être de nos compatriotes, tout ce qui favorise le développement pacifique des relations inter-détroit, et tout ce qui favorise la sauvegarde de l'intérêt général de la nation chinoise, tout en assurant un aboutissement satisfaisant.

Nous entendons d'abord partager les occasions de développement de la partie continentale avec les compatriotes taiwanais. Les deux rives pourront renforcer la communication en matière macropolitique, mettre en valeur nos avantages respectifs, étendre l'espace de la coopération économique, multiplier nos intérêts communs, élargir l'éventail des bénéficiaires et leur donner un sens plus fort de satisfaction. Concernant le commerce de marchandises, l'instauration mutuelle d'un bureau par l'Association pour les rapports entre les deux rives du Détroit et la Fondation pour les échanges à travers le Détroit, les deux parties doivent accélérer les négociations pour parvenir plus tôt à un accord. Nous accueillons la participation des compatriotes taiwanais à la réalisation du projet « la Ceinture et la Route », ainsi que la participation appropriée de Taiwan à la Banque asiatique d'investissement pour les infrastructures.

Nous devons renforcer les échanges et la coopération sur les plans culturel et éducatif, transmettre et faire rayonner les excellentes traditions de la culture chinoise, consolider le lien spirituel entre les compatriotes et former des talents pour l'avenir de notre nation.

Le fondement du développement pacifique des relations inter-détroit se trouve à l'échelon de base, et son espoir réside dans la jeunesse. Jusqu'à présent, nombreux sont les Taiwanais ne s'étant jamais rendus sur la partie continentale. Nous souhaitons sincèrement qu'ils viennent effectuer des visites un peu partout à travers le pays et qu'ils participent à la tendance croissante des échanges entre les deux rives. Il faut fournir davantage d'occasions et créer de meilleures conditions pour les études, l'emploi, l'entrepreneuriat et les échanges des jeunes générations, afin que les populations de base, notamment les jeunes, deviennent les forces importantes pour promouvoir les relations inter-détroit et réaliser le renouveau de la nation.

Quatrièmement, persévérer dans la réalisation conjointe du grand renouveau de la nation chinoise. La nation chinoise est dotée d'une civilisation cinq fois millénaire, brillante et ininterrompue. Dans les temps modernes, elle a cependant fait maintes fois l'objet d'outrages de la part des grandes puissances. Les invasions étrangères qu'a subies Taiwan il y a 120 ans restent une douleur dans le cœur de tous les Chinois. Il a fallu attendre 1945, lorsque les Chinois ont remporté la victoire de la Guerre de résistance contre l'agression japonaise et recouvré Taiwan, pour que la nation chinoise puisse se laver du demi-siècle d'humiliation nationale. Les vicissitudes historiques nous font profondément ressentir que les deux rives forment une communauté de destin inséparable. Nous, les compatriotes des deux rives, sommes heureux lorsque la nation est prospère et puissante, et sommes malheureux lorsque notre nation est faible et en désordre. Il en découle que la réalisation du renouveau de la nation chinoise est cruciale pour l'avenir de nos compatriotes des deux rives.

A présent, nous sommes plus proches et plus capables que jamais de réaliser ce grand rêve. Au cours de quelques décennies, nous avons parcouru une voie de développement que de nombreux pays ont mis plusieurs siècles à réaliser. Je suis persuadé que les compatriotes taiwanais ne seront pas des absents du grand renouveau de la nation chinoise.

Cette année marque le 70e anniversaire de la victoire de la Guerre de résistance contre l'agression japonaise par toute la nation. Ce fut une victoire remportée au prix d'un énorme sacrifice national. Les deux rives du détroit de Taiwan doivent encourager les historiens des deux rives à travailler ensemble, à partager les documents historiques, à rédiger ensemble des livres d'histoire, à faire conjointement rayonner l'esprit de la guerre antijaponaise et à sauvegarder ensemble la dignité et la gloire nationales. Les compatriotes des deux rives doivent préserver l'histoire dans leur cœur, garder la mémoire des martyrs, chérir la paix, agir de façon unanime et promouvoir ensemble le développement pacifique des relations inter-détroit.

Note :

[1] Le Consensus de 1992 est un accord établi en novembre 1992 entre l'Association pour les rapports entre les deux rives du Détroit, de la partie continentale, et la Fondation pour les échanges à travers le Détroit, selon lequel les deux parties expriment verbalement, chacune de leur côté, leur persistance dans le principe d'une seule Chine.

« Un pays, deux systèmes » est le meilleur système pour assurer la prospérité et la stabilité durables de Hong Kong*

(1ᵉʳ juillet 2017)

Le temps passe vite. Voilà vingt ans que Hong Kong est revenue dans le giron de la patrie. Selon la tradition chinoise, l'homme entre à l'âge adulte à vingt ans. Aujourd'hui, nous célébrons la cérémonie de la majorité de la Région administrative spéciale de Hong Kong, qui se développe « comme un bambou ou un pin en plein épanouissement »[1]. En jetant un regard rétrospectif sur le développement de la Région administrative spéciale de Hong Kong, nous pouvons conclure avec fierté que, depuis deux décennies, Hong Kong, grâce au soutien de la patrie ainsi qu'à sa vision internationale et à son esprit innovateur, n'a cessé de se moderniser. La pratique d'« un pays, deux systèmes » est couronnée d'un succès universellement reconnu.

– Depuis son retour, Hong Kong a rejoint le remarquable périple vers le grand renouveau de la nation chinoise. En tant que région administrative spéciale relevant directement du gouvernement central, Hong Kong a été réintégrée dans le système de gouvernance nationale dès le jour de son retour. Le gouvernement central exerce son pouvoir juridictionnel sur Hong Kong conformément à la Constitution et à la Loi fondamentale de la Région administrative spéciale de Hong Kong, et des systèmes et des institutions correspondants ont été mis en place pour la Région administrative spéciale. Ses liens avec l'intérieur du pays sont de plus en plus resserrés, les échanges et la coopé-

---

* Extraits du discours à l'occasion de la célébration du 20ᵉ anniversaire du retour de Hong Kong au sein de la mère-patrie et de la cérémonie d'investiture du Vᵉ gouvernement de la Région administrative spéciale de Hong Kong.

ration entre les deux parties, approfondis. Les personnalités de tous les milieux hongkongais se sont activement engagées dans la réforme, l'ouverture et la modernisation du pays, en y apportant une contribution particulière et importante. Les compatriotes hongkongais ont vu s'accroître leur confiance dans le développement de l'Etat et le renouveau national, et partagent avec les habitants de l'intérieur du pays la dignité et la gloire de notre grande patrie.

– Depuis son retour, Hong Kong a maintenu sa prospérité et sa stabilité. Elle a conservé ses particularités et ses avantages. En tant que point de rencontre entre l'Orient et l'Occident, cette métropole garde son charme et son dynamisme plus forts que jamais. Selon le principe d'« un pays, deux systèmes », Hong Kong a conservé son système capitaliste et son mode de vie existants, et ses lois en vigueur demeurent essentiellement inchangées. Les compatriotes hongkongais, en tant que maîtres de leur propre destin, gèrent les affaires de la Région administrative spéciale, les habitants hongkongais bénéficiant plus que jamais des droits démocratiques et d'une liberté larges. Ayant résisté aux chocs de la crise financière asiatique, de l'épidémie du SRAS et de la crise financière internationale, Hong Kong a son rôle en tant que centre financier, commercial et de transport maritime davantage consolidé, évaluée par de nombreuses institutions internationales comme une des économies les plus libres et une des régions les plus compétitives. Hong Kong a fait des progrès considérables dans tous ses projets, multiplié ses échanges avec l'extérieur et étendu son rayonnement international.

La pratique démontre pleinement qu'« un pays, deux systèmes » représente la meilleure solution à la question de Hong Kong léguée par le passé, et également la meilleure disposition institutionnelle pour assurer la prospérité et la stabilité durables de Hong Kong après son retour. Il s'est avéré réalisable, praticable et populaire.

« Un pays, deux systèmes » est une grande création chinoise. Il représente une nouvelle façon de penser et une nouvelle approche proposées par la Chine à la communauté internationale pour résoudre les problèmes similaires. Il est également une autre contribution de la nation chinoise à la paix et au développement dans le monde, et incarne la sagesse chinoise marquée par la largeur d'esprit. Le maintien du principe d'« un pays, deux systèmes » et la promotion de sa mise en application répondent aux intérêts des Hongkongais, aux besoins du maintien de la prospérité et de la stabilité de Hong Kong, aux intérêts fondamentaux de l'Etat et aux aspirations partagées par tout le peuple du pays. C'est la raison pour laquelle j'ai précisé que le gouvernement central applique le principe d'« un pays, deux systèmes » de manière ferme, constante et inflexible, et qu'il veille à l'appliquer à Hong Kong dans une bonne direction, sans être déformé ou compromis.

« Un pays, deux systèmes » est une initiative pionnière sans précédent. Son application nécessite une exploration inlassable dans la pratique. A l'heure actuelle, l'application d'« un pays, deux systèmes » est confrontée à de nouvelles situations et de nouveaux problèmes. Hong Kong doit améliorer ses mécanismes relatifs à la défense de la souveraineté nationale, de la sécurité et des intérêts en matière de développement, et sensibiliser le public encore davantage à l'histoire et à la culture de la nation chinoise. Sa société n'est pas encore parvenue à un consensus sur des questions politiques et juridiques majeures. Son économie est également confrontée à de nombreux défis. Les atouts traditionnels ont été relativement affaiblis, alors que de nouveaux pôles de croissance n'ont pas encore été mis en valeur. Les problèmes liés au bien-être, dont le logement, sont importants. Pour régler ces problèmes, répondre aux attentes des Hongkongais pour une vie meilleure et pousser en avant la progression de toutes les œuvres de Hong Kong, nous devons en fin de compte insister sur la bonne orientation, travailler à pas assurés, comprendre et appliquer, pleinement et correctement, le principe d'« un pays, deux systèmes ». A cette occasion, je souhaiterais formuler quelques avis sur une meilleure application de ce principe à Hong Kong.

Premièrement, comprendre correctement la relation entre « un pays » et « deux systèmes ». « Un pays » est la racine, dont la profondeur donne naissance à des feuilles touffues, ou la souche, dont la solidité donne naissance à de grosses branches. Le principe d'« un pays, deux systèmes » a été avancé, avant tout, pour réaliser et maintenir l'unité nationale. Durant les négociations avec le Royaume-Uni, nous avons déclaré sans ambiguïté que la souveraineté n'était pas négociable. Après le retour de Hong Kong, il est d'autant plus important pour nous de défendre fermement la souveraineté, la sécurité et les intérêts en matière de développement de la Chine. Dans l'application du principe, nous devons nous forger une forte conscience d'« un pays » et nous y tenir fermement, afin de correctement traiter les relations entre la Région administrative spéciale et le gouvernement central. Toute tentative de mettre en danger la sécurité de la souveraineté nationale, de contester le pouvoir du gouvernement central et l'autorité de la Loi fondamentale de la Région administrative spéciale ou de profiter de Hong Kong pour mener une infiltration ou un sabotage contre l'intérieur du pays, défie les limites de notre tolérance et est absolument inadmissible. D'autre part, sur la base d'« un pays », les « deux systèmes » doivent et peuvent coexister harmonieusement et se compléter mutuellement. Nous devons bien concilier le maintien du principe d'« un pays » et le respect des différences des « deux systèmes », la défense du pouvoir du gouvernement central et la garantie d'un haut degré d'autonomie de la Région administrative spéciale de Hong Kong, la mise en valeur du rôle de l'intérieur du pays en tant que puissant appui et l'accroissement de la compétitivité de Hong Kong, sans négliger à aucun moment ni l'un ni l'autre. C'est seulement ainsi que le navire d'« un pays, deux systèmes » se frayera une voie pour progresser loin malgré les vagues, de manière sûre et déterminée.

Deuxièmement, toujours agir conformément à la Constitution et à la Loi fondamentale. Le retour de Hong Kong a permis d'accomplir une transformation majeure de son ordre constitutionnel. La Constitution de la République populaire de Chine et la Loi fondamentale de la Région administrative spéciale de Hong Kong forment ensemble la base constitutionnelle de cette région. La Constitution est la loi fondamentale de l'Etat. Elle incarne la volonté commune du peuple multiethnique du pays et représente l'origine juridique du système de la Région administrative spéciale. La Loi fondamentale est élaborée conformément à la Constitution. Elle prescrit le système et les politiques qui doivent être pratiqués dans la Région administrative spéciale de Hong Kong, codifie sous forme de loi et institutionnalise le principe d'« un pays, deux systèmes », et fournit une garantie juridique pour sa pratique. Dans l'application de l'ordre constitutionnel prescrit par la Constitution et la Loi fondamentale, il est important de combiner organiquement l'exercice du pouvoir par le gouvernement central en vertu de la loi avec la mise en valeur du rôle principal de la Région administrative spéciale, d'améliorer les institutions et les mécanismes relatifs à l'application de la Loi fondamentale, et de sensibiliser le public hongkongais, notamment les agents publics et les adolescents, à la Constitution et à la Loi fondamentale. Tout cela est une nécessité pour la pratique d'« un pays, deux systèmes », de même qu'une exigence pour faire progresser la promotion intégrale de la gouvernance de l'Etat en vertu de la loi et maintenir l'état de droit à Hong Kong.

Troisièmement, se focaliser sur le développement comme priorité absolue. Le développement, un thème permanent, est essentiel pour Hong Kong, et également la clé pour résoudre ses divers problèmes. La conception d'« un pays, deux systèmes » a pour but d'une part de rétablir pacifiquement l'exercice de la souveraineté sur Hong Kong et, d'autre part, de promouvoir son développement et de maintenir sa position en tant que centre financier, commercial et de transport maritime à l'échelle internationale. A l'heure actuelle, il faut accorder plus d'attention au développement. Les adolescents souhaitent grandir dans la joie, les jeunes, déployer leur talent, les personnes en âge mûr, réussir, et les personnes âgées, vieillir tranquillement. Tout cela ne peut être réalisé que par le développement. En s'appuyant sur la patrie et tournée vers le reste du monde, Hong Kong possède de nombreuses conditions favorables au développement et des avantages compétitifs originaux. Plus particulièrement, le développement continu et rapide de notre pays au fil des années offre des opportunités rares et précieuses, un moteur inépuisable et de larges horizons pour le développement de Hong Kong. Comme le dit un dicton à Hong Kong : « Après avoir passé Suzhou, le voyageur ne trouvera pas de bateau. »

Il faut donc chérir et saisir toutes les opportunités qui sont offertes, et concentrer les efforts sur la construction et le développement de Hong Kong.

Quatrièmement, maintenir un environnement social harmonieux et stable. La conception d'« un pays, deux systèmes » exprime la vision de l'harmonie et de la coopération dans la culture chinoise, et incarne un esprit très important, à savoir, parvenir au consensus tout en laissant de côté les divergences. Hong Kong est une société plurielle. Il n'est donc pas surprenant qu'il y subsiste des points de vue différents voire même des divergences importantes sur certaines questions spécifiques. Cependant, la « politisation excessive » et la création d'opposition et de confrontation sont inutiles et entravent sérieusement le développement économique et social. Nous ne pouvons progressivement régler les problèmes qu'en tenant compte de l'intérêt général, en communiquant de manière raisonnable et en fédérant nos esprits. Du côté du gouvernement central, nous sommes prêts à échanger avec tous ceux qui sont attachés au pays, à Hong Kong, et qui soutiennent de tout cœur le principe d'« un pays, deux systèmes » et la Loi fondamentale de la Région administrative spéciale de Hong Kong, peu importent leurs opinions politiques ou leur position. « L'harmonie apporte le bonheur, alors que la discorde mène au malheur. »[2] Malgré sa base économique assez favorable, Hong Kong ne peut se permettre d'être affaiblie par des actions irréfléchies ou des frictions internes face aux défis énormes posés par des changements profonds de la conjoncture économique mondiale et la concurrence internationale de plus en plus vive. Les Hongkongais doivent unir leur volonté et agir de concert pour assurer le développement de Hong Kong, votre foyer commun.

Notes :

[1] *Livre des Odes (Shi Jing)*.

[2] Ban Gu : *Livre des Han (Han Shu)*, dynastie des Han de l'Est.

Le 11 novembre 2014, Xi Jinping a présidé le 22ᵉ sommet de l'APEC au Centre international des conférences du lac Yanqi, à Beijing, et y a donné un discours. Sur la photo, Xi Jinping et les dirigeants et représentants étrangers, se préparant à planter un bois baptisé « partenariat Asie-Pacifique ».

Le 18 novembre 2014, Xi Jinping a effectué une visite en Tasmanie, en Australie. Sur la photo, Xi Jinping et son épouse Peng Liyuan avec des élèves de l'école primaire de Scotch Oakburn, ville de Launceston.

Le 24 avril 2015, Xi Jinping a participé à la célébration du 60ᵉ anniversaire de la Conférence de Bandung en Indonésie. Sur la photo, Xi Jinping et son épouse Peng Liyuan prenant part à la « marche historique » avec les dirigeants des pays asiatiques et africains.

Le 28 septembre 2015, Xi Jinping donnant un discours intitulé « Bâtir main dans la main un nouveau partenariat de coopération gagnant-gagnant et construire ensemble une communauté de destin pour l'humanité » lors du débat général de la 70e session de l'Assemblée générale des Nations unies.

Le 2 décembre 2015, Xi Jinping a visité le Centre de sauvegarde pour la faune sauvage au Zimbabwe. Sur la photo, Xi Jinping et son épouse Peng Liyuan observant des animaux soignés.

Le 16 janvier 2016, Xi Jinping s'est présenté à la cérémonie inaugurale de la Banque asiatique d'investissement pour les infrastructures et a prononcé son discours. Sur la photo, Xi Jinping inaugurant le symbole de la Banque.

Le 4 septembre 2016, Xi Jinping a présidé le 11ᵉ sommet du G20 au Centre d'exposition internationale à Hangzhou et donné un discours. Sur la photo, Xi Jinping, les autres dirigeants du G20 et ceux des pays invités, ainsi que les responsables des organisations internationales concernées entrant dans la salle de conférence.

Le 6 avril 2017, Xi Jinping s'est entretenu avec le président américain Donald Trump à Mar-a-Lago en Floride. Photo de Xi Jinping et son épouse avec Trump et son épouse Melania.

Le 15 mai 2017, Xi Jinping présidant la table ronde dans le cadre du Forum « la Ceinture et la Route » pour la coopération internationale au Centre international des conférences du lac Yanqi, à Beijing.

Le 4 juillet 2017, Xi Jinping s'est entretenu avec le président russe Poutine au Kremlin à Moscou. Suite à cet entretien, Poutine lui décernant l'ordre de Saint-André, récompense d'Etat de la Fédération de Russie.

Le 5 juillet 2017, Xi Jinping et son épouse Peng Liyuan assistant à un match de football amical entre les jeunes joueurs chinois et allemands, en compagnie de la chancelière allemande Angela Merkel à Berlin.

Le 4 septembre 2017, Xi Jinping, président de la 9ᵉ rencontre des dirigeants des BRICS, donnant un discours intitulé « Approfondir le partenariat des BRICS et créer un avenir plus brillant » au Centre international des conférences de Xiamen.

XIV
Diplomatie de grand pays à la chinoise

Développer une diplomatie de grand pays à la chinoise[*]

(28 novembre 2014)

Il faut porter haut levé le drapeau de la paix, du développement, de la coopération et des bénéfices réciproques, avoir une vue d'ensemble sur les situations intérieure et internationale, coordonner le développement et la sécurité, poursuivre fermement la ligne principale exigeant de maintenir le développement pacifique et de promouvoir le renouveau national, sauvegarder les intérêts du pays concernant la souveraineté, la sécurité et le développement, mettre en place un environnement international plus favorable à notre développement pacifique, préserver et prolonger la période importante et pleine d'opportunités stratégiques favorable au développement de notre pays, et assurer énergiquement la réalisation des objectifs des « deux centenaires » et du rêve de grand renouveau de la nation chinoise.

Depuis le XVIIIe Congrès du Parti, son Comité central prend en considération à la fois la situation du pays et la situation internationale. En maintenant la continuité et la stabilité de sa politique extérieure générale, il procède à une planification active et fait preuve d'un esprit créatif, permettant l'obtention de résultats remarquables dans la diplomatie du pays. Face à la nouvelle situation et aux nouvelles tâches, nous soutenons la création théorique et pratique dans la diplomatie, diffusons la signification du rêve chinois à travers le monde, enrichissons la pensée stratégique concernant le développement pacifique, insistons sur l'établissement d'un nouveau type de relations internationales axées sur la coopération mutuellement bénéfique, proposons et appliquons une conception correcte de la justice et des bénéfices,

---

[*] Points essentiels du discours à la Conférence centrale sur les affaires étrangères.

préconisons le concept de sécurité commune, globale, coopérative et durable, faisons progresser l'établissement d'un nouveau type de relations entre les grandes puissances, et proposons et matérialisons d'une part les concepts dits « amitié, sincérité, réciprocité et tolérance » vis-à-vis de nos pays voisins et, d'autre part, les principes de sincérité, de pragmatisme, de fraternité et de franchise vis-à-vis des pays africains. Tous ces résultats découlent du travail laborieux mené par ceux en charge des affaires extérieures du pays, et notamment ceux en poste à l'étranger.

Connaître la situation générale du développement mondial et avancer avec son époque constituent un sujet extrêmement important qui doit constamment être actualisé. Pour se développer, la Chine doit s'adapter au courant du développement mondial. Il nous faut porter notre regard sur le monde et nous tenir au rythme de notre époque, connaître de façon juste, claire et approfondie les changements survenus dans le monde d'aujourd'hui, découvrir leur essence à travers divers phénomènes, et surtout prendre en considération la tendance sur le long terme. Nous devons avoir conscience de la complexité de l'évolution de l'échiquier international, mais surtout réaliser que le processus vers un monde multipolaire ne changera pas. Nous devons avoir conscience de la sinuosité du réajustement de l'économie mondiale, mais surtout réaliser le caractère inéluctable de la mondialisation économique. Nous devons prendre en compte l'acuité des contradictions internationales et l'âpreté de la lutte internationale, mais surtout réaliser que la paix et le développement resteront des thèmes majeurs de notre époque. Nous devons garder à l'esprit la longue durée de la concurrence concernant l'ordre international, mais surtout réaliser que la réforme du système international continue de se diriger vers son orientation prédéfinie. Nous devons avoir conscience de l'incertitude régnant dans notre voisinage, mais surtout réaliser que la situation globale dans la région Asie-Pacifique sera toujours orientée vers la prospérité et la stabilité.

Le monde d'aujourd'hui est un monde en perpétuelle évolution, plein d'opportunités et de défis, connaissant un profond réajustement du système et de l'ordre internationaux, et dans lequel les rapports de forces internationales connaissent un profond changement et évoluent vers une situation favorable à la paix et au développement. En observant le monde, nous ne devons pas nous laisser tromper par les apparences multiples et complexes des choses, ni nous égarer. Il nous faut faire usage des lois historiques pour observer le monde avec minutie. De manière générale, nous nous trouvons encore dans une période clé et riche d'opportunités stratégiques, qui nous fournit une grande marge d'action. Notre plus grande opportunité est celle de notre développement continuel, qui nous permet de gagner en puissance. Cependant, dans le même temps, nous devons tenir pleinement compte des risques et défis, savoir transformer la crise en opportunité et savoir passer d'une situation périlleuse à des conditions sûres.

Notre pays est entré dans la phase clé pour réaliser le grand renouveau de la nation chinoise. Les relations de la Chine avec le reste du monde enregistrent de profonds changements. L'interaction et l'interconnexion entre la Chine et la communauté internationale n'ont jamais été aussi poussées. Nous nous appuyons davantage sur le monde extérieur et participons aux affaires internationales d'une manière toujours plus approfondie alors que le monde, en revanche, dépend davantage de nous et exerce sur notre pays une influence de plus en plus importante. En observant et planifiant notre réforme et notre développement, nous devons prendre en considération et mettre en synergie les marchés international et national, les ressources internationales et nationales, ainsi que les règles internationales et nationales.

La Chine doit être forte d'une diplomatie de grand pays à la chinoise. Nous devons, en nous basant sur les expériences pratiques, enrichir et développer nos idées sur la diplomatie, pour que notre travail extérieur se dote de caractéristiques, d'un style et d'un aspect chinois. Il nous faut maintenir la direction du Parti communiste chinois et le socialisme à la chinoise, ainsi que notre voie de développement, notre régime social, notre tradition culturelle et notre conception des valeurs. Il nous faut maintenir une diplomatie de paix indépendante et autonome, baser le développement du pays et de la nation sur nos propres forces, poursuivre fermement notre propre voie et celle d'un développement pacifique, sans abandonner nos droits et intérêts légitimes ni sacrifier les intérêts essentiels de l'Etat. Il faut s'en tenir fermement à la démocratisation des relations internationales, aux Cinq principes de la coexistence pacifique, à ce que tous les pays, grands ou petits, puissants ou faibles, riches ou pauvres, soient des membres égaux au sein de la communauté internationale, ainsi qu'à ce que l'avenir du monde soit conjointement maîtrisé par les peuples de tous les pays. Nous devons défendre l'équité et la justice internationales, et notamment nous exprimer en faveur des nombreux pays en voie de développement.

Nous devons insister sur la coopération dans un esprit gagnant-gagnant, promouvoir l'établissement d'un nouveau type de relations internationales centrées sur celle-ci, maintenir une stratégie d'ouverture mutuellement bénéfique, et traduire l'idée de cette coopération dans notre coopération extérieure sur les plans politique, économique, sécuritaire et culturel. Il faut insister sur une juste conception de la justice et des bénéfices, tenir compte à la fois de la justice et des bénéfices, s'attacher à la crédibilité et à l'amitié, et mettre en valeur la justice et la moralité. Il faut maintenir le principe de non-ingérence dans les affaires des autres pays, respecter les systèmes sociaux et voies de développement choisis librement par les différents pays, résoudre les différends et les litiges entre les pays par le biais de dialogues, consultations et autres moyens pacifiques, et s'opposer au recours inconsidéré à la force ou à la menace par la force.

Actuellement et dans la période à venir, nous devons appliquer le concept global de sécurité nationale dans la diplomatie de notre pays, raffermir la confiance de toute la population dans la voie, la théorie et le système du socialisme à la chinoise, et sauvegarder la stabilité durable du pays. Nous devons expliquer le rêve chinois aux autres pays pour gagner leur soutien : le rêve chinois est un rêve de paix, de développement, de coopération et de réciprocité ; nous aspirons au bien-être du peuple chinois et au bien-être commun de tous les peuples.

Nous devons résolument sauvegarder notre souveraineté territoriale et nos droits et intérêts maritimes, défendre l'unité nationale, et traiter de façon appropriée les litiges territoriaux et insulaires. Il faut préserver les opportunités et l'espace de développement, ainsi que créer, à travers de vastes coopérations économiques, commerciales et techniques, un réseau de coopération aux bénéfices mutuels marqué par une interaction profonde. Nous devons nous faire beaucoup d'amis, en prenant le principe de non-alignement comme condition préalable, et mettre en place un réseau de partenariats couvrant toute la planète. Nous devons augmenter notre *soft power*, savoir raconter la Chine et mener à bien la communication d'informations avec le monde extérieur.

Il nous faut veiller de manière effective à la diplomatie vis-à-vis de nos pays voisins, créer avec eux une communauté de destin, s'en tenir aux concepts diplomatiques dits « amitié, sincérité, réciprocité et tolérance », insister sur de bonnes relations de voisinage et de partenariat, persévérer dans la bonne entente, la paix durable et la prospérité partagée, ainsi qu'approfondir la coopération mutuellement bénéfique et l'interconnexion avec nos pays voisins. Il nous faut bien conduire les relations entre grands pays, construire un cadre sain et stable à cet effet, et élargir notre coopération avec les grands pays en voie de développement. Il nous faut renforcer de manière effective la solidarité et la coopération avec les pays en voie de développement, et lier étroitement notre développement au développement commun des pays en voie de développement. Il faut promouvoir la diplomatie multilatérale, favoriser la réforme du système international et de la gouvernance mondiale, et faire en sorte que notre pays et les autres pays en voie de développement aient davantage voix au chapitre, ainsi qu'une représentativité plus importante. Il faut renforcer la coopération pragmatique, promouvoir la réalisation du projet « la Ceinture et la Route », chercher à trouver les points de convergence des intérêts des différentes parties, et favoriser le partage des bénéfices avec une coopération pragmatique. Il faut concrétiser la juste conception de la justice et des bénéfices, mener à bien notre assistance portée à l'étranger, afin de faire rayonner la justice tout en partageant les bénéfices. Il faut défendre nos intérêts à l'étranger, améliorer sans cesse les capacités et le niveau de garantie, ainsi que multiplier nos efforts dans la protection.

Pour faire progresser intégralement nos affaires extérieures dans le nouveau contexte, il faut renforcer la direction centralisée et unifiée du Parti, améliorer les systèmes et mécanismes concernés, intensifier la coordination entre les différents secteurs, départements et localités, augmenter l'investissement stratégique, régulariser la gestion des affaires étrangères, et renforcer la formation des cadres travaillant dans ce domaine, afin de fournir un soutien énergique à la création d'une nouvelle situation diplomatique.

Garder à l'esprit le passé, rendre hommage aux martyrs, chérir la paix et bâtir l'avenir*

(3 septembre 2015)

La Guerre de résistance du peuple chinois contre l'agression japonaise et la Guerre mondiale antifasciste ont été les grands combats décisifs du bien contre le mal, de la lumière contre les ténèbres et du progrès contre la réaction. Dans cette guerre mondiale meurtrière, la Guerre de résistance du peuple chinois contre l'agression japonaise a commencé le plus tôt et duré le plus longtemps. Face aux envahisseurs, les Chinois ont opposé une résistance résolue et intrépide. Et au prix du sang, ils ont infligé une défaite totale aux envahisseurs militaristes japonais, préservé les acquis de la civilisation chinoise cinq fois millénaire, défendu la paix mondiale, et réalisé un exploit glorieux dans l'histoire de la guerre et celle de la nation chinoise.

La victoire de la Guerre de résistance du peuple chinois contre l'agression japonaise est la première victoire totale de la Chine contre une agression étrangère depuis les temps modernes. Cette grande victoire a brisé complètement la tentative des militaristes japonais de coloniser et d'asservir la Chine, et lavé les humiliations subies par la Chine depuis les temps modernes dans une succession d'échecs face aux agresseurs étrangers. Cette grande victoire a permis à la Chine de retrouver sa place de grand pays dans le monde et au peuple chinois de gagner le respect de tous les peuples épris de paix. Cette grande victoire a ouvert un avenir radieux pour le grand renouveau de la nation chinoise, et amorcé une nouvelle étape de marche en avant

---

* Discours à la commémoration du 70ᵉ anniversaire de la victoire de la Guerre de résistance du peuple chinois contre l'agression japonaise et de la fin de la Guerre mondiale antifasciste.

pour la vieille Chine, comme le phénix légendaire qui réussit à passer l'épreuve du feu et à renaître de ses cendres.

La Chine fut le principal théâtre oriental de la Guerre mondiale antifasciste. Le peuple chinois, au prix d'un énorme sacrifice national, a apporté une contribution de poids à la victoire de cette guerre. Il a bénéficié, dans sa résistance contre l'agression japonaise, d'un large soutien de la communauté internationale, et il n'oubliera jamais la contribution des autres peuples du monde à la victoire de sa guerre de résistance.

Ceux qui ont vécu la guerre connaissent mieux que quiconque le prix de la paix. La commémoration du 70ᵉ anniversaire de la victoire de la Guerre de résistance du peuple chinois contre l'agression japonaise et de la Guerre mondiale antifasciste a justement pour but de toujours garder à l'esprit le passé, rendre hommage aux martyrs, chérir la paix et bâtir l'avenir.

La Guerre mondiale a touché l'Asie, l'Europe, l'Afrique et l'Océanie. Elle a fait plus de 100 millions de morts et blessés, militaires et civils confondus, dont plus de 35 millions de Chinois et plus de 27 millions de morts soviétiques. Tout faire pour éviter à jamais la reproduction d'une telle tragédie historique est la meilleure façon pour nous d'honorer la mémoire des héros ayant sacrifié leur vie pour la défense de la liberté, de la justice et de la paix, ainsi que la mémoire des victimes innocentes des tueries atroces.

La guerre est un miroir qui permet de mieux mesurer la valeur de la paix. Aujourd'hui, la paix et le développement sont devenus les thèmes de notre époque. Cependant, le monde est loin d'être tranquille et la menace de la guerre reste présente pour l'humanité telle une « épée de Damoclès ». Nous devons donc tirer les leçons du passé et raffermir notre détermination de défendre la paix.

Pour la paix, nous devons ancrer solidement l'idée de la communauté de destin pour l'humanité. Le préjugé, la discrimination, la haine et la guerre n'amènent que le désastre et la souffrance. La bonne voie à suivre réside dans le respect mutuel, le traitement d'égal à égal, le développement pacifique et la prospérité commune. Il convient pour tous les pays du monde de préserver ensemble l'ordre et le système internationaux centrés sur les buts et principes de la Charte des Nations unies, et de bâtir activement un nouveau modèle de relations internationales axé sur la coopération et le gagnant-gagnant, afin de promouvoir ensemble la noble cause de la paix et du développement dans le monde.

Pour la paix, la Chine poursuivra résolument la voie du développement pacifique. La nation chinoise est depuis toujours une nation éprise de paix. Quel que soit son niveau de développement, la Chine ne recherchera jamais l'hégémonie ni l'expansion, et elle n'imposera jamais à autrui les tragédies qu'elle a vécues. Le peuple chinois vivra toujours en bons termes avec les autres peuples du monde, défendra fermement les acquis de la victoire de la Guerre de résistance contre l'agression japonaise et de la Guerre mondiale antifasciste, et apportera une nouvelle contribution encore plus importante à l'humanité.

L'Armée populaire de Libération est l'armée du peuple. Tous les officiers et soldats doivent garder à l'esprit leur objectif fondamental de servir le peuple corps et âme, remplir fidèlement les nobles devoirs qui leur incombent, ceux de défendre la sécurité du pays et de protéger la vie paisible du peuple, et accomplir de manière dévouée la mission sacrée de préserver la paix dans le monde. Je déclare que la Chine réduira les effectifs de son armée de 300 000 personnes.

Un adage chinois dit : « Chaque cause a un début, mais peu aboutissent. »[1] Le grand renouveau de la nation chinoise nécessite les efforts de plusieurs générations. La nation chinoise a créé une civilisation splendide cinq fois millénaire, elle saura sûrement construire un avenir encore plus brillant.

Dans sa marche en avant, le peuple chinois multiethnique, sous la direction du Parti communiste chinois et guidé par le marxisme-léninisme, la pensée de Mao Zedong, la théorie de Deng Xiaoping, la pensée importante de la Triple représentation et le concept de développement scientifique, doit suivre la voie du socialisme aux couleurs chinoises et les dispositions stratégiques des Quatre Intégralités, faire rayonner le grand esprit du patriotisme et de la résistance contre l'agression, et s'unir comme un seul homme pour aller de l'avant avec persévérance et détermination vers ses objectifs.

Que nous retenions tous la vérité de l'histoire : la victoire appartient toujours à la justice, à la paix et au peuple !

Note :

[1] *Livre des Odes (Shi Jing)*.

Améliorer notre capacité de participer à la gouvernance mondiale[*]

(27 septembre 2016)

Avec le changement des rapports de forces internationales et la multiplication des défis mondiaux, le renforcement de la gouvernance mondiale et la promotion de la réforme du système de cette gouvernance sont devenus une tendance irrésistible. Nous devons saisir cette opportunité et agir en suivant les exigences de la situation pour rendre l'ordre international plus juste et plus équitable, mieux protéger les intérêts communs de notre pays et des autres pays en développement, créer des conditions extérieures plus favorables à la réalisation des objectifs des « deux centenaires » et à celle du rêve chinois de grand renouveau de la nation, et apporter une plus grande contribution à la promotion de la noble cause de la paix et du développement de l'humanité.

Depuis le XVIIIe Congrès du Parti, nous avons saisi les opportunités pour nous engager activement dans la sauvegarde de l'ordre international axé sur les buts et principes de la Charte des Nations unies, et dans celle des fruits de la victoire de la Seconde Guerre mondiale récoltés par le peuple chinois au prix d'énormes sacrifices. Nous avons avancé l'initiative « la Ceinture et la Route », proposé la fondation de la Banque asiatique d'investissement pour les infrastructures et d'autres institutions financières multilatérales de type nouveau, concouru à la réforme du système de quotas et du mécanisme de gouvernance du Fonds monétaire international, participé activement à l'établissement des règles de gouvernance dans les domaines émergents, notamment

---

[*] Points essentiels du discours à la 35e séance d'étude du Bureau politique du XVIIIe Comité central du Parti.

maritime, polaire, d'Internet, de l'espace extra-atmosphérique, de la sécurité nucléaire, de la lutte anticorruption et du changement climatique, et travaillé pour la promotion de la réforme des arrangements injustes et inéquitables dans le système de gouvernance mondiale.

Le Sommet du G20 de Hangzhou récemment clôturé est le sommet international du plus haut niveau, de la plus grande envergure et de la plus grande influence que la Chine a organisé ces dernières années. Grâce à l'initiative dans l'organisation des thèmes et de l'ordre du jour, nous avons façonné des points phares en mettant en relief nos originalités, afin de tenir un sommet plein d'énergie et d'une influence considérable. Ce sommet a permis d'obtenir des résultats importants, de nature à innover, guider et instituer, de réaliser l'objectif global d'indiquer la bonne direction à l'économie mondiale, de fournir des forces motrices à la croissance globale, et de consolider la coopération internationale. Lors de ce sommet, nous avons exposé de manière complète et pour la première fois notre concept de gouvernance économique mondiale, intégré pour la première fois l'innovation dans les résultats clés, placé pour la première fois les thèmes portant sur le développement à une place prédominante dans la coordination internationale des macropolitiques, mis en place le premier cadre de règles en matière d'investissements multilatéraux internationaux, élaboré la première déclaration du président sur le changement climatique, inscrit pour la première fois la finance verte dans l'ordre du jour du G20, laissant une profonde empreinte chinoise dans l'histoire du G20.

La structure de la gouvernance économique internationale dépend des rapports de forces internationales, la réforme de cette gouvernance prend sa source dans le changement des rapports de forces internationales. Nous devons nous en tenir au développement économique, centrer nos efforts sur notre propre développement afin d'accroître sans relâche notre voix au chapitre et notre puissance sur la scène internationale. Nous devons également participer activement à la gouvernance mondiale, prendre l'initiative de remplir nos obligations internationales, tout en veillant à faire de notre mieux et à agir dans la mesure de nos capacités.

Le système de gouvernance mondiale en vigueur étant de plus en plus inadapté à l'évolution de notre époque, des voix de plus en plus fortes s'élèvent dans la communauté internationale pour la réforme de ce système. La promotion de cette réforme est l'affaire de tous les pays, qui doivent, en adhérant au principe dit de « concertation, synergie et partage », travailler pour transformer les opinions en faveur de cette réforme en un consensus partagé par toutes les parties et aboutir à une unanimité dans l'action. Il faut faire entendre la voix des pays en développement, et renforcer la solidarité et la coopération avec les autres pays en développement.

Nous devons d'abord nous lancer dans les affaires qui relèvent de nos capacités et celles qui font l'objet d'un consensus élargi. A l'heure actuelle, il faut amplifier les résultats obtenus lors du Sommet de Hangzhou, consolider et valoriser le rôle du G20 en tant que plateforme principale de la gouvernance économique mondiale, promouvoir la transformation du G20 en un mécanisme permanent de gouvernance ; promouvoir en profondeur la réalisation de l'initiative « la Ceinture et la Route », encourager toutes les parties à coordonner leurs plans et leurs stratégies ; approfondir la coopération dans le cadre de l'Organisation de coopération de Shanghai, renforcer l'institutionnalisation de la Conférence pour l'interaction et les mesures de confiance en Asie, du Sommet de l'Asie orientale, du Forum régional de l'ASEAN et d'autres mécanismes, optimiser la structure des négociations portant sur le libre-échange régional ; élargir notre participation à l'établissement des règles concernant les secteurs émergents dont Internet, les zones polaires, les grands fonds océaniques et l'espace extra-atmosphérique, et accroître le soutien aux mécanismes et aux programmes de coopération, notamment ceux relatifs aux échanges en matière éducative, au dialogue entre les civilisations et à l'édification écologique.

Depuis le XVIIIe Congrès du Parti, nous avons proposé de pratiquer une juste conception de la justice et des bénéfices, promu l'établissement d'un nouveau type de relations internationales axées sur la coopération gagnant-gagnant ainsi que la construction d'une communauté de destin pour l'humanité, essayé de mettre en place un réseau de partenariats couvrant toute la planète, et préconisé un concept de sécurité commune, globale, coopérative et durable. Toutes ces idées sont largement reconnues par la communauté internationale. Nous devons continuer à expliquer à celle-ci notre concept relatif à la promotion de la réforme du système de gouvernance mondiale, à maintenir la coopération plutôt que la confrontation, à œuvrer pour l'esprit gagnant-gagnant plutôt que celui gagnant-perdant, à rechercher sans cesse le plus grand dénominateur commun, à élargir les secteurs de coopération, à orienter toutes les parties pour qu'elles parviennent à des consensus, et à intensifier la coordination et la coopération afin de promouvoir conjointement la réforme du système de gouvernance mondiale.

Nous devons améliorer notre capacité de participer à la gouvernance mondiale, centrer nos efforts sur l'amélioration de nos capacités dans l'établissement des règles, l'élaboration de l'ordre du jour, la sensibilisation de l'opinion publique, la planification et la coordination. La participation à la gouvernance mondiale nécessite une grande quantité de professionnels qui connaissent bien les principes et les politiques du Parti et de l'Etat ainsi que les réalités chinoises, qui ont une vision globale, qui maîtrisent parfaitement des langues étrangères, qui connaissent les règles internationales, et qui excellent dans la négociation internationale. Il est nécessaire de former des talents en gouvernance mondiale, de desserrer les goulots d'étranglement en matière de ressources humaines, et d'assurer le stockage du personnel qualifié, afin de fournir un puissant soutien à notre participation à la gouvernance mondiale.

XV
Développement pacifique et coopération avec les autres pays

Mettre en place un partenariat Asie-Pacifique basé sur la confiance réciproque, la tolérance, la coopération et l'esprit gagnant-gagnant[*]

(11 novembre 2014)

La Coopération économique pour l'Asie-Pacifique est une grande famille. Bâtir une structure économique ouverte basée sur le développement innovant, la croissance interactive et la convergence des intérêts répond aux intérêts communs des membres de l'APEC. Afin de réaliser les objectifs susmentionnés, les économies de l'Asie-Pacifique doivent conjointement mettre en place un partenariat Asie-Pacifique basé sur la confiance réciproque, la tolérance, la coopération et l'esprit gagnant-gagnant, et fournir une force motrice au développement économique de l'Asie-Pacifique et du monde.

Premièrement, planifier ensemble les perspectives du développement. Le développement futur de l'Asie-Pacifique met en jeu les intérêts de chaque membre. Nous sommes déjà parvenus à des consensus sur l'amorcement du processus de la Zone de libre-échange en Asie-Pacifique, et sur la promotion de l'interconnexion et du développement innovant. Nous devons transformer les consensus en actions, planifier des plans pour les 5, 10 et voire 25 ans à venir, et avancer à pas assurés.

Deuxièmement, affronter ensemble les défis planétaires. Au cours de la période post-crise financière internationale, nous devons prendre en main la croissance économique qui est le noyau de toutes nos activités et renforcer la coordination des macropolitiques, mais également

---

[*] Extraits du discours d'ouverture lors de la 22ᵉ Réunion informelle des dirigeants de l'APEC.

faire face de manière appropriée aux problèmes planétaires portant sur les maladies épidémiques, la sécurité alimentaire et la sécurité énergétique. Nous devons accroître la compréhension mutuelle par le biais du partage des informations, partager les meilleures pratiques à travers l'échange des expériences, promouvoir l'action collective par la communication et la coordination et approfondir la coopération régionale par le biais de l'entraide.

Troisièmement, bâtir ensemble une plateforme de coopération. Le partenariat signifie l'entraide et les efforts conjugués pour réaliser de bonnes actions ou accomplir de grandes entreprises. Nous devons transformer l'APEC en une plateforme institutionnelle favorisant l'intégration, en une plateforme politique renforçant l'échange des expériences, en une plateforme ouverte contre le protectionnisme commercial, en une plateforme de développement approfondissant la coopération économique et technologique, ainsi qu'en une plateforme de contact renforçant l'interconnexion. L'essor de l'APEC compte sur le soutien de tous.

Je voudrais profiter de cette occasion pour annoncer que la Chine fera don de 10 millions de dollars pour le développement du mécanisme et des capacités de l'APEC afin d'engager des coopérations pragmatiques dans les divers domaines.

Quatrièmement, rechercher ensemble un développement interactif. Le partenariat signifie la coopération gagnant-gagnant et l'inspiration mutuelle. A l'heure actuelle, certaines économies en développement en Asie-Pacifique font face à de nombreuses difficultés et, sans leur développement, celui de l'Asie-Pacifique ne pourra être durable. Nous devons intensifier notre soutien financier et technologique aux membres en développement, mettre en valeur la diversité saillante et la complémentarité réciproque des économies en Asie-Pacifique, renforcer l'effet de l'interaction, et réaliser un développement commun.

Dans les trois années à venir, le gouvernement chinois offrira 1 500 places en formation aux membres en développement de l'APEC afin de renforcer leurs capacités en matière de projets commerciaux et d'investissements.

Construire les partenariats sino-européens de paix, de croissance, de réforme et de civilisation*

(6 mai 2015)

Au cours des quarante années qui ont suivi leur établissement, les relations sino-européennes ont enregistré des progrès considérables grâce aux efforts conjugués des deux parties. En ce qui concerne le maintien de la paix mondiale et la promotion du développement commun, la Chine et l'Europe ne cessent d'élargir leurs consensus, et continuent de développer leur coopération en profondeur comme en largeur. Les relations sino-européennes, qui revêtent une importance stratégique de plus en plus notable, sont désormais parmi les plus importantes relations bilatérales au monde. La construction des partenariats dans les domaines de la paix, de la croissance, de la réforme et de la civilisation entre la Chine et l'UE répond aux intérêts des peuples des deux parties et contribuera à la promotion de la paix et du développement de l'humanité. La Chine accorde une haute importance au développement de ses relations avec l'UE, et est prête à travailler avec les dirigeants de l'UE en profitant de l'occasion du 40e anniversaire de l'établissement des relations Chine-UE, afin de promouvoir activement la construction des quatre partenariats sino-européens, ainsi qu'un plus grand développement du partenariat global stratégique Chine-UE basé sur les bénéfices réciproques et l'esprit gagnant-gagnant.

---

* Points essentiels du message de félicitations adressé aux dirigeants de l'Union européenne à l'occasion du 40e anniversaire de l'établissement des relations diplomatiques entre la Chine et l'UE.

Ouvrons ensemble une nouvelle ère de coopération gagnant-gagnant et de développement partagé Chine-Afrique*

(4 décembre 2015)

Actuellement, notre monde connaît de profonds changements. La mondialisation économique et l'informatisation de la société ont libéré et développé les forces productives de manière considérable. Nous nous trouvons face à des opportunités de développement sans précédent. Parallèlement, des problèmes tels que l'hégémonisme, le terrorisme, l'instabilité financière et la crise environnementale se sont aggravés, de telle sorte que nous sommes confrontés à des défis sans précédent.

Dans ses relations avec l'Afrique, la Chine adhérera aux principes de sincérité, de pragmatisme, de fraternité et de franchise, et s'en tiendra à une juste conception de la justice et des bénéfices. Nous travaillerons ensemble avec nos amis africains pour ouvrir une nouvelle ère de coopération gagnant-gagnant et de développement partagé. Dans cette optique, je propose d'élever le partenariat stratégique Chine-Afrique de type nouveau en un partenariat stratégique global. A cette fin, il convient de renforcer les « cinq grands piliers » suivants :

Premièrement, persévérer dans l'égalité et la confiance mutuelle sur le plan politique. Le haut degré de confiance politique mutuelle représente la pierre angulaire de l'amitié sino-africaine. Nous devons respecter la voie de développement choisie respectivement par chaque partie, sans imposer sa volonté à l'autre partie. Sur les questions

* Extraits de l'allocution à la cérémonie d'ouverture du Sommet de Johannesburg du Forum sur la coopération sino-africaine.

touchant aux intérêts fondamentaux et aux préoccupations majeures des deux parties, nous devons faire preuve de compréhension et de soutien mutuels, et sauvegarder ensemble l'équité et la justice. La Chine soutient depuis toujours que l'Afrique appartient aux Africains et qu'il revient aux Africains de décider des affaires africaines.

Deuxièmement, persévérer dans la coopération gagnant-gagnant sur le plan économique. Le peuple chinois reste fidèle au principe consistant à « concilier la justice et les bénéfices tout en privilégiant la première ». La plus grande « justice » des relations sino-africaines consiste à faire accompagner le développement africain par le développement chinois, afin de réaliser des avantages réciproques et un développement partagé. Nous devons pleinement mettre en valeur les atouts liés à la confiance politique mutuelle et à la complémentarité économique entre la Chine et l'Afrique en prenant pour moyen clé la coopération sur les capacités de production, l'élaboration des trois réseaux des lignes ferroviaires à grande vitesse, des autoroutes et des lignes aériennes régionales, ainsi que l'industrialisation, afin d'approfondir la coopération Chine-Afrique dans tous les secteurs, et de permettre aux peuples chinois et africains de partager les fruits de la coopération et du développement des deux parties.

Troisièmement, persévérer dans les échanges et l'inspiration mutuelle sur le plan culturel. Le monde doit sa beauté à la diversité. Nous sommes fiers, en Chine comme en Afrique, d'appartenir à de longues et splendides civilisations. Nous devons renforcer les échanges et l'inspiration mutuelle des civilisations chinoise et africaine ; multiplier les contacts entre les jeunes, les femmes, les laboratoires d'idées, les médias, les universités et les autres secteurs ; promouvoir l'interaction culturelle, la coordination politique et la compréhension mutuelle des peuples, afin de promouvoir un progrès commun et d'assurer la pérennité de l'amitié sino-africaine.

Quatrièmement, persévérer dans l'entraide fraternelle sur le plan sécuritaire. La pauvreté est une source de chaos, tandis que la paix est un gage de développement, et le développement est la clé pour résoudre tous les problèmes. La Chine estime que les dossiers africains doivent être réglés par les Africains selon une manière qui leur est propre, et que dans la résolution des problèmes de sécurité, il faut traiter à la fois les symptômes et les causes profondes des problèmes selon une approche globale. Elle se tient prête à participer activement au renforcement des capacités du continent en matière de sauvegarde de la paix et de la sécurité, et à aider l'Afrique à accélérer son développement, à éradiquer la pauvreté et à rétablir une paix durable.

Cinquièmement, persévérer dans la coopération solidaire dans les affaires internationales. La Chine et l'Afrique partagent des positions et des intérêts communs sur un grand nombre d'enjeux internationaux. Nous devons renforcer la consultation et la coordination, de façon à rendre le système de gouvernance mondiale plus juste et plus équitable, tout en défendant nos intérêts communs. La Chine continuera à s'exprimer en faveur de l'Afrique aux Nations unies et au sein d'autres organisations internationales, de sorte que l'Afrique joue un plus grand rôle sur la scène internationale.

Afin de promouvoir l'édification d'un partenariat stratégique global Chine-Afrique, la Chine prévoit de mettre en œuvre « dix programmes de coopération » avec l'Afrique au cours des trois prochaines années. Conformément aux principes de direction du gouvernement, de rôle principal des entreprises, de respect des règles du marché et de coopération gagnant-gagnant, ces programmes aideront l'Afrique à briser les trois principaux goulots d'étranglement qui entravent son développement, à savoir : les infrastructures obsolètes, le manque de personnel qualifié et la pénurie de fonds, à accélérer l'industrialisation et la modernisation agricole, et à réaliser un développement autonome et durable.

Le premier programme de coopération porte sur l'industrialisation. La Chine travaillera pour activement promouvoir l'interconnexion des industries et la coopération en matière de capacités de production entre les deux parties, et encouragera les entreprises chinoises à investir en Afrique. Elle construira et rénovera des parcs industriels en coopération avec l'Afrique, et enverra sur place des experts et conseillers gouvernementaux de haut niveau. La Chine établira également des centres régionaux de formation professionnelle et des écoles pour le renforcement des capacités, en vue de former 200 000 techniciens et d'offrir aux employés africains près de 40 000 opportunités de formation en Chine.

Le deuxième programme de coopération porte sur la modernisation agricole. La Chine partagera avec l'Afrique son expérience en matière de développement agricole et y transférera des technologies applicables à ce secteur. Nous encourageons nos entreprises à se livrer à l'agriculture à grande échelle, à l'élevage, au stockage et à la transformation des céréales en Afrique pour favoriser l'emploi local et augmenter le revenu des agriculteurs. La Chine mettra en œuvre des projets d'enrichissement par l'agriculture dans 100 villages africains, dépêchera 30 équipes d'experts agricoles en Afrique, et établira un mécanisme de coopération « 10 + 10 » entre les instituts de recherche agricole chinois et africains. Vivement préoccupée par la mauvaise récolte due aux impacts d'El Niño dont ont souffert plusieurs pays africains, la Chine versera un milliard de yuans d'aide alimentaire d'urgence aux pays touchés par ce phénomène.

Le troisième programme de coopération porte sur les infrastructures. La Chine renforcera sa coopération mutuellement bénéfique avec l'Afrique dans la planification, la conception, la construction, l'exploitation et l'entretien des infrastructures. Nous encouragerons les entreprises chinoises à prendre une part active dans le développement des infrastructures en Afrique, concernant notamment les voies ferrées, les routes, l'aviation régionale, les ports, l'électricité et les télécommunications, pour donner à l'Afrique les moyens d'entreprendre un développement durable. Nous aiderons également les pays africains à mettre en place cinq universités spécialisées dans les transports.

Le quatrième programme de coopération porte sur la finance. La Chine multipliera ses opérations de règlement en Renminbi et de swap de devises avec les pays africains, encouragera ses institutions financières à établir davantage de succursales en Afrique, et augmentera sa coopération avec l'Afrique en matière d'investissements et de financements de diverses façons, afin de fournir un soutien et des services financiers à l'industrialisation et à la modernisation de l'Afrique.

Le cinquième programme de coopération porte sur le développement vert. La Chine aidera l'Afrique à renforcer sa capacité à réaliser un développement vert, bas carbone et durable. Elle soutiendra l'Afrique dans la mise en œuvre de 100 projets visant à recourir davantage aux énergies propres, à protéger la faune et la flore, à promouvoir une agriculture respectueuse de l'environnement et à construire des villes intelligentes. La coopération sino-africaine ne s'opérera jamais au détriment des écosystèmes et des intérêts à long terme de l'Afrique.

Le sixième programme de coopération porte sur la facilitation du commerce et des investissements. La Chine mettra en œuvre 50 projets d'aide au commerce pour améliorer les conditions tant matérielles qu'immatérielles du commerce intérieur et extérieur ainsi que des investissements de l'Afrique. Elle est prête à négocier avec les pays et les organisations régionales d'Afrique des accords globaux de libre-échange couvrant le commerce des biens et services et la coopération dans les investissements, tout en augmentant l'importation des produits africains. La Chine aidera les pays africains à élever leur capacité à faire respecter les réglementations associées aux douanes, au contrôle de la qualité et aux taxes. Nous développerons également notre coopération avec l'Afrique dans la normalisation, l'authentification, la certification et le commerce électronique.

Le septième programme de coopération porte sur la réduction de la pauvreté et le bien-être de la population. Tout en intensifiant ses efforts de lutte contre la pauvreté sur son propre territoire, la Chine multipliera son aide à l'Afrique. Nous mettrons en œuvre 200 « projets de vie heureuse » et programmes de réduction de la pauvreté centrés sur les femmes et les enfants. Nous annulerons les dettes en cours des pays africains les moins avancés concernés, dettes qui prennent la forme de prêts intergouvernementaux à taux zéro arrivant à échéance à la fin de l'année 2015.

Le huitième programme de coopération porte sur la santé publique. La Chine aidera l'Afrique à conforter son système de prévention et de contrôle de la santé publique et à renforcer ses capacités en construisant le Centre africain de contrôle des maladies. Nous soutiendrons la coopération pilote entre 20 hôpitaux chinois et 20 hôpitaux africains, tout en modernisant les services spécialisés dans les hôpitaux. Nous continuerons d'envoyer des équipes médicales en Afrique, de fournir une aide médicale concernant notamment l'opération de la cataracte et la santé maternelle et infantile, et de livrer à l'Afrique des médicaments antipaludiques à base d'artémisinine. Nous encouragerons et soutiendrons les entreprises chinoises à s'installer en Afrique pour développer la fabrication locale de produits pharmaceutiques, afin que les peuples africains aient davantage accès à ces produits.

Le neuvième programme de coopération porte sur les échanges culturels et humains. La Chine bâtira cinq centres culturels en Afrique et installera la réception de la télévision par satellite dans 10 000 villages africains. Nous ouvrirons 2 000 places pour les étudiants africains dans des cursus diplômants ou certifiants, et offrirons 30 000 bourses gouvernementales. Chaque année, nous inviterons 200 chercheurs africains à venir visiter la Chine et 500 jeunes africains à réaliser un séjour d'étude en Chine, et nous formerons 1 000 professionnels des médias originaires d'Afrique. Nous soutiendrons l'ouverture de nouvelles lignes aériennes directes entre la Chine et l'Afrique pour stimuler la coopération bilatérale dans le secteur touristique.

Le dixième programme de coopération porte sur la paix et la sécurité. La Chine allouera à l'Union africaine une aide sans contrepartie de 60 millions de dollars pour soutenir la construction et la mise en service de la Force africaine en attente et de la Capacité africaine de réponse immédiate aux crises. La Chine continuera à participer aux opérations de maintien de la paix de l'ONU en Afrique et à soutenir le renforcement des capacités des pays africains dans des domaines tels que la défense nationale, la lutte contre le terrorisme, la prévention des émeutes, la surveillance douanière et le contrôle de l'immigration.

Pour garantir la mise en œuvre réussie de ces « dix programmes de coopération », la Chine a décidé d'accorder un soutien financier d'un montant total de 60 milliards de dollars. Cette somme comprend

5 milliards pour les subventions et les prêts à taux zéro ; 35 milliards pour les prêts concessionnels à des conditions plus favorables et les lignes de crédit à l'exportation ; une hausse de 5 milliards respectivement pour le Fonds de développement sino-africain et pour le Prêt spécial pour le développement des PME africaines ; et 10 milliards d'apport initial pour le Fonds de coopération sino-africain pour les capacités de production.

Cette année marque le 15ᵉ anniversaire du Forum sur la coopération sino-africaine. Ces quinze dernières années, la coopération pragmatique et tous azimuts entre la Chine et l'Afrique a réalisé des résultats fructueux. En 2014, le volume des échanges commerciaux des deux parties a été multiplié par 22 par rapport au niveau enregistré en 2000, et le stock des investissements chinois non financiers en Afrique, par 60, preuve que la contribution de la Chine au développement économique africain a nettement augmenté. Le Forum sur la coopération sino-africaine est devenu un étendard guidant la coopération Chine-Afrique. Il donne l'exemple dans la coopération Sud-Sud et joue un rôle de pionnier en incitant la communauté internationale à accorder une vive attention à l'Afrique et à y investir davantage.

De nos jours, les relations sino-africaines connaissent la meilleure période de leur histoire. Nous devons sans cesse gravir des sommets, envisager l'avenir et aller de l'avant. Travaillons donc main dans la main pour allier la sagesse et la force des 2,4 milliards de Chinois et d'Africains, afin d'ouvrir ensemble une nouvelle ère de coopération gagnant-gagnant et de développement partagé.

Multiplions les points de convergence pour
les grands renouveaux nationaux chinois et arabe[*]

(21 janvier 2016)

La Chine poursuit une voie de développement pacifique, pratique une politique étrangère d'indépendance et de paix, et met en œuvre une stratégie d'ouverture mutuellement bénéfique. Une de nos priorités consiste à participer activement à la gouvernance mondiale, à bâtir un modèle de coopération mutuellement bénéfique, à assumer nos responsabilités et obligations internationales, à renforcer la convergence d'intérêts avec les autres pays et à forger une communauté de destin pour l'humanité.

Nous devons saisir cette période clé à venir de cinq ans pour réaliser ensemble le projet « la Ceinture et la Route », établir les principes directeurs de la paix, de l'innovation, de l'orientation, de la gouvernance et de l'intégration, devenir des bâtisseurs de la paix, des partisans du développement, des promoteurs de l'industrialisation, des défenseurs de la stabilité et des partenaires favorisant l'amitié au Moyen-Orient.

La Chine est disposée à travailler avec les Etats arabes en vue de la réalisation conjointe du projet « la Ceinture et la Route » et de la multiplication des points de convergence pour les grands renouveaux nationaux chinois et arabe.

Premièrement, nous devons porter haut l'étendard de la paix et du dialogue, et prendre des mesures favorables à la stabilité dans le monde. Le projet « la Ceinture et la Route » appelle les nations et les civilisations à échanger pour parvenir à une compréhension mutuelle plutôt qu'à un sentiment d'hostilité mutuel. Il convient de faire tomber les murs qui nous séparent l'un l'autre, et non pas d'en construire

* Extraits du discours au siège de la Ligue des Etats arabes.

577

d'autres, de considérer le dialogue comme la règle d'or, et d'entretenir de bonnes relations de voisinage.

Mencius, grand philosophe de l'antiquité chinoise, a affirmé : « Rester droit et suivre la voie de la justice dans le monde. » Ainsi la Chine décide-t-elle de sa politique menée au Moyen-Orient selon la réalité des faits, et en tenant compte des intérêts fondamentaux des populations dans cette région. Plutôt que de solliciter un mandataire au Moyen-Orient, nous facilitons les négociations de paix ; plutôt que de rechercher une sphère d'influence, nous encourageons toutes les parties à rejoindre le cercle d'amis formé par les participants à l'initiative « la Ceinture et la Route » ; plutôt que de tenter de combler les « vides » existants, nous tissons un réseau de partenariats de coopération mutuellement bénéfique.

Selon la philosophie chinoise, la vie n'est que perpétuels changement et adaptation ; de même, un dicton arabe énonce qu'il est impossible d'avancer en maintenant un état permanent. Nous respectons donc l'aspiration des Etats arabes à engager des réformes et soutenons ces Etats cherchant à explorer leur propre voie de développement. Il est primordial de correctement gérer les liens entre la réforme, le développement et la stabilité. Nous pourrions comparer cette situation à une course de chameaux, un sport bien apprécié dans le monde arabe. Si l'un des chameaux court trop vite dès le début, il sera sans aucun doute épuisé en fin de course. Or, s'il court trop lentement dès le début, il risque de se retrouver parmi les derniers en fin de course. C'est au jockey qu'il revient de trouver le bon équilibre entre vitesse et endurance pour que le chameau arrive en tête.

La prolifération des idées terroristes et extrémistes pose aujourd'hui un sérieux défi à la paix et au développement. Il est nécessaire que les pays atteignent un consensus dans le combat face aux forces terroristes et extrémistes, parce que le terrorisme ne connaît pas de frontières. Par ailleurs, il n'y a pas de distinction à faire entre bon et mauvais terrorisme, de sorte que la lutte contre ce fléau ne doit pas suivre le principe de « deux poids, deux mesures ». De la même façon, le terrorisme ne doit pas être associé à tel ou tel groupe ethnique ou à telle ou telle religion, car cet amalgame ne ferait qu'engendrer des tensions connexes. Aucune politique ne saurait être efficace si elle est isolée : la lutte contre le terrorisme doit se traduire par une stratégie globale, traitant à la fois les symptômes et les causes profondes du problème.

A cette fin, la Chine établira un Centre de recherche sino-arabe sur la réforme et le développement. Nous tiendrons une table ronde sur le dialogue entre les civilisations et l'éradication de l'extrémisme dans le cadre du Forum sur la coopération sino-arabe, et organiserons des visites bilatérales entre 100 personnalités religieuses. Nous renforcerons la coopération en matière de cybersécurité, bloquerons la diffusion en ligne des contenus audio ou vidéo incitant à la violence et au terrorisme, et participerons à l'élaboration conjointe d'une convention internationale de lutte antiterroriste dans le cyberespace. Nous allouerons une aide de 300 millions de dollars en soutien à certains projets, portant notamment sur la coopération dans l'application de la loi et la formation des agents de police, afin de permettre aux pays de la région d'accroître leur capacité à faire régner l'ordre.

Deuxièmement, nous devons promouvoir la restructuration et nous engager dans la coopération innovante. Etant donné la concurrence internationale toujours plus acharnée dans le paysage du développement, il est urgent de mettre à niveau notre coopération. Nous devons promouvoir le modèle « pétrole et gaz + » pour davantage exploiter notre potentiel de coopération dans ces secteurs. La Chine est prête à renforcer sa coopération avec les Etats arabes à tous les maillons de la chaîne industrielle : amont, intermédiaire et aval, à renouveler ses contrats d'achat de pétrole à long terme, et à nouer avec les Etats arabes des relations de coopération stratégique dans le domaine énergétique qui seraient caractérisées par le bénéfice mutuel, la fiabilité et l'amitié à long terme. Il convient aussi d'établir des mécanismes innovants pour le commerce et l'investissement, et de générer ainsi de nouvelles opportunités de coopération.

Comme la Chine est entrée sur la « voie rapide » en matière d'investissement à l'étranger et comme les Etats arabes détiennent une solide réserve de fonds souverains, nous pourrions signer davantage d'accords de swap de devise et d'investissement mutuels, multiplier les transactions réglées en Renminbi, accélérer le processus de facilitation de l'investissement et orienter les fonds d'investissement et les capitaux privés des deux parties vers des projets clés dans le cadre du projet « la Ceinture et la Route ». La Chine et les Etats arabes doivent raffermir leur coopération dans les hautes technologies et cultiver de nouvelles forces motrices pour celle-ci. Par le biais des centres existants pour le transfert de technologies et la formation, les deux parties peuvent accélérer l'introduction de hautes et nouvelles technologies telles que le TGV, le nucléaire, l'aérospatiale, les nouvelles énergies et le génie génétique, afin d'apporter une valeur ajoutée à leur coopération pragmatique.

A cette fin, la Chine s'engagera dans la coopération innovante, explorera avec le monde arabe un modèle de coopération « pétrole-prêt-projet », étendra la portée de sa coopération traditionnelle dans le pétrole et le gaz, et développera conjointement des énergies nouvelles et renouvelables. La Chine prendra part à l'aménagement de parcs industriels au Moyen-Orient, la priorité étant accordée à la Zone de coopération économique et commerciale de Suez. Via la formation du personnel, la planification commune, la construction conjointe d'usines et d'autres moyens encore, nous intégrerons tout le processus industriel allant de la transformation et de la fabrication au transport et à l'exportation. Nous lancerons le Programme de partenariat sino-arabe dans les sciences et technologies, et construirons ensemble 10 laboratoires conjoints pour mener des recherches sur l'agriculture moderne, les TIC et la santé publique. Nous organiserons également le Forum de coopération sino-arabe sur le système de navigation par satellite Beidou.

Troisièmement, nous devons promouvoir l'industrialisation au Moyen-Orient et entreprendre la coopération en matière de capacités de production. Celle-ci est conforme à la grande tendance de diversification économique en cours dans les pays du Moyen-Orient. Elle peut amener ces pays à s'engager dans une nouvelle voie d'industrialisation plus viable, plus bénéfique pour le peuple et plus respectueuse de l'environnement.

Les équipements chinois présentent un bon rapport qualité-prix. En combinaison avec le transfert des technologies, la formation du personnel et un solide soutien financier, ils peuvent aider les pays du Moyen-Orient à développer, à un coût relativement bas, la sidérurgie, les métaux non ferreux, les matériaux de construction, le verre, la construction automobile, les centrales électriques et d'autres secteurs répondant à leurs besoins urgents, afin de combler les lacunes observées dans la structure industrielle et de faire naître de nouveaux avantages comparatifs. Les capacités de production compétitives de la Chine et les ressources humaines au Moyen-Orient, si elles sont combinées, devraient offrir des opportunités d'emploi plus nombreuses et plus intéressantes à la population arabe.

Ce matin, j'ai assisté à la cérémonie d'inauguration de la deuxième phase de la Zone de coopération économique et commerciale sino-égyptienne de Suez. Dans le cadre de ce projet, une centaine d'entreprises opérant dans des secteurs comme le textile et l'habillement, l'équipement pétrolier, la fabrication de motocycles et la production d'énergie solaire, s'installeront en Egypte, ce qui devrait créer plus de 10 000 emplois dans ce pays.

Afin de promouvoir le processus d'industrialisation au Moyen-Orient, la Chine lancera avec les Etats arabes un plan d'action en faveur de la coopération en matière de capacités de production. Dans le cadre de cette initiative, la Chine instaurera un système de prêts spécialement dédié à l'industrialisation au Moyen-Orient d'une valeur de 15 milliards de dollars, qui servira à financer des projets de coopération en matière de capacités de production et de construction d'infrastructures dans les pays de la région. Elle fournira également aux pays du Moyen-Orient 10 milliards de dollars de prêts commerciaux pour soutenir la coopération en matière de capacités de production. La Chine attribuera aussi aux pays de la région 10 milliards de dollars de prêts concessionnels à des conditions plus favorables. Parallèlement, la Chine établira, avec les Emirats arabes unis et le Qatar, un fonds d'investissement commun d'un montant de 20 milliards de dollars pour investir notamment dans les énergies traditionnelles, la construction d'infrastructures et la fabrication haut de gamme au Moyen-Orient.

Quatrièmement, nous devons préconiser les échanges et l'inspiration mutuelle des civilisations, et mener des actions pour accroître notre amitié. Tout comme la multiplicité des espèces animales et végétales compose la Mère nature, la diversité de nos civilisations donne vie à notre planète. Le Moyen-Orient est un lieu de rencontre entre plusieurs civilisations antiques, ainsi que le foyer de brillantes civilisations et cultures variées. La Chine continuera sans réserve à soutenir le Moyen-Orient et les Etats arabes dans leurs efforts visant à préserver leurs traditions ethniques et culturelles, et s'opposera à toute forme de discrimination et préjugés ciblant un groupe ethnique ou une religion en particulier.

Les civilisations chinoise et arabe présentent chacune des systèmes qui leurs sont propres et des caractéristiques distinctives. Pourtant, toutes deux nourrissent des aspirations et des idéaux communs de l'humanité pour le développement et le progrès, en défendant chacune des valeurs telles que la voie du milieu, la paix, la loyauté, la clémence et la maîtrise de soi. Nous devons élargir le dialogue entre les civilisations dans un esprit de tolérance et d'inspiration mutuelle, et aller chercher ensemble, au cœur de nos traditions culturelles respectives, des valeurs propices à la concorde des peuples qui sont encore valables à l'époque contemporaine.

Les régions traversées par « la Ceinture et la Route » sont des endroits animés par les échanges culturels et humains. Nous devons nous efforcer de resserrer sans cesse ces liens étroits qui unissent nos peuples. Hier, j'ai eu l'honneur de rencontrer les dix lauréats arabes du Grand prix de la contribution à l'amitié sino-arabe. C'est grâce à tout le travail déployé par plusieurs générations de personnes s'engageant pour l'amitié entre les peuples, et ce dans les deux parties, que les graines de l'amitié sino-arabe ont poussé et donné des arbres luxuriants au feuillage persistant.

Afin de garantir le foisonnement des talents et des idées le long de « la Ceinture et la Route », nous mettrons en œuvre des projets « cent-mille-dix mille » destinés à fortifier l'amitié sino-arabe. Notons entre autres la traduction de 100 classiques chinois et arabes dans le cadre du « Parfum des livres le long de la Ceinture et de la Route » ; les visites réciproques de 100 experts et chercheurs pour renforcer la coordination de nos laboratoires d'idées ; l'offre de 1 000 opportunités de formation aux jeunes dirigeants arabes et la visite en Chine de 1 500 chefs de partis politiques arabes pour former de jeunes ambassadeurs de l'amitié sino-arabe et des dirigeants politiques ; l'offre de 10 000 bourses d'étude et de 10 000 places de formation au profit de la population arabe, et les visites réciproques de 10 000 artistes chinois et arabes.

Edifier ensemble un avenir plus prospère des relations sino-russes*

(25 juin 2016)

Monsieur le Président,

Mesdames et Messieurs,

Chers amis,

Aujourd'hui, nous célébrons ici le 15ᵉ anniversaire de la signature du *Traité sino-russe de bon voisinage, d'amitié et de coopération.* Tout d'abord, au nom du gouvernement et du peuple chinois ainsi qu'en mon nom, je souhaiterais adresser mes salutations les plus cordiales à toutes les personnalités issues de différents milieux engagées depuis longtemps dans la promotion de l'amitié entre nos deux peuples !

Quinze ans auparavant, nos deux pays ont signé, en se basant sur le bilan exhaustif des expériences et des fruits du développement des relations bilatérales, le *Traité sino-russe de bon voisinage, d'amitié et de coopération.* Celui-ci a légalisé notre nouveau type de relations interétatiques de non-alignement, de non-confrontation et de non-hostilité envers un tiers pays, ainsi que notre volonté pour une amitié perpétuelle, consolidant ainsi la base légale du développement durable des relations sino-russes au XXIᵉ siècle. Sous la direction des objectifs et des principes définis dans ce traité, nos deux pays ont rapidement et définitivement résolu les problèmes de frontières légués par le passé pour établir un partenariat de coordination stratégique globale avec, pour préoccupation principale, l'égalité, la confiance et le soutien mutuels, la prospérité commune et l'amitié perpétuelle. Cela a fourni de réels avantages aux deux peuples et une contribution positive à la paix, à la

---

* Discours à la cérémonie en commémoration du 15ᵉ anniversaire de la signature du *Traité sino-russe de bon voisinage, d'amitié et de coopération.*

sécurité et à la stabilité régionales et mondiales.

Depuis quinze ans, à la lumière de l'esprit de ce traité, le partenariat sino-russe de coordination stratégique globale s'est développé à un niveau élevé, ce qui a abouti à de nombreux résultats dans de divers domaines.

– Chaque partie donne la priorité à l'autre dans ses affaires extérieures. Les deux pays ont forgé une bonne entente et se traitent sur un pied d'égalité. Nous nous prêtons mutuellement soutien dans les questions régissant les intérêts essentiels. La poursuite d'une voie de développement adaptée à la réalité nationale fait l'objet d'un respect et d'un soutien mutuels et fermes pour créer une confiance politique mutuelle de haute qualité.

– En considérant le développement de l'autre partie comme opportunité en faveur du sien, nos deux pays se soutiennent fermement l'un l'autre dans le bon règlement des affaires internes, le développement et la montée en puissance. Nous profitons mutuellement de nos atouts dans l'optique d'un développement et d'une prospérité partagés.

– Nous avons mis en place un mécanisme complet d'échanges de haut niveau permettant une communication fréquente, des consultations approfondies et des échanges de vues sans réserve concernant nos préoccupations primordiales dans le but d'atténuer en temps opportun les difficultés et les problèmes apparus dans la coopération et d'assurer la progression de nos relations bilatérales.

– Grâce à notre coopération économique réciproquement bénéfique basée sur le principe du gagnant-gagnant, le volume des échanges commerciaux entre nos deux pays a été décuplé en quinze ans, les domaines de coopération qui se limitaient au commerce se sont diversifiés vers l'investissement, le financement, l'énergie, l'aéronautique et l'aérospatiale, les hautes technologies, le train à grande vitesse, l'agriculture et les collectivités locales. Les formes de coopération sont passées de simples échanges de marchandises à la recherche-développement et à la production conjointes. Les niveaux de coopération se sont développés du commerce frontalier à des programmes stratégiques majeurs. Tout cela a approfondi l'intégration de nos intérêts économiques.

– Nous avons énergiquement développé les échanges culturels et humains. Les années croisées Chine-Russie, ainsi que les années croisées sur les thèmes des langues, du tourisme et des échanges amicaux entre les jeunes ont été organisées avec succès. Les années croisées au sujet des échanges médiatiques sont en pleine effervescence. Tout cela a permis à nos deux peuples de s'attirer les bonnes grâces de l'un et de l'autre, et de consolider progressivement leur amitié traditionnelle.

– Les deux parties renforcent leur coordination et agissent de concert dans les affaires régionales et internationales. Elles ont travaillé en collaboration et dans un esprit de soutien mutuel au sein des organisations internationales et régionales, notamment les Nations unies, l'Organisation de coopération de Shanghai, la Conférence pour l'interaction et les mesures de confiance en Asie, les BRICS, la Chine-Russie-Inde et le G20, afin de promouvoir ensemble la résolution politique des problèmes brûlants internationaux et régionaux, et de perfectionner le système de gouvernance mondiale, les deux pays devenant ainsi une force clé et constructive promouvant la paix et la stabilité internationales.

Les quinze années de mise en pratique de ce traité ont largement prouvé que ses objectifs et principes répondent aux intérêts fondamentaux de nos deux pays et de nos peuples, sont en accord avec la paix et le développement, thèmes majeurs de notre temps, sont en mesure de résister à l'épreuve des aléas de la situation internationale, et respirent la vitalité. Cela constitue également une garantie fondamentale et une force motrice intarissable pour assurer le développement continu, sain et régulier du partenariat sino-russe de coordination stratégique globale.

Mesdames et Messieurs,

Chers amis,

En ce jour, après ces quinze années, les peuples de nos deux pays ont formulé de nouvelles exigences envers le développement de nos relations. Le président Poutine et moi avons procédé à une nouvelle planification en faveur du partenariat sino-russe de coordination stratégique globale, en répondant à l'aspiration commune des deux peuples et à l'évolution de la situation, et conformément au concept de l'amitié perpétuelle défini dans ce traité.

— Nous devons profiter de la célébration conjointe du 15ᵉ anniversaire de la signature de ce traité pour maintenir des échanges étroits à haut niveau, consolider sans relâche la confiance politique et stratégique mutuelle, renforcer le soutien mutuel et bâtir un appui stratégique ferme.

— Nous devons assurer la paix et la tranquillité à nos frontières communes s'étirant sur plus de 4 300 kilomètres, et développer énergiquement la coopération dans les régions frontalières en les transformant en un nœud solide de l'amitié et de la coopération.

— Nous devons, en nous basant sur les acquis de la coopération économique, approfondir l'interconnexion des stratégies de développement entre nos deux pays, ainsi que l'interconnexion et la coopération entre la réalisation du projet « la Ceinture et la Route » et celle de l'Union économique eurasiatique, afin de développer des relations de coopération économique approfondie d'un niveau plus élevé en Eurasie, de sorte que le bien-être apporté par le développement des relations sino-russes bénéficie non seulement aux deux peuples, mais également aux pays et peuples de toute la région.

— Nous devons vigoureusement favoriser les échanges culturels et humains, mettre particulièrement en valeur le rôle du Comité sino-russe d'amitié, de paix et de développement en tant que principal canal, multiplier les échanges non-gouvernementaux, faire rayonner le concept de la paix défini dans ce traité, promouvoir la compréhension mutuelle entre les divers milieux sociaux des deux pays et faire en sorte que l'amitié traditionnelle sino-russe soit transmise de génération en génération.

— Nous devons défendre les buts et les principes de la Charte des Nations unies ainsi que les règles internationales fondamentales, renforcer la coopération stratégique internationale, favoriser l'évolution de l'ordre international dans un sens plus juste et plus équitable, promouvoir ensemble la résolution politique des problèmes brûlants, et sauvegarder la paix, la sécurité et la stabilité mondiales.

Mesdames et Messieurs,

Chers amis,

Le *Traité sino-russe de bon voisinage, d'amitié et de coopération*, grande initiative des relations entre nos deux pays, a eu des effets positifs sur le plan international. Nous avons tout lieu de penser que l'effet de démonstration et la puissante vitalité du Traité seront d'autant plus manifestes au gré de l'évolution de la situation internationale aussi complexe que profonde.

Le cours de l'histoire est impétueux ; l'appel de notre ère, inexorable ; la volonté des peuples du monde, inébranlable, et l'évolution du monde vers la paix et le développement, irréversible. Poursuivons notre coopération côte à côte et main dans la main ; avançons avec détermination dans le sens dicté par notre traité dans un esprit d'entreprise et de création afin d'édifier ensemble un avenir plus prospère des relations sino-russes. Que nos générations futures puissent vivre dans la paix, l'amitié et la splendeur pour toujours !

Merci à tous !

Vers une économie mondiale innovante, revigorée, interconnectée et inclusive*

(4 septembre 2016)

Chers collègues,

Je déclare ouvert le Sommet du G20 de Hangzhou !

C'est un grand plaisir pour moi de me trouver réuni avec vous, ici à Hangzhou. Tout d'abord, chers collègues, je tiens à vous souhaiter chaleureusement la bienvenue.

L'année dernière, le Sommet du G20 tenu à Antalya a remporté un grand succès. Aussi, je souhaiterais, à cette occasion, remercier une fois encore la Turquie pour le travail remarquable qu'elle a réalisé pendant sa présidence ainsi que les résultats très positifs qu'elle a obtenus. Sous le thème « Une action collective pour une croissance inclusive et forte », la Turquie a accompli un travail fructueux, axé sur « l'inclusivité, la mise en œuvre et l'investissement ». La Chine réitère ici sa haute appréciation envers les efforts déployés par la Turquie dans divers domaines au cours de sa présidence.

En novembre dernier, à Antalya, je vous ai présenté Hangzhou comme un paradis sur terre et j'étais convaincu que le Sommet de Hangzhou allait vous toucher avec son charme original marqué par la rencontre de l'histoire et de la réalité. Aujourd'hui, vous vous êtes réunis ici sur mon invitation et, entre vieux et nouveaux amis, nous allons ensemble discuter des affaires importantes en faveur du développement économique mondial.

Dans les deux jours à venir, nous allons discuter, sous le thème du Sommet de Hangzhou, des questions concernant le renforcement de la coordination des macropolitiques, l'innovation des modes de crois-

---

* Discours à la cérémonie d'ouverture du Sommet du G20 de Hangzhou.

sance, l'efficacité de la gouvernance économique et financière dans le monde, la promotion du commerce et de l'investissement internationaux, le développement inclusif et interconnecté ainsi que d'autres dossiers marquants susceptibles d'affecter l'économie mondiale.

Huit ans auparavant, au paroxysme de la crise financière internationale, le G20, agissant dans un esprit de solidarité et de partenariat, a retenu l'économie mondiale au bord du précipice dans lequel elle risquait de tomber, et l'a ramenée dans la voie de la stabilité et de la reprise. Il s'agit d'une initiative qui a marqué la victoire de la solidarité sur le différend et celle de l'esprit gagnant-gagnant sur les intérêts privés. Cette crise a permis de faire connaître le G20 et a établi son statut de forum principal de coopération économique internationale.

Aujourd'hui, soit huit ans après, l'économie mondiale se trouve à nouveau à un tournant critique. Les principaux moteurs de la croissance mondiale, dont le progrès scientifique et technologique, la croissance démographique et la mondialisation économique, entrent l'un après l'autre dans une période de changement de vitesse, et leur rôle d'entraînement de l'économie mondiale s'est vu nettement affaibli. La dynamique de croissance générée par le dernier cycle de progrès scientifiques et technologiques s'essouffle, alors que la révolution technico-scientifique et industrielle d'un cycle nouveau démarre à peine. Le vieillissement de la population affecte d'ores et déjà l'ensemble des principales économies, et le taux de croissance démographique diminue, entraînant des pressions économiques et sociales sur les différents pays. La mondialisation économique connaît des aléas, le protectionnisme et les tentations du repli sur soi s'intensifient à nouveau, et le système du commerce multilatéral se trouve compromis. Malgré des avancées notables réalisées dans la réforme de la régulation financière, des risques de surendettement et des bulles fragiles s'accumulent sans cesse. Comment agir pour que le marché financier reste stable, et serve en même temps et efficacement l'économie réelle ? Ceci constitue un important problème que tous les pays doivent résoudre.

Prise dans l'engrenage de ces facteurs, l'économie mondiale, bien que maintenant sa tendance générale à la reprise, affronte de multiples risques et défis, tels que le manque d'énergie pour la croissance, la faible demande, les récurrentes turbulences sur le marché financier, la morosité prolongée des échanges et des investissements internationaux.

Le G20 regroupe les principales économies mondiales ; en jouant un rôle prépondérant, il se trouve au premier front pour affronter les risques et les défis ainsi qu'exploiter l'espace de croissance. La communauté internationale attend beaucoup de ce groupe et place de grands espoirs à ce sommet. Nous allons, par le biais de nos actions respectives et de nos efforts conjugués, affronter les problèmes et chercher à les résoudre. On espère que le Sommet de Hangzhou trouvera pour l'économie mondiale une solution globale qui s'attaquera tant aux symptômes qu'aux causes profondes des problèmes, lui permettant ainsi de s'engager dans la voie d'une croissance forte, durable, équilibrée et inclusive.

Premièrement, face aux défis actuels, nous devons renforcer la coordination de nos politiques macro-économiques, conjointement promouvoir la croissance de l'économie mondiale et maintenir la stabilité financière internationale. En tenant compte des réalités de chacun, les membres du G20 doivent adopter des politiques macro-économiques complètes, mobiliser tous les moyens politiques efficaces et coordonner leurs politiques budgétaires, monétaires et de la réforme structurelle afin d'étendre la demande mondiale, d'améliorer la qualité de l'offre, et de consolider les assises de la croissance. Il faut, autour de l'élaboration et de la matérialisation du « Plan d'action de Hangzhou », poursuivre l'harmonisation des mesures politiques, réduire les retombées négatives de l'effet de débordement, défendre conjointement la stabilité financière et restaurer la confiance du marché.

Deuxièmement, face aux défis actuels, nous devons innover dans nos modes de développement et explorer de nouveaux moteurs de croissance. Le G20 doit ajuster sa vision stratégique, accorder autant d'importance aux politiques à court terme qu'aux politiques à moyen et long terme, et à la gestion du côté de la demande qu'à la réforme du côté de l'offre. Nous sommes parvenus cette année à un consensus sur le « Plan de croissance innovante du G20 », et avons décidé d'un commun accord de frayer de nouvelles voies et d'ouvrir de nouveaux horizons à l'économie mondiale, en recourant à de nouvelles approches : innovation, réforme structurelle, nouvelle révolution industrielle, économie numérique, etc. Il faut résolument poursuivre cette direction, afin d'aider l'économie mondiale à sortir de la situation marquée par une reprise anémique et une croissance fragile, ainsi que jeter une base solide pour un nouveau cycle de croissance et de prospérité de l'économie mondiale.

Troisièmement, face aux défis actuels, nous devons améliorer la gouvernance de l'économie mondiale et en consolider les assises institutionnelles. Le G20 doit sans cesse perfectionner le système monétaire et financier international, optimiser la structure de la gouvernance des institutions financières internationales, et pleinement valoriser le rôle des droits de tirage spéciaux du Fonds monétaire international. Il faut améliorer le réseau mondial de la sécurité financière, intensifier la coopération en matière de surveillance financière, de fiscalité internationale et de lutte anticorruption, ainsi qu'accroître la capacité de l'économie mondiale à affronter les risques. Cette année, nous avons relancé le groupe de travail sur l'architecture financière internationale du G20, espérant qu'il poursuivra sa progression et se révélera toujours plus efficace.

Quatrièmement, face aux défis actuels, nous devons bâtir une économie mondiale ouverte et promouvoir sans cesse la libéralisation et la facilitation du commerce et de l'investissement. La pratique du protectionnisme peut être comparée à l'action de boire du poison pour étancher sa soif : elle semble pouvoir atténuer la pression à l'intérieur d'un pays pendant une courte durée mais, à long terme, elle causera des dommages irréversibles à l'économie du pays et du monde entier. Le G20 doit éviter d'agir au détriment des autres, servir d'initiateur et de promoteur de l'économie mondiale ouverte, honorer son engagement consistant à ne pas adopter de nouvelles mesures protectionnistes, renforcer la coordination et la coopération en matière de mesures d'investissement, et engager des actions réelles pour favoriser la croissance commerciale. Nous devons mettre en valeur l'effet de rayonnement et celui d'entraînement de l'interconnexion des infrastructures, aider les pays en développement et les PME à participer en profondeur à la chaîne de valeur mondiale, et promouvoir l'ouverture, les échanges et l'intégration de l'économie mondiale.

Cinquièmement, face aux défis actuels, nous devons mettre en œuvre l'Agenda 2030 de l'ONU pour le développement durable et promouvoir un développement inclusif. La réalisation d'un développement commun est le souhait général de tous les peuples, surtout de ceux des pays en développement. Selon les statistiques à ce sujet, le coefficient de Gini a atteint 0,7 dans le monde, dépassant le niveau d'alerte universellement reconnu, soit 0,6, ce qui mérite une attention particulière. Cette année, nous avons accordé une place importante au développement dans l'ordre du jour du G20, et avons conjointement promis de mettre en œuvre l'Agenda 2030 pour le développement durable et établi le plan d'action à cet effet. De plus, nous soutiendrons l'industrialisation de l'Afrique et des pays les moins avancés, améliorerons l'accessibilité de l'énergie, augmenterons l'efficacité énergétique, renforcerons l'utilisation des énergies propres et renouvelables, développerons la finance inclusive et encouragerons les jeunes à créer leur propre entreprise, afin de réduire l'inégalité et le déséquilibre du développement dans le monde et de permettre à tous les peuples de partager les fruits de la croissance mondiale.

Chers collègues,

Le G20 véhicule les grandes attentes de tous les pays du monde et a en charge d'importantes missions. Nous devons nous efforcer de l'améliorer, et maîtriser l'orientation générale qui nous mène à la prospérité et à la stabilité de l'économie mondiale.

Premièrement, avancer avec son temps et jouer un rôle d'orientation. Le G20 doit adapter son développement aux besoins de l'économie mondiale, et se transformer d'un mécanisme de réponse à la crise en un mécanisme de gouvernance à long terme. Face aux grands problèmes notables, le G20 a la responsabilité de jouer son rôle de

direction, ainsi que d'indiquer et de frayer, grâce à sa vision stratégique, le chemin pour l'économie mondiale.

Deuxièmement, joindre l'action à la pensée et faire preuve de
pragmatisme. Mille engagements n'en valent pas un d'honoré. Nous
devons faire du G20 une équipe d'action et non un salon de discussion. Nous avons élaboré cette année des plans d'action dans de
nombreux domaines, tels que le développement durable, la finance
verte, l'efficacité énergétique et la lutte contre la corruption. Chaque
plan devra être matérialisé.

Troisièmement, mettre en place une plateforme de coopération
par tous et pour tous. Nous devons continuer à renforcer la construction institutionnelle du G20 pour poursuivre et approfondir notre
coopération. Nous devons solliciter les propositions et tenir compte
des avis de chaque pays, notamment ceux des pays en développement,
afin de rendre le G20 plus inclusif et plus réactif aux demandes des
peuples de différents pays.

Quatrièmement, rester solidaire et faire rayonner l'esprit de partenariat, qui est cher au G20. Bien que notre situation nationale, notre
stade de développement et les défis auxquels nous faisons face soient
différents, nous partageons tous le même désir de promouvoir la
croissance économique, le même intérêt à affronter les crises et les
défis, et la même aspiration à réaliser le développement commun.
Avec un esprit de partenariat et de solidarité, nous sommes capables
de surmonter tous les obstacles de l'économie mondiale et de réaliser
une nouvelle croissance.

Chers collègues,

Au cours de la préparation du Sommet de Hangzhou, la Chine
s'est attachée aux idées d'ouverture, de transparence et de tolérance,
engageant d'étroites communication et coordination avec les autres
membres. Nous avons tenu toutes sortes de dialogues périphériques,
et présenté la préparation du Sommet de Hangzhou à l'ONU, au siège
de l'Union africaine, au Groupe des 77, aux pays les moins avancés, aux pays sans littoral, aux petits pays insulaires, à tous les pays
du monde et à tous ceux intéressés par le G20, et ce afin d'écouter

les revendications d'intérêts de toutes les parties. Les opinions et les propositions de ces dernières ont joué un rôle important dans la préparation de ce sommet.

J'espère qu'au cours des deux jours de discussions à venir, nous pourrons, tout en unissant les esprits et en fédérant les forces, réaliser les objectifs du Sommet de Hangzhou qui sont les suivants : promouvoir la croissance de l'économie mondiale, renforcer la coopération économique internationale et faire progresser le G20.

Prenons Hangzhou comme nouveau point de départ et conduisons l'économie mondiale du bord de la rivière Qiantang vers la mer immense !

Je vous remercie.

Partager les responsabilités de l'époque pour promouvoir conjointement le développement mondial[*]

(17 janvier 2017)

Madame la Présidente Doris Leuthard et Monsieur Roland Hausin,
Messieurs les chefs d'Etat, les chefs de gouvernement, les vice-chefs d'Etat et Mesdames,
Messieurs les responsables d'organisations internationales,
Monsieur le Président Klaus Schwab et Madame,
Mesdames et Messieurs,
Chers amis,

Je suis ravi d'être ici à Davos, cette jolie petite ville des Alpes, qui constitue une fenêtre importante pour observer l'économie mondiale. Venus des quatre coins du monde, nous nous y retrouvons pour échanger nos idées. Cet échange des idées au Forum économique mondial produit des étincelles de sagesse et engendre des résultats hautement efficaces. Je voudrais appeler ce phénomène l'« économie de M. Schwab ».

L'écrivain anglais Charles Dickens a ainsi décrit le monde après la révolution industrielle : « C'était à la fois la meilleure et la pire des époques. »[1] Aujourd'hui, nous aussi, nous vivons dans un monde contradictoire. D'une part, avec l'accumulation continue des richesses matérielles et les progrès technico-scientifiques, le développement de la civilisation humaine a atteint son apogée ; d'autre part, le monde est confronté à une incertitude croissante en raison de la récurrence des

---

[*] Discours à la cérémonie d'ouverture de la réunion annuelle du Forum économique mondial 2017.

conflits régionaux, d'une succession de défis mondiaux, avec notamment le terrorisme et l'afflux de réfugiés, la pauvreté, le chômage et l'écart grandissant des revenus.

Nombreux sont ceux qui plongent dans un océan de perplexité et se demandent ce qui se passe dans le monde.

Pour répondre à cette question, il faut d'abord bien identifier son origine. Certains imputent ces troubles mondiaux à la mondialisation économique, qui a été considérée comme la caverne d'Ali Baba, et est aujourd'hui regardée comme la boîte de Pandore. La communauté internationale se livre à d'amples discussions au sujet de la mondialisation.

Aujourd'hui, je souhaiterais présenter mon opinion sur l'économie mondiale en prenant comme point de départ les questions relatives à la mondialisation.

Selon moi, beaucoup de problèmes tourmentant le monde ne sont pas dus à la mondialisation. Par exemple, ces dernières années, l'afflux de réfugiés provenant du Moyen-Orient et de l'Afrique du Nord a eu un impact sur toute la planète. Cela nous fait extrêmement mal au cœur de voir ces millions de personnes qui vivent dans l'errance, et surtout de voir des enfants engloutis par les flots en pleine mer. Ce sont les guerres, les conflits et les troubles régionaux qui sont à l'origine de ce problème. La seule solution consiste à rechercher la paix, à promouvoir la conciliation et à rétablir la stabilité. Un autre exemple : la crise financière internationale n'est pas une conséquence inévitable du développement de la mondialisation, mais celle de la poursuite excessive des intérêts par les capitaux financiers et de la grave carence du contrôle financier. Imputer tout simplement les problèmes entravant le monde à la mondialisation ne correspond pas à la réalité et ne favorise pas la résolution de ces problèmes.

Du point de vue historique, la mondialisation n'a pas été créée par certaines personnes ou par certains pays, mais elle est une exigence objective du développement des forces productives de la société et une conséquence logique du progrès technico-scientifique. La mondialisation a fourni un puissant moteur à la croissance économique en promouvant la circulation des marchandises et des capitaux, le progrès technico-scientifique, la progression de la civilisation et les échanges entre les populations des différents pays.

Nous devons bien entendu avouer que la mondialisation est une « épée à double tranchant ». Lorsque l'économie mondiale se trouve dans une phase de ralentissement, il est difficile d'agrandir le « gâteau » de l'économie mondiale, qui risque de s'amoindrir. Les contradictions deviendront alors plus saillantes entre la croissance et la répartition, entre le capital et le travail, entre l'efficacité et l'équité, au point que les pays développés et ceux en développement en ressentent donc la pression et le contrecoup. La voix contre la mondialisation révèle que le processus de celle-ci laisse à désirer, ce qui mérite notre attention et nos réflexions.

« Les melons miel ont des tiges amères, les jujubiers pourvus d'épines donnent des fruits savoureux. »[2] Du point de vue philosophique, rien n'est parfait en ce monde. C'est une vue incomplète si l'on considère une chose comme étant parfaite du fait qu'elle possède des avantages ; c'est également une vue incomplète si l'on considère une chose comme étant un bon à rien du fait qu'elle porte des défauts. La mondialisation a effectivement entraîné de nouveaux problèmes. Cependant, nous ne devons pas lui asséner un coup de massue, mais plutôt nous y adapter, l'orienter, et atténuer son influence négative, de sorte qu'elle soit davantage bénéfique à tous les pays et à tous les peuples.

A l'époque, la Chine nourrissait des doutes et des préoccupations à l'égard de la mondialisation, et s'inquiétait lors de son adhésion à l'Organisation mondiale du Commerce. Cependant, nous étions convaincus que l'intégration dans l'économie mondiale constituait une tendance historique. Pour développer l'économie chinoise, il fallait avoir le courage de « nager dans le vaste océan » du marché mondial. Si l'on avait toujours peur d'affronter la tempête et l'inconnu, on finirait tôt ou tard par se noyer en mer. Ainsi la Chine a-t-elle pu courageusement avancer vers le marché mondial. Pendant cette période, nous avons « bu la tasse », avons été confrontés à des tourbillons et des tempêtes, mais nous avons finalement appris à nager. C'est ainsi que nous avons fait un bon choix stratégique.

Le vaste océan de l'économie mondiale, que vous le vouliez ou non, est toujours là et incontournable. Si quelqu'un tente d'interrompre artificiellement les flux des capitaux, des technologies, des produits, des secteurs et des ressources humaines entre tous les pays pour que l'océan de l'économie mondiale se transforme en lacs et en cours d'eau isolés, c'est une idée impossible qui ne correspond pas à la tendance historique.

L'histoire humaine nous enseigne que les problèmes ne doivent pas faire peur. En revanche, le manque de courage de les regarder en face sans pouvoir trouver des idées pour les résoudre est effrayant. Face aux opportunités et aux défis engendrés par la mondialisation, un choix juste consiste à pleinement profiter de toutes les opportunités, et à lutter de manière coopérative contre tous les défis afin de correctement orienter la mondialisation.

A la fin de l'année dernière, j'ai proposé, lors de la réunion informelle des dirigeants de l'APEC, de rendre la mondialisation plus dynamique, plus inclusive et plus durable. Nous devons nous engager activement dans le travail, exercer une gestion appropriée afin de davantage libérer les effets positifs de la mondialisation et de rééquilibrer son processus ; nous devons nous adapter à la tendance générale du monde, choisir, en tenant compte de notre réalité, la bonne voie et le rythme rationnel de notre intégration dans la mondialisation ; nous devons rechercher l'efficacité en prenant en considération l'équité, de sorte que les différents pays, les différentes couches sociales et les différentes communautés partagent les fruits de la mondialisation. C'est la responsabilité des dirigeants à notre époque ainsi que l'attente de tous les peuples à notre égard.

Mesdames et Messieurs,

Chers amis,

A l'heure actuelle, la tâche la plus urgente consiste à conduire l'économie mondiale à se débarrasser de sa situation difficile. Avec la longue morosité économique, le fossé entre riches et pauvres ainsi que celui entre le Nord et le Sud se sont creusés. La cause profonde réside dans la non-résolution des trois principales contradictions dans le secteur économique.

Premièrement, le dynamisme est insuffisant pour soutenir une croissance durable et régulière de l'économie mondiale. Le rythme de croissance de l'économie mondiale se trouve à son niveau le plus bas en sept ans, tandis que celui du commerce mondial reste inférieur à celui de l'économie. Les politiques de relance à court terme n'ont pas donné de résultats satisfaisants et la réforme structurelle en profondeur est encore en cours. L'économie mondiale se trouve à une période de changement de moteurs : le moteur traditionnel a vu son rôle d'entraînement fléchir, et de nouveaux pôles de croissance économique n'ont pas encore pris forme malgré l'apparition continue de nouvelles technologies telles que l'intelligence artificielle et les imprimantes 3D. Nous n'avons pas encore pu frayer une nouvelle voie à l'économie mondiale.

Deuxièmement, la gouvernance économique mondiale retardataire ne s'adapte pas aux nouveaux changements de l'économie mondiale. Récemment, Madame Christine Lagarde m'a fait savoir que la contribution des pays émergents et en développement à la croissance mondiale avait atteint les 80 %. Au cours des plusieurs décennies passées, malgré l'évolution profonde du rapport des forces économiques internationales, le système de gouvernance mondiale n'a pu refléter cette nouvelle structure, et sa représentativité et son inclusivité laissent encore beaucoup à désirer. La répartition géographique des secteurs est en réajustement incessant à l'échelle mondiale. Avec la mise en place de nouvelles chaînes d'industries, d'approvisionnement et de valeur, les règles relatives au commerce et aux investissements n'ont pu s'adapter à ce nouveau contexte, les mécanismes fermés et la fragmentation des règles devenant des problèmes notables. Le marché financier mondial nécessite de renforcer sa capacité contre les risques, alors que le mécanisme de gouvernance financière mondiale, du fait qu'il n'est pas en mesure de répondre à ces nouvelles exigences, ne parvient pas à efficacement régler les problèmes tels que les récurrentes turbulences sur le marché financier mondial et l'accumulation des bulles d'actifs.

Troisièmement, le déséquilibre du développement mondial ne peut répondre aux aspirations du peuple à une vie meilleure. Dans son livre *La Quatrième révolution industrielle*, M. Klaus Schwab a ainsi écrit que la quatrième révolution industrielle exercera une influence extrêmement large et profonde, y compris une aggravation des inégalités, notamment la différence entre la rémunération des capitaux et celle du travail. Les plus riches représentant 1 % de la population mondiale possèdent des richesses plus importantes que la somme de celles possédées par les 99 % restants. Les inégalités dans la répartition des revenus et le déséquilibre de l'espace de développement sont inquiétants. Il reste encore plus de 700 millions de personnes sur la planète qui vivent dans une pauvreté extrême. Pour beaucoup de foyers, la possession d'un logement agréable, d'une alimentation suffisante et d'un emploi stable est une prétention démesurée. Cela constitue le plus grand défi auquel le monde actuel est confronté ainsi qu'une cause importante des perturbations sociales dans certains pays.

Ces problèmes font ressortir le fait qu'il subsiste des problèmes à résoudre impérativement dans la croissance, la gouvernance et le mode de développement de l'économie mondiale d'aujourd'hui. Henri Dunant, fondateur de la Croix-Rouge internationale, a dit : « L'ennemi, notre véritable ennemi, ce n'est pas la nation voisine, c'est la famine, la misère, l'ignorance, la superstition, les préjugés. » Nous devons avoir non seulement la sagesse d'analyser les problèmes, mais également et surtout le courage de nous engager dans l'action.

1. Insister sur le développement grâce à l'innovation, et créer un mode de croissance plein de vitalité. Le problème fondamental auquel fait face l'économie mondiale réside dans l'insuffisance de la dynamique de croissance. L'innovation est le premier moteur du développement. Par rapport aux révolutions industrielles précédentes, la quatrième version se déroule à un rythme exponentiel plutôt que linéaire. Nous devons trouver une issue à travers l'innovation. Seul le courage dans l'innovation et la réforme nous aidera à résorber les

goulots d'étranglement de la croissance et du développement de l'économie mondiale.

Les dirigeants du G20 sont parvenus à un consensus important lors du Sommet de Hangzhou, à savoir explorer de nouveaux moteurs de la croissance mondiale et de celle de tous les pays en nous appuyant sur l'innovation. Nous devons innover dans nos idées sur le développement, transcender le débat sur la priorité des incitations financières ou celle de la politique monétaire flexible, et enraciner dans notre esprit une approche globale consistant à s'attaquer aux racines comme aux manifestations des problèmes. Nous devons innover dans nos mesures et nos moyens pour promouvoir la réforme structurelle et créer de nouveaux espaces et moteurs favorables à la croissance. Nous devons également innover dans le mode de croissance, saisir les opportunités apportées par le nouveau cycle de révolution industrielle et l'économie numérique, faire face aux défis du changement climatique et du vieillissement de la population, et amortir le choc causé par l'informatisation et l'automatisation des emplois. Par conséquent, il faut créer de nouveaux emplois à travers la formation de nouvelles industries, de nouvelles activités économiques et de nouveaux modes de développement, de sorte que toutes les populations du monde retrouvent confiance et espoir.

2. S'en tenir à la coopération et à la coordination, et créer un mode de coopération ouvert et gagnant-gagnant. L'humanité est déjà devenue une communauté de destin dans laquelle les différents pays dépendent les uns des autres et fusionnent leurs intérêts. Tout pays a droit au développement et doit prendre en considération ses propres intérêts sur un plan plus étendu sans sacrifier les intérêts des autres pays.

Nous devons poursuivre avec fermeté le développement d'une économie mondiale ouverte, partager les opportunités et les bénéfices, et réaliser la réciprocité et l'esprit gagnant-gagnant à travers l'ouverture. Si nous retournons au port de départ à la moindre tempête, nous n'atteindrons jamais l'autre rivage. Nous devons déployer d'énormes efforts dans le développement de l'interconnexion mondiale, de sorte que tous les pays du monde réalisent une croissance coordonnée et avancent vers la prospérité commune. Nous devons également développer avec fermeté le libre-échange et les investissements à l'échelle mondiale, promouvoir la libéralisation et la facilitation du commerce et des investissements grâce à l'ouverture, et nous opposer sans ambiguïté au protectionnisme. La pratique de ce dernier reviendrait à s'enfermer dans une chambre noire et il semblerait ainsi que l'on soit à l'abri du vent et de la pluie, mais qu'on se prive en même temps de la lumière et de l'air. La guerre commerciale ne conduira donc qu'à la défaite de chacune des deux parties.

3. Avancer avec notre époque et créer un mode de gouvernance juste et équitable. La grande sagesse consiste à faire des lois, et la petite, à régler les affaires. Des voix de plus en plus fortes s'élèvent dans la communauté internationale pour la réforme du système de gouvernance économique mondiale. Ce système ne peut fournir une puissante garantie à l'économie mondiale que lorsqu'il répond aux nouvelles exigences des conjonctures économiques internationales.

Tous les pays, grands ou petits, puissants ou faibles, riches ou pauvres, sont membres à part entière de la communauté internationale. Ils ont un droit égal de participer à la prise de décision, de bénéficier de leurs droits et de remplir leurs devoirs. Il faut donc donner aux pays émergents et en développement davantage de représentativité et de voix au chapitre. En 2010, le projet du Fonds monétaire international portant sur la réforme du système de quotas est entré en vigueur, et cette tendance doit être maintenue. Il faut insister sur le multilatéralisme, sauvegarder l'autorité et l'efficacité des mécanismes multilatéraux, rester fidèles à nos engagements, et respecter les règles sans faire des options à notre manière. L'*Accord de Paris* s'adapte à la tendance du développement mondial, avec des résultats chèrement acquis méritant notre persévérance conjointe et ne devant pas être rejetés à la légère. Cela représente notre responsabilité incontournable envers les générations suivantes !

4. Insister sur l'équité et l'inclusivité, et créer un mode de développement équilibré et inclusif. « Quand la Voie céleste prévaut,

l'esprit public règne sur Terre. »[3] Le développement a pour but de faire le bonheur du peuple. En vue de parvenir à un développement plus équilibré, à l'égalité des opportunités de développement, et au partage par tous des résultats du développement, il faut perfectionner le concept et le mode de développement et rendre le développement plus équitable, plus efficace et plus coordonné.

Nous devons faire valoir les mœurs sociales marquées par la diligence, la sobriété, l'intrépidité et l'opiniâtreté, afin que les résultats de travail de tous soient respectés. Nous devons centrer nos efforts sur le règlement des problèmes majeurs, notamment la pauvreté, le chômage et l'aggravation de l'écart des revenus, tenir compte des préoccupations des groupes vulnérables, et promouvoir l'équité et la justice dans la société. Nous devons également protéger l'environnement écologique, et promouvoir un développement coordonné entre l'économie, la société et l'environnement, afin de réaliser l'harmonie entre l'homme et la nature, ainsi qu'entre l'homme et la société. Il faut mettre en œuvre l'Agenda 2030 de l'ONU pour le développement durable et réaliser un développement équilibré à l'échelle mondiale.

« Rien n'est impossible si on met en commun les forces et la sagesse de tous. »[4] Nous créerons un meilleur avenir pour le monde et les peuples pourvu que nous enracinions dans notre esprit l'idée de la communauté de destin pour l'humanité, travaillions ensemble, assumions nos responsabilités, et restions étroitement solidaires pour vaincre les difficultés.

Mesdames et Messieurs,

Chers amis,

Après trente-huit années de réforme et d'ouverture, la Chine est déjà devenue la seconde plus grande économie mondiale. La voie est le facteur décisif du destin. La clé du développement chinois réside dans une voie adaptée à la réalité chinoise frayée par le peuple chinois sous la direction du Parti communiste chinois.

Il s'agit d'une voie déterminée sur la base de la réalité nationale. La Chine, en tenant compte de sa réalité et de sa pratique, a puisé la sagesse dans sa civilisation, tout en s'inspirant des avantages d'autres pays en Orient comme en Occident. Elle maintient sa civilisation plutôt que de rester rigide, et s'inspire des avantages des autres au lieu de les copier aveuglement. Elle a ainsi pu mettre en forme sa propre voie de développement à travers des recherches sans relâche. Tous les chemins mènent à Rome. Aucun pays ne peut confirmer sa voie de développement comme étant l'unique voie correcte, ni l'imposer à un autre pays.

La voie chinoise accorde la première place aux intérêts du peuple. La Chine, dans un esprit de développement centré sur le peuple, a pris pour son point de départ et son aboutissement l'amélioration de la vie du peuple et l'accroissement de son bien-être. Elle recherche de la force motrice parmi le peuple, compte sur celui-ci pour promouvoir le développement et lui fait bénéficier du développement. En s'en tenant à l'objectif de la prospérité partagée, elle pousse en avant sa cause de réduction de la pauvreté, sortant ainsi plus de 700 millions de personnes de la pauvreté, ce qui lui permet d'avancer à grandes enjambées vers l'édification intégrale de la société de moyenne aisance.

La voie chinoise est marquée par la réforme et l'innovation. La Chine insiste sur la réforme pour régler les difficultés et les défis entravant son avancement. Elle n'hésite pas à s'attaquer aux casse-tête, ni à lever les obstacles institutionnels freinant son développement. Elle œuvre pour libérer et développer les forces productives sociales, ainsi que pour libérer et renforcer sans cesse le dynamisme dans la société. Sur la base de la réforme ininterrompue depuis plus de trente ans, nous avons, ces quatre dernières années, promulgué plus de 1 200 mesures, insufflant une puissante vitalité au développement chinois.

La voie chinoise recherche un développement commun à travers l'ouverture. La Chine poursuit sa politique fondamentale de l'ouverture sur l'extérieur et sa stratégie d'ouverture mutuellement bénéfique. Elle améliore sans cesse la coordination étroite entre l'intérieur et l'extérieur, et cherche à procurer davantage de bénéfices aux autres pays et à leurs peuples tout en assurant son propre développement.

La Chine a accompli d'énormes réalisations dans son développement, améliorant considérablement la vie quotidienne de son peuple.

Cela est bénéfique non seulement à la Chine, mais aussi au reste du monde. Ces réalisations sont dues à des décennies de travail d'arrache-pied du peuple chinois. Au fil des siècles, la nation chinoise est connue dans le monde entier pour son endurance. Le peuple chinois sait bien qu'il n'existe pas de repas gratuit. La Chine, grand pays peuplé de 1,3 milliard de personnes, ne peut s'appuyer que sur des efforts réels et solides pour se développer, sans compter sur les faveurs d'autrui, d'autant plus qu'aucun pays dans le monde n'est capable de lui donner une telle faveur.

Pour observer de manière globale le développement chinois, il faut remarquer non seulement les résultats obtenus par le peuple chinois, mais aussi le prix qu'il a payé ; non seulement les réalisations accomplies par la Chine, mais aussi la contribution qu'elle a apportée au monde.

De 1950 à 2016, la Chine, malgré son niveau de développement et celui de vie de sa population peu élevés, a fourni au total une aide financière de plus de 400 milliards de yuans à l'étranger, et mis en place plus de 5 000 programmes d'aide à l'étranger sous diverses formes, dont presque 3 000 programmes de fourniture d'équipements complets. Elle a également organisé 11 000 stages, formant en Chine plus de 260 000 compétences de toutes catégories pour d'autres pays en développement. Depuis le lancement de la politique de réforme et d'ouverture, la Chine a attiré un total de 1 700 milliards de dollars d'investissements étrangers, ses investissements directs à l'étranger ayant dépassé les 1 200 milliards de dollars, apportant ainsi une grande contribution au développement économique mondial. Depuis le début de la crise financière internationale, la contribution de la croissance économique chinoise à la croissance économique mondiale reste supérieure à 30 % en moyenne chaque année. Ces chiffres ont permis à la Chine de figurer parmi les premiers au monde.

Ces chiffres démontrent que le développement chinois représente une opportunité pour le monde, et que la Chine est un bénéficiaire de la mondialisation économique et surtout un contributeur à celle-ci. La croissance rapide de l'économie chinoise a fourni une force motrice puissante et durable à la stabilité et à la croissance de l'économie mondiale. Le développement coordonné entre la Chine et de nombreux pays a favorisé le développement équilibré de l'économie mondiale. Les remarquables réalisations obtenues par la Chine dans la réduction de la pauvreté rendent la croissance mondiale plus inclusive. La promotion constante de la réforme et de l'ouverture en Chine est une forte impulsion au développement de l'économie mondiale ouverte.

Le peuple chinois connaît bien les grandes peines à endurer dans la réalisation de la prospérité et de la montée en puissance d'un pays, il tient à liker les succès remportés par tous les peuples du monde dans leur développement, à leur adresser ses meilleurs vœux, et à leur souhaiter une vie meilleure, plutôt que d'éprouver de la jalousie à leur égard, et de se plaindre des autres peuples ayant bénéficié de son développement pour obtenir d'énormes opportunités et rendements. Le peuple chinois invite, les bras ouverts, tous les peuples à prendre le train du développement chinois.

Mesdames et Messieurs,

Chers amis,

Nombreux sont ceux qui prêtent une vive attention à la tendance du développement économique chinois. Avec l'entrée du développement de l'économie chinoise dans la nouvelle normalité, son rythme de croissance, son mode de développement, sa structure et sa force motrice traversent tous d'importants changements. Mais, la situation générale de l'économie chinoise qui tend au mieux n'a pas changé.

En 2016, sur fond d'une croissance mondiale anémique, la croissance chinoise est estimée à 6,7 %, restant au premier rang mondial. Actuellement, le volume économique chinois n'est plus sur le même pied que par le passé, et les dynamiques de croissance qu'il a concentrées sont telles que l'ancienne croissance à deux chiffres ne sont pas à même d'atteindre. La consommation des ménages et les services sont devenus la principale force motrice de la croissance. La valeur ajoutée réalisée par le secteur tertiaire pendant les trois premiers trimestres de 2016 représen-

tait 52,8 % du PIB, et la contribution de la consommation intérieure à la croissance économique a atteint les 71 %. La Chine a
réalisé une croissance stable des revenus de ses habitants et de
l'emploi, avec la réduction constante de la consommation d'énergie par unité de PIB, et l'obtention des premiers résultats dans le
développement vert.

A l'heure actuelle, l'économie chinoise est confrontée à une
certaine pression à la baisse et à de nombreuses difficultés, avec par
exemple la contradiction saillante entre la surcapacité de production
et la montée en gamme de la structure de la demande, l'insuffisance
dans la force endogène de la croissance économique, l'accumulation
de risques financiers et l'augmentation de difficultés dans certaines
régions. A notre avis, tous ces phénomènes sont périodiques et incon-
tournables dans notre marche en avant. Nous sommes en train de
centrer nos efforts sur le règlement de ces problèmes et contradictions, en obtenant sans cesse des résultats positifs. Rien ne pourra
ébranler notre volonté de nous développer. La Chine demeure le plus
grand pays en développement dans le monde. Avec une population de
1,3 milliard d'habitants, le niveau de vie de son peuple reste à relever,
ce qui représente également un énorme potentiel et un large espace
de développement. A la lumière du concept de développement innovant, coordonné, écologique, ouvert et partagé, nous œuvrerons pour
nous adapter à la nouvelle normalité du développement économique
chinois, la maîtriser et l'orienter. Nous procéderons à une planification d'ensemble pour stabiliser la croissance, promouvoir la réforme,
réajuster la structure économique, améliorer le bien-être et prévenir
les risques, afin que l'économie chinoise maintienne un rythme de
croissance moyennement rapide et s'oriente vers le moyen et haut de
gamme.

– La Chine s'efforcera d'améliorer la qualité et la rentabilité de
sa croissance. En prenant la réforme structurelle du côté de l'offre
comme ligne directrice, elle transformera son mode de développement économique, optimisera sa structure économique, et promouvra
activement la réduction de ses capacités de production excédentaires,

la baisse des stocks immobiliers, la diminution du ratio de levier, la réduction des coûts de production et le renforcement des maillons faibles. Elle formera de nouveaux moteurs de croissance, développera la production manufacturière avancée, réalisera la montée en gamme de son économie réelle, mettra profondément en application le plan d'action « Internet + », et élargira la demande effective afin de mieux satisfaire la demande personnalisée et diversifiée de la population et de mieux protéger l'environnement écologique.

– La Chine stimulera constamment le dynamisme de la croissance et la vitalité du marché, renforcera la réforme dans les secteurs importants et les chaînons clés, fera jouer le rôle décisif du marché dans l'allocation des ressources, fera de l'innovation une priorité absolue pour promouvoir la stratégie de développement grâce à l'innovation, encouragera le développement des industries émergentes stratégiques, rénovera et améliorera les industries traditionnelles grâce aux nouvelles technologies et aux nouvelles activités économiques, et favorisera le développement des nouveaux moteurs de croissance et la revitalisation des moteurs traditionnels.

– La Chine créera activement un environnement ordonné et favorable aux investissements, assouplira les conditions d'accès au marché chinois pour les investisseurs étrangers, mettra en place des zones pilotes de libre-échange selon les normes les plus strictes, renforcera la protection de la propriété, promouvra la concurrence équitable, et rendra le marché chinois plus transparent et plus réglementé. Dans les cinq années à venir, la Chine projette d'importer des marchandises d'une valeur équivalente à 8 000 milliards de dollars, d'absorber 600 milliards de dollars d'investissements étrangers, d'investir à l'étranger à une hauteur de 750 milliards de dollars, et de laisser partir à l'étranger 700 millions de voyageurs chinois. Cela fournira aux autres pays du monde un marché plus large, des capitaux suffisants, des produits abondants et des opportunités de coopération plus précieuses. Pour les milieux industriels et commerciaux de divers pays, le développement chinois leur offre toujours des opportunités. La porte de la Chine reste ouverte à tous les pays et ne se fermera pas. De cette façon, le reste du monde entre en Chine, et la Chine se tourne vers le monde. Nous espérons que les autres pays ouvriront leur porte à la Chine de manière équitable.

– La Chine mettra en place une situation marquée par une ouverture favorable au développement commun, poussera en avant les négociations sur la construction de la Zone de libre-échange en Asie-Pacifique et sur l'*Accord de Partenariat économique global régional*, et construira un réseau de zones de libre-échange orienté vers le monde entier. Elle préconise depuis toujours des accords de libre-échange régionaux ouverts, transparents, réciproques et gagnant-gagnant, plutôt que de former de petits clans exclusifs et fragmentés. Elle n'a pas l'intention d'augmenter sa compétitivité commerciale par le biais de la dévalorisation du yuan, ni de déclencher une « guerre monétaire ».

Il y a un peu plus de trois ans, j'ai avancé l'initiative « la Ceinture et la Route ». Depuis lors, nous avons reçu une réponse positive et un soutien enthousiaste d'une centaine de pays et d'organisations internationales, avec la signature d'accords de coopération avec une quarantaine d'entre eux. Le nombre de participants à l'initiative « la Ceinture et la Route » ne cesse d'augmenter. Les investissements des entreprises chinoises dans les pays riverains ont atteint les 50 milliards de dollars, permettant la mise en place d'une série de programmes importants, entraînant le développement économique des pays concernés et créant de nombreux emplois. Nous pouvons ainsi dire que l'initiative « la Ceinture et la Route » a été avancée par la Chine, mais que ses résultats seront bénéfiques au monde entier.

Au mois de mai de cette année, la Chine organisera à Beijing le Forum « la Ceinture et la Route » pour la coopération internationale, afin de discuter des affaires relatives à la coopération, de construire des plateformes de coopération, de partager les résultats de la coopération, de chercher des solutions aux problèmes entravant le développement de l'économie mondiale et régionale, et d'insuffler une nouvelle énergie à la réalisation d'un développement coordonné, de sorte que la réalisation de l'initiative « la Ceinture et la Route » apporte davantage de bonheur aux peuples du monde.

Mesdames et Messieurs,

Chers amis,

L'évolution de l'histoire mondiale démontre que le progrès de la civilisation humaine n'a jamais eu de route royale à prendre, et que l'humanité avance dans sa lutte contre les difficultés. Aucune difficulté, aussi importante soit-elle, ne peut empêcher l'avancement de l'humanité. En cas de difficultés, on ne doit pas s'en prendre à soi-même, ni adresser de reproches à autrui. On ne doit jamais renoncer à la confiance, ni se soustraire aux responsabilités, mais s'unir pour vaincre les difficultés. L'histoire a été créée par des hommes courageux. Raffermissons notre confiance et agissons pour avancer main dans la main vers un avenir meilleur !

Merci à tous.

Notes :

[1] Charles Dickens (1812-1870) : *Le Conte de deux cités*.

[2] *Source de poèmes antiques (Gu Shi Yuan)*.

[3] Voir la note 15 de l'article « Soyez secrétaires du comité du Parti de district comme Jiao Yulu » du présent ouvrage.

[4] *Huainanzi*.

Nous avons mille raisons de mener à bien les relations sino-américaines[*]

(6 avril 2017)

Depuis quelque temps, je maintiens un lien étroit avec Monsieur le Président et nous avons eu plusieurs conversations par téléphone ou par correspondance. Je suis très content que vous m'ayez invité à cette rencontre aux Etats-Unis, et je souhaiterais échanger avec vous au sujet des relations sino-américaines et d'autres questions internationales et régionales d'importance majeure, afin de parvenir à davantage de consensus et de donner une bonne direction au développement des relations sino-américaines à notre époque.

Les bonnes relations sino-américaines sont non seulement favorables aux deux pays et aux deux peuples, mais également au monde entier. Nous avons mille raisons de les mener à bien, et n'avons aucune raison de les détériorer. Depuis la normalisation des relations entre nos deux pays il y a quarante-cinq ans, les rapports entre nos deux pays ont connu, malgré les vicissitudes, des progrès historiques, fournissant d'énormes avantages à nos deux peuples. Comment les relations sino-américaines se développeront-elles au cours des quarante-cinq années à venir ? Cela nécessite notre réflexion approfondie. Les dirigeants des deux pays doivent prendre une détermination politique pour assumer leur responsabilité. Je suis prêt à travailler de concert avec Monsieur le Président pour développer davantage les relations sino-américaines à un nouveau point de départ.

La coopération consiste en l'unique choix correct pour nos deux pays, qui ont toutes les raisons de devenir de bons partenaires. Dans l'avenir immédiat, les deux parties doivent correctement planifier leurs

[*] Points essentiels des propos tenus lors de sa rencontre avec Donald Trump.

échanges de haut niveau. J'invite Monsieur le Président à effectuer une visite d'Etat en Chine cette année. Nos deux parties peuvent maintenir leur lien étroit sous diverses formes et nous mettrons pleinement en valeur les quatre mécanismes coopératifs de dialogue de haut niveau nouvellement mis en place, tels que le dialogue sur la diplomatie et la sécurité, le dialogue intégral sur l'économie, le dialogue sur l'application de la loi et la cybersécurité et le dialogue sur la société et la culture. Il nous faut également agrandir le « gâteau » de la coopération, établir une liste des projets clés de coopération et travailler pour obtenir davantage de résultats rapides. Nous allons promouvoir la négociation sur les accords d'investissements bilatéraux, favoriser le développement sain du commerce et des investissements bilatéraux, étudier la coopération pragmatique dans la construction d'infrastructures et l'énergie, correctement régler les problèmes sensibles et gérer les divergences de manière constructive. Je propose de renforcer nos échanges d'opinions et notre coordination sur les questions internationales et régionales d'importance majeure, de favoriser conjointement le traitement et la résolution corrects des problèmes brûlants des régions concernées, d'élargir notre coopération dans les domaines de la non-prolifération, de la lutte contre la criminalité transfrontalière et d'autres défis planétaires, ainsi que d'intensifier notre communication et notre coordination au sein des mécanismes multilatéraux dont les Nations unies, le G20 et l'APEC, afin de promouvoir ensemble la paix, la stabilité et la prospérité dans le monde.

Inaugurons la deuxième « décennie d'or »
de la coopération des BRICS*

(4 septembre 2017)

La coopération des BRICS a connu une décennie glorieuse. Malgré les montagnes et les océans qui nous séparent, nos cinq pays se retrouvent ici avec un objectif commun, à savoir la coopération gagnant-gagnant.

Comme le dit un ancien dicton chinois : « L'amitié bien fondée défie la distance ; elle est indissociable comme les doigts de la main et solide comme un rocher. »[1] La coopération des BRICS a connu un développement rapide grâce à ses fondements : il s'agit du respect mutuel et de l'entraide, qui consistent en ce que chacun suive sa voie de développement adaptée à sa condition nationale ; de l'esprit ouvert, tolérant, coopératif et gagnant-gagnant, destiné à faire progresser sans relâche notre coopération économique, politique et culturelle ; et de la promotion de l'équité et de la justice internationales, afin de créer, de concert avec les autres pays émergents et pays en développement, un environnement extérieur favorable.

Les faits montrent que la coopération des BRICS répond à notre besoin commun de développement et s'adapte à l'évolution de l'histoire. Malgré les différentes conditions nationales, nous partageons la poursuite d'un partenariat et d'un développement prospère. Cela nous permet de dépasser les différences et les divergences pour réaliser des bénéfices mutuels.

Actuellement, dans le contexte de changements profonds et complexes survenant dans le monde, la coopération des BRICS est

---

* Extraits du discours à la réunion élargie de la rencontre des dirigeants des BRICS à Xiamen.

devenue plus importante. Nos peuples aspirent à la stimulation du développement et à l'amélioration de leur bien-être. La communauté internationale s'attend à ce que nous apportions notre contribution à la paix mondiale et au développement commun. Nous devons redoubler d'efforts pour approfondir le partenariat des BRICS dans tous les domaines et inaugurer la deuxième « décennie d'or » de la coopération des BRICS.

Premièrement, faire progresser la coopération économique pragmatique. La coopération pragmatique est le fondement de la coopération des BRICS et des progrès remarquables ont été réalisés à cet égard. Cependant, nous devons réaliser que le potentiel de cette coopération n'est pas encore complètement libéré. Selon les statistiques, les BRICS ont investi 197 milliards de dollars à l'étranger en 2016, mais seulement 5,7 % entre nos cinq pays. Cela signifie qu'il reste un large espace pour la coopération entre les BRICS.

Nous devons nous concentrer sur la coopération économique pragmatique et multiplier les points de convergence des intérêts dans les domaines du commerce et de l'investissement, de la monnaie et de la finance, de l'interconnexion, du développement durable, de l'innovation et de la coopération industrielle. Nous avons élaboré cette année la « Feuille de route des BRICS pour la coopération du commerce des services », le « Programme des BRICS pour la facilitation des investissements », l'« Initiative des BRICS pour la coopération du commerce électronique », le « Plan d'action des BRICS pour la coopération de l'innovation » et le « Plan d'action des BRICS pour l'approfondissement de la coopération industrielle ». Nous avons fondé le Centre régional africain de la Nouvelle banque de développement, décidé de mettre en place un réseau pilote E-Port des BRICS et sommes parvenus à un consensus sur la fiscalité, le commerce électronique, les obligations en devise locale, le partenariat public-privé et la mise en réseau d'institutions et de services financiers. Notre coopération pragmatique dans tous les domaines est ainsi institutionnalisée et matérialisée, ayant une valeur plus importante.

Je voudrais déclarer à cette occasion que la Chine lancera un plan de coopération économique et technologique entre les BRICS d'un montant de 500 millions de yuans pour la première phase, afin de renforcer les échanges de politiques et la coopération pragmatique portant notamment sur l'économie et le commerce. La Chine versera 4 millions de dollars pour soutenir le fonctionnement et le développement à long terme de la Nouvelle banque de développement. Elle travaillera avec toutes les parties pour matérialiser les résultats et les consensus obtenus par le passé et assurer le fonctionnement des mécanismes en vigueur. Nous devons saisir les opportunités historiques apportées par la nouvelle révolution industrielle, explorer de nouveaux domaines et modes de la coopération pragmatique, et resserrer nos liens, afin d'assurer un développement régulier et durable du mécanisme de coopération des BRICS.

Deuxièmement, renforcer la connexion entre nos stratégies de développement. Malgré les différences dans nos conditions nationales, nos cinq pays se situent dans un stade de développement similaire et partagent les mêmes objectifs de développement. Nous traversons une période clé pour la remontée de la pente économique. Le renforcement de la connexion entre nos stratégies de développement, la mise en valeur des avantages comparatifs respectifs dans les ressources, le marché et la main-d'œuvre permettront de libérer le potentiel de croissance de nos cinq pays, de stimuler la créativité d'une population de trois milliards de personnes, et d'ouvrir un large espace de développement.

Nous devons procéder à une planification en tenant compte de la situation générale et prendre des mesures concrètes dans des domaines clés. Selon le principe dit « concertation, synergie et partage », nous devons identifier les domaines dans lesquels convergent nos politiques et priorités de développement, et continuer à avancer vers l'objectif d'un grand marché du commerce et de l'investissement, d'une grande circulation monétaire et financière, et d'une grande interconnexion des infrastructures. En commençant par la réforme structurelle et le développement durable, nous devons multiplier les points de convergence de nos intérêts et échanger nos expériences sur l'innovation, la création d'entreprises, le développement industriel et les capacités de production, afin de nous soutenir mutuellement dans le développement économique. Il est important d'équilibrer la vitesse de la croissance avec sa qualité et sa rentabilité. En profitant de la mise en œuvre de l'Agenda 2030 pour le développement durable, nous devons chercher à coordonner et à équilibrer les effets économiques, sociaux et environnementaux en vue de réaliser un développement interactif et inclusif.

Troisièmement, promouvoir un ordre international plus juste et plus équitable. Nos liens toujours plus étroits avec le reste du monde exigent que nous jouions un rôle plus actif dans la gouvernance mondiale. Sans notre participation, de nombreux défis mondiaux pressants ne pourraient être réglés de manière efficace. Nous devons faire entendre une seule voix et présenter conjointement nos solutions aux questions concernant la paix et le développement au niveau international. Cela répond aux attentes de la communauté internationale et permettra de préserver nos intérêts communs.

Nous devons rester attachés au multilatéralisme et aux normes fondamentales régissant les relations internationales, promouvoir l'établissement d'un nouveau type de relations internationales et créer un environnement pacifique et stable favorable au développement de tous les pays. Nous devons également travailler pour une mondialisation économique ouverte, tolérante, inclusive, équilibrée et bénéfique pour tous, construire une économie mondiale ouverte, soutenir le multilatéralisme commercial et nous opposer au protectionnisme. Nous devons faire avancer la réforme de la gouvernance économique mondiale, accroître la représentativité et la voix au chapitre des pays émergents et des pays en développement, et donner un nouvel élan aux efforts visant à remédier aux écarts de développement entre le Nord et le Sud, ainsi qu'à stimuler la croissance mondiale.

Quatrièmement, promouvoir les échanges entre les peuples. Les relations interétatiques sont portées par les liens amicaux entre les peuples. Ce n'est que par un profond labour et une culture soignée, que l'arbre de l'amitié et de la coopération peut prospérer. Renforcer les échanges entre nos peuples et enraciner le partenariat dans leur esprit sont une cause digne d'inlassables efforts. Si l'on parvient à assurer cette cause, la coopération entre les BRICS demeurera dynamique.

Nous nous réjouissons que le consensus important atteint par les dirigeants de nos pays sur le renforcement des échanges humains et culturels soit en réalisation. Cette année, les échanges entre nos cinq pays ont été lancés sur tous les plans, en organisant des activités riches et variées, dont les rencontres sportives, le festival du film, le festival culturel et la conférence de haut niveau pour les médecines traditionnelles. Nous espérons que, grâce à nos efforts conjoints, ces activités pourront régulièrement avoir lieu et être institutionnalisées, mais qu'elles atteignent également l'échelon de base pour s'adresser au grand public, en vue d'encourager des échanges plus vivants dans davantage de domaines.

Au cours de la décennie écoulée, les BRICS ont concentré leurs efforts sur le développement et l'approfondissement inlassables de leur partenariat. Une décennie ne représente qu'un début dans l'histoire de la coopération des BRICS. Comme je l'ai dit dans mes lettres adressées à mes homologues en début d'année, en envisageant l'avenir, la coopération des BRICS devrait davantage se développer et jouer un rôle encore plus important dans les affaires internationales. Faisons voile, à Xiamen, pour un long voyage et inaugurons la deuxième « décennie d'or » de la coopération des BRICS, de sorte qu'elle apporte le bonheur à nos peuples, et à tous les autres peuples !

Note :

[1] Qiao Zhou (201-270), époque des Trois Royaumes.

XVI
Projet « la Ceinture et la Route »

L'initiative « la Ceinture et la Route » et l'interconnectivité s'assimilent et se complètent[*]

(8 novembre 2014)

En automne de l'année dernière, j'ai proposé, au nom du gouvernement chinois, l'initiative « la Ceinture et la Route », qui a trouvé un écho favorable de la communauté internationale et, en particulier, des dirigeants ici présents. L'initiative « la Ceinture et la Route » et l'interconnectivité sont compatibles et se complètent mutuellement. Si l'initiative « la Ceinture et la Route » constitue les deux ailes d'une Asie prenant son envol, l'interconnectivité en est les artères et les veines. Actuellement, avec l'entrée de cette initiative dans une phase de coopération pragmatique, j'ai quelques propositions au sujet de l'approfondissement de notre coopération :

1. Nous devons d'abord réaliser l'interconnectivité en Asie en faisant des pays asiatiques notre priorité. L'initiative « la Ceinture et la Route » part de l'Asie, s'appuie sur l'Asie et apportera du bien-être à l'Asie. Nous devons donc concentrer notre attention sur l'interconnectivité des pays asiatiques et nous efforcer d'élargir leurs intérêts communs. L'initiative « la Ceinture et la Route » constitue une cause partagée par la Chine et ses voisins asiatiques. La Chine accorde la priorité diplomatique aux pays voisins et poursuit les principes dits « amitié, sincérité, réciprocité et tolérance ». Elle est prête à fournir davantage de produits publics à ses voisins asiatiques grâce à l'interconnectivité et les invite à prendre le train du développement chinois.

2. Nous devons former un cadre de base de l'interconnectivité en Asie en nous appuyant sur les corridors économiques. Actuelle-

---

[*] Extraits du discours au Dialogue sur le renforcement du partenariat de connectivité tenu à Beijing.

ment, le projet « la Ceinture et la Route » élaboré par la Chine a pris forme pour l'essentiel. Il s'agit des corridors économiques terrestre et maritime en construction après des échanges de vues avec les parties concernées. Ce cadre inclusif, qui répond aux besoins de différents pays et qui coordonne les projets terrestres et maritimes, couvre de nombreux domaines, et joue un rôle de rayonnement considérable. La Chine est prête à approfondir ses consultations avec les pays concernés en vue d'améliorer le plan de coopération et de consolider cette coopération.

3. Nous devons procéder à de premières récoltes en matière d'interconnectivité en Asie en faisant des percées dans les infrastructures de transport. L'initiative « la Ceinture et la Route » est basée sur les routes qui permettent de fluidifier la circulation des personnes et des marchandises. La Chine attache une grande importance aux projets ferroviaires et routiers qui la relient avec ses pays voisins, dont notamment le Pakistan, le Bangladesh, le Myanmar, le Laos, le Cambodge, la Mongolie et le Tadjikistan. Ces projets seront prioritaires au cours de la planification et de la mise en œuvre de l'initiative « la Ceinture et la Route ». Lorsque les pays concernés partageront le plus tôt possible les premières récoltes, cette initiative n'en sera que plus attrayante et plus dynamique.

4. Nous devons briser le goulot d'étranglement en matière d'interconnectivité asiatique en construisant une plateforme de financement. Etant en voie de développement, la plupart des pays asiatiques sont dépourvus de fonds pour la construction. Il leur faut donc s'efforcer de tirer le meilleur parti de leurs moyens, qu'il s'agisse des fonds existants ou de rentrées supplémentaires. Je souhaiterais annoncer ici que la Chine investira 40 milliards de dollars pour la création du Fonds de la Route de la soie, qui fournira un soutien financier aux programmes liés à l'interconnectivité dans les pays riverains de la « Ceinture et Route » tels que les infrastructures, l'exploitation des ressources, la coopération industrielle ou financière. Le Fonds de la Route de la soie est un fonds ouvert qui permet l'établissement de filiales basées sur des régions, des secteurs ou des projets. Nous saluons la participation

active des investisseurs asiatiques et d'autres régions.

5. Nous devons renforcer la base sociale de l'interconnectivité asiatique par les échanges humains. La Chine prête son concours au dialogue entre différentes civilisations et religions, encourage la multiplication des échanges culturels et non gouvernementaux entre tous les pays, soutient les pays riverains de la « Ceinture et Route » dans leur présentation conjointe d'un dossier de candidature pour l'inscription d'un site sur la liste du patrimoine culturel mondial, favorise l'établissement des relations coopératives entre des pays, des régions, des provinces et des municipalités asiatiques. L'Asie bénéficie de riches ressources touristiques et de plus en plus de nos citoyens partent en voyage à l'étranger. Nous devons développer un tourisme aux couleurs de la Route de la soie pour combiner notre coopération touristique avec le développement de l'interconnectivité. Celle-ci a besoin d'un grand nombre de professionnels. Au cours des cinq prochaines années, la Chine fournira aux pays voisins 20 000 possibilités de formation portant sur l'interconnectivité dans le but d'aider ces pays à former leurs propres équipes de professionnels. Elle est également prête à envoyer des étudiants, des experts et des chercheurs dans les pays voisins dans un cadre d'études ou d'échanges.

Promouvoir la réalisation de l'initiative « la Ceinture et la Route » et ouvrir de nouveaux horizons à la réforme et au développement[*]

(29 avril 2016)

L'initiative « la Ceinture et la Route » représente une mesure majeure de notre pays pour mettre en pratique une ouverture tous azimuts dans le nouveau contexte ainsi qu'une plateforme principale pour promouvoir les avantages réciproques et l'esprit gagnant-gagnant. Nous devons, à un niveau plus élevé et avec un champ de vision plus étendu, mener à bien et avec assurance le travail sur tous les plans en nous inspirant des expériences historiques, dans un concept et un esprit innovants, afin que tous les peuples riverains puissent réellement ressentir les profits apportés par « la Ceinture et la Route ».

Le Bureau politique du Comité central du Parti a organisé cette séance d'étude dans le but de faire le bilan des expériences historiques en fournissant une inspiration à la promotion de la réalisation de l'initiative « la Ceinture et la Route » à notre époque, à travers la connaissance de l'histoire et de la culture des Routes de la soie terrestre et maritime. Après sa proposition, l'initiative « la Ceinture et la Route » a suscité de vives réactions à l'international, telle une pierre jetée dans l'eau soulevant mille vagues. Cette initiative, adaptée aux exigences de notre époque et à l'aspiration de tous les pays à un développement accéléré et étant dotée d'une source historique profonde et d'une base humaine solide, fait l'objet d'une réponse enthousiaste de toutes les parties. Du point de vue de notre propre réalité, cette initiative répond

---

[*] Points essentiels du discours à la 31ᵉ séance d'étude du Bureau politique du XVIIIᵉ Comité central du Parti.

à l'exigence du développement endogène de l'économie chinoise et aide à stimuler le développement des régions ethniques frontalières.

L'initiative « la Ceinture et la Route » a réveillé les souvenirs historiques des pays riverains. L'ancienne Route de la soie était non seulement une route commerciale, mais encore et surtout une route d'amitié. A travers les échanges amicaux entre la nation chinoise et d'autres nations, un esprit de la Route de la soie caractérisé par la paix, la coopération, l'ouverture, la tolérance, l'inspiration mutuelle et les avantages réciproques a progressivement été mis en forme. Aujourd'hui, nous avançons l'initiative « la Ceinture et la Route » dans le but de transmettre et de faire rayonner cet esprit, de coordonner le développement chinois avec celui des pays riverains et d'allier le rêve chinois à ceux des peuples riverains, afin d'enrichir l'esprit de la Route de la soie avec les caractéristiques de notre époque.

Pour promouvoir la réalisation de l'initiative « la Ceinture et la Route », il faut harmoniser les rapports entre les intérêts de notre pays et ceux des pays riverains, entre le gouvernement, le marché et la société, entre la coopération économique et commerciale et les échanges culturels et humains, entre l'ouverture sur l'extérieur et la défense de la sécurité nationale, entre la promotion pragmatique et l'orientation de l'opinion publique, mais également entre l'objectif général de l'Etat et les objectifs concrets des diverses régions.

L'initiative « la Ceinture et la Route » ne concerne pas que la Chine, qui en est le promoteur. Elle doit donc non seulement prendre en considération le développement chinois, mais également se baser sur celui-ci pour inviter davantage de pays à prendre « l'express » du développement chinois et les aider à réaliser leur propre développement. Nous devons, tout en développant nos propres intérêts, davantage tenir compte et favoriser les intérêts des autres pays. Il faut s'en tenir à une vision correcte sur la justice et les bénéfices, les développer en même temps en donnant la priorité à la première, sans rechercher des succès rapides et des avantages immédiats, ni se lancer dans des actions à court terme. Il faut également concilier les intérêts communs de la Chine et des autres pays riverains avec les préoccupations d'intérêt différenciées, mais également chercher davantage de points de rencontre des intérêts et stimuler l'enthousiasme des pays riverains. Nos entreprises doivent, en sortant des frontières, mettre non seulement l'accent sur les rendements, mais aussi et surtout gagner en réputation, respecter les lois des pays d'accueil et assumer davantage de responsabilités.

Pour promouvoir la réalisation de l'initiative « la Ceinture et la Route », il faut faire jouer non seulement le rôle du gouvernement dans la maîtrise de l'orientation, la planification globale et la coordination, mais également celui du marché. Le gouvernement doit jouer un rôle principal dans la sensibilisation, la communication, le renforcement de la coordination et la mise en place de mécanismes. Dans le même temps, il doit œuvrer pour établir un mécanisme de coopération économique régionale basé sur le marché et ayant les entreprises comme acteurs principaux, solliciter la participation de toutes sortes d'entreprises, orienter davantage de forces sociales à se lancer dans la réalisation de l'initiative « la Ceinture et la Route », travailler pour la formation d'un mode de coopération marqué par l'association organique entre le gouvernement, le marché et la société, ainsi que celle d'une structure multidimensionnelle caractérisée par le rôle principal du gouvernement, la participation des entreprises et la promotion par les forces sociales.

Les échanges culturels et humains sont également une part importante de la réalisation de l'initiative « la Ceinture et la Route ». Pour réellement faire aboutir l'initiative « la Ceinture et la Route », il faut mettre sur pied une structure humaine parmi les peuples riverains qui s'admirent, se comprennent et se respectent. L'amitié entre les peuples est non seulement un contenu majeur, mais également la base humaine de la réalisation de l'initiative « la Ceinture et la Route ». Nous devons simultanément promouvoir la coopération économique et les échanges culturels et humains, prêter une haute attention au travail soigné dans les domaines culturel et humain, respecter les cultures, les histoires, les us et coutumes de tous les peuples, et multiplier les échanges amicaux avec les peuples riverains, afin de consolider et d'élargir la base sociale de la réalisation de l'initiative « la Ceinture et la Route ». Nous devons également renforcer la coopération sécuritaire avec les pays riverains, œuvrer pour construire une communauté d'intérêts, une communauté de responsabilités et une communauté de destin, et créer ensemble un environnement favorable. De plus, il nous faut accorder une haute importance à l'orientation de l'opinion publique, la mener à bien et, par tous les moyens, faire connaître les réalités de « la Ceinture et la Route », faire entendre leur voix et créer un environnement favorable à leur réalisation sur le plan de l'opinion publique.

Pour réaliser l'initiative « la Ceinture et la Route », nous devons non seulement fixer l'objectif global au niveau national, mais également mettre pleinement en valeur l'esprit d'initiative des diverses régions. Les plans et les objectifs régionaux doivent s'adapter à l'objectif global national et être subordonnés à l'intérêt primordial de la nation. Les diverses régions doivent centrer leurs efforts sur l'élévation du niveau d'ouverture, l'amélioration de leurs capacités à participer à la concurrence internationale, la transformation du mode de développement économique et la restructuration économique. En s'appuyant sur la réalité locale, elles doivent correctement se positionner et valoriser leurs avantages, afin d'obtenir des résultats concrets et d'ouvrir de nouveaux horizons à la réforme et au développement.

Faire bénéficier les peuples riverains de la réalisation de l'initiative « la Ceinture et la Route »*

(17 août 2016)

Nous devons faire le bilan de nos expériences, raffermir notre confiance en nous, et promouvoir la réalisation de l'initiative grâce à un travail tenace. Nous devons également nous lancer dans la coordination politique, l'interconnexion des infrastructures, la facilitation du commerce, l'intégration financière et la compréhension mutuelle des peuples. Il faut travailler pour construire un réseau de coopération mutuellement avantageuse, développer de nouveaux modes de coopération, créer des plateformes diversifiées de coopération, et ouvrir main dans la main des Routes de la soie écologique, saine, intellectuelle et pacifique. Il est nécessaire de faire preuve de ténacité pour pousser en avant la réalisation de l'initiative « la Ceinture et la Route » et en faire bénéficier les peuples riverains.

Depuis le XVIIIe Congrès du Parti, son Comité central, en tenant compte du développement au cours du XIIIe Plan quinquennal et sur une plus longue période, a progressivement avancé trois stratégies de développement, à savoir : la réalisation de l'initiative « la Ceinture et la Route », le développement coordonné de la zone Beijing-Tianjin-Hebei et la construction de la ceinture économique du Changjiang. En 2014, a été adopté le « Plan stratégique sur la construction de la Ceinture économique de la Route de la soie et celle de la Route de la soie maritime du XXIe siècle ». En 2015, a été publié le document

---

* Points essentiels des propos tenus à la causerie sur la promotion de la réalisation de l'initiative « la Ceinture et la Route ».

intitulé « Construire ensemble la Ceinture économique de la Route de la soie et la Route de la soie maritime du XXIᵉ siècle – Perspectives et actions ». Des régions et départements concernés ont également promulgué des plans d'accompagnement. Tout cela a suscité de vives réactions à l'échelle internationale.

Actuellement, une centaine de pays et organisations internationales y participent. La Chine a signé avec une bonne trentaine de pays riverains des accords de coopération sur la réalisation conjointe de l'initiative « la Ceinture et la Route », et effectué une coopération avec une bonne vingtaine de pays en matière de capacités de production. Les Nations unies et d'autres organisations internationales ont également adopté une attitude positive à cet égard, avec l'approfondissement de la coopération financière, notamment avec la Banque asiatique d'investissement pour les infrastructures et le Fonds de la Route de la soie, ainsi que la mise en œuvre continuelle de programmes symboliques influents. « La Ceinture et la Route », construites à partir de zéro, ont étendu leurs expériences favorables à toute une région, avec un rythme de construction et des résultats se révélant meilleurs que prévus.

Un Etat ne peut s'ouvrir avec confiance sur l'extérieur qu'après sa montée en puissance. De son côté, l'ouverture est favorable à la montée en puissance d'un Etat. Les réalisations obtenues dans la réforme et l'ouverture depuis la 3ᵉ session plénière du XIᵉ Comité central du Parti ont prouvé que l'ouverture sur l'extérieur constitue un moteur principal, favorable au développement économique et social de notre pays. Aujourd'hui, le volume économique chinois occupe la 2ᵉ place mondiale et le développement économique chinois est entré dans la nouvelle normalité. Pour maintenir un développement économique durable et sain, nous devons avoir une vision globale, procéder de manière plus consciente à une planification d'ensemble des situations nationale et internationale, envisager la grande stratégie d'une large ouverture tous azimuts et marcher vers le monde de manière encore plus affirmée.

Profiter de l'initiative « la Ceinture et la Route » pour s'engager dans l'interconnexion transfrontalière, l'élévation du niveau de coopération en matière commerciale et d'investissement, ainsi que la coopération internationale en matière de capacités de production et de fabrication de l'équipement, a pour but essentiel d'engendrer de nouvelles demandes grâce à l'accroissement de l'offre effective pour rééquilibrer l'économie mondiale. A notre époque caractérisée par la morosité économique à l'échelle mondiale, la sortie de nos énormes capacités de production et de construction formées dans un contexte de procyclicité économique, pour répondre aux besoins urgents des pays riverains dans l'industrialisation, la modernisation et l'élévation de leur niveau d'infrastructures, favorisera la stabilisation de l'économie mondiale.

Pour promouvoir la réalisation de l'initiative « la Ceinture et la Route », il faut : 1. Réaliser une unité de pensées, s'en tenir au principe dit « concertation, synergie et partage », respecter l'égalité, rechercher les avantages réciproques, saisir les points clés, centrer les efforts sur les régions, les pays et les programmes importants, et insister sur le développement comme le plus grand commun diviseur, bénéficier tant au peuple chinois qu'aux peuples riverains. Toutes les parties sont invitées à « prendre l'express » du développement chinois ou à « faire de l'auto-stop », et tous les pays et toutes les organisations internationales sont invités à participer à la coopération. 2. Promouvoir l'application des programmes, procéder à une organisation mûrement réfléchie, prendre des mesures ciblées, étudier et promulguer des politiques et mesures concrètes favorables à la réalisation de l'initiative « la Ceinture et la Route », innover dans les modes d'application, perfectionner les services d'accompagnement et soutenir en particulier les programmes stratégiques prioritaires, tels que l'interconnexion des infrastructures, l'exploitation et l'utilisation des ressources d'énergie, la construction de zones de coopération économique, commerciale et industrielle, ainsi que le soutien à la recherche-développement des technologies industrielles clés. 3. Promouvoir la planification et la coordination, insister sur les interactions terre-mer, intérieur-extérieur et gouvernement-entreprises, encourager les entreprises chinoises à investir dans les pays riverains, inviter celles des pays riverains à venir en Chine, renforcer le raccordement de l'initiative « la Ceinture et la Route » avec le développement coordonné de la zone Beijing-Tianjin-Hebei et la construction de la Ceinture économique du Changjiang, ainsi que sa combinaison avec la mise en valeur de l'Ouest, la stratégie de régénération du Nord-Est, le redressement du Centre, le développement prioritaire de l'Est, ainsi que l'exploitation et l'ouverture des régions frontalières, afin de permettre la formation d'une situation marquée par une ouverture tous azimuts et un développement coordonné entre l'Est, le Centre et l'Ouest. 4. Favoriser la mise en œuvre des programmes clés, prendre comme priorités l'interconnexion des infrastructures, la coopération en matière de capacités de production et la mise en place de zones de coopération économique, commerciale et industrielle, mener à bien des programmes pilotes, et travailler pour davantage de résultats primaires, afin de renforcer le sentiment de satisfaction tangible des pays concernés. 5. Encourager l'innovation financière, créer de nouveaux modes de financement internationalisés, approfondir la coopération financière, fonder des plateformes financières à tous les niveaux, et mettre en place un système de garantie financière constant, stable, durable et capable de contrôler les risques, au service de l'initiative « la Ceinture et la Route ». 6. Promouvoir la compréhension mutuelle des peuples, faire rayonner l'esprit de la Route de la soie, encourager les échanges et l'inspiration mutuelle sur le plan culturel, et mettre l'accent sur la coopération culturelle et humaine. 7. Développer la sensibilisation aux résultats réels de la réalisation de l'initiative « la Ceinture et la Route », renforcer la recherche académique, le soutien théorique et l'édification d'un système de voix au chapitre. 8. Fournir des garanties de sécurité, améliorer l'évaluation des risques, la prévision et l'intervention d'urgence, mettre en place et parfaire le mécanisme de travail, et détailler les programmes de travail, afin d'assurer l'application des dispositions et des mesures concernées par chaque département, ainsi que par les établissements et les entreprises exécutifs de chaque programme.

Promouvoir ensemble la réalisation de l'initiative « la Ceinture et la Route »*

(14 mai 2017)

Mesdames et Messieurs les chefs d'Etat et de gouvernement,
Mesdames et Messieurs les responsables d'organisations internationales,
Mesdames et Messieurs,
Chers amis,

« Au premier mois de l'été, mille plantes s'empressent de s'épanouir. »[1] En cette belle saison, nos divers invités, venus de plus de cent pays différents, se trouvent réunis à Beijing pour examiner ensemble ce vaste thème : la coopération en matière de la réalisation de l'initiative « la Ceinture et la Route ». C'est là un événement d'une portée immense. Nous assistons en effet aujourd'hui à une réunion rassemblant de nombreuses personnalités de tous âges et pleines de sagesse. Je vous invite donc à donner librement vos opinions et à faire valoir l'ingéniosité collective. Toutes les propositions et suggestions seront les bienvenues pour promouvoir la réalisation de l'initiative « la Ceinture et la Route », un chantier du siècle qui doit profiter aux peuples de différents pays.

Mesdames et Messieurs,
Chers amis,

Plus de 2 000 ans auparavant, nos ancêtres, à dos de chameaux et avec peu de moyens de protection, ont traversé steppes et déserts, et frayé une Route de la soie terrestre reliant l'Asie, l'Europe et l'Afrique ; à bord de voiliers, ils ont bravé tempêtes et tourbillons, et tracé une

---

* Discours à la cérémonie d'ouverture du Forum « la Ceinture et la Route » pour la coopération internationale.

Route de la soie maritime servant de trait d'union entre l'Occident et l'Orient. Ces Routes de la soie créées à l'époque ont offert aux différents pays de nouvelles possibilités d'échanges amicaux et permis d'inscrire de nouveaux chapitres dans les annales de l'évolution et du progrès de l'humanité. Le vers à soie en bronze doré, jalousement conservé au Musée d'histoire de la province du Shaanxi, l'épave de Batu Hitam, découverte au large d'une île indonésienne, et d'autres objets sont autant de témoins de ces faits historiques.

Longue de plus de 10 000 kilomètres, l'ancienne Route de la soie au sens large a engendré, au cours des millénaires, un esprit essentiel, basé sur la paix, la coopération, l'ouverture, l'inclusivité, l'inspiration réciproque et le bénéfice mutuel. Cet esprit de la Route de la soie est un précieux héritage de la civilisation humaine.

– La paix et la coopération. Vers 130 av. J.-C. sous la dynastie des Han, une délégation a quitté Chang'an, entamant une mission pacifique pour ouvrir une voie censée relier l'Orient et l'Occident. Elle a réussi cette « mission audacieuse visant à frayer un chemin inédit »[2]. Ce fut le fameux voyage légendaire de l'envoyé impérial Zhang Qian vers l'Occident. Plus tard, sous les dynasties des Tang, Song et Yuan, des voies terrestres et maritimes de la Route de la soie ont été parallèlement explorées et développées, et de grands voyageurs chinois, italiens et marocains, notamment Du Huan, Marco Polo et Ibn Battûta, ont laissé leurs empreintes sur ces épisodes de l'histoire de la Route de la soie sur terre comme en mer. Au début du XVe siècle, sous la dynastie des Ming, le célèbre navigateur chinois Zheng He a effectué sept longs voyages maritimes vers l'Occident, une épopée encore vivante aujourd'hui. Si les exploits réalisés par ces explorateurs pionniers sont entrés dans l'histoire comme des légendes inscrites dans la pérennité, c'est parce qu'ils ont été accomplis non par des conquérants à dos de chevaux de bataille, avec des lances et épées ou à bord de navires équipés de canons meurtriers, mais par des émissaires de bonne volonté en caravanes de chameaux et à bord de bateaux chargés de trésors et porteurs d'amitié. Ainsi, de génération en génération, les voyageurs de la Route de la soie ont tissé des liens de coopération et construit des ponts de paix entre l'Orient et l'Occident.

– L'ouverture et l'inclusivité. Les anciennes Routes de la soie traversaient les bassins du Nil, du Tigre, de l'Euphrate, de l'Indus, du Gange, du Huanghe et du Changjiang. Elles passaient par les berceaux des civilisations égyptienne, babylonienne, indienne et chinoise, par les régions peuplées de bouddhistes, de chrétiens et de musulmans, par des pays et territoires divers où vivaient différentes ethnies. Les diverses civilisations, religions et ethnies dégageaient un terrain d'entente par-delà les différences, et vivaient dans l'ouverture et l'inclusivité pour écrire ensemble une épopée magnifique de respect mutuel et peindre un merveilleux tableau de développement commun. Les anciennes cités de Jiuquan, de Dunhuang, de Tourfan, de Kashgar, de Samarcande, de Bagdad et de Constantinople, ainsi que les anciens ports de Ningbo, de Quanzhou, de Guangzhou, de Beihai, de Colombo, de Jidda et d'Alexandrie sont les « fossiles vivants » et les témoins de cette épopée. L'histoire nous enseigne que les civilisations se développent à travers l'ouverture et que les nations coexistent grâce à l'intégration.

– L'apprentissage mutuel et l'inspiration réciproque. Les anciennes Routes de la soie ont contribué non seulement aux échanges commerciaux, mais aussi et surtout aux flux des connaissances. Grâce à elles, soie, porcelaine, laque et outils en fer forgé ont été exportés de Chine vers l'Occident, et poivre, lin, épices, raisins et grenades, importés dans notre pays. Toujours grâce à elles, le bouddhisme, l'islam, ainsi que l'astronomie, le calendrier et la médecine arabes ont été introduits en Chine, et les quatre grandes inventions et la sériciculture chinoises, diffusées dans d'autres parties du monde. Ce qui est plus significatif, c'est que les échanges de biens et de savoirs ont permis de générer des idées nouvelles. Par exemple, le bouddhisme, originaire d'Inde, a fleuri en Chine et rayonné en Asie du Sud-Est. Le confucianisme, né en Chine, a suscité l'admiration de penseurs européens tels que Leibniz et Voltaire. Voilà le charme des échanges, le fruit de l'enrichissement mutuel.

– La réciprocité et l'esprit gagnant-gagnant. Les anciennes Routes de la soie ont été témoins des échanges florissants terrestres et maritimes : commerçants et émissaires se suivaient les uns après les autres, et les navires parsemaient la mer. Dans cette grande artère, il y a eu la libre circulation de facteurs de production, dont des fonds, des technologies et des personnes, réalisant le partage entre les différents pays des marchandises, des ressources et des fruits de la coopération. Les bourgs importants, dont Almaty, Samarcande et Chang'an, ainsi que les ports de Sour et de Guangzhou, respiraient la prospérité. Les empires romain, parthe et kouchan sont montés en puissance. Les dynasties des Han et des Tang ont également connu une époque de prospérité. Les anciennes Routes de la soie ont favorisé le développement et la prospérité dans les régions riveraines.

Les meilleures leçons proviennent de l'Histoire. L'histoire démontre que, quelle que soit la distance géographique, tant que nous avons le courage de faire le premier pas et de nous diriger l'un vers l'autre, nous pouvons frayer un chemin de compréhension mutuelle et de développement partagé, mais également créer un avenir de bonheur, de tranquillité et d'harmonie.

Mesdames et Messieurs,

Chers amis,

D'un point de vue historique, la société humaine se trouve à une époque de grands développements, de profondes transformations et de vastes réajustements. La multipolarisation du monde, la mondialisation économique, l'informatisation de la société et la diversité culturelle connaissent un développement en profondeur. La tendance à la paix et au développement s'affirme davantage. La réforme et l'innovation avancent à pas vigoureux. Les pays n'ont jamais été aussi interdépendants, les peuples du monde n'ont jamais eu une aspiration aussi forte à une vie meilleure et l'humanité n'a jamais eu en sa possession des outils et des moyens aussi abondants pour surmonter les difficultés.

D'un point de vue réaliste, nous vivons aujourd'hui dans un monde où les défis se multiplient. La croissance économique mondiale nécessite de nouveaux moteurs, et le développement mondial, davantage d'inclusivité et d'équilibre. Les écarts entre les riches et les pauvres doivent être réduits. Des problèmes régionaux sont persistants et le terrorisme continue à faire rage. Le déficit en termes de paix, de développement et de gouvernance représente un grand défi pour l'humanité tout entière, ainsi qu'une question à laquelle je songe depuis longtemps.

En automne 2013, j'ai lancé, au Kazakhstan et en Indonésie, l'initiative de construire ensemble la Ceinture économique de la Route de la soie et la Route de la soie maritime du XXIe siècle, c'est-à-dire, l'initiative « la Ceinture et la Route ». « Le pêcher et le prunier ne disent rien, mais ils attirent d'innombrables personnes avec leurs fruits. »[3] Depuis quatre ans, une centaine de pays et d'organisations internationales soutiennent et participent énergiquement à la réalisation de l'initiative « la Ceinture et la Route ». L'Assemblée générale et le Conseil de sécurité de l'ONU ont également intégré cette initiative dans leurs résolutions importantes. Passant progressivement de la vision à l'action et du projet à la réalisation, l'initiative « la Ceinture et la Route » donne des fruits abondants.

– Quatre années d'approfondissement de la coordination en matière de politique. J'ai souligné à plusieurs reprises que l'initiative « la Ceinture et la Route » ne consistait pas à repartir de zéro, ni à renverser l'ancien pour installer quelque chose de nouveau, mais à réaliser la connexion des stratégies et la complémentarité. Nous avons entamé une coordination de politiques avec les pays concernés, dont l'Union économique eurasiatique proposée par la Russie, le Plan directeur de l'ASEAN pour l'interconnexion, la « Voie vers l'avenir » formulée par le Kazakhstan, le « Couloir central » initié par la Turquie, la « Voie de développement » avancée par la Mongolie, le projet « Deux couloirs, une ceinture » recommandé par le Vietnam, le plan « Northern Powerhouse » du Royaume-Uni, et la « Route de l'ambre » proposée par la Pologne. Le raccordement des plans élaborés par la Chine, le Laos, le Cambodge, le Myanmar et la Hongrie, a été poussé en avant sur tous les plans. La Chine a signé avec une quarantaine de pays et d'organisations internationales des accords de coopération, et développé avec une trentaine de pays sa coopération institutionnalisée en matière de capacités de production. Au cours du présent forum, la Chine signera des accords de coopération et des plans d'action sur le raccordement, et lancera l'initiative consistant à faciliter ensemble le commerce le long de « la Ceinture et la Route » avec une soixantaine de pays et d'organisations internationales. Grâce à la coordination politique, les diverses parties ont réalisé des résultats combinés supérieurs à la somme de ceux des politiques.

– Quatre années de renforcement de l'interconnexion des infrastructures. « Là où mène la route, tout prospère. » Ensemble avec les pays concernés, la Chine a accéléré la progression des programmes tels que la ligne ferroviaire à grande vitesse Jakarta-Bandung et les chemins de fer Chine-Laos, Djibouti-Ethiopie et Hongrie-Serbie, mais également construit les ports de Gwadar et du Pirée, et planifié et mis en chantier un grand nombre de programmes d'interconnexion. A l'heure actuelle, est mis en forme un réseau d'infrastructures intégré, avec à sa tête les couloirs économiques Chine-Pakistan, Chine-Mongolie-Russie et le nouveau pont terrestre eurasiatique, composé de voies terrestres, maritimes et aériennes, et appuyé par des travaux majeurs dont les chemins de fer, les ports et les canalisations.

– Quatre années d'amélioration de la facilitation du commerce. Ensemble avec les pays participant à l'initiative « la Ceinture et la Route », la Chine a énergiquement promu la facilitation du commerce et de l'investissement, et sans cesse amélioré l'environnement des affaires. J'ai constaté que la durée de dédouanement des produits agricoles de l'Asie centrale, dont le Kazakhstan, vers le marché chinois a été réduite de 90 %. De 2014 à 2016, le chiffre d'affaires du commerce entre la Chine et les pays riverains de « la Ceinture et la Route » a dépassé les 3 000 milliards de dollars. Les investissements chinois dans les pays riverains ont dépassé les 50 milliards de dollars. Les entreprises chinoises ont bâti cinquante-six zones de coopération économique et commerciale dans plus de vingt pays, en contribuant pour près de 1,1 milliard de dollars en impôts et en créant 180 000 emplois.

– Quatre années d'élargissement de l'intégration financière. Les goulots d'étranglement dans le financement constituent un défi saillant pour l'interconnexion. La Chine a coopéré avec les pays et organisations participant à l'initiative « la Ceinture et la Route » pour mener une coopération financière sous diverses formes. La Banque asiatique d'investissement pour les infrastructures a déjà fourni des prêts s'élevant à 1,7 milliard de dollars à neuf projets des pays participant à l'initiative « la Ceinture et la Route ». Les investissements du Fonds de la Route de la soie ont atteint les 4 milliards de dollars. Une société de holding financier a officiellement été créée dans le cadre de la coopération entre la Chine et seize pays d'Europe centrale et orientale. Ces nouveaux mécanismes financiers et les traditionnelles institutions financières multilatérales, dont la Banque mondiale, ont leurs propres priorités et se complètent mutuellement, formant un réseau multidimensionnel de coopération financière dans le cadre de « la Ceinture et la Route », qui commence à prendre forme.

– Quatre années de promotion de la compréhension mutuelle entre les peuples. « Les relations interétatiques résident dans l'amitié entre les peuples et celle-ci, dans la compréhension mutuelle. » Les pays participant à l'initiative « la Ceinture et la Route » font rayonner l'esprit de la Route de la soie pour s'engager dans la construction d'une Route de la soie notamment sur les plans intellectuel et sain. Ils ont lancé une large coopération sur les plans scientifique, éducatif, culturel, sanitaire et populaire, en raffermissant auprès de l'opinion publique son socle et en jetant une base sociale solide pour la construction de « la Ceinture et la Route ». Le gouvernement chinois offre chaque année une bourse gouvernementale à 10 000 étudiants issus des pays concernés et les gouvernements locaux ont également établi des bourses de la Route de la soie pour encourager les échanges internationaux sur les plans culturel et éducatif. L'organisation de divers programmes de coopération socioculturelle au sujet de la Route de la soie, tels que les années culturelles, les années du tourisme, les festivals artistiques, les ponts du film, ainsi que les séminaires et les dialogues entre les laboratoires d'idées, a permis de multiplier les échanges humains et d'approfondir la compréhension mutuelle entre les peuples à travers ces échanges.

Les riches résultats prouvent que l'initiative « la Ceinture et la Route » s'adapte à la tendance de notre époque, aux règles du développement et aux intérêts des divers peuples, et qu'elle offre de belles perspectives.

Mesdames et Messieurs,

Chers amis,

Les Chinois disent que « tout début est difficile ». Nous avons fait des avancées vigoureuses dans la construction de « la Ceinture et la Route ». Aussi, nous devons profiter de l'élan créé pour aller de l'avant et agir suivant les exigences de la situation, afin que cette construction soit durable, promue à pas assurés et qu'elle enregistre un avenir prometteur. Je souhaiterais faire à présent quelques remarques en la matière :

Premièrement, nous devons faire de « la Ceinture et la Route » la voie de la paix. Les anciennes Routes de la soie étaient prospères en temps de paix et décadentes en temps de guerre. La paix et la tranquillité sont indispensables pour la construction de « la Ceinture et la Route ». Aussi, nous devons établir un nouveau type de relations internationales axées sur la coopération et les bénéfices partagés, bâtir des partenariats caractérisés par le dialogue et le jumelage, au lieu de la confrontation et l'alignement. Tous les pays doivent respecter, de part et d'autre, la souveraineté, la dignité, l'intégrité territoriale, la voie de développement, le régime social, les intérêts vitaux et les préoccupations majeures.

Les régions riveraines des anciennes Routes de la soie étaient des « terres où ruissellent le lait et le miel », mais aujourd'hui, beaucoup d'entre elles sont synonymes de conflit, d'agitation, de crise et de défi. Cette situation ne peut plus durer. Nous devons donc nous forger une conception de la sécurité commune, globale, coopérative et durable, créer une structure de sécurité marquée par la synergie et le partage. Nous devons également atténuer les points chauds, en insistant sur la solution politique ; centrer nos efforts sur les bons offices et la conciliation en persévérant dans la justice et l'équité ; promouvoir la lutte contre le terrorisme, et éradiquer la pauvreté, le retard et l'injustice sociale en nous attaquant à leurs manifestations comme à leur racine.

Deuxièmement, nous devons faire de « la Ceinture et la Route » la voie de la prospérité. Le développement est la clé pour régler tout problème. Dans la construction de « la Ceinture et la Route », nous devons nous focaliser sur cette question fondamentale qu'est le développement, afin de libérer le potentiel de tous les pays et de réaliser l'intégration économique, l'interaction du développement et le partage des résultats.

L'industrie est la base de l'économie. Nous devons mener en profondeur la coopération industrielle, promouvoir l'inclusivité et la complémentarité entre les plans de développement industriel élaborés par les divers pays, assurer la construction des programmes majeurs, renforcer la coopération internationale en matière de capacités de production et de fabrication d'équipements, saisir les nouvelles opportunités de développement apportées par la nouvelle révolution industrielle et développer de nouvelles activités économiques, afin de maintenir la vitalité de la croissance économique.

La finance est le sang de l'économie moderne. La circulation fluide du sang assure une croissance puissante. Nous devons mettre en place un système de garantie financière stable, durable et capable de contrôler les risques, mais également innover les modes d'investissement et de financement, généraliser le partenariat public-privé, établir un système de financement diversifié et un marché des capitaux multidimensionnel, développer la finance inclusive, et améliorer le réseau de services financiers.

L'interconnexion des infrastructures est la base du développement coopératif. Nous devons promouvoir l'interconnexion en quatre volets : terrestre, maritime, aérienne et en ligne, nous focaliser sur les voies de passage, les villes et les programmes clés, et relier les réseaux routier, ferroviaire et portuaire. Nous avons déjà défini le cadre pour six couloirs économiques de la construction de « la Ceinture et la Route », qui doit progressivement être poussé en avant. Il faut saisir la tendance du nouveau cycle de restructuration et de révolution technologique dans le domaine énergétique pour construire un réseau énergétique mondial et réaliser un développement vert à bas carbone. Il faut également améliorer la construction des réseaux logistiques transrégionaux et promouvoir la triple interconnexion des politiques, des règles et des normes, pour fournir une garantie institutionnelle à l'interconnexion.

Troisièmement, nous devons faire de « la Ceinture et la Route » la voie de l'ouverture. L'ouverture apporte des progrès, tandis que l'isolement conduit au retard. L'ouverture d'un pays ressemble à la transformation d'une chenille en papillon : après les douleurs inévitables, elle mérite une nouvelle vie. La construction de « la Ceinture et la Route » doit être orientée vers l'ouverture, pour régler les problèmes relatifs à la croissance et au rééquilibrage économiques.

Nous devons bâtir une plateforme de coopération ouverte, sauvegarder et développer une économie mondiale ouverte, créer conjointement un environnement favorable au développement ouvert, promouvoir la mise en place d'un système de règles internationales économiques, commerciales et d'investissement, devant être équitable, rationnel et transparent, favoriser la circulation ordonnée des facteurs de production, la distribution efficace des ressources et l'intégration profonde des marchés. Nous invitons tous les pays, en tenant compte de leurs réalités nationales, à développer une économie ouverte, à participer à la gouvernance mondiale et à l'offre de produits publics, afin de construire ensemble une large communauté d'intérêts.

Le commerce est un moteur important de la croissance économique. Nous devons adopter une attitude ouverte, sauvegarder le système de commerce multilatéral, pousser en avant la construction de zones de libre-échange, et favoriser la libéralisation et la facilitation du commerce et de l'investissement. Bien entendu, nous devons également déployer des efforts pour régler les problèmes liés aux déséquilibres du développement, aux dilemmes de la gouvernance, au fossé numérique et aux écarts de revenus, afin de rendre la mondialisation économique plus ouverte, tolérante, inclusive, équilibrée et mutuellement bénéfique.

Quatrièmement, nous devons faire de « la Ceinture et la Route » la voie de l'innovation. L'innovation est une force majeure du développement. La construction de « la Ceinture et la Route » est en elle-même une création. Il faut donc rechercher de forces motrices à travers l'innovation pour mener à bien sa réalisation.

Nous devons nous en tenir au développement grâce à l'innovation, renforcer la coopération dans les domaines avancés dont l'économie numérique, l'intelligence artificielle, les nanotechnologies et le calculateur quantique, ainsi que promouvoir le développement des mégadonnées, du calcul dématérialisé et de la construction de villes intelligentes, afin de les relier en une Route de la soie numérique du XXIe siècle. Nous devons promouvoir l'intégration approfondie des sciences et technologies avec les industries et la finance. Il nous faut également optimiser l'environnement favorable à l'innovation et concentrer les ressources en faveur de l'innovation. A l'ère du numérique, nous devons par ailleurs ouvrir des espaces et des ateliers pour encourager les jeunes de tous les pays à créer leurs propres entreprises, afin de les aider à réaliser leurs rêves.

Nous devons pratiquer le nouveau concept de développement vert, mettre à l'honneur les modes de production et de vie écologiques, bas carbone, circulaires et durables, renforcer la coopération écologique et développer une civilisation écologique, afin de réaliser ensemble les objectifs de développement durable à l'horizon 2030.

Cinquièmement, nous devons faire de « la Ceinture et la Route » la voie de la civilisation. Sa construction doit, en ce qui concerne les civilisations, substituer les échanges aux malentendus, l'inspiration mutuelle à la confrontation et la coexistence au complexe de supériorité, en vue de promouvoir la compréhension, le respect et la confiance mutuels entre les divers pays.

Nous devons mettre en place un mécanisme multidimensionnel de coopération socioculturelle, bâtir davantage de plateformes de coopération et ouvrir davantage de voies favorables à la coopération. Nous devons également favoriser la coopération dans l'éducation, accroître le nombre de programmes d'échanges internationaux, et élever le niveau de l'enseignement coopératif. Il faut : mettre en valeur le rôle des laboratoires d'idées et perfectionner leurs alliances et les réseaux de coopération ; adopter de nouveaux modes de coopération dans les domaines culturel, sportif et sanitaire, et promouvoir les programmes pragmatiques ; mettre en valeur les biens du patrimoine culturel, et œuvrer ensemble à la création de produits touristiques propres aux Routes de la soie et à la protection ; multiplier les échanges entre les parlements, les partis politiques et les organisations non gouvernementales de tous les pays, ainsi que ceux entre les femmes, les jeunes, les personnes handicapées et d'autres groupes, en vue d'encourager le développement inclusif ; et intensifier la coopération internationale contre la corruption, afin de faire de « la Ceinture et la Route » la voie de l'intégrité.

Mesdames et Messieurs,

Chers amis,

A l'heure actuelle, le développement chinois se trouve à un nouveau point de départ. Nous appliquerons en profondeur le concept de développement innovant, coordonné, écologique, ouvert et partagé, œuvrerons pour nous adapter à la nouvelle normalité, la maîtriser et l'orienter, pousserons en avant la réforme structurelle du côté de l'offre et réaliserons un développement durable, afin d'insuffler une puissante vitalité à l'initiative « la Ceinture et la Route » et d'apporter de nouvelles opportunités au développement mondial.

– La Chine est prête à développer, en s'appuyant sur les Cinq principes de la coexistence pacifique, la coopération amicale avec tous les pays participant à la construction de « la Ceinture et la Route », et souhaite également partager ses expériences de développement avec les autres pays du monde. Cependant, elle n'intervient pas dans les affaires intérieures des autres pays, ne leur apporte ni impose son système social et son mode de développement. Nous construisons « la Ceinture et la Route » dans le but d'ouvrir de nouveaux modes de coopération et de réciprocité plutôt que de retomber dans l'affrontement géographique, de construire un grand foyer où l'on coexiste harmonieusement au lieu de mettre en forme de petits groupes portant atteinte à la stabilité.

– La Chine a conclu avec de nombreux pays des accords sur la coopération pragmatique au sujet de « la Ceinture et la Route », couvrant des programmes d'interconnexion matérielle, dont les transports et communications, les infrastructures et l'énergie, des programmes d'interconnexion non matérielle dont les télécommunications, les douanes, les contrôles et les quarantaines, ainsi que des plans de coopération et des programmes concrets dans les domaines économique, commercial, industriel, maritime, de l'e-commerce et de l'économie verte. La Chine signera avec les départements des chemins de fer des pays concernés des accords de coopération sur les trains Chine-Europe. Elle travaillera à la mise en chantier de ces programmes et l'obtention de premiers résultats au plus tôt.

– La Chine augmentera ses investissements dans la construction de « la Ceinture et la Route », avec une nouvelle somme atteignant les 100 milliards de yuans investie dans le Fonds de la Route de la soie pour encourager les institutions financières à développer leurs affaires en yuans à l'étranger, dont le montant est estimé à 300 milliards de yuans. La Banque de développement de Chine et la Banque chinoise d'import-export offriront des prêts spéciaux équivalant respectivement à 250 milliards et 130 milliards de yuans, afin d'appuyer la coopération en matière de construction des infrastructures, de capacités de production et de finance dans le cadre de « la Ceinture et la Route ». La Chine coopérera avec la Banque asiatique d'investissement dans les infrastructures, la Nouvelle banque de développement des BRICS, la Banque mondiale et d'autres institutions de développement multilatérales pour soutenir les programmes relatifs à l'initiative « la Ceinture et la Route ». Elle élaborera avec les parties concernées les principes directeurs concernant le financement des programmes liés à cette initiative.

– La Chine développera avec les pays participant à la construction de « la Ceinture et la Route » des partenariats économiques et commerciaux caractérisés par la réciprocité. Elle promouvra la facilitation du commerce et de l'investissement avec les pays concernés, et mettra en place un réseau de libre-échange dans le cadre de « la Ceinture et la Route », afin de donner une impulsion à la croissance régionale et mondiale. Durant le présent forum, la Chine signera des accords sur la coopération économique et commerciale avec une trentaine de pays, et mènera des consultations sur les accords de libre-échange avec les pays concernés. La Chine organisera la Foire internationale d'importation de Chine à partir de l'année 2018.

– La Chine souhaite renforcer sa coopération en matière d'innovation avec les autres pays, lancer un plan d'action pour l'innovation technico-scientifique dans le cadre de « la Ceinture et la Route », et s'engager dans les échanges technico-scientifiques et socioculturels, la construction conjointe de laboratoires, la coopération dans les technopôles et le transfert de technologies. Elle envisage de recevoir dans les cinq années à venir 2 500 jeunes scientifiques à réaliser des recherches scientifiques de courte durée, de former 5 000 scientifiques, techniciens et gestionnaires, et de mettre en service 50 laboratoires conjoints. Elle créera une plateforme de mégadonnées écologiques, lancera l'initiative de la fondation de l'alliance internationale de développement vert de « la Ceinture et la Route » et fournira une assistance aux pays concernés dans leur lutte contre les changements climatiques.

– La Chine offrira un total de 60 milliards de yuans dans les trois années à venir aux pays en développement et aux organisations internationales participant à la construction de « la Ceinture et la Route » en vue de lancer davantage de programmes pour le bien-être social. Elle fournira une aide alimentaire d'urgence de 2 milliards de yuans aux pays riverains en développement, ainsi qu'une nouvelle contribution de 1 milliard de dollars au Fonds d'aide pour la coopération Sud-Sud. Elle mettra en place dans les pays riverains des programmes tels que « 100 foyers heureux », « 100 programmes d'aide aux personnes démunies » et « 100 programmes médicaux pour le rétablissement ». Elle offrira également 1 milliard de dollars aux organisations internationales concernées en vue de mettre à exécution des programmes de coopération bénéficiant aux pays riverains.

– La Chine mettra en place un mécanisme de suivi destiné au Forum « la Ceinture et la Route » pour la coopération internationale, et fondera le Centre de recherches sur le développement financier de « la Ceinture et la Route », ainsi que le Centre de promotion de la construction de « la Ceinture et la Route ». Elle créera un centre de coopération pour le développement et le financement multilatéraux avec les banques multilatérales de développement, et un centre de renforcement des capacités avec le Fonds monétaire international. Nous bâtirons un réseau de coopération entre les organisations non gouvernementales riveraines de « la Ceinture et la Route », établirons l'alliance de coopération médiatique, l'alliance d'éducation musicale et d'autres nouvelles plateformes en faveur des échanges socioculturels.

La construction de « la Ceinture et la Route » s'enracine dans le terrain historique de l'ancienne Route de la soie. Elle couvre principalement les continents asiatique, européen et africain, et s'ouvre en même temps à tous nos amis du monde. Tous les pays asiatiques, européens, africains ou américains, sont nos partenaires dans la construction de « la Ceinture et la Route ». Cette construction sera gérée par tous les pays participants, qui en partageront également les fruits.

Mesdames et Messieurs,

Chers amis,

Un proverbe chinois dit : « Un long voyage n'est possible qu'avec de petits pas. »[4] Pour les Arabes, les pyramides furent construites pierre par pierre, et on dit en Europe, que « Rome ne s'est pas faite en un jour ». La construction de « la Ceinture et la Route » est une œuvre grandiose et nécessite une pratique qui l'est tout autant. Soutenons vigoureusement son application et assurons ses résultats progressifs, afin d'apporter le bonheur au monde et à tous ses peuples !

Je souhaite un plein succès à ce forum !

Merci à tous.

Notes :

[1] Gao Lian, dynastie des Ming (1368-1644).

[2] Sima Qian : *Mémoires historiques* (*Shi Ji*), dynastie des Han de l'Ouest.

[3] Ibid.

[4] *Xunzi*.

XVII
Une communauté de destin pour l'humanité

Bâtir main dans la main un nouveau partenariat de coopération gagnant-gagnant et construire ensemble une communauté de destin pour l'humanité[*]

(28 septembre 2015)

Monsieur le Président,

Chers collègues,

Il y a 70 ans, nos prédécesseurs ont remporté la victoire de la Guerre mondiale antifasciste au prix d'énormes sacrifices, tournant ainsi une page sombre de l'histoire humaine. C'était une victoire durement acquise.

Il y a 70 ans, nos prédécesseurs, faisant preuve d'une grande clairvoyance, ont créé les Nations unies, l'organisation internationale la plus universelle, la plus représentative et dotée de la plus haute autorité, pour tracer de nouvelles perspectives dans la société humaine et inaugurer une nouvelle ère de coopération. C'était une initiative sans précédent.

Il y a 70 ans, nos prédécesseurs, faisant appel à la sagesse collective, ont élaboré la Charte des Nations unies pour poser la pierre angulaire de l'ordre international moderne et établir les principes fondamentaux régissant les relations internationales contemporaines. Ce fut un accomplissement des plus significatifs.

Monsieur le Président,

Chers collègues,

Le 3 septembre, ensemble avec les autres peuples du monde, le peuple chinois a commémoré solennellement le 70ᵉ anniversaire de la

---

[*] Intervention au débat général de la 70ᵉ session de l'Assemblée générale des Nations unies.

victoire de la Guerre de résistance du peuple chinois contre l'agression japonaise et de la Guerre mondiale antifasciste. En tant que principal théâtre oriental des combats, la Chine a fait des sacrifices nationaux avec plus de 35 millions de morts et blessés, et elle a combattu les forces principales du militarisme japonais. Elle a non seulement réalisé par là son salut national, mais également soutenu énergiquement les forces de résistance sur les fronts européen et pacifique, apportant ainsi une contribution historique à la victoire mondiale sur le fascisme.

L'histoire est un miroir. Tirer les leçons de l'histoire permet d'éviter les erreurs du passé. Devant elle, nous devons garder un sentiment de révérence et une conscience intègre. Le passé ne peut être modifié, mais l'avenir est à créer. Se souvenir du passé, ce n'est pas prolonger la haine, mais en retenir ensemble les enseignements. Faire connaître le passé à la postérité, ce n'est pas s'y accrocher, mais créer l'avenir et faire briller la flamme de la paix de génération en génération.

Monsieur le Président,

Chers collègues,

L'ONU, qui a 70 ans d'existence derrière elle, a été le témoin des efforts déployés par les différents pays pour préserver la paix, assurer leur développement et rechercher la coopération. A l'aube d'un nouveau départ historique, elle doit réfléchir à une meilleure réponse aux questions majeures de la paix et du développement dans le monde au XXIe siècle.

La configuration mondiale est dans un processus historique de changement accéléré. La lumière de la paix, du développement et du progrès est assez forte pour transpercer l'ombre de la guerre, de la pauvreté et du sous-développement. L'évolution vers un monde multipolaire et le redressement des pays émergents et des pays en développement s'affirment d'ores et déjà comme un courant historique irréversible. La mondialisation économique et l'informatisation de la société, ayant libéré et développé considérablement les forces productives sociales, apportent à la fois des opportunités de développement sans précédent et de nouveaux défis et menaces qui nécessitent une réponse sérieuse.

« Sous le grand règne de la vertu, l'empire était la chose publique. »[1] La paix, le développement, l'équité, la justice, la démocratie et la liberté, ces valeurs communes à toute l'humanité sont aussi les nobles objectifs des Nations unies. Ceux-ci sont encore loin d'être atteints et exigent de nous des efforts incessants. Dans le monde d'aujourd'hui, les différents pays, interdépendants les uns des autres, partagent heurs et malheurs. Nous devons donc poursuivre et faire rayonner les buts et principes de la Charte des Nations unies, établir un nouveau modèle de relations internationales axé sur la coopération et le gagnant-gagnant, et forger une communauté de destin pour l'humanité. Pour ce faire, nous avons à travailler dans les domaines suivants :

— Nous devons développer un partenariat sur la base du traitement d'égal à égal, de la concertation et de la compréhension mutuelle. La Charte des Nations unies a codifié le principe de l'égalité souveraine. L'avenir du monde est à maîtriser ensemble par tous les pays de la planète. Tous les pays du monde sont égaux. Un pays grand, fort ou riche, ne doit pas malmener un pays petit, faible ou pauvre. Le principe de la souveraineté non seulement se traduit par l'inviolabilité de la souveraineté et de l'intégrité territoriale de chaque pays, ainsi que la non-ingérence dans les affaires d'autrui, mais consiste également à préserver le droit de chaque pays de choisir librement son système social et sa voie de développement, et à respecter ses efforts pour promouvoir le développement socio-économique et améliorer les conditions de vie de son peuple.

Nous devons nous attacher au multilatéralisme au lieu de pratiquer l'unilatéralisme. Nous devons préconiser le nouveau concept du « gagnant-gagnant » et du « résultat bénéfique pour tous » et rejeter la mentalité archaïque selon laquelle « il faut qu'il y ait un gagnant et un perdant » et « le gagnant prend tout ». La concertation est une forme importante de la démocratie et doit être une méthode majeure de la gouvernance internationale contemporaine. Il convient de préconiser le règlement des différends et des divergences par le dialogue et la concertation. Nous devons construire un partenariat global aux niveaux international et régional, et tracer un nouveau chemin pour l'organisation des relations interétatiques, celui de développer le dialogue et le partenariat plutôt que la confrontation et l'alignement. Les grands pays sont appelés à éviter l'affrontement et la confrontation entre eux, à se respecter et à coopérer pour le gagnant-gagnant. Dans leurs relations avec les petits pays, ils doivent les traiter sur un pied d'égalité, adopter une conception juste de la justice et des bénéfices, et défendre à la fois la justice et les bénéfices en privilégiant la justice.

– Nous devons créer une architecture de sécurité marquée par l'équité, la justice, l'engagement commun et le partage. Dans une ère de globalisation économique, les différents pays sont étroitement liés et interdépendants en matière de sécurité. Aucun pays ne peut assurer à lui seul une sécurité absolue, et aucun pays ne peut récolter la stabilité dans le trouble d'autrui. La politique, qui veut que celui qui est le plus fort s'impose, relève de la loi de la jungle. Ce n'est pas la règle régissant la coexistence des Etats. Le bellicisme est une pratique hégémonique qui revient à soulever une pierre pour se la laisser tomber sur les pieds.

Nous devons rejeter toute forme de mentalité de la guerre froide et adopter un nouveau concept de sécurité commune, globale, coopérative et durable. Nous devons faire valoir pleinement le rôle central des Nations unies et du Conseil de sécurité dans la prévention de la guerre et le maintien de la paix, et privilégier à la fois le règlement pacifique des différends et l'action coercitive pour transformer l'hostilité en amitié. Nous devons promouvoir la coopération internationale dans les domaines économique et social, et apporter une solution globale aux menaces de sécurité traditionnelles et non traditionnelles afin d'empêcher l'éclatement de la guerre.

– Nous devons rechercher un développement ouvert, innovant, inclusif et bénéfique à tous. La crise économique et financière internationale qui a éclaté en 2008 nous enseigne que la recherche du profit par le capitaliste conduira inévitablement à une nouvelle crise, et qu'un marché sans morale ne saurait permettre le développement et la prospérité du monde. La disparité croissante entre les riches et les pauvres ne peut pas continuer et va à l'encontre de l'équité et de la justice. Il faut utiliser correctement « la main invisible » et « la main visible » pour que le rôle du marché et celui du gouvernement se complètent et se renforcent mutuellement, afin d'offrir un cadre réglementé susceptible d'assurer l'efficacité et l'équité.

Un véritable développement de qualité doit être un développement partagé et durable. Pour réaliser cet objectif, il faut promouvoir la solidarité et le bénéfice réciproque dans l'esprit d'ouverture. Dans le monde d'aujourd'hui, 800 millions de personnes vivent encore dans l'extrême pauvreté, près de 6 millions d'enfants de moins de cinq ans décèdent chaque année et près de 60 millions d'enfants ne sont pas scolarisés. Le Sommet de l'ONU sur le développement durable, qui vient de se clore, a adopté l'agenda de développement post-2015. C'est à nous qu'il incombe de traduire les engagements en actes concrets, afin de créer ensemble un avenir radieux, où chacun vit à l'abri du besoin, dans l'épanouissement et la dignité.

– Nous devons promouvoir les échanges et l'enrichissement mutuel entre civilisations dans le respect de la différence. La diversité culturelle crée un monde multicolore. De la diversité naissent les échanges, les échanges conduisent à l'intégration, et l'intégration apporte le progrès.

La coexistence des civilisations repose sur le respect de la diversité. Seuls le respect mutuel, l'inspiration mutuelle et la coexistence harmonieuse contribuent à un monde dynamique et prospère. Chaque nation a donné naissance à une civilisation de par sa sagesse et ses contributions. Il n'y a pas de civilisation supérieure ou inférieure, ni de civilisation bonne ou mauvaise. Nous avons à promouvoir le dialogue et les échanges, et non l'exclusion ni le remplacement de l'une par l'autre, car l'histoire de l'humanité se résume en un superbe tableau retraçant les échanges, l'inspiration mutuelle et l'intégration entre les civilisations. Nous avons vocation à promouvoir un développement créatif de la civilisation humaine dans un esprit de respect, d'égalité, d'ouverture et d'enrichissement mutuel.

– Nous devons construire un écosystème respectueux de la nature et favorable au développement vert. L'homme peut profiter de la nature et la transformer. Mais après tout, l'homme fait partie de la nature. Il doit la préserver et non se mettre au-dessus d'elle. Nous avons à aplanir les contradictions nées de la civilisation industrielle et à vivre en harmonie avec la nature, afin de réaliser le développement durable de la planète et le plein épanouissement de l'homme.

L'édification de la civilisation écologique est liée à l'avenir de l'humanité. La communauté internationale doit travailler main dans la main pour construire une civilisation écologique mondiale, inculquer aux gens les idées relatives au respect et à la protection de la nature, ainsi qu'à la vie en conformité avec elle, et poursuivre fermement la voie du développement vert, bas carbone, circulaire et durable. Pour ce faire, la Chine ne se dérobera pas à ses responsabilités et continuera à apporter sa contribution. Dans le même temps, nous exhortons les pays développés à assumer leurs responsabilités historiques, à honorer leurs engagements en matière de réduction d'émissions polluantes et à accompagner les pays en développement dans leurs efforts d'atténuation et d'adaptation face au changement climatique.

Monsieur le Président,

Chers collègues,

Les 1,3 milliard de Chinois travaillent énergiquement pour réaliser le rêve chinois de grand renouveau de la nation. Le rêve du peuple chinois est étroitement lié avec ceux des autres peuples du monde. La réalisation du rêve chinois ne peut se passer d'un environnement international pacifique, d'un ordre international stable, ni de la compréhension, du soutien et de l'assistance des autres peuples. Elle apportera certainement plus d'opportunités aux autres pays et contribuera davantage à la paix et au développement dans le monde.

La Chine œuvrera toujours à construire la paix mondiale. Elle poursuivra inébranlablement la voie du développement pacifique et ne recherchera jamais l'hégémonie, l'expansion, ni des sphères d'influence, quels que soient les aléas internationaux et quel que soit son niveau de développement.

La Chine œuvrera toujours à contribuer au développement planétaire. Elle poursuivra fermement la voie du développement partagé et la stratégie d'ouverture mutuellement bénéfique. Elle entend partager ses expériences et opportunités avec tous les pays du monde et se réjouit de les voir prendre le train express du développement chinois, afin de réaliser le développement commun.

La Chine œuvrera toujours à préserver l'ordre international. Elle poursuivra constamment la voie du développement coopératif. En tant que premier pays à avoir apposé sa signature sur la Charte des Nations unies, elle continuera à préserver l'ordre et le système internationaux axés sur les buts et principes de la Charte. Elle se rangera comme toujours du côté des autres pays en développement et soutiendra fermement l'augmentation de la représentativité et du droit à la parole des pays en développement, notamment des pays africains, au sein du système de la gouvernance mondiale. Le vote chinois aux Nations unies appartient toujours aux pays en développement.

A cette occasion, je déclare que la Chine décide de créer un fonds Chine-ONU pour la paix et le développement, d'un montant d'un milliard de dollars pour une durée de dix ans, dans le but de soutenir les actions onusiennes, de promouvoir la coopération multilatérale et d'apporter une nouvelle contribution à la paix et au développement dans le monde. Je déclare que la Chine rejoindra le nouveau système de préparation des capacités de maintien de la paix, et décide, à cette fin, de mettre en place en premier des unités de police permanentes pour le maintien de la paix et de créer une force en attente de maintien de la paix de 8 000 personnes. J'annonce également que la Chine décide aussi de fournir, dans les cinq ans à venir, une assistance militaire sans contrepartie de 100 millions de dollars à l'Union africaine pour soutenir la mise en place d'une force africaine permanente et d'une force de réaction rapide aux crises.

Monsieur le Président,

Chers collègues,

L'ONU est sur le point d'entrer dans une nouvelle décennie. Travaillons main dans la main pour bâtir un nouveau partenariat de coopération gagnant-gagnant et construire une communauté de destin pour l'humanité. Que l'idée de transformer les glaives en hoyaux en vue d'un monde sans guerre s'enracine profondément dans tous les esprits et que les valeurs du développement, de la prospérité, de l'équité et de la justice soient traduites partout en actes.

Je vous remercie.

Note :

[1] Voir la note 15 de l'article « Soyez secrétaires du comité du Parti de district comme Jiao Yulu » du présent ouvrage.

Construire en commun un mécanisme de gouvernance climatique coopératif, gagnant-gagnant, juste et équitable[*]

(30 novembre 2015)

Monsieur le Président François Hollande,
Chers collègues,
Mesdames et Messieurs,
Chers amis,

Aujourd'hui, nous sommes rassemblés à Paris pour l'ouverture de la Conférence des Nations unies sur les changements climatiques. Notre présence montre que le terrorisme ne peut nous empêcher de poursuivre nos efforts contre les changements climatiques et pour un futur meilleur. A cette occasion, je souhaiterais exprimer mes plus profondes salutations au peuple français, ainsi que ma gratitude au président François Hollande et au gouvernement français pour leur préparation méticuleuse de cette conférence.

Depuis la mise en vigueur de la *Convention-cadre des Nations unies sur les changements climatiques* il y a une vingtaine d'années, grâce aux efforts de toutes les parties, nous avons fait des progrès appréciables dans la lutte mondiale contre les changements climatiques, mais nous affrontons également bien des difficultés et défis. La Conférence de Paris a justement pour objectif de renforcer la mise en application de cette convention-cadre, de parvenir à un accord global, équilibré, vigoureux et contraignant, ainsi que de chercher une voie de développement et un mode de gouvernance durables pour l'humanité. L'écrivain français Victor Hugo a dit que « les ressources suprêmes sortent des résolu-

---

* Discours à l'ouverture de la Conférence de Paris sur le climat.

tions extrêmes »[1]. Je suis convaincu que, tant que toutes les parties feront montre de sincérité, renforceront leur confiance et travailleront ensemble, cette conférence portera des fruits satisfaisants et à la hauteur des attentes de la communauté internationale.

Chers collègues,

Mesdames et Messieurs,

Un bon accord international doit non seulement régler les contradictions actuelles, mais également orienter l'avenir. L'*Accord de Paris* doit mettre l'accent sur le renforcement de nos actions contre les changements climatiques pour l'après-2020, et sur l'insufflation des forces motrices dans la réalisation du développement mondial durable.

– L'*Accord de Paris* doit favoriser l'accomplissement des objectifs prévus par la Convention-cadre et orienter le développement vert. Il doit respecter les principes et les dispositions de la Convention-cadre, et promouvoir l'application efficace de celle-ci sur tous les plans. Il doit nous aider à contrôler l'augmentation de la concentration de gaz à effet de serre dans l'atmosphère, à établir un mécanisme d'orientation et d'incitation tourné vers les intérêts, à pousser tous les pays à s'engager dans un développement vert, circulaire et bas carbone, et à assurer le développement économique en même temps que la lutte contre les changements climatiques.

– L'*Accord de Paris* doit aider à rassembler les efforts du monde entier et à encourager une ample participation. Institutionnellement, il doit inciter tous les pays à rester étroitement solidaires en conjuguant leurs efforts. Outre les gouvernements, il doit également mobiliser les ressources de toute la société, dont les entreprises et les ONG, à se joindre au processus de coopération internationale et à éveiller la conscience du grand public, afin de former une synergie.

– L'*Accord de Paris* doit nous aider à accroître les investissements et à garantir nos actions. L'obtention des soutiens financier et technique ainsi que l'amélioration de la capacité d'adaptation préconditionnent les actions des pays en développement dans la lutte contre les changements climatiques. Les pays développés doivent honorer leur engagement de débloquer un fonds annuel de 100 milliards de dollars d'ici

2020 et accorder un soutien financier plus puissant aux pays en voie de développement pour l'après-2020. De plus, ils doivent leur transférer des technologies respectueuses de l'écologie pour les aider à développer une économie verte.

– L'*Accord de Paris* doit prendre en considération les réalités de chaque pays et se concentrer sur le pragmatisme et l'efficacité. Il doit respecter la différence entre tous les pays en matière de politique nationale, d'édification de capacité et de structure économique, notamment celle entre les pays en développement, et s'abstenir de toute tentative d'homogénéisation. La lutte contre les changements climatiques ne doit pas être un handicap nuisible aux demandes raisonnables des pays en développement au sujet de l'élimination de la pauvreté et de l'amélioration des conditions de vie du peuple et, au contraire, il faut prendre en considération leurs difficultés propres.

Chers collègues,

Mesdames et Messieurs,

La Conférence de Paris, au lieu d'être un point final, marque un nouveau point de départ. Les efforts mondiaux visant à lutter contre les changements climatiques, en tant que domaine clé de la gouvernance mondiale, font penser à un miroir et constituent une précieuse source d'inspiration qui nous permet de réfléchir et d'explorer le futur mode de gouvernance mondiale, ainsi que de promouvoir l'instauration d'une communauté de destin pour l'humanité.

– Nous devons créer un avenir coopératif, dans l'esprit gagnant-gagnant et participatif de chacun selon sa capacité. Face aux divers dossiers internationaux, dont les changements climatiques, toute attitude utilitariste cherchant plus de profits sans vouloir prendre une part proportionnelle de responsabilités est nuisible tant aux autres qu'à soi-même. La Conférence de Paris doit rejeter la pensée étroite du jeu à somme nulle pour encourager tous les pays, notamment les pays développés, à partager davantage et à prendre plus de responsabilités pour réaliser un développement mutuellement bénéfique.

– Nous devons créer un avenir respectueux du droit, de la justice et de l'équité. Pour cela, nous devons rehausser la position et accroître le rôle du droit international dans la gouvernance mondiale, assurer le respect et l'application efficaces des règles internationales, persévérer dans la démocratie, l'égalité et la justice pour que le droit règne à l'échelle mondiale. Les pays développés et les pays en voie de développement diffèrent dans les responsabilités historiques, les étapes de développement et les capacités de réponse aux problèmes. Le principe de responsabilités communes mais différenciées n'est pas démodé, il doit être observé.

– Nous devons créer un avenir inclusif marqué par l'inspiration mutuelle et le développement partagé. Face aux défis planétaires, tous les pays doivent renforcer le dialogue, échanger leurs meilleures expériences, se compléter mutuellement et réaliser un développement partagé en s'inspirant les uns des autres et ce au bénéfice de tous les peuples. Dans le même temps, il faut faire valoir l'harmonie tout en respectant la diversité et permettre aux divers pays de chercher des stratégies d'adaptation correspondant à leurs propres réalités.

Chers collègues,

Mesdames et Messieurs,

En tant que participant actif à la lutte planétaire contre les changements climatiques, la Chine, sincère et résolue, est prête à contribuer au succès de la Conférence de Paris.

Depuis des décennies, la Chine a connu un rapide développement économique et la vie de son peuple a profondément changé, mais ce succès a été réalisé au prix fort des ressources et de l'environnement. Les expériences passées sont utiles pour envisager l'avenir. La Chine œuvre à l'édification de son écosystème et au développement vert, circulaire et bas carbone. Elle intègre la lutte contre les changements climatiques dans son plan national de développement économique et social à long et moyen terme. Elle accorde une importance égale au ralentissement des changements climatiques et à l'adaptation à ceux-ci, et fait progresser les activités concernées par de multiples moyens juridiques, administratifs, techniques et de marché. La capacité installée de l'énergie renouvelable de la Chine représente 24 % du total mondial et la capacité nouvellement développée, 42 % de celle du monde. Au

niveau mondial, la Chine figure en tête en ce qui concerne les économies d'énergie et l'utilisation des énergies nouvelles et renouvelables.

« Tous les êtres dans la nature doivent leur naissance à l'harmonie
engendrée par le Yin et le Yang, et leur épanouissement, aux éléments
nourrissants offerts par la pluie et le vent. »[2] La civilisation chinoise
insiste notamment sur l'harmonie entre l'homme et la nature ainsi que
le respect de celle-ci. Face à l'avenir, la Chine a placé l'édification d'une
civilisation écologique au sommet de son XIIIe Plan quinquennal.
Elle concrétisera le concept de développement innovant, coordonné,
écologique, ouvert et partagé, et adoptera une série de mesures pour
former le nouveau contexte de la modernisation, caractérisé par le
développement harmonieux entre l'homme et la nature. Ceci s'effec-
tuera par l'innovation scientifique, technologique et institutionnelle,
l'optimisation de la structure industrielle, l'établissement d'un système
énergétique à faible émission de carbone, le développement de bâti-
ments écologiques et du transport propre, ainsi que la création d'un
marché national du carbone. Dans le cadre de la Contribution prévue
déterminée au niveau national, la Chine a proposé d'atteindre son pic
d'émission de CO_2 à l'horizon de 2030 ou avant, de réaliser une baisse
de 60 à 65 % des émissions de CO_2 par unité de PIB en 2030 par
rapport à 2005, d'élever la proportion des énergies non fossiles à 20 %
dans l'énergie primaire et d'assurer une augmentation d'environ de
4,5 milliards de mètres cubes de stock forestier par rapport au niveau
de 2005. Malgré les efforts importants à déployer, nous sommes
confiants et déterminés à accomplir notre engagement.

La Chine insiste sur la bonne conception de la justice et des bénéfices, et participe activement à la coopération internationale sur les
changements climatiques. Depuis des années, le gouvernement chinois
reste fidèle à son engagement sur la coopération Sud-Sud relative aux
changements climatiques. Il soutient les pays en voie de développement, notamment les pays les moins avancés, les pays enclavés et les
petits pays insulaires, dans leur lutte contre les changements climatiques. Afin d'accroître son soutien à cet égard, la Chine a déclaré en
septembre dernier l'établissement d'un Fonds chinois de coopération

Sud-Sud contre les changements climatiques s'élevant à 20 milliards de yuans. Elle amorcera l'année prochaine des programmes de coopération dans des pays en voie de développement, avec notamment dix zones pilotes bas carbone, 100 projets de ralentissement et d'adaptation des changements climatiques ainsi que 1 000 possibilités de formation en la matière. Elle poursuivra la promotion des coopérations internationales dans les domaines de l'énergie propre, de la prévention et de la réduction des catastrophes naturelles, de la protection de l'environnement, de l'agriculture adaptable aux changements climatiques et de la construction de villes intelligentes bas carbone. Elle aidera également les pays en voie de développement à améliorer leurs capacités de financement.

Chers collègues,

Mesdames et Messieurs,

La lutte contre les changements climatiques est une cause commune à l'ensemble de l'humanité et Paris attire aujourd'hui l'attention générale du monde entier. Je souhaiterais appeler à une action conjointe pour instaurer un mécanisme planétaire juste et efficace de lutte contre les changements climatiques, réaliser à l'échelle mondiale un développement durable d'un niveau plus élevé et mettre en place des relations internationales axées sur la coopération gagnant-gagnant.

Merci à tous.

Notes :

[1] Victor Hugo (1802-1885) : *Les Misérables.*

[2] *Xunzi.*

Construire un système de gouvernance mondiale d'Internet multilatéral, démocratique et transparent[*]

(16 décembre 2015)

Avec l'approfondissement de la multipolarisation du monde, de la globalisation de l'économie, de la diversification culturelle et de l'informatisation de la société, Internet jouera un rôle plus important dans le progrès de la civilisation humaine. Dans un même temps, Internet rencontre des problèmes tels qu'un développement déséquilibré, des règlements imparfaits et un ordre irrationnel. Les fossés qui séparent les différents pays et territoires se creusent sans cesse, les règlements en vigueur sur la gouvernance du cyberespace sont à présent insuffisants pour refléter la volonté et les intérêts de la majorité des pays. A l'échelle mondiale, la violation des secrets personnels, de la propriété intellectuelle et la cybercriminalité sont assez fréquentes. Les activités liées à la cyberécoute, à la cyberattaque et au cyberterrorisme constituent un fléau social mondial et, face à ces problèmes et défis, la communauté internationale doit, avec du respect et une confiance mutuels, renforcer le dialogue et la coopération, promouvoir la réforme du système de gouvernance mondiale d'Internet, bâtir conjointement un cyberespace pacifique, sûr, ouvert et coopératif ainsi que construire un système de gouvernance mondiale d'Internet multilatéral, démocratique et transparent.

Pour promouvoir la réforme du système de gouvernance mondiale d'Internet, nous devons nous en tenir aux principes suivants :

– Respecter la cybersouveraineté. Le principe d'égalité souveraine défini dans la Charte des Nations unies constitue une règle fondamen-

---

[*] Extraits du discours à la cérémonie d'ouverture de la IIe Conférence mondiale d'Internet.

tale régissant les relations internationales à l'époque contemporaine, qui couvre tous les domaines concernant les relations entre différents pays. Ce principe et son esprit doivent aussi s'appliquer au cyberespace. Nous devons respecter la voie de développement, le modèle de gouvernance et la politique publique relatifs à Internet choisis par les différents pays de manière autonome, ainsi que leur droit de participer sur un pied d'égalité à la gouvernance internationale du cyberespace. Nous devons nous garder du cyberhégémonisme, de l'intervention dans les affaires intérieures des autres pays, de la tolérance et du soutien aux activités en ligne qui portent atteinte à la sécurité nationale des autres pays.

– Sauvegarder la cybersécurité. Un cyberespace sûr, stable et prospère revêt une haute signification pour les divers pays voire même le monde entier. Dans la réalité, les fumées de la guerre ne se sont pas encore dissipées, le terrorisme fait rage et la criminalité demeure assez fréquente. Le cyberespace ne doit pas devenir un champ de bataille de différents pays, ni un foyer de la criminalité. Tous les pays doivent conjuguer leurs efforts pour prévenir et lutter contre toutes les formes d'activité criminelle menées dans le cyberespace, telles que le terrorisme, la pornographie, le trafic de stupéfiants, le blanchiment et les jeux d'argent. En ce qui concerne le cyberespionnage commercial ou le piratage des sites Web gouvernementaux, nous devons lancer de fermes contre-attaques selon les lois et les conventions internationales concernées. Le double critère ne doit pas s'appliquer dans la sauvegarde de la cybersécurité. Il est impossible qu'un ou plusieurs pays soient en toute sécurité alors que d'autres ne le sont pas, et il ne faut pas sacrifier la sécurité d'autres pays pour la recherche de sa soi-disant « propre sécurité absolue ».

– Promouvoir l'ouverture et la coopération. « L'amour universel apportera la paix et l'ordre dans le monde tandis que la haine mutuelle ne peut que plonger le monde dans le chaos. »[1] Perfectionner le système de gouvernance mondiale d'Internet et sauvegarder l'ordre du cyberespace doivent suivre le concept de solidarité absolue, de confiance mutuelle et de bénéfices réciproques. Nous devons renoncer aux anciennes idées de combat à somme nulle et de lutte à l'issue de laquelle le gagnant prend tout. Tous les pays doivent promouvoir l'ouverture et la coopération dans le domaine d'Internet, enrichir le contenu et rehausser le niveau de cette ouverture, bâtir davantage de plateformes favorables aux échanges et à la coopération, créer plus de points de rencontre d'intérêts, de points de croissance de la coopération et de nouveaux points d'attrait de l'esprit gagnant-gagnant, afin de favoriser la complémentarité des atouts du cyberespace et le développement partagé, de sorte que davantage de pays et de peuples du monde tirent profit de l'époque informatique et partagent entre eux les résultats du développement d'Internet.

– Etablir un bon ordre. Tout comme la société, le cyberespace doit préconiser la liberté tout en maintenant l'ordre : la liberté est l'objectif de l'ordre, alors que l'ordre est la garantie de la liberté. Nous devons respecter les droits des internautes à communiquer et exprimer leur volonté, tout en assurant le bon ordre d'Internet selon la loi, permettant ainsi une bonne garantie de leurs droits et intérêts légitimes. Le cyberespace ne peut échapper à la loi, il est virtuel mais ses utilisateurs sont réels. Nous devons tous respecter la loi, et les droits et obligations des différentes parties doivent être définis. Nous devons insister sur la gouvernance d'Internet, la création de sites Web et l'accès à Internet selon la loi afin d'assurer son fonctionnement sain en vertu de la loi. Dans un même temps, nous devons renforcer l'édification de l'éthique et de la civilisation d'Internet, mettre en valeur le rôle directeur de l'éducation morale, améliorer le cyberespace et restaurer la cyberécologie par le biais des remarquables résultats obtenus par l'humanité.

Le cyberespace constitue un espace commun à toute l'humanité. Ainsi, son avenir se doit d'être maîtrisé, et de manière conjointe, par tous les pays. Ceux-ci doivent renforcer leur communication, élargir le terrain d'entente et approfondir la coopération, afin de bâtir ensemble une communauté de destin pour le cyberespace. A ce sujet, je souhaiterais avancer ici cinq propositions :

1. Accélérer la cyberinfrastructure planétaire et promouvoir l'inter-

connexion. L'essence d'Internet réside dans l'interconnexion, tandis que la valeur de l'information demeure dans les échanges. La libre circulation des ressources de l'information ne peut être assurée que par le renforcement de la cyberinfrastructure, qui permet de frayer une route aux informations, et par la réduction inlassable du fossé de l'information creusé entre les différents pays, territoires et populations. L'application de la stratégie de la « Chine à large bande » permettra la couverture par la large bande de l'ensemble des villages administratifs d'ici 2020, soit l'accès au « dernier kilomètre » de la cyberinfrastructure, de sorte que davantage de Chinois puissent avoir accès à Internet. La Chine est prête à œuvrer avec les autres parties pour accroître les investissements ainsi que renforcer le soutien technologique afin de promouvoir la cyberinfrastructure planétaire et de faire partager les opportunités données par Internet aux pays en voie de développement et à leurs populations.

2. Bâtir une plateforme d'échanges et de partage culturels en ligne pour promouvoir les échanges et l'inspiration mutuelle. La culture s'est enrichie grâce aux échanges et les civilisations se sont variées grâce à une inspiration mutuelle. Internet est un vecteur important pour diffuser les brillantes cultures et mettre en valeur l'énergie positive. La Chine souhaite bâtir le pont des échanges internationaux par le biais d'Internet, afin de promouvoir les échanges et l'inspiration mutuelle des brillantes cultures, et de favoriser la communication entre tous les peuples du monde. Nous sommes prêts à œuvrer avec les autres pays pour mettre en valeur les atouts de la plateforme de diffusion en ligne, pour mieux faire connaître la culture chinoise aux autres peuples et, réciproquement, les autres cultures au peuple chinois. Nous allons ainsi favoriser le développement et la prospérité de la cyberculture, enrichir le monde spirituel de l'humanité et promouvoir les progrès de la civilisation.

3. Promouvoir le développement innovant de la cyberéconomie et assurer une prospérité commune. Actuellement, avec les difficultés de la reprise économique mondiale, l'économie chinoise fait face à une certaine pression à la baisse. La solution à ces problèmes réside dans

un développement appuyé par l'innovation pour créer de nouveaux domaines de croissance. La Chine applique un plan d'action « Internet + », encourage la mise en place d'une « Chine numérique », développe une économie partagée, soutient toute innovation basée sur Internet et améliore la qualité et le rendement du développement. La prospérité d'Internet en Chine a fourni de très larges espaces de marché aux entreprises et entrepreneurs de différents pays. La Chine reste largement ouverte au reste du monde, et ne changera jamais sa politique sur l'utilisation des capitaux étrangers et sur la garantie des droits et intérêts légitimes des entreprises à capitaux étrangers, ni celle sur l'offre de meilleurs services aux entreprises étrangères en Chine. Nous accueillons favorablement toute entreprise et tout entrepreneur étrangers à venir investir en Chine dans le respect de la loi chinoise. Nous sommes prêts à renforcer notre coopération avec les autres pays dans le développement des investissements et du commerce ainsi que dans celui de l'économie numérique à l'échelle mondiale par le biais du développement de l'e-commerce transfrontalier et de l'établissement de zones pilotes de l'économie informatique.

4. Garantir la cybersécurité et promouvoir le développement ordonné d'Internet. La sécurité et le développement constituent les deux ailes d'un oiseau ou les roues d'un véhicule : la sécurité est la garantie du développement alors que le développement est l'objectif de la sécurité. La cybersécurité marque un défi mondial auquel aucun pays ne peut se soustraire. La sauvegarde de la cybersécurité est une responsabilité commune de la communauté internationale. Ainsi, tous les pays doivent conjuguer leurs efforts pour freiner l'abus de l'informatique, lutter contre la cyberécoute et la cyberattaque, et s'opposer à la course militaire dans le cyberespace. La Chine souhaite œuvrer avec les autres pays pour renforcer le dialogue et les échanges, contrôler efficacement les divergences, promouvoir l'instauration des règlements internationaux universellement acceptés par toutes les parties concernant le cyberespace et l'élaboration des conventions antiterroristes internationales dans le cyberespace, et perfectionner le mécanisme d'assistance judiciaire contre la cybercriminalité afin de sauvegarder la

cybersécurité.

5. Etablir un système de gouvernance d'Internet et promouvoir l'équité et la justice. La gouvernance internationale du cyberespace doit être établie en se fondant sur la participation multilatérale des différentes parties et de la consultation entre tous les pays, avec la mise en valeur du rôle des gouvernements, des organisations internationales, des entreprises d'Internet, des communautés techniques, des ONG et des individus. Il faut se passer de l'unilatéralisme et des prises de décision par une ou quelques parties. Tous les pays doivent renforcer la communication, améliorer le mécanisme de dialogue et de consultation sur le cyberespace, étudier et élaborer des règlements de la gouvernance internationale d'Internet pour que son système soit plus juste et rationnel et qu'il reflète d'une manière plus équilibrée la volonté et les intérêts de la majorité des pays. Nous organisons cette conférence mondiale d'Internet dans l'espoir de mettre en place une plateforme mondiale de partage et de gouvernance d'Internet afin de promouvoir le développement sain de celui-ci.

Note :

[1] *Mozi.*

Construire ensemble une communauté
de destin pour l'humanité*

(18 janvier 2017)

Monsieur le Président de la 71ᵉ session de l'Assemblée générale des Nation unies Peter Thomson,
Monsieur le secrétaire général de l'ONU Antonio Guterres,
Monsieur le directeur général de l'Office des Nations unies à Genève Michael Møller,
Mesdames et Messieurs,
Chers amis,

Le début d'une nouvelle année marque le renouvellement de l'univers. C'est un grand plaisir pour moi de venir à l'Office des Nations unies à Genève en ce début d'année pour partager avec vous mes réflexions sur la construction d'une communauté de destin pour l'humanité, qui est un grand thème de notre époque.

J'ai participé hier à la réunion annuelle du Forum économique mondial. A Davos, les différents participants ont fait, dans leurs interventions, le même constat que nous vivons aujourd'hui dans un monde plein d'incertitudes, et que les gens expriment à la fois leurs espoirs et leur confusion quand ils évoquent l'avenir. Où en est le monde et que devons-nous faire ? Voilà la question que se pose le monde entier et à laquelle je ne cesse de réfléchir.

A mon avis, pour pouvoir répondre à cette interrogation, il faut d'abord se poser les questions les plus fondamentales : D'où venons-nous ? Où sommes-nous ? Où allons-nous ?

Pendant plus d'un siècle, l'humanité a connu des guerres chaudes sanglantes et une guerre froide impitoyable, et aussi réalisé un déve-

---

* Allocution à l'Office des Nations unies à Genève.

669

loppement fulgurant et des progrès immenses. Pendant la première moitié du XXe siècle, le fléau de la guerre a deux fois infligé à l'humanité de grandes souffrances. Prévenir la guerre et bâtir la paix constituaient le vœu le plus ardent des peuples. Dans les années 1950 et 1960, les peuples colonisés s'éveillaient et formulaient le désir impétueux de se libérer du joug colonial et d'accéder à l'indépendance. Depuis la fin de la guerre froide, l'élargissement de la coopération et la promotion du développement commun sont devenus le plus vif souhait des différents peuples.

Tout au long du siècle passé, la recherche de la paix et du développement était l'aspiration commune de toute l'humanité. Mais, cette mission est encore loin d'être accomplie. Nous devons répondre à l'aspiration des peuples, prendre le relais de l'histoire et poursuivre courageusement le marathon qui nous conduit vers la paix et le développement.

L'humanité traverse aujourd'hui une période de grands développements, de profondes mutations et de vastes réajustements. La multipolarisation et la mondialisation économique gagnent en profondeur. L'utilisation des technologies de l'information et la diversité culturelle progressent. Une nouvelle vague de révolutions scientifique, technologique et industrielle est en gestation. Les différents pays, liés les uns aux autres et interdépendants, partagent d'ores et déjà une communauté de destin. La montée des forces de paix dépasse largement la multiplication des facteurs de guerre. La tendance de la paix, du développement, de la coopération et du gagnant-gagnant s'affirme plus vigoureusement.

Dans le même temps, l'humanité vit aussi une époque où les défis et les risques ne cessent de se multiplier : essoufflement de la croissance mondiale, spectre de la crise financière, élargissement du fossé de développement, éclatement fréquent des conflits armés, persistance de la mentalité de guerre froide et de la politique du plus fort, et expansion continue des menaces sécuritaires non conventionnelles comme le terrorisme, la crise des réfugiés, les grandes épidémies et le changement climatique.

Il n'y a qu'une seule Terre dans l'univers. Elle est le foyer commun de l'humanité. Stephen Hawking a avancé l'hypothèse des « univers parallèles », qui donne l'espoir de trouver une autre planète habitable pour les humains. Nous ne savons pas encore quand cela deviendra réalité. La Terre est jusqu'ici le seul abri de l'humanité et nous n'avons pas d'autres choix que de la chérir et de la préserver. Sur le dôme du Palais fédéral suisse est inscrite la devise en latin « Unus pro omnibus, omnes pro uno », c'est-à-dire, un pour tous, tous pour un. Nous devons non seulement veiller aux intérêts des générations présentes, mais aussi assumer nos responsabilités envers les générations futures.

Mesdames et Messieurs,

Chers amis,

Perpétuer la paix de génération en génération, renouveler sans cesse les forces motrices du développement et faire rayonner les civilisations, c'est une aspiration des peuples du monde et un devoir que doivent assumer les responsables politiques de notre génération. Bâtir une communauté de destin pour l'humanité et réaliser un développement partagé et gagnant-gagnant, voilà la réponse de la Chine.

La vision guide l'action, l'orientation détermine l'avenir. Depuis l'époque moderne, établir un ordre international juste et équitable a toujours été un objectif pour lequel œuvre inlassablement l'humanité. Des principes de l'égalité et de la souveraineté établis dans les *Traités de Westphalie* il y a plus de 360 ans à l'esprit humanitaire international consacré dans la *Convention de Genève* il y a plus de 150 ans, des quatre buts et des sept principes énoncés dans la Charte des Nations unies il y a plus de 70 ans aux Cinq principes de la coexistence pacifique préconisés par la Conférence de Bandung il y a plus de 60 ans, une série de principes universellement reconnus ont vu le jour au fur et à mesure de l'évolution des relations internationales. Ces principes fondamentaux devront nous guider dans la construction de la communauté de destin pour l'humanité.

L'égalité souveraine a été pendant plusieurs siècles la norme la plus fondamentale régissant les relations interétatiques et aussi le principe primordial à observer par les Nations unies et les autres institutions et organisations. L'idée centrale de ce principe est que la souveraineté et la dignité des pays, quelles que soient leur taille, leur puissance ou leur richesse, doivent être respectées, qu'aucune ingérence dans les affaires intérieures n'est tolérée et que les pays ont le droit de choisir librement leur système social et leur voie de développement. Ils participent aux décisions sur un pied d'égalité aux Nations unies, à l'OMC, à l'OMS, à l'OMPI, à l'OMM, à l'UIT, à l'UPU, à l'OIM, à l'OIT et aux autres organisations internationales et constituent une force majeure pour l'amélioration de la gouvernance mondiale. Dans le nouveau contexte, il nous faut rester fidèles au principe de l'égalité souveraine et promouvoir l'égalité des droits, des chances et des règles entre les pays du monde.

Genève a été témoin de l'adoption de la déclaration finale sur le rétablissement de la paix en Indochine, de la première rencontre entre les dirigeants des deux blocs pendant la guerre froide ainsi que du dialogue et des négociations sur la question nucléaire iranienne, la crise syrienne et d'autres dossiers brûlants. L'histoire et la réalité nous enseignent que le dialogue et les consultations sont des moyens efficaces pour dissiper les divergences et que les négociations politiques constituent la solution fondamentale aux conflits. Tant que nous faisons preuve de sincérité, de bonne volonté et de sagesse politique, nous arriverons à mettre fin aux conflits les plus inconciliables et à briser la glace la plus dure.

Comme l'a dit un grand penseur chinois : « La loi est le socle de la gouvernance. »[1] A Genève, les pays du monde ont conclu, sur la base de la Charte des Nations unies, un grand nombre de conventions internationales et d'actes juridiques en matière d'affaires politiques, de sécurité, de commerce, de développement, d'affaires sociales, de droits de l'homme, de sciences et de technologies, de santé, de travail, de propriété intellectuelle, de culture et de sport. La loi n'a de la vitalité que lorsqu'elle est appliquée. Chaque pays a la responsabilité de préserver la primauté du droit à l'échelle internationale, d'exercer ses droits dans le respect de la loi et de remplir ses devoirs avec bonne foi. La vitalité de la loi réside aussi dans l'équité et la justice. Les pays et les institutions judiciaires internationales doivent veiller à assurer une application égalitaire et unifiée du droit international, rejeter le principe de deux poids deux mesures et toute approche instrumentaliste et « agir en toute impartialité pour faire régner la justice dans le monde »[2].

L'océan accueille tous les cours d'eau grâce à son immensité. L'esprit d'ouverture et d'inclusivité a fait de Genève un haut lieu de la diplomatie multilatérale. Nous devons promouvoir la démocratie dans les relations internationales. La gouvernance mondiale ne peut pas être assurée par un seul ou quelques pays. C'est à tous les pays de prendre en main ensemble le destin de notre monde, de définir ensemble les règles internationales, de gérer ensemble les affaires mondiales et de partager ensemble les fruits du développement.

Dans son œuvre *Un souvenir de Solférino* publiée en 1862, Henri Dunant demande : « Peut-on créer des organisations humanitaires et élaborer des conventions humanitaires ? » Et cette question a très vite trouvé une réponse avec la création du futur Comité international de la Croix-Rouge l'année suivante. Après 150 ans de développement, la Croix-Rouge incarne aujourd'hui un esprit et est devenue un étendard. Face aux fréquentes crises humanitaires, nous devons faire rayonner l'esprit d'humanité, de fraternité et de dévouement pour apporter de la solidarité et de l'espoir aux populations innocentes en difficulté et nous devons rester toujours fidèles aux principes fondamentaux que sont la neutralité, l'impartialité et l'indépendance pour éviter la politisation des questions humanitaires et assurer la non-militarisation des aides humanitaires.

Mesdames et Messieurs,

Chers amis,

Les grandes visions ne peuvent se concrétiser que par les actions. La construction de la communauté de destin pour l'humanité passe par des actions concrètes. Pour atteindre cet objectif, la communauté internationale doit œuvrer notamment dans l'établissement des partenariats, la préservation de la sécurité, le développement économique, les échanges entre les civilisations et la protection de l'environnement.

– Promouvoir le dialogue et la concertation pour construire un monde de paix durable. Le monde est en paix lorsque les pays s'entendent, et sombre dans l'instabilité lorsqu'ils s'affrontent. De la guerre du Péloponnèse à la guerre froide qui a duré plus de 40 ans, en passant par les deux guerres mondiales, les leçons du passé sont aussi lourdes que douloureuses. Un proverbe chinois dit : « Se souvenir du passé peut servir de guide pour l'avenir. »[3] Fondée par nos prédécesseurs, l'Organisation des Nations unies a contribué à plus de sept décennies de paix relative. Il nous appartient aujourd'hui de perfectionner les mécanismes et les moyens pour mieux aplanir les divergences, apaiser les tensions et éliminer les guerres et les conflits.

L'écrivain suisse et lauréat du Prix Nobel de littérature Hermann Hesse a souligné l'importance de « servir non pas la guerre et la destruction, mais la paix et la réconciliation ». Les pays doivent nouer entre eux le dialogue et le partenariat et rejeter la confrontation et l'alignement. Les grands pays doivent respecter les intérêts vitaux et les préoccupations majeures de part et d'autre, gérer les divergences et s'efforcer d'instaurer un nouveau modèle de relations marqué par le non-conflit, la non-confrontation, le respect mutuel et la coopération gagnant-gagnant. Se parler et se traiter avec sincérité permettent d'éviter le « piège de Thucydide ». Les grands pays doivent traiter les petits pays sur un pied d'égalité et s'abstenir de se prendre pour les maîtres du monde et d'imposer leur volonté. Aucun pays ne peut ouvrir la boîte de Pandore par le déclenchement d'une guerre à sa guise ou le sabotage de l'état de droit dans les relations internationales. Les armes nucléaires sont une « épée de Damoclès » au-dessus de l'humanité et doivent être interdites complètement et détruites totalement en vue d'un monde exempt d'armes nucléaires. Il faut s'en tenir aux principes de la paix, de la souveraineté, de l'inclusivité et de la gestion conjointe pour faire de l'océan profond, des régions polaires, de l'espace extra-atmosphérique et du cyberespace de nouveaux terrains de coopération, et non des arènes de la compétition.

– Mettre en commun les efforts pour construire un monde de sécurité pour tous. Il n'y a pas d'oasis de sécurité absolue. La sécurité des uns ne peut pas être assurée au prix de l'instabilité des autres, car les menaces pour les uns peuvent un jour devenir les défis des autres. Quand un voisin est en difficulté, il nous faut lui tendre la main et non penser seulement à consolider notre propre palissade. Comme le dit un vieil adage chinois : « Seul, on est vulnérable ; ensemble, on est indestructible. »[4] Il est nécessaire d'adopter un concept de sécurité commune, globale, coopérative et durable.

Les attaques terroristes qui ont frappé ces dernières années l'Europe, l'Afrique du Nord et le Moyen-Orient prouvent une fois de plus que le terrorisme est l'ennemi commun de l'humanité. Dans la lutte contre le terrorisme, une obligation qui incombe à tous les pays, il faut non seulement éliminer les symptômes mais aussi et surtout s'attaquer aux causes profondes. Nous devons renforcer la coordination et créer un front uni mondial contre le terrorisme pour protéger les peuples du monde. Aujourd'hui, le nombre de réfugiés a atteint un niveau record depuis la fin de la Seconde Guerre mondiale. Face à la crise, nous devons agir et réfléchir aux causes profondes. Pourquoi fuir loin de sa patrie si ce n'est parce que son foyer ne s'y trouve plus ? Le HCR et l'OIM doivent jouer un rôle de coordination et mobiliser toute la planète pour y répondre effectivement. La Chine a décidé de fournir une nouvelle aide humanitaire d'un montant de 200 millions de yuans pour les réfugiés et les déplacés syriens. Le terrorisme et la crise des réfugiés sont étroitement liés aux conflits géopolitiques, et la solution fondamentale réside dans l'apaisement des conflits. Les parties directement concernées doivent chercher la solution par voie de discussion et de négociation, les autres parties doivent agir activement en faveur de la réconciliation et du dialogue et le rôle central de l'ONU dans la médiation doit être respecté. Avec les épidémies de grippe aviaire, du virus Ebola et du virus Zika qui pèsent sur la sécurité sanitaire internationale, la sonnette d'alarme a été tirée. D'où la nécessité pour l'OMS de jouer son rôle de pilotage en vue de renforcer la surveillance des épidémies, l'échange d'informations ainsi que le partage d'expériences et de technologies. La communauté internationale est appelée à accroître le soutien et l'aide aux pays africains et aux autres pays en développement dans le domaine de la santé publique.

– Poursuivre la coopération gagnant-gagnant pour construire un monde de prospérité commune. Le développement est la première priorité, et ce, pour tous les pays. Il faut faire preuve de solidarité et non agir au détriment des autres. Les différents pays, notamment les principales économies, doivent renforcer la coordination de leurs politiques macro-économiques, prendre en compte le présent et le long terme et s'attaquer aux problèmes de fond. Nous avons à saisir les opportunités historiques offertes par la nouvelle révolution scientifique et industrielle pour transformer les modes de développement économique, faire de l'innovation un moteur de la croissance, développer davantage les forces productives et libérer la créativité au sein de la société. Nous devons défendre les règles de l'OMC, soutenir un système commercial multilatéral ouvert, transparent, inclusif et non discriminatoire et bâtir une économie mondiale ouverte. Le protectionnisme commercial et le repli sur soi ne profitent à personne.

La mondialisation économique est la grande tendance de l'histoire. Elle a contribué à la prospérité du commerce, à la facilitation de l'investissement, à la grande mobilité des personnes et au progrès rapide des technologies. Depuis le début du XXIᵉ siècle, sous l'égide des Nations unies et à la faveur de la mondialisation économique, les Objectifs du millénaire pour le développement ont été élaborés et mis en œuvre, et le Programme de développement durable à l'horizon 2030 a été lancé. Grâce à ces initiatives, 1,1 milliard de personnes sont sorties de la pauvreté, 1,9 milliard de personnes ont pu avoir accès à l'eau potable assainie, et 3,5 milliards de personnes, à Internet, et l'objectif est fixé pour éliminer l'extrême pauvreté d'ici 2030. Voilà qui prouve pleinement que la mondialisation économique est sur la bonne voie. Ceci dit, il existe encore des problèmes : développement déséquilibré, difficultés de gouvernance, fossé numérique et déficit d'équité. Mais ce sont des problèmes survenus au cours de la marche en avant. Nous devons les regarder en face et travailler à les résoudre. Ne nous arrêtons pas en chemin au moindre obstacle.

Nous avons à puiser la sagesse dans l'histoire. Comme les historiens l'ont affirmé il y a longtemps, le développement rapide de l'économie appelle la réforme de la société et si le développement économique bénéficie facilement d'un soutien, la réforme de la société rencontre souvent des résistances. Mais cela ne peut être un prétexte pour ralentir le pas. Il faut aller de l'avant. Nous avons également à chercher les réponses dans la réalité. La crise financière internationale qui a éclaté en 2008 nous enseigne que pour assurer un développement sain de la mondialisation économique, il faut renforcer la coordination et perfectionner la gouvernance, et que pour bâtir une mondialisation économique ouverte, inclusive, équilibrée et bénéfique à tous, il faut agrandir et surtout mieux répartir le gâteau pour garantir l'équité et la justice.

En septembre dernier, le Sommet du G20 de Hangzhou s'est penché sur la gouvernance économique mondiale et d'autres sujets majeurs, a adopté le Plan de croissance innovante, inclus pour la première fois la question du développement dans le cadre mondial de politiques macro-économiques et élaboré un plan d'action.

– Promouvoir les échanges et l'enrichissement mutuel pour construire un monde ouvert et inclusif. « Le secret pour faire un bon plat, c'est de savoir concilier les saveurs. »[5] La diversité de la civilisation humaine est une caractéristique fondamentale de la planète et une source du progrès de l'humanité. Il y a en ce monde plus de 200 pays et territoires, plus de 2 500 ethnies et de multiples religions. Des histoires et des conditions nationales différentes ainsi que des ethnies et des us et coutumes différents ont fait naître des civilisations diverses et enrichi le monde. Aucune civilisation n'est supérieure ou inférieure à une autre. Les civilisations se distinguent les unes des autres par leurs caractéristiques et leurs origines géographiques. Les différences doivent être le moteur du progrès de l'humanité et non des sources de conflits.

Chaque civilisation a ses propres charmes et richesses et est un trésor de l'humanité. Les échanges et l'enrichissement mutuel font l'épanouissement de toutes les civilisations, et constituent un moteur pour le progrès de la société humaine et un levier de paix pour le monde.

– Suivre la voie du développement vert et bas carbone pour construire un monde propre et beau. L'homme et la nature sont étroitement interdépendants. Faire du mal à la nature finira par faire du mal à l'homme. On jouit des ressources naturelles, dont l'air, l'eau, le sol et le ciel bleu, sans avoir conscience qu'elles ne se renouvellent pas une fois épuisées. L'industrialisation a créé des richesses matérielles sans précédent, mais aussi causé aux écosystèmes des plaies difficiles à refermer. Il n'est pas question d'épuiser ce que nous ont légué nos ancêtres sans rien laisser aux générations futures ou de chercher un développement destructeur de l'environnement. La nature vaut son pesant d'or. Il faut préserver l'harmonie Homme-Ciel, respecter les lois de la nature et s'engager dans une voie du développement durable.

Nous devons promouvoir les modes de vie et de production verts, bas carbones, circulaires et durables, mettre en œuvre de façon équilibrée le Programme de développement durable à l'horizon 2030 et élargir sans cesse la voie du développement durable qui associe l'essor de la production, le bien-être de la population et la protection des écosystèmes. La conclusion de l'*Accord de Paris* a posé un jalon dans l'histoire de la gouvernance climatique mondiale. Notre responsabilité collective est de préserver cet acquis et de le mettre en œuvre. La Chine restera mobilisée pour lutter contre le changement climatique et s'acquittera totalement de ses obligations.

Le couteau suisse est l'incarnation de l'esprit de l'artisan des Suisses. La première fois que j'ai eu un couteau suisse, j'étais émerveillé par ses multiples fonctions. Ce serait merveilleux si l'on pouvait avoir un couteau ingénieux pour notre monde : à chaque fois qu'il y a un problème, il suffirait de choisir une de ses fonctions pour le régler. Je suis persuadé qu'avec les efforts inlassables de la communauté internationale, un tel couteau verra le jour.

Mesdames et Messieurs,

Chers amis,

Les Chinois sont convaincus que la Chine ne va bien que lorsque le monde va bien, et que le monde se porte mieux quand la Chine se porte bien. Les politiques que poursuivra la Chine attirent l'attention et font l'objet de discussion au niveau international. A cette occasion, je voudrais vous donner une réponse claire.

Premièrement, la détermination de la Chine à préserver la paix mondiale ne changera pas. La civilisation chinoise préconise depuis toujours « la primauté à la paix pour les relations entre Etats »[6], « l'harmonie respectueuse de la diversité »[7] et « faire la paix est la meilleure solution »[8]. Dans l'*Art de la guerre* de Sun Zi, un traité de stratégie militaire chinois, la toute première phrase est : « La guerre est d'une importance vitale pour le pays, c'est le terrain de la vie et de la mort, c'est la voie qui mène à la survie ou à l'anéantissement ; il est impossible de ne pas l'étudier. » L'idée essentielle est qu'il faut s'abstenir d'employer arbitrairement la force armée et s'efforcer de prévenir la guerre. Depuis des milliers d'années, la paix coule dans les veines de la nation chinoise et reste gravée dans ses gènes.

Il y a des siècles, alors qu'elle était une grande puissance dont le PIB représentait 30 % du total mondial, la Chine ne s'est jamais engagée dans les invasions ni dans l'expansion. Après la Guerre de l'Opium qui a éclaté en 1840, la Chine a souffert pendant plus d'un siècle des invasions, des ravages, des conflits et des instabilités. Confucius disait : « Ne faites pas à autrui ce que vous ne voulez pas qu'on vous fasse. » Les Chinois sont intimement persuadés que seules la paix et la stabilité mènent au développement et à la prospérité.

La Chine, autrefois pauvre et faible, est aujourd'hui la deuxième économie mondiale. Cela ne s'est pas réalisé par l'expansion militaire ni par le pillage colonial, mais par le travail ardu du peuple et les efforts pour préserver la paix. La Chine poursuivra inébranlablement la voie du développement pacifique. Quel que soit son niveau de développement, elle ne prétendra jamais à l'hégémonie, ni à l'expansion, ni à la conquête de sphère d'influence. L'histoire l'a prouvé et le prouvera.

Deuxièmement, la détermination de la Chine à promouvoir le développement partagé ne changera pas. Comme dit un adage chinois : « En mangeant le fruit, on pense à l'arbre ; en buvant de l'eau, on songe à la source. »⁹ Le monde a contribué au développement de la Chine, et la Chine a contribué au développement international. Elle continuera de poursuivre la stratégie d'ouverture mutuellement bénéfique et de partager les opportunités de son développement avec les autres. Tous les pays du monde seront les bienvenus pour prendre le train du développement chinois.

Entre 1950 et 2016, la Chine a accordé plus de 400 milliards de yuans d'aide à l'étranger et à l'avenir, elle accroîtra son aide à l'étranger dans la mesure du possible. Depuis le début de la crise financière internationale, la Chine contribue chaque année pour plus de 30 % en moyenne à la croissance mondiale. Dans les cinq ans à venir, la Chine importera 8 000 milliards de dollars de marchandises, attirera 600 milliards de dollars d'investissements étrangers et investira jusqu'à 750 milliards de dollars à l'étranger, et le nombre de voyageurs chinois à l'étranger atteindra 700 millions. Plus d'opportunités de développement seront ainsi offertes aux autres pays du monde.

La Chine poursuit une voie de développement adaptée à ses conditions nationales, place toujours les droits de son peuple au-dessus de tout, et œuvre sans cesse pour promouvoir et protéger les droits de l'homme. Elle a réussi à mettre plus de 1,3 milliard de personnes à l'abri des besoins élémentaires et à sortir plus de 700 millions de personnes de la pauvreté, ce qui est une contribution majeure à la cause des droits de l'homme dans le monde.

L'initiative « la Ceinture et la Route » que j'ai avancée a pour but de réaliser le développement partagé et gagnant-gagnant. Jusqu'ici, plus de 100 pays et organisations internationales y apportent leur soutien et bon nombre de résultats ont été obtenus au cours de la première phase. La Chine soutient le bon développement de la Banque asiatique d'investissement pour les infrastructures et d'autres institutions financières multilatérales de type nouveau, dans l'objectif de fournir à la communauté internationale davantage de biens publics.

Troisièmement, la détermination de la Chine à nouer des partenariats ne changera pas. La Chine poursuit fermement la politique étrangère d'indépendance et de paix et développe l'amitié et la coopération avec tous les pays sur la base des Cinq principes de la coexistence pacifique. La Chine a défini en premier l'établissement des partenariats comme le principe directeur dans les échanges interétatiques et établi différents types de partenariats avec plus de 90 pays et organisations régionales. Elle travaillera à développer un plus grand cercle d'amis couvrant toute la planète.

La Chine œuvrera pour créer une architecture des relations avec les grands pays marquée par la stabilité générale et le développement équilibré et pour développer activement un nouveau mode de relations entre grands pays avec les Etats-Unis, le partenariat global de coordination stratégique avec la Russie, le partenariat pour la paix, la croissance, la réforme et la civilisation avec l'Europe, et le partenariat de solidarité et de coopération avec les autres pays BRICS. Fidèle à la juste conception de la justice et des bénéfices, elle continuera à approfondir la coopération pragmatique avec les autres pays en développement pour un développement commun. La Chine travaillera à approfondir la coopération mutuellement avantageuse avec les pays voisins dans le respect du principe dit « amitié, sincérité, réciprocité et tolérance », à promouvoir le développement partagé avec les pays africains dans l'esprit de sincérité, de pragmatisme, d'amitié et de franchise et à franchir de nouvelles étapes dans le partenariat de coopération globale avec l'Amérique latine.

Quatrièmement, la détermination de la Chine à soutenir le multilatéralisme ne changera pas. Le multilatéralisme est un moyen efficace pour préserver la paix et promouvoir le développement. Depuis de longues années, les Nations unies et d'autres organisations internationales ont déployé des efforts considérables et apporté une contribution remarquable et remarquée au maintien de la paix globale et du développement soutenu dans le monde.

Membre fondateur de l'ONU, la Chine a été le premier pays à apposer sa signature sur la Charte des Nations unies. Elle défendra résolument le système international centré sur les Nations unies, les normes fondamentales régissant les relations internationales basées sur les buts et principes de la Charte des Nations unies, l'autorité et le statut de l'ONU ainsi que le rôle primordial qu'elle joue dans les affaires internationales.

Le Fonds Chine-ONU pour la paix et le développement a officiellement ouvert ses portes. La Chine l'utilisera en priorité pour les projets de paix et de développement initiés par les Nations unies et les organisations internationales compétentes à Genève. Au fur et à mesure qu'elle se développe, la Chine accroîtra de plus en plus son appui au multilatéralisme.

Mesdames et Messieurs,

Chers amis,

La ville de Genève, c'est une mémoire particulière pour la Chine. En 1954, le Premier ministre Zhou Enlai est venu participer à la conférence de Genève pour discuter avec l'URSS, les Etats-Unis, le Royaume-Uni, la France et d'autres pays sur le règlement politique de la question de la péninsule coréenne et la cessation des hostilités en Indochine. Forte de son esprit de paix, la Chine a ainsi contribué à la paix mondiale par sa sagesse. En 1971, la République populaire de Chine a été rétablie dans son siège légitime à l'ONU et est retournée dans les organisations internationales à Genève. Depuis, elle a participé progressivement aux affaires dans les domaines du désarmement, de l'économie, du commerce, des droits de l'homme et du social, proposant des solutions chinoises pour la résolution des questions majeures et l'élaboration des règles importantes. Ces dernières années, la Chine prend une part active au dialogue et aux négociations sur les dossiers brûlants tels que la question nucléaire iranienne et la crise syrienne, apportant la contribution chinoise au règlement politique de ces questions. Par ailleurs, la candidature chinoise a été retenue à deux reprises par le CIO pour les Jeux olympiques et paralympiques d'été et d'hiver, et plus de dix demandes d'inscription sur le patrimoine naturel et le patrimoine mixte culturel et naturel présentées par la Chine sont soutenues par l'UICN, faisant rayonner l'excellence chinoise.

Mesdames et Messieurs,

Chers amis,

Les Chinois disaient : « Ceux qui savent apprendre étudient à fond et ceux qui savent entreprendre agissent avec constance. »[10] La construction d'une communauté de destin pour l'humanité est un bel objectif dont la réalisation nécessite des efforts successifs de génération en génération. La Chine entend travailler conjointement avec les autres Etats membres des Nations unies et les organisations et institutions internationales pour promouvoir la cause grandiose de la construction d'une communauté de destin pour l'humanité.

Le 28 janvier, les Chinois entreront dans l'année du coq de feu du calendrier lunaire. Le coq symbolise la lumière et le bonheur. Comme le disent les Chinois : « Au chant du coq, le bonheur frappe à la porte. » Je voudrais saisir cette occasion pour vous souhaiter une très bonne et heureuse année.

Je vous remercie.

Notes :

[1] *Xunzi.*

[2] *Classique des documents (Shang Shu).*

[3] *Stratégies des Royaumes combattants (Zhan Guo Cè).*

[4] Wei Shou (507-572) : *Livre des Wei (Wei Shu),* dynastie des Qi du Nord.

[5] Chen Shou (233-297) : *Histoire des Trois Royaumes (San Guo Zhi),* dynastie des Jin de l'Ouest.

[6] *Rites des Zhou (Zhou Li).*

[7] *Entretiens de Confucius.*

[8] Ibid.

[9] Yu Xin (513-581) : *Zhi Diao Qu,* l'époque des Dynasties du Sud et du Nord.

[10] *Xunzi.*

Index

图书在版编目 (CIP) 数据

习近平谈治国理政. 第二卷：法文 / 习近平著；法文翻译组译.
－北京：外文出版社，2017.11

ISBN 978-7-119-11168-1

I. ①习… II. ①习… ②法… III. ①习近平－讲话
－学习参考资料－法文 ②中国特色社会主义－社会主义建设
模式－学习参考资料－法文 IV. ① D2-0 ② D616

中国版本图书馆 CIP 数据核字 (2017) 第 276508 号

习近平谈治国理政
第 二 卷

© 外文出版社有限责任公司

外文出版社有限责任公司出版发行

（中国北京百万庄大街 24 号）

邮政编码：100037

http://www.flp.com.cn

北京盛通印刷股份有限公司印刷

2018 年 3 月（小 16 开）第 1 版

2019 年 9 月第 1 版第 5 次印刷

（法文）

ISBN 978-7-119-11168-1

12000（精）